AF885682

门口的野蛮人

史上最强悍的资本收购

Barbarians at the Gate

The Fall of RJR Nabisco

（美） 布赖恩·伯勒（Bryan Burrough）
约翰·希利亚尔（John Helyar） 著 张振华 译

机械工业出版社
China Machine Press

Bryan Burrough, John Helyar. Barbarians at the Gate: The Fall of RJR Nabisco

Copyright © 1990, 2003, 2008 by Bryan Burrough and John Helyar. Afterword copyright © by Bryan Burrough and John Heylar.

Simplified Chinese Translation Copyright © 2010 by China Machine Press.

No part of this book may be reproduced or transmitted in any form or by any means, electronic or mechanical, including photocopying, recording or any information storage and retrieval system, without permission, in writing, from the publisher.

All rights reserved.

本书中文简体字版由 Harper Collins 授权机械工业出版社在全球独家出版发行。未经出版者书面许可，不得以任何方式抄袭、复制或节录本书中的任何部分。

封底无防伪标均为盗版
版权所有，侵权必究
本书法律顾问：北京大成律师事务所　韩光／邹晓东

本书版权登记号：图字：01-2010-2934

图书在版编目（CIP）数据

门口的野蛮人：史上最强悍的资本收购/（美）伯勒（Burrough, B.），（美）希利亚尔（Helyar, J.）著；张振华译．—北京：机械工业出版社，2010.8（2014.6 重印）
（资本的游戏）
书名原文：Barbarians at the Gate: The Fall of RJR Nabisco

ISBN 978-7-111-31494-3

Ⅰ．门…　Ⅱ．①伯…　②希…　③张…　Ⅲ．企业－收购－美国　Ⅳ．F279.712.1

中国版本图书馆 CIP 数据核字（2010）第 152894 号

机械工业出版社（北京市西城区百万庄大街 22 号　邮政编码 100037）
责任编辑：刘　斌　　　　版式设计：刘永青
北京市荣盛彩色印刷有限公司印刷
2014 年 6 月第 1 版第 16 次印刷
170mm × 242mm · 28.25 印张
标准书号：ISBN 978-7-111-31494-3
定价：52.00 元

凡购本书，如有缺页、倒页、脱页，由本社发行部调换
客服热线：（010）88379210；88361066
购书热线：（010）68326294；88379649；68995259
投稿热线：（010）88379007
读者信箱：hzjg@hzbook.com

Barbarians at the Gate

目录

Barbarians at the Gate

推荐序

一个开门揖盗的结局

对于一个普通的中国读者而言，本书或许显得有些拖沓冗长，但是我认为，如果你想深入地触摸华尔街的脉搏，它作为一个必读的课本当之无愧。

20 世纪 80 年代，整个美国经历了一场企业并购的狂潮，而雷诺兹－纳贝斯克的并购案，正是这场饕餮盛宴的最高潮。几乎所有著名的投资银行和商业银行都卷入了这个世界上最大的企业并购案，从本书中你可以看到许多我们今天熟知的金融大鳄的名字，从高盛、美林、第一波士顿、摩根士丹利、所罗门兄弟、美国运通，到花旗银行、汉华银行、大通银行，从垃圾债券之王德崇证券到杠杆收购的先驱 KKR，等等，它们在争夺这块肥肉时使出的各种手段令人眼花缭乱，很容易让人联想起军阀混战时期的那些连横合纵和明争暗斗的画面，或一群豺狼争抢猎物时的疯狂场景。

本书的前一半，作者把即将出场的主要角色们的发家史逐一进行了介绍，由此织成了一幅美国从 20 世纪 50 年代到 80 年代经济发展的背景画面；本书的后一半，当兼并案进入竞标阶段时，已经有点像一部悬疑小说了，情节跌宕起伏、扑朔迷离、扣人心弦，让你不读到悬念最后揭晓的那一刻不忍释手。

本书的主人公罗斯·约翰逊作为雷诺兹－纳贝斯克集团的总裁，是全书描写得最为鲜活生动的人物。这是一个具有喜剧性格的悲剧人物，一个混杂了企业家冒险精神和资本家贪婪欲望的矛盾体，是他亲手打开了华尔街的魔瓶，启动了这场后来自己也无法收场的混战。这场把华尔街金融大鳄们喂得脑满肠肥的盛宴，没有为企业本身带来任何好处，而是把一个曾经位列世界500强的公司和它的员工拖进了深渊，最后连始作俑者自己也不得不黯然离场。

因此，我认为如果把本书的译名改为《开门揖盗》，会比它的直译书名《门口的野蛮人》更加切合主题，同时也更容易被中国的读者所理解。

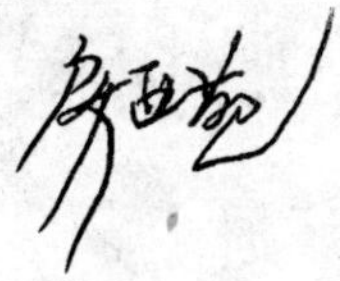

2010年4月28日

Barbarians at the Gate

译者序

当你打开蓝色包装袋的时候，你是否会想到里面装的除了奥利奥饼干，还有许许多多激动人心的故事？你是否会将这美味的饼干和华尔街联系在一起？若是没有这本《门口的野蛮人》，也许这些故事永远也不会被后人熟知。

在这本书里，“野蛮人”一词是由弗斯特曼提出来的，因此他在20年后的采访时特别强调这本书的书名是他想出来的。其实在西方历史中，“野蛮人”具有特定的历史含义，而弗斯特曼用的这个比喻也非常生动形象。这也许是作者将它作为标题的一个主要原因。

罗马人在希腊文明的基础上创造了罗马文明，将自己称为“文明人”，而将居住在化外之地的部落称为“蛮族”或“野蛮人”，主要包括东、西哥特人，汪达尔人和勃艮第人，此外还包括匈奴人。公元410年，哥特“蛮族”包围了罗马城。此时罗马城内外，战马嘶鸣、战鼓震耳，喊杀声直入云霄。经过激烈的战斗，野蛮人最终攻入了罗马城，并进行了三天三夜的洗劫。但这些蛮族只是垂涎于罗马帝国的财富，并不打算从此安顿下来，统治帝国。烧杀抢掠之后不久，他们丢下罗马城又继续过自己的游牧生活去了。公元476年，蛮族首领废黜了罗马的末代皇帝，曾经显赫一时的西罗马帝国终于灭亡，欧洲从此进入了中世纪时代。

一千多年之后，“野蛮部落”卷土重来，在美国实业界的城门外安营扎寨，渴望进去抢夺里面的财富，最为著名的就是这场攻占雷诺兹－纳贝斯克集团的战争。1988年的10月，约翰逊领导的管理团队首先和克拉维斯展开了交锋。随着投标过程的开展，弗斯特曼、马赫等人也加入到了这场具有历史意义的收购大战中来，但又很快退出争夺。最后董事会在两个几乎相同的投标方案中选择了科尔伯格－克拉维斯－罗伯茨公司（KKR）。但历史总是以惊人的方式重演，“野蛮人”的本性决定了他们并不会定居下来，安安心心地经营这座城池。在盈利希望渺茫的情况下，他们又跨上战马，开始寻找下一个目标。

此书对这场收购的来龙去脉介绍得细致入微，既有对当时美国经济宏观上的把握，也有对谈判过程细节的描写。更难得的是作者在这场收购20周年的时候又对书中的主要人物进行了采访，介绍了这20年来主要人物的情况和华尔街的变化，让读者对这场收购的意义有了进一步的了解。还需一提的是本书中出现的一些公司依然活跃在它们自己的领域里，并在某种程度上影响着我们的生活，比如KKR和纳贝斯克。

由于本人水平有限，翻译不到位的地方在所难免，希望读者能够自我辨别并批评指正，我将不胜感激。本人的邮箱是 zzh_uibe@ hotmail. com。

最后谨此感谢机械工业出版社的编辑颜诚若女士、刘斌先生和程琨女士。

Barbarians at the Gate

作者的话

1989 年当我们完成这本《门口的野蛮人》时，收购大战才刚结束不久。转眼之间，书中之事已成为历史。有些书愈久弥香，我们觉得《门口的野蛮人》正是这样的一本书。许多著名的商学院至今还将本书用于商业道德和投资银行等课程的案例教学。1993 年 HBO 将本书拍成电影；2002 年，也就是收购大战结束之后的第 14 个年头，雷诺兹－纳贝斯克集团的争夺战又被制作成纪录片在历史频道上播出。

在动笔之初，我们万万没有想到此书能够如此的受欢迎。其实当时主要想看看我们能否写一本书，因为之前从来都没有写过。出版商们也并不看好此书。我们接触了六家出版商，只有 Harper & Row（也就是现在的 HarperCollins 出版社）一家出版社表现出一点点的兴趣。报纸已经好几个星期连篇累牍地报道了这场收购，谁还有耐心想再多了解一些呢？

作为《华尔街日报》的记者，我们在本书的写作过程中也力求做到报社提出的出色、准确的标准。要是没有报社编辑诺曼·普尔斯丁和保罗·斯泰格给予我们鼓励和 8 个月的无薪休假，《门口的野蛮人》根本不可能成书。

那年 10 月，雷诺兹－纳贝斯克集团收购大战爆发时，布赖恩是《华尔街日报》负责华尔街并购新闻的记者；约翰当时被派驻到亚特兰大负责报道雷诺兹－纳贝斯克集团。我们一起记录了那漫长的收购大战六个月中的每一个转折。直到这场杠杆收购尘埃落定、决定一起写书之后，我们俩才见到了对方。约翰举着那本印着约翰逊头像的《时代》周刊，以便布赖恩能够在亚特兰大机场认出他来。

说起来有点不好意思，本书所有的调查和写作工作都是在1989年1~8月这短短的8个月里完成的。这段时间大家都忙得晕头转向。我们认为所有的采访都必须亲力亲为。布赖恩住在布鲁克林区的帕克坡，房间里也没有空调。每天他要挤地铁到曼哈顿去做六个采访。晚上做完采访回来，他穿着一条沙滩裤和T恤在夏天的热浪中整理采访内容，撰写采访笔记。约翰为了搜集约翰逊早年发迹的故事经常来往于亚特兰大、北卡罗来纳州和纽约之间。我们通常不在一起工作，但对约翰逊本人马拉松式的采访，却是三个人一起在亚特兰大和曼哈顿吃着比萨就着饮料展开的。

在写作过程中，我们担心雷诺兹－纳贝斯克收购大战有一天会被更大、更疯狂的收购所超越。在企业狙击手、杠杆收购从业者和垃圾债券金融家的操纵下，20世纪80年代的企业界已经走火入魔了。这些野蛮人的下一次出手也许会使这场史诗般的大收购成为不起眼的小插曲（这也是出版社催促我们完成此书的原因）。我们随时准备面对这一天的到来，但这一天至今还没有出现。

现在看来，这场争夺雷诺兹－纳贝斯克集团的收购开创了一个新的时代，但同时为这个时代画上了一个句号。KKR 250亿美元的纪录在之后10年里一直没被打破。多方面的因素使得之后几年杠杆收购的规模大不起来。杠杆收购背后巨大的资金引擎——垃圾债券出现了故障，几乎停止了运行。米尔肯被投入监狱，德崇证券公司也破产了。而在90年代初的经济衰退中融资过度的公司遭受重创，也使杠杆收购背上了恶名。克拉维斯也停止搜寻大的猎物，把精力放在了雷诺兹－纳贝斯克集团的经营和债务问题上。所罗门兄弟银行的董事会主席古弗兰因陷入交易丑闻在1991年被扫地出门，总裁施特劳斯也宣布辞职，并和科恩一样，加入一家对冲基金之后变得默默无闻。其他人纷纷去了私募基金，希尔去了黑石集团，沃特斯去了一家名为Compass Partners的欧洲私募股权基金。

戈德斯通是本书中唯一交上好运的“野蛮人”。这位约翰逊曾经的法律顾问之后成了雷诺兹－纳贝斯克集团的首席执行官，但他的工作大都是收拾烂摊子。1999年他将纳贝斯克卖给了菲利普·莫里斯，剥离了雷诺兹烟草公司的海外业务，使这家公司重新回到起点。KKR不久退出了雷诺兹－纳贝斯克集团，它并没有从这场收购中赚到多少钱。

尽管80年代的华尔街杀手们已走向衰落，但他们将我们带入更加疯狂的90年代。美国的首席执行官们一开始还对聚集在城门外的野蛮人感到心惊肉跳，但最后纷纷效仿他们。通过雷诺兹－纳贝斯克的收购，他们意识到这里面蕴藏着惊人的财富并迫不及待地开始行动。

“首席执行官们通过杠杆收购明白了两个道理，” 90 年代依然活跃于大规模收购中的贝迪说，“第一，积累巨额财富不是靠工资和奖金，而是靠持有股权；第二，杠杆收购不是获得公司股权的唯一方法，股票期权也是选择。”

90 年代的首席执行官们通过股票期权获得的收益足以让约翰逊汗颜，贪婪在中产阶级中如同在华尔街一样盛行。就连一度稳健的会计师事务所也沾染了这种心态，忘了自己作为审计师的身份，想从中大捞一把。美联储前主席保罗·沃尔克曾经试图挽救丑闻缠身的安达信会计师事务所，但它最终还是倒闭了。他抱怨道：“他们和那帮投资银行家别无二致。”在 2002 年年初他进驻事务所的时候，华尔街那些大佬们的形象已经深入人心。沃尔克回忆道：“这些审计师觉得，‘活都是我们干的，我们哪一点比他们差？’大家都认为，‘钱多得是，不拿白不拿。’”

这种“野蛮人的胜利”也是本书迄今为止依然有借鉴意义的原因之一。泰科和世通等臭名昭著的首席执行官其实就是当今的“约翰逊”。他们身上都有约翰逊的影子：以自我为中心的非公司人；侵吞公司财产的首席执行官。只不过他们在操作尺度上更进了一步，因为在 90 年代的牛市和科技泡沫中，他们的回报更加丰厚。即使像博通两位创始人之类的无名小卒在科网如火如荼的时候，通过变卖公司股票，也都各自拿到了 8 亿美元。与之相比，约翰逊轰动一时的 5 300 万美元退休金，简直就是小巫见大巫了。

即使《门口的野蛮人》在金钱数量上已经被超越，但在戏剧性方面，它依然无出其右。这并不是因为作者的写作技巧，而是因为在这些商业大亨争夺一家大公司和华尔街统治地位的六周中，整个世界沸腾了。那个时代的精髓在雷诺兹－纳贝斯克集团争夺战中表现得淋漓尽致：不加克制的情绪和相互冲突的自负心；事件发展的峰回路转和人物性格的匪夷所思。其他作家在商业史诗写作上做出过不朽的贡献：戴维·麦克林蒂克的《大曝光：好莱坞与华尔街的真实故事》是我们创作的榜样，但在搜集原始资料方面他们没有我们那么幸运。我们亲身采访的银行家中，有的能够大口大口地吃下狗粮，有的在投标的最后一刻拿着标书以百米冲刺的速度穿过曼哈顿中城区。我们还认识一个首席执行官，他的宠物狗享受乘坐公司专机的待遇，而他的生活哲学是：“千金散尽还复来。”我们对他们永远满怀感激。你无论如何也虚构不出这样的事情。

Barbarians at the Gate

前言

本书是基于1988年10月及11月作者在《华尔街日报》上对雷诺兹－纳贝斯克集团争夺战的报道完成的。《华尔街日报》为新闻从业者设定的真实、准确和出色的标准，也是我们挖掘这些公众事件背后故事的初衷。

本书中95%的材料来自于1989年1月到10月我们在纽约、亚特兰大、华盛顿、温斯顿－塞勒姆、康涅狄格州和佛罗里达州等地进行的100多场采访。由于工作原因，我们在《华尔街日报》的时候结识了不少人，因此能够长期采访这场收购中的每一个主要人物以及一些次要人物。只有少数几个人谢绝了我们的采访。

我们首先采访的人是那些胜算概率较小的竞标者，如第一波士顿的马赫，还有在纽约办公室和私人飞机上接受了我们采访的弗斯特曼先生。在KKR公司，我们先集体采访了克拉维斯、罗伯茨和雷切尔，之后又对他们每人分别进行了超过20个小时的采访。在一场火灾之后不久，KKR就搬到了雷诺兹－纳贝斯克集团之前在纽约的办公室，所以大部分的采访都是在那里完成的。克拉维斯本人就接受了六次录音采访；除有一次外，其他几次都是在原来约翰逊办公室的前厅里进行的。约翰逊是最后一个同意接受我们采访的。他的这种情绪我们能够理解，毕竟他经受过公众的猛烈抨击，不想再招来什么是非，但最后他还是接受了我们一对一的采访，前后总共长达36个小时。我们在他亚特兰大的办公室里完成了几个全天候的采访。

约翰逊在那里抽着小雪茄烟，穿着运动衫，也没打领带。此外我们一个漫长的夜晚采访是在他纽约的公寓里进行的。当时，约翰逊穿着一条灰色、印着雷诺兹－纳贝斯克集团标志的球裤，和我们一边吃着比萨、一边喝着啤酒。

由于被采访者的配合，我们尽可能地还原了当时的对话。出于需要，这里有时可能会涉及一个被称为“选择性记忆”的概念。正如肯·奥莱在《华尔街上的贪婪和荣耀》一书中指出：“没有一个记者能够准确无误地再现过去发生的事情。记忆有时会捉弄被采访者，特别是当这些事情的结果变得明朗的时候。报道者为避免差错会核对各个线索，但读者和作者都有必要认识到其中的局限性。”

我们完全同意这种说法。但需要注意的是，在记述那些关键性的会议时，我们通常有机会采访当时每一位与会者。一般情况下，这些会议都有八九个参与者。如果他们的回忆出现重大出入的话，我们都会在行文或脚注中标明。

特别需要注意的是，如果读者希望从这本书中找到杠杆收购对美国经济影响的论断的话，他们将感到失望。我们认为杠杆收购对一些公司很适用，而对另一些公司则不然。对雷诺兹－纳贝斯克集团来说，大家要知道这场杠杆收购是时代的产物。很多情况下，它的成功与否不是3年、4年、5年甚至7年之后就能见分晓的。本书记录的只是这场杠杆收购的诞生，而在我们写作的时候，新生的雷诺兹－纳贝斯克集团还不满一岁。这个婴儿现在看起来很健康，但要对它的最终命运做出评判还为时尚早。

在此，我们要感谢《华尔街日报》的主编诺曼·普尔斯丁，因为他批准我们专心于本书的写作。我们对 Harper & Row 出版社的编辑理查德·科特表示感谢。他的慧眼和自始至终的鼓励帮助我们出版了第一本书；此外还有他的助手斯科特·特兰内拉。罗兰·尚利将我们的书介绍给了出版社。我们的代理安德鲁·威利并不像人们想象的那样脾气暴躁，他的同事德博拉·卡尔为本书提供了无微不至的帮助。《华尔街日报》的史蒂夫·斯沃茨在叙事写作方面给我们提出了大量的宝贵意见。雷诺兹－纳贝斯克集团和这场收购的许多参与者也为本书提供了照片。此外，我们还要感谢1988年担任《华尔街日报》亚特兰大分社主管的约翰·休先生。他不但同意约翰·希利亚尔调查研究雷诺兹－纳贝斯克集团，而且在1989年担任《南岗哨》杂志编辑时，又批准约翰·希利亚尔先完成本书再继续开展本职工作。

除此之外，这本书的出版也离不开我们妻子默默无闻的支持。贝丝·莫里斯身兼二职。作为《华尔街日报》的员工，她是第一批“发现”约翰逊的人，而且她还按照年代将雷诺兹－纳贝斯克集团的事件整理成写作资料。在本书的写作过程中，约翰·希利亚尔因为采访出差或写稿原因长时间不能陪伴在她身边，她也毫无怨言。同样，玛拉·布罗夫是本书初稿的第一位读者和文字编辑，并且不断地为本书的写作提供支持，表现出了极大的耐心。本书的成功离不开她们的建议和指导。

收购各方

管理层团队

雷诺兹－纳贝斯克集团（RJR Nabisco）

罗斯·约翰逊：首席执行官兼总裁

小爱德华·霍里根：雷诺兹烟草公司董事会主席

爱德华·罗宾逊：首席财务官

哈罗德·亨德森：法律总顾问

吉姆·韦尔奇：纳贝斯克－标牌公司董事会主席

约翰·马丁：执行副总裁

安迪·塞奇：顾问兼董事会成员

弗兰克·贝尼文托：顾问

史蒂夫·戈德斯通：达维律师事务所律师，在此次收购中担任约翰逊的法律顾问

乔治·巴松：外部法律顾问

美国运通公司（协利的母公司）

吉姆·罗宾逊：董事会主席兼首席执行官

协利证券公司（全称为协利－雷曼－赫顿公司）

彼得·科恩：董事会主席兼首席执行官

汤姆·希尔：兼并业务部门主管

吉姆·斯特恩：投资银行家

罗伯特·米拉德：风险套利交易员

杰克·努斯鲍姆：外部法律顾问

所罗门兄弟银行

约翰·古弗兰：董事会主席

汤姆·施特劳斯：总裁

迈克·齐格曼：投资银行家

查理斯·菲利普斯：投资银行家

比尔·斯特朗：投资银行家

彼得·达罗：外部法律顾问

罗宾逊公关顾问公司

琳达·罗宾逊：吉姆·罗宾逊的妻子

KKR 团队

KKR 公司（科尔伯格－克拉维斯－罗伯茨公司）

亨利·克拉维斯：普通合伙人

乔治·罗伯茨：普通合伙人

保罗·雷切尔：普通合伙人

泰德·阿蒙：资深顾问

克里夫·罗宾斯：资深顾问

斯科特·斯图尔特：资深顾问

迪克·贝迪：外部法律顾问

查理斯·科古特：外部法律顾问

德崇证券公司

杰夫·贝克：顾问，绰号“疯狗”

摩根士丹利

艾瑞克·格里彻：兼并业务部门主管

史蒂夫·沃特斯：原协利高级顾问，因受到希尔等人的排挤，跳槽至摩根士丹利

沃瑟斯坦－佩雷拉公司

布鲁斯·沃瑟斯坦：原第一波士顿顾问，沃瑟斯坦－佩雷拉公司的创始人

第三方团队

弗斯特曼－利特尔公司

西奥多·弗斯特曼：高级合伙人

布莱恩·利特尔：普通合伙人

尼克·弗斯特曼：普通合伙人

史蒂夫·弗雷廷：外部法律顾问

高盛公司（为弗斯特曼效力的投资银行家）

杰夫·布瓦希：投资银行业务主管

第一波士顿集团

詹姆斯·马赫：兼并业务部门主管

金·芬内布雷斯克：投资银行家

布莱恩·费恩：投资银行家，在收购中提出了利用税收漏洞的收购方案

杰瑞·塞斯罗：信息通公司

杰伊·普利茨克：投资方

汤姆·普利茨克：投资方，杰伊·普利茨克之子

汉克·汉德尔斯曼：外部法律顾问

梅尔·克莱因：投资方

特别委员会

董事

查理·休格尔：燃烧工程公司董事会主席

马丁·戴维斯：西湾公司首席执行官

艾伯特·巴特勒：温斯顿－塞勒姆实业家

比尔·安德森：美国计算机服务公司董事会前主席

顾问

彼得·阿特金斯：世达律师事务所

迈克·米切尔：世达律师事务所

马特·罗森：世达律师事务所

约翰·马林：狄龙·里德公司

富兰克林·霍布斯：狄龙·里德公司

菲利克斯·罗哈廷：拉扎德兄弟银行

伊兰·哈里斯：拉扎德兄弟银行

鲍勃·洛夫乔伊：拉扎德兄弟银行

路易斯·里纳尔迪尼：拉扎德兄弟银行

乔希·格鲍姆：拉扎德兄弟银行

其他人员

史密斯·巴格利：雷诺兹家族继承人

保罗·斯迪克特：雷诺兹烟草公司前董事会主席

泰利·威尔逊：雷诺兹烟草公司前董事会主席

约翰·格林纳斯：纳贝斯克－标牌公司总裁

Barbarians
序　幕 at the Gate

有好几个小时，这两个男人就坐在后门廊上一直谈着话。

年轻些的男子是刚从纽约来的律师史蒂夫·戈德斯通，这个下午在他看来和平日一样宁静。地平线上，夕阳西下；天空下，优雅的雪鹭在内陆水道的芦苇丛中觅食嬉戏。

一阵佛罗里达的暖风拂过戈德斯通那日渐稀疏的棕发。他不禁想，要是这迷人的画卷飘进几朵乌云，那真叫大煞风景。他对自己接下来要说的话一点儿都高兴不起来，但他的工作就是给别人泼泼冷水，这活儿可没人愿意做。

不过总得有人站出来告诉约翰逊！

他们坐着，陷入沉默已经有一会儿了。戈德斯通啜了一口金汤尼，看了看坐在藤椅上的约翰逊。有时候他真希望能更了解罗斯·约翰逊。他们俩认识还不到三个月。约翰逊显得那么坦诚、容易相信别人，还有那么点天真，但他是否知道自己的决定会产生什么样的后果？

约翰逊上身套了件带雷诺兹－纳贝斯克集团公司标志的T恤，左腕上耷拉着一条金链子，花白的头发有点不修边幅。看得出来，约翰逊正在考虑一个行动，这个行动足以永远改变他的生活，也许还有他们所有人的生活。

这么做是为了什么？戈德斯通之前已经问过。“您是美国大公司的首席执行官，并不缺钱，但您接下来要做的这件事可能会使一切都化为乌有。您知道这样做会造成多少痛苦和折磨吗?”

到目前为止，他都没能说动他的客户。他知道自己必须再接再励。“您会失去一切，”他又重复了一遍，“您的飞机、曼哈顿公寓、棕榈滩和古堡松林的别墅。”律师顿了一下，以便听者好好领会。

“您还不明白吗? 您会失去所有的一切。”

但这都比不上要做的交易重要，约翰逊坦言。其他什么都不能改变现况，“我也别无他法啊。”

戈德斯通耐着性子再试一遍：“从您开始动手的一刻，您就会失去对公司的掌控。一旦您启动这个进程，您就不再是公司的首席执行官了，您就拱手把控制权让给了董事会。我知道您觉得董事会里的每个人都是朋友。”

约翰逊点点头。毕竟，是谁带他们坐公司的飞机周游世界? 是谁给他们丰厚的年薪? 还不是自己!?

戈德斯通继续说道:“一旦收购活动开始，这些董事就不再是朋友了，也不可能是了。别指望从他们那儿得到什么好处，他们是不会给您的。他们会被华尔街的那帮人控制，而那些人您都不熟。他们会因几百万美元而被三十多人起诉，压力可想而知，他们会因此而痛恨您的。”

戈德斯通停了下来，举目远眺，残阳烧红了半边天空。但无论他把前景描绘得多么黯淡，约翰逊似乎都不为所动。他不敢肯定这些话有多少穿透力，不过五天之后，一切都将揭晓。

当他们登上去亚特兰大的湾流飞机时，戈德斯通感觉到约翰逊已经打定了主意。他盯着这位美国第19大公司的掌舵人。他公司的产品家喻户晓，几乎每家每户的茶水间里都能找到奥利奥、乐事饼干，救生圈牌糖果，云斯顿和沙龙香烟，而他的一举一动都将关系到14万员工的饭碗。

约翰逊凡事都愿意看光明的一面，太容易相信别人了，天啊，他相信每个人都是他最好的朋友。戈德斯通为此感到担忧。

约翰逊要动手了，他要动真格了，戈德斯通想。

10月的夜晚，凉风习习。一排林肯轿车缓缓驶来，停靠在了韦弗利酒店门口。韦弗利酒店坐落在一个郁郁葱葱郊外的办公园区内。园内有巨幕电影院、高档的购物广场、漂亮的喷泉和宽阔的人行道，高耸亮敞的写字楼鳞次栉比，这样的办公园区在阳光地带十分普遍。

纳贝斯克集团公司的总部就坐落在几百码之外的办公楼里。办公楼里整整11层楼已经被公司租了下来。公司还为董事们配备了私人飞机。这些董事们从车里下来，穿过酒店的大厅，搭上观光电梯，走进一个会议室。那里，大家手拿饮料，三五成群，一边焦急地等着开会，一边聊着自己旅途中的见闻、世界职业棒球大赛以及不到一个月就要开始的总统大选。

董事会例行会议将在明晚召开。今晚是大家和公司总裁约翰逊共进晚餐的一次聚会，这里他们能听到约翰逊以他特有的方式，海阔天空地谈论公司的最新情况。但今晚的气氛明显与往常不同，因为约翰逊要求每个人都参加，而这样的聚会在之前是自愿的。只有少数人知道将要发生什么事，其他人只有猜的份儿了。

约翰逊将戈德斯通介绍给大家之后，好多董事都一脸疑惑。艾伯特·巴特勒闹不明白约翰逊为何要将一个局外人带到这儿。茱安妮塔·克雷普斯把查理·休格尔拉到一边，希望打探到约翰逊今晚的意图。休格尔虽然一清二楚，但搪塞说今晚有很多事情等着讨论，得去催大家快点吃饭，就借口走开了。

约翰逊端着一杯加了苏打水的伏特加，在董事会成员中间周旋着，时而面带微笑，时而开怀大笑。能在这些人当中游刃有余，真是不容易啊。他为自己能在董事会里面八面玲珑而感到自豪。他善于用玩笑、俏皮话来化解紧张的气氛，在这方面他可是大师。他总是一副乐天派的脾气，从来不把自己或是事业看得太重。今晚他的华尔街合伙人担心的事还是发生了，约翰逊又开始信马由缰了。

小爱德华·霍里根希望约翰逊能达到最佳状态。作为雷诺兹－纳贝斯克集团旗下最大的公司雷诺兹烟草公司的主管，霍里根强烈支持约翰逊今晚即将公布的计划。这个身材矮胖、生性如牛的爱尔兰人，曾在战场上单枪匹马穿过枪林弹雨。现在他将这种速战速决的风格带进了公司。和约翰逊的自由洒脱不同，霍里根时常焦虑不安。在约翰逊加入公司之前，霍里根就非常了解这些董事。他曾亲眼目睹了他们之前的伎俩，因此对他们不太信任。霍里根明白约翰逊一定会以为用优厚的薪水就可以买通他们。但霍里根没那么自信，也许董事会在约翰逊宣布他伟大的计划时，当场就把他踢出公司。

正当霍里根陷入沉思的时候，一个陌生人走进了会议室。此人穿着一套《绅士季刊》广告里的西服，略微花白的头发梳得一丝不苟，用冷冷的眼神打量着四周。这让霍里根想到了西部片里一个外乡人走进当地酒吧的情形。过了一会儿，他俩就被介绍认识了。这位华尔街的律师叫彼得·阿特金斯，是来协助董事会成员行使职责的。

“您好，霍里根先生。”阿特金斯握着霍里根的手，冷冷地说。

噢，天哪……霍里根心里暗自叫道。

晚餐结束的时候差不多已经8点半了，这时约翰逊站了起来，先开始说公司管理上的一些琐事，提醒薪酬委员会成员明天第一件事就是先开个会，然后逐条讨论会议事项。“大家知道，今天晚上还有一个关于公司今后发展方向的议题，我们接下来就讨论讨论吧。”

抽了几口烟之后，约翰逊开始回顾过去的两年：在他的领导下，公司销售业绩节节攀升，利润也上涨了50%。但唯一美中不足的是公司股价，自从去年刚到每股70美元开始就一直在跌。自从一年前股市崩盘之后，他们所做的努力始终没有使公司股价有所回升。甚至在春季他们回购公司股票之后，股价还继续下跌到了每股40美元。说到这里，约翰逊吹了一个尖锐、降调的口哨，就像一颗炸弹从空中坠落的声音。即便烟草行业从法律诉讼的麻烦中脱身出来后，股价的这种颓势也没有得到扭转。大家对这些情况都一清二楚，但没有谁比约翰逊更着急。

“公司的价值被严重低估，这是明摆着的！”约翰逊说道，“我们试图整合食品和烟草生意，但失败了。多元化经营也没有什么起色。我们在食品行业的资产是收入的22～25倍，但股价却只相当于收入的9倍！投资者把我们看做一家纯粹的烟草公司。为此我们研究了其他为股东增值的办法，”他顿了顿说，“我个人认为杠杆收购才是实现这些价值的不二法门。”

会议室里鸦雀无声。

在座的每个人都知道杠杆收购。所谓的杠杆收购（leveraged buyout，LBO），就是一帮高级经理人在华尔街银行家的帮助下，用贷款从公司股东手中收购公司股票的做法。反对杠杆收购者认为这相当于从股东手中掠夺走了公司，高筑的债台会削弱公司在国际上的竞争力。而且为了归还贷款，公司不得不削减研究费用和其他方面的预算。而拥护的一方则认为债务会使公司变得更加精简和节俭。但有一个问题，双方的看法是一致的：这些主导杠杆收购的高级管理人员将变得极其富有。

“狼还没来呢，”约翰逊说，“并没有企业狙击手迫使我这么做。这仅仅是我个人想到的对股东最有利的方案，也具有可行性。只要出价比现行的股价高出一点就可以将公司从股东手中收购过来。但到目前为止，我们还不能肯定或者提出提案。”

约翰逊停下来看看这些董事，他们大部分都是其他公司现任或已经退休的首席执行官，平均年龄达到了65岁。约翰逊能将公司从北卡罗来纳州带出来，发展到今天这个规模，和董事们放手让约翰逊经营是分不开的，要不然，公司可能到现在还只是个北卡罗来纳州的百年小店铺。不过他的前任也因过于循规蹈矩而被这些董事踢出了公司。

“我希望大家能理解这一点，”约翰逊接着说，“你们要做出决定。如果你们认为杠杆收购不是一条出路，有更好方案的话，不妨说出来，我是不会介意的。我还可以做一些别的事情，我们可以卖掉在食品行业的资产，然后再买进更多公司的股票。我不介意再回到楼上的办公室，继续在其他方式上努力，没有问题。”

又是一阵沉默。

弗农·乔丹首先开了口："罗斯，如果你想这么干的话，公司就会进入一场危险的游戏。有可能半路杀出个程咬金来，出价比你高得多，把公司给收购了。我的意思是，你可能不会很顺利，因为谁也没办法预料会发生什么事。"

"这正是我的意思，"约翰逊说，"我们就是要参加这场游戏，就是要卖给出价最高的收购者。如果有人能出每股85美元，或者更高的话，我们不就为公司股东谋了更大的福利？公司的管理层并不是为了保住自己的饭碗而不惜牺牲股东利益的。"

"那你现在进展到哪一步了呢？"发问的是约翰·麦康伯，这些年来他一直看不惯约翰逊。

"为了保密起见，我们目前和银行方面没有太多的接触，也没有向他们借一个子儿。但只要董事会一点头，我们相信这件事会进展得很快。"

过了一会儿，茱安妮塔发言了："走到今天这个地步，将公司弄得四分五裂，这真让人寒心。在其他公司的董事会上，我也听到过一些关于公司股价被低估的抱怨，但是那里的情况却和这里截然不同。管理层并没有只将目光放在当前下挫的股价上，而是更注重公司未来的发展。为什么这儿就正好相反呢？这是因为销售不景气和这个行业特性导致的吗？"

"茱安妮塔，我听到很多企业的老总对股价大发牢骚，可他们大都只是说说而已。对于股价，其实你是可以做些事情的，但很多人却不敢采取任何行动。"

这些话听起来都那么合情合理，也只有约翰逊有这样的本事能解释得头头是道。如果这些董事知道约翰逊的具体方案后，他们肯定会提更多的问题，比如约翰逊背着他们偷偷拿了多少好处，或者他和那些贪婪的协利证券公司[1]的银行家如何瓜分这次杠杆收购的利益。但这一切只会在某个不合时宜的时候被捅出来。

休格尔环视了一下会场：应该没人再提问题了。他建议约翰逊和戈德斯通先上楼待一会儿，董事会接下来要讨论这个提案。"这个方案的管理小组还有谁？"休格尔问道。

约翰逊将他们一一挑了出来：霍里根、纳贝斯克公司董事会主席吉姆·韦尔奇、法律总顾问哈罗德·亨德森、独立董事兼顾问安迪·塞奇。休格尔示意他们也回避一下。

约翰逊离开之后，在董事们稍做休息的间歇，巴特勒走到休格尔跟前："你看到了吧？塞奇也有份儿。"

休格尔点点头。

"罗斯想让我们将他的顾问费提到50万美元，也就是现在的两倍。这件事本来已经在薪酬委员会讨论的日程上，但眼下我看是不行了。"

"不行，"休格尔说，"他们不能这么干。"他有点不好受。虽然约翰逊是他的朋

---

[1] Shearson Lehman Hutton，雷曼兄弟卖给美国运通后的名字。——译者注

友，但过去三天里发生的一些事情使他不得不停下来考量这个自己曾经以为相当了解的人。这里面一定有什么不太对劲。

其他人一言不发地走向洗手间。当这些行业大佬们凑近便池的时候，一个声音突然响彻了洗手间："让我们研究研究这事儿到底靠不靠谱。"这些人点点头，洗完手就回到了会议厅。

接着，休格尔让律师阿特金斯向大家宣读特拉华州关于董事会成员义务的法律规定。雷诺兹－纳贝斯克集团和很多大型上市公司都是在特拉华州注册成立的。念完后，休格尔告诉大家一周前当他还在韩国的时候，约翰逊给他打电话说起收购的事。但他没谈个人的看法，也没提两天前约翰逊许诺给他的好处。

当董事们讨论的时候，约翰逊回到了办公室，和其他人一起等待结果。没多久，有人通知他董事们想见他，让他下楼。约翰逊叫上戈德斯通，急匆匆地来到了会议室。

"约翰逊，董事会辩论之后认为如果你已经走到了这个地步，那么他们也没办法，让你继续开展这个方案。如果你的的确确为公司考虑，根据特拉华州的法律，他们有义务让公司股东考虑这个方案。但前提是他们想确定这个价格你是认真考虑过的，而不是拍脑袋想出来的。"

"那你说怎样才不叫拍脑袋想出来的呢？"

"收购价要高于公司股票的历史最高价格。"

"没问题，这个我可以做到。"

"这样的话，董事会就准备批准你的方案了。如果你愿意，董事会明天早上就召开新闻发布会。"

"彼得，有草案了吗？给我们念一下吧。"

戈德斯通在阿特金斯念完之后要求将草案带到楼上去研究，阿特金斯同意了。

新闻发布会有点让人担心，尽管当戈德斯通得知阿特金斯是休格尔带来的时候，他就预感到事态可能会发展到这一步。这件事一旦公布就足以将这场计划扼杀在摇篮当中。消息一旦发布，一些恶意收购者就可能在公司管理层做好投标准备之前采取行动。但在董事会提及新闻发布会时，约翰逊和他的搭档都面不改色。公司如此庞大，这个世界上还没有人敢出价比约翰逊他们高；在没有一个友善的管理层的帮助下，这种可能性更是微乎其微。

约翰逊和戈德斯通上楼寻找协利的团队，冷酷的首席战略专家汤姆·希尔和律师杰克·努斯鲍姆不在那儿。戈德斯通跑到楼下的大厅才找到这两人。他们刚和助手们参观完集团总部回来。戈德斯通喊道："你们瞎跑什么啊？"

戈德斯通告诉他俩新闻发布会正在准备当中，约翰逊很希望把价格也放在新闻稿里公布出来。因为不公布价格的话，约翰逊怕股票价格失控，涨到他们愿意出的价格之上。当他们回到楼上，希尔又重申了之前的建议——每股的对价为 72 美元现金加 3 美元优先股。

约翰逊摇了摇头说："不要用优先股，伙计们，75 美元全部用现金支付。用优先股让人觉得有点小家子气。"

话音刚落，约翰逊不由倒吸了口气，简单的心算就能算出需要多少钱。170 亿美元的真金白银，这将是规模最大的收购计划了，是历史上杠杆收购 3 倍的价格啊。他们并不考虑出更高的价格；在没有竞争对手的情况下，再比这个价格高似乎没有必要。

像往常一样，约翰逊又一次说服他们全部用现金。子夜将近，戈德斯通拿着修改好的新闻发布稿来到楼下会议室。

经过了几周筹划和幕后谈判，这一切都成了现实。真的要启动了。"我们现在需要筹集 170 亿美元。"戈德斯通大声地向在会议室里转悠的董事们宣布。

约翰逊又一次想到了新闻发布会。原本希望这次收购只有董事们知道，但现在要召开新闻发布会，这将意味着很多细节在明天早上都将被公开。约翰逊原以为自己已经做好了充分的心理准备，现在又突然感到有点不适应。"事情的发展之快，已经超出了我们的预期。"他在电话里提醒自己的助手。

Barbarians 第1章 at the Gate

从标牌到纳贝斯克

罗斯的哲学是：“我们要举行一场盛宴，一场纷繁复杂的宴会。”

——亚当斯，雷诺兹-纳贝斯克集团心理咨询专家

约翰逊感觉有人在跟踪他。他猜想一定是老吝啬鬼亨利·韦格尔雇的私家侦探。无论约翰逊每天走到哪儿，那人都如影随形。最后，约翰逊终于忍无可忍，只好向一个有黑社会背景的朋友求助，希望甩掉这条烦人的尾巴，这个朋友答应下来。没过几天，那个人果然消失了。这个朋友告诉约翰逊：“你放心，这个家伙现在无论去哪里，都得拄着拐杖了。”

1976年的春天，标牌食品公司的情况正在变糟。狂暴的公司主席老韦格尔正想方设法地排挤公司的二把手约翰逊。这个头发不修边幅的加拿大小伙子在曼哈顿结识了一些明星朋友，如弗兰克·吉福德和唐·梅瑞迪斯。韦格尔一边派人审计约翰逊庞大的经费开支，一边私下里搜集关于约翰逊的花边新闻。

约翰逊的拥护者也不甘示弱，开始游说公司的高管们，并积极揭发公司里的腐败

现象。山雨欲来风满楼，一时间政变的传言席卷了位于麦迪逊大街的公司总部。

斗争开始趋于公开化，约翰逊和韦格尔终于互相攻击起来。一个深受欢迎的主管意外身亡；董事会弄得四分五裂。在 5 月中旬的董事会上，两人终于摊牌了。韦格尔抢先来到会议室，准备将搜集到的关于约翰逊的丑事都抖出来。约翰逊紧随其后，准备随时反击。

时间一分一秒地过去，约翰逊的“快乐伙伴”㊀们在中央公园焦急地等待着胜利的消息。会议室里已经刀光剑影。但在公司内部斗争中，没有人能打败约翰逊，每次笑到最后的都是他。

在 1988 年秋季之前，约翰逊的生活就是一场商业探险。通过这场探险，他不但给自己谋取了权力，同时也积极向旧的商业体制发出挑战。

在旧的商业制度下，大公司笨拙而迟缓。世界 500 强公司被一群称为“公司人”㊁的经理人把持着。年轻的经理人从公司底层慢慢往上爬，将他们的所有都奉献给了公司；而高级经理人看管着公司的资产，安于现状。

约翰逊是个出了名的“非公司人”。他敢于打破传统，裁撤冗员，使管理层惶惶不安。他是 20 世纪七八十年代成长起来的非公司人的典型代表。他们是一群以交易为导向、以利润为中心的职业经理人。他们自称为公司的股东而不是公司的传统服务。同时，他们也忠于自我。

在这些非公司人当中，约翰逊的风头最足。他做最大的生意，有最大的嘴、赚最多的钱。他成了商业界中的代表。后来他将“喧嚣的 80 年代”推向了顶峰，通过一场世纪的交易瓦解了美国一家规模最大但又最脆弱的公司。

这位标志着新商业纪元到来的人物出生在 1931 年，当时老一辈还过着大萧条里水深火热的日子。弗雷德里克·罗斯·约翰逊出生在中下阶级家庭，在大萧条时代的温尼伯市长大，是家中的独生子。大家都称他为罗斯，而不是弗雷德，因为弗雷德是他父亲的名字。沉默寡言的老约翰逊是个五金销售员，偶尔也做点木工活。他的母亲卡罗琳身材玲珑娇小，平日爱打桥牌，是家里的一把手。虽然那个年代已婚妇女很少出来工作，但卡罗琳却出来当了簿记员。小约翰逊对数字的敏感和能言善辩深受母亲的影响，他的创业精神则是当时的大环境造就的。约翰逊一家虽然不算穷，但直到约翰逊 8 岁那年，他们才拥有了自己的房子。

放学后，小约翰逊会做一些兼职工作。他把打工赚来的钱花在该花的地方上，比

㊀ 《罗宾汉历险记》里罗宾汉的那帮绿林朋友就叫“快乐伙伴”。——译者注

㊁ “公司人”的特点是忠于公司甚于忠于自己的同事。——译者注

如买衣服。刚开始的时候他做一些典型的儿童工作，比如在社区里送报纸，在马戏团卖糖果，后来发展成了一些有创意的小买卖，比如把他收藏的漫画书出租出去。稍微大一些的时候，他开始挨家挨户地兜售婴儿摄影票。他大学期间的每一分钱都是自己打工辛辛苦苦赚来的。

年轻时代的约翰逊

在高中阶段，约翰逊不是班里成绩最优秀的学生，而把这个称谓让给了好友内尔·沃德。沃德后来成了 Cadillac Fairview 房地产公司的主管。约翰逊是那种不需要通过刻苦努力就能在班里排中上的学生，当然他也不是很刻苦。虽然在他毕业那年已经有一米九的个儿了，他在体育方面也不算最优秀的。他更擅长记忆《体育新闻》里垒球比赛的得分，而击球技术却并不怎么出色。

和他高中就辍学的父亲相比，小约翰逊希望能上大学，每天他都乘坐巴士穿过小镇来到温伯尼的曼尼托巴大学上课。在课堂上他成绩平平，但在课堂外却如鱼得水——兄弟会主席、校篮球队队长、加拿大的 ROTC 学生军官。如果要说这个调皮的小约翰逊有什么与众不同的地方，那就是他能言善辩，善于说服别人，能领导那些比他大得多的同学。他上大学时，班上大部分同学是第二次世界大战归国的老兵，而年纪较小的约翰逊却能组织和领导他们。

出了大学校门后，约翰逊就在加拿大公司里干些平庸琐碎的工作，二十多年后约翰逊依然是个无名小卒。他先是在蒙特利尔的加拿大通用电气公司干了六年的会计。由于感到没什么前途，他又转到公司在多伦多的市场部当起了推销员。“这儿才带劲呢。”约翰逊告诉朋友。作为一个级别较低的经理，约翰逊负责推销灯泡。就在这个职位上，约翰逊第一次表现出了自己的推销天赋。他想到了在灯泡里面涂上颜色，这样灯泡的价格就能比普通灯泡卖得高。这种名叫“噱头帮”的灯泡卖得很火。在销售圣诞树灯泡的时候，约翰逊也是成绩斐然。

约翰逊不但在灯泡销售上有自己的一套，在费用花销上也表现出了他的创造性。他削减业务员的费用预算，把这部分节省的开支划到自己头上，用来款待那些客户。他特别喜欢设计和组织他所谓的“百元高尔夫比赛”，客户们先到城里最好的球场上打球，然后去最高档的餐馆吃饭。在 20 世纪 60 年代初，人们花掉 100 美元可得前思后想好久，但约翰逊的理念是“千金散尽还复来”。敢于花钱的性格和高超的拍马术使得约翰逊的仕途一帆风顺。“花钱对罗斯来说是一件愉悦的事。”约翰逊的加拿大朋友威廉·布伦德尔回忆道，“他相信任何决定都是由他花名册里的那些人做出的，他认为自己有能力以小博大。”

约翰逊也是个派对狂，他最喜欢做的事莫过于一边喝着威士忌，一边天南地北地侃到下半夜。第二天他依然能够精神抖擞地来上班。在通用公司的时候，他对待工作的方式并不是死板、正襟危坐的，而是谈笑风生、泰若自如。如果能把一件事情说得风趣幽默，约翰逊绝不会说得直截了当，最好还带一点自嘲。“会计，就是脑袋还在过去，屁股却在未来的人。”约翰逊还是个簿记员的时候就如此自嘲。为此他吸引了一些志同道合的年轻人。

但 13 年过去了，32 岁的约翰逊依然是个小人物。他的年薪只有 14 000 美元，为了补贴生活，他晚上还得去多伦多大学教书。那时，他的第一个孩子就要出生了。除了个人魅力之外，他和多伦多市里其他有远大理想的年轻人没有多大差别。但他等得有点不耐烦了，当他申请调往美国分公司工作的要求被拒绝之后，约翰逊终于坐不住了，选择了跳槽。

结果，约翰逊在加拿大的连锁超市伊顿公司里的管理中层找了一份工作。在那儿他结识了日后对他影响很大的托尼·佩斯科特。伊顿是一个臃肿、缺乏活力的公司。作为人事主管的佩斯科特决心恢复公司的活力，努力将公司改造成一个现代化的企业。进入了 60 年代，约翰逊也成了这群被称为佩斯科特人中的一员。佩斯科特鼓励他敢于挑战权威的性格。佩斯科特人相信为变革而变革，开始整顿他们衰老的公司。佩斯科特人相信鲍勃·迪伦的一句隽永的格言：“一个人如果不是在走向重生，就是在走向死亡。”佩斯科特对约翰逊一生的价值观产生了深远的影响，教会了他如何把握混乱、创造机会。按照佩斯科特的观念，公司建立的那一天就是公司走向衰亡的开始。约翰逊将这个理念带到了他经营过的每一家企业，并将它称为“搅屎哲学”，其核心是不断地重组改造公司。

当佩斯科特不再受欢迎之后，约翰逊跳槽到了一家名叫通用钢铁的公司。这是一家生产电器、垃圾桶和施肥机的小公司。新的职位给约翰逊带来了优越的地位、不错的薪水和广泛的交际网。在工厂主的介绍下，约翰逊加入了多伦多上等的莱姆顿乡村俱乐部，并认识了许多精英分子，如曲棍球运动员博比·奥尔和全国曲棍球联盟的运动员联合会的律师艾伦·伊格尔森。约翰逊喜欢和他们称兄道弟，并且发现自己在交际方面很有一套。

尽管得到了上流社会的认同，约翰逊刚到通用钢铁时并不那么顺利。当时经济开始走下坡路，公司的家电销量也开始萎缩。约翰逊首先想到的是往里面砸钱，因为他在伊顿和通用电气的市场营销方案就是这样成功的。但他的新领导拉尔夫·巴福德是个抠门的主儿，把约翰逊的建议给枪毙了。“拉尔夫喜欢讨价还价，低价买高价卖。”约翰逊的朋友吉姆·韦斯科特回忆时说。那时他和约翰逊经常在吃午饭的时候互相吐苦水。“哎，拉尔夫今天又剥了我一层皮。”约翰逊经常这样抱怨。

约翰逊在这家小公司里过得很不开心。通用钢铁公司几乎是在破产的边缘徘徊，欠了银行很多债，每周银行都会上门来催债。“真让人吃惊，那些给银行写广告的人肯定自己没向银行借过钱。借了钱之后你就会发现银行简直要把你往死里整。”这是约翰逊第一次亲身感受到向银行贷款的痛苦，这也是他一直对商业贷款敬而远之的原因。

约翰逊最后还是答应继续为公司工作 5 年。这时约翰逊开始发现拉尔夫能够快速地改变主意。“如果你能说服他你是对的，他的态度就会 180 度大转弯，”约翰逊回忆道，“但是要想说服他，你得花大力气。”约翰逊很快学会了怎样善变，这是下属一直很迷惑的地方。

到了 70 年代初，约翰逊迈入不惑之年，但在事业上仍然没有起色。一个猎头给他介绍了一家美国食品公司在蒙特利尔分公司的一个职位，约翰逊抓住这个机会，跳到了这家名为标牌的食品公司当总裁。这家公司是由摩根合并了弗莱施曼蒸馏和酵母公司、皇家烘培粉公司和 Chase & Sanborn 咖啡公司组建起来的。约翰逊觉得公司存在一些问题。Chase & Sanborn 公司的咖啡已经过时了，酵母和烘培粉的风头也已经过去了。多年来标牌公司的员工成了修补匠，对公司修修补补，却不敢做出任何改革。他们发明了一种多糖糖浆来代替糖，并开发了弗莱施曼牌人造黄油。多年来，公司一直在公司的年报上宣扬公司的理念，坚称公司一如既往地用土特产来为客户的生活服务。

在约翰逊看来，标牌已病入膏肓了。因为这个年代企业应该紧跟顾客的需要，时移世易，而这帮家伙却还在经营这些高脂肪、高胆固醇的食物。这家加拿大子公司就是一团乱麻。坚信佩斯科特理念的约翰逊开始对加拿大标牌公司进行大刀阔斧的改革。上任第一年，他就解雇了 23 名主管中的 21 个人，同时从这些年来结识的人里面物色那些敢于大胆创新的年轻人，让他们来协助自己。英国人彼得·罗杰斯在一家加拿大的糖果公司工作，以头脑灵活、口无遮拦而著称。当约翰逊向他伸出橄榄枝时，罗杰斯说：“甭他妈做梦了！你们公司对员工不咋样，而且越收购越没样儿。”但罗杰斯最后还是加入了标牌，并且跟随约翰逊达 15 年之久。约翰逊还拉拢了南非人马丁·埃米特。为此埃米特放弃了去澳大利亚工作的机会，加入了约翰逊日益壮大的“快乐伙伴”。在接下来的年头里，埃米特和约翰逊可谓是亲密无间，大家戏称他俩为“马丁－罗斯”。

罗杰斯和埃米特成了约翰逊团队的骨干分子。白天他们风风火火地改造公司，到了夜晚则沉醉于灯红酒绿之中。约翰逊为团队里的成员都起了绰号：罗杰斯是“喝客”，因为他是加拿大奥林匹克海饮队的新队员；埃米特因为又瘦又高，所以他的绰号是“大晾衣竿”；人事顾问吉姆·韦斯科特因体型较胖而且脑袋聪明而被称为“佛祖”；约翰逊则自称“教皇”。

和在多伦多一样，约翰逊在蒙特利尔的上层社会游刃有余。一家大型制造企业的主席保罗帮助约翰逊拿到了高档俱乐部的会员资格，并把他带入了当地的工商界。在约翰逊新结识的朋友当中，一个名叫布莱恩·穆罗尼的年轻律师日后成了加拿大总理。随着自信的增长，约翰逊形成了一个持续 15 年的习惯——和朋友在一起谈谈生意，喝上几杯酒，抽上几支烟。虽然不算什么正规军，但是约翰逊的团队却起到了作用，约翰逊开始崭露头角了。1973 年，约翰逊被提拔去领导标牌公司的海外业务。

不久，约翰逊搬到了纽约。自信、乐观的约翰逊对这座大城市一点都不感到胆怯。这一刻他感到自己获得了新生。在标牌总部的那些同事眼里，约翰逊只不过是运气好，一夜之间麻雀变凤凰。但他们不知道这光鲜的背后是约翰逊童年的辛酸和 21 年来的默默无闻。约翰逊算是大器晚成的典范，到了 42 岁，他人生舞台的大幕才刚刚拉开。

约翰逊在康涅狄格州的新迦南购置了一处房产，接着又得到新迦南休息车厢里一个座位，这节车厢是高管们的据点，专门持在 7: 30 那班纽黑文列车的后面。除了一些常人享受不到的乐趣之外，约翰逊在那里还认识了一群像美孚石油公司的主席罗利·华纳这样的达官贵人。每天早上，约翰逊会和罗利一起打桥牌、读早报或者讨论商业问题。约翰逊不修边幅的棕发、宽领带和皮外套格外引人注意。那些打扮得一丝不苟的高管们就经常取笑约翰逊，这时约翰逊也会笑呵呵地回击：“你们这些老古董都老掉牙了。”

约翰逊的新上司亨利·韦格尔是个不苟言笑的人。韦格尔最引以为豪的事情就是自从他 1950 年当上总裁以来，公司连续 20 年保持利润增长。这其中有一部分原因是他能够掌握火候，确保每年利润增长都在控制范围之内，不多也不少，这样公司就不会冒进地预支下一年的业绩。另外一部分原因是亨利为人吝啬，每一分钱都要榨出油来。

和那些总部坐落在曼哈顿繁华地段的公司比起来，标牌办公室显得有些寒酸——油毡地加笨重钢桌，只有高层管理人员才有资格配备地毯和木桌。下午 5 点以后，公司为了防止员工打私人电话就把电话的拨号盘给锁起来。经理们出差的时候，公司规定只能坐二等舱，去机场的话也要坐巴士，因为那是当时最便宜的交通工具。出差途中他们要在霍华德 - 约翰逊汽车旅馆住宿。因为这家连锁汽车旅馆是标牌子公司 Chase & Sanborn 咖啡的主要客户。韦格尔的抠门还体现在一些大事上。当标牌公司的董事兼投资银行家塞奇帮助公司完成了一次收购后，他收到了一封韦格尔的信，韦格尔在信中写道：“感谢您奉献了自己宝贵的时间！”塞奇一气之下就把正在准备的账单给撕了。

和健谈的约翰逊不同，韦格尔大部分时间都待在他自己的办公室里，因此大家都背地里叫他“隐士亨利”。下属们无不提心吊胆，唯恐被他叫进办公室训话。有一次，约翰逊正好撞上韦格尔在训斥一名下级主管，韦格尔就把主管打发了，让约翰逊留下来谈话。约翰逊谈完话出来时看到这个倒霉蛋因为过度害怕导致呼吸困难而瘫倒在过道上。还有一次韦格尔看到税务主管提前偷偷溜回家，就派了个助手去调查，准备开除那个税务主管。他助手调查完之后回来报告说可能是韦格尔弄错了，那人最近经常加班。“听着，”韦格尔咆哮道，“你，要么炒掉他，要么炒掉你自己。”（最后两个人都没被开除，但从此以后和韦格尔在同一层楼办公的员工下了班都会蹑手蹑脚地走到楼下去坐电梯。）在一次圣诞派对上，韦格尔觉得一个主管快活过头了，就命令约翰逊将这个主管在圣诞节前扫地出门。约翰逊没办法只好请他走人。但作为补偿，约翰逊让这个主管和他家人先去加拿大玩了一趟。约翰逊把这种方法称为“障眼法”。

很快，约翰逊的障眼法就练得炉火纯青了。高级副总裁莱斯特·阿普尔盖特被韦格尔赶出公司后，约翰逊就通过加拿大公司给他照常发工资。一开始，约翰逊为了尽量避免和韦格尔正面起冲突，大部分时间都在访问地处偏远的外国分公司。但约翰逊只能躲过一时，和韦格尔的冲突是不可避免的。

每天下午当公司锁上电话的时候，一天的工作也就结束了。但对约翰逊来说，他的夜班就要开始了。一向喜欢和名人来往的约翰逊很快和前橄榄球明星吉福德成了朋友。后来吉福德主持周一橄榄球之夜，并为标牌公司的雪莉酒打广告。约翰逊是个无可救药的体育迷，在吉福德的引荐下，他结识了一系列的体坛大腕——美国橄榄球联盟主席彼得·罗泽尔、赛车高手罗杰·彭斯克、美国广播公司的体育节目部主任鲁恩·阿里基、电视制作人唐·奥尔迈尔，还有一个阿里基和奥尔迈尔的门徒约翰·马丁。约翰逊和吉福德走得很近，最后他们一起策划了“年度冠军慈善晚宴”，人们为了亲眼目睹吉福德和他的那些明星朋友们花了大价钱来购买晚宴的门票。

那些受到韦格尔打压的公司主管开始团结在这个乐观自信的新人周围。每个月高级主管都要和韦格尔开一天的会，那可真是煎熬啊。到了晚上，约翰逊就会组织他所谓的“周一腐败之夜俱乐部”，在俱乐部里，这些公司的高层通宵喝酒侃大山来恢复他们白天被韦格尔所伤的元气。

约翰逊也因此成了公司董事会的宠儿。和满身是刺儿的韦格尔不同，约翰逊可以和这些董事会成员融洽相处，经常能和董事们聊到一块儿去。作为回报，他们在1974年把约翰逊带进了董事会，一年后又推选他为总裁。这时韦格尔嗅到了一丝威胁，内心的愠怒开始慢慢积累。他禁止董事和高管们私下里有交往。有一次，纽约律师兼公司董事沃特·邓宁顿举办了一次鸡尾酒会，邀请约翰逊和公司的法务主管参加，韦格尔得知后对他们几个怀恨在心。

约翰逊也感到韦格尔想方设法给他穿小鞋。有一次，韦格尔让约翰逊把公司的化学部门卖掉，这可是一项几乎不可能完成的任务。约翰逊后来奇迹般地找到一个出价2 300 万美元的买主，但韦格尔坚持要 2 400 万美元才肯转手。约翰逊就变通了一下，和买主达成了一项附属协议，先由买主支付 2 400 万美元，然后标牌公司私底下通过子公司把 100 万美元再还给买主。由于对这个附属协议毫不知情，韦格尔就同意了。“这是我最成功的一笔交易。”约翰逊后来回忆道。

1976 年 1 月，公司的董事会任命约翰逊为首席运营官，相当于韦格尔的接班人。大多数员工为即将到来的解放感到高兴，但也有人不干。韦格尔收到两封来自加拿大员工的匿名信，抱怨公司大肆挥霍，比如公司给埃米特配了三辆公车外加司机，并且有滥用差旅和招待费账户的嫌疑。以前韦格尔也废黜过他的继任者，这次他更是抓住机会，派了一个审计小组前往加拿大调查。调查进行得相当缓慢，最后还是得知了约翰逊那气派的座驾是用公款买的。韦格尔又开始搜集约翰逊的风流韵事，这让约翰逊的第一次婚姻出现了裂痕。

约翰逊这时也开始积极备战。一个之前专给韦格尔搜集员工信息的猎头也开始为约翰逊效劳。这帮反对派好几个周末都聚集在约翰逊的家中精心准备一份报告，指责韦格尔守财奴似的管理方法已经严重地拖累了公司。韦格尔派人监视约翰逊，约翰逊也以其人之道还治其人之身。没过多久，韦格尔发觉自己也被人跟踪了。

1975 年标牌公司年报中的约翰逊和韦格尔：通过私家侦探、婚外情的传闻和在董事会里针锋相对，他们之间展开了公司历史上最肮脏的权力争夺。

后来，约翰逊和韦格尔最终开战了。导火索是约翰逊同意一名被韦格尔开除的主管在离职后行使股票期权。韦格尔听说后，气急败坏地给正在出差的约翰逊打了个电话，责问他当时为什么不把那个期权作废。约翰逊辩护说，行使那些股票期权是合理合法的，阻止这名主管行使他的权利就会违法。但韦格尔还是不依不饶：“那我们重新制定规则。”

“那你爱怎么着就怎么着吧！”约翰逊终于忍无可忍，挂断了电话。

两人的关系完全破裂了。那天下午约翰逊给董事会里最有权势的两个董事通了电话，告诉他们所发生的一切。“我准备辞职了。韦格尔这家伙就像条疯狗，我一开始还告诉自己要克制，但现在我实在是受不了了。”约翰逊告诉摩根信托基金的董事会主席埃尔默·帕特森。之后约翰逊又和加拿大皇家银行的董事会主席厄尔·迈克劳林交流了自己准备离开公司的意向。“其实我们早料到总有一天会发生这种事情。但你现在正在气头上，先冷静一下。我们开个会讨论一下，你再做打算好吗?”约翰逊同意了，并告诉同伴们：“子弹上膛，做好战斗的准备!”

离董事会召开不到两周的时间里，人缘一向很好的主管比尔·肖因心脏病突发死亡。大家都将比尔的死归咎于韦格尔的暴政。而且尸检报告里疑点重重，这更坚定了大家推翻韦格尔统治的决心。研发部门的鲍勃·卡波内尔催促道：“罗斯，赶快动手吧。”埃米特则气急败坏地说：“如果再不动手，我们就完蛋了。”

5 月中旬一个周五的早晨，董事会终于召开了。韦格尔滔滔不绝地讲述他的审计小组发现的问题。韦格尔的结束词是建议董事会再给他两年的任期。

当约翰逊的同伙在中央公园游荡的时候，约翰逊被领进会议室。他承认费用支出方面是有些不符合公司制度，但他不想再和韦格尔斗下去了，因为没法和韦格尔再继续共事。“先生们，我要说的是我不想干了。”接着约翰逊向董事会提交了他和同伴们起草的研究报告，并预测道：“公司在两年内准会陷入大麻烦。”

当约翰逊离开会议室后，董事们展开了讨论。当约翰逊再次回来的时候，韦格尔已经不坐原来主席的座位了，而是面色惨白地坐在下手位。“罗斯，我们决定让韦格尔继续担任公司首席执行官和董事会主席。等到他退休了，这个位置就是你的了。”

大家以为他会对这个决定满意，但约翰逊却不同意。之后，董事会决定董事会主席仍由韦格尔担任，但公司的首席执行官从即日起由约翰逊担任。约翰逊这才再次回到会议室，说：“在接受这个决定之前，我还有个请求，韦格尔不能在总部大厦内办公。”

这场政变让约翰逊掌控了这家在纽约证券交易所上市的公司。约翰逊和他的快乐伙伴们开了几瓶香槟庆祝胜利，并一直喝到深夜。这场反击战打得着实漂亮，但不会是他们的最后一次。

后来，韦格尔还是找机会报复了一下约翰逊。约翰逊希望在佛罗里达买一座别墅用来度假，就在棕榈滩的 Lost Tree 社区买下了一座黄色的小别墅。因为当地的生活时刻都离不开乡村俱乐部，约翰逊于是提交了会籍申请。恰巧韦格尔就住在当地，他就发动力量来阻止约翰逊取得会籍。无奈之下，约翰逊只好撤销申请，把他在 Lost Tree 的别墅转让给了自己的战友塞奇，自己搬到了北边的海边小镇朱庇特，并在那儿买下了两套海景别墅。“就算是韦格尔死了 30 年，我也不敢走到他的坟前。因为我知道，他一定会从棺材里跳出来，把我活活掐死。”

韦格尔被赶走了，油毡地毯和笨重的大钢桌也和他一块儿离开了公司。经理出差只能坐经济舱的限制也被取消了。很快约翰逊就租了一架飞机，并用公司的钱配了一辆美洲豹。公司变成了约翰逊的兄弟会，公司的文化也在一夜之间变得如同约翰逊那种轻松愉悦的性格了。约翰逊喜欢召集大家讨论解决问题。现在公司经理开会时，会上不时会有些荤段子和一些刺耳的挑衅。“好了，哪个杂种负责这件事?”这种兄弟会氛围很快弥漫了整个公司。标牌公司的高管们开会时不会再说“我不敢苟同”，而是说“你他妈的简直是胡说八道”。高管们不再使用报告或幻灯片，更喜欢直接切入主题，要不然约翰逊就会说：“这真是睁眼说瞎话。”

通常约翰逊只要寥寥数语就能打发一些不怎么样的点子。有一次绅士食品公司的主管提议举行区域性的市场测试。

“我们有足够的资金在全国范围内开展这项活动吗?”

“没有。”这位主管回答说。

“那你搞这鬼东西干嘛?”

这项提议就被枪毙了。在这个公司里到处是富有创意但又粗俗的人，不过没人能出约翰逊其右。即使是在公开场合下的采访，约翰逊依然口无遮拦。

约翰逊很少用开大会来解决问题，一般只开小会或者干脆在高尔夫球场上解决问题。正因为如此，他通常不按照正常的工作时间来工作。“有时在5点钟快下班的时候，他会跟你说他会在午夜的时候找你。”主管销售团队的约翰·默里回忆道，“或者他想和你晚上7点吃饭，然后就会一直聊到第二天早上5点。”约翰逊相信夜晚是灵感和洞察力最活跃的时候，“孩子都是在晚上怀上的。”他不无幽默地说。

约翰逊和他的快乐伙伴们一般在晚上7点半下班，然后一起出去开始他们的夜生活。他们会在马努切的酒吧里喝酒，一直喝到酒吧打烊，然后叫一些比萨或者中国菜到公司为约翰逊租的公寓里吃。这时其他世界500强公司的老总们都早已进入了梦乡，而约翰逊的团队则换上皱巴巴的汗衫，正准备通宵喝酒、聊天和讨论新的点子。到了凌晨，那些还有点清醒的就在公寓两个卧室里的双人床或者客厅的沙发上睡一会儿。早上罗杰斯就会起来准备早餐，然后大家拿着早餐匆匆地去上班。约翰逊后来这样形容当时的生活：“就像《孤儿乐园》里的场景。”

约翰逊的生活就像一部没完没了地描写情同手足的电影。绰号在他们中间是不可或缺的：研发部门主管卡波内尔因为是萨尔瓦多人就被称为“独裁者”；负责酒水业务的费尔迪·福柯被称为“酷哥”；来自通用公司的公关部主任迈克·马斯特普尔的绰号是“马三”；小心谨慎的董事会秘书沃德·米勒成为“忧郁副总裁”。如果约翰逊还没想出某个合适的绰号给某人，他就暂时以“伙计”相称。约翰逊最亲密的伙伴正是接替他担任国际业务部主管的埃米特。两人一直关系不错，而且约翰逊对埃米特恩宠有加，给了埃米特豪华的公司公寓和没有上限的报销额度。兄弟会中的其他成员搞不懂“教皇”为什么如此优待埃米特。有人开玩笑说，马丁一定是手握约翰逊的“艳照”。

但约翰逊有时候也反复无常。他常常把人抬得高高的，然后再把人推下去。有时候，他就像个8岁的孩子厌倦了老和一个小朋友玩，自己出去找其他的小伙伴玩耍。鲁宾·古托夫就是一个牺牲品，他只当了17个月的总裁就因动作太慢而被赶下台。商品决策需要时时刻刻做调整，而鲁宾却希望商品委员会一个月只开一次会。他希望能审阅标牌公司每个广告单页，而公司每月的单页就有成百上千。之前约翰逊已经解雇了好几个不合他心意的总裁，这次他也毫不犹豫地解雇了鲁宾。

“罗斯，你真是个下三烂。”一个刚刚被解雇的追随者骂道。

约翰逊笑着说：“很少有人了解我，但你算一个。”

塞奇当年帮忙买下了约翰逊在佛罗里达的房产，而在他当上薪酬委员会主席之后为约翰逊也出了不少力。约翰逊刚刚上台时，韦格尔的年薪是20万美元，约翰逊的是13万。在塞奇的帮助下，约翰逊的薪水涨到了每年48万。主管们都发现自己的薪水翻了一番。标牌公司的薪资水平从业界的后几名一下子蹿到了前几名。

但是约翰逊并不满足于此。公司的高级主管还可以享受公司的公寓、麦迪逊广场花园的私人包间和乡村俱乐部的会员资格。康涅狄格州的一个新乡村俱乐部的发起人有幸认识了约翰逊，公司就为24名经理取得了会员资格。约翰逊要保证自己手头有充裕的零钱来付小费，在他西装口袋里装满了大票。圣诞前几天正好是大家给小费的高峰期，有人就听到约翰逊让秘书给他准备几沓50美元面值的钞票。

约翰逊管理的风格极富个人主义。他相信一条至高无上的法则，那就是首席执行官可以在任何时候想怎么做就怎么做。当他的朋友、曼哈顿的饭店老板迈克·马努切破产后，约翰逊就把他安排在公司的公关部门，之后又让他负责黛娜绍尔女子职业高尔夫锦标赛。约翰逊继续和运动员吉福德签约，并给他一间办公室。约翰逊很喜欢吉福德，爱屋及乌，于是决定在出去搞促销活动时带上一大队的运动员，其中不乏鲍比·奥尔和网球明星罗德·拉弗这样的大腕。

有时约翰逊会请这些球员和零售渠道的主管们打打高尔夫球，这对公司的销售团队来说很重要。但这些人里不乏给约翰逊溜须拍马的，这让球星有时也弄不懂为什么。前纽约巨人队的后卫亚历克斯·韦伯斯特回忆他1978年在电梯里遇到吉福德，当时吉福德就介绍他和约翰逊认识。第二天吉福德打电话给亚历克斯说，约翰逊想请亚历克斯到蒙特利尔去给零售店主做个演讲。亚历克斯大吃一惊：“我对标牌公司一无所知啊。”吉福德给他出主意说：“你只要给他们讲讲你的故事，然后对他们表示感谢就可以了。”于是，亚历克斯一讲就讲了十多年。

利用明星运动员来搞噱头只是个开头。作为标牌公司的老总，约翰逊还是个闲聊大王。他通过聊天和一些公司老总建立了关系，如西湾公司的马丁·戴维斯、美国运通的吉姆·罗宾逊，还有一些其他领域的大腕，比如时装设计师奥莱格·卡西尼。约翰逊慷慨大方，让人印象很深。“你要尽量避免说你喜欢他的毛衣，不然他会马上脱下来给你。”一个标牌公司的主管回忆说。约翰逊精心培养一种风格，包括进门的方式。他总是会“准时”地迟到 20 分钟。“如果你准时，没人会注意到你；但如果你迟到的话，大家都会盯着你看。”同时他靠着独特的幽默感来吸引人们的注意，每天早晨约翰逊会在俱乐部的高尔夫球车里讲一些黄色笑话，到了球场上他也经常搞怪。

约翰逊迫在眉睫的工作就是防止标牌公司倒闭。1976 年在他接管公司后不久，糖价下跌使得标牌公司的主要产品玉米甜味剂的市场销量锐减，公司的利润连续两年下滑。约翰逊让他年轻的管理者起草一份名为“坏事情”的报告，指出公司存在的各种问题，其中一个就是公司下属的酒业公司积压了大量的存货。约翰逊把当地的葡萄酒经理叫过来。“哎，约翰逊先生，这个酒好是好，就是因为价格贵卖不动啊。”约翰逊在回忆当时的情景时学着这些经理的口音。于是，约翰逊让他们半价将这些存货都清理掉。

会计出身的约翰逊也偶尔会做一些手脚来粉饰公司惨淡的经营业绩，有时把会计准则在法律允许的范围内运用到极致。即使标牌公司的利润年年下滑，约翰逊却对控制费用一点儿都不感兴趣。“我要的是会花钱的人，而不是从预算里一个子儿一个子儿往外抠的人。”（公关部主要负责招待和送礼，约翰逊喜欢称呼公关部的主任马斯特普尔为“状元”。约翰逊羡慕地说就算给他一个没有限制的预算方案，他也能超支。）但一线经理每个季度还是得苦苦挣扎保证他们的支出没有超出预算，当时大家私下里的座右铭是“度过漫漫的黑夜”。

约翰逊想尽办法，希望通过花哨的新产品来挽回公司令人失望的业绩。一位分析师称他的这些努力为“食品行业最有名的败笔”。第一个新产品是“丝忆”，一种被浓缩成人造黄油膏一样的卤肉汁。这个约翰逊小组经过通宵的头脑风暴后的产物，就在超市里烂掉了。约翰逊进军墨西哥食品市场的行动也被对手菲利多扼杀了。

1978 年，约翰逊出于对体育的爱好和市场上屡败屡战的心态推出了以他新朋友雷吉·杰克逊棒球明星命名的雷吉糖。雷吉糖本来只是巧克力和花生混合制成的糖果，在印第安纳州韦恩堡生产，在当地称为韦恩包。约翰逊就把它改了个名字，推广到了全美。那年在扬基体育场开场时，公司给每位入场的观众都发放了雷吉糖。当杰克逊挥出一个本垒打时，雷吉糖就像雨点般地砸进了球场。不过新名字并没有收到预期的效果。在促销时，雷吉谈到更多的是漂亮女人而不是棒球。到了 1980 年，雷吉糖由于销量不佳而停产，但雷吉的好日子一点都没有受到影响。约翰逊给他配了公司的公寓、车子并每年支付 40 万美元的广告费。

这些看起来有点乱了套，但约翰逊丝毫不在乎，其实他纵容这种混乱。作为一个佩斯科特主义的拥护者，他每年对公司进行两次重组，就像闹钟一样准时地把每个人的工作都换一下，这边新设部门，那边关闭部门，改变公司的战略重心。在外人看来，这些似乎是为了改变而改变。约翰逊把这些变革看成是为了避免个人过分专业化所做的努力。他告诫他的快乐伙伴们："你们没有工作，只有任务。"

标牌前董事保罗·克尔顿说："对罗斯来说，每个组织无一例外都会变得臃肿，变得笨重，变得志得意满。他不遵循'不出问题，就不需要修修补补'的原则。对他来说，没有什么不出问题的。"

在艰难时期，公司董事会成员不会为难他们这位年轻的首席执行官。但约翰逊一直牢记韦格尔的教训，把公司的董事会成员当成自己的上帝，并把他的运动员团队介绍给董事们。"嗨，这位是我的朋友吉福德。""首席执行官最重要的工作之一就是要关心他的董事会成员，确保他们的要求得到满足。"约翰逊擅长拍那些年长董事们的马屁，懂得怎样用诙谐的语言来传达坏消息，或缓解紧张的气氛。当公司的审计师向董事会抱怨公司在墨西哥的合营企业里的那套财务流程存在问题时，董事们要求约翰逊给出解释。其实约翰逊之前曾屡次要求墨西哥的合营方采用美国的会计准则，但后来他发现这样做不太现实，也就打消了这个念头。他打个幽默的比方说："在摩托艇冲浪的时候，你会在冲浪板上控制摩托艇吗？"董事们听后会心地哈哈大笑，这件事也就不了了之了。

但董事们偶尔也会觉得他的黄色笑话有点过头了。有一次他把自认为不错的酒名告诉董事：他把酒取名为"法式热吻"。董事们都吓了一跳，问能不能不那么露骨。但约翰逊依然固执己见，结果"法式热吻"推向市场后和雷吉糖一样短命。

这样的闹剧在标牌公司上演了四年：持续的变动、一连串的营销失败和平淡的业绩。但对于约翰逊和他的同伴来说，这意味着欢乐、金钱和薪水。到了 1980 年，这种无节制的开销让约翰逊陷入了大麻烦。一个高级经理鲍勃·谢德勒发现好多笔可疑的资金从公司的海外运营部的账上流向了一个虚拟公司。之后谢德勒得知这个由埃米特司机控制的虚拟公司把埃米特的个人开销作为费用向总公司报账，这里面包括埃米特吃的、穿的、家具、地毯，甚至还有他的有线电视费。

和埃米特争宠的谢德勒就偷偷地把这件事透露给了公司的人事主管霍华德·派因斯和雷斯·阿普尔盖特。雷斯已不再受到约翰逊的青睐，马上要将总裁的位子让给埃米特。三个人决定直接向董事会汇报这件事。如果告诉约翰逊，他很可能为了包庇同伴把这件事压下来，而且弄不好他们三个还得走人。

就在董事会开会前一天，约翰逊在审计委员会开会的时候心情还不错。埃米特出任总裁的提议第二天就要被批准了。为了赶上最近一期《商业周刊》的出版，公关经理马斯特普尔早已把这个消息透露给了杂志社。这时，董事派特·帕特森和克尔顿一脸严肃地走进了会议室。三人小组刚刚给他们看了一个手提箱，里面装的全是埃米特私人开销的各种发票。他们转向约翰逊，希望他做出合理的解释。

约翰逊当时就懵了。他告诉董事会他不知道发生了什么事，但他肯定要调查清楚。第二天早上，约翰逊就开始报告事情的起因。首先，埃米特的司机并不是一个普通的司机，而是前中央情报局的探员。复员后，他就下海了，把标牌公司作为他唯一的客户。这些东西都是埃米特让他买的。而董事质问埃米特的时候，埃米特坚持说他所做的一切都是正大光明的，没有违反任何公司规定。这时，约翰逊也开始为他的同伴说好话。约翰逊答应会对这件事情展开全面调查，但要求董事会马上任命埃米特为公司总裁。

这样埃米特的任命就宣布了，但是由公司长期合作的律师事务所领导的内部调查却没有一块儿公布。几个月过去了，随着调查的开展，公司里有人猜测约翰逊和埃米特会被解雇。到了 9 月，调查结果终于出来了，结论是埃米特的做法是因为一时糊涂，而不是出于恶意。埃米特最后只是稍稍受到处罚，但告状的三位主管——谢德勒、派因斯和一个叫艾德·唐斯的被约翰逊解雇了，阿普尔盖特则被降级成为顾问。

"你们被解雇了。"约翰逊告诉他们。约翰逊的亲信们都将这个风波牢牢记在心上，这次经历也让约翰逊见识到了董事会的厉害。

不久约翰逊又开始坐不住了。四年之后，标牌公司就像个水平发挥不稳定的运动员。虽然公司的利润在增长，但还是赶不上通货膨胀的速度，而且公司的投资回报率远远低于行业水平。卡波内尔的研发部门忙着各种项目——脱脂花生、酵母、醋和玉米糖浆快速发酵法。新产品的研发总需要些时间，但是约翰逊却有点迫不及待了。有段时间他忙着出售公司的发酵公司，或是收购酒厂。在约翰逊眼里，标牌公司就像圣诞节得到的玩具。五年之后，他终于感到自己玩腻了这个玩具。

约翰逊和纳贝斯克公司的谢伯利：两家公司合并之后，这个一步登天的加拿大人之后顺理成章地当上了首席执行官。

厌倦的一部分原因是他年近半百，已经不再像以前那样叱咤风云了。一想到自己就这样静静地老去，最后死在公司，约翰逊就会不寒而栗。他一点儿都不想变老，他希望能永远调皮捣蛋、永远年轻。他所有的一切，从不修边幅的发型到他 26 岁的妻子，都表明他是个商业彼得潘。他现在最需要的东西就是一场新的冒险。

机会终于来了。1981 年 3 月的一天，食品业巨头纳贝斯克公司的董事会主席鲍勃·谢伯利打电话告诉约翰逊，他们公司接到一个从康涅狄格州打来的电话，打电话的人声称是标牌公司的员工。约翰逊有点丈二和尚摸不着头脑了。谢伯利接着说，你应该认识这个希望我们两家公司合并的人。约翰逊不知道。"也许有这么一回事儿，也许没有，"谢伯利说，"但我认为我们应该坐下来谈一谈。”“嗯，那好吧。”约翰逊就答应了。

但约翰逊想在见面之前把这个人找出来。在周一与高级经理的早会上，约翰逊大发雷霆：“这他妈的是谁？”财务总监杰克·鲍威尔和规划部主管迪恩·波斯瓦把这个人的真实身份给供了出来，此人是格林威治的商业经纪人，他们三个人经常在一起讨论一些小规模商业并购的想法。这次这人做得有点过火了。“他肯定认为我对公司里到底发生了什么事毫不知情。没错，我现在还蒙在鼓里！”

话虽这么说，但约翰逊还是动心了。他见到了谢伯利并十分欣赏他。经过几个星期的接触，两个老总决定合并公司，并将新公司取名为纳贝斯克－标牌公司。通过19亿美元的股权置换，新公司于1981年成立了。严格说来，这是桩门当户对的结合。但相比起来，纳贝斯克公司更为人所知，它的乐事饼干和奥利奥可谓家喻户晓，似乎更加有势力。不用说，大家都知道新公司里谁说了算。

纳贝斯克公司的建立很有些惊天动地。在它之前，全美的饼干市场被两家饼干公司所垄断，一家掌控了美国东部绝大多数的饼干烘培厂，另一家则控制了西部。1898年年初，纳贝斯克公司将这两家饼干公司合并在一起，结束了两家公司互相倾轧的局面。作为世纪之交的产物，纳贝斯克公司经常被称为饼干托拉斯，同时它在饼干行业创下了多个第一次的纪录。纳贝斯克公司第一次把饼干的包装从桶装换成了标准的纸盒外包装，而且第一次将饼干这种之前有明显地域特色的产品通过全国性的营销活动和分销体系推广到了全美。

阿道夫斯·格林：这位纳贝斯克奥利奥、无花果曲奇和动物饼干之父，把自己的工厂称为“美满的大家庭”。

创办纳贝斯克公司的是芝加哥律师阿道夫斯·格林。作为公司的第一任董事会主席，格林亲自参与了八角形苏打饼干的研发，并将其推广到了全国。他把这种饼干称为尤尼达饼干。他选择中世纪意大利印刷工人的标志——一个椭圆托着一个双十字架——作为公司的商标。这个象征道德和精神的力量战胜邪恶和物欲的徽标一直沿用至今。此外，格林还设计了产品的包装和广告词：尤尼达饼干，居家旅游野餐的好伴侣；适合搭配三明治，不含糖，老少皆宜，物美价廉。

接着，公司聘请阿耶广告公司作为纳贝斯克公司的广告商。1899 年年初，公司就在报纸上和露天广告牌上打出了一个词的广告——“尤尼达”，接着就是“尤尼达饼干”，然后是“你知道尤尼达饼干吗?”，最后是“当然是尤尼达饼干。”接着阿耶广告公司开展了一项营销活动，广告里一个穿着雨衣的小男孩手里拿着一包尤尼达，走在还未建成的麦迪逊大街上。这个广告活动可算是当时规模最大的，也第一次形象地展示了即食包装的食品。

纳贝斯克公司早期的广告

尤尼达饼干成功之后，一系列新产品也像雨后春笋般冒了出来。波士顿的面包师为了纪念小镇牛顿推出了 Fig Newton 牌无花果曲奇。密苏里州圣约瑟夫的饼干师傅发明了椒盐饼干。纽约城的两名师傅做出了动物饼干。纳贝斯克公司是全美第一家大规模生产饼干的企业，于是 Lorna Doone 饼干在市场上取得了成功。公司又将圆形软糖和果冻融合在一起，在上面撒些巧克力碎屑，Mallomar 就这样诞生了。有时候即使是失败最后也得到了意想不到的成功。格林推出了一种被称为“Trio”的新包装，里面是三种最新产品的组合。他对其中的母鹅饼干和维罗纳斯饼干十分看好，但事实上第三种饼干才最受欢迎，这种香草口味的夹心饼干就是后来奥利奥饼干的雏形。

格林首先想到不依靠中间商，而是公司组建一支直销队伍在全国范围内推销公司的产品。于是从尤尼达团队开始，公司组建了一支庞大的、能吃苦耐劳的销售团队。这些销售员坐着漆有纳贝斯克公司标志的马车一周六天，每天12小时在外面推销。

格林把员工称为“伟大的家人”，对员工十分体贴。在公司成立后的头三年里，格林就建立了一个体系，允许员工以优惠的价格购买公司的股票。这样员工就变成了他所称的“合作经营者”。在当时的美国，雇用童工的现象相当普遍，但格林却拒绝这样做。尽管他要求员工起早贪黑地在炎热而又危险的烘培房里生产饼干，但同时也为他们提供营养丰富的食物。他在给股东的一份报告中自豪地写道：“在我们纽约的工厂里，员工只需要花11美分就能吃到热腾腾的肉、土豆、面包、黄油、咖啡或者茶。”

自从1917年格林去世后，公司的那种创新精神也随之消失了。虽然格林的继任者罗伊·汤姆林森也是个律师，但他更感兴趣的是如何赚钱，而不是饼干。凭借着公司早期的明星产品和出色的营销团队，公司的利润在1920年翻了两番。当他们需要新的产品时，他们不再自己研发，而是从外部购买。Shredded Wheat 和 Milk Bone 就是公司分别于1928年和1931年购入的两个品牌。

到了大萧条中期，公司的烘焙师终于有了一些创新。许多年来，他们一直在研究如何像竞争对手那样生产奶油饼干。他们在饼干上涂一层可可油，再撒上一层细盐然后放进烤箱，于是一种新型的饼干就出来了。这种名叫“乐事”的饼干一夜之间就风靡全国。第一年，公司就生产了500万块乐事饼干。在接下来的三年里，公司每天得生产290万块饼干才能满足市场需求。乐事成为了世界上最受欢迎的饼干。

然而公司又一次躺在荣誉堆上睡大觉了。接下来的十年里，纳贝斯克公司无所事事，除了分红、偿还银行贷款之外，就是日复一日地生产多年前开发的饼干。最终公司的利润开始下滑，烘焙房日渐老化，公司的管理层也开始衰老，到了20世纪40年代中期，纳贝斯克公司九位高级主管的平均年龄达到了63岁。当汤姆林森掌管了公司28年后终于退休时，公司又一次陷入了混乱。

接着，公司律师兼法务主管乔治·考伯斯被董事会任命为公司的首席执行官。他周末参加哈佛商学院的课程，决心学以致用，准备放手重整纳贝斯克公司。他把这九个年迈主管送出了公司，引进了一批年轻人。在掌权的20个年头里，他投入了两亿美元来提高烘培房现代化水平。这两亿美元可是真金白银，每一分钱都来自于公司的利润。借债的观念在保守的纳贝斯克公司一直是不受欢迎的。考伯斯将很大一块预算给了公司的研发和广告部。这样做虽然会降低公司的利润，但从长期来看，给公司今后的发展打下了坚实的基础。到1958年，纳贝斯克公司在新泽西州的芳草地又建立一家饼干厂，也是公司建立的最后一家工厂。此时公司已经大大缩减了成本，提高了质量，为公司进入20世纪后50年铺平了道路。到了

1960 年，也就是考伯斯去世的那年，《邓氏评论》将纳贝斯克评为全美经营最成功的前 20 名公司。

考伯斯去世之后，领导公司的是他手下一个叫李·比克莫尔的年轻小伙子。比克莫尔一开始只是一个物流专员，后来改行做了推销员，负责将乐事和奥利奥推广到犹他、怀俄明和艾奥瓦州的偏远地区。有一次，比克莫尔给总部写了一封热情洋溢的信，在信中他建议公司为公司销售员提供培训，这时他才引起了公司高层的注意。

就任董事会主席期间，比克莫尔将公司扩张到了海外市场。1960 年首先进入澳大利亚，到了 1962 年在英国和新西兰建立了公司，1964 年进入德国，1965 年又一举打入意大利、西班牙和中美洲的市场。比克莫尔很多时间都花在了海外旅行当中，所以大家都称他为“空中飞人”。比克莫尔也推行多元化战略，进入速冻食品市场，并成为全国最大的浴帘生产商。他还收购了一家地毯公司和一家玩具公司。后来又买下了一家名叫威廉姆斯的日化产品生产商，这家公司的产品包括耳熟能详的 Aqua Velva 修面香液和健力多补铁剂。

但海外扩张、浴帘和玩具业务都统统遭遇了滑铁卢。为了弥补损失，比克莫尔最大限度地从公司的饼干业务上挤出每一分利润。他做得有点过头了，结果导致饼干业务开始收缩。考伯斯时代的烘焙房机器设备开始老化，但纳贝斯克公司已经拿不出钱来翻新或改造它们了。等到 1973 年比克莫尔离任时，这种情况也没有改善。70 年代，一帮有教养但缺乏活力的主管掌管了公司。尽管他们都是好人，但都缺乏改革的魄力。纳贝斯克公司的一家广告代理商曾说：“生产奥利奥饼干的人怎么可能尖酸刻薄？”

纳贝斯克公司又开始原地踏步了。没有裁员的顾虑，大家都 5 点准时下班，也没人提出意见。全公司上下，包括新任的首席执行官谢伯利都没有豪华的办公室，没有公司配备的小车，也没有公司提供的乡村俱乐部会员卡。

这时约翰逊加入了公司。有人打了个有趣的比方：地狱天使和扶轮社结合在一起了。

谢伯利当上了纳贝斯克公司的董事会主席和首席执行官，约翰逊成了公司的总裁兼首席运营官。由于两家公司的管理层都整合到了谢伯利的下面，约翰逊的快乐伙伴们开始不满了。

一方面是因为纳贝斯克公司的晨会大约在 8 点半召开，这时候约翰逊们都还在昨夜的宿醉当中，昏昏沉沉的。和标牌公司无拘无束的例会相比，纳贝斯克公司的会议显得中规中矩。总裁们围坐在圆桌旁，通常每个人有 15 分钟的时间对某种饼干发表一下自己的看法。然后大家可以对演讲内容提问，但一般大家选择沉默。到了午饭时间，大家稍作休息，吃完午饭继续开，一直开到下午。约翰逊一般都会让手下的人给他打电话，然后借故离开会议室。而罗杰斯和卡波内尔等人继续忍受着冗长的会议。

在一次例会上，有个主管向大家介绍在暴风雪天气下关闭公司办公室的流程。一旦出现恶劣的暴风雪，公司就会通知员工在几小时内办公室将会被关闭。那些需要坐车回家的员工就有时间来预订座位，公司也好安排足够的车辆来接送，并有条不紊地结束一天的工作。这位主管对自己的流程非常满意，就问大家还有什么疑问没有。

这时标牌公司的销售副总裁约翰·默里再也忍不住了。“一派胡言！一旦有异常情况，就应该马上关闭办公室。还等他妈的两个小时干嘛？真是荒唐！”大家都面面相觑。最后，主持会议的韦尔奇打破了沉默说：“我完全同意约翰的看法。”

这次事件促使公司文化开始发生变化，会议氛围开始轻松起来。当默里向大家介绍弗莱施曼牌黄油的销售情况时，罗杰斯就会打断他：“跟大伙说说 Blue Bonnet 牌的情况。”毫无疑问，这个牌子的情况一定很差。之前纳贝斯克公司的主管们为公司明晰的预算制度感到骄傲，而约翰逊将它们全部废弃了。“先生们，做计划很简单，就是你明年准备做些什么和今年不一样的事情。只要给我列出五个就够了。”约翰逊告诉他们。

名义上，谢伯利依然是公司的首席执行官，但实权渐渐掌握在约翰逊的手中。他俩的办公室挨得很近，约翰逊就不失时机地讨好谢伯利，对他言听计从，并在董事会上亲切地称呼谢伯利为“尊敬的主席”。约翰逊好多俱乐部的会员费是由公司来承担的，于是他要求公司也应该报销谢伯利的会费，结果公司还真的答应了。约翰逊和他的主管开着公司出钱买的小轿车，于是怂恿谢伯利和他的助手也应该享受一下，谢伯利他们也行动了。约翰逊接着又给佩斯大学捐了 25 万美元为谢伯利买了个名誉教授的头衔。在捐款宴会上，谢伯利听到大学授予教授席位的消息时，吃惊地问约翰逊：“这笔费用谁出啊？”

毫无疑问，肯定是公司掏腰包。公司还慷慨地给员工涨了工资，因为 36 位标牌公司主管的年薪都超过了 10 万美元，而在纳贝斯克公司只有 15 个人。约翰逊拿的年薪相当于谢伯利的两倍多，也要求公司给谢伯利大幅度地涨薪水。谢伯利极不情愿地接受了，但当知道自己当年的年薪加奖金一共超过了 100 万美元的时候，谢伯利犹豫了。“股东们会说什么呢？”于是谢伯利要求将他的奖金降到 6 位数。但最终约翰逊说服了他，说这是他应得的。如果谢伯利能拿到 100 万美元，约翰逊就没有理由拿得比他少。

约翰逊不遗余力地提高自己的生活标准。他在新泽西州买下了占地 40 英亩的地产。他试图搭乘直升机从家前往纳贝斯克公司的东汉诺威总部，但那里的镇长坚持反对直升机在当地降落，他才打消了这个念头。

约翰逊开始慢慢地清理谢伯利的势力了，纳贝斯克公司的主管一个个被约翰逊的亲信所替代。纳贝斯克公司财务总监迪克·欧文斯的陨落就是一个典型的例子。在两个公司合并的时候，欧文斯的权势如日中天，他被任命为公司的执行副总裁，在两家公司的联合董事会上占有一席之地。那时只要他一开口，约翰逊就会照办。欧文斯今天需要配一个高级副手，明天需要配一个副手，约翰逊都爽快地答应了他对副手的需求。在约翰逊的支持下，欧文斯的财务部门稳步地扩张。

突然有一天，约翰逊皱着眉头走进了谢伯利的办公室，抱怨道："欧文斯简直把公司变成了一个庞大的财务部。"然后，约翰逊头头是道地说明让总部的员工来为一线经理们做预算决策的严重后果。约翰逊最后总结说："我们不能给这些经理们做预算。"

"嗯，那我们该怎么办呢？"谢伯利问道。

"我认为欧文斯在分派权力方面能力不足，"约翰逊答道，"我想我们需要做些变动。"

于是，欧文斯就被晾在一边了，约翰逊暂时顶替了他的位置。趁着这个机会，约翰逊在底下安插了自己的党羽，并用标牌公司的财务系统替代了纳贝斯克公司的财务系统。只有标牌公司的员工才熟悉新系统是如何运作的，这正是约翰逊想要的结果。改变了游戏规则之后，约翰逊的队伍开始在一系列的小规模权力斗争中获胜。"在任何会议上，"约翰逊的一名前部下回忆说，"你都不用给纳贝斯克公司那些人面子。"

约翰逊任命标牌公司的迪恩·波斯瓦为企划总监。这项任命使约翰逊通过波斯瓦来决定董事会人员的构成，这样约翰逊的势力就能左右董事会的意见了。约翰逊的心腹马斯特普尔领导了公关部。马斯特普尔掌控了向外界发布的消息，而波斯瓦的团队和财务团队操控了内部信息的流通。

这样纳贝斯克公司的人慢慢地被标牌公司的人所替代。谢伯利本来打算让纳贝斯克公司和标牌公司在经营管理上各自保持独立，但在约翰逊的建议下，两家公司的管理层被并到了一起。随着部门的合并，小心谨慎的纳贝斯克主管们被迫与狼共舞。每当公司需要做出重要的人事决定时，约翰逊就会走进谢伯利的办公室，声明说自己举贤不避亲，然后向谢伯利推荐标牌公司的员工。"你说得没错，"谢伯利会说，"这个人看起来更合适一些。"

对那些熟知约翰逊伎俩的人来说，约翰逊是个阳奉阴违的家伙。表面上他对谢伯利百依百顺，暗地里却清除谢伯利的势力。不出三年，公司 24 位高级管理人员中就有 21 位是原标牌公司的人。约翰逊不露声色地将纳贝斯克公司的高管替换掉，而谢伯利却意识不到其中的变化。在开会的时候，他还经常说："看到这些年轻人，真令人高兴啊。"

随着约翰逊权力的增大，纳贝斯克公司的一些重大决策开始在约翰逊举行的通宵酒会上做出。10 年来，约翰逊的队伍并没有发生多大的变化：罗杰斯依然是“喝客”，埃米特还是“大晾衣竿”，还有“独裁者”卡波内尔。“教皇”约翰逊经常在饮酒作乐时抛出各种各样的点子，如重组公司，如何尽快清除纳贝斯克公司的人和推出新产品等。虽然很多点子都在他们的笑骂中被否决了，约翰逊却依然会品着苏格兰威士忌，笑嘻嘻地将话题转到新的想法上。

除了整顿公司的领导层以外，约翰逊开始着手改造公司的业务，让业务模式更符合他个人的想法。从表面上看，这几乎不太可能。纳贝斯克公司的官僚制度已经根深蒂固。但靠着对谢伯利的影响力，约翰逊步步为营。约翰逊总是先提出建议，然后由谢伯利点头。约翰逊总会拿出美妙的理由来让谢伯利接受。约翰逊会说：“你知道，在这个行业里不做到数一数二的地位就没什么意义。”谢伯利毫无例外地会说：“你说得没错，罗斯。”

仅仅在 1982 年的第四季度，约翰逊就卖掉了威廉姆斯日化公司、Freezer Queen 速冻食品公司、Julius Wile 酒业公司、Hygiene Industries 浴帘公司和 Everlon Fabrics 纺织公司。与此同时，他开始剥离一些标牌公司的传统业务，如 Chase & Sanborn 牌咖啡和多糖糖浆。约翰逊发现自己是个天生的生意人。威廉姆斯日化公司的产品已经日薄西山，因此大家都认为他不可能卖到 5 000 万美元，但约翰逊运用他高超的销售技巧，告诉潜在买主纳贝斯克公司如何不善于经营这家公司。如果经营有方的话，威廉姆斯的盈利能力就能被挖掘出来。“我发现，”约翰逊说，“你要告诉别人说公司亏损只是因为你经营不善造成的，那样他们才会有想买的念头。”

虽然他步步为营，但约翰逊意识到自己需要一个特殊的机会才能将纳贝斯克-标牌公司来个翻天覆地的变革。没想到这个特殊的时刻很快就出现了，这就是众所周知的“曲奇大战”。

作为食品产业的领头羊，树大招风的纳贝斯克公司遭到了围攻。纳贝斯克公司的烘培房设备陈旧、毛利润高，而且业内竞争对手寥寥，这就促使它成为攻击的对象。堪萨斯城就是纳贝斯克公司的“珍珠港”。发起进攻的是国内咸味饼干的生产商菲多利公司，其旗下拥有 Ruffles 牌洋芋片、Doritos 牌薯片和 Tostitos 牌玉米片。在 1982 年年中，菲多利的新产品“祖母”牌松脆饼干席卷了堪萨斯城饼干类的货架，而当时纳贝斯克公司还没有开始生产松脆曲奇。狂妄的菲多利总监们扬言用不了多久，祖母牌松脆饼干将击败纳贝斯克公司的产品。届时纳贝斯克公司在饼干行业的垄断地位将会被打破，菲多利将占有这个 25 亿美元饼干市场的半壁江山。一开始这些高管的话还真的应验了，菲多利公司一举拿下了堪萨斯城 20% 的市场份额。

正当约翰逊匆匆忙忙准备回击的时候，另一个竞争对手也加入了厮杀。辛辛那提的消费品行业巨头宝洁公司推出了邓肯·辛尼斯系列软饼干。宝洁广建厂房，为自己的产品申请专利，开始杀入堪萨斯城。几天后，堪萨斯城成了三家饼干公司肉搏的战场。在消费券、特效展示和广告的三重刺激下，堪萨斯城的消费者比平常多消费了 20% 的饼干。

纳贝斯克公司开始有点撑不住了，但约翰逊还是像往常一样乐观自信。他安慰抑郁的公司董事说，其实松脆饼干有它自身的缺点，不过大家之前都没有注意罢了。有一天早上他吃了几块竞争对手的饼干，到了中午自己闷闷不乐地去吃午饭，因为它们的饼干实在是太好吃了，但当他吃完中饭回来的时候，突然发现盒子里没吃完的饼干都受潮了。

“受潮情况有多严重？”一个董事问道。

“就像曲棍球里的冰球！”约翰逊的回答引来董事们的哄堂大笑。

一开始，约翰逊的应对策略只是加量不加价，在包装里多放几块饼干。同时他以战时戒备为借口来清除公司的异己。他告诉谢伯利：“这些给你带来麻烦的家伙只会让你越陷越深。”谢伯利也“从谏如流”。于是罗杰斯就被请来指挥这场争夺堪萨斯城的战斗，而卡波内尔则快马加鞭地催促研发部门开发软饼干。

到了 1983 年年中，纳贝斯克公司已经做好准备进行反击了。由于软饼干开发成功，纳贝斯克公司重新杀回堪萨斯城。“宝洁如果发一块钱的消费券，我们就发一块五的。当时堪萨斯城里血肉横飞、尸横遍野。说是一场大屠杀，一点都不夸张。”对约翰逊来说，投入多大的人力、物力和财力并不重要，重要的是要让纳贝斯克公司重新夺回这些货架。

最终，约翰逊和纳贝斯克公司还是失去了堪萨斯城，但却赢得了整个战争。那两个新的竞争者没有像纳贝斯克公司那样庞大的产能和完善的分销体系来帮助它们将产品迅速推向全美市场。一旦有新产品上市，纳贝斯克公司就会抢先在各个城市建立据点，使它的竞争对手很难攻破。到了 1984 年，这场曲奇大战就结束了。

硝烟散去，约翰逊在公司内外都大获全胜。在谢伯利和董事会眼里，约翰逊的领导十分英明。于是，谢伯利将首席执行官的头衔让给了约翰逊。当时纳贝斯克公司的新研究中心即将落成竣工，为了讨好谢伯利，约翰逊将该中心命名为谢伯利科研中心。这让谢伯利十分感动。约翰逊的同伙们认为这是让谢伯利解甲归田的好办法。他们认为，用人名作为建筑物的名字，要么这个人已经死了，要么他离死亡也不远了。

来到纽约后，约翰逊仅仅用了十年就爬到了成功的顶峰。他现在是美国最大的食品公司的首席执行官，是美国商业新纪元的新一代管理者。标牌公司的遗老们把自己当做公司忠实的管家。他们经常这么说：“公司就是一艘船，首席执行官只是这艘船的船长。”这句话只适用于 30 年代被经济危机吓坏了的人。对于约翰逊和他的同伴们，他们没有经历过大萧条，也没有参加过世界大战，因此感觉自己无所不能。

在外界看来，他还是那个和蔼可亲的罗斯。50 岁刚出头的他个子瘦长，把花白头发留得像年轻小伙子那么长。唯一能表明他是加拿大人的地方就是他的发音，开玩笑的时候爱说英国式的“他妈的”，偶尔还会在一句话后面加上“嗯？”

虽然登上了首席执行官的宝座，但他对经营纳贝斯克公司似乎没多大兴趣。和乐事饼干比起来，约翰逊对奢华的生活享受更感兴趣。约翰逊一家如果不是跟吉福德和他的女友出去玩了，就是和美国运通的罗宾逊一家在地中海度假。加拿大总理穆罗尼一家也是约翰逊一家的好友。劳里·约翰逊有时会陪着总理夫人去曼哈顿为总理府置办些物件。纳贝斯克开始赞助黛娜绍尔女子职业高尔夫锦标赛，约翰逊将它变成一场星光闪耀的赛事。他日益壮大的明星运动员已经组成了一支纳贝斯克运动队，活跃在高尔夫球赛场上。吉拉德·福特和鲍勃·霍普的出席也为这场比赛增光不少。约翰逊的朋友卡西尼则将约翰逊的肖像做成一个露天广告牌。

约翰逊和穆罗尼以及里根一家。

约翰逊一直喜欢和社会名流来往，之前人们还以为这是因为他喜欢打探上流社会一些八卦新闻。有一次他参加完英国上流社会的一个聚会后回来给大家讲英国王室家族里如何“乌烟瘴气”，或者讲关于英国首相撒切尔夫人的一些糗事。他那些终日和饼干曲奇打交道的朋友很喜欢听这些内幕，尽管他们中间有人担心约翰逊已经慢慢融入了他取笑的那个圈子。

如果说约翰逊对纳贝斯克变得越来越冷漠，这是因为他认为公司已经没有多大的发展空间了。曲奇战争让他想通了：和菲多利、宝洁的战争，纳贝斯克并没有取得最终的成功，这只是歪打正着。之后可能会有一个像宝洁那样的巨头，或者干脆就是宝洁自己向他再次发起进攻。纳贝斯克有致命的弱点，什么也解决不了烘焙房老化之类的问题。约翰逊不打算制订任何计划来重整纳贝斯克。多年来的苦心经营让他厌倦了做任何长期的规划，他忙于享受自己的生活。一旦公司出了问题，他就出来救救火，懒得去解决公司存在的深层次问题。

有人曾将纳贝斯克公司的文化归纳为 20 条约翰逊原则，其中的第 13 条就是："认识到最终的成功来自于大胆的行动和可遇不可求的机会。"

1985 年春，距离约翰逊当上公司首席执行官还不到一年，约翰逊接到泰利·威尔逊的一个电话。威尔逊是北卡罗来纳州烟草业巨头雷诺兹烟草公司的主席兼首席执行官。在电话里，威尔逊邀请约翰逊出来吃顿饭，顺便聊聊生意上的事。

第 2 章 Barbarians at the Gate

从纳贝斯克到雷诺兹

想象你在一栋古老的大宅子里长大，那里有你美好的回忆。你对它爱护有加，希望能将这栋房子传给你的后代。但有一天当你回来的时候，突然发现这栋房子里已经乌烟瘴气了。这就是我在雷诺兹烟草公司工作的感受。

——一位前雷诺兹烟草公司员工

如果没有雷诺兹烟草公司，温斯顿－塞勒姆只是个名不见经传的小镇。许多年以来，这家公司的总部一直坐落在一座 22 层的大厦里。当 1929 年完工的时候，人们觉得它是建筑史上的一个杰作，于是就把它的原型搬到了纽约，把它的规模加以扩大从而成了帝国大厦。

美联银行的总部就在这座大厦的一侧。雷诺兹烟草公司的股票和现金将美联银行的银库塞得满满的，美联银行也因此一跃成为南部最有名的银行之一。在大厦的另一侧是一座更高、更现代的建筑物，容纳那些总部已经装不下的员工。两个街区之外是全镇最高的摩天大厦。这座大厦的固定租户是北卡罗来纳州最大的律师事务所稳博律师事务所，雷诺兹烟草公司是它长期的客户。

如果没有雷诺兹烟草公司，温斯顿 - 塞勒姆与其他南部的小镇没什么区别。如果没有那些高楼大厦，商业区就显得脏乱不堪，一眼望去街上都是无精打采的商店和昏昏欲睡的老人。但是，雷诺兹烟草公司的到来改变了这个小镇。

以商业区为中心，公司的影响力遍布四方。沿着 40 号洲际公路向西行驶，每隔两个广告牌就可以看到一个雷诺兹烟草公司的标志。接着格雷医学院就会映入眼帘，这所著名的医学教育和研究中心是用公司的前董事会主席的遗产创建起来并以他的名字命名的。再往西出了一个路口就到了探戈坞公园，这个公园是由雷诺兹先生的兄弟威廉出资修建的，他明确规定这个公园专供白人使用。40 年后，大家依然记得威廉——“妄想先生”。

雷诺达公路往北就是雷诺兹先生个人的地产了。在他去世 70 年后，大家依然称他为“雷诺兹先生”。占地广阔的雷诺达大宅里收藏着全美最精美的美洲绘画。全城最高档的乡村俱乐部——古镇俱乐部就坐落在这里。剩下的土地就是维克森林大学的校园了，这所大学是雷诺兹家族在 20 世纪 50 年代从 100 英里外迁到温斯顿 - 塞勒姆来的。沿着雷诺达路再往北，就能看到雷诺兹夫人创办的示范农场，现在这个农场已经被改造成一系列的小店和用来管理雷诺兹家族财产的公共行政事务的办公室。史密斯 · 雷诺兹基金会每年会拿出数百万美元来支持公益事业；玛丽 · 雷诺兹基金会也一样。一家名为拉 · 乔迪尔的法国餐馆就是由原来的雷诺兹农场的锅炉房改造而成，免费向前来就餐的人提供云斯顿和沙龙香烟。很多人都欣然接受。毕竟这是个提倡吸烟的小镇，镇上的牌子上写着：“感谢购买我们的产品。”

雷诺兹家族的影响力也惠及了镇上的贫困人群。威廉可能最先想着那些白人，但也没有忘记黑人。他出资为黑人建立了凯特 · 碧婷 · 雷诺兹医院。虽然这所医院现在已经不存在了，但是凯特 · 碧婷 · 雷诺兹基金会将 240 万股收入的 1/4 捐给镇上的贫民。位于富人区的理查德 · 雷诺兹高中为市里提供了最优良的教育，而以前雷诺兹董事会主席命名的格雷高中多年来也为来自普通家庭的孩子提供着良好的教育。现在在格雷高中的旧址上建起了北卡罗来纳州艺术学校，这家声望极高的艺术培训机构运营的资金主要依靠雷诺兹家族的捐款。

雷诺兹烟草公司的总部：坐落在北卡罗来纳州温斯顿 - 塞勒姆主街上的帝国大厦。

在夏天一个闷热的清晨，没有一丝风，温斯顿 - 塞勒姆镇上充满了刺鼻的烟草味，这种味道在提醒人们这里为什么会有一个温斯顿 - 塞勒姆。几个街区之外的市政厅前矗立着一座理查德·雷诺兹骑马来到温斯顿－塞勒姆的雕像，它也在提醒着人们。

1874年，这个年仅24岁的弗吉尼亚小伙子被这片适宜烟草生长的土地所吸引。他身高一米九，走在尘土飞扬的街道上格外引人注目。他从小就在州界另外一边的罗克斯普林长大，父亲是一家嚼烟[⊖]厂的厂长。雷诺兹很小就开始学习做生意。那个时候内战刚刚结束，在南方生意不好做。货币匮乏，只有那些能吃苦耐劳、头脑灵活的人才能生存下来。雷诺兹很早就展现了商业天赋。他能用一车的嚼烟换回更大一车的货物，比如蜂蜡、牛皮、羊皮、人参、地毯甚至家具，有时后面还会跟着几匹马或骡子。雷诺兹把这些货物带回罗克斯普林，再加价两成卖出去。

虽然雷诺兹是在旧式的南方长大，但他是日益崛起的美国南部的新生代。在这代人身上少了些小农意识，多了些创业精神，他们敢打敢闯。小时候，雷诺兹把家里的马匹藏在树林里，躲过了联邦军队的巡逻。在他进城的那天，他就有了一个宏伟的计划。他知道附近出产的烟叶越来越受到烟民的喜爱，通过城里的拍卖公司可以把烟叶卖出去，附近还有条铁路可以把他的货运到市场销售。几天之内他就花了388美元从当地的教会手中购买了土地，然后在上面建起了工厂。一年之后，也就是1875年，工厂正式投产。在当时这个人口只有2 500人的小镇已经容纳了15家烟草公司。

理查德·雷诺兹

在如此激烈的竞争环境下，雷诺兹还是崭露了头角。雷诺兹敢于创新，首次在烟草里加入了糖精，使烟叶嚼起来口味更甜一些。他激进地扩张，永远使公司的产量大于销量。他工作勤劳，常年住在工厂的楼上。同时他也很爱玩，喜欢喝酒、赌博和追女人。为了能快速地往返各地，他雇了两个马队（在1890年的一次董事会上，公司同意每年使用240美元来维持雷诺兹的马队，相当于今天的公司飞机）。他唯一做得慢的事情就是说话了，口吃伴随了他一辈子。

雷诺兹先生的商业天赋和当地摩拉维亚人的工作观念为今后雷诺兹烟草公司文化奠定了基础。摩拉维亚人1753年来到这里，并从英格兰格兰维尔

⊖ 嚼烟是将烟叶制成不同形状能放在嘴中品尝的烟制品。——译者注

勋爵手中购得了这块10万英亩的土地。这些捷克斯洛伐克的移民在中卡罗来纳的皮埃蒙特地区不但要寻求宗教自由，而且要在经济上自给自足。他们是一个意志坚定、勤劳的民族，擅长制造业和商业。他们的到来使塞勒姆繁荣起来。到了19世纪，一条从北卡罗来纳州罗利出发往西的铁路就穿过了塞勒姆。

雷诺兹烟草公司的政策在很大程度上体现了摩拉维亚人的价值观：他们认为追求个人利益要以保证集体利益为前提。他们建立了一家资金雄厚的银行，并以故国的瓦乔维亚地区命名这家银行，也就是我们今天所熟知的美联银行。当温斯顿和塞勒姆两个小镇合并的时候，这个小镇不同于其他圣经带上的城镇，它更加开明，十分注重教育。他们创建的塞勒姆女子学院，是这个地区第一所女子学校。雷诺兹和当地的摩拉维亚工人相处得十分融洽。到了19世纪90年代，他们公司在当地的烟草企业中已经遥遥领先了。

事实上，公司发展得如此迅速，这让一个贪婪的北方同行分外眼红。19世纪90年代，詹姆斯·杜克的全美烟草托拉斯通过吞并像雷诺兹这样的小烟草企业而迅速崛起。杜克从北卡罗来纳州的杜兰市起家。为了和纽约的金融家建立关系，他将美洲烟草公司搬到了纽约，这为他之后在全国扩张提供了便利。当生意蒸蒸日上的时候，他开始将公司的发展模式向洛克菲勒的石油托拉斯靠拢，并有效地控制了刚成形的全美香烟市场。接着杜克开始把精力放在收购嚼烟企业上。

雷诺兹意识到了威胁，并表示抵抗到底。“如果杜克要吞并我的话，那他今后就别想睡个安稳觉。”但令人费解的是，雷诺兹在1899年秘密地来到纽约和杜克达成协议，将公司2/3的股份以300万美元的价格转让给杜克烟草托拉斯。现在看来，雷诺兹把股份转让出去是因为他需要更多的资金来扩张。虽然他将股份转让出去了，但他仍然拥有公司的控制权。也许杜克认为雷诺兹已经向他臣服，但雷诺兹有自己的算盘。在杜克的操纵下，雷诺兹顺利地吞并了当地许多家竞争对手，成为北卡罗来纳州最大的雇主。为了取得杜克的支持，雷诺兹必须每三个月北上向杜克汇报公司的经营情况。

雷诺兹可能非常痛恨北方佬的控制，但不可否认他在这种控制下发展得非常好。他这时想在全美推销烟斗用烟草。他监督了秘方的配制，并以当时威尔士著名的阿尔伯特王子为这种烟命名。后来，阿尔伯特王子登上了大英帝国的国王宝座，也就是爱德华七世。雷诺兹找来一张阿尔伯特王子和马克·吐温出席茶话会的照片，将它作为香烟的广告画。公司第一次雇用了纽约的一家大型广告公司阿耶公司在全美为公司的产品做宣传。《星期六晚报》、《科里尔》和其他一些杂志上的广告都宣传说：“阿尔伯特王子烟味温和，与众不同。”在面向批发商和零售商的发布会上，雷诺兹答应给他们十分优惠的价格让他们进货，并向他们描述不进货的严重后果：到时候供不应求，如果没有足够的存货，生意就让别人给做了。公司警告说：“我们运用独特的配方去除了烟草中强烈的辛辣味，所以你们找不到其他可以替代我们产品的嚼烟了。”就像纳贝斯克食品公司的尤尼达饼干那样，雷诺兹烟草公司的阿尔伯特王子烟在全美一炮走红，其年生产量也从1907年的25万磅上升到了1911年的1 400万磅。

但当年更引人注目的新闻是投机商杜克之死。罗斯福一直想打破杜克公司在烟草行业的垄断地位，到这一年终于成功了。当美国上诉法院宣布雷诺兹烟草公司重新独立的时候，温斯顿－塞勒姆的人都喜出望外。雷诺兹烟草公司的销售人员都收到了一份关于烟草托拉斯瓦解的信，信的标题就是：“我们解放了！”

“怎么样？”欣喜若狂的雷诺兹问他的摩拉维亚主管们，“杜克最终还是死在我的手里了吧。”几天之后，每当夜幕降临曼哈顿时，一个巨大的广告牌就会亮起。广告牌上阿尔伯特王子俯视着整个城市，在他的脚下有一行字：“全国的顶级嚼烟，雷诺兹烟草公司出品，来自北卡罗来纳州的温斯顿－塞勒姆。”

公司重获自由后，为了确保公司不再落入纽约佬的手中，雷诺兹立即启动了一项行动。他强迫员工购买公司的股票。当他用银行贷款来回购公司股票时，他告诉员工说：“你们应该成为这家公司的股东。”不管员工愿不愿意，雷诺兹知道什么才是对大家最有利的，并坚定不移地实施他的想法。几年之后公司的股价飞涨，结果温斯顿－塞勒姆的人个个都成了百万富翁，因此被人戏称这里的人极不情愿地成了百万富翁。

不久，雷诺兹先生更进了一步，发明了一种甲级股票，而当地人把它称为预期股票。雷诺兹希望公司员工通过持股来行使公司的决策权。这种股票的分红格外丰厚，只要利润超过220万美元，超过部分的10%就会用于分红。新股刚开始发售时，工人们争先恐后地上前抢购，甚至有些人把自己的全部积蓄都拿来购买公司的股票。每年股票分红的那天，也是当地汽车销售商和奢侈品经销商最期盼的日子，这天镇上的人们就像过节一样。据说有个当地人在圣诞节的早上收到了一大堆礼物，却情不自禁地哭了起来。原来他全身心投入到甲级股票上，把圣诞节都给忘了。1950年，美国国税局禁止了这种甲级股票。在此之前，雷诺兹烟草公司的大多数股票都掌握在员工的手里。

为了报答员工给予的安全感，确保公司不再落入外人之手，公司对员工关怀备至。公司向员工提供相当于其房产价值2/3的贷款，并按成本价向员工出售午餐。在炎热的烟草工厂里，每个人都有冰镇汽水喝。公司分别为白人女员工和黑人女员工的孩子提供日托服务。来公司工作的乡下女孩，公司还免费为她们提供宿舍。另外，公司还按成本价为其他180余户家庭提供住宿。这些变革很多都是由雷诺兹的夫人凯瑟琳娜主导的。

在当时的历史环境下，雷诺兹烟草公司可以说是一家了不起的企业。当时农业经济占主导的南方还处于极度的贫穷当中，而雷诺兹烟草公司坚持用本地出产的农产品来生产工业品。当时南方的企业一般都是由常年不在本地的北方佬控制，而这家企业却牢牢地控制在当地居民的手中，并且给当地居民带来了丰厚的经济收入。截至 1913 年，25 000 名居民当中有 1/4 是雷诺兹烟草公司的员工。

1913 年，63 岁的雷诺兹先生在香烟这种新产品上做了大胆的尝试。当时，人们对用机器生产包装的香烟需求不旺，很多人都是自己手卷。那些市场上销售的香烟也一般都是本地出产的，而且口感比较差。鉴于阿尔伯特王子牌的成功经验，雷诺兹先生认为香烟的口味如果能够改良的话，在全国应该会有市场。他亲自挂帅，尝试了一系列的试验品，最终定下来一种配方。这种新配方是将当地的土烟、肯塔基州的烟草和土耳其的烟草混合而成。为了在土耳其那东方神秘感上做文章，雷诺兹先生将新型香烟取名为“骆驼”牌。那年巴纳姆·贝利马戏团刚好来到温斯顿－塞勒姆巡回演出，摄影师乘机拍了一张骆驼照片作为香烟的商标。

在阿耶广告公司的推广下，骆驼牌香烟的销量大增。阿耶广告公司将在阿尔伯特王子和尤尼达饼干上用过的手法搬到了骆驼牌香烟上。它用了一系列诙谐的广告词将骆驼牌香烟推向各地市场。一开始是“骆驼”，接着是“骆驼来了”，然后是“明天本镇的骆驼数量将超过全亚洲和非洲”，最后才是“骆驼牌香烟到了”，并列出骆驼牌的优点和价格。按现在的标准看来，这样的广告词太过哗众取宠，甚至还有点厚颜无耻，但它让这第一种全国性的香烟成为当年的轰动事件。20 支骆驼牌香烟只卖 10 美分，比其他品牌足足便宜了 5 美分。不久，有三家竞争对手就因亏损而退出了烟草行业。骆驼牌香烟还创下了多项纪录，它一年就卖出了 4.25 亿包，并成为烟草史上第一种采用硬包装的香烟。第一次世界大战期间，雷诺兹烟草公司获得了向在欧洲前线作战的官兵配送香烟的特许权。雷诺兹先生又一次重新定义和改变了烟草行业。

骆驼牌香烟：首个大规模生产的香烟品牌，也是雷诺兹先生的得意之作。

气急败坏的对手想尽一切办法来消灭骆驼牌香烟。有人造谣说骆驼牌烟厂的工人感染了麻风病和梅毒，该谣言疑自竞争对手杜克烟草公司。还有流言称骆驼牌香烟里含有硝酸钾，还真有人相信了这个说法。怒不可遏的雷诺兹开始狠狠地回击，悬赏 500 美元要找出这些谣言的散播者。他在一张海报中写道：“那些卑鄙无耻的造谣者身上散发的恶臭，连秃鹰都能闻到。”

这是他人生的最后一场战斗。1918 年雷诺兹先生因胰腺癌病逝。在他弥留之际，雷诺兹对自己的成就感到十分欣慰，并且认为如果不出什么意外，公司绝不会再落入那些北方佬之手。他告诉手下的人：“我已经写了一本书，你们照着做就行了。”

但事与愿违，企业的管理不久便落入他人之手。威廉先生虽然是公司主席，但他似乎更愿意把时间花在培育马匹上。雷诺兹先生的大儿子迪克热衷于从政，成了温斯顿－塞勒姆的市长和财政部长。他的二儿子扎卡里·史密斯·雷诺兹是出了名的纨绔子弟，之后娶了一个名叫利比·霍尔曼的伤情歌手。不久他就因枪击离奇身亡，他的妻子被指控谋杀，但雷诺兹家族决定放弃指控，因此霍尔曼免于审判。扎卡里同时也是一名业余飞行员，为了纪念他，当地机场以他名字命名为史密斯－雷诺兹机场。

管理雷诺兹烟草公司的任务就落到了当地的一帮经理人头上。这几个人都是雷诺兹先生在临终前亲自指定的。鲍曼·格雷是家族里的红人。他有些过分注重细节，缺乏想象力，死气沉沉，但在工作中能够严格地遵守雷诺兹的既定方针。天还没亮，他就来到办公室，然后一直工作到天黑。他的弟弟詹姆斯·格雷是美联银行的高级银行家，后来也加入了雷诺兹烟草公司。银行的利益和烟草公司紧密相连。美联银行的管理委员会由雷诺兹家族、格雷家族和摩拉维亚人中的长者组成。作为这座小镇的统治者，这些委员同时也是古镇俱乐部的会员。到了夏季，他们就会去 60 英里外的咆哮谷中避暑。他们只在圈子内部通婚，家族和家族之间姻亲关系错综复杂。

这自然而然地限制了温斯顿－塞勒姆人的视野，直到今天。雷诺兹烟草公司的一个员工在 20 世纪 30 年代当上公司的高级主管，部分原因是他娶了威廉·雷诺兹的侄女；后来此人因为不愿意待在小镇而被赶出了公司。跟外界的隔离使得公司赶不上时代的潮流，最要命的是公司竟然忽视了女性烟民这一市场。虽然臭名昭著的银行女劫匪鲍妮·派克是骆驼牌香烟的忠实粉丝，她还曾在流窜作案期间参观过雷诺兹烟草公司的制烟厂，但这都没有引起公司对女性烟民的重视。为此，骆驼牌香烟渐渐失去了领先地位。到了 1929 年，美国烟草公司的好彩牌香烟成为了美国最畅销的品牌。之后，在一家由威廉·埃斯蒂经营的纽约小广告代理商的协助下，雷诺兹烟草公司发起了猛烈的反攻，最后又在 20 世纪 30 年代重新夺回往日的荣耀。雷诺兹烟草公司和埃斯蒂广告公司的结盟使公司的品牌在之后长达半个多世纪的时间里遥遥领先。

小镇对这家公司引以为荣并自豪地称自己为“骆驼之城”。穿着工装的公司员工拎着装满现金的袋子走进股票经纪人的办公室，指名要求购买雷诺兹烟草公司的股票。一名名叫霍伯特·约翰逊的一线工人多年以来一直是公司的大股东之一。只要有人出售甲级股票，他就尽量多地吃进。家里的老一辈人将这些股票留给后代，并耳提面命告诫他们千万别抛售。

当地摩拉维亚人的价值观更是渗透到公司文化里。工作上勤勤恳恳：八个月的烟草交易季节过后，商业对手的烟草收购人员都纷纷回家轻松一下，而雷诺兹烟草的工人们则会将收购来的烟叶卷起来，享受一下他们八个月来的劳动成果。生活上勤俭节约：公司要求员工只有在上交用剩下的铅笔头之后才能领取新的铅笔。曾经有个年轻的经理在他的办公室里安了一个小风扇，公司以浪费电为理由要求他停止使用。在创造性方面，公司发明了一套回收利用边角料的方法以最大限度地利用每一片烟叶，目的是增加公司的利润。这种“还原香烟”是传统制烟工艺和公司勤俭文化的结晶，因此被视为雷诺兹香烟中的极品。

但皮艾蒙特地区并不是天堂。自从30年代中期格雷逝世后，公司惨淡经营了十余年后才重新复苏。工人们私下里总有这样那样的小牢骚，他们戏称温斯顿-塞勒姆的缩写（W-S，意即work和sleep）就代表了镇上的生活，除了工作就是睡觉。40年代，工会曾在工人中间短暂地存在了一段时间，期间大部分时间里公司都在和工会斗争，最后将工会力量摧垮。这场斗争导致雷诺兹烟草公司的烟草销量远远比不上美国烟草公司。

但时隔不久，在威廉先生的侄子约翰·惠特克的领导下，公司在50年代进入了一个新的黄金时代。在结束了与工会斗争的十年里，惠特克在公司里慢慢恢复了大家族的理念。惠特克喜欢在车间里来回走动，会跟工人们打招呼并询问他们的家庭情况。一个已退休的工人回忆道：“我还记得那些早晨，当我把车停在惠特克先生那辆棕色的斯图贝克小轿车旁时，我们会相互打个招呼，接着并肩走进公司。”（雷诺兹烟草公司还有条不成文的规定，主管们座驾的规格不能超过别克。即使多年以后洛克菲勒来镇上演讲，他的助手要求给洛克菲勒配辆豪华轿车，找遍整个温斯顿-塞勒姆也没找到一辆。）

1954年，雷诺兹烟草公司推出了云斯顿牌（英文原文同“温斯顿”）香烟。这种过滤嘴香烟在上市的头9个月内就卖了65亿包。接着，公司又推出了薄荷口味的沙龙牌（英文原文同“塞勒姆”）香烟，销量也达到了上亿包。到了1959年，这两个以它们诞生地命名的香烟品牌使雷诺兹烟草公司的销售额终于超过美国烟草公司。于是，小镇人民纷纷走上街头，载歌载舞来欢庆胜利。

惠特克继续发扬公司回报小镇和员工的传统。他支付给工人的工资超过工会的标准，并建立起一个全美最慷慨的员工医疗保障计划。员工在公司指定的诊所里看病几乎不用花钱。在50年代中期，雷诺兹烟草公司和雷诺兹家族一起出资将维克森林大学的校园向东迁100英里。美国烟草公司的后人将一所学院搬到了杜兰市并将它重新命名为杜克大学，因此雷诺兹家族也要保证温斯顿-塞勒姆在这方面不甘人后。

那段时光的确令人难忘。当时美国销量最好的四个卷烟品牌中有三个是雷诺兹烟草公司生产的——云斯顿牌、沙龙牌和骆驼牌。阿尔伯特王子牌烟斗烟销量依然不减当年。一种名为 Days Work 的嚼烟在同类品牌中独领风骚。那时美国人抽烟抽得很凶。1960 年的统计数据显示美国 58% 的男性和 36% 的女性是烟民。人们常开玩笑说雷诺兹烟草公司的唯一难题就是如何加快烟草生产来满足广大烟民的需求，并将这些现金收入运回美联银行。

这个说法也不是没有道理。在公司经理们的眼中，雷诺兹烟草公司手头的闲余资金实在太多了。1956 年，公司修改章程允许购买烟草行业以外的资产。两年后，公司差一点收购了派德制药公司。当公司高级副总裁查理·韦德参观了这家公司位于新泽西州的总部时，惊讶地发现对方公司的主席开着公司的游艇。韦德后来回忆道："我回来就告诉大家这家公司不适合我们，他们和我们根本就不是一类人。"结果，这场收购就胎死腹中了。其他熟知情况的人回忆说，事情的内幕远比韦德的解释复杂得多。有些董事还担心派德制药公司的工会力量会给雷诺兹烟草公司带来麻烦。所有这些都反映出那个年代雷诺兹烟草公司狭隘的思维方式：勤俭，对外部人的猜疑，故步自封和从骨子里对工会的深恶痛绝。"他们的思想都很保守。"一位退休的主管回忆时说，许多主管不想和北方佬和工会有任何来往。

50 年代的雷诺兹烟草公司是个快乐的大家庭。公司的管理层从来不会忘记那些早早从北卡罗来纳州的郊区赶来上班的工人，是他们使公司运作起来，他们知道如何挑选优质的烟叶和如何操作香烟打包机。每当公司想知道一个新产品是否会畅销，公司就会求助于一个由 250 名员工组成的委员会。云斯顿的配方就是由委员会的成员从 250 种试验配方中挑选出若干种，然后由当时的销售总监小鲍曼·格雷拍板定下来的。当小鲍曼抽完最后一口烟时，喊道："就是它了！"

1959 年惠特克退休后，公司开始由老鲍曼·格雷的儿子小鲍曼领导。从 11 岁开始，小鲍曼就开始在暑假里为雷诺兹烟草公司修剪烟叶。他是一名典型的雷诺兹烟草公司主管，一天能抽四包云斯顿。自从云斯顿一炮走红之后，他越发相信自己鉴别香烟质量的能力。小鲍曼在 1960 年接受《时代》杂志采访时说："我只是个普通人，如果我喜欢某一种香烟，那么我相信它也一定符合大众的口味。"

但在接下来的十年，人们开始思考是否应该拒绝吸烟。自从烟叶被制成香烟以来，反对吸烟的呼声就一直存在。英国国王詹姆士一世将抽烟称为"地狱的真实写照"，并对香烟课以高额的进口税。法国的路易八世和俄国沙皇米哈伊尔一世规定对抽烟者最低处以宫刑，最高处以死刑。教皇乌尔班八世下令将那些在教堂或教会的地产附近抽烟的人逐出教会。相比之下，美国人对烟草的热爱在 1964 年之前一直没有转变，那年国家卫生局局长路德·特里博士发表了一份具有历史意义的报告，首次将癌症和吸烟联系在一起。香烟销售量之前都以每年 5% 的速度增长，但在这份报告发表的当年，香烟销售量首次出现了大幅度的下降。

虽然后来销量又有增长的趋势，但雷诺兹烟草公司看到了这一危险的信号，小鲍曼开始着手收购烟草行业以外的企业，主要是食品制造企业。雷诺兹烟草公司的主管们常常说："如果一家公司能够卖掉会导致癌症的产品，那还有什么东西它卖不了的！"于是，雷诺兹烟草公司旗下有了一系列的食品品牌，比如夏威夷果酒、佛蒙特枫糖浆、曼提番布丁、Chun King 中国食品和墨西哥食品。

由于本土观念的影响，雷诺兹烟草公司并没有去开拓海外市场，而其竞争对手菲利普·莫里斯公司正在全球范围内兜售万宝路香烟。多年的市场领先地位使得雷诺兹烟草公司的总监们骄傲自大，他们夸口说从公司总部的 22 层楼上往外看，一眼望去到处都是公司的产业。公司高层常开玩笑说："如果还有什么的地方买不到骆驼牌香烟的话，请一定给我们打电话。"

到了 60 年代末，雷诺兹烟草公司坐享其成的日子也快结束了。随着这位和雷诺兹先生有直接关系的小鲍曼逝世，另外两位很有希望当上公司主席的高级主管也相继离世。接着上台的是小鲍曼的侄子，一个没有主见的财务主管亚历克斯·盖洛韦。他将公司带入了灾难性的多元化经营模式，这个模式对公司核心的烟草业务带来了深远的影响。

在温斯顿－塞勒姆前经销商马尔科姆·迈克林的建议下，盖洛韦收购了迈克林控制的海陆船运公司，迈克林也因此当上了雷诺兹烟草公司的董事。接着迈克林建议盖洛韦买下阿米诺石油公司，理由是这样阿米诺公司的石油就可以通过海陆公司的油罐来运输了。盖洛韦对迈克林言听计从，在第二年就把石油公司收入囊中。为了反映公司多元化经营的理念，盖洛韦将公司的名字改成了雷诺兹实业公司。在之后的 10 年里，雷诺兹实业公司将 20 多亿美元陆陆续续地投入到这两家公司，海陆船运公司也因此成为世界上最大的私营航运公司。由于对烟草制造业务的放任自流，公司的烟草业务开始出现危机。

在他短暂的任职期间，盖洛韦一直受制于迈克林和其他几个强势的外部董事。人们对谁会成为盖洛韦的接班人这个话题很感兴趣，尤其是保罗·斯迪克特。斯迪克特是董事会里为数不多的几个外地人之一，当他加入董事会的时候，董事会里只有两个外部董事。更有趣的是，他是一个北方人，从小在匹兹堡郊外的寄宿学校长大。他的父亲是个德国移民，在炼钢厂工作。在高中的时候，他还到钢铁厂里勤工俭学。在附近的格罗夫城市文科学校念完书后，他又回到了钢铁厂。他被选举成为工会代表，然后当上了工会骨干。来自蓝领家庭的他表面上说话柔和，但是他希望进入上层社会的野心就像炼钢炉里的炉火那样炽热。

不久，斯迪克特在环球航空公司的人事部找了个工作，开始了他的白领世界之旅。接着他又跳到金宝汤公司，在那里他一路高升。50 年代末，他加入了联邦百货公司，五六年之后他就成了这家公司的董事会主席和首席运营官。到了 1972 年，由于没有上升的空间，斯迪克特 55 岁就提前退休了，但也有人说他是被开除的。

在查理·韦德的邀请下，斯迪克特加入了雷诺兹烟草公司的董事会。两人早年在破坏工会活动时交往甚密。1972 年，斯迪克特到处游说大家反对财务部门的戴维·皮普尔斯接任盖洛韦。在询问了其他三名外部董事的意见之后，斯迪克特威胁盖洛韦说如果戴维上台的话，他们四个董事就走人。于是，公司成立了一个专门委员会来挑选新的继任者。正好这时斯迪克特有闲暇时间，就被任命为委员会的主席。经过几个月的折腾，专门委员会最终公布了一个令人吃惊的决定——由斯迪克特带领公司走过 70 年代末期。

保罗·斯迪克特：一位南下掌管雷诺兹烟草公司的北方佬。

斯迪克特本来只是公司的二把手，但现在在这个多极管理的结构下，他的实际影响力远远超过了他的职位。他的上司科林·斯托克斯是当地一名土生土长的烟草种植者。从公司底层干起的斯托克斯对烟草了如指掌，但对北卡罗来纳州以外的世界却一无所知，所以斯迪克特想怎么捏科林就怎么捏。

带领雷诺兹烟草公司走过 70 年代的这两个领导人的差别体现在他们对公司购置飞机的态度上。早在 50 年代，公司就有两架飞机，一架漆成骆驼牌香烟外壳的颜色，另一架漆成沙龙牌香烟外包装的颜色。“当时公司很少动用这两架飞机，”一个老飞行员回忆说，“飞机每个月只会在天上飞 37 分钟，这只是为了使飞机设备正常运转而必须保证的最短飞行时间。”一方面，这反映出公司节俭的传统，另一方面也反映出公司高层更愿意待在小镇上。斯托克斯和他的朋友们讨厌去纽约。公司在纽约的广告总监拉里·沃桑为了说服斯托克斯他们去趟纽约得费很大的劲儿。他必须亲自去机场接他们，然后帮这些高管在他们喜欢的餐厅订好位子，不然，这些人可能会站在曼哈顿的某个街头茫然不知所措。但大多数情况下，拉里还是自己坐飞机到温斯顿－塞勒姆来。

斯迪克特天生就喜欢飞机。他让人在公司的飞机里安装了电话，还亲自检查飞机上是否备有充足的食品和饮料。斯迪克特决心打破公司内部保守的观念，并认为让斯托克斯见识一下芝加哥和波士顿这样的大城市是自己的份内事。于是他组建了一个全球性的咨询委员会，成员包括三菱集团的田部文一郎和德意志银行的赫尔曼·阿贝丝。这些商业巨头每年两次要到美国以外的某个世外桃源讨论全球性的问题。

这种经历对斯迪克特来说可谓是美梦成真。他往昔还只是个到处打零工的失业者，现在已是烟草行业的掌舵人。他喜欢和美国商业部和商业圆桌会议组织的那些商业精英往来。和做生意相比，斯迪克特对商业交际更感兴趣。

但斯迪克特在一些问题上犹豫不决。他试图逃避董事之间的争斗，并把自己塑造成一个恩威并施、左右逢源的人。他语音柔和、表情含蓄，能够叫出每个司机的名字，有时还会向飞行员询问他们家里人的情况。他谦逊有礼、阅历丰富，从某种程度上非常适合带领视野狭隘、保守的雷诺兹烟草公司进入新的商业世界。

温斯顿－塞勒姆的老管家们很难接纳斯迪克特这样一个外来者。斯迪克特本来不抽烟，偶尔会点燃烟斗装装样子。一到冬天，他就坐着公司的飞机去他在棕榈滩的别墅度周末，夏天就到新罕布什尔的豪宅过周末。在温斯顿－塞勒姆几乎见不到他的妻子菲莉妮，这对于那些希望看到雷诺兹高层以小镇为中心展开社交生活的人来说是种侮辱。斯迪克特一开始就没有被接纳为古镇俱乐部的成员，只能转到百慕大时光这样一个暴发户聚集的俱乐部。

操纵着斯托克斯，斯迪克特驾驭着雷诺兹烟草公司驶过喧嚣的 70 年代。在这 10 年里，这家公司开始由一个家族企业向现代集团企业转变。他还严肃处理了海陆船运公司 1 900 万美元的海外非法回扣事件。期间，他的权力不断得到巩固。

有些人看到了这可怕的趋势，公司引以为豪的摩拉维亚价值观将被摧毁，而斯迪克特的崛起将意味着毁灭性的变革。“等着吧，”一名当地的股票经纪人说，“很快那些北方佬就会赶来。他们从来没看到过这么多钱，更不知道怎么用。”

正如大家所预料到的那样，北方人掌管了雷诺兹烟草公司。70 年代，面对菲利普·莫里斯公司的万宝路香烟咄咄逼人的势头，雷诺兹烟草公司的压力越来越大。斯迪克特相信只有经验丰富的销售团队才能回击万宝路的挑衅。于是，他第一次大规模地引入外援，让拜尔斯堡公司的前总裁吉姆·彼得森负责国内烟草业务；美国氰胺公司的高级副总裁摩根·亨特尔担任雷诺兹烟草公司的总裁；利华兄弟公司总监鲍勃·安德森主管烟草营销；庞氏公司副总裁泰利·威尔逊先是负责食品业务，后来又去负责开拓公司的海外市场。

这些新人在董事会里显得很扎眼。“世界末日还没来，”他们开玩笑说，“但在温斯顿－塞勒姆，你可以看到些苗头。”这些人看不起当地人，把温和当做软弱，把谨慎当成懦弱，把南方口音看做弱智的表现。“他们把聪明人当做愚伯，”广告总监拉里·沃桑回忆道。

尽管这些人都自信满满，但事实证明他们对推销香烟并不在行。1971 年，法律禁止广播和电视节目里播放烟草广告，雷诺兹烟草公司因此不得不废弃其朗朗上口的广告词“云斯顿香烟，就是这个味”。斯迪克特这帮人绞尽脑汁想找到合适的词来替代原来的广告词，几年后终于憋出一句“云斯顿之味，请君体会”。安德森则将公司的牌子从露天广告牌上撤了下来，这对雷诺兹烟草公司来说更是雪上加霜。

公司请了一些的广告商来解决这个令人头痛的问题。但每个广告商都有自己的想法，而且这些想法大相径庭，但都无一例外地失败了。香烟很多时候靠的是品牌形象，多年来雷诺兹烟草公司的主管们把公司的品牌打造得高高在上；而其竞争对手菲利普·莫里斯公司从50年代开始靠朴实无华的西部牛仔形象赢得了成千上万烟民的喜爱。于是，雷诺兹烟草公司也开始模仿菲利普·莫里斯的做法，运用了伐木工人和水手的形象，发起了名为“美国工人阶级”的营销活动来表明它已经变成了一个平民品牌，但销售量并没有多大的起色。

万宝路开始受到工人们的青睐。之前使雷诺兹20年经久不衰的优良传统现在阻碍了公司与时俱进。再造烟叶虽然成本低廉深受雷诺兹烟草公司生产主管们的欢迎，但质量上却大打折扣。这种香烟很呛很辣，在50年代深受广大蓝领工人们的喜爱，但到了70年代年轻一代口味已经发生了改变。菲利普·莫里斯公司也跟着改进了万宝路的配方，在里面加入一些口感柔和的烟草，收到了良好的效果。同时，菲利普·莫里斯公司将资金投入到新的机器和厂房上，而雷诺兹烟草公司却毫无动作。由于多年来在烟草行业占据了龙头地位，雷诺兹烟草公司的产品经理们开始变得骄傲自满。“那些林荫大道上的人知道什么?”他们对那些远离制烟厂和烟叶地的人的意见充耳不闻。

到了70年代中期，菲利普·莫里斯公司和雷诺兹烟草公司都引进了第一代电动香烟生产机来提高生产速度。但雷诺兹烟草公司的很多工人因为文化水平不高，无法有效操作这些机器，于是他们又改用老式的机器，因为他们知道如何分拆和拼装这些机器。而菲利普·莫里斯公司的工人却能很好地操作新式机器。当雷诺兹烟草公司意识到自己的错误时，菲利普·莫里斯公司已经把所有制造商的产能都买断了。到了1976年，万宝路超过了云斯顿成为全美最畅销的香烟，这个地位一直保持到今天，而雷诺兹烟草公司在全美香烟总销量上以微弱的优势排名第一。

麻烦不仅仅限于老的品牌，新产品的定位错误使雷诺兹烟草公司状况更加恶化。当时纯天然产品十分受欢迎。在失去了市场领导地位之后，公司决定推出纯天然的香烟，并取名为“纯真”。他们又一次忽视了公司内部的质疑声。“我们为什么要打健康牌?”一个员工低声地说，“那些烟民才不在乎自己的健康呢。”但是雷诺兹烟草公司的高管对这个产品信心十足，决定省去市场调研，迫不及待地把它推向了全美。公司花了几百万美元的广告费，广告上是个神采飞扬的小伙子一边叼着一支纯真牌香烟，一边向人们分发。纯真并不像它的名字那么美好，反成为一大败笔。

进入了70年代，等斯托克斯退休之后，斯迪克特顺理成章地当上了公司的首席执行官，公司也搬到了几英里外的一座庞大的写字楼里。根据一位主管的说法，此时的雷诺兹烟草公司进入了一个大、杂、乱的阶段。不久，员工就把这座具有玻璃外壳的写字楼戏称为“玻璃动物园”。

斯迪克特后来说，他唯一的错误就是自己老得太快。当他坐上公司总裁的位置时，斯迪克特已经年过六旬。斯迪克特上任不久，大家就开始猜测谁将是他的接班人。大家一开始看好威尔逊，因为他有两年管理公司海外业务的经验，而且是唯一跟随斯迪克特到80年代的一位革新派。1979年，斯迪克特还任命威尔逊为公司总裁。作为斯迪克特的副手，威尔逊主要负责公司整块烟草业务。他因为整顿公司一塌糊涂、连年亏损的食品业务并将其扭亏为盈，引起了斯迪克特的注意。作为总裁，他花了大量的资金用来改良和更新日益老化的机器和厂房。

但他很快就得罪了斯迪克特。威尔逊是个冷峻的战略家，而且在技术上也很了得，但只要谁挡住了他的去路，威尔逊就会设法将他消灭，不管不顾。年轻的时候他当过部队指导员，也将那种直率粗犷的普鲁士风格带到了管理团队中。他的笑容十分古板，还喜欢咬文嚼字，经常开口说："本人以为如何如何。"

角逐斯迪克特的候选人注定是一场激烈的跑马赛。大家接下来开始把宝押在了雷诺兹烟草业务总裁小爱德华·霍里根身上。此人脾气火暴，是个典型的新派管理人。虽然他主管烟草业务，但自己却从不抽烟。他刚出道的时候是在酒类行业做营销人员，在70年代加入了雷诺兹烟草公司。和其他的革新派经理不同，他与温斯顿-塞勒姆的老一辈经理人相处得十分融洽。

他出生在布鲁克林区，在大萧条时代度过了童年。那时他的父亲为了找份工作东奔西走。在橄榄球奖学金的资助下，他才得以进入大学念书。虽然身高只有一米七，但他喜欢那种在球场上横冲直撞的感觉。他靠暑期在工地上打工赚来的钱读完了大学。不久，他就参军上了战场。在一次战役中，他带领一个200人的加强排攻占了敌人的阵地，为此被授予银星勋章。但由于伤势过于严重，他不得不从前线退下来。

复员回国之后，霍里根做了一系列的市场营销工作。当霍里根到芝加哥西北实业公司当白金汉酒业部门主管时，威尔逊邀请他加入雷诺兹烟草公司。这两位老兵在最开始的时候还惺惺相惜，他们经常一边喝酒，一边抱怨公司里南方儒雅的工作方式。在给部下训话时，霍里根套用丘吉尔的演讲词说："我们需要一种强烈的紧迫感。我们要在海滩上，我们要在天空中，我们要在便利店的货架上，我们要在任何一个地方与菲利普·莫里斯决一死战。"他们的努力终于取得了成效，他也得到了嘉奖。他的下属都很怕他，在背后给他取了个绰号"小恺撒"。虽然斯迪克特不喜欢霍里根的强硬性格，但霍里根的确是个有实力的竞争者。

第三个有希望问鼎宝座的是从通用食品公司跳槽来的财务总监乔·艾伯利。艾伯利顶着一头银发，看着就像一位首席执行官，并且出身名校，在哈佛大学取得了法律和商业学位。而且他是外交关系委员会成员，这一点让斯迪克特十分欣赏。但艾伯利的性格和威尔逊差不多。虽然艾伯利不太符合斯迪克特对儒雅的要求，但他密切配合斯迪克特展开收购活动，并且为公司提升财务系统核算水平做了大量的工作。

对首席执行官这个位置的争夺使得公司内部派系林立。大家不再像以前那样为公司效力，而是各自为营，纷纷为自己看好的候选人卖力。有一次为筹备公司的财务分析会议，威尔逊和艾伯利为谁在会上先发言而恶言相向，最后只好斯迪克特出面解决。当艾伯利在会上发言时间超时了，霍里根就风风火火地冲了进来，大骂道："你这混蛋怎么还没说完？该轮到我了。"艾伯利派人对剥离海陆船运公司进行可行性研究。主管海陆船运公司的威尔逊听到风声后，找来负责该项目的司库约翰·多德尔询问。多德尔为难地说："真对不起，我不能告诉你，不然艾伯利会把我开除的。"霍里根聘请了一家公关公司替他申请各种商业和慈善方面的奖项，好为自己的履历表镀金。他一直对自己获得霍雷肖·阿尔杰奖的事津津乐道。

这种持续的混乱对公司的业务造成了深远的影响，助长了一种被称为"渠道囤货"的销售模式。渠道囤货并不是雷诺兹烟草公司的专利，每个烟草公司都或多或少地运用这种手段。在以半年为周期的涨价期来临之前，雷诺兹烟草公司就向它的客户——批发商和连锁超市按较低的价格销售大量的烟草。这些客户也很欢迎这种做法，因为他们可以按低价拿货，然后再以涨价后的价格卖出去。雷诺兹这么做的原因是它可以尽快处理掉那些积压的存货，最重要的是可以在季度末人为地大幅调高利润。

但问题是这种做法就像尼古丁一样容易使人上瘾。为了超越上次在囤货帮助下制造出来的利润，公司必须甩出更多的货。这样在批发商和零售商手上压了大量的存货。如果卖不出去，就会出现两种不利的情形。要么这些香烟会被再次运到雷诺兹烟草公司重新回炉，而且这部分回炉费由雷诺兹烟草公司来承担，公司接着把这些经过回炉的香烟再卖给销售商；要么这些烟在销售者手中积压着，慢慢受潮。当渠道囤货的做法愈演愈烈的时候，烟民也开始受不了受潮的云斯顿，纷纷改吸万宝路。

当雷诺兹烟草公司卷入这场痛苦的政治斗争时，斯迪克特焦急地希望找到一个合适的接班人，并将他推荐给董事会。这时一个叫罗纳尔多·格里森的董事给他出了一个主意。格里森是个地道的英国人，曾经担任过英国通用电气的副总裁。他告诉斯迪克特在欧洲如果公司面临如此艰难的抉择，通常会求助于笔迹鉴定专家。于是他们找到了瑞典的一位笔迹专家。这位笔迹专家看了这些候选人的笔迹之后，连连摇头，要么说这个人能力不足，要么说那个人不可靠，反正没有一个合适的。

斯迪克特就将这事暂时搁置下来，但很多人认为他是故意不做出决定。虽然他已经年过六旬，但还认为自己在事业上是老树开花。当大家静静地等待他做出最终人选的决定时，斯迪克特却做出了一个令人大跌眼镜的决定。他决定以 12 亿美元收购休伯莱恩公司，这样公司就能获得一家优良的酿酒公司和一家三流的快餐公司肯德基，此外还有休伯莱恩公司的首席执行官希克斯·沃尔德伦，他就是第四个候选人。沃尔德伦大部分职业生涯在通用电气公司度过，而通用电气是现代经理人的熔炉。斯迪克特发现沃尔德伦具有其他人都没有的古铜色皮肤，而沃尔德伦也注意到了雷诺兹烟草公司内部的争权夺利。在沃尔德伦眼里，他最关注出售休伯莱恩公司的合同里两个最关键的条款：每股63 美元和威尔逊不会被任命为公司首席执行官的承诺。

现在公司接班人的问题开始变得更加错综复杂。到了 1982 年 10 月，斯迪克特过完了他 65 岁的生日，他告诉董事会现在还没有找到合适的人选来接替他。接着他要求在现在的位置上再干几年，董事会同意了。这个结果几乎毫无悬念，因为从 70 年代中期，他就开始在董事会里安插自己的拥护者。

那个时候，美国公司都喜欢一个没有主见的、橡皮图章式的董事会，但雷诺兹烟草公司的董事会却是个例外。在这些强硬的董事当中，最直率的要数约翰·麦康伯了。他是塞拉尼斯化学公司的首席运营官，也是雷诺兹烟草公司的薪酬委员会主席，主要负责这次候选人的选拔。他常年在东部活动——他本科在耶鲁大学，研究生去了哈佛商学院，毕业之后在林肯中心的董事会和国际商会工作。他和斯迪克特关系密切。当年，斯迪克特还是塞拉尼斯化学公司董事的时候，利用雷诺兹烟草公司人事委员会成员的身份将麦康伯带到了雷诺兹烟草公司。

在雷诺兹烟草公司接班人问题上，麦康伯让谁当都无所谓，但就是不让威尔逊当。雷诺兹烟草公司每年向塞拉尼斯化学公司采购用来制造香烟过滤嘴的原料，交易额大约是 2 500 万美元。而雷诺兹烟草公司和伊士曼柯达公司的交易额相当于这个的两倍。当麦康伯向威尔逊要求给他们公司更多订单的时候，威尔逊直截了当地拒绝了他："你们之所以成为我们二级供应商有两个原因——质量和服务。"麦康伯咬牙切齿地说："如果威尔逊当了哪家公司的头，我死也不去那家公司当董事。"

城市联盟的前任总裁乔丹也和麦康伯、斯迪克特一派关系紧密，同时也是塞拉尼斯化学公司董事会的一员。这位艾金·岗波律师事务所的合伙人很乐意替那些将他扶上位的董事长效劳。斯迪克特经常邀请他去加州北部高档休养所波希米亚庄园。乔丹在那儿帮不少人解决了一些法律问题，赚到了不少外快。

斯迪克特也待茱安妮塔不薄。作为杜克大学教授和管理人员的茱安妮塔早在担任卡特总统的商务部长之前就被摆在了雷诺兹烟草公司的董事会里装点门面。当斯迪克特在克莱斯勒公司当董事的时候，他也把茱安妮塔拉去了。雷诺兹烟草公司每年慷慨地向杜克大学捐赠。由于茱安妮塔是这所大学的受托人，因此大家都将这些捐赠归功于她的努力；人们也高度评价斯迪克特的出手阔绰。杜克大学在国际研究学院设立了一个以斯迪克特命名的教席，同时还设立了斯迪克特奖学金，该奖学金每年资助他的母校——格罗夫城市学院的一名毕业生到杜克大学福库商学院完成研究生的课程。

格里森也是斯迪克特的支持者。他也是在斯迪克特的活动下进入了克莱斯勒的董事会。来自温斯顿－塞勒姆的巴特勒也可谓是斯迪克特的盟友。巴特勒经营着一个家庭纺织工厂，并且多年来主持着一家当地的慈善基金会。巴特勒是小镇上土生土长的实权人物：他一般去咆哮谷避暑，在古镇俱乐部打高尔夫球，在美联银行和维克森林大学当董事。被任命为雷诺兹烟草公司的董事会成员时，巴特勒激动不已，但上任之后并没有什么作为。

另一位董事会成员是美国计算机服务公司主席比尔·安德森，他是个国际化的经理人。和安德森相比，斯迪克特只是个徒有虚名的国际化经理人。安德森在上海长大，因此会说好几种中国的方言。第二次世界大战爆发后，他被日军俘虏，在战俘营里待了4年。战争结束后，他作为主要证人出庭作证，将30名日本兵送进了监狱。什么样的场面他都见过，因此雷诺兹烟草公司里的纷争对他来说只是小打小闹而已。

斯迪克特将这个实力强大的董事会牢牢地掌控在手中。虽然他们效忠于斯迪克特，但他们认为没有义务对斯迪克特的下属或继承人一视同仁。雷诺兹烟草公司的主管们对这种做法非常反感。“这帮董事是斯迪克特的私人顾问，他们知道公司里的一切事情，而管理层却什么都不知道。”霍里根多年后回忆说，“他和这些董事把公司当成了满足自己私欲的工具。”霍里根对谁都不太友好，这让他在权力角逐中吃了大亏。董事会的成员就送他“好斗的苏格兰威士忌推销员”的绰号。“要知道，他们都是为了自己的利益，”人事主管罗德尼·奥斯汀说，“他们的关系就像妓女、皮条客和嫖客之间的关系。”

1983年，也就是这场闹剧持续了两年之后的一个凌晨，奥斯汀突然给霍里根打了个电话，在电话里他向霍里根传达了另一名董事斯图尔特·沃森的建议。这位休伯莱恩公司的前任董事会主席目前是雷诺兹烟草公司的董事，他在继任委员会里帮他以前的同事说好话，委员会好像买了他的账。看起来沃尔德伦这匹黑马就要成为公司的头儿了。

正当霍里根对事态的发展感到愤恨不已时，奥斯汀建议说现在亡羊补牢还不是太晚，必须想办法把沃伦德尔拦腰截住。经过讨论，他们决定最好的办法就是把自己作为讨价还价的筹码。他们如果能够尽释前嫌，组成一个以霍里根或威尔逊为中心的小团体，沃伦德尔这辆快车才会停下来。

星期一早上，威尔逊找到斯迪克特，交给他一封以他们三个人名义起草的亲笔信。在信中威尔逊指出：“我们不能接受沃尔德伦继任的决定。我们一致认为让沃伦德尔来接替您是不太明智的。董事会应该提拔那些对公司有突出贡献的主管，这对公司今后的发展至关重要。如果董事会执意要选择沃伦德尔的话，我们三个人只能被迫离开公司。”信里又接着说，让一个没有任何烟草行业经验的门外汉来领导公司肯定不太妥当，况且合适的候选人就在董事会面前。威尔逊写道：“我们最后一致认为威尔逊才最有资格担任您的接班人。”

这种咄咄逼人的气势让斯迪克特下不了台。斯迪克特不想失去这三员大将，尤其是在菲利普·莫里斯马上就要超越雷诺兹成为美国第一大烟草公司的这个节骨眼上。斯迪克特把这封被极少数知道内情的人称为“午夜信笺”的复印件转给了董事会。

董事会成员们也感到十分恼火，感觉自己被将了一军。

当大家急得像热锅上的蚂蚁一样希望找到万全之策时，有人提议让麦康伯继任，这并不是他最后一次被搬出来。争论持续了好几个星期。从 4 月的董事会年会之后，经过马拉松式的和谈，大家对沃伦德尔的对抗情绪依然很强烈。到了 5 月，在温斯顿－塞勒姆召开的周六会议上，斯迪克特做出了最终决定。董事会勉强同意了这个任命。接着斯迪克特飞到休伯莱恩公司的总部向沃伦德尔报信。“我接下来做的恐怕并不符合股东的最大利益，但我还是决定要去做。”斯迪克特说，“我准备让威尔逊出任公司的首席执行官。”

1983 年，威尔逊当上首席执行官之后就开始着手整合公司的业务。和许多新派的经理人一样，威尔逊也是从消费品行业中摸爬滚打过来的，所以他认为公司应该朝这个行业发展。1984 年，他让财务总监艾比利去管理从雷诺兹烟草公司中剥离出去的海陆船运公司，间接地为自己除掉了一个潜在的竞争对手。同年，威尔逊恰好赶在油价下跌之前卖掉了阿米诺石油公司。华尔街分析师们对这一举动表示赞赏，并建议客户购买该公司的股票。《商业周刊》也发表“消费者导向重回雷诺兹烟草公司”的封面文章对雷诺兹烟草公司的做法给予了肯定。

这些行为的确十分明智。自从遇上了 70 年代的那些麻烦之后，雷诺兹烟草公司的业绩每况愈下。1983 年香烟的销售就遭遇了天花板，之后几年以每年 2% 的速度下滑。反对吸烟的呼声日益强烈，这为烟草业敲响了丧钟。到了 80 年代早期，美国的烟民人数已经不到人口的 1/3。1983 年联邦政府对每包香烟课的税比以前提高了一倍，增加到了 16 美分。虽然烟草行业依然是一个暴利行业，每半年涨价一次，但即使是业内最不开明的人也能依稀看到这个行业的暮气。威尔逊于是追求多元化经营，希望能够做到未雨绸缪。

霍里根之前帮威尔逊起草过“午夜信笺”，因此有功于威尔逊。威尔逊因此将霍里根任命为公司的总裁兼首席运营官。但他们的联盟并不牢固。斯迪克特反感威尔逊，而威尔逊也同样讨厌霍里根。当威尔逊碰到一些烟草行业的问题时，他会绕过霍里根直接去找自己的亲信杰瑞 · 朗。杰瑞 · 朗取代霍里根成了国内烟草业务的总裁。威尔逊有时候爱吹毛求疵。霍里根在棕榈泉有自己的公寓，有时候周末会去那儿度假。霍里根经常带着其他主管一同前往棕榈泉，威尔逊就怀疑这些旅行更多的是出于私人目的，因此对霍里根使用公司飞机的行为颇有微词。

“你做得有点过了，”威尔逊说。

霍里根顿时火冒三丈地说：“你摆明着是在骂我！”后来，公司的内部审计人员要求霍里根自己承担乘坐公司飞机的费用，价钱相当于头等舱的两倍，把这位“小恺撒”气得大发雷霆。

华尔街欣赏威尔逊重组雷诺兹烟草公司的想法，但斯迪克特对此却十分冷淡，因为威尔逊的做法意味着将他过去十多年来的苦心经营都给否定了。退休后的斯迪克特在董事会的权力依然很大，甚至可以说是达到了顶峰，而且他密切地关注公司内部的运作。威尔逊想尽办法将他排挤出公司。他知道斯迪克特离不开公司的飞机，因此但凡威尔逊认为斯迪克特的飞行属于私人性质的，他会让斯迪克特为这些飞行自己掏腰包。一般情况下，公司都会给退休的董事会主席配备一间办公室和一名秘书。斯迪克特虽然也能享受这样的待遇，但他的办公室被安排在市中心原来的总部大楼里，和他喜欢的“玻璃动物园”离得非常远。有人还听到威尔逊私下里把斯迪克特说成是他的房事顾问，当他需要那方面的意见时，才会去找斯迪克特。

但斯迪克特并不会轻易罢手。他经常会打电话给部门主管问些问题，了解他们的想法。他也常常接到沃尔德伦的电话，倾听这位之前休伯莱恩公司老同事的抱怨。德尔蒙特食品公司的鲜果部门主管萨米·戈登是最让威尔逊头疼的人。此人是斯迪克特的活宝，因为斯迪克特也很喜欢这个部门，而且他的儿子在戈登手下做事。威尔逊认为这个能说会道的戈登是斯迪克特的宣传部长，到处散布对自己不利的言论。而斯迪克特则想方设法为戈登自由散漫的管理风格说好话。

但威尔逊笃信制度和程序。他相信在作决策时，只要严格按照正确的步骤和审批流程，任何人都能够做出正确的决定。而戈登的管理方式正好和威尔逊的信条格格不入。上任后不久，威尔逊在一次高级管理层会议上说：“流程可以帮助我们快速地处理绝大部分的日常工作，这样我们会有更多的时间来处理一些突发性事件。”他的这次演说就明确表达了他对规则的狂热，但这也让他失去了好多本来可以团结的力量。

威尔逊有时会在总部的大楼里转悠，装模作样地和中层经理聊聊天，但这掩饰不了粗暴的性格。有一次他发现主管餐厅里挤满了许多级别较低的人员，他就提出了一项被称为 RHIP [㊀] 的准入制度，然后解释说以后只有高级主管才有资格到主管餐厅就餐。

一开始威尔逊和董事会的关系十分紧张。董事们对他当初为了取得董事会主席的位子而采取的强硬手段耿耿于怀，而且威尔逊对他们的老朋友斯迪克特是如此的不恭。威尔逊试图通过一些方式来改善双方的关系。他会在董事会闭会期间以书面形式向董事们报告公司的情况，而且每年还邀请董事们和他一起共进午餐。在饭桌上他会掏出小本子把对方的意见给记下来，然后把和每位董事的谈话记录都整理成小册子。

㊀ 这个词最先出现在军队里，表示某些权利只有一定级别的军官才能享受。威尔逊早年有参军的经历。——译者注

但威尔逊却无法满足董事们最关心的对业务的要求。麦康伯一个劲儿地追着威尔逊要更多的订单，威尔逊回绝了他。乔丹也希望威尔逊能把更多的公司法律咨询业务委托给他，威尔逊则冷冷地回答说自己不是法律专业人士，也不清楚哪些业务可以交给乔丹，然后建议乔丹直接去找公司的法务主管。其他的首席执行官，如斯迪克特和约翰逊都把董事会当成了自己的交响乐队，而威尔逊则像在演一场独角戏。

威尔逊缩减了国际咨询委员会的开支，这使双方的关系更加疏远了。自从70年代成立以来，国际咨询委员会就成了雷诺兹烟草公司经理们公费旅游的借口。威尔逊却把委员会的开会次数从一年两次减少到了一年一次，并撤销了斯迪克特的主席头衔，让员工来轮流担任。威尔逊知道这些举措一定让斯迪克特和董事们心里不痛快，但公司的利润和股价都在上涨，他相信没人会站出来说什么。

剥离了海陆船运公司和阿米诺石油公司之后，威尔逊开始实施他最伟大的计划——通过一场并购让雷诺兹成为一个能和宝洁相抗衡的消费品制造巨头。于是，他组建了一支由公司员工和华尔街投资银行的代表组成的团队来物色收购对象。经过几个月的研究和计算，这个团队最终锁定了三家候选公司。

根据威尔逊的评分标准，得75分的百事可乐公司排名第三。威尔逊优先考虑这个公司是因为他认识百事可乐公司的总裁韦恩·卡洛维。但威尔逊发现卡洛维像冰镇可乐那样冷冰冰的："我不想和你谈这件事，但如果你要强行收购的话，我会反抗到底!"

接下来是得76分的麦片巨头盖洛格公司。但问题是盖洛格公司的一半股份由一家信托公司控制着，威尔逊担心这家信托公司不愿转让这些股份。最后，三个收购对象中只剩得分最高的那家公司了。但威尔逊没怎么细想就把这家公司给否决了，原因是他不认识对方公司的老总。于是，这个团队建议说雷诺兹最理想的联姻对象是纳贝斯克－标牌公司，这家公司的老总约翰逊是一个开朗、讨人喜欢的加拿大人。

"哦，对，我们见过面。"约翰逊之前和威尔逊碰过几次面。

在接下来的一周，他们就在约翰逊的曼哈顿中部的办公室里嚼着三明治，由威尔逊开始阐述自己的计划。他解释说雷诺兹烟草公司需要一场收购活动来减少对烟草业务的依赖性，而纳贝斯克－标牌公司正好符合雷诺兹烟草公司的择偶标准。在交谈中，他们匆匆阅读了对方的公司年报。

侃侃而谈的约翰逊闪烁其词，并没有做任何表示。威尔逊猜测约翰逊会接受这场收购活动，因为他已经听说纳贝斯克－标牌和菲利普·莫里斯之间都虎视眈眈，约翰逊会动心将公司出售。为了让约翰逊点头，他抛出了一个更为诱人的条件。威尔逊说："我们年龄相仿，但我准备再工作一两年就退休了，到65岁就不当公司首席执行官了。”言下之意是等到他退休了，约翰逊就可以成为新公司的一把手。两人就一些具体事项交流意见之后，认为如果双方准备合并，采取股权置换的方式比较合适，因为那样可以免税。最后，两人决定先回公司召集董事开个会，征求一下董事们的意见，过几个星期再碰个面。

感觉成功近在咫尺的威尔逊兴致勃勃地离开了约翰逊的办公室，但等到董事会召开时，他才发现这只是一相情愿。董事们对这桩交易反应冷淡，一些董事甚至表现得很生气。“为什么不事先告诉我们?”威尔逊连忙解释说他和约翰逊还只是初步接触，并没有达成什么实质性的协议。威尔逊问董事们能否保证约翰逊将来当上公司的董事会主席，董事们都摇头不同意。同时，董事们也不赞成免税股权交换的做法，说要合并也只能是雷诺兹烟草公司收购纳贝斯克－标牌公司。他们以严厉的语气命令威尔逊放弃。

但威尔逊依然信心十足。“这场联姻太有意义了，我一定要撮合这场交易。”他在吃午饭的时候告诉霍里根，“但下次谈判的时候，约翰逊就没有那么大的权力了，我要告诉他我们准备收购他们，他最多只能当个副主席。”

雷诺兹烟草公司又在内部讨论了好几个星期，还聘请了一些华尔街的律师和投资银行家。董事会终于在原则上同意雷诺兹烟草公司以现金收购纳贝斯克－标牌公司，但在收购价格上难以达成一致。在谈判过程中，纳贝斯克－标牌公司的股价开始上涨，显然是有人走漏了风声。约翰逊就乘机提高收购价格。威尔逊说：“80 美元一股，不能再多了。”而约翰逊面有难色地说：“80 美元卖不了啊。”威尔逊的底线又一次被突破了，只好答应再向纳贝斯克－标牌公司支付一些优先股。这样一来，收购价格就达到了 85 美元一股，总额为 49 亿美元。除了石油行业以外，这个规模在当时可以说是最大的兼并。

约翰逊察觉到威尔逊迫切想促成这桩生意，就开始在一些附属条款上尽量为自己争取利益。尽管斯迪克特钟爱商务飞机，雷诺兹烟草公司的员工在待遇上仍落后于纳贝斯克－标牌公司的员工。威尔逊认为纳贝斯克－标牌公司的每个高管都有公寓有点夸张，但约翰逊说：“什么都可以谈，但待遇方面没得商量。”威尔逊不希望因为没有满足约翰逊小小的要求而使伟大的梦想化为泡影。约翰逊一再要求威尔逊任命他为公司总裁兼首席运营官，约翰逊说只有这个举动才能向纳贝斯克－标牌公司的员工表明自己在合并后并没有被遗忘。威尔逊在这个问题上又一次屈服了。

但为了让约翰逊来当公司的第二把手，威尔逊就不得不把高傲、脾气又暴的霍里根降级。威尔逊好言好语地把这事告诉了霍里根，并答应让他当副主席，并给他一个三人的办公室。霍里根别无选择只好答应，并安慰自己将来好歹也是驾驭新帝国的三巨头之一。

1985 年 5 月 31 日，雷诺兹烟草公司在一次电话会议上讨论最后的收购细节。霍里根正去澳大利亚视察公司在当地的业务，途中停在德尔蒙特食品公司在旧金山的办公室里参加这次会议。在纽约参加谈判的威尔逊逐条审议最后的收购协议，最后才提到公司的管理层架构。“约翰逊将出任公司的总裁兼首席运营官，”威尔逊说道，“爱德华也同意担任公司董事会副主席。”

“我想听听爱德华本人的意见，”孟山都公司的约翰·汉利说，“你接受这个决定吗？”

霍里根发表了一番大度的演讲。有人认为这一点儿也不符合他的性格，霍里根一定是照着别人事先写好的稿子念。好几分钟他都在宣扬舍小家为大家的思想。等他说完后，威尔逊接着宣布公司会设置一个主席联合办公室，由威尔逊和约翰逊负责，但唯独没有提到霍里根。

在旧金山的霍里根一下子就懵了。他怒火中烧，一直强忍到会议结束。“等会议结束后，你给我打个电话！”

“好的，爱德华。”威尔逊很干脆地回答说。

霍里根呆呆地坐了好一会儿，忍不住哭起来。直到威尔逊打来电话，愤恨的眼泪还在顺着他的脸颊哗哗地往下流。“我不能相信你刚才在该死的电话会议里说的那些话，”霍里根说，“咱们不是说好我也在那个办公室里面吗？”说完，他就开始骂起来。

“冷静一下，冷静一下。”

“我不能冷静，”霍里根喊道，“除非你收回刚才的话，把我也放到那个主席联合办公室里面，否则我收回刚才在会议上说的那些话。我会把真相和盘托出，我就在这个电话旁等你回音。”

威尔逊告诉约翰逊说把霍里根拉到主席联合办公室里非常有必要。约翰逊并没意识到威尔逊的诡计和雷诺兹烟草公司的政治斗争就爽快地答应了。威尔逊就把这个好消息传达给了霍里根，称赞约翰逊还是很识大体、顾大局的。霍里根虽然知道约翰逊是如何在标牌公司和纳贝斯克公司往上爬的，但他认为威尔逊在这件事上也难辞其咎。他猜测约翰逊会在兼并完成之前就把威尔逊撵走。“泰利，我祝你好运，”霍里根说，“约翰逊在18个月里就可能把你赶出公司，你好自为之吧。”

（左起）霍里根、威尔逊和约翰逊

“他妈的他敢！”威尔逊反驳道，“我们有君子协定，等我退休了，我就会把我的职位让给他。”

“协定？见鬼去吧！”霍里根冷笑道。

几天后，兼并终于完成，兴高采烈的

威尔逊赶到华盛顿参加福特剧场的一场晚会。在那里他遇到了约翰逊的好朋友、美国运通公司的罗宾逊。罗宾逊是土生土长的亚特兰大人，有时会去他母亲在咆哮谷的家那边避暑，因此对纳贝斯克公司和雷诺兹烟草公司都很熟悉。其实约翰逊在兼并谈判期间曾仔细地向罗宾逊讨教过。“你会喜欢罗斯的，”罗宾逊操着浓厚的南方口音说，“他人不错，你们会合作得相当愉快。”

合并后的前几个星期，一切都很正常，尽管这底下有不和谐的暗流正在涌动。因为雷诺兹烟草公司兼并了纳贝斯克，有人说这场兼并受到了温斯顿－塞勒姆当地人的赞赏，当地人为公司能够收购一个强大的北方公司而感到自豪。但唯一不和谐的声音来自霍里根。他经常向威尔逊抱怨纳贝斯克主管们的待遇，还有约翰逊出差的时候，劳里·约翰逊总是跟着一块儿去，这是公司规定不允许的。“约翰逊是条毒蛇，是个人渣。”他对每一个认识的人都这么说，“我们总有一天会后悔当初引狼入室。”当泰利夫妇为欢迎约翰逊一家来到温斯顿－塞勒姆举行早午餐会时，霍里根夫妇竟然没有参加。

约翰逊也很快反感起霍里根，尽管还没到那种憎恨的程度。“我绝不会让爱德华·霍里根向我汇报，”约翰逊告诉他的朋友们，“我不喜欢这人，也不会相信他。”因为霍里根负责休伯莱恩公司，有时约翰逊怀疑霍里根是否接受那些给休伯莱恩公司提供酒水的商人的贿赂。当约翰逊对霍里根了解得越深入，他就觉得这个人对他的用处不大。“只要我管理这个公司，爱德华就没有希望。”约翰逊发誓说。

除了霍里根，约翰逊在雷诺兹烟草公司里人缘相当好。在纳贝斯克公司的高级管理层中，只有约翰逊搬到了温斯顿－塞勒姆，并在古镇俱乐部高尔夫球场附近买了一座大房子。约翰逊是个永远面带微笑的人，正好和威尔逊严肃的普鲁士性格相对照。“我知道大家对他的评价，但我认为这都不是真的，”奥斯汀夸张地称赞说，“我觉得他很棒！”在他刚到温斯顿－塞勒姆的前几周，约翰逊竭尽全力地去适应新环境。他会开着吉普车在小镇上转悠，邀请大家到家里吃饭，接着又成了北卡罗来纳州动物研究会的董事。温斯顿－塞勒姆的大部分人对他有了良好的印象，但也有例外。雷诺兹烟草公司的仓库主管多德尔的妻子吉妮·多德尔就是其中一个，她评价约翰逊时说他就是个“大骗子”。

底下人很快发现两个公司的差异是如此明显。当雷诺兹烟草公司的股东关系主管雷金纳德·斯塔尔飞到新泽西州和纳贝斯克公司的同部门主管开会的时候，迎接他的是两辆白色的高级轿车，车窗的玻璃是烟灰色。“我也不知道怎么的，这给我的感觉像黑手党。”这位在雷诺兹烟草公司已经工作了30年的老员工说，“这太奢侈了，让人看到我坐在如此豪华的车里是件多么令人惭愧的事情啊。”

威尔逊第一次上纳贝斯克公司的感觉也好不到哪里去。当他叼着香烟从飞机上下来，走进莫里斯顿机场大厅时，纳贝斯克公司的飞行主管琳达·加尔文朝他大嚷道：“嘿，这里不许吸烟！”威尔逊吓了一跳，赶紧把烟扔在地上，用脚将火踩灭。

这还不够，雷诺兹烟草公司的代表团发现纳贝斯克公司的员工都盛气凌人。在回雷诺兹烟草公司的路上，雷诺兹烟草公司的会议安排员将威尔逊拉到一边说："你小心一点。是雷诺兹烟草公司并购了纳贝斯克公司，现在已经没有纳贝斯克公司了。"首席调度员保罗·波特呵斥道："别傻了，他心里明白得很。"

而且两家公司的产品也很难组合在一起销售。一开始霍里根听说纳贝斯克公司的一个品牌弗莱施曼人造黄油和美国心脏学会联合搞了一次市场推广活动，其中就有劝告消费者不要吸烟。霍里根知道后暴跳如雷，最后这个活动就流产了。约翰逊倒不介意将纳贝斯克公司和"死亡兜售者"雷诺兹烟草公司放在一起。"把妈妈、苹果派和骷髅头放在一起。"约翰逊笑着说。但对于纳贝斯克公司的老一辈来说，这可不是什么好玩的事情。如果纳贝斯克公司的烘焙师嘲笑标牌公司的酒水经理为"不良少年"，那现在他们对加入这家烟草公司就感到惊恐了。雷诺兹-纳贝斯克集团在华盛顿组成了两个政治委员会，分别代表雷诺兹烟草公司和纳贝斯克公司，因为纳贝斯克公司的员工不希望将他们的捐款用于烟草游说活动上。

约翰逊虽然和纳贝斯克-标牌公司的董事会成员关系良好，但很快他就意识到威尔逊和雷诺兹董事之间紧张的关系。在第一次联合董事会之后，约翰逊对董事会里小团体之间剑拔弩张的景象印象深刻。一边是斯迪克特、麦康伯、乔丹和茱安妮塔围成一团神神秘秘地讨论着什么，另一边是威尔逊在那里抱怨这些董事。"威尔逊不喜欢这些董事，他们也很讨厌他，"约翰逊回忆说，"很明显双方之间有很深的隔膜。"

雷诺兹-纳贝斯克集团的董事会由20名董事组成，其中包括塞奇在内的5名董事是来自纳贝斯克公司的。休格尔加入新公司的董事会后第一次和威尔逊吃午饭，威尔逊就向他埋怨每个董事会成员。威尔逊详细地诉说了每个董事的不是，而休格尔则很纳闷。"他对我说这个干嘛？"休格尔心想，"如果他说董事会里都是一帮混蛋，他以为这样就能赢得我对他的好感吗？他想要做什么？"

就实际业务而言，这场合并的理论基础是整合雷诺兹和纳贝斯克丰富的产品线之后，新公司对消费者的影响力更大，在超市里能争取到位置更好的货架，并且从批发商处得到更多的好处。威尔逊坚信只要按照他推崇的程序办事，不成功都难。他组织手下调研如何开展联合营销活动、管理层互换和其他能够发掘新公司潜力的项目。如果斯迪克特的理想是和国王们打交道，那么威尔逊则梦想成为哈佛商学院教学案例中的英雄。

约翰逊的快乐伙伴们都认为威尔逊疯了。他们全都留在了纽约的纳贝斯克公司，而且他们发现自己无力和远方的温斯顿-塞勒姆管理层抗衡。在威尔逊的管理下，从市场推广到饼干外包装的改进，任何一个战略性的行动都需要层层审批和几个星期的等待。纳贝斯克公司帮的人都认为这只能有两种可能，不是威尔逊的团队极其庞大，就是他的团队运作得很不灵光。一个专项小组负责研究如何用一个远程通信设备和计算机系统把整个公司联系起来。对威尔逊来说，这是个提高公司效率的伟大计划，但对约翰逊的人来说这就是一场噩梦。纳贝斯克公司下属的糖果公司总裁约翰·葛拉指出："我们感觉好像是被联邦政府收购了。"

由于远离约翰逊，他手下那些长期的助手开始坐立不安了。公司合并6个月后，好几个人都提出要辞职。纳贝斯克公司的财务总监爱德华·罗宾逊正准备跳槽去连锁零售店A&P公司担任高级职位。罗杰斯也下定决心辞职。人事主管安迪·巴雷特也收拾行装准备回英格兰老家工作。卡波内尔抱怨道："连上洗手间都要举手请示。"虽然埃米特还在纳贝斯克加拿大公司的工资单上，但他早在合并之前就离开了纳贝斯克公司。

于是，约翰逊专程来到纽约，让他的朋友们再等等，他保证会想办法的。但他知道不能让他们等太久，他们已毫不掩饰自己被冷落和疏远的情绪。公司合并之后，爱德华·罗宾逊在黛娜绍尔高尔夫锦标赛上被介绍给了德尔蒙特食品公司的一位已经退休的总裁，这位总裁希望能和他套近乎。

"你原来是在雷诺兹烟草公司还是在纳贝斯克公司？"这位总裁问道。

"都不是，我是标牌公司的。"罗宾逊说。

当他的快乐伙伴再也快乐不起来的时候，约翰逊就吩咐他的公关主任马斯特普尔举办一场宴会，来庆祝韦格尔下台10周年。1986年5月，这场在纽约的布鲁克俱乐部里召开的晚会将那些当年的同谋者和支持约翰逊的董事们聚在了一起。他的这些伙伴们轮流朗读董事会纪要，引来阵阵喝彩；接着大家站起来抖搂韦格尔的丑事，一起大笑。在这种气氛里，大家都开怀畅饮。宴会接近尾声时，约翰逊送给每个人一个镇纸，上面刻着数字10－5－1，意思是10年前标牌公司覆灭了，5年前纳贝斯克公司被合并了，雷诺兹烟草公司被兼并刚刚满一年，言下之意就是眼前的这场煎熬也会很快地过去。

同时，约翰逊也竭力讨好威尔逊。但这并不是一件轻松的事，威尔逊可不像谢伯利那样好对付。威尔逊要求每个高级主管把接下来三个月的日程安排都上报。威尔逊把自己的日程安排具体到了下个季度的每一分钟。而约翰逊的日程安排可以说每分钟都可能出现变化，他有可能突发奇想在傍晚的时候从温斯顿－塞勒姆坐飞机到纽约参加一个晚宴。威尔逊则喜欢一个人在游艇上度过周末，而约翰逊喜欢把他的那些明星朋友叫上，然后再请一两个零售业务的主管来个周末联欢会。这些零售业的主管主要负责为聚会开销买单，而威尔逊对约翰逊的报销敬而远之。当威尔逊看到一张从科罗拉多乡村俱乐部寄来的13 000元美元的账单时，他问约翰逊这些支出是否有必要。约翰逊总是能找到一些堂而皇之的理由，比如说这些钱和他跟那些零售总监建立的人脉关系相比可以说是微不足道的。"千金散尽还复来嘛。"约翰逊笑着说。

威尔逊有自己的疑虑，他担心约翰逊像电视上那些销售员那样，大喊着"我们不会赔本销售”的口号。约翰逊总能想出一些稀奇古怪的点子来，从不遵循威尔逊的那些条条框框。虽然有些点子创意很好，但约翰逊可能第二天又会想到一个截然相反的点子。

但是，约翰逊的一个想法着实让威尔逊坐立不安。两家公司合并后不久，针对烟草企业的诉讼也日益增多，人们指控烟草公司直接导致了吸烟者死亡。原本高歌猛进的雷诺兹烟草公司股价顿时跌到了 20 多美元。约翰逊匆匆忙忙走到威尔逊的办公室说：“我想我们应该考虑一下杠杆收购。”

威尔逊冷冷地盯着约翰逊，虽然他熟悉杠杆收购，但很反感这种做法。“罗斯，我觉得这个主意不怎么样。”然后威尔逊分析说烟草行业不但会打赢这些官司，而且烟草行业的股票还会反弹，“我知道这个时候大家容易心浮气躁，但困难只是暂时的。”

他们两人虽然性格迥异，但在公司的大事上意见却出奇得一致。威尔逊十分欣赏约翰逊善于变通。在合并纳贝斯克公司和德尔蒙特食品公司时，约翰逊不遗余力地帮助威尔逊。约翰逊也赞同解雇斯迪克特的亲信戈登。公司几乎每次大的收购之后总会剥离一些业务，而两个人很容易便能就出售哪些业务达成共识，比如 Canada Dry 公司还有德尔蒙特食品公司的速冻食品部门，而且约翰逊在这些价格谈判中展示了高超的技巧。

威尔逊实际上对约翰逊很满意，并鼓励他去了解公司董事会成员。一开始斯迪克特认为约翰逊狡猾奸诈，但自从有一次和约翰逊坐同一架飞机去欧洲之后，对他的印象大有改观。斯迪克特和同伴在一次午宴上聊起约翰逊时说：“你知道吗？其实他这个人并不坏。”其他董事则很快接受了约翰逊。就像之前和韦格尔形成的鲜明对照，约翰逊平易近人的性格和威尔逊刻薄挑剔的性格也形成了鲜明的对比。为了解释 Canada Dry 为什么不符合公司的战略需要而必须被剥离掉，威尔逊说了五点原因；而约翰逊则打了个有趣的比方：“你可以背着这个公司摸着石头过河，但可口可乐和百事可乐的小伙子们正在河的对岸，趁你上岸时收拾你。”

约翰逊喜欢在背后取笑威尔逊，他给威尔逊取了一个绰号叫“鬼蛋”。没人知道这个绰号到底是什么意思，但肯定不是什么好意思。在去纽约的飞机上，约翰逊会滔滔不绝地向他意志消沉的同伴讲述威尔逊的事迹和多灾多难的烟草行业。“如果你早听我们的话，菲利普·莫里斯早就被我们打得落花流水了。”约翰逊告诉他们，“这让我想起了拳击运动员被打得很惨回到自己的角落里休息说，‘对手都没有怎么碰到我。’那他的教练就会说，‘上场的时候注意裁判，因为是他在对你要阴。’”

在温斯顿 - 塞勒姆待了 8 个月后，约翰逊无比怀念过去奢华的生活。3 月的时候，他就在棕榈泉举行了两次聚会。对雷诺兹烟草公司的主管和董事们来说，第一次黛娜绍尔高尔夫球比赛之旅让他们大开眼界。公司发给每个人价值 1 500 美元的古奇手表作为比赛的入场券，进场时需要出示公司的手表。那年“黛娜绍尔之夜”的亮点是主持人弗兰克·西纳特拉的清唱、鲍勃·霍普的笑话和唐·梅瑞迪斯的主持。“水漫金山啊。”梅瑞迪斯提到坏了的喷泉头时开玩笑说，“但是你不用担心，罗斯会出钱来修的。”温斯顿－塞勒姆的贵族巴特勒发现自己身边有许多大腕，如高尔夫球运动员帕特·布拉德利和棒球传奇人物强尼·本奇。他还暗自祈祷不要把球打中当时在场的前总统福特。

约翰逊、尤伯罗斯、福特在黛娜绍尔球场：纳贝斯克公司赞助的高尔夫球锦标赛吸引了一大批社会名流，这让约翰逊眉开眼笑。

雷诺兹烟草公司的那帮人还没见过这种阵势。虽然公司多年来都赞助一些体育赛事，但通常都是改装赛车的比赛。这次长达一周的高尔夫狂欢节结束时，大家得到了更多的礼品，比如印有纳贝斯克公司标志的高尔夫球鞋和网球衫、宝丽来照相机和CD播放器。这些小件大家很方便就能装在手提包带走。“我们都大吃一惊，”巴特勒回忆道。但这次活动也使威尔逊和斯迪克特两人本来就紧张的关系最终完全破裂了。因为在坐公司的飞机回温斯顿－塞勒姆的时候，斯迪克特发现威尔逊竟然没给他留个座位，于是就把威尔逊责骂了一通。三个月后的一天早上，斯迪克特在上班的路上看到在惠特克公园制烟厂旁边盖起了一座新楼，就问他的司机艾迪：“那是什么楼？”

“是研发中心的大楼，听说他们准备在那儿研究无烟型香烟。”艾迪说。

“什么？”斯迪克特感到终于让他抓住威尔逊的把柄了。

斯迪克特立刻找来威尔逊询问原委。威尔逊承认公司正在秘密地研究一种高科技的无烟型香烟，而且他正准备向董事会汇报这件事。斯迪克特大吃一惊，像这种大项目不经过董事会讨论就直接上马，这简直太不像话了。

“已经开工多久了？”斯迪克特问。

“1981年开始的，有5年了。”

“那你为什么到现在才说？”

“因为新产品需要试验好多年，我们才有把握正式立项。”威尔逊回答说。

其实真正的原因是威尔逊不相信那些董事们能保守秘密。对于这个项目的资金，他把总投资拆成各小笔金额，而且每笔金额恰好控制在不需要董事会审批的范围内。

这个被称为“温泉”的项目确实是个突破性的产品。这种后来改名为总理牌的无烟型香烟是威尔逊用来对付“吸烟抵制运动”的秘密武器，用以打击对手菲利普·莫里斯，扭转烟草行业衰退的趋势。这种总理牌香烟和普通香烟在外观上并没有差别，奥妙在于里面的配方。总理牌香烟只含有少量的烟草。当吸烟者点燃含有木炭的一端时，里面的烟草和香味剂并没有燃烧，只是被加热了而已，这样就几乎不会产生烟雾或焦油。威尔逊希望这种产品能让那些烟民不再戒烟，而那些已经戒烟的人则会重新使用雷诺兹烟草公司的产品。

无论这种产品的成功系数有多大，威尔逊这种未经董事会同意而擅自启动如此庞大项目的做法都会激起董事会成员们的怒火。在1986年7月的董事会上，董事们要求威尔逊对此事给个说法。威尔逊事先做了充分的准备。他先让自己的烟草主管把总理牌香烟的优点从头到尾介绍了一遍，接着邀请董事们亲口尝尝这种新产品。巴特勒试了一根，觉得口感和气味都不怎么样。很快，大家都知道威尔逊惹的麻烦比这种难闻的香烟更糟糕。

“为什么不早点告诉我们?”茱安妮塔气势汹汹地问道。威尔逊就把他给斯迪克特的解释又重复了一遍，但茱安妮塔并不买账。“你相信这个项目上的上百号人，你相信和你合作的广告代理商，你信任外部供应商和科学家，但你就是不愿相信我们。”她说，“就凭这一点，我很不高兴。”

其他董事也同意茱安妮塔的说法，并一个个发表了自己更多的看法。休伯莱恩公司的沃森就对威尔逊打算卖掉肯德基的做法很生气。“你不相信我们是吗?”沃森问，“你为什么不相信我们?”

斯迪克特的一对盟友，审计委员会的格里森和麦康伯也加入了讨伐威尔逊的运动当中。威尔逊私底下批准用于总理牌香烟研发的6 800万美元已经远远超出董事会允许他动用的经费上限。“这件事为什么没有通报审计委员会?”两人异口同声地问道。很快斯迪克特也上场了。会议开了很长时间，纽约的交警不得不命令公司将那些停在大军广场上的董事们的车子开走。最后，董事们勉强批准了“温泉”计划。既然这个项目都进行了这么长的时间，动用了大量的人力物力财力，现在取消这个计划的代价有点高。但这次事件使那些原本就对威尔逊没多少好感的董事们愈发讨厌他了。

和威尔逊并肩工作了一年多的约翰逊开始展开闪电战。出其不意地给几个董事打了电话，告诉他们自己将离开雷诺兹-纳贝斯克集团去一家英国的食品公司工作。“你们不要劝我。你们什么都做不了。我本应该在两公司合并后就走人。”接着他矫情地说只有威尔逊才够格成为公司的首席执行官，他现在离开公司比较合适。

果然不出约翰逊所料，其中一个董事休格尔劝他说：“你先别急着走。也许应该让你来坐这个位子。”

休格尔邀请约翰逊夫妇到他新罕布什尔州的避暑山庄游玩。休格尔和约翰逊两人坐在屋后的门廊上彻夜长谈。两人一边喝着酒，一边讨论约翰逊的各种选择，分析董事会里的每位成员。最终两人觉得约翰逊应该当首席执行官，这时已经是凌晨4点了。

之后的一个周末，休格尔把住在附近的斯迪克特请到了家里。两人在门廊下进行了推心置腹的交谈。正如休格尔所料，斯迪克特毫不犹豫地答应帮助约翰逊。为了避免威尔逊生疑，约翰逊特地租了一架美国运通的飞机亲自赶到新罕布什尔面见斯迪克特。“呵，”当约翰逊进屋的时候，斯迪克特说，“我们还纳闷你怎么这么晚才到。”

没多久，斯迪克特把麦康伯也拉了进来。麦康伯认为赶威尔逊下台是个不错的主意。于是他们商定由他俩出面摆平其他董事会成员，而休格尔则负责说服纳贝斯克公司那边的董事。其实像塞奇、谢伯利和韦尔奇都不用说什么，他们本来就是约翰逊的死党。

于是，约翰逊就等着好戏开场了。斯迪克特和麦康伯开始向其他董事会成员极力推销约翰逊。“我们不能失去他。没有他，在紧要关头我们只能靠霍里根。这样的话我们还怎么赶走威尔逊啊？”然后在8月的第一个星期，约翰逊向威尔逊提出他准备辞职。威尔逊大吃一惊，其实他也不愿意让约翰逊离开公司。威尔逊告诉约翰逊说下周薪酬委员会将召开例会，在会上自己会向委员们建议将他本人的退休时间提前到1988年年中，如果有必要的话还可以提前到1987年年底。因为这件事要到下周才能解决，威尔逊于是就飞到佛罗里达的家里小住了几天。

就在他休假的那几天，威尔逊接到同伙从温斯顿－塞勒姆打来的电话。同伙说他的对手正在密谋把他赶走，让约翰逊来担任公司首席执行官。于是，他匆匆地给美联银行的主席约翰·梅德林打了个电话。梅德林是威尔逊安排在董事会中两个人中的一个。“是有那么一回事，我希望能帮得上什么忙，但你真的有麻烦了。”

威尔逊接着给休格尔打电话，因为他知道休格尔是这次拥护约翰逊运动的领头羊。但要不要给斯迪克特打电话，威尔逊有点犹豫不决。

“他是不会帮你的。”休格尔说。

那麦康伯呢？“给他打电话没什么意义。”休格尔直截了当地告诉威尔逊，“他们不会站在你这一边的。”

威尔逊把乔丹当做最后一根救命稻草，但也没什么用了。“事态已定。你想想怎么开个价，然后走人吧。”

在接下来的一周例会上，威尔逊眼看大势已去就主动提出了辞职。威尔逊为此得到了丰厚的补偿：公司一次性支付325万美元，然后每年会给他130万美元的年薪和奖金直到他正式退休。在他1987年正式退休后，公司会每年支付60万美元的退休金。董事们还给了他一些额外的福利，包括办公室和秘书、住宅防盗系统、汽车电话和公寓供他享用。董事们为他的离职编造了一套堂而皇之的说辞，比如威尔逊多年以来一直想提前退休，为此董事会尊重他本人的意愿云云。

接着全体董事正式通过电话会议公布了这项决定，约翰逊也就顺理成章地当上了雷诺兹-纳贝斯克集团这家全美第19大公司的首席执行官。“他们把我给算计了。”威尔逊后来回忆时愤愤地说。

Barbarians 第3章 at the Gate

千金散尽还复来

约翰逊以惊人的速度升到了雷诺兹 - 纳贝斯克集团的最高层。1984 年，他还是纳贝斯克公司的首席执行官，雷诺兹烟草公司和纳贝斯克公司在 1985 年合并之后一年，约翰逊就当上了新公司的首席执行官。如果他就此安顿下来，心满意足地享受北卡罗来纳宁静的生活，那么历史可能会被改写。但本性难移，约翰逊注定是一个不安分的人。雷诺兹烟草公司每年的利润就达 10 亿美元，这足以让约翰逊干最疯狂的事，弥补最严重的失误。"10 亿美元，" 约翰逊常常用一种崇敬的口气说，"这么多钱一年都花不完啊。"

在昏昏欲睡的温斯顿 - 塞勒姆，约翰逊就像一辆法拉利跑车堵在拥挤的停车场里，发挥不出作用。在威尔逊手下干活的时候，他言行低调，尽量避免惊动当地人。自从 1986 年秋天他控制了纳贝斯克集团之后，终于耐不住寂寞了。他的第一件事就是调整和霍里根的关系。就在约翰逊刚上台没几天，霍里根来到他办公室提交辞呈。经过一年多的明争暗斗，霍里根觉得应该趁约翰逊还没开除自己之前先辞职。但让霍里根大吃一惊的是，约翰逊竟然拒绝了霍里根的辞职："你不能走，我需要你。"

约翰逊当时对烟草行业还知之甚少，很需要一个行家里手。两人虽然有过摩擦，但约翰逊依然认为霍里根是管理烟草行业的最佳人选。霍里根曾经批评约翰逊在纳贝斯克公司的同党假公济私，享受公司在纽约的豪华公寓。为了讨好霍里根，约翰逊就把全公司一套位于现代艺术博物馆的最豪华公寓给了霍里根。威尔逊曾经迫使霍里根自己承担周末回棕榈泉的路费，但约翰逊现在不但报销霍里根的路费，还把自己的湾流 G－3 飞机供他调遣。约翰逊还建议霍里根在棕榈泉租一辆车，霍里根也欣然从命，挑了一辆劳斯莱斯。约翰逊允许霍里根按照自己的想法来管理公司。很快霍里根和约翰逊两人成了最好的朋友，这让当地的八卦人士都目瞪口呆。

接下来约翰逊需要收拾那些雷诺兹烟草公司里的老管家。财务总监温格·吉莱斯皮被撵走了，取而代之的是纳贝斯克公司的爱德华·罗宾逊。司库多德尔自己识相地提前退休了，接替他的是纳贝斯克的迈克·贝恩。纳贝斯克公司的巴雷特取代了原人事部主管奥斯汀。当约翰逊派公共关系部的罗恩·萨斯塔纳上纽约管理全公司的公关事务时，他还庆幸能躲过这一劫。谁知当约翰逊发现霍里根对萨斯塔纳很有意见时，就二话不说地把他开除了，让马斯特普尔担任了公司的公关主任。就这样，约翰逊将雷诺兹烟草公司的原班人马扫地出门，把自己的同党安插进了公司。

当温斯顿－塞勒姆当地人发现了一些奇怪的变化时，约翰逊的厄运也开始了。历史上雷诺兹烟草公司从来没有一个高管请过保镖，但是在古镇俱乐部和百慕大时光俱乐部，大家都传闻约翰逊身边带了一个保镖。约翰逊确实雇了一个叫弗兰克·曼希尼的保镖。曼希尼之前是纽约的警察，当地人都叫他“Lurch”㊀。当约翰逊还是公司二把手的时候，大家都还没有注意到这个保镖。但现在他当了一把手，这对他造成了很大的负面影响。

曼希尼只是约翰逊用来增强雷诺兹烟草公司治安的第一步。斯迪克特和威尔逊住在同一个街区，有一天威尔逊看到有人腰间挎了一把枪在他家周围晃悠，把他吓了一跳。于是，威尔逊就上去询问个究竟，那人解释说他是警察，负责这片地区的治安。“我不希望看到你在我家周围游荡，”威尔逊说，“我没什么可害怕的。”知道这件事情的人都感到奇怪，因为温斯顿－塞勒姆的治安还没差到需要警察持枪巡逻的份上。

当约翰逊掌握了公司的大权之后，他褪去了伪装，露出了本性。几乎每个周末，他都会坐飞机去高尔夫俱乐部打球，或者在佛罗里达的海滩上晒日光浴，要不就是和吉福德等朋友们一起逛街。如果说斯迪克特在清除公司内部摩拉维亚价值观方面只是开了个头，那么彻底让雷诺兹－纳贝斯克集团告别雷诺兹传统价值体系的还得数约翰逊。在约翰逊的努力下，享乐主义替代了摩拉维亚人的价值观。

多年来，雷诺兹高级主管的无私捐助造就了像格雷医学院这类的公益机构。而在约翰逊的概念里，他组织的 Pro-Am ㊁高尔夫锦标赛给维克森林高尔夫球队造福可称

㊀ Lurch 是美国卡通画《亚当斯家族》里一个身材高大，行动笨拙，表情忧郁的仆人。——译者注

㊁ Pro-Am 是 Profesional-Amateur 的缩写，是美国职业高尔夫球手和业余选手混合的比赛。——译者注

得上是公益事业，他邀请唐·梅瑞迪斯出席 United Way 比赛的剪彩仪式也是做善事。接着，他又加入了北卡罗来纳州动物学会的董事会，并发起了一项捐款活动。但在这个拥有凯迪拉克都嫌奢侈的小镇，他的直升机还是引起了侧目。

在小镇上，人们讨论较多的还是约翰逊的妻子。刚 30 岁出头的劳里是个迷人的金发美女。在古镇俱乐部里，雷诺兹烟草公司的高管夫人们经常在餐桌前交头接耳地说："你们有关于她的最新消息吗？"她们背后给劳里取了个绰号叫"纸杯蛋糕"。雷诺兹烟草公司的高管夫人一般都穿着保守，妆容厚重，而劳里平时都穿着一身运动服，蹦蹦跳跳像个来自加利福尼亚的小女孩；传统的雷诺兹烟草公司高管夫人们都以打桥牌作为消遣，而劳里却偏偏在高尔夫场上和男人们一争高下。

劳里努力尝试融入这些高管夫人们的圈子。她将慈善作为自己钟爱的事业，并当上了北卡罗来纳艺术学校的托管人。当公司国际咨询委员会的成员来温斯顿 - 塞勒姆开会的时候，约翰逊夫人就带着高管夫人们来到附近柏灵顿的大卖场购物。这些来自世界各地的高管夫人包括一位挪威的公主都拎着满满当当的购物袋回来。

但这毫无助益，有些事情已经不能一笑置之。当约翰逊把维克森林的一个高尔夫球员带回自己家后，流言蜚语便流传开来。自从这个年轻的球员搬到约翰逊家的地下室之后，有人就传闻这个球员和"纸杯蛋糕"被捉奸在床。每次约翰逊到外地出差，就有人嚼舌说"纸杯蛋糕"又在和古镇俱乐部的某个高尔夫球员偷情了。当这些留言传到约翰逊一家的耳朵里，劳里向她在纽约的朋友们打电话哭诉。但她的朋友们大多数都不相信小镇上的人会如此恶毒，也只有吉姆·罗宾逊的妻子琳达能和劳里同病相怜。罗宾逊和约翰逊两家在咆哮谷中一起度过假，在这里他们领略到了温斯顿 - 塞勒姆的传统。他们有一次偷偷听到公司高层那帮夫人们说："如果我们不喜欢某个人，我们就让他不爽。我们要让约翰逊一家每件事都不爽。"

《温斯顿 - 塞勒姆日报》11 月的一篇社论对公司名称变更和管理层的变动颇为不满，并质疑两家到底是谁把谁给兼并了，此时双方剑拔弩张的关系完全公开化了。"看来有人低估了这个饼干怪兽的胃口。"社论这样写道。对约翰逊来说，这篇文章突破了他的底线。尽管他努力掩饰，但他恨透了小镇上的生活。"老子不干了！"他大吼道。他厌倦了公司合并之后出现的窝里斗。公司总部里的员工和雷诺兹烟草公司的员工经常掐来掐去，每次他都得亲自出面调停，这让约翰逊烦透了。

但最让他受不了的是他得常驻在温斯顿 - 塞勒姆。他向纽约的朋友们诉苦说："每天你都会碰到同样一群人。"约翰逊并不想见当地人，他希望做的就是和罗宾逊、戴维斯或国际电话电报公司的兰德·阿拉斯考格一起抽烟聊聊天。霍里根会讲几个笑话，起码他能喝酒，还有美联银行的梅德林，也就这么几个人。他那些住惯了大城市的快乐伙伴们没人愿意南下来这里，他们的忠诚度也就到此为止了。

"如果让你住在一个有 14 万人口的小镇上，其中 1.7 万人在你的公司上班，还有 1 万人是公司的退休员工，你能受得了吗？"约翰逊说。

对约翰逊来说，唯一的办法就是把雷诺兹－纳贝斯克公司总部搬走。但搬迁会像用匕首扎进温斯顿－塞勒姆那自豪、狭小的心一般，使它迅速死去。约翰逊深知这一点，格外小心地开展铺垫工作。他开始秘密请一群心腹顾问帮他评估迁入地点。纽约毫无疑问最符合约翰逊的心意，但问题是纽约和温斯顿－塞勒姆距离太远，董事会肯定会大吃一惊，而董事会的感受约翰逊还是要照顾的，再说雷诺兹的老员工肯定不愿意去纽约，公司为了保留这些人员还得支付留职金给他们。达拉斯也很符合约翰逊的胃口，那里到处都是暴发户和淘金者，而且正好地处棕榈滩和范尔城中间，这样更方便他休养度假。但约翰逊感觉达拉斯牛仔队在球场上屡屡败北，而且石油价格的下跌都暗示着这座城市正在走向衰落。

此外，约翰逊对亚特兰大也挺感兴趣。和达拉斯一样，这里是暴发户和淘金者的天堂。由于房地产行业的过度开发，亚特兰大的一些高档写字楼的租金相当便宜，而且设施也很齐全。亚特兰大和温斯顿－塞勒姆挨得很近，这可是说服董事会一个很好的理由。那年秋天约翰逊去伦敦参加了查尔斯大使为女王举行的晚宴。在那里他碰到了老朋友，可口可乐公司的主席唐·基奥。直到基奥的妻子示意他俩合上嘴巴听女王讲话时，基奥一直对亚特兰大赞不绝口。

那就是亚特兰大了。迁入地定下来之后，约翰逊就开始游说董事会了。约翰逊告诉巴特勒："公司和烟草在同一个镇上，这不是件好事。"结果巴特勒被说服了。美联银行的梅德林也被说服了。为了帮约翰逊的公司建立两个总部，美联银行刚刚吞并了亚特兰大的一家大银行。梅德林心里很清楚这两个城市各自的利弊。

最难说服的莫过于斯迪克特了，因为"玻璃动物园"是他的骄傲和荣耀。约翰逊怀疑斯迪克特希望有一天会以他的名字命名这幢建筑物。但有钱能使鬼推磨，约翰逊把斯迪克特的年薪从18.5万美元提高到了25万。"利"有了，接下来就该靠"名"了。约翰逊将斯迪克特扶上了国际咨询委员会主席的位置，并保证让委员会恢复往日的辉煌。公司又给格雷医学院的斯迪克特衰老研究中心捐赠了600万美元。这下斯迪克特也乖乖地同意搬迁了。有了这三位原雷诺兹公司董事的支持，其他的董事就很好对付了。

就在公司董事会准备宣布搬迁事宜之前，《亚特兰大宪法报》把这个消息给捅了出来。温斯顿－塞勒姆顿时炸开了锅。《温斯顿－塞勒姆日报》指出公司是当地居民建立起来的，是他们为公司带来了辉煌的今天，希望公司董事会能够慎重考虑。日报的头版社论指出，公司只有身心合一才能发展壮大，如果要让公司精神永存，公司就应该和小镇人民在一起。

一夜之间，大家将所有的矛头都指向了约翰逊。昔日，雷诺兹先生骑着马将这家公司带到了温斯顿－塞勒姆，而今天却有人想坐着湾流飞机将公司打包带走。一个乡村音乐电台因为播放一首痛斥约翰逊的民谣而收听率大增。退休的卷烟厂工人兼公司大股东霍伯特·约翰逊来到约翰逊的办公室要求讨个说法。这位怒气冲天的八旬老人在办公室等了半天也没见到约翰逊。回到家之后他就给约翰逊写信说："我们建立公司的时候，你还穿着开裆裤呢。"

约翰逊在温斯顿－塞勒姆的扶轮社[一]试图为自己的行为辩护，但那些在场的人记不得他当时说了什么。演讲完之后，约翰逊就由一堆保镖护送着从货梯下了楼。大家唯一有印象的是约翰逊在接受《亚特兰大宪法报》采访时用"乡下"一词形容温斯顿－塞勒姆。一种印有"如果你是乡巴佬，请鸣笛"的汽车保险杠贴纸在镇上流传开来。另一种流行的贴纸是左边画着拇指朝上的雷诺兹公司标志，右边画着拇指朝下的纳贝斯克公司标志。

关于约翰逊的新传闻又散播开来，他的妻子也无端成了那些风言风语的牺牲品。有人说约翰逊被当地的黑社会痛打了一顿，"纸杯蛋糕"也和高尔夫运动员跑了。还有人说"纸杯蛋糕"是跟一名网球运动员私奔的。约翰逊试图补偿妻子。约翰逊的朋友德韦恩·安德烈斯的妻子是巴利大学的信托人。约翰逊通过纳贝斯克集团基金会向巴利大学出资建造一座体育馆。作为回报，巴利大学授予了约翰逊名誉博士的头衔。约翰逊坚持他夫人也应该得到一个，学校就照办了。于是他们夫妇俩的批判者开始称劳里是"纸杯蛋糕博士"。

上百名员工因为不愿去亚特兰大而被辞退了。之前从不用担心失业的老员工现在都提心吊胆的，生怕看到自己桌子上有粉色单子[二]。有时整个部门都无一生还。这种气氛真让人生不如死。"要开除我的话，就痛快点，"一位税务部的员工说，"别让我天天在这儿担惊受怕的。"即使在这种环境下，雷诺兹公司的敬业文化依然没有消亡。一个秘书小组在中午的时候就被告知她们被裁了，但为了完成工作，四人一直到下半夜才离开公司。

黑色幽默开始流行开来。约翰逊的拉美裔主管卡波内尔据说之前是萨尔瓦多的一名刽子手。讽刺漫画在一些人当中流传开来。有一幅画的是约翰逊像金刚[三]一样顺着小帝国大厦往上爬。在另一幅漫画里，约翰逊被描绘成了一个失踪的孩子，标题写着"当你清晨醒来的时候，发现罗斯的照片就在牛奶盒上，这就是幸福"。最辛辣的一幅画的是两只老鼠，一只被标为"F. 罗斯·约翰逊"的老鼠和另一只被标为"雷诺兹烟草公司"的老鼠被死死地夹在"乡巴佬捕鼠器公司"生产的捕鼠器上面，诱饵是一块奥利奥饼干。一大群老鼠从董事会里探出头来，看第一只老鼠趴在被捕鼠器夹住的那只老鼠身上。董事会里的其中一只老鼠好奇地问道："嗨，罗斯，F是什么

[一] 扶轮社（Rotary Club）：1905年创始于美国芝加哥，由一些商家和专门职业者组织成立，旨在促进国际间相互了解及世界和平的服务性慈善社团组织。——译者注

[二] 在西方国家，员工收到粉色单子就意味着他被辞退了。——译者注

[三] 金刚（King Kong），西方科幻小说中的一只大猩猩。——译者注

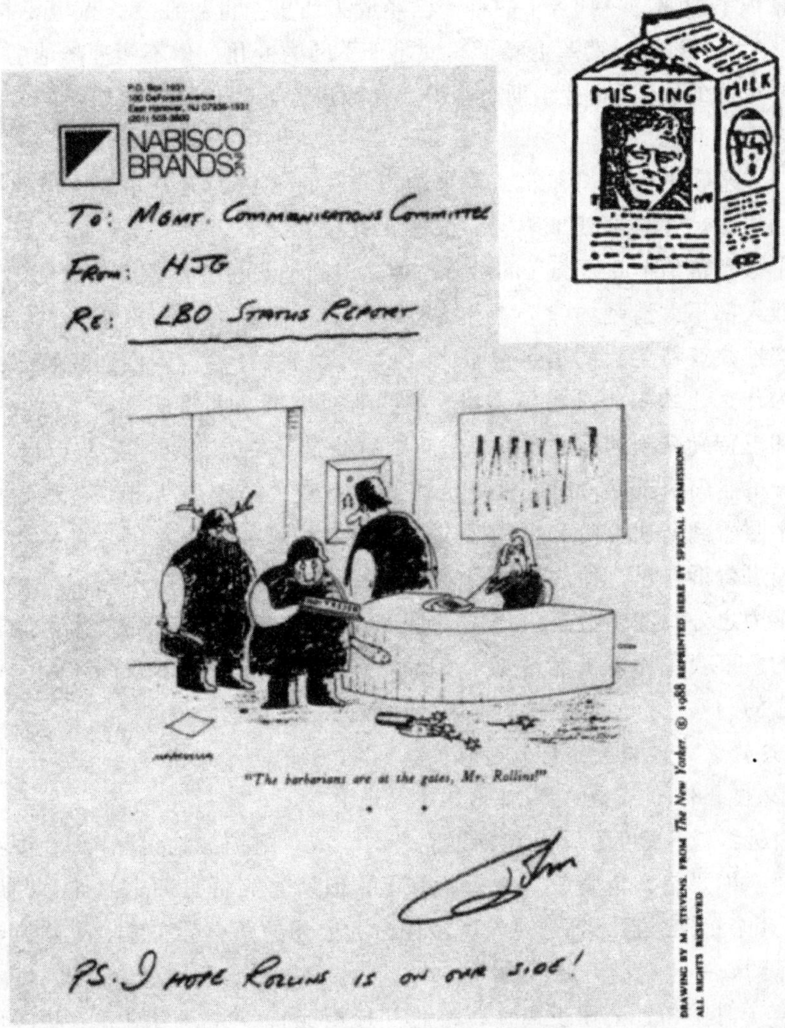

秘密散发的、用来讽刺约翰逊的漫画。这幅私底下流传的漫画的解说是："当你早晨起床的时候，发现牛奶盒上有罗斯的照片，这也是一种幸福。"

意思啊？"㊀

约翰逊是个毫无归属感的人，很难理解自己的举动为什么会激起这么大的波澜。"上帝啊，"他说，"埃克森石油公司把 7 000 个工作岗位从纽约撤出来，也没见谁说过什么。为什么我只动了几百号人的饭碗就成了千古罪人？"

约翰逊的这种想法正好反映了他的性格。他认为员工们得到的并不是一份工作，而是一项任务。公司在创建的那一天起就开始衰退了。他不理解为什么温斯顿 - 塞

㊀ F. Ross Johnson 本来是罗斯 · 约翰逊全名 Frederick Ross Johnson 的缩写。此处字母 F 在英语中代表其他粗鲁的意思。——译者注

勒姆的人意识不到那些一味苦干的日子已经成为历史。世界在变，人也要与时俱进，否则就会落后。“罗斯对变革上瘾了，痴迷于不断的变化，但不能理解他的举动会对别人造成什么样的影响。”亚当斯解释说。约翰逊曾向这位康涅狄格州的心理学家咨询过人事方面的问题。

温斯顿-塞勒姆市市长和北卡罗来纳州州长都和约翰逊开了会，但丝毫改变不了约翰逊的想法。在总部迁址事宜还没有正式公布之前，约翰逊夫妇就已经在亚特兰大买下了一套价值100万美元的房子。但这时斯迪克特突然改变了想法，不准备搬了。大多数人都不太清楚约翰逊为什么会取代威尔逊，都以为是斯迪克特在幕后操纵。当总部迁往亚特兰大的消息被曝光之后，人们就开始责问斯迪克特，并要求他解释当初为什么让约翰逊来领导公司。虽然斯迪克特本人赞成迁址，但在舆论的压力下，他和巴特勒来到约翰逊的办公室劝约翰逊放弃搬迁。

约翰逊虽然固执己见，但这件事也让他静下来重新考虑斯迪克特在董事会中的势力。他亲眼看到斯迪克特和他的盟友是如何迫使威尔逊下台的，自己可不想重蹈覆辙。约翰逊告诉自己，他应该拉拢斯迪克特。除了那些在斯迪克特身上已经投入的金钱和精力之外，约翰逊还应该做得更多，他决定任命斯迪克特为雷诺兹-纳贝斯克集团的董事会主席。虽然这是个有名无实的职位，真正掌权的还是公司总裁兼首席执行官的约翰逊，但这个举动一定会让斯迪克特心花怒放。

“不要这样做，他只会给你制造麻烦。”霍里根说。

“别这么做，你不需要他。”休格尔也劝道。

当约翰逊将威尔逊的位子让给斯迪克特时，威尔逊愤怒地说：“你在耍我吧。这是你的公司，你要怎么折腾就怎么折腾好了。但斯迪克特是颗定时炸弹，你迟早会后悔的。”几个星期之后，斯迪克特就被任命为公司的董事会主席。果然像威尔逊所说的那样，约翰逊不久就开始后悔了。

1987年1月中旬，公司正式宣布将总部迁至亚特兰大。约翰逊为此做足了面子功夫，只将总部搬到亚特兰大。纳贝斯克公司的上千名员工会跟着去亚特兰大工作，一些员工则被转到了雷诺兹烟草公司，而雷诺兹烟草公司的1.2万名员工不受任何影响。在温斯顿-塞勒姆，公司只裁掉了几百人。为了安抚小镇上的居民，约翰逊在离开的时候还将“玻璃动物园”捐献给了维克森林大学。

亚特兰大此时翘首企盼着雷诺兹-纳贝斯克集团总部的到来。业界迫不及待地欢迎这家《财富》500强的公司加入他们的行列。人们一开始还以为他们迎来了一家热心的慈善机构，但不久就发现约翰逊不安分的性格。约翰逊在郊区的Galleria购物中心盘下了11层楼后，发表了他的第一次公开演讲，在演讲中他暗示公众不要将他们看成是慈善家。约翰逊之后在一次采访时说：“我告诉他们，我不可能赞助每个慈善机构。如果这让他们不高兴的话，我也没什么办法。”

这种态度让亚特兰大的政界人士大失所望。“别担心，温斯顿-塞勒姆，”第二天《亚特兰大宪法报》的头条就说，“公司的肥水并没有流到我们的田里。”

搬到亚特兰大之后不久，约翰逊又发表了一些让雷诺兹－纳贝斯克集团的高层坐立不安的言论。在一次和证券业人士开会的时候，约翰逊顺口提到他正在考虑将雷诺兹烟草公司变为有限合伙制企业。这个消息在温斯顿－塞勒姆的股东中间引起了不小的骚动。“什么是有限合伙制？这对我们的股票意味着什么？”公司内部员工也弄不清楚这件事是板上钉钉了的，还是只是从约翰逊活跃的脑袋里冒出来的一个尚不成熟的想法。

这个声明意味着公司业务重点的转变。20 世纪 80 年代收购浪潮席卷美国，华尔街的投资银行家们对雷诺兹烟草公司巨大的现金流垂涎已久，十分渴望将这些资金用在收购上。但这些银行家没有机会接触威尔逊，因为威尔逊只相信保守的狄龙·里德公司给出的建议。当美林银行的银行家刚提出想和雷诺兹烟草公司的高层讨论杠杆收购时，财务总监吉莱斯皮就让他们打包走人了。

但约翰逊对各种想法都来者不拒。他可以轻松地和华尔街的银行家谈各种各样的业务。约翰逊经营的公司总是在不停的变动当中：买了卖，卖了买，或者以佩斯科特的方式重整公司部门。无论是和威尔逊、谢伯利还是皮包里装满各种点子的华尔街人，他总乐意和别人讨论各种各样的想法。公司搬到亚特兰大之后，那些银行家就蜂拥地赶到约翰逊身边。霍里根说这些华尔街人就像推销员一样不停地给老板打电话，因为约翰逊乐于和这些人打交道，而且这些人让他奇思妙想不断。

但有时候接到的电话也太多了点。约翰逊每天接到的 40 多个电话当中，有多半是华尔街的投资银行家打来的。一些稀奇古怪的方案总会有约翰逊的份儿，但现在他的朋友们开玩笑说，他现在和银行家们组成了“每周一计”俱乐部。他的“周一腐败之夜俱乐部”早已瓦解，现在约翰逊就和那些银行家们吹大牛，把银行家们的点子当成了免费的建议。“有什么想法说出来听听，为什么要藏着掖着呢？”约翰逊说。

有限合伙制的想法来自于约翰逊最坚定的追求者、激进的银行家杰夫·贝克。贝克受雇于德崇证券公司（DBL），公司的垃圾债券主管迈克尔·米尔肯在 80 年代中期一手成功改造了企业收购模式。㊀在华尔街，贝克被称为“疯狗”。打着蝴蝶结、带着玳瑁眼镜的他看上去更像喜剧演员和杀手的混合体。

贝克将自己塑造成一个投机商和幕后操纵者，并标榜自己是华尔街最精明的七

㊀ 1987 年年初，作为博斯基内幕交易案的一部分，德崇和迈克尔·米尔肯因涉嫌违反证券法而被美国证券交易委员会调查。1988 年 12 月德崇和证券交易委员会达成协议，支付了罚金。米尔肯在 1989 年春被判刑。

个银行家之一。这说法虽然有点自大，但也并非言过其实。听到好消息的时候，他的口头禅是“让我们动起来”，在参加气氛紧张的会议之前，他的口头禅就是“冲啊”。贝克曾在电影《华尔街》中担任场外顾问，并在剧中客串一名投资银行家，在一场恶意收购前向他的手下发表了一番愤怒的即兴演讲。

一些银行家擅长分析和博弈，而贝克以夸张的言语和出格的表演著称。当他的一个大客户，一家芝加哥食品公司的杠杆收购被另一家抢走时，贝克就找到该公司的主席唐纳德·凯利，要求凯利支付给他一笔费用，来补偿他当初为这场收购做的铺垫工作。

“你们应该给我补偿，你们该给我补偿。”贝克四脚朝天地躺在地板上哀嚎。凯利本来就打算给贝克补偿，但决心先捉弄一下他，于是就装做没看到他的表演。“一会儿他就会疯的，咱们等着瞧。”凯利偷偷地告诉他的助手。一会儿贝克被叫进了凯利的办公室，凯利告诉贝克公司不准备支付补偿金给他。“啊，天啊，我的上帝。你不能这么对我。”贝克边嚷着边打开了凯利办公室的窗户，“我不活了，我要从这儿跳下去。”凯利哈哈大笑，喊道：“别跳了。”贝克因为他的前期工作和闹剧表演最后得到了750万美元的报酬。

贝克以其特有的方式向约翰逊示好。和贝克初次见面后不久，约翰逊夫妇就去法国南部度假了。贝克给他们寄去了香槟和鲜花。“祝你们玩得开心。”鲜花卡片上的落款是“疯狗”。约翰逊立刻就喜欢上了贝克这种性格。当他们第二次见面讨论重组方案的时候，约翰逊决定拿贝克的绰号开个玩笑，于是就送给贝克一盒纳贝斯克公司生产的狗粮。讨论结束后，这位美国第19大公司的老总发现这只“疯狗”已经把整盒狗粮都消灭了。

1986年整个下半年，贝克都在兜售将雷诺兹烟草公司改制成有限合伙制企业的想法。约翰逊一直担心集团公司的股价会因为烟草业务而受到影响。他相信投资者不会把纳贝斯克公司考虑进来，只会看到烟草行业惨淡的前景。正因为这种担心，一个代号为阿尔法计划的合伙制项目应运而生。普通股的持股人通常只能分到少量的现金分红，但如果用合伙制的股份来替代雷诺兹－纳贝斯克集团股票的话，一部分雷诺兹烟草公司的现金流就会直接流入合伙人的腰包里，而且合伙制企业也不用为普通股缴纳公司税。贝克希望高价的有限合伙股也会拉升纳贝斯克公司剩余的普通股股价，这样大家就能变得更加富有。约翰逊认为这个主意实在太复杂，如果贝克能免费提供服务的话，他才会同意这么做。“疯狗”也知道帮了这次忙之后，他以后就不愁没生意了。

约翰逊只负责想点子，而不负责具体的操作。当各种各样的点子越来越多的时候，他就把它们交给由一群顾问组成的非正式的“财务研发部门”。他希望这个由他的好友塞奇领导的小团队能够从中筛选出好的点子，或者能够独立地想出自己的点子。

自从韦格尔被赶出公司之后，塞奇就加入了约翰逊控制的董事会。他的父亲是华尔街的一个股票分析师。在圣保罗高中念书时，他就被这所重点预科学校开除了，后来在一家商科学校接受了高等教育。他本人很有天分，会开飞机，还会弹钢琴，而且在雷曼兄弟公司从管理合伙人做到了总裁。60岁的他已经退出金融江湖好多年，别人都觉得他是个老古董。不认识他的人看到他那身皱巴巴的旧西服，还以为他是个老学究呢。

安迪·塞奇：对一些人来说，他是华尔街上的老古董。这位约翰逊的老朋友提出了历史上最丰厚的杠杆收购协议。

塞奇更热衷于企业的经营管理，而不像一般的华尔街人那样热衷于买卖企业。多年来，他致力于重组 International Harvestr，是这家管道公司的融资工程师。在担任美国汽车公司的执行委员会主席期间，他成功地带领这家公司渡过了难关。他喜欢四处奔波，在纽约、杰克逊·霍尔和棕榈滩三地的家之间来回穿梭。棕榈滩的房子是他多年前为了帮助约翰逊从他手中买下来的。当雷诺兹烟草公司并购纳贝斯克公司后，塞奇又想在温斯顿－塞勒姆搞一个歇脚的地方。在那里，他可以借用一个办公室，然后花上几个小时来研究公司的财务报表。

为了仔细研究约翰逊的想法，塞奇聘用了一个住在华盛顿的顾问。此人名叫弗朗克·贝尼文托，约翰逊喜欢称他“弗朗西斯爵士”㊀。选择贝尼文托作为公司顾问有点奇怪。虽然贝尼文托年近不惑，但华尔街的从业经验却很有限，仅仅在雷曼兄弟公司干过四个年头。在此之前他只是个华盛顿的律师，接着又在能源行业做投资家和主管。塞奇就是贝尼文托的导师，也经常投资于贝尼文托的一些企业。两人对他们所谓的“金融架构”聊了好几个小时，约翰逊觉得他们俩是金融行业中的佼佼者。几个月后，当他们的“金融架构”出现在公众面前的时候，贝尼文托的金融界朋友们都纳闷约翰逊为什么偏偏会选择他。

贝尼文托善于解决财务上的难题。在塞奇的指导下，他满腔热情地投入到德崇提出的阿尔法计划中。有限合伙制在石油和天然气行业已经取得了一定程度的成功，在跟约翰逊和塞奇交谈时，贝尼文托能够滔滔不绝几小时地讲述如何来改进他们的“金融架构”。这让约翰逊想起了狂热的科学家。

㊀ 英国的政治家弗朗西斯·培根曾被授予爵士头衔，此处约翰逊就将这个称谓作为弗兰克的绰号。——译者注

但最后阿尔法计划还是夭折了。一方面，贝尼文托认为这个计划不能拉升股价；另一方面约翰逊看到需要为这项计划准备大量的文件，一向讨厌烦琐的他就大皱眉头。当他们否决这项计划时，约翰逊说："我的天啊，我们要不然还得租下个新楼来让一帮人到里边帮我们填税单。这种花 200 美元的人力来节省 1 美元的生意划不来。"两个月后，约翰逊就宣布他放弃了公司改制的想法。

但贝克并没有因此泄气，他立刻兴冲冲地拿着一堆计算机分析图表和一个新点子来找约翰逊。他建议约翰逊将集团拆分，把雷诺兹烟草公司卖给股东，然后公司管理层杠杆收购纳贝斯克公司。约翰逊询问塞奇有什么看法，塞奇提出了自己的想法：先用现金和股票将雷诺兹 - 纳贝斯克集团的股票全部回购，然后公司的管理层就可以用60 亿美元的价格将纳贝斯克公司以杠杆收购的方式收入囊中。塞奇对这个计划十分得意，就将它命名为点石成金。贝尼文托对这个计划也激动万分，并把自己的想法告诉了约翰逊。

对约翰逊来说，贝尼文托的想法早就不新鲜了，约翰逊心里有自己的想法。他希望把公司的业务范围扩大到媒体行业，这个梦想自从他和吉福德成为朋友之后就一直在他心中盘桓着。首先吸引他目光的是 ESPN，因为纳贝斯克公司已经拥有这家纯体育节目电视台 20% 的股份。约翰逊很希望能从 Captial Cities/ABC 手中将剩余的 80% 股份买过来。他们请唐·奥尔迈耶帮忙评估这家体育电视台，约翰逊还是第一次全程跟踪这件事。但当他向 Captial Cities 出价 7.2 亿美元收购 ESPN 80% 的股份时，Capital Cities 拒绝了这笔交易。

贝尼文托也被打入了冷宫。他还满怀希望地认为约翰逊会在 3 月下旬棕榈泉的董事会上讨论他们的杠杆收购方案。但约翰逊在会上大谈特谈 ESPN 电视台，将贝尼文托晾在了一边。后来约翰逊告诉贝尼文托暂时不要去想杠杆收购的事了。花钱如流水一样的约翰逊一向对公司债务敬而远之，而杠杆收购的本质就是公司借债买股票。一想到 20 年前在通用钢铁公司和上门催债的银行家打交道的经历，约翰逊就不寒而栗。银行不会理会他们对高尔夫球锦标赛和公司飞机的需求，会处处牵制约翰逊的行动。"不行，"约翰逊告诉贝尼文托，"我不考虑杠杆收购。"

而贝克依然百折不挠，他知道如何投约翰逊所好。在德崇，大家管约翰逊叫"追星狂"。贝克听说雷诺兹 - 纳贝斯克集团对传媒行业感兴趣，于是就安排他的演员朋友迈克尔·道格拉斯和约翰逊在纽约的一家高档餐厅里见面。当时道格拉斯想找人合伙开一家电影制作公司。虽然并没有结果，但约翰逊还是像往常那样聊得很开心。

大权独揽的约翰逊现在终于可以松口气，停下来享受一下生活了。摆脱了来自温斯顿－塞勒姆的束缚，雷诺兹－纳贝斯克集团就成了他手中的一块橡皮泥，想怎么捏就怎么捏。生活就是为了及时行乐，对约翰逊来说，这意味着不断的变动和丰厚的福利。

他从新办公室里向外发号施令，使他的公司和下属一直保持着不断变动的状态。有些变动看起来纯属恶作剧，比如约翰逊明明知道其中一个业务组换到那个办公楼会挤不下，而另外一个业务组则绰绰有余，还是会要求两个业务组相互调换办公楼。在新泽西的纳贝斯克公司办公室里，大家开玩笑说约翰逊是一家搬运公司的大股东，因为每次搬家都是由这家公司来负责搬运。有时一眨眼的工夫，上级和下属的汇报关系就调了个，上级变成了下级。“如果我的老板打电话来，先问他的名字和电话号码。”大家开玩笑说。

当约翰逊在办公室发笑的时候，那些总裁可一点儿都不觉得好玩。其中一个例子就是 7 月份约翰逊要把纳贝斯克公司下属的糖果公司搬回到温斯顿－塞勒姆，由霍里根负责。公司高层对这次搬迁的解释是糖果和坚果的分销渠道和香烟的正好相似。糖果和香烟都被称为前台商品，一般都摆放在商店的收银台旁边。而真正的原因是为了保护霍里根的帝国，安抚温斯顿－塞勒姆小镇上的民众，为那些失业的雷诺兹烟草公司员工提供重新就业的机会。糖果公司的总裁马丁因为强烈反对搬迁而被开除了，由霍里根的一名心腹接替他的工作。

一些纳贝斯克公司的主管都不愿意到温斯顿－塞勒姆和那些雷诺兹烟草公司的商贩打交道，纷纷离开了公司。纳贝斯克公司 42 岁的总裁约翰·格林纳斯也极力反对这项决定。约翰逊终于有一天忍无可忍打断了他的抱怨。“嗨，约翰，”约翰逊说，“别太较真了。这项决定可能是对的，也可能是错的。现在有谁说得准呢？我们边走边看呗。”这次搬迁充分暴露了约翰逊之前因为冲动而造成的后果。当初公司把总部搬到亚特兰大的时候，约翰逊把“玻璃动物园”捐给了维克森林大学，因此现在已经没有地方能容纳糖果公司的员工。无奈之下，公司只好从大学手中将办公楼租了回来。

约翰逊尽量和温斯顿－塞勒姆保持距离。他在北卡罗来纳州依然是众矢之的。那年夏天，雷诺兹烟草公司宣布了一个鼓励员工提前退休的计划，目的是削减员工工资支出。这次约翰逊又毫无疑问地成了千夫所指。在温斯顿－塞勒姆流传着一个故事，说约翰逊和公司烟草主管杰瑞·朗打了起来。朗为了维护员工的利益，把约翰逊臭骂了一顿，接着两个人就动起手来。但两个当事人都出面否认此事。约翰逊解释说当天他刮胡子的时候划破了脸，而朗则因为前一天做了个小手术所以第二天上班的时候打了石膏。但大家更愿意相信他俩真的打架了。被赶出公司之后，朗参加了县委员会的竞选。当他成功当选时，一些政治观察家认为正因为他和约翰逊打架的这个传说，朗才得以当选。

当约翰逊回到温斯顿－塞勒姆参加一个由雷诺兹烟草公司赞助的 Pro-Am 高尔夫

球锦标赛时，观众席上传来谩骂声。一部分原因是他自己太招摇，坐着直升机来到球场，到了球场后，开着漆有自己名字的高尔夫球车到处转悠。“滚回亚特兰大去，你这个乡巴佬！”有人骂道。就连约翰逊的对手阿诺德·帕尔玛也未幸免于难。“打得不错，阿诺德。但陪那个狗崽子一块儿玩太可惜了。”有人喊道。最精彩的是当约翰逊正准备将球推入球洞的时候，人群里传来一声：“偏南了，往亚特兰大方向打了，你这个畜生。”

对温斯顿－塞勒姆的疏远使得约翰逊越来越依赖霍里根。在埋葬了他们的敌人之后，不但他们的关系更加融洽了，就连他们的妻子也走得越来越近。霍里根的妻子贝蒂也是个加拿大人，而且在高尔夫球场上和劳里不相上下。约翰逊继续对霍里根百依百顺，有时连霍里根没想到的，约翰逊也会替他想到，比如公司买下了棕榈滩外的一套豪华住宅供霍里根使用。

他还纵容霍里根对豪华轿车的喜好。霍里根坚持要在出差的时候坐白色的轿车，而且要配专职司机，要是没满足他，他就会大发脾气。80 年代初豪华轿车刚开始在温斯顿－塞勒姆出现的时候，约翰逊就同意霍里根将公司车队由原来的黑色林肯轿车换成栗色的凯迪拉克，而且司机也穿着栗色制服，因为霍里根喜欢栗色。

对霍里根的小过错或者加薪请求，约翰逊都一笑而过，并设法满足。“我不在乎给司机 5 万美元年薪，我关心的是公司每年 12 亿美元的现金流。”当时烟草业务还是雷诺兹－纳贝斯克集团利润的贡献大户。由于约翰逊把精力放在其他事情上，没时间管理雷诺兹烟草公司，因此需要霍里根来管理烟草业务。

有一天霍里根邀请约翰逊夫妇到家里吃晚饭。当两人谈到业内如火如荼的杠杆收购时，约翰逊感叹道：“妈啊，我们绝不搞杠杆收购。想一想这得影响多少人的饭碗，我们绝对不能这么干。你想公司一下子得裁掉 5 000 人，我们吃得消吗?”他接着说：“再说，我们现在的工作算是美国最好的了。”

此话不假，公司的那些主管们养尊处优。处于金字塔顶端的 31 名主管的年薪就达到了 1 420 万美元，也就是说每人的平均年薪为 46 万美元。有些主管出手阔绰，每次给鞋童 100 美元的小费，这在当地成为奇谈。约翰逊家里两个女佣的工资也是公司支付的。单单约翰逊手下的购房需求就把亚特兰大的房地产市场搞得很活跃。

公司不惜代价地来装修新总部的办公室，其顶层的高管办公区尤为奢华。接待室的背景是一件价值 10 万美元的中国 18 世纪的屏风，两旁摆着一对年代稍微近点的青花瓷瓶，估价也在 1.6 万美元。客人们一进来就可以坐在法兰西帝国时代的桃木椅子上，看到一组同时代的陈列柜，柜子里摆放着英国产的珐琅质餐具。客人可能会踩着浅黄色的、价值 5 万美元的波斯地毯被领着去见卡波内尔。或者他们有幸见到约翰逊本人的话，还能欣赏到他办公室里陈列的 18 世纪珐琅质瓷器，价值 3 万美元。

如果客人恰好是古董商的话，他还可能把一些古董卖给约翰逊。雷诺兹－纳贝斯克集团是伦敦、巴黎和纽约的古董商深受欢迎的客户之一。约翰逊夫人还经常带着装修人员前往欧洲采购古董。搬迁总部花了5 000万美元，装修旧的烟草公司总部和华盛顿的新办公室也花了上百万美元。一个供应商曾感叹道："这是我这么多年来唯一见过的一家没有预算控制的公司。"

那时的生活可真"甜蜜"。糖果车一天来两趟，在每层的等候区放一些巧克力夹心奶糖，这可不是一般品牌，而是法国高档奶糖。中下层经理们的待遇至少是一张俱乐部会员卡和一辆公司给配的轿车，价值2.8万美元。（如果主管要买超级奢华的座驾，还是得自己再掏点钱。）顶级待遇不用说都知道，就是约翰逊的24张俱乐部会员卡和约翰·马丁7.5万美元的梅赛德斯。

虽然新总部的办公环境奢华舒适，但那里等级森严。400个员工里有1/3是从新泽西迁过来的标牌公司的老员工。还有1/3是来自温斯顿－塞勒姆的雷诺兹烟草公司的员工。剩下的1/3则是在亚特兰大新招募的，这些人大都属于秘书或后勤人员。雷诺兹烟草公司的老员工感觉他们每天起早贪黑，干着最累最脏的活，并自嘲地称自己为"蘑菇种植户"。

公司员工都感觉新总部只是约翰逊他们一个短暂停留的地方。约翰逊把公司总部搬到了一个集商场、酒店和办公室于一体的复合楼里，这里既不像温斯顿－塞勒姆庄严古朴的烟草公司，也不像烟厂对面的"玻璃动物园"。因此，约翰逊的一些下属如爱德华·罗宾逊和安迪·海恩斯都没有将自己在北边的房子卖掉。董事会秘书米勒也没有搬到亚特兰大来。雷诺兹－纳贝斯克集团的这些举动似乎在告诉人们："我们只是在这里歇个脚。"

公司把附近的查理·布朗机场作为停机场。由于公司机队的壮大，约翰逊决定再扩建一个新的飞机库来容纳公司日益壮大的飞机航队。雷诺兹烟草公司有6架飞机，而纳贝斯克公司有一架秃鹫50s和一架李尔飞机，但这两架都是小飞机，根本不能满足约翰逊的胃口。在购买了两架湾流飞机后，约翰逊又订购了两架顶级的湾流G4飞机，每架2 100万美元。对于飞机仓库，约翰逊给了航空部主管琳达一个庞大的预算，并暗示她可以超出预算。

当纳贝斯克公司这个酷似泰姬陵的飞机仓库建造完毕后，不远处可口可乐公司的飞机仓库就相形见绌了。其实费用并没有全部用于飞机仓库，还有一部分用于建造仓库旁边的一栋三层小楼。走进这栋楼，人们就会看到地上铺的是意大利大理石，由桃心木镶嵌的门和墙，客厅里陈列着60万美元的家具和价值10万美元的艺术品，包括玻璃橱窗里挂的中国礼炮、一个巨大的中国盘子和一个瓮。在洗手间的一角摆放着一张填充椅，当人们从洗手间的一头走到另一头感到疲劳时可以坐下来休息。除了这些，房间里还设有酒柜、一个飞行员休息室，室内有电视机和音箱，还有"航班安排室"，里面安了电脑，可以记录主管们都到过哪里，和他们将来的旅行计划。这些设备是为了管理"雷诺兹飞行队"里的36名飞行员和10架飞机而配备的。

公司航空部门的员工惶恐不安地将这些计划展现给约翰逊。他曾经说要最先进的，但现在的预算已经达到了1 200万美元。他想要一个公司飞机库里应有尽有，而设计图显示机库已占地2万平方英尺。约翰逊看了图纸，听完建筑师的报告之后建议说："不够大，再增加7 000平方英尺。"

雷诺兹烟草公司的飞行队充分展现了约翰逊那不安分和爱折腾的性格，以及他乐善好施的一面。吉福德经常在参加完"周一夜晚橄榄球"赛后乘坐公司的飞机回家。在参加吉福德婚礼的时候，约翰逊还派公司飞机送吉福德和他的新娘去度蜜月。约翰逊的旧友埃米特虽然早就离开了公司，但他每年在约翰逊飞机上坐过的里程数并不比任何一位公司员工少。

这些飞机也意味着合理使用公司资产和滥用之间的界限变得模糊起来。很多人都认为约翰逊的德国牧羊犬事件就属于后者。那年在黛娜绍尔高尔夫球比赛期间，约翰逊的宠物狗洛克咬伤了一名保安人员，这让约翰逊全家都紧张不安。

吉福德和约翰逊夫妇早期乘坐飞机的照片。雷诺兹－纳贝斯克集团的"空军"就是约翰逊奢华生活方式的写照。

约翰逊一家担心洛克会被相关部门抓起来或者被处理掉，于是决定用公司的飞机把洛克从棕榈泉偷偷地运回温斯顿－塞勒姆来逃脱相关处罚。于是洛克就被安排和另一位高级副总裁丹尼斯·德顿乘坐同一架飞机，在乘客名单中它被列为"日耳曼·谢普赫德"[㊀]（约翰逊后来否认此次航程专为小狗而设）。但洛克闯下的祸还不止这一次，有一回它还咬伤了约翰逊家里的园丁，公司不得不向这位园丁支付医药费。

公司的飞行队也是约翰逊进入上流社会的门票。每个周末公司的飞机就会把梅瑞迪斯、波比或穆罗尼一家从各地接到约翰逊家里来。纳贝斯克运动队是"约翰逊航空公司"的常客。约翰逊对他们关怀备至，偶尔的一次出场费比一个普通的副总裁还要多。梅瑞迪斯每年50万美元，吉福德41.3万美元外加纽约的办公室和公寓，高尔夫球星本·格伦肖和福茨·佐伊勒每人分别可以拿到40万和30万美元。杰古·尼古拉斯赚得最多，每年有100万美元进账。

㊀ 在英文里，日耳曼·谢普赫德还有一层意思是德国牧羊犬。——译者注

约翰逊很喜欢跟退役运动员打成一片，因此大家都叫他“运动员的跟屁虫”。1982年的纳贝斯克队（左起）：大卫·马尔、瑞吉·杰克逊、波比·奥尔、亚历克斯·韦伯斯特、弗兰克·吉福德、唐·梅瑞迪斯和罗德·拉沃。

约翰逊宣称这些球员对人们的消费有很大的影响，但是人们发现在这些资源的利用上很难做到公私分明。美国女子高尔夫锦标赛选手朱迪·迪肯逊曾亲手指导约翰逊夫人打球。吉德福为约翰逊最喜欢的慈善机构拉赞助。两个从纽约巨人队退役的后卫占用了纳贝斯克运动队位于佛罗里达的办公室，其中一个在那里打理自家的投资咨询公司。

尽管约翰逊在这些运动员身上花了大把大把的钱，但有些人却并不那么听话。就拿尼古拉斯来说，他是出了名的难管。虽然约翰逊聘他来是为了让他陪约翰逊的一些重量级客户打球，但尼古拉斯并不喜欢这样，而且尼古拉斯认为自己和那些人不在一个档次上。尽管在纳贝斯克公司除了约翰逊和霍里根，他赚得比谁都多，但他还是对每年公开亮相六次牢骚满腹。和约翰逊的下属闹过几次不快之后，约翰逊才同意尼古拉斯只陪约翰逊和霍里根打球。

另外一个运动员就是橄榄球巨星兼体育节目主持人辛普森。公司每年支付辛普森25万美元，但他几乎从不在纳贝斯克公司组织的体育赛事上露面。还有纽约扬基队的唐·马丁利，他和辛普森挣得一样多，但也从来不出席。约翰逊并不在乎这些钱，这些问题下面的人去处理就行了。他自己过得很快活，而且嘴巴上经常挂着一句“千金散尽还复来”。

约翰逊和杰克·尼古拉斯：这头“金熊”经常对那些向自己要求过多的纳贝斯克高管们发火。

作为雷诺兹–纳贝斯克集团的傀儡主席，斯迪克特也被约翰逊的挥霍无度吓坏了。虽然斯迪克特也喜欢奢侈，但现在他也开始感觉约翰逊做得有点过头了。在斯迪克特看来，公司总部到处都是铺张、浪费和挥霍的景象。而约翰逊整天不是在高尔夫球场上就是在去曼哈顿的路上，连作为公司董事会主席的斯迪克特都没什么机会见到他。

1987年8月，公司在波希米亚格罗夫召开年会，公司的头头脑脑都出席了年会。斯迪克特在会上公开抨击约翰逊，并称他“做事轻浮”。斯迪克特还向董事麦康伯和乔丹抱怨此事。斯迪克特建议说也许该换人了。麦康伯聚精会神地听着，因为他刚刚将塞拉尼斯化学公司卖给了一家德国公司，现在正好有空闲时间。虽然嘴上不承认，但他似乎对雷诺兹–纳贝斯克公司总裁这个位子垂涎已久。

为了防止政变的发生，约翰逊在8月31日和斯迪克特开了一个会。“保罗，10月份就该过你的七十大寿了，我会做出一些调整。”政治嗅觉灵敏的约翰逊感觉到斯迪克特的影响力已大不如前，于是就把斯迪克特革职了。之后公司飞行部门接到命令，以后斯迪克特要用飞机的话，必须要约翰逊同意才行。斯迪克特知道后，也就识趣地没再用公司的飞机。

正如约翰逊所料，那些斯迪克特在董事会的盟友们并没有做出任何反对。和威尔逊相比，约翰逊对他们可谓是无微不至。美国计算机服务公司的安德森坐上了原来斯迪克特在国际咨询委员会中主席的位子，每年可以领到8万美元的咨询费。约翰逊解散了公司的股东服务部，将对股东的服务业务外包给了梅德林的美联银行。公司给了茱安妮塔200万美元让她在杜克大学捐了两个教授席位，其中一个以她的名字命名。公司又捐了200万美元给杜克商学院，学院就将一座新建成的教学楼的一侧命名为“霍里根会堂”。约翰逊对格里森也是宠爱有加。格里森在亚特兰大出差的时候大部分时间都在打电话，于是约翰逊在总部大楼里给他找了个小间，门上写有“格里森办公室”。

约翰逊对那些原纳贝斯克董事会成员更是优厚有加。谢伯利和公司重新续签为期6年、年薪18万美元的合同，但对他的职责范围定义得十分模糊。塞奇因为他的“金融研发部”每年收入达到了25万美元。而休格尔则接替了斯迪克特的位置，当上了雷诺兹－纳贝斯克集团的董事会非执行主席，年薪也有15万美元。约翰逊希望休格尔能够在新的职位上帮助巩固约翰逊和董事们日益紧密的关系。

与此同时，虽然董事会的次数大幅度地减少，但董事费却涨到了5万美元。在威尔逊执政时期，只有在办公差的时候，董事会成员才能使用公司的飞机。而约翰逊则允许董事会成员随时调用公司的飞机，而且分文不收。“有时候我觉得自己是个运输部总监，”约翰逊在安排了一位又一位董事的航班后感叹道，“但是我相信我为人人，人人为我。”

有一段时间，约翰逊做梦都想把休伯莱恩公司卖掉，主要原因是一家名叫格兰德大都会的英国大公司想出12亿美元来收购。但问题是现在集团董事会里的沃森曾经是休伯莱恩公司的董事会主席。当初出售肯德基时他就喋喋不休了，现在要将他的老雇主卖给英国佬，他肯定不答应。有一周，休伯莱恩公司的首席执行官杰克正好到温斯顿－塞勒姆开会，约翰逊就邀请他到古镇俱乐部共进晚餐。

“杰克，”约翰逊问道，“你说在这个世界上沃森最想得到的是什么？”

杰克想了一会儿。再过几个月，斯图尔特就要从董事会里退下来了，肯定会有一种失落感。“最想得到的？一间办公室和一个秘书。”

“你帮我转告他，公司会给他办公室和秘书的，”约翰逊回答道，“办公室的地点随他选，就是在扎伊尔我们也会替他办到。”后来，休伯莱恩公司就被顺利地卖给了格兰德大都会公司。

约翰逊自认为董事会已经在他的掌控之中了，但霍里根却不以为然。他亲眼看到当约翰逊开始在董事们面前说脏话的时候，董事们好像脸上被重重地掴了一巴掌都把头侧过去。他希望约翰逊不要在董事会会议这种场合戴金项链，穿敞口衬衫。霍里根提醒过他：“也许是我们爱尔兰人生性多疑，但这不是你的董事会，罗斯。他们只是在等着你犯错误。”

大多数人都等待着约翰逊的下一步行动。每年他都会有一些新的行动方案，包括雷诺兹和纳贝斯克的合并，总部搬迁到亚特兰大，还有那个中途流产的有限合伙制。约翰逊的脑袋里有一部威力强大的引擎，12 亿美元的现金流给了他无边的想象空间。问题是，他想用这些钱做什么?

总部迁到亚特兰大一年后，约翰逊就开始精简部门了，把休伯莱恩公司和其他一些小公司出售出去。雷诺兹先生第一个全国性的产品——阿尔伯特王子烟斗烟，还有雷诺兹烟草公司其他品牌的烟斗烟，如 Carter Hall、Apple 和 Royal Comfort 都被出售。Winchester 牌烟全线都卖掉了。埃米特在加拿大以 3.5 亿美元的价格一下子卖掉了六个部门。

约翰逊却将这些回笼的资金用来偿还公司的债务。投资银行家三番五次地劝约翰逊将这些资金用来挣钱。他们建议约翰逊购买资产，但约翰逊并不感兴趣。

一个原先早已平寂的传言又开始流传，说他想收购芝加哥食品业巨头碧翠丝公司的部分业务。1986 年，碧翠丝公司被 KKR（科尔伯格 - 克拉维斯 - 罗伯茨公司）杠杆收购后变成了私人公司。其实约翰逊在一定程度上对碧翠丝公司的 Hunt Wesson 业务还是很感兴趣的，因为它的一部分业务和德尔蒙特食品公司正好相得益彰，而且碧翠丝公司的中国食品和纳贝斯克的中国食品也是一对很好的组合。但是约翰逊一般只有三分钟的热度。

约翰逊认识碧翠丝公司的老总唐·凯利，一个出生在芝加哥南部的爱尔兰人，为人风趣。凯利把这家衰老的 Swift 肉类包装厂整顿成了一个成功的集团公司——Esmark，之后他将公司卖给了碧翠丝公司。当 KKR 公司将碧翠丝公司收购改制后，凯利又当上了这家公司的首席执行官。他们 30 亿美元的利润目标震惊了整个金融界。凯利经常在约翰逊面前吹牛说他们有多富有，约翰逊听得耳朵都快出茧了。

摩根士丹利兼并业务部门主管艾瑞克·格里彻几个月来一直苦口婆心地劝说约翰逊跟凯利和 KKR 的主要合伙人亨利·克拉维斯见个面。约翰逊经不住纠缠最后只好同意了。但到了约定见面的那一天早晨 7 点 50 分，当格里彻来到雷诺兹 - 纳贝斯克纽约办公室时，他发现约翰逊又变卦了。

“我们不准备收购他们的业务了。我们其实对他们的破公司一点都不感兴趣。”约翰逊说，“我不想让亨利难堪，但他们的公司说好听点只能赚点小钱罢了。我不想浪费大家的时间。”

“那你为什么当初不说，现在人家都在路上了你才说呢?”格里彻问道。

约翰逊解释说当初是想给凯利一个面子。“谁买凯利的公司，谁才是真正的傻子。”约翰逊告诉格里彻说，“我可不想成为那个傻瓜。”

接着上场的是伊兰·哈里斯，他可是芝加哥投资银行界的大佬，而且跟约翰逊和凯利都很熟。出生于布朗克斯区的一个穷苦家庭，哈里斯从股票经纪人的队伍中脱颖而出，成了美国重量级的股票经纪商。他身材矮胖，善于解决一些高难度的问题，喜欢玩高尔夫。在芝加哥的所罗门兄弟银行的那些年头里，他为这座城市里的大公司牵线搭桥，撮合了许多商业联姻。由于和所罗门兄弟银行的主席约翰·古弗兰不和，哈里斯离开了公司，到了1987年又重新出山，加入了华尔街另一家公司拉扎德兄弟银行[⊖]。

这年的夏秋之交，哈里斯打电话邀请约翰逊去他最喜欢的长岛深谷球场上打几局。凯利正好没去过，也想一块去打，哈里斯说。约翰逊说没问题。他们约定在9月第一周里某一天的12点15分见。这三人决定赌3美元。由于有10个让杆，约翰逊的成绩最好，但凯利在第14次让杆的时候，很好地抓住了机会，最后赢得了整个的9美元赌注。

打完球之后，他们坐在俱乐部的阳台上，一边喝酒一边听凯利谈杠杆收购的好处，还特别提到了克拉维斯参与的那些杠杆收购。“罗斯，”凯利说道，“杠杆收购之后，你依然还是公司的首席执行官，但赚的钱会比以前多得多。”

这些道理约翰逊当然懂。当初让贝尼文托做杠杆收购研究的时候，约翰逊就让他计算一下凯利能从碧翠丝公司分得多少利润，结果贝尼文托的答案是4亿美元。但约翰逊对杠杆收购的想法依然很冷淡，“我对现状很满意，钱对我来说不是最重要的。”

碧翠丝公司靠62亿美元的收购价格就被称为历史上最大的杠杆收购，再回过头来看看雷诺兹－纳贝斯克集团的规模。最近雷诺兹－纳贝斯克集团的股价徘徊在每股70美元左右。“天啊，要是在80或90美元的价格做杠杆收购的话，光这些溢价就是大笔大笔的钱。”约翰逊快速心算了一下，以每股90美元的价格收购公司2.3亿股股票总共需要200亿美元！

“你应该见一下亨利，”凯利说，“他也很想见你。我可以替你们安排。”约翰逊有点动心了。克拉维斯在华尔街上可是一个赫赫有名的人物，他的名字现在已经成了杠杆收购的代名词。自从1976年建立以来，KKR用银行贷款收购了大约25家公司。“像他这样的大人物并不是你想见就能见到的。”约翰逊自言自语地说。

10天后，当约翰逊来到克拉维斯在纽约林荫大道上的公寓时，凯利早已在那里等着了。约翰逊瞪大了眼睛环视克拉维斯豪华的住所，发现墙上挂着一幅雷诺阿或是莫奈的真迹。天啊，约翰逊自言自语道，光把这起居室里的财产卖了一辈子就不用愁吃穿了。他们家饭厅里还悬挂着一幅萨金特为伦敦德里六世侯爵画的肖像。

43岁的克拉维斯一头银发，是个矮小而又热情的人。餐桌上，克拉维斯大部分时间都在讲杠杆收购的优点，谈如何举债能让公司的运营更加有效率，并且管理层几乎不用太大的变革就能得到丰厚的回报。“如果你感兴趣，或许我们能够帮你。”克拉维斯说，“如果你愿意的话，我们可以派人过去评估一下贵公司。”

“那由谁来领导杠杆收购呢？”约翰逊问道，“具体如何操作？”

“让唐来告诉你吧。”克拉维斯示意凯利来说。

⊖　又译作瑞德集团。

话音刚落，凯利就开始向约翰逊描述他和 KKR 之间的关系是如何美妙，KKR 拥有他公司的控制权，有些事情都不用他来操心。约翰逊将信将疑，但没好意思说出来。“我才不上当呢。等他们真的把你买下来之后，他们说什么你就得做什么。”约翰逊可不喜欢给别人打工。

当所谈内容越来越敏感的时候，约翰逊岔开了话题，开始谈论雷诺兹 - 纳贝斯克集团即将上市的总理牌香烟。克拉维斯出于礼貌聆听着，但脑子里显然盘算着其他事情。当一个半小时的晚餐终于结束的时候，约翰逊就起身离开了。约翰逊认为克拉维斯是一个聪明、稳重的年轻人，但他觉得自己永远也不会和克拉维斯做生意。

星期一早上，约翰逊和贝尼文托以及塞奇在办公室里重新讨论杠杆收购的可行性。贝尼文托拾起尘封已久的点石成金计划，在计算机里重新计算了一下数字。杠杆收购的原理简单易懂，而且他们三个人都已经很熟悉了。即一个像 KKR 这样的公司和公司管理层一起，用从银行借来的贷款和发行债券的钱将公司从外部股东手中买下来，把它转变为私人公司；然后用公司产生的利润，甚至出售部分业务来偿还这些债务。

在约翰逊的办公室里，贝尼文托向约翰逊展示了如何杠杆收购雷诺兹 - 纳贝斯克集团。按照每股 90 美元的价格，贝尼文托估计了公司今后五年的现金流，然后把所需的贷款额相比较。贝尼文托警告说，如果要偿还这部分债务的话，公司需要出售雷诺兹烟草公司以外所有的业务部门。

约翰逊扫了一眼贝尼文托的方案，特别关注了一下偿债率。杠杆收购后公司将节衣缩食地开展经营。这意味着约翰逊要勒紧裤带过日子，而且他的薪酬也将大大缩水，这简直是要了他的命。“我不喜欢这样做，没有足够现金流的日子一定不好过。这样的话，公司没法经营了。”

约翰逊的财富欲望虽然很强，但也不能忍受为了得到更多的财富而暂时放弃现在奢侈的生活方式。“我算是够幸运的了。我几乎白手起家，现在我的钱比我做梦梦到的还多。等我退休后，还能拿到 70 万美元的退休金，没必要这么操心。”塞奇也点头同意。

约翰逊转过身来对贝尼文托说：“忘掉那些该死的杠杆收购吧，不要再在这上面花时间了，让华尔街的人去操那些心吧。现在让我们静下心来管好自己的生意吧。”

接着，他们三个人讨论了一些其他方案，比如出售 ESPN 的股份和收购一家英国的糖果公司。当他们准备散会的时候，约翰逊站了起来，走到窗前向南远眺曼哈顿的市中心，但他几乎望不到华尔街。约翰逊已经对银行家们提出的花里胡哨的方案失去了兴趣。“希望五年之后，我们三个人还能在这里为公司出谋划策。”约翰逊望着窗外说。

第4章 Barbarians at the Gate 股价大恐慌

是好是坏，还是不好不坏，你总归得思考、行动、发挥。如果不这样，一切就变得索然无味。你必须创造一些兴奋的事。

——罗斯·约翰逊

1987年10月19日，纽约股市一泻千里。和其他人一样，约翰逊打开他的股票报价器时，也陷入了恐慌之中。一周前雷诺兹-纳贝斯克集团的股票价格还在65美元左右，当天中午一下子跌到了40美元左右。接下来的几周里，股市一直萎靡不振。

这是约翰逊噩梦的开始，股价的低迷一直笼罩在他的心头。12月，公司的利润上涨了25个百分点，但华尔街对此反应冷淡。那年冬天食品行业的股票价格开始回升，雷诺兹-纳贝斯克集团的股价却依然没有任何起色。约翰逊想尽了办法，虽然公司60%的销售额是来自纳贝斯克公司和德尔蒙特食品公司，但大家都把该公司的股票看成是烟草股。

约翰逊在亚特兰大坐立不安。和许多首席执行官一样，约翰逊将股价看成是他本人的业绩报告。当看到其他食品公司的股价飞速上涨时，他只能在那里眼巴巴地干着急。如果他所熟知的食品业如此红火的话，他也想进去。他开始考虑如何和食品公司搭上线。

他首先想到的是派斯博瑞食品公司。但收购这家公司显然不符合约翰逊的性格——他喜欢卖，而不喜欢买。他想到了两家公司可以组成联营企业。如果派斯博瑞食品公司和纳贝斯克公司联合起来并公开发行股票，这样不就可以突出雷诺兹－纳贝斯克集团里的食品行业资产吗？

约翰逊把自己的想法告诉了塞奇和贝尼文托，但两人对这个方案一点都不感兴趣。派斯博瑞食品公司是个烂摊子，而且它的主营业务也乏善可陈。“你为什么想收购一个三流的食品公司而不是把精力放在搞好一个一流的食品公司呢？”贝尼文托问道。当塞奇正在起草一份给约翰逊的备忘录时，贝尼文托看了一眼后，脑子里冒出一个想法。当年通用汽车公司也遇到过类似的问题，通用汽车公司将母公司的股票和休斯电子公司的股票分开销售。如果约翰逊这么担心烟草业务拖累食品业务股票价格，是否也可把它们的股票分开上市呢？于是他俩把这个想法也写进了备忘录。看完备忘录后，约翰逊耸了耸肩膀，示意贝尼文托进一步研究这种方案。这或许是拯救公司股价的第二种方案。

并不是只有约翰逊注意到了公司股价的颓势。在1月的时候，专栏作家丹·多夫曼就提到雷诺兹－纳贝斯克集团有可能成为收购的对象。约翰逊对此不屑一顾，但他的手下，包括爱德华·罗宾逊对此都很担心。当2月的董事会结束之后，斯迪克特找到约翰逊。自从6个月前斯迪克特被免职以来，他还没怎么和约翰逊说过话。“你这周末回佛罗里达吗？”斯迪克特问道。

“嗯，”约翰逊回答道，“我要回去一趟帮我父亲报税。”

“那你会有空吗？”

“实在是没什么空，”约翰逊尽力避免斯迪克特的任何邀请，“我都快忙晕了。”

“其实有一个非常重要的股东叫斯潘格勒，我想你应该见见。”斯迪克特说，“他有一些不错的想法，他这周末会去 Lost Tree。”约翰逊只好极不情愿地同意在周六的时候见见斯迪克特和他的朋友斯潘格勒。

小克莱米·迪克逊·斯潘格勒是北卡罗来纳大学的校长。在1986年当选校长之前，斯潘格勒就是北卡罗来纳州商界的领军人物，同时也是斯潘格勒建筑公司的总裁兼北卡罗来纳银行主席。当 NCNB 公司在1982年收购北卡罗来纳银行后，斯潘格勒就变得很有钱了。他们家也是雷诺兹－纳贝斯克集团的大股东之一。

但约翰逊将公司总部从温斯顿－塞勒姆迁出的时候，斯潘格勒感到十分气愤。他打电话给他在哈佛商学院念书时的老同学、美国最大的人寿保险公司——公平人寿保险公司的主席理查德·杰纳瑞特。理查德·杰纳瑞特是个土生土长的北卡罗来纳州人，和斯潘格勒家很熟。斯潘格勒打电话来是想询问像公平人寿保险公司这样大的机构投资者是否能在公司总部迁移的事宜上投反对票。

“你认为我们有足够的票数来阻止这件事情的发生吗?”斯潘格勒问。

“不行。”杰纳瑞特坦白地告诉他。

之后，杰纳瑞特就把这件事情给忘了。几个月之后，斯潘格勒又打来电话：“理查德，你觉得组建一个团队，然后对雷诺兹－纳贝斯克集团进行杠杆收购的想法如何？我觉得这完全可以做到。”杰纳瑞特提到他想找斯迪克特，而且准备把美国运通公司的罗宾逊也拉进来。

杰纳瑞特考虑了几天之后，最后决定放弃。因为保险公司每年要支付给癌症患者数百万美元的赔付金，而现在跑去和香烟制造商合作显然有点不太合适。“我只能放弃。”他告诉斯潘格勒。

当雷诺兹－纳贝斯克集团的股价在这次股市崩溃中下跌时，斯潘格勒将自己的损失都归咎到了约翰逊身上。他通过美联银行的梅德林找到了斯迪克特。“如果我能够筹到足够的资金把公司买下来，你能帮我把公司变回原来的样子吗?”斯潘格勒问斯迪克特。

斯迪克特含糊其辞地回答说：“我认为这不太可能，也没有这个必要。”但当斯潘格勒邀请斯迪克特出席一个研讨会时，斯迪克特答应下来。结果，斯迪克特发现出席会议的是一群花旗银行的总裁。斯潘格勒竟然使这个银行业巨头对杠杆收购雷诺兹－纳贝斯克集团产生了兴趣。

这次会面让斯迪克特印象很深，但他也是个比较实际的人。他告诉斯潘格勒，杠杆收购不是连碰都不能碰的。如果斯潘格勒的团队想杠杆收购雷诺兹－纳贝斯克公司的话，那么他们应该让约翰逊也参与进来。“那你能帮我安排和他见面吗?”斯潘格勒问。

于是，约翰逊就在 2 月下旬纳贝斯克球队的办公室里会见了他们俩。约翰逊希望尽快结束这次会谈，因为他还准备去参加一场高尔夫球赛。当斯迪克特把斯潘格勒介绍给约翰逊时，约翰逊的第一个念头就是斯迪克特和斯潘格勒是绝妙的组合。斯潘格勒梳着大背头，带着黑框眼镜，显然已经年过半百了。

“其实我和这件事并没有多大关系。”斯迪克特开口道，“斯潘格勒找到了我，谈了他的一些想法。我想他和你谈会更合适。”

斯潘格勒接过话茬说，“雷诺兹－纳贝斯克集团是一家了不起的企业，虽然目前它的股价被低估了，但是它的前景非常诱人。”

这不用你说我也知道，约翰逊心想。

斯潘格勒接着说当初自己是多么傻，没有在 70 美元的高点抛售公司股票，而现在股价已经跌到了 50 多美元，家里人都责怪他当初捏着股票不放手。

“我也不能保证股价什么时候能够重新回到 70 美元，我能做的就是好好地经营公司。”约翰逊说，此时他已迫不及待地想去打高尔夫球了。

斯潘格勒继续说他希望以每股70美元的价格杠杆收购公司。他跟斯迪克特已经和花旗银行接触过了，而且银行方面对此很感兴趣。

约翰逊大吃一惊，这两人都干了些什么？

“到目前为止，我的角色仅限于提建议。”斯迪克特插嘴说。

约翰逊看着斯迪克特，心想：你的角色就是搞袭击，你这老东西。但按照约翰逊的性格他拉不下脸来，况且跟他们俩大闹一场也不能解决什么问题，于是约翰逊笑了笑说：“70美元没问题。”

约翰逊将在这场收购中扮演至关重要的角色，斯潘格勒继续说。约翰逊将拥有公司15%的股权，其他的经理们则会持有另外10%的股权。“罗斯，我认识好多有钱人，”斯潘格勒说，“你也能成为亿万富翁。”

会议结束后，约翰逊依然感到震惊。斯迪克特知道他自己在做什么吗？他可能是老糊涂了，约翰逊自我安慰道，但是作为前董事会主席，他是个危险的老家伙。斯迪克特的参与会增强外界对那些疯狂计划的信心。莫非斯迪克特不知道花旗银行的主席约翰·里德是菲利普·莫里斯公司的董事？这事一旦传出去，竞争者会随时发起进攻。

约翰逊匆匆回到自己的住所，给朋友们打了电话。“天哪，”他告诉当时正在杰克逊·霍尔的塞奇，“原来斯潘格勒想收购公司，我完全没有防备。”罗宾逊告诉约翰逊：“据我所知，他有很多资金，而且和杰纳瑞特的关系很好。”约翰逊更加警觉起来，因为他知道公平人寿保险公司的实力。“赶快召集执行委员会成员开个会。”他命令亨德森。周一早上约翰逊还要去棕榈泉参加国际咨询委员会的会议。“等回来我要和他们开个会。”约翰逊说。

约翰逊和他的董事们在周二碰面了。他们认为有必要找花旗银行谈一谈，看看斯潘格勒的计划已经进行到哪一步了。约翰逊接着就打电话给约翰·里德，并和他约好见个面。里德确认说他已经听说了这事，并暗示花旗银行愿意一直跟进此事。“我们随时听候吩咐。”里德告诉约翰逊。

第二天，约翰逊在北卡罗来纳州将斯潘格勒接上飞机，然后一同飞往纽约。在路上，斯潘格勒向约翰逊展示了一张画满各种金融预测模型的图纸。模型假设整个集团将不会出售任何资产，用于还款的钱可以通过削减资本支出来取得。但约翰逊一点都不感兴趣。“真是吃饱了没事干，”约翰逊想。

和花旗银行的会面让约翰逊如释重负。银行方面认为可按每股65美元的价格进行收购，而约翰逊可以得到10%的股份。很明显他们并没有在这上面花时间和精力。约翰逊对这个想法很冷淡。在回来的路上，斯潘格勒一个劲儿地道歉。这件事显然没什么戏了。

约翰逊回到亚特兰大后，赶紧给花旗银行和斯潘格勒写了委婉的回绝信，然后和亨德森坐下来讨论如何处置斯迪克特，绝不能允许他继续干预雷诺兹-纳贝斯克集团的事务。第二天亨德森就飞到温斯顿－塞勒姆向斯迪克特宣读了公司对他的处分。让约翰逊满意的是，尽管公司还会在斯迪克特退休之前召开两次董事会，斯迪克特都识趣地没有参加。

这次事件后，约翰逊把更多的精力用于拯救公司不断下跌的股价。在 3 月的董事会上，约翰逊给董事们两个选择：收购 Hunt Wesson，表明公司的重心更倾向于食品行业；或者加大回购公司股票的力度。市面上流通的股票数量减少也许能拉升股价。这些董事并不像约翰逊那样关心公司的股价，就选择了后一个方案。

约翰逊请哈里斯的公司拉扎德兄弟银行负责这次股票回购。3 月末，雷诺兹－纳贝斯克集团宣布将收购 2 000 万股股票，价格在 52 ~ 58 美元之间。一个月后，公司实际以每股 53. 5 美元的价格回购了 2 100 万股。在公众对回购的预期下，公司股票还卖到了 52 美元。但等收购结束后，股价一下子跌到了 45 美元左右。约翰逊为这次回购多花了 11 亿美元，而股票的价格却降到了历史最低点。

到 1988 年春天，华尔街还没有从去年 10 月的股市崩盘复苏过来。个人投资者大都从股市里撤了出来，导致交易量大幅下降。由于需求的减少，美国大公司也没有多少动力再发行新股。在其他业务萎缩的情况下，华尔街只能转向它只赚不赔的生意——并购业务上。

并购是华尔街的法宝，因为不论是成功还是失败，华尔街都能赚到手续费，包括咨询费、业务剥离费和借贷费用。整个 80 年代，这些费用都促使华尔街快速地发展起来，这一次并购潮也将使证券行业的利润再次增长。

1987 年的黑色星期一之后，沉寂了三个月的华尔街终于在 1989 年的 1 月爆发了前所未有的收购潮。十多场收购大赛同时上场，其中最引人注目的是为了争夺斯迪克特的老雇主联邦百货公司的收购，总价值达到 60 亿美元。1988 年上半年收购活动的数量远远超过了 1985 年全年的收购活动总和。很快，雷诺兹烟草公司的办公室也成了那些华尔街经纪人的靶场。

在这场收购大潮中的弄潮儿是金融巨头美国运通集团下发展最快的经纪部门——协利证券公司。那年冬天在收购了赫顿证券公司之后，协利证券公司就迫不及待地准备挑战华尔街巨头美林银行。协利证券公司由两个经验老到的华尔街老手掌舵，多年来他们被其他同事的光辉所掩盖，现在他们也迫不及待想自立门户。

史蒂夫·沃特斯之前在越战中负责驾驶直升机，到现在身上还有股军人的气质，对条理十分痴迷。他把协利的并购小组当成了海军陆战队，认为出击要快而狠。但是沃特斯平日里平易近人，也毫不讳言自己有点古板；他和妻子周末会去教堂去教礼拜日课程。如果他不是一个收购策略专家，他随和的性格及热情直率的态度一定会招约翰逊的青睐。其实在标牌公司的时候，沃特斯就认识了约翰逊。

毕业于哈佛商学院的汤姆·希尔是这对组合中的斗士。他对穿着打扮十分讲究，对手称他为“华尔街上穿得最考究的人”。他天天穿着那深色的保罗·斯图尔特牌西服，像个全身铠甲的武士。他的办公室里摆满了现代艺术品和一些袖珍水晶纪念碑，用来纪念往日的胜利。

汤姆·希尔

史蒂夫·沃特斯

希尔很有魅力，但不是那种爱耍嘴皮子的人。有时候他说话让人感觉他的每一个词都是从字典里挑选出来的。在协利，希尔并不是很受欢迎。“你能找出一个喜欢他的人吗？”他的同事们不止一次问这个问题。一个和他长期共事的同事把他形容为异教徒。“你不能相信他会对事情产生热情，他就像个丛林战士，会变得十分恶毒。”在同事看来，沃特斯和希尔简直就是两个世界的人。

那年春天，希尔在华尔街上受到了前所未有的欢迎，当年《今日美国》也报道了他。他帮着联邦百货公司打退了收购者的进攻，同时也启动了一系列的收购活动，比如帮助美国百得公司发动对卫生洁具生产商美标公司的收购。当希尔的名声越来越大，沃特斯发现自己陷入了一场内部战斗。为了能为自己的团队争取到更多的奖金，沃特斯必须加倍努力。在一次公司高层会议上，沃特斯将公司的奖金报酬制度批了个体无完肤，并暗示那些有能力但工资不高的员工将会走人。这次发言激怒了许多人，尤其是公司董事会主席彼得·科恩认为他是在煽动内部分裂。当沃特斯提出辞职的时候，科恩爽快地同意了。

希尔曾经私底下向公司管理层表示他能独立管理好公司的并购部门，当沃特斯得知这个消息时一点儿也不吃惊。当沃特斯最后一天整理自己的办公室准备离开的时候，希尔走进他的办公室，伸出手向沃特斯道别。沃特斯并没有理睬他，只是冷冷地说道："我不屑以其人之道还治其人之身。"那年春天，当沃尔斯离开协利时，很多华尔街同行怀疑是希尔逼走了沃特斯。

等他的搭档沃特斯一出公司大门，希尔就迅速开始行动了。沃特斯给公司带来了很多优质的客户，现在希尔要做的事情就是防止这些客户和沃特斯一起离开公司。其中名列榜首的客户就是雷诺兹－纳贝斯克集团。约翰逊是这个部门最宝贵的五棵摇钱树之一，希尔预感到约翰逊将会有大动作。于是希尔拿出雷诺兹－纳贝斯克集团的资产负债表。即使是傻子也能看出这家集团很多钱都没有花在刀刃上。这就是线索！希尔心想，好戏马上就要开演了。于是希尔给塞奇打了个电话，请他帮忙安排自己和约翰逊见个面。

自从离开协利之后，沃特斯联系过他的客户们，并和他们讨论自己下一步的打算。约翰逊还慷慨地给沃特斯在找工作期间提供了一间办公室。帮沃特斯找工作的还有他的客户克拉维斯。有一天，沃特斯打电话给克拉维斯。克拉维斯兴高采烈地告诉他："我结交了一个新朋友。"

克拉维斯告诉沃特斯，希尔给他打了个电话。沃特斯知道希尔和克拉维斯一定合不来。当听说希尔三个月前在联邦百货公司的董事会上说了关于自己的坏话时，克拉维斯对希尔顿生厌恶。"我一下子成了天底下最好的大好人。"克拉维斯提到他和希尔的谈话时说，"他还跟我讲了一些很有趣的点子。他的态度转变真快，太有趣了。"

艾瑞克·格里彻

沃特斯最后接受了来自老朋友格里彻的邀请，加入了摩根士丹利公司。就在上班的第二天，沃特斯就走进格里彻宽敞的办公室里讨论要把哪些客户从协利证券公司手里挖过来。约翰逊自然是首选。

"每隔两三年，他就会有大动作。我感觉今年也不例外，我们要充分利用这次机会。"沃特斯说。在格里彻的批准下，沃特斯组建了一支银行家团队，其首要任务就是向约翰逊兜售他们的点子。

到了 5 月末，约翰逊要有大动作的消息在华尔街上已经人尽皆知了。贝克知道，他要继续追逐约翰逊劝他进行杠杆收购。哈里斯知道，希尔和沃特斯也知道。戏法人人会变，巧妙各有不同。

约翰逊身边围满了银行家，但约翰逊还是把他的心思放在公司的股价上。大多数公司的老总都不会操这份心，有些公司的股价一直在很低的价位，而且没有一个公司的老总认为市场上的股价能准确反映自己公司的价值。集团的董事也不关心股价。利润上去了，销售额上去了，这就够了。但约翰逊还是坐不住。之前的想法又回来了，他认为股票价格就是公司状况的晴雨表。

几个月后，当朋友们问到为什么他要沿着这条路一直走下去，约翰逊就会大谈特谈跟股价相关的各种财务指标和公司的资本结构。他会如数家珍地道出为了提升股价他采取的一系列措施：提高公司利润、资产负债表、回购股票和开发总理牌香烟。这些做法的确是为了拉升公司的股价，但这也反映了一个更深层次的问题——约翰逊就是闲不住。

为了推动公司的股价，约翰逊已经看了不下 20 个计划。贝尼文托对“一个公司，两种股票”的设想兴奋不已，但约翰逊在 5 月的一次董事会上否定了这个想法。贝尼文托对这个想法的复杂性十分得意，但对约翰逊来说，这个方案的复杂性只在于一些案头工作。“天啊，这实在是太复杂了。”约翰逊惊叫道。

约翰逊更愿意和派斯博瑞食品公司建立一个合营企业，就命令迪恩·波斯瓦的规划部门对派斯博瑞食品公司做一个全面的评估。贝克负责设计各种可行的方法。他又吩咐韦尔奇去拜访派斯博瑞食品公司的首席执行官比尔·斯普尔。斯普尔对这个想法很感兴趣，但前提是约翰逊必须保证约翰逊对新公司不实施控制。

当和派斯博瑞食品公司的谈判失败后，约翰逊又让哈里斯考察一下桂格麦片公司，或许他们可以把两家公司的快速消费品业务整合到一块。但桂格麦片公司的首席执行官比尔·史密斯伯格对烟草业深恶痛绝，不想和雷诺兹-纳贝斯克集团有任何来往。沃特斯希望引起约翰逊对芝加哥食品业巨头卡夫食品公司的兴趣。可约翰逊觉得卡夫块头太大，价格太贵，而且它的品牌和纳贝斯克的兼容性不强。希尔也使出浑身解数给约翰逊建议了一连串的收购对象，约翰逊一开始很高兴，但看了之后发现收购这些公司成本都太高。

其实提升股价并不是“自古华山一条道”。约翰逊对秋天即将上市的无烟型总理牌香烟寄予了厚望。9 月份，总理牌香烟在纽约君悦酒店里召开的新闻发布会上首次亮相。在这之前的一周，股市上就传言雷诺兹-纳贝斯克集团正在研发一种具有革命意义的香烟。在这一利好消息的带动下，公司的股票上蹿了 3 个百分点。因为总理牌香烟对股民来说是重大事件，公司因此进行了公开披露。一名叫迪克·坎普的雷诺兹烟草公司主管用香烟的切面图向记者们说明总理牌香烟的特点。在另外的一个房间，霍里根向华尔街的金融分析师们介绍总理牌香烟：“简单地说，总理牌香烟将成为世界上最清洁的香烟。”

但是他俩都没有提到总理牌香烟存在的问题。霍里根的手下认为这种产品目前还不成熟，因此不希望这么仓促地推出这种香烟，但是在管理层的压力下，他们也没有办法。一方面，总理牌香烟的口感测试结果让人很不满意。在雷诺兹烟草公司的本土实验室里，科学家们调查后发现 95% 的烟民都不喜欢这种香烟的口感。在日本，另一队的研究者很快学会了如何翻译一句日语："味道跟屎一样。"还有一个很基本的问题是，如果用火柴来点香烟的话，那味道就会极其难闻，因为火柴里的硫化物和这种烟里的碳成分会发生化学反应。"结果就会产生臭屁。"约翰逊这样形容。更糟糕的是，吸烟者很难把这种烟的烟雾吸到嘴里。在公司内部，人们把这种现象称为"疝气效应"。

其实，一线的经理知道要消除这个产品的缺点还得花上几年的工夫。即使是小规模生产，总理牌香烟含碳的那一头也经常无缘无故地掉下来。公司内部预计至少要等到 1991 年才能将这种香烟投放到市场上做测试，但是霍里根已经向外界承诺公司将在 1988 年推出这种烟。

当时公司的高级管理层根本听不进任何意见。当华盛顿的游说专家质疑该计划，并提醒管理层计划可能会遇到法律上的麻烦时，霍里根就把他给辞退了，换了一个名叫钱普·米切尔的温斯顿 - 塞勒姆律师。休格尔认为这个计划有点不靠谱："人们喜欢看着他们的烟一寸一寸地燃烧，一边吞云吐雾，一边掸掸烟灰。"约翰逊则不以为然。总理牌香烟是为了适应人们日益强烈的健康意识而生产的，特别是因为"被动吸烟"的问题，很多公共场合都不允许吸烟。"把总理牌投放到市场上吧，让消费者来决定。"约翰逊说道。

6 月份，就在总理牌香烟即将上市的前夕，又出现了股价上涨的新希望。在新泽西的一家联邦法院里，一个名叫萝丝·希波隆的烟民因长期吸烟而患上癌症死亡，于是她的丈夫安东尼·希波隆就将几家大的烟草公司告上了法庭。雷诺兹烟草公司虽然不在被告名单上，但它和那几家烟草商是一根绳上的蚂蚱。这个诉讼赔偿被认为是这些年来针对烟草公司的赔偿金额要求最高的，原告的律师提供了一系列证明香烟会损害烟民健康的证据。这场官司如果烟草公司能胜利的话，约翰逊想，公司股价就会飙升。

陪审团虽然最后判烟草公司败诉，但烟草公司只需要赔偿受害者 40 万美元，对烟草业没有太大的影响。"就算是给安东尼·希波隆一笔小费。"约翰逊得意地笑道，然后就等着公司股价飙升。但股价纹丝不动。约翰逊的办公室成了公司的"哭墙"，大家都来抱怨股民们对公司股票的视而不见。霍里根是最难过的，之前他还预测股价至少能上涨 6 个百分点。"市场永远也不能正确评估我们公司的股价。"亨德森抱怨道，"对有些公司来说，权益市场的资本结构并不合理。"将股票从公众手中收回是杠杆收购最基本的理念，尽管当时没人敢公开提出来。"约翰逊永远也不会这样做的，"亨德森告诉自己，"因为公司被私有化之后，公众就注意不到他了，他可不想被冷落。”

投资银行家在雷诺兹－纳贝斯克集团的管理层中并不是唯一的新面孔。15 年之后，约翰逊的快乐伙伴组合开始瓦解。罗杰斯在纳贝斯克公司的内部做过三个高级职位，这年秋天准备离开公司。约翰逊的左右手卡波内尔因为经常和霍里根拌嘴，被发配到迈阿密去管理德尔蒙特食品公司。不久约翰逊的密友马丁当上了公司的执行副总裁，接替了这些快乐伙伴们。

46 岁的马丁和吉福德相交甚好。70 年代的时候，马丁在美国广播公司的体育节目组是个很有前途的年轻人。作为“周一橄榄球之夜”栏目的后勤主管，马丁成了霍华德·克赛尔的义子。作为美国广播公司的编排总裁，霍华德拿到了三个奥林匹克项目的转播权。马丁的形象很上镜，他的声音低沉、平和，给人的第一印象很好。“他很符合条件。”霍华德这样评价马丁。马丁在穿着上十分讲究，他的朋友们戏称他为“衣架”。他同时也是个技艺高超的业余高尔夫球手，有一次在纽约地区的高档乡村俱乐部 Winged Foot 的比赛中一举夺冠。1988 年 1 月，马丁从奥尔麦耶传媒公司跳到了雷诺兹－纳贝斯克集团，很快他就和约翰逊形影不离了。

马丁和约翰逊关系很好。马丁刚到亚特兰大的最初几个月就住在约翰逊家的地下室，之后才开始找房子。后来他在约翰逊住的那条街上挑了一栋房子。当劳里帮他装修房子的时候，马丁还住在约翰逊家的地下室里。马丁总是和约翰逊一家一起打高尔夫球、旅游，一起观看体育比赛。在公司的组织结构图上，马丁看上去没有多大的实权，但是约翰逊对他言听计从，而且他成了约翰逊的管家。看到马丁如此受宠，没有人比霍里根更眼红了。霍里根取笑马丁，说皮肤黝黑的马丁让他想起了演员乔治·汉密尔顿。

有人开玩笑说交友广泛的马丁的工作是替约翰逊和名人之间牵线搭桥，说白了就是个高级皮条客。马丁的确给约翰逊带来了一些新的面孔，其中就有马丁的老朋友、棒球委员会委员彼得·尤伯罗斯。马丁也是迈克·泰森的经纪人吉米·雅各布斯的朋友，在业余时间也会帮泰森拉一些广告。6 月份，约翰逊就邀请亚特兰大的政商界精英到公司总部看泰森对迈克·斯平克斯拳击赛的现场直播。烫金的请柬装在红色的拳击手套里被送到了精心挑选的人手中。当客人们来到公司顶层时，戴着白色手套的服务生为他们送上唐培里侬香槟王。但有时候，马丁在引荐新人方面也有点马虎。前一年的 6 月在英格兰，他将一个性情开朗的苏格兰人介绍给了约翰逊，这个苏格兰人在美国广播公司伦敦的体育组里打杂。约翰逊很喜欢此人，还请他到亚特兰大的家中做客。这个苏格兰人到了亚特兰大，约翰逊就提出想让他当自己的保镖。那个人高兴地接受了，就住在了约翰逊家里，两个相处得很融洽。到了秋天，约翰逊和马丁去帮苏格兰人办签证延期时，发现这个人是苏格兰一带入室盗窃团伙成员，还坐过几次牢，最近一次是因为制售假钞而入狱。约翰逊赶紧给了这个苏格兰人一张单程票，把他打发回了格拉斯哥。

约翰逊在美国橄榄球校友高尔夫锦标赛中左右逢源（左起）：理查德·库瑞（罗布劳集团公司总裁）、查理·休格尔、唐·梅瑞迪斯、大卫·麦霍尼（诺顿－西蒙公司前首席执行官）、马丁·埃米特、爱德华·霍里根、罗斯·约翰逊、约翰·马丁、彼得·艾比（彭斯－弗雷公司副主席）和弗兰克·吉福德。

一些朋友认为，把像卡波内尔这样忠诚的顾问赶走暗示着约翰逊已经变了，而且这些变化很让人担忧。那年夏天，他终于引起了媒体的注意。《财富》杂志刊登了一篇名为“美国最强势的营销人”的封面故事来报道约翰逊。文中提到，他敢于挑战旧的公司文化，并为公司注入新的活力、朝气和勇气。“在三次公司重组中，他将2 650多名员工重新发配到了一线工作，或者干脆开除。”文章接着说，“约翰逊手下的经理们时时都不敢马虎，以防被开除。”

《商业周刊》对约翰逊的印象却不那么好，它提到了公司低迷的股价、惨淡的经营前景和烟草公司每况愈下的业绩。一开始人们还以为《商业周刊》会更加深入地报道约翰逊的挥霍，并质疑他的管理能力。但是雷诺兹－纳贝斯克集团召开了一个新闻发布会来处理这件事。马丁在会上批评总编辑史蒂夫的报道严重失实，并威胁以后拒绝《商业周刊》的一切采访要求。结果，《商业周刊》后续报道的论调就相对缓和了一些。约翰逊仅对文中的一句话感到不爽。文章提到约翰逊每次会习惯性地掏出50美元的钞票塞到服务员的手中。“天哪，”约翰逊难过地说，“我已经有好多年

没给这么少了。”㊀

约翰逊的朋友对这两篇报道感到难过，因为他们的教皇开始相信媒体对他的评价了。“美国最强势的营销人”恐怕马上就要变成孤家寡人。他喜欢吹嘘说自己和全国4%～5%的零售商有关系，这项无形的资产就相当于数亿美元。但真正和他打交道的也就是三个有运动员背景的超市主管，因为约翰逊喜欢和他们打高尔夫球，并给他们取了个绰号叫“水牛”。

现在，善于讨好董事的约翰逊对董事会也越来越漫不经心了。董事会会议越来越少，并且每次间隔又长。1988 年5 月到10 月只开过一回董事会会议，而且只是走过场而已。员工们辛辛苦苦替他做完公司财务业绩的幻灯片，约翰逊却把它们丢到垃圾桶里。“让幻灯片见鬼去吧，”他经常说，“只需要告诉这些董事业绩不错就可以了。”在开董事会会议之前，约翰逊本来还会准备一下，现在这个习惯也被他丢掉了。

就像他之前玩腻了标牌公司和纳贝斯克公司那样，约翰逊对管理雷诺兹－纳贝斯克集团的兴趣也渐渐淡了。他把精力更多地放在两件事情上——吃喝玩乐和刺激股价。约翰逊挂在嘴边的不再是“千金散尽还复来”，而是他的新口头禅“他妈的”。

在7 月份，爱德华·罗宾逊和亨德森担心公司因股价持续走低，很容易成为收购者的狙击对象。在征得约翰逊的同意之后，他们请来协利证券公司构筑防线来抵御外部收购者。公司需要一系列的计划，一旦恶意收购者出现，公司就可以立即启动这些方案。虽然约翰逊认为不太可能会有人收购公司，但亨德森一再坚持要做最坏的打算。

让协利来担任这项工作实在是再自然不过的事情了。约翰逊是美国运通公司的董事会成员，所以也就认识了协利的主管科恩和美国运通公司的老大罗宾逊。“如果要做什么调查或遇到什么问题，都去找协利吧。让他们去研究一下各种可能出现的情况，看他们有什么说法，”约翰逊说，“比如如果有人想收购我们，他们是看中了我们的什么，以及我们该怎么办。”

当约翰逊第一次拿着方案找到科恩的时候，美国运通公司7 月份的董事会会议快要开完了。“塞奇会给你打电话的。他想就公司的情况和你单独谈谈。”7 月末，塞奇和几个约翰逊的助手在科恩那个可以俯瞰到哈德逊河的办公室里见到了他。他们希望详尽地讨论每一个方案，包括一系列再融资方案以及完全和不完全的收购计划。塞奇坚持采取严格保密的措施。因为只要提到这个项目存在，外界就会猜疑，因此只有包括科恩和希尔在内的五名协利高管能够参与这件事情。希尔想出了一个代号——冲刺项目，而几个月之后人们才明白这个代号的讽刺意味。

㊀ 史蒂夫否认杂志受到了施压，称任何内容的变动都是基于正常的编辑。

与此同时，约翰逊召集雷诺兹-纳贝斯克集团的董事会会议来审议通过一系列反收购的应急预案，这些预案是爱德华·罗宾逊和亨德森在达维律师事务所帮助下起草的。董事会一并通过了为公司前十名老总设计的离职补偿金方案，这种俗称“金色降落伞计划”的补偿金方案在很多美国大公司都有，一般是为反收购所做的一种准备。与其他公司不同的是，雷诺兹-纳贝斯克集团的这些金色降落伞价值总额达到了5 250万美元。

还有一件事令公司的财务部门员工百思不得其解。在约翰逊的指示下，这些金色降落伞退休金计划的资金都放在了一个被称为“拉比基金”的保护性信托机构。根据信托协议，雷诺兹-纳贝斯克集团如果易主，公司新的所有者不能碰这些资金。在这些员工看来，约翰逊似乎开始为自己铺后路了。

每一个为公司股价寻找良药的人都提到了杠杆收购。对每一个股价下跌的公司，这是标准的药方。但杠杆收购只是一个手段，而不是目的。转成私人公司只需要从公众手中收购股票即可，每一个投资银行家都鼓励约翰逊考虑一下这个方案。

不久各种杠杆收购的方案纷至沓来。狄龙·里德公司[㊀]提出了一个叫“泰拉项目”的部分收购计划。约翰逊的老朋友鲁宾提出一个名叫Reo的项目。有一天约翰逊和邻居们坐在游泳池边上聊天的时候，邻居就问：“咳，你怎么不把你们公司给收购了呢?”

无论是谁，约翰逊都回答说他不感兴趣。“没门儿，”他对下属说道，“我干嘛要做这些，我的生活过得很惬意。我的公司也一样棒。”但那天吃午饭时，至少有个人觉得约翰逊的回答有点假惺惺。罗杰斯跟随“教皇”多年，对约翰逊的脾气很了解。如果约翰逊觉得某个点子不好，就会一笔带过。午饭后，和格林纳斯散步的时候，罗杰斯说：“依我看，这家伙是此地无银三百两。”

除了杠杆收购外，约翰逊当时对每一个方案都饶有兴趣。7月份的时候，他又想到了一项宏伟的计划。几个月来，他一直在吊菲利普·莫里斯公司的胃口，希望能和菲利普·莫里斯将两个烟草巨头的海外公司组建成合营企业。菲利普·莫里斯曾表示愿意收购雷诺兹-纳贝斯克集团，但约翰逊更愿意搞合营。霍里根却极其厌恶这个想法，这不是举白旗和敌人媾和又是什么？但在约翰逊的催促下，霍里根还是和菲利普·莫里斯的二把手见了一次面。经过几个月断断续续的谈判，约翰逊最终放弃了合营的想法。即使最后两家走到一起，约翰逊怀疑外国政府也会以反垄断为理由制止它们合并。

7月下旬，约翰逊在电话里向菲利普·莫里斯的首席执行官哈米什·迈克斯韦尔

㊀ 又译作德威公司。

提出了一个新的想法。不像他们的前任，约翰逊和哈米什很合得来；约翰逊好像和谁都能交朋友。他们在雷诺兹－纳贝斯克集团租的丽晶酒店的套房里共进午餐。为了表示对主人的尊敬，迈克斯韦尔一边吸着云斯顿香烟，一边听约翰逊讲他的计划。

"说实话，多元化战略对我们不起作用，对菲利普·莫里斯也没用。我们的股票到现在还被列在烟草板块上。"约翰逊说。

其实约翰逊只说对了一半。在核心业务上，迈克斯韦尔就像驾驭着玛丽皇后号邮轮，而约翰逊则像是在驾驶着非洲女皇号汽艇。菲利普·莫里斯的主打品牌万宝路不论是在收入上，还是利润上都遥遥领先于雷诺兹－纳贝斯克。像养老金机构和共同基金这样的机构投资者可以决定一只股票的盛衰，它们通常会选择一只烟草股票放入其投资组合，而它们倾向于选择菲利普·莫里斯。在它们的追捧下，菲利普·莫里斯的股价也从1987年年初开始上涨了25%，相比之下，雷诺兹－纳贝斯克的股价忽上忽下，没多大变化。投资经理人认为他们知道迈克斯韦尔在做什么，可以预见公司股票的走向，因此比较喜欢持有菲利普·莫里斯。而他们永远也搞不懂约翰逊脑子里在想什么。

迈克斯韦尔默默地听着，约翰逊提议菲利普·莫里斯和雷诺兹－纳贝斯克将各自的食品公司合并组建一个合营企业，然后上市。菲利普·莫里斯和雷诺兹－纳贝斯克各持股37.5%，剩下25%的股份公开发售。约翰逊把贝克的理论又推进了一步，说新公司股票的巨大潜在价值将带动两家母公司的股价。

"我认为我们能创建一个市值180亿美元的公司，"约翰逊然后画龙点睛地说，"而且我会帮你把它管理得风生水起。"

约翰逊接着提议说，这家合营公司一旦成立，他就从现在的位置上辞职，让霍里根来照料雷诺兹－纳贝斯克集团。这个建议听上去有点离谱，但约翰逊打赌迈克斯韦尔可能会上钩。

"这个建议不错。"迈克斯韦尔说，"但合营企业会有很多问题，在经营上的问题就容易使人望而却步。不同公司的不同人被放到一起，即使我和你相处得很融洽，但谁能保证我们的继任者也一样合得来呢？"最后，迈克斯韦尔说他还要再考虑考虑。

两个星期之后，也就是8月中旬，迈克斯韦尔打电话来表示了歉意，菲利普·莫里斯公司对这个方案不感兴趣，因为这里面有太多的问题。约翰逊耸耸肩，装做无所谓的样子。不要以为这次谈判失败了，雷诺兹－纳贝斯克集团的股价就无力回天了，还有总理牌香烟呢！但现在，他只想从纷繁复杂的各种想法中抽身出来，给自己放个假。于是他登上了公司的飞机，前往科罗拉多州。

丹佛市往南25英里就是松林古堡高尔夫球俱乐部，对约翰逊这样的高尔夫运动爱好者来说，这里就是天堂。对于高尔夫球场来说，这里的环境真是得天独厚：周围环绕着古堡岩、派克峰和白雪覆盖的洛基山脉，球场的赛道沿着松林下翠绿的草地蜿蜒。

杰克·尼古拉斯设计了这个全美30佳球场之一的松林古堡球场。在丛林中的赛道边有一簇三层高的小别墅，其中一栋是纳贝斯克公司用来作为公司拓展活动的。就在8月的周末，约翰逊在那里举行了他职业生涯中最难忘的一次聚会。

那个周末松林古堡举办了一场职业高尔夫锦标赛，约翰逊邀请了他最好的一帮朋友和他一同欣赏。到场的有尤伯罗斯、彭斯基、休格尔、哈里斯，还有参加完共和党大会从新奥尔良赶来的鲁恩·阿利奇；已退休的《时代》周刊杂志发行人杰克·迈耶斯也来了；出席的还有约翰逊的三头“水牛”，包括格兰特联合连锁超市主席弗洛伊德·霍尔；当然也少不了埃米特。

这是约翰逊梦寐以求的周末。上午他打打高尔夫球，下午观看职业比赛，到了晚上就开始谈天说地。一旦有需要，雷诺兹－纳贝斯克集团的飞机随时可以起飞。哈里斯就是搭着公司飞机去芝加哥参加一个婚礼。周六的晚上，纳贝斯克队的选手弗兹·佐伊勒和雷蒙德·弗洛伊德也和大家一起吃了晚餐。本·柯兰肖从紧张的比赛中抽出时间和大家一起吃了晚餐。

那天晚上，约翰逊在晚餐后想给大家一个惊喜。“你们听说过我们公司的无烟型香烟吗？”约翰逊问他的朋友们。大多数人都有所耳闻。霍里根播放了一段录像来说明总理牌香烟的原理。经过了一个小时的原理解释，约翰逊就打开了几包总理牌香烟让大家尝尝鲜。“你们对口味、包装、市场营销以及隐患方面有什么意见吗？”约翰逊问。

他尽量让气氛轻松些，但他急切地想听这些重量级的朋友对总理牌香烟有什么想法。他和霍里根密切地注视着尤伯罗斯等人，他们仔细地观察着，然后小心翼翼地点燃了香烟。气味有点让人受不了。

“闻起来像烧焦了的莴笋。”有人咳着说道。

“咳，这个真难吸。”

其他人抽了几口才习惯，约翰逊说：“我们会在广告里声明需要一周的时间去习惯这种气味。”

“我不知道我能否消受一盒。”有人说道。

为了缓和这一尴尬的局面，彭斯基努力寻找产品的优点，称赞技术先进。阿利奇则问约翰逊谁会是产品的新闻发言人，因为总理牌香烟一定会引起不小的轰动。约翰逊说他还没有认真考虑这个问题。这时尤伯罗斯插嘴道：“媒体会对总理牌香烟很感兴趣，肯定会问一些比较尖锐的问题，比如‘如果这是一种更安全的香烟，那你的意思是你们公司的其他产品就很不安全？’”

“这确实令人头疼，”约翰逊承认，“这种香烟相对安全一些，但你却不能这么说。”

随着讨论的深入，约翰逊意识到总理牌香烟存在的问题比他原来担心的还要大。它的味道令人难以接受，约翰逊以为他们会喜欢薄荷味的香烟。本来面对令人失望的试验结果，约翰逊和霍里根仍然保持着乐观的心态。约翰逊曾经算过一笔账，就算只有5%的人喜欢总理牌香烟，总理牌香烟还是会很畅销的。他不相信这个产品不会成功。

但是当他听到尤伯罗斯、阿利奇和其他人的建议后，约翰逊意识到他下属的保守估计是对的——总理牌香烟可能需要几年才能研制成功，几个月的时间根本不可能。任何一夜之间就成功的想法在这些精英朋友们面前似乎有点异想天开。现在看来，他把抬高股价的希望都寄托在总理牌香烟上未免有点一相情愿。

为期两天的国际锦标赛结束了，雷诺兹－纳贝斯克集团的飞行队将约翰逊的朋友送往四面八方。约翰逊则留下来继续打高尔夫球，但脑子里盘算着下周一召集他的高级助理们讨论总理牌香烟的情况。霍里根、亨德森和马丁都来了，一些烟草行业的专家和外部顾问也出席了会议，包括雷诺兹的广告代理公司 FCB Leber/Katz 公司的主管斯坦利·卡茨和美孚石油公司前公共关系主管赫伯·施梅茨。

但会议并没有讨论总理牌香烟的口感和味道，而是讨论如何应付新闻媒体，比如谁来担任新闻发言人。霍里根倾向于让约翰逊来担任，但其他人都不赞成——尽管他是美国第二大烟草公司的首席执行官，但在烟草方面还是个外行，而且他口无遮拦，想到什么说什么。“天啊，”他会说，“一辆汽车排放出来的一氧化碳比你抽一根香烟摄入的一氧化碳都多。”最后大家公认迪克·坎普比较合适，因为他负责总理牌香烟的研发。但霍里根和马丁在如何包装坎普使他以最好的形象出现在电视前的问题上争执起来。

会议开到下午3点才结束，其他人都离开了，会议室里只留下了霍里根和亨德森。第二天早上，约翰逊和霍里根坐在约翰逊寓所里的安乐椅上，他们上场的时间是在上午10点钟，亨德森已经出去排练了。

“爱德华，我想说说我的想法，”约翰逊又把话题扯到了总理牌香烟上，“现在也许我们已经摆平了公关，但恐怕这不会很快过去。我们要继续下去，牢牢地控制它，但我感觉市场会给我们找麻烦。”

真正让约翰逊头疼的不是总理牌香烟的进展情况，因为它对股票价格的推动已经没什么作用了。“我们现在的情况是，”约翰逊说道，“所有的资产都笼罩在烟草公司的恶名之下。德尔蒙特食品公司的价值相当于收入的18倍，而纳贝斯克公司大约是收入的22～25倍，但这些都没什么用。如果按照股票价格来评估资产的话，我们的资产规模只相当于收入的9倍，仍然是一家烟草公司。现在看起来，总理牌香烟不仅不能发挥作用，在短期内还会有副作用。”约翰逊觉得公众把他们看成是纯粹的烟草公司实在太没道理。无论约翰逊他们怎么努力，华尔街总是视而不见，股票价格还是停留在很低的水平。约翰逊懊恼地问："我们究竟该做些什么？"

正当约翰逊自言自语的时候，亨德森从外面回来了，"罗斯，市场的估价永远也做不到'公平'二字，"亨德森接着又老调重弹道，"我们应该把它变成私营公司。"

"噢，那在法律层面如何操作？我们怎样才能启动杠杆收购？"约翰逊问道。

亨德森就其所知简要地讲述了一些基本内容。当管理层提议实施杠杆收购，董事会就会成立一个特别委员会评估这项建议。有时候他们还会公开招标。如果他们这么做，其他公司甚至是华尔街上的企业狙击手都可以来投标，因此就存在着一定的风险。

"那在杠杆收购后，公司的运营状况会怎么样？"约翰逊问。

对约翰逊的疑问，亨德森通过提问的方式给出了解答。首先，他们能够筹措到足够的资金买下雷诺兹－纳贝斯克集团吗？很明显，这将成为历史上最大的一场杠杆收购。为了偿还这些债务他们需要出售多少业务部门？亚特兰大的新总部还能保得住吗？为了节省开支，他们是否还要搬回温斯顿－塞勒姆？他们还会有钱来继续研发总理牌香烟吗？

如果他们对杠杆收购感兴趣的话，亨德森说他倒认识几个华尔街的律师，到时候可以找他们帮忙。"好吧，"约翰逊说，"让我们先来看看协利有什么好主意。"

当他们谈到杠杆收购时，霍里根心想绝对不可能发生。霍里根已经见识过很多主意都没有引起约翰逊对杠杆收购的兴趣。亨德森也觉得约翰逊只是随便说说而已，因为进行杠杆收购需要处理很多细枝末节的东西，这不符合约翰逊的性格。

其实，约翰逊内心也很矛盾。刚刚过去的两周告诉他，生活依然是美好的。在高尔夫球场边有公司的公寓，有他那些让人喜欢的朋友们，还有随时待命的飞机。"我当然可以接受杠杆收购的建议，随后就放到我的抽屉里不去管它，继续过我的快乐生活。"他后来说，"但我一想到它就在那儿，心里就好像有条虫子在爬。"约翰逊终于经不住这种诱惑了。

几天之后，约翰逊就打电话给在怀俄明农场的塞奇，请他东归时在松林古堡停一下。下午走在赛道上，约翰逊谈起了他最近的想法。"我们试了我们能想到的一切办法，但都无济于事，股价还是纹丝不动。我想现在做一些改变，这将符合每个人的利益。"

塞奇却不确定杠杆收购是否就是雷诺兹－纳贝斯克集团的出路，而且他也不愿意看到美国大企业良好的权益结构被银行贷款代替。塞奇和他同时代的人都认为美国公司的优势之一就是它的资本基础。而目前美国正面临着激烈的国际竞争，塞奇不希望这种优势就此消失。企业的作用就是创造就业和生产新产品；如果企业把精力放在偿还公司债务上的话，它就不能很好地两者兼顾。更重要的是，大手大脚的约翰逊会为偿还巨额的债务而勒紧裤带过日子吗？但塞奇并没有把这些说出口。

约翰逊让塞奇给协利证券公司打电话，让他们开始启动"冲刺项目"。希尔的团队已经开始评估雷诺兹－纳贝斯克集团的业务了。约翰逊希望这项工作能在9月中旬完成，到时候他们就可以一起评估一下杠杆收购的可能性了。塞奇让贝尼文托拿出尘封已久的杠杆收购研究报告。和霍里根一样，塞奇对这次新的行动并不抱多大希望。约翰逊的想法就像纽约的天气一样，说变就变。

将近周末，约翰逊打电话给休格尔时顺便聊到了协利的报告。“突然想起来了，”约翰逊说，“我们现在让协利帮我们看看有没有必要进行杠杆收购。我不清楚这会需要多少钱，他们还在帮忙算呢。你有什么看法吗?”

休格尔说他没什么想法。60 岁的休格尔只比约翰逊大 3 岁，但在世界观上却截然不同，他比较保守。他之前一直在美国电话电报公司工作，直到 5 年前才跳槽到燃烧工程公司当董事会主席。他认为公司更应该关注的是它的主业，所以对于杠杆收购等华尔街时髦的产品并没有多大兴趣。在燃烧工程公司，他亲手带领大家开拓海外市场。在莫斯科出差的时候，他住在那些卫生条件恶劣的宾馆里还自己拖地。当约翰逊准备去莫斯科参加商务仪式想订一个豪华套间时，休格尔忍不住笑了。

“罗斯，你为什么要这么做?”休格尔问道，“手上该做的都还没做完。难道你要放弃手头的工作吗?”

“唉，我感觉现在没什么心思来经营这家公司。”约翰逊坦诚地说，接着又列举自己为挽救股价所做的努力。而休格尔面临的问题比低迷的股价更棘手，在他看来，启动杠杆收购有点得不偿失。

“罗斯，”休格尔决定击打一下约翰逊的要害，“你想想要把那些飞机、高档的总部和你的生活方式都改掉，你还会这样做吗?”他们又谈了很长时间，当约翰逊挂断电话的时候，休格尔以为他已经说服约翰逊放弃杠杆收购的想法了。

劳动节过后，约翰逊就回到了亚特兰大。第二天他就和马丁飞往伦敦去参加一个通用电气的董事会会议，接着和一家英国烟草公司乐富门国际公司的戴维·蒙塔古见面。在飞机上，约翰逊跟马丁提起了杠杆收购。马丁则说他想先睡觉，明天早上再谈这件事。

但他们却没有机会了。9 月 7 日星期三早上 1 点 55 分左右，当飞机正在大西洋上空飞行的时候，约翰逊在打瞌睡。一个纽约州威斯特县的警察看到在偏离索米尔河公园大道 300 英尺的地方有一辆被撞坏了的 1987 年款的日产轿车，四轮朝天。这辆车看起来是先撞到交通标志后，失去控制，然后翻了几个跟头。离车不远处，警察发现约翰逊的儿子布鲁斯倒在血泊中，已失去了知觉，于是就将他送往附近医院抢救。

约翰逊刚刚住进派克街上的酒店，他的妻子劳里就打来电话告诉他这个消息，并说布鲁斯生死未卜。约翰逊立即就和马丁坐第一班飞机赶回了美国。约翰逊在飞机的无烟区点燃了一支总理牌香烟。约翰逊对马丁说：“我倒要看看空姐会不会发现我在抽烟。”当约翰逊赶到医院时，布鲁斯还在重度昏迷当中。医生不能肯定他儿子什么时候会醒过来，甚至会不会醒过来，于是他们夫妇俩就住在吉福德在康涅狄格的家中。吉福德是个坚强的人，他儿子也曾经在一次事故中头部重伤。

星期四的时候，罗宾逊来医院探望约翰逊的儿子。这两个老朋友在医院谈了好久。“罗斯，你能做的就是帮他找最好的医生，”罗宾逊说道，“还有祈祷，除此之外，只能听天由命了。”

“我知道你也是过来人。”约翰逊答道。

“振作起来，别太难过了，”罗宾逊建议道，“你得继续你的生活。”

星期五，约翰逊盯着他的公文包，办公桌上的信件正越积越多。他知道他要振作起来，步入正轨，他决定接受罗宾逊的建议，回到工作中。周一早上，他去医院看望布鲁斯之后，驱车回到曼哈顿和塞奇、贝尼文托开会。

走进办公室，约翰逊取出一支削尖的铅笔、一个计算器和几张会计草稿纸，用他35 年前在通用电气公司做会计时学到的知识开始计算起来。在他周围，他把计划部门的报告、公司年报、投资银行的研究报告和计算机模拟结果铺在地板和办公家具上。他想自己弄清楚杠杆收购是否有意义，他已不再相信投资银行或是计算机给出的数据。当贝尼文托满脸惊讶地看到约翰逊俯在地上时，约翰逊说：“没人比我在这方面更精通。”

贝尼文托非常理解约翰逊当时的心情，因为他自己也有三个儿子。这是约翰逊第一次认真思考杠杆收购的可能性和存在的问题。在接下来的 5 个小时里，贝尼文托跟着约翰逊整理数据，分析雷诺兹 - 纳贝斯克集团业务的现金流、市场份额、利润和销售预测数据。约翰逊时不时地从地上站起来，打电话到亚特兰大和温斯顿 - 塞勒姆让对方提供最新的数据。

约翰逊准备评估每项业务的价值，然后再拟定个价格。要确定这些数据，还有烟草业未来的现金流量需要花很长时间。到了星期一的晚上，他感到自己不但能够筹到足够的资金来进行杠杆收购，而且要慎重对待它。晚上回到公寓时，约翰逊感谢上帝能给他工作，使他能暂时从痛苦中脱离出来。

第二天早上，科恩和希尔带着协利的人来到约翰逊的办公室。这两个协利高级主管给约翰逊一些杠杆收购的资料供他参考。约翰逊请协利仔细研究杠杆收购的方方面面，他明白正在酝酿的这场杠杆收购将是历史上最大杠杆收购规模的三倍。

“你觉得可行吗？因为你给出的数字太小了。”约翰逊问科恩。

“没什么问题，我们可以做到。”科恩自信地说。

第二天，约翰逊又到医院看望了自己的儿子。在这之前，他告诉大家自己儿子出车祸的消息，并取消了星期四的执行委员会会议，而且他告诉休格尔暂时没有什么紧急的事情需要讨论。

贝克不明白为什么一直联系不上约翰逊。[㊀]每次他给约翰逊打电话，都是韦尔奇

㊀ 他也联系不上安迪·塞奇，自约翰逊开始寻求杠杆收购的可能性时，他就不再接贝克的电话。“我不能告诉他事实，”塞奇说，“但也不能欺骗他。”

回的电话。韦尔奇是纳贝斯克公司彬彬有礼的老员工，他们两个人都喜欢开玩笑。当贝克用昵称“吉米”打招呼时，韦尔奇总是礼貌地说他现在的年纪已经不能用昵称了。但贝克才不管呢。于是，韦尔奇也亲昵地称呼贝克为“杰斐”。

当韦尔奇最后一次回贝克电话的时候，贝克突然意识到约翰逊的态度有了细微的转变。

“吉米，如果你们要做这个交易，我们可以为你们提供资金。”之前贝克向韦尔奇热切地推销杠杆收购，这次他没有用“收购”这个字眼，但彼此都心知肚明。

“我明白，杰斐。”

“喔，总是有一些意想不到的事情发生，而且老是由你给我回罗斯的电话，让人感觉有点怪。”“我们什么都不知道啊，”韦尔奇说，“没听到什么风声啊。”

贝克感觉到一定有什么事情自己还不知道。约翰逊也许打算进行杠杆收购，但贝克又否定了这个想法。两年来，德崇一直向公司的管理层推销杠杆收购也没取得丝毫进展。贝克想，也许雷诺兹－纳贝斯克集团正在考虑重组。

9 月 12 日，他把自己的猜想告诉了像约翰逊一样思维活跃的人——克拉维斯。贝克曾经帮助克拉维斯促成过一些业务，包括帮他完成了最大的一笔业务——收购碧翠丝公司。他来到 KKR 的办公室，有趣的是雷诺兹－纳贝斯克集团纽约分公司的办公室正好在克拉维斯办公室的楼上 6 层。贝克直奔主题：“我们应该对雷诺兹－纳贝斯克集团采取行动了。”

“为什么？”克拉维斯问道。

“不知为什么约翰逊不接我电话，而让韦尔奇给我回电话。我觉得我们需要开个会，然后给他们一个报价。”

“你的猜测可能是对的，把他的号码给我，我来安排。”克拉维斯说道。

“但问题是，你是不会同意约翰逊的要求的。”

“为什么？”

贝克已经和约翰逊手下的人交往了很久，知道他们对杠杆收购的看法。约翰逊对于给他人打工没有丝毫兴趣。“首先，”他对克拉维斯说，“他们想要控制董事会。”

“嗯，我们的确不同意那样做。”克拉维斯说道，“这确实是个问题。”

两个人谈了一会儿也没找到任何解决方案。很明显，在和约翰逊交谈之前他们什么也做不了。“你先想个办法，我们在开会的时候讨论。”克拉维斯说道。

接着，贝克打电话给韦尔奇，希望他能帮忙安排让约翰逊和克拉维斯两人见个面。韦尔奇有点含糊其辞，只是说他们可能在 10 月的最后一周或者在 11 月的第一周会面。“疯狗”肯定不知道，到了那时开会已经没有任何意义了。

第5章 Barbarians at the Gate

KKR的崛起

9月的夜晚，纽约大都会博物馆外就像好莱坞电影的首映仪式一样热闹非凡。纽约上流社会的精英们穿过熙熙攘攘的摄影师和记者，匆匆走进博物馆。女士们紧紧抓住自己的头发，防止被风吹散；穿着晚礼服的男士向众人挥舞着手中的请柬。到场的有《纽约时报》的索尔·斯坦伯格、苏兹贝格夫妇、乔纳森·迪什夫妇以及其他一些头面人物。

即使在这个阶层中，也很少有人关系硬到可以在这座博物馆里召开私人聚会。向博物馆捐献了1 000万美元之后，克拉维斯和他迷人的设计师妻子卡罗琳·勒姆才有机会站在中世纪艺术馆的大铁门里迎接这些尊贵的客人。身高只有一米七的克拉维斯西装革履，皮肤黝黑，嘴角总是挂着笑容，水汪汪的蓝眼睛，说起话带着点俄克拉何马的口音。但引人注目的还是他的妻子勒姆，她比丈夫高出一头，出奇苗条，黑色的长发披在肩上，穿着没有吊带的高档晚礼服，胸前的天然绿宝石项链闪闪发亮。在社交场合，她总会挽着克拉维斯，站在他的身边。

享用完香槟和鸡尾酒之后，客人们围坐在一个小型舞台边上。灯光渐渐地暗了下来，他们便陶醉在天才少年美岛莉的小提琴演奏中。克拉维斯和他的妻子还邀请这个日本少年在个人演奏会后去自己富丽堂皇的家中表演。勒姆双手交叉在胸前，如痴如醉地欣赏着这美妙的音乐，而克拉维斯静静地坐在她身边。

接着，克拉维斯夫妇带着客人们穿过郁郁葱葱的回廊来到一个精心布置的庭院里。大理石露台上悬挂着巨幅的壁毯，绿色的攀缘植物布满了柱子和栏杆。

其实，这次聚会无形中使克拉维斯夫妇成了新贵族中的金童玉女。婚后三年，他们迅速迈至上层社会的顶层，并拥有了那些梦想进入上流社会的人所憧憬的一切。他们价值550万美元的豪宅里摆满了雷诺阿的真迹和法兰西的古董，在慈善界内小有名气。关于克拉维斯阔绰地送妻子礼物的故事让无数女子艳羡不已。

尽管受到外界的广泛关注，克拉维斯依然让人捉摸不透。朋友们在评价他的时候，都把他描绘成一个善良、上进的谦谦君子，一个富有爱心的父亲和一个浪漫至极的丈夫。这位被外界认为是性情平和、头脑冷静的人在对付像西奥多·弗斯特曼这样的对手时却毫不留情，而且有时候对公司里体型肥胖的手下说话也毫不顾及对方面子。他眼睛里透出的坚毅让人相信那些说他野心勃勃和贪婪的传闻。

即使按照20世纪80年代成功人士的标准，克拉维斯在华尔街上发家的速度也是很惊人的。五年前，他还几乎是个无名小卒；到了80年代中期，克拉维斯和他不起眼的公司借助华尔街杠杆收购的大潮终于脱颖而出。许多年后，克拉维斯如何赶走他长期的导师杰罗姆·科尔伯格对很多人来说依然是个谜。如果将他的公司当成一家实业公司的话，再算上它控制的那些企业——从金霸王电池到喜互惠连锁超市——KKR可以跻身于美国前十大公司之列了。凭借4450亿美元的购买力，克拉维斯毫无疑问地成了华尔街并购大王。他的储备资金比巴基斯坦或希腊的国民生产总值还高，他的影响力几为整个金融历史之最。

KKR公司，1985年前后（自左上角顺时针排列）：亨利·克拉维斯、乔治·罗伯茨、杰罗姆·科尔伯格和罗伯特·麦克唐纳尔。

没有人真正知道克拉维斯是如何发家的。大家都猜测这跟他矮小的身材或者他的父亲有关。他的父亲先是发了一笔财，后来破产了，到了1944年克拉维斯出生的时候，他的父亲又重新阔了起来。克拉维斯早年并没有表现出过人之处。在战后塔尔萨长大的他记忆最深的是小时候经常骑自行车，喜欢玩高尔夫球，而且在爱迪生初中上学的时候对功课不是很上心。

克拉维斯的爷爷是一名英国的裁缝，19世纪末20世纪初移民到大西洋城。他的父亲雷蒙德·克拉维斯一开始在宾夕法尼亚的一家煤矿里挖煤，接着迁到美国的西南部。在20年代借着股市暴涨的机会，雷蒙德发了一笔财。1929年股市崩溃后，雷蒙德一夜之间变得一无所有，只能靠借高利贷维持生活。他辛勤工作了好多年才把高利贷还清。第二次世界大战结束后，雷蒙德当上了石油工程师，为高盛银行等华尔街上的公司预测石油储量，慢慢地积累了一笔不小的财富。

在克拉维斯 13 岁的时候，雷蒙德·克拉维斯夫妇把他送到马萨诸塞西北部山区里的一所寄宿学校，让他和哥哥乔治一起念书。从寄宿学校毕业后，克拉维斯升入了康涅狄格州的卢米斯学校。在那儿，他深受大家的欢迎，并成功地当上了学生会副主席、摔跤队队长和宿舍长。在老师们的印象中，他是一个成熟、目标明确而且头脑冷静的学生。

克拉维斯身材矮小，但有时迫切想在比他大的孩子面前证明自己。他高中时还是学校橄榄球队的后分位，他的教练告诉他身子骨太弱，不适合这项运动。多年后，他一直津津乐道当年在绿茵场上得分的事迹。他最经常提到的一件事就是 17 岁那年在塔尔萨当地的一家石油公司收发室里的第一份工作。上班几天后，他接的第一个大任务是为整个公司配送邮件。但那天早上醒来的时候，克拉维斯发现自己看不见东西了。因为新的隐形眼镜没有戴好，他感到眼睛就像针在扎一样疼。没有办法摘掉隐形眼镜，而且他的父母又不在城里，几乎暂时失明的克拉维斯只好自己开着车沿着清晨空荡荡的街道赶到了公司。后来，医生给他的眼睛做了包扎。“但我把信都送到了。”他自豪地说道。

卢米斯学校的经济学课程激发了克拉维斯对商业的兴趣，并让他下定决心投身商界。在加利福尼亚州的克莱门男子学院，克拉维斯选择了金融专业。他也申请了父亲的母校利海大学，并被录取了，他这么做只是为了证明自己有实力进入这所名校。在克莱门男子学院，克拉维斯的大学一年级在高尔夫球场、沙滩、拉斯维加斯或是附近的圣阿尼塔赛马场度过。大学三年级，他当上了高尔夫球队的队长。到了大学四年级他集中精力在华尔街上找工作。他大四的毕业论文也是讨论可转换债券的。

雷蒙德·克拉维斯在老牌的华尔街高盛银行里认识不少人，每年暑假都让他的儿子去那儿实习。看到那些在交易席上面红耳赤、大喊大叫的交易员们，克拉维斯不希望自己到了 40 岁也成这个样子，因为他想要有一个自己的办公室。大四的时候，克拉维斯在华尔街一家热钱管理公司麦迪逊基金公司找到了一个实习的机会。在公司里他被称为“选股高手”，在当时的环境下他买哪只股票，哪只股票就会涨。朋友们开玩笑说他闭着眼睛都能买到好股票。

1967 年秋天，克拉维斯被哥伦比亚商学院录取，但很快他就后悔了。他想念在华尔街的日子。虽然他父亲让他专心学业，但克拉维斯打电话给他在麦迪逊的老板艾德·默克尔。艾德同意克拉维斯可以在课余时间来公司帮忙。两年之后，他以中下等成绩从哥伦比亚大学毕业了，当时正好赶上学生运动的高潮。

华尔街在向他招手。麦迪逊刚刚收购了一家小铁路企业——凯蒂实业公司。默克尔十分器重克拉维斯，就让他来多元化经营这家公司。克拉维斯就把公司的业务向其所熟知的油田服务领域发展。这是他第一次和企业猎头打交道，用了一年的时间沿着路易斯安那州的公路收购了一些小公司，如一家驳船和拖船公司，还有一家采掘公司。这次经历让他获得了一些实际操作的经验。

随着凯蒂公司的发展，克拉维斯请来他商学院同学的父亲担任公司的新董事长。他们一起在曼哈顿的 Delmonico 酒店租下了一个套间——克拉维斯住起居室，雅各布住卧室——继续为凯蒂公司收购一系列企业。最后他们将凯蒂公司出售了。25 岁的克拉维斯风风火火，开始寻找新的挑战。高盛银行对他来说太迂腐，过于官僚主义，于是克拉维斯跳槽到一家名叫 Fahaerty & Swartwood 的小公司，但只干了一年就辞职了。失业后，他就去投奔他的表兄乔治·罗伯茨。

在休斯敦长大的罗伯茨比克拉维斯年长一岁，他的爸爸和克拉维斯的母亲是亲兄妹。克拉维斯的姥爷，也就是罗伯茨的爷爷是一个俄国犹太人，因为逃避沙皇的兵役而在 19 世纪 90 年代后期逃亡到了美国。罗伯茨家族更名之后，就和俄国老乡在印第安纳州安顿下来，开了一家干货店和罗伯茨旅店，这家旅店现在依然还在。在大萧条期间，他变得一无所有。之后他又进入了石油行业，最后因为心脏病突发，一个人孤零零地死在了油田的帐篷中。

他的儿子路易斯·罗伯茨长大后成了休斯敦一个自由自在的石油商人。在得克萨斯州的石油行业里，他经历了几次大起大落。在 50 年代的时候，路易斯经常带着他十多岁的儿子去参加一些商业会议。在某一年美国石油协会的年会上，这对父子坐在一个穿着牛仔靴、满身尘土的石油开采主旁边听汉伯尔石油公司主席做演讲。

“你以后想成为他们两个之中的哪一个？”路易斯后来问他儿子。

“我希望成为站在台上的那个生意人。”年幼的乔治回答道。

路易斯告诉他的儿子说那个生意人需要管理 5 万名员工，而且每天要工作到很晚，等退休的时候只能拿到几万美元的退休金。而那个石油开采主可能只有 30 名工人和几十口油井，但他的身价可能超过 500 万美元，而且在他晚上睡觉的时候，他的石油能源源不断地通过管道向外输出，给他带来财富。

“你现在还希望做那个站在台上的人吗？”路易斯接着问道。

虽然父亲喜欢唠叨，罗伯茨却很内向，但他时刻不忘为自己打工的重要性。在印第安纳州的军校完成了学业后，他比克拉维斯早一年来到克莱门男子学院。乔治 21 岁那年，雷蒙德·克拉维斯为他在贝尔斯登公司找了一个暑期实习的机会。文静、稳重的罗伯茨每天早上都比同事早到公司，而且和公司财务部门的科尔伯格成了朋友。在加利福尼亚州黑斯廷斯大学念完法学院后，罗伯茨就全职在科尔伯格手下工作。

即使按照华尔街的标准来衡量，贝尔斯登公司也是个竞争激烈的公司，公司内部组织松散，派系林立，嫉妒和内讧愈演愈烈。罗伯茨喜欢在科尔伯格手底下做事，因为科尔伯格能让他远离那些无休止的纷争。但他很快就厌倦了纽约，当时他正好准备结婚，希望回到旧金山。于是科尔伯格就把罗伯茨调到了贝尔斯登在旧金山的办公室。罗伯茨虽然还会在西海岸帮科尔伯格做事，但走之前向科尔伯格推荐了他的兄弟克拉维斯。

朋友们都嘲笑克拉维斯的新上司永远穿着一件深色外套，打着一条细得要命的领带。这位44岁的哈佛商学院高材生是个安静、秃顶又顾家的好男人。他爱好打网球、吹小号和阅读，同时也深爱着他的三个孩子。他像照顾罗伯茨那样照顾着克拉维斯，当时科尔伯格还没注意到这个小伙子喜欢惹事的本性。克拉维斯在30岁的生日宴会上，骑着他的生日礼物本田摩托车在他住的林荫大道上兜风。最后当摩托车的计速器吱吱叫的时候，他才不得不停下来。

克拉维斯在科尔伯格手下做的大部分事都是投资银行业的一些日常琐事，如私募、收购评估和股票承销等。但在自己的权力范围内，科尔伯格也发展了一个赚钱的副业，被称为“辅助交易”。

杠杆收购，也就是“辅助交易”的学名，开始只是为了帮助那些年纪大的管理者。到了60年代中期，那些曾经创立家族企业，并且公司在战后经济复苏中蓬勃发展起来的人年纪开始变大。他们开始寻找既能规避房产税，同时又能让他们继续控制公司的方法。他们有三种选择：继续保持私营性质，把股权卖给公众或将公司卖给其他大公司。每一种方案都有自身的缺陷。

克拉维斯将杠杆收购看成是解决这一难题的钥匙。杠杆收购可以让那些年事渐高的董事两全其美。他的第一桶金就是在1965年收购一家名为斯特恩金属的牙齿护理产品生产商中赚到的。为了完成这场收购，克拉维斯策划了好多年。他拉了一帮投资者成立了壳公司，然后用贷款从72岁的斯特恩家族手中买下了这家公司。收购之后，斯特恩家族依然拥有公司的股份而且管理公司。8个月后，科尔伯格将原来1.25美元买入的股权以每股8美元的价格卖出了一部分，然后用这部分利润来偿还贷款。接着，科尔伯格以这家公司的名义收购了一家加利福尼亚的牙齿护理产品供应商、俄亥俄州的一家X射线机生产商和欧洲的一家专门生产牙科椅的公司。两年后公司转型完成，这时第一波投资者将他们初始投入50万美元获得的股权向公众出售时已经价值400万美元了。

科尔伯格在之后的收购中改进了这个模式。70年代初当股市开始衰退时，一些大公司纷纷关闭了一些业务部门，而科尔伯格乘机收购了这些业务部门。他比较青睐一些基础性行业，比如造砖、电线制造行业等，因为这些行业的公司在管理和生产等各方面都比较可靠。他借入大量的贷款来收购这些公司，取得稳定的收益和现金流对他来说至关重要，因为要如期偿还贷款。如果说资产负债表是他的塔罗牌的话，那么现金流预测表就是他的水晶球。科尔伯格一旦买下公司就会毫不留情地削减成本并出售那些不赚钱的业务部门，用省下来的每一分钱来偿还贷款。大多数情况下，他都会给高管们一些股权激励，这种做法大大提高了那些高级经理的工作效率。经过改造之后，公司会变得比之前更加有效，更加赚钱。此后，杠杆收购就一直按照这个流程来操作。

这是比较基础的工作。作为科尔伯格的助手，克拉维斯尽情地使用这种方法。为收购罗克韦尔国际集团旗下的赢康公司，克拉维斯写了一份长达75页的募股说明书，里面堆砌着资产负债表、业务概述和债务预测情况，并把它寄给了几大保险公司。一个春天的早上，一大批潜在投资者来到马萨诸塞州昆西市。在克拉维斯的陪同下，他们参观了赢康公司的波士顿齿轮工厂。然后这些投资者挤进三辆豪华轿车来到霍里奥克参观顶峰链条厂，接下来又来到菲尔德参观赫尔姆轴承厂。最后他们搭乘飞机到了克里夫兰市参观赢康公司的另外几个业务部门。虽然这种做法并不激动人心，但却很有效果。

经过三年的见习，到了1973年克拉维斯准备独立完成他的第一笔业务——收购北卡罗来纳州一家小型制砖厂。和斯特恩金属公司等相似，博仁陶瓷制品公司的所有者是一个意志坚定、年纪很大的创始人。他希望在去世之前将这家公司出售。70岁刚出头的沃腾·博仁对北方佬没什么好感，特别是犹太人。

“孩子，你有宗教信仰吗？”博仁第一次见到克拉维斯时问。

“哦，我是犹太人。”克拉维斯回答道。

“我猜也是。”博仁顿了顿说，“你们犹太小孩都很聪明吧。”

克拉维斯咬了咬牙。如果这场收购需要容忍这种仇视犹太人的思想，克拉维斯也愿意试一试。在6个月的追求过程中，克拉维斯注定会吃很多苦头。有一次，博仁带他参观了一家制砖场。

“亨利，你看到那些砖窑了吗？”博仁用手指着一个巨大的砖窑，“这和德国人用的炉子一模一样。”[⊖]为了强调，博仁又重复了一遍。

克拉维斯挤出一丝笑容。

“小子，过来，走近一些，这样能看得更清楚。”博仁催促克拉维斯。

“哦，不用了，”克拉维斯回答道，“我这儿看得一清二楚。”

买下博仁陶瓷制品公司之后，克拉维斯来到罗德岛和一个家族企业谈判，买下他们家族旗下的一家珠宝店——拜罗实业公司。“亨利给我的印象是他很想证明自己青出于蓝而胜于蓝。他总是为自己制定一个很有挑战性的目标。那个时候，你就能感觉亨利和科尔伯格不会走得太远。亨利有点儿激进，而相比之下科尔伯格比较保守。”拜罗实业公司已退休的董事会主席弗瑞德·拜罗回忆说。

三年后，这场收购拜罗公司的活动，也是克拉维斯的第二笔生意，在一系列充满恶意的分歧中夭折了。克拉维斯指责拜罗实业公司的高管们为了拿到激励奖金，弄

⊖ 在第二次世界大战中，犹太人惨遭德国纳粹迫害。在集中营里，大量犹太人遭到屠杀并被扔进焚尸炉。——译者注

虚作假。但拜罗对这次合作失败却有着不同的说法。“说实话，我觉得他们是在巧取豪夺。明明没有给公司做任何的指导，他们却想得到董事费。那个时候，他们已经收取了‘维护费’。我说，‘我们为什么需要支付这些费用?’……我觉得这和我们的经营理念格格不入。”

最后，拜罗实业公司从克拉维斯和其投资者手中把公司的股票重新买了回来。按照年投资回报率来算，克拉维斯的回报率只有 16.5%，比存款单好不了多少。克拉维斯感到很不满意，但之后终于得到了一些安慰。因为黄金价格大幅度上升，拜罗实业公司倒闭了。

事实上，克拉维斯和拜罗实业公司的经历并非特例。自从 60 年代三次成功的收购之后，科尔伯格并没有意识到这种点石成金的业务日后会让 KKR 声名远扬。拿 1965 ~ 1975 年间克拉维斯完成的 14 笔收购的收益图来看，开始收益都是高开，紧接着收益就直线下降，最后投资回报一直在低处徘徊。

20 世纪 70 年代初，股票市场急转直下，科尔伯格的收益也不尽如人意，至少和之后的几场收购相比不再如此。1973 年，科尔伯格收购亚拉巴马州的一家卡车生产商，但结果不甚理想，最后只好将它卖给了另一家卡车生产商。克拉维斯的第一笔业务博仁陶瓷制品公司在收购之后，经历了 10 年的低潮才开始恢复。KKR 最失败的一场收购是 1971 年的第六个收购对象，他们花了 2 700 万美元收购了加利福尼亚的考博斯制鞋厂。就在罗伯茨完成这场收购后的三个月，这家公司的创始人趁大家去吃午饭的时候偷偷溜到了公司的屋顶，然后跳楼自杀了。“杰罗姆打电话告诉我那个混蛋死了。”考博斯的投资者罗伯特·皮利回忆道。祸不单行，考博斯制鞋厂位于宾夕法尼亚州的工厂在洪灾中被冲走之后就倒闭了。KKR 及其投资者 40 万美元的投资有去无回。

由于科尔伯格和克拉维斯把大部分精力放在杠杆收购业务上，很少去关心贝尔斯登公司的主营业务，因此在公司内部引起许多人的不满，包括他们的老板萨利姆·李维斯。皮利说：“李维斯是出了名的难对付。”李维斯也是经纪人出身，而经纪人大都注重短期效益。在交易大厅里，经纪人必须在很短的时间里做出决定，并且希望马上看到利润。相比之下，科尔伯格的收购业务则需要三五年才能看到效果。按照贝尔斯登公司的交易标准来说，简直就是遥遥无期。克拉维斯经常会说：“对贝尔斯登公司来说，隔一个晚上都算是长期。”李维斯认为科尔伯格在他的收购副业上花费了太多精力。如果一笔收购最后能赚到钱的话，那么赚钱的速度也太慢了。

1976 年，当克拉维斯投资一家名叫 Advo 的直销公司失败后，所有的矛盾都集中爆发了。一开始他和科尔伯格觉得这场生意风险太大而没有做，但后来旅行者保险公司联系到他们，建议双方一起来完成这场收购，同时答应克拉维斯可以以 20 万美元的价格取得这场总价值 750 万美元交易 40% 的股份。“天啊，这生意太划算了，我们不能错过。”克拉维斯说。但不久 Advo 公司的业务就走了下坡路。科尔伯格解雇了公司的总裁，让克拉维斯来临时看管公司三个星期。李维斯得知这位贝尔斯登公司的合伙人没在为公司开发客户，反而跑去管理一家邮件直销公司时，气得暴跳如雷。

“你他妈的在干嘛?”李维斯在电话里吼道，“你现在应该回公司寻找新的客户，别再惦记这次收购了。我们已经赚到了手续费，让我们开始下一单生意吧!”

“但是,”克拉维斯说，“不能这么做生意。我们还需要在这上面再花一点时间。”

最后，克拉维斯只帮他的投资者收回来初始投资20万美元的一半，对他来说，Advo是一场噩梦。如果他自己损失也就算了，偏偏贝尔斯登公司里的几个合伙人，包括李维斯在内，也在这次投资中输得很惨。这件事使得科尔伯格和同事们之间的隔阂越来越深。

随着内部斗争的日益激烈，克拉维斯扬言要辞职。“每个人都让我干这干那，我不喜欢别人对我指手画脚。”克拉维斯回忆说。科尔伯格建议克拉维斯先忍耐一下，然后自己找到李维斯，建议在贝尔斯登公司内部成立一个由科尔伯格、克拉维斯和罗伯茨三人组成的独立杠杆收购小组。但李维斯拒绝了。

“打那时起，科尔伯格在公司的地位每况愈下，他们都故意给他穿小鞋。他之前的下属后来都变成了他的上级。很明显，他们想把他孤立起来。”罗伯茨多年后回忆此事时说。忍无可忍的科尔伯格又一次向李维斯提起组建杠杆收购小组的事，但又被李维斯否决了。

科尔伯格和他的两个兄弟开始讨论辞职的问题。除了500万美元左右的退休金，科尔伯格没有太多的顾虑。罗伯茨已经迫不及待地想要像自己的父亲那样自己开公司，催促着克拉维斯跟他们一起干。科尔伯格和罗伯茨开始计算如果他们继续待在贝尔斯登的话，接下来的十年里他们能赚多少钱，并拿这个和他们自己单干的收益相比较。虽然在贝尔斯登公司能赚得多一点，但克拉维斯还是辞职了。

当科尔伯格宣布他们将辞职的消息时，罗伯茨从旧金山飞到纽约和李维斯见面。李维斯身材魁梧高大，罗伯茨把这个坏消息告诉他之后，李维斯双手托着两个桌角，上身俯在他的办公桌上方说：“年轻人，你知道吗？你犯了一个严重的错误。从这儿出去单干的人还没有一个成功的。”

之后事情变得更加糟糕。几天后的一个早上，克拉维斯走进公司发现自己的办公室已被清空了，门也被上了锁。这时，一个穿着伞兵靴的高个子冲上前来。

“不准你再进入这个办公室了。”那人带着德国口音向他吼道。

“你在说什么?”克拉维斯说，“我是这儿的合伙人。”

一个类似的“杀手”也出现在了旧金山。幸好罗伯茨西海岸的同事及时制止，他办公室里的物件才没有遭到同样的下场。克拉维斯和科尔伯格一起找到李维斯质问：“这到底是怎么回事?”

李维斯已经开始向他们三人开战了。在他们离开的时候，李维斯要求贝尔斯登公司对科尔伯格的所有投资公司都享有控制权，尽管他们三个人已经往这些公司里投了不少钱，而且已经控制了大多数公司的董事会。李维斯试图通过科尔伯格的投资者，如保险业巨头保诚保险公司和第一芝加哥银行，向他施压。“但保诚保险公司和第一芝加哥都让他‘滚蛋’。”克拉维斯回忆说。最后经过漫长而艰难的谈判，加上律师出面，三个人才继续控制他们的投资。

之后他们就在第五大道上的一栋写字楼里另立了门户。科尔伯格喜欢保持低调，因此好多年来公司的门上都没有写公司的名字。罗伯茨继续留在旧金山工作。为了维持日常开支，他们从八位投资者处每位筹集了 5 万美元，其中包括雷蒙德·克拉维斯和匹兹堡的希尔曼家族。KKR 将从每笔交易中提取 20% 的利润和 1% 的手续费（后来增加到 1.5%）。

五年来，他们一直遵循着科尔伯格的指导方针：收购必须是友善的，一定要取得对方公司管理层的支持，并且必须低调谨慎。在一个洛杉矶企业猎头哈里·罗曼的帮助下，他们发现了许多目标公司。这是一项艰难的工作。对大多数人来说，杠杆收购还是个很深奥、陌生的名词。三个合伙人花了大量的时间向对方解释他们怎样才能借到足够的钱来把整个公司买下来。刻意的低调对他们的工作并没有一点帮助。“投资银行家，几乎每个人都盯着我们问，KKR 是做什么的？是熟食店吗？”一个 70 年代在 KKR 工作过的华尔街总监回忆说。

相比放荡不羁的克拉维斯，罗伯茨比较文静，而且很多人相信罗伯茨比克拉维斯更聪明。尽管科尔伯格和罗伯茨不在一个地方工作，但他们的关系更紧密一些。罗伯茨和科尔伯格相识的时间比较长，并且大家认为科尔伯格和罗伯茨一样聪明。当科尔伯格的一个儿子在十多岁的时候出现少年问题，罗伯茨就把他接到加利福尼亚的家中。而科尔伯格只是把克拉维斯看成是一个工作勤奋的下属。他们两个人除了工作以外，没有什么相似之处。科尔伯格周末一般会穿上斜纹棉布裤和旅游鞋去郊游，而克拉维斯则会穿着意大利风格的便裤和古奇牌休闲鞋。在连续工作 16 个小时后，科尔伯格一般会回家好好睡一觉，而克拉维斯会带着他的妻子去市中心逛街。一位 KKR 公司以前的员工回忆说：“杰罗姆看到亨利出去就很生硬地说，‘哦，又出去啊，亨利？’”

一开始他们的业务并不稳定；1977 年有三笔，而 1978 年一笔也没有，到了 1979 年又有三笔，其中一笔是他们第一次对上市公司进行杠杆收购。1980 年做完一笔小业务之后，KKR 的生意就开始火了起来，一下子就做成了六单生意。这家小公司也开始在媒体上抛头露面了。

此时，三个合伙人开始调整收购对象。他们发现大公司的资金流比小公司更雄厚一些，但在收购流程上和小公司没多大区别。他们能够借助收购对象自身的能力来收购它，并偿还企业的贷款。他们开始向投资者筹集资金，这样他们就能操纵这些资金。1978 年从 3 000 万美元起步，他们发展平稳，每年筹到的资金都稳步上升，

1983 年他们第四次集资就筹到了 10 亿美元。交易的规模也随之增长，在 4 400 万美元收购夏威夷一家建筑公司时达到了顶峰。

收购一家公司后，KKR 公司就会紧盯着对方的预算，但在改进一些流程方面给管理层较大的自由权，这是为了支付公司巨额的贷款。大多数公司自己都运行得很好。但也并非总是如此，比如第二次杠杆收购弗斯特油田服务公司后因为行业不景气，他们进行了裁员，换了一批管理层。5 ~ 8 年之后，当他们把这些公司转手，或者重新上市的时候，KKR 公司通常能赚到 3 ~ 10 倍的利润。到了 1983 年，KKR 公司宣称他们给投资者的回报率达到了 62. 7%，而自己 20% 的利润分成也让他们赚得盆满钵满。

六年来，他们适应市场需求，在金融界的夹缝中悄然无息地开拓了一片天地。但没有不透风的墙，其他人很快就注意到了这块肥肉。1982 年，以前财政部长威廉·西蒙为首的投资公司收购了辛辛那提的一家公司，8 000 万美元的价格当中有 7 900 多万美元是从银行借来的。一年半后，西蒙将这家公司上市时，卖了 2. 9 亿美元。西蒙 33 万美元的启动资金一下子就增值到 6 600 万美元。

虽然这里面也有一些偶然因素，如时机掌控等，但这场收购还是让华尔街眼前一亮。尽管大家都不是很了解如何实施杠杆收购，但都跃跃欲试。最后，大家都下水了。按照收购公司所涉金额来算，在 1979 ~ 1983 年，杠杆收购的交易量增加了 10 倍多。到了 1985 年，也就是西蒙收购那家辛辛那提公司两个年头之后，已经有 18 场杠杆收购的价值达到或超过 10 亿美元。在约翰逊决定启动杠杆收购行动之前的五年，杠杆收购的总价值达到了 1 819 亿美元，而六年前，这个数字才只有 110 亿美元。

这里面有好多因素促使杠杆收购蓬勃发展起来，美国国内税法规定只有利息支出才能从企业税前利润中抵扣，而股利不能税前抵扣，这也助长了杠杆收购的浪潮。美国的所得税法点燃了杠杆收购的星星之火，而让杠杆收购呈燎原之势得归功于垃圾债券。

为杠杆收购筹集的资金里，60% 的抵押债务都是来自于商业银行的贷款。只有 10% 的资金是收购者自己投入的。剩下的 30%，也就是收购资金的精华部分则来自一些大的保险公司，通常需要花几个月的时间才能争取到。当时在 80 年代中期，德崇采用一种高风险的垃圾债券替代了保险公司的资金。德崇的债券皇帝迈克尔·米尔肯已经在多次恶意收购中瞬间筹集巨额资金。这些为杠杆收购提供资金的垃圾债券就像优质燃料一样将大众的甲壳虫汽车一下子变成了风驰电掣的法拉利。

垃圾债券的诞生使一度在收购大战中行动迟缓的杠杆收购者现在终于能在很短的时间里筹集到足够的资金。杠杆收购一下子成了每一场公司收购中的主角。由于它既能保证公司运营的独立性，又能给收购者带来丰厚的收益，KKR 公司和其他几家公司都被一些总裁们踏破了门槛。这些公司已经被恶意收购者包围，希望科尔伯格他们能帮助自己完成杠杆收购。这样的生物链一直在每一个交易中体现，外部收购者先物色目标，然后目标公司寻找杠杆收购公司，最后三者都受益。吃亏的是公司的债券持有人，因为他们的债券在新债券发行时就贬值了；此外还有公司的员工，因为他们会失去工作。华尔街忙于赚钱，根本无暇顾及这两类人。

杠杆收购盛行不久，一些人就开始痛批这种做法。由于杠杆收购完成后，公司会背上巨额的债务，这让包括政府官员在内的很多人都深表担忧。1984 年年中，美国证券交易委员会的主席就表示："现在杠杆收购越多，今后破产的也越多。"证券交易委员会的一个共和党官员把杠杆收购描述成"一场春梦"。而支持者则表示通过杠杆收购能让企业变得更加精简，更加富有效率。

奇怪的是，最大的抗议声来自收购最严重的一些行业，这些主流行业的总裁们把杠杆收购者日益强大的势力看做华尔街的潘多拉魔盒。固特异轮胎和橡胶公司的一位高级主管把杠杆收购比喻成"魔鬼在地狱中创造出来的一个怪物"。

到了 1983 年，作为杠杆收购业内精神领袖的科尔伯格对他一手开创的行业中出现的一些变化感到不适应。他依然喜欢那种通过和公司那些老管家们友好谈判达成的小规模收购。新一代的杠杆收购从业者则清一色都是投资银行家，年轻气盛的他们纷纷带着新的收购点子来投奔 KKR 公司。将近 40 岁的克拉维斯和罗伯茨开始独立开展杠杆收购，成了这些人追随的对象。

"这真是年轻人的游戏。"曼哈顿律师迪克·贝迪感叹说。自从收购博仁陶瓷制品公司开始，贝迪就开始和克拉维斯合作了。"现在科尔伯格已经有五十三四了。投资银行家都给和他们年纪相仿的亨利和乔治打电话，而不会找科尔伯格。因为没怎么参与到新的收购当中，科尔伯格感觉自己被冷落了。"

随着杠杆收购的节奏变得越来越快，克拉维斯和罗伯茨慢慢地成了公司的顶梁柱。在 1984 年，他们的业务额首次突破了 10 亿美元，接着又做了几个大单子。当收购机会像雨后春笋般出现的时候，两兄弟开始招收人马，扩大公司规模。公司增加了不少人手，但科尔伯格拒绝再雇用更多的员工。克拉维斯和罗伯茨希望能够接更多更大的生意，而科尔伯格则回绝了其中的好多生意。在公司里，科尔伯格被大家称为"摇头博士"。克拉维斯抱怨科尔伯格的想法还停留在 60 年代。兄弟俩暗地里埋怨科尔伯格拖了他们的后腿。"科尔伯格上了年纪，不想再那么辛苦了。"罗伯茨后来说，"他过于封闭不能理解目前的情况，所以才变得那么保守。"

公司还是在不断地壮大。1983 年的时候，公司还只有 8 个合伙人，到了 1988 年就有 15 个合伙人了。这时矛盾也随之出现，公司内部开始搞起了帮派。垃圾债券使原本就令人难懂的金融结构更加复杂，克拉维斯和罗伯茨快得让科尔伯格没法跟进每一场收购。公司开始把一些日常工作外包给其他公司，而克拉维斯和罗伯茨很快开始指挥一支由银行家和律师组成的团队。"科尔伯格这时准备打退堂鼓了。""他对这些感到很难适应。他开始体会到什么叫沮丧。"

1983 年年末，科尔伯格偶尔莫名其妙地感到眩晕。1984 年年初，他被诊断为患脑血栓，就在纽约西奈山医院接受了手术。据一位朋友透露，在住院期间亨利和乔治不常来看他，这让科尔伯格感到很不高兴。后来科尔伯格有点迫不及待地想回去工作，坚持要回家休养。下飞机的时候，他的肺部也出现了血栓。幸亏抢救及时，科尔伯格差点命丧黄泉。

科尔伯格本来准备在 1984 年年中重出江湖，但由于头疼和嗜睡症不得不放弃这个想法，又在家待了几个月。当回到办公室后，他已经没有精力完成原来的工作量。一边接受治疗，一边身心疲惫，他好几天下午都没来上班。其他的日子，据派克说："他通常早上起来，准备 7 点半来上班，但突然感到头疼就出不了门了。"

"由于身体的原因，科尔伯格还不能复出。"雷切尔说。雷切尔是 KKR 公司的第五位普通合伙人，1986 年加入公司之前是一名投资银行家。"1985 年当科尔伯格回来工作时，他一周只工作 25 个小时，他的体力已经不允许他事必躬亲。这就导致了矛盾的产生。因为科尔伯格的原因，很多事情耽误了。决策不能像往常那样快速地定下来，这就容易产生摩擦。另一个问题是，科尔伯格经常不能来上班。他的思路很容易断，但科尔伯格不相信。如果我说他思路有点乱，他一定会骂我在胡说八道。但事实就是这样。他经常没法上班。"

科尔伯格和其他两位合伙人在收购碧翠丝公司时，矛盾终于爆发了。科尔伯格不赞成他们提出恶意的收购邀约。科尔伯格经常会闯进一些他没有被邀请参加的会议或战略研讨会，大家都很尴尬。克拉维斯的一位好友说："这些矛盾的源头应该就是科尔伯格，他总觉得自己被孤立了，在那儿着急的不得了。他还经常在不恰当的时候闯入别人的办公室，并经常问这问那的。他带头要求在公司内部建立正式的报告关系。"

对罗伯茨和克拉维斯来说，这段时间不是很好过，因为他们意识到不能像之前那样合作下去了。收购碧翠丝公司之后，科尔伯格要求把他在公司里的地位摆正。那次谈话对参与各方来说都很痛苦。

"我应该做什么？"科尔伯格经常问。

"你说'我应该做什么'是什么意思？我不必告诉乔治或其他人该做什么。难道你不觉得现在你应该改变一下自己吗？"克拉维斯这样回答他。

他们经常会为同样的问题争执不休。克拉维斯经常说，你的做法早已过时了，现在行不通了，时代已经变了。

"但公司刚成立的时候，我们都是合伙人啊。"科尔伯格说。

"没错，"克拉维斯答道，"但时代变了，做生意的方式也得跟着变。"

事实上，克拉维斯和罗伯茨已经不再需要他们的导师了。在科尔伯格生病的那些日子里，他们兄弟俩完成了一系列难度高、名气大的业务，其中包括 24 亿美元收购思多尔传媒公司。乔治·派克说："乔治和亨利曾经说，'嘿，我们干得相当不错。科尔伯格不在没关系，我们自己就能搞定这些事情。'这让科尔伯格很伤心。"罗伯茨说："当我们变得越来越独立的时候，科尔伯格却硬想插进来。"

在接下来的几个月里，因为科尔伯格和克拉维斯生活方式的差异，他们之间的距离也越来越远。科尔伯格是个顾家的人，和发妻结婚已有 40 年。有钱之后的他依然穿着朴素，过着平静的家庭生活，业余时间就去打打球或者读大部头的小说和人物传记。他对娱乐的理解就是在周日的下午去打打垒球，或者是晚上早点上床看书。"如果能让科尔伯格出来参加鸡尾酒会，那一定会引起轰动的。"一个朋友这样评论说。

而克拉维斯正好相反，他习惯于奢靡的生活。当他的第一次婚姻刚出现危机，克拉维斯就开始和勒姆约会。几乎每天晚上他们都会参加一些正式的社交聚会，和一些穿着讲究的朋友肆意谈笑而被记者拍下来。科尔伯格认为一个成年人应该有成年人的样子，而克拉维斯的行为举止会给公司抹黑。"这让科尔伯格很担心，"科尔伯格的一位朋友说，"当科尔伯格走进亨利在林荫大道上的公寓时，看到里面金碧辉煌，终于受不了了。"科尔伯格的一位朋友说。

科尔伯格并没有直接批评克拉维斯，而是把他的不满告诉了和自己志趣相投的罗伯茨。罗伯茨劝他看开一点。"看来亨利挺快活的，"他告诉科尔伯格，"勒姆是个时装设计师，而设计师就需要吸引公众的注意力。你也知道，亨利比我们两人都喜欢凑热闹。我们就不要干涉别人的私生活了。"

大家关于如何处理科尔伯格的未来争论了好几个月。克拉维斯认为科尔伯格的儿子詹姆斯在挑拨他和科尔伯格之间的关系。詹姆斯之前是网球运动员，当时正在旧金山为罗伯茨干活。大多数情况下，这三个主要合伙人通过他们的朋友贝迪和派克传话，而这些朋友希望他们三个人能继续合作下去。

但他们的努力并没有起作用。最后，争论的焦点归结为两个问题：金钱和权力。在克拉维斯和罗伯茨看来，科尔伯格在这两方面都太贪心。公司刚刚建立的时候，大家约定利润按 4∶3∶3 的比例分配，科尔伯格拿 4 成，克拉维斯和罗伯茨各拿 3 成。当其他的合伙人加入进来，他们的分成需要从科尔伯格的份额里出。两兄弟都很难受地告诉科尔伯格他把钱袋子捂得太紧了。结果大家一致认为科尔伯格不应该作为一个对等的合伙人。"不然就太不公平了。"罗伯茨平静地说道。

公司的章程规定，一切重大事项的决定要按少数服从多数的原则。据罗伯茨说，科尔伯格这时要求改成全票通过原则，这样他就可以在一些公司重大问题上投否决票了。这种做法触及了大家的底线。"我们可以给他更多的利益，让他继续留在公司，尊重他，但我们不会给他否决权的，"罗伯茨说道，"这肯定是不可能的。"

有传闻说科尔伯格将成为公司的名誉主席，但他却不想退休。大家终于受不了了。“科尔伯格不止一次地说他是这家公司的缔造者，如果没有他的话，大家就不会有今天。”雷切尔回忆说，“大家都不希望最后出现这样的结局。”

当科尔伯格暗示他可能会离开公司的时候，克拉维斯和罗伯茨都没有挽留他的意思。双方都聘请了律师，经过几个月的谈判之后，双方在离职补偿金上达成了共识。到了1987年春天，科尔伯格的离职手续都办妥了。当年6月份，公司才宣布科尔伯格将要离开公司的消息。在给投资者的信中，他们只是暗示合伙人之间存在分歧，但没有详述。乔治·派克、科尔伯格及他的儿子不久新创建了一家杠杆收购公司，名为科尔伯格公司，主要集中在小型、友善的收购业务。科尔伯格后来很少提及他和克拉维斯兄弟之间的分歧。就算提起，他也只是说自己不是很认同他们将工作重心放到更大、更多、更激进的收购上。1987年科尔伯格在接受《纽约时报》采访时说：“我并不是只做一些小规模业务，我只做那些合情合理的收购。”克拉维斯他们读到这篇文章时，认为科尔伯格借此掩盖了他离职的真实理由。

在1989年年中的一次访谈中，罗伯茨说：“这件事情让我很难过，它就像一场婚变。和杰罗姆合作的24个年头里，前19年都是甜蜜美好的，而最后的5年却不那么理想……我感觉失去了一位好朋友。对公司来说，让他离开是最好的选择。但从个人角度说，这是我做出的最艰难的一个决定，迄今我还是这么认为。”

自从杰罗姆·科尔伯格离开KKR公司之后，他的办公室就一直空置着，只有到访的律师来公司时偶尔会用一下。律师们将这个摆放着《塔木德经》和水晶纪念牌的办公室戏称为“杠杆收购的档案馆”。1989年公司发生了一场大火，之后克拉维斯就将这间办公室拆除，改为了楼梯间。

早在华尔街成名之前，克拉维斯就因为追求勒姆而成了纽约社交圈内的常客。卡罗琳·勒姆的原名叫简·史密斯，卡罗琳·勒姆是她作为时尚设计师的一个艺名。她原来是西尔斯聚酯运动服饰的一位专家。她的父母都是教师，而简是家里唯一的孩子。她在密苏里州的小镇克什维尔度过了田园诗般的童年。5岁那年，她用积攒的零花钱开始了她第一次时尚购物，她从西尔斯价目表上挑选了一条人造水晶项链。13岁时，她在《后街》里看到苏珊·海伍德后，就决心长大后要成为一名时尚设计师。

在华盛顿大学念时尚设计的时候，简是那种柔弱、聪明、精力充沛的女孩。属于那种“乖乖女”类型的她会戴着珍珠项链，穿着漂亮的裙子参加和平集会，会在找不到回宿舍的路时打电话给自己的母亲。毕业之后，她就来到世界时尚之都——纽约第七大道，但刚上两天班就辞职了，原来她的上司让她打扫洗手间。到了另一家公司，她每天坐地铁上下班，住在一间狭小的公寓里，但每天回到家都会在屋里摆上鲜花，然后在一个充满肥皂泡的浴缸里泡澡。她经常说的一句话就是："美丽和优雅是一种态度。"

在西尔斯公司辛勤工作了 11 个月之后，她终于鼓足勇气拿着自己的简历去找自己的偶像奥斯卡·德拉伦塔。德拉伦塔开始并没有很在意她，但简没有轻易放弃，最后终于成了德拉伦塔的设计助理。不久，24 岁的简就接受了这位设计大师的严格训练。她参加烹饪和骑术课程，学习法语及餐桌礼仪。在办公室里，她很讨人喜欢，一副天真无邪的样子，喜欢谈论一些关于礼物包装的话题。

为了实现自我转变，她做出的第一个改变就是她的名字。以前，当她介绍自己叫简·史密斯的时候，第七大道上的老油条则会说："嗯，是吗？我是人猿泰山。"因此，一个朋友建议她改回她的真名卡罗琳，就这样她就一直用卡罗琳这个名字。

第二个改变很不幸，就是她的男朋友阿克赛尔·勒姆。勒姆是个英俊高大的欧洲人，继承了一家德国化学工厂。简而言之，就是完全符合卡罗琳标准的理想爱人。结婚之后，卡罗琳就改姓为勒姆，然后移居德国开始她富足但又空虚的生活。忍受了一年枯燥的家庭生活后，他们的婚姻就结束了。卡罗琳含泪回到了德拉伦塔身边，德拉伦塔就让她负责低端的 Miss O 品牌，而这位婚姻受挫的女孩全身心地投入到了工作当中。

1979 年，也就是一年之后，她在一次晚会上认识了克拉维斯。他们并不是一见钟情的那种。一方面因为克拉维斯身材太矮，在华尔街做着枯燥的工作，另一方面虽然克拉维斯和他妻子已经分居了九年，但还维持着婚姻关系。范尔城圣诞节的一次滑雪后，在勒姆母亲的监护下，他们见面的次数开始增多。他们的关系也并不像小说里描写的那样浪漫。卡罗琳刚走出一段失败的婚姻，不想再开始一段新的关系。"开始只是普通的友谊，"卡罗琳回忆道，"和亨利在一起就像在伤口上涂上防护剂。一开始我并没有太多浪漫的回忆。做了很长一段时间的朋友之后，我才把他当成恋爱的对象。"

当时克拉维斯夫妻俩已冷战好多年了。1970 年克拉维斯和布鲁克林一个心理医生的女儿海蒂·舒尔曼结婚。当时他们已经在林荫大道上买了自己的公寓，又在格林尼治或汉普顿租房子为夏天度假。他们一直想挤入上流社会，但当时还不富裕的克拉维斯经常批评妻子大手大脚的消费习惯。

"海蒂什么都要最大、最贵、最好的，"他们的朋友回忆道，"而亨利在那个时候并不太愿意花钱。海蒂当时拜金思想非常严重，这让亨利很不高兴。当北卡罗来纳以外的人问起他妻子为何和他的手下一起去度假时，亨利就很难回答。"

一个夏天的晚上，克拉维斯来到格林尼治，刚下火车就看到海蒂在那里等待。"亨利，我想把一栋漂亮的别墅买下来。"海蒂兴致勃勃地说。接着海蒂拖着克拉维斯来到郊外，那里的别墅都离得很远，平均相距一英里。她带着克拉维斯沿着一条漫长的林荫道行驶，最后终于来到一座巍峨的豪宅前。而克拉维斯此时身心疲惫，甚至不愿意下车了。

克拉维斯以收购投标那样的热情向勒姆发起了爱情攻势。有一次，在去参加一场正式晚宴的路上，克拉维斯坚持让勒姆试一下他新买的网球鞋，他看到她那双穿了好几年的旧网球鞋心里很不舒服。勒姆拗不过克拉维斯，只好试了其中的一只鞋。在鞋里，她发现有一条钻石项链。

"在浪漫这方面，亨利很有一套。"勒姆说，"虽然不能和奥斯卡·王尔德比，但跟其他和我交往的商业人士比，他是最有浪漫气质的人了。每个周年纪念日、圣诞节和生日，他都会给我写一些长长的、充满了爱意的信，向我表明他的心意。比如'你是我的信仰、我的爱和信念'。我看了之后很感动。这些信件我一直保留着。"

在他们结婚之前，他们还是商业上的伙伴。1984 年克拉维斯同意为勒姆自己的服装设计提供几百万美元的资金支持。勒姆在第七大道的一幢楼里租下了半层，这里还入驻着拉尔夫劳伦、杰弗里·贝尼和比尔·布拉斯等几个大牌子。几个月后，由她设计的服饰首次在时装表演中亮相，受到了大家的追捧。谢幕的时候，她满含泪水地走上 T 型台，向成就了这次处女秀的克拉维斯挥了挥手，而克拉维斯此时也激动得热泪盈眶。

勒姆已经做好了再婚的准备，但克拉维斯到 1984 年才最终离婚，很显然他当时还有些犹豫。当正在为她的处女秀疯狂准备时，勒姆突然在她的导师面前哭了起来："我觉得亨利不会娶我。"德拉伦塔就像父亲一样给克拉维斯打电话："你可能会说我多管闲事，这的确是你们俩的事。我知道你刚刚离婚，也许没有心情再娶。但我要告诉你，如果卡罗琳成了离了婚的男人的情妇，我会很不安心的。我觉得她应该有个名分，不然我会竭尽全力来结束你们这种不明不白的关系。"

但等到克拉维斯向勒姆求婚的时候，勒姆却犹豫了。当时他们正好在意大利为勒姆的下一次时装展挑选新的面料。勒姆说："我记得当时说要考虑一下。"垂头丧气的克拉维斯一直纠缠着她直到第二天。"他一直不停地说，'我不相信你会这么说，我不相信。'每隔五分钟他就会问，'你考虑得怎么样了？'他一直缠着我，到了凌晨三点，我终于拗不过了，只好说，'好吧，我答应你。'"

在他们举行婚礼的前几天，这对准夫妻搬进了他们的公寓。公寓里面的装修顿时成了大家谈论的话题。从路易十五时代到拿破仑时代英法两国的古董都陈列在会客厅里。起居室的墙上挂着一幅雷诺阿的画作，对面的墙上是莫奈的一幅风景画。在克拉维斯的书房里，他喜欢摆放一些英国马匹的写生。在客厅里陈列着西斯莱的作品，雷诺阿的另一幅画，还有荷兰花卉油画。

四年之后，《绅士季刊》把他俩的婚礼与戴安娜和查尔斯王子的婚礼等并提，称为"1980 年以来的 20 场世纪婚姻之一"。他们在公寓里宣誓之后，接着就是 101 人参加的婚宴和克拉维斯父亲的祝酒词。"亨利一直是个急性子，"雷蒙德·克拉维斯说道，"他是个早产儿，自那以后就一直风风火火的。"

这对新婚夫妇在曼哈顿的上流社会里出尽风头。此前克拉维斯已是纽约城市芭蕾舞团、西奈山医院以及史宾斯贵族学校等公益团体的董事，不久又当上了大都会博物馆的董事，博物馆以他的名字命名了博物馆的一个偏厅。卡罗琳设计的服饰价格不菲，而且广受芭芭拉·沃尔特斯和西格尼·韦弗等人的欢迎。卡罗琳还成了纽约公共图书馆的信托人，并为大都会戏剧院和纽约冬季古董展操办了纪念晚宴。克拉维斯夫妇在汉普顿的沙滩旁买了一栋度假公寓，在范尔城购置了滑雪小屋，在康涅狄格州买下一栋庄园来供她学习园艺和马术。克拉维斯有时候会驾着现代轿车在庄园附近转悠。尽管克拉维斯的财富迅速膨胀至 2 亿 ~ 3.5 亿美元，但他们俩依然每天辛勤地工作 12 小时，还不停地出差。

出席派对的克拉维斯和勒姆

在纽约的时候，他们俩经常在晚上出来参加社交活动，成了《每日女性服饰》的主要报道对象。这部分是由于担心唐娜·凯伦等设计师后起直追，勒姆决定扩大自己的知名度。她的服饰是为那些和她相似的身材高挑颀长又富有的女性设计的，她认为这些社会报道是她脱颖而出的最好方法。《每日女性服饰》挖苦说，为了最大限度地提升公众认知度，勒姆几乎想尽办法让自己的形象出现在任何能够想到的地方，包括房地产企业的宣传单上。最后，《每日女性服饰》猜想她的照片会不会在苏联的报纸上出现。

在很多方面，克拉维斯和勒姆的生活就像小说故事里描写的那样。在萨尔茨堡避暑，在范尔城滑雪，周末在康涅狄格州打猎，晚上则去参加慈善舞会。早上起来他们就在雷诺阿的画作间漫步，嘴里哼着轻歌剧。他们的仆人每天带宠物犬普姬去散步。最有名的故事是一天晚上，克拉维斯给了妻子一个惊喜——一条绿宝石项链。勒姆戴着它参加一个服装设计师的鸡尾酒会时，这条项链成了人们谈论的焦点。

“这条项链你是在哪里买到的？”一个老朋友问道。

“是我在枕头底下找到的。”勒姆回答说。

“那你都睡在哪里？”

“就在亨利的旁边。”

杠杆收购行业一度由 KKR 公司和其他几家公司所垄断，但到了 1987 年，这个行业里的竞争开始日益激烈起来。看到 Gibson Greetings 和碧翠丝公司的高额回报，机构投资者也投入了大量的资金，希望从克拉维斯手中分得一杯羹。华尔街最大的两家公司摩根士丹利和美林银行各自筹集了 10 亿美元用来开展杠杆收购业务，而其他像协利证券公司等小公司也摩拳擦掌。还没等克拉维斯和罗伯茨花完 1986 年筹集的 20 亿美元，他们的其中一个对手弗斯特曼 - 利特尔公司决定用 27 亿美元来开展业务。之前竞争者依稀的脚步声开始变得震耳欲聋，对手正在朝克拉维斯逼近。

之前克拉维斯可以心平气和地坐下来和客户商讨杠杆收购协议，而现在到处都是竞标大赛，耗时几个月后出价最高的竞标者最终得标。就算克拉维斯最后得标，价格也已经比之前翻了好几番。雷切尔抱怨道："有些人为了夺标而夺标。他们想把战利品挂在墙上。他们会说，'我做这个生意是因为这样我才能成为一个参与者，我能因此而出名。'"

1986 年秋天，在争夺佛罗里达州坦帕市的一家建筑公司——吉米·沃尔特公司的大战中，克拉维斯受到了很大的打击。佩恩韦伯公司[1]的出价超过了 KKR，而这家公司之前在杠杆收购行业中名不见经传。当克拉维斯惊恐地问佩恩韦伯公司的董事会主席唐纳德·马伦是否知道自己在做什么的时候，唐纳德告诉他，他们公司有大量的资金和商业银行业的精英需要加以利用。这并不是克拉维斯最后一次听到这样的回答。

如果 KKR 想重新夺回在这个领域中老大的地位，它就不得不打败这些竞争对手，而唯一的办法就是提高竞价。1987 年，克拉维斯和罗伯茨经过仔细思考之后，决定跟进这些天价收购，把价格提到 50 亿 ~ 100 亿美元，这样就没有多少人敢再出更高的价。根据他们以往一系列巨额收购的经验——62 亿美元收购了碧翠丝公司，44 亿美元收购了喜互惠连锁超市，在 1987 年以 21 亿美元收购了欧文斯 - 伊利诺伊公司，现在他们又准备把价格提到历史新高点。

"我们的理论是没有谁会出价 100 亿美元，"雷切尔回忆说，"最有可能的竞争者应该是企业，而在这个价位上，大多数企业都会退缩的。"

消灭竞争对手并不是这些巨额收购吸引他们的唯一理由。克拉维斯和罗伯茨按照以前的经验知道做小的杠杆收购和大的没有多大差别。无论交易规模有多大，他们的提成比例是固定不变的。谁都知道做一笔 100 亿美元的生意赚的肯定比一笔 1 亿美元的生意多。在碧翠丝公司这一单上，他们赚了 4 500 万美元，在喜互惠连锁超市和欧文斯 - 伊利诺伊公司的业务上各赚了 6 000 万美元。而这些钱直接进了合伙人的口袋。

要做这样大的业务就需要新的融资，这也是他们最大规模的融资。早在他们动用

---

[1] 又译作普惠公司。

1986 年的资金之前，罗伯茨就开始为筹集一笔更大的资金到处游说。“我们不需要先花完 1986 年的资金，趁现在银根比较松，让我们先多筹集点。”雷切尔回忆说，“到 1987 年几乎每个人都有大量的闲钱，而我们想要积累最大的资金池，只有这样才能拉开差距。大家就会相信我们比别人更有实力，这样在投标的时候就可以避免更多的竞争。”

1987 年 6 月，他们开始用碧翠丝公司的例子来激发投资者的兴趣，希望筹集到新的资金。为了让老投资者继续跟进，克拉维斯提出在 1990 年之前进行的杠杆收购一律免除管理费用。这一招起到了效果。4 个月后筹资活动结束时，他们总共筹集了 56 亿美元，比紧随其后的竞争者的资金规模大了一倍多。在全球范围内，大约有 200 亿美元的资金是专门用于杠杆收购的，也就是说 4 美元里就有 1 美元控制在俄国移民的这两个孙子手里。如果这笔资金全部投入使用的话，他们的收购规模可以达到 450 亿美元。《财富》杂志指出他们的购买力足以买下《财富》500 强中 10 家在明尼阿波利斯市的公司，包括霍尼韦尔公司、通用磨坊食品公司和派斯博瑞食品公司。华尔街还从来没有见过这么大的阵势。

华尔街只知其一，不知其二。克拉维斯兄弟俩首次要求投资者允许他们秘密地收购目标对象的股票，而且他们的股东也同意了这种做法。这种所谓的预先持股投资曾经是企业狙击手布恩·皮肯斯等人惯用的手法。它一方面能使克拉维斯在和那些目标公司的首席执行官谈判的时候增加谈判的分量，另一方面可以使 KKR 公司在股价上涨的时候抛售套利。这种在新的竞争形势下做出的应对方案使公司与科尔伯格的炉边谈话相背离，公司的收购风格更加富于进攻性。强硬的收购模式代替了友善的谈判，成为公司完成大部分业务的手段。

这种业务模式需要克拉维斯非常小心。因为 KKR 的资金大多数来自养老金机构，这些养老金机构一般对恶意收购都敬而远之，一旦收购有恶意成分的话，这些投资者就会撤资走人，并且对他们一贯只开展友好收购的形象造成破坏。如果 KKR 被人们贴上企业狙击手的标志，哪一家公司的首席执行官还会愿意和 KKR 合作？这让本来就很敏感的克拉维斯特别注意公司在公众面前的形象。

1987 年 10 月，股价开始大跌，克拉维斯和罗伯茨伺机而动，偷偷地大量收购几家美国大公司的股票。1988 年，他们向其中一家公司提出杠杆收购的想法，但遭到了拒绝，到现在大家还不知道这家公司的身份。3 月底的时候，克拉维斯宣称持有德士古公司 4.9% 的股份，接着公司最大的股东兼投资家卡尔·伊坎就向他们施压。克拉维斯和罗伯茨花了两个月的时间试图说服德士古公司的高层接受杠杆收购或重组项目。“我们能想到的方法都想到了，但他们始终没有接受我们的建议。”雷切尔回忆说。最后，公司只好把这些股票抛售出去，小赚一笔。

但很快大家注意到 KKR 并没有什么实质性的行动。考虑到那些养老金机构，克拉维斯和罗伯茨不能赤裸裸地发起恶意收购。这是人所共知的。到了 9 月中旬，公司突然出价46.4亿美元收购克罗格公司，而这家总部坐落在辛辛那提的连锁零售店在几天之前刚刚拒绝哈夫特家族类似的收购请求。这一次克拉维斯又吃了闭门羹，这让他很没面子，只好卖掉他所持有的克罗格公司9.9%的股票。

不单单这些新项目不成功。变卖了很多产业之后，克拉维斯发现不能将碧翠丝公司其他的业务部门卖出去。一大堆的负债没有哪个买家愿意接受，之前虽然有很多同行业的追求者，包括约翰逊和亨氏，但现在只能砸在克拉维斯手里了。到了年中，他们之前夸口的30亿美元的利润不但没实现，还差点亏了本。

年景坏透了。屡次被目标企业拒绝，加上竞争者紧咬不放，克拉维斯陷入沮丧之中。当贝克建议他和雷诺兹－纳贝斯克集团接触一下，克拉维斯已经心灰意冷了。克拉维斯每个月都会发出一大堆试探信。10月5日，克拉维斯和他最要好的投资银行家沃特斯一起吃早饭。

“雷诺兹－纳贝斯克集团最近有什么消息吗?”克拉维斯问道。自从一年前和约翰逊谈话之后，克拉维斯再也没有联系过他。

沃特斯说他也没有听到最新情况。上次他们两人谈到雷诺兹－纳贝斯克集团的时候，克拉维斯还担心烟草行业会陷入日益增多的诉讼泥淖中。自从希波隆一案宣判后，克拉维斯这方面的担心减轻了许多。“我反思了一下之前对烟草业务的看法，”他告诉沃特斯，“也许我们可以和罗斯接触一下，看他是否有兴趣。”

那天晚些时候，沃特斯就给约翰逊打了电话。韦尔奇给他回了电话。“吉姆，亨利现在转变了对烟草业务的看法，他很希望能和你们坐下来交流交流。”

“嗯，有意思，”韦尔奇回答道，“但现在罗斯很忙。让我们先合计合计，过后再告诉你。”

这个电话应该是一种预兆，但约翰逊并没把它放在心上。

第 6 章 Barbarians at the Gate

约翰逊的决定

除了雷诺兹－纳贝斯克集团，商业银行的历史都和我无关。

——彼得·科恩

星期五，科恩乘坐的湾流飞机从云端缓缓地降落到亚特兰大，科恩脑子里想的是接下来的一周。明天，也就是 10 月 8 日，科恩就要再次见到约翰逊。希尔的团队已经花了一周的时间搜集和整理资料。约翰逊还没有表示他会不会启动杠杆收购，科恩希望明天早上能知道答案。

在苏黎世结束了为期两周的差旅活动后，科恩感到有点疲倦。科恩身材矮小，一头浓密的棕发。他喜欢用作家对他的描写来开涮：永远那样的黑瘦，但充满了激情。《机构投资者》有一次拿他和《教父Ⅱ》中饰演迈克尔的阿尔·帕西诺相比。从外表看他性格强悍，多年来他也的确如此。作为协利公司创始人的长期助理，科恩被人称为“刽子手”。如果把他比喻成动物的话，那他就是狼人。

步入不惑之年的科恩同时也开始在协利掌权了，这让他更加老练，或者只是看起来这样。朋友们谈论近几年科恩成熟了许多，比如之前他在一次公开采访时称呼狄龙·里德公司等小的竞争对手为“花生米”，但现在他已经不再这么做了。他也不公开骂那些评论家“混蛋”了。在他美国运通公司老板罗宾逊的提携下，他变得越来越有领袖风度，经常参加一些在华盛顿举行的会议，大谈证券业的全球化，并和诸如欧洲实业家等一些重量级人物成了朋友。

他吃了很多苦头才把自己的棱角磨平。在他的办公室里再也见不到电锯和被砍断的双腿的雕塑，现在摆放的是一些家庭照和小孩的手指画。科恩开始努力给人一种平易近人的形象。

科恩出生在一个服装制造商的家庭，在长岛度过了他的童年，从公立学校毕业后就进入俄亥俄州立大学接受高等教育。十多岁的时候，他就喜欢看父亲订阅的《福布斯》和《邓氏评论》杂志。后来父亲替他买了美国普信集团公司的共同基金，他从此就迷上了股市。科恩从高中就开始打零工；到了俄亥俄州立大学之后，他给兄弟会供应自己代理的柯尔特牌啤酒，借此赚了一笔钱。

如果说科恩在经商方面很有一套的话，他在学习方面却差强人意。在大学里，他学的是金融专业，成绩偏下。他经常出入市中心股票经纪人的办公室，关心股市，并将之前做啤酒代理挣来的钱做投资。本来父亲想让他继承家业，但科恩嫌父亲给的工资太低，就没答应。于是，他决定到华尔街碰碰运气。

科恩 22 岁的时候就结婚了，将近而立之年时已经有了两个孩子。作为桑迪·韦尔的助手，他每天在办公室里加班到深夜。当时他还只是个行政人员，而不是交易员或投资银行家。在艰苦的谈判中，科恩都是唱黑脸，而且他擅长使用威胁。他没有时间来学习关于红酒、艺术、旅行等其他华尔街高管们津津乐道的享乐活动。之前几年他到过世界上的好几个大城市，但都没有时间游玩，记得最清楚的是这些城市的机场。而现在只要到了罗马或马德里，他会花上半天去欣赏之前没有时间欣赏的美景。到了不惑之年，他才发现世界上竟然还有卢浮宫、奥赛博物馆及中国故宫。他的网球和高尔夫球水平也有了长进。朋友们都相信科恩开始学着放松自己。

彼得·科恩

80 年代初期，由一连串小规模的公司合并组成的协利原本是一家破烂不堪的电汇行，专门靠替个人投资者进行电汇支付来赚取手续费，根本谈不上有什么投资银行业务部。但到了 1983 年也就是他接任桑迪·韦尔之后一年，科恩做出了一个让华尔街瞠目结舌的举动，将公司最老的投资伙伴——雷曼兄弟-库恩·洛布公司收入囊中。这家声名显赫的顶级投资银行正是由于合伙人之间的不和致使其在内部争斗结束后分崩离析。

这是一场不伦不类的结合。雷曼就像银质的香烟夹、鲜花、印象派的画作和酒窖里多年窖藏的红酒；和它比起来协利就像吃剩了的比萨盒、半碗阳春面和便携杯装的咖啡。“协利收购雷曼，”一名雷曼的老员工说，“就像麦当劳收购了高档酒店一样令人不可思议。”就像它的主席一样，合并后的协利-雷曼也奇怪地混合了优雅和街头两种风格，如同在丝绒手套外加上铜指套。而在它19层文雅、安静的高管办公区，一方面装点着奥杜邦版画和东方地毯，另一方面由一个手握《纽约每日新闻》、操着浓重纽约腔的家伙欢迎来客。

美国运通公司在1981年取得了协利的控制权。有母公司在后面撑腰，科恩多年来一直在为公司的资金寻找出路。80年代中期，其他竞争对手如摩根士丹利和美林银行纷纷投入到杠杆收购当中，希望与德崇的垃圾债券资金一比高下；同时，它们也用自己的资金为一些收购提供拆借资金，这些贷款通常被称为搭桥贷款。收购者随后会通过发行债券融资来代替这些资金。这种做法被称为商业信贷，大家都认为这个浮夸名词的出现意味着投资银行家们终于把资金投入到了他们叫嚷了好多年的地方。

协利进入商业信贷业务的时机有点晚，而且业绩也不那么出色。雷曼活跃的收购业务给了科恩大量的投资机会。尽管有满腔的热情，协利并没有开展杠杆收购。自从两家公司合并之后，雷曼的许多高级经理人纷纷辞职，科恩决定不再袖手旁观。1984年下半年，他专程飞到英格兰去见雷曼伦敦办事处的主任斯蒂芬·伯萨德，并向他提出了一个很有意思的问题。科恩想知道伯萨德能否回到纽约，并找到某种方法让公司高层管理人员的腰包鼓起来。“中心思想就是让那些人变得更加富裕，”伯萨德回忆说，“不管黑猫白猫，能抓老鼠就是好猫。”

伯萨德给出的答案是杠杆收购。经过几次失败之后，他只搞定了一家，但最后输得很惨。花了4.82亿美元收购了汽车零部件生产商Sheller-Globe的6个月之后，有消息说科恩和协利其他14名总裁涉嫌内部交易，在美国证券交易委员会的调查中被传唤。科恩否认自己做过什么违法的事情，而后续的调查也没有发现证据，但这次收购让协利颜面尽失。“这笔生意让协利走到了聚光灯下。”《商业周刊》如是说。

这可真是万事开头难啊。“科恩对公司金融不是很在行。”伯萨德回忆说。伯萨德在Sheller-Globe的收购过程中和科恩发生了龃龉，之后也离开了公司。“他能够看懂那些讲投资银行业务的杂志，但是他在投资银行业务方面的经验并不比我父亲强多少。”伯萨德的父亲曾劝说伯萨德远离华尔街。

1986年6月公司让一个颇有争议的人来接替伯萨德，此人名叫丹尼尔·古德。他是赫顿证券公司的兼并部门主管，通过支持那些企业狙击手，他的业务开展得风生水起。因为古德极具乐观精神，人们有时称他为“堂吉诃德”。他并不服务于那些如卡尔·伊坎或布恩·皮肯斯等四星级投资者，而是一些不知名的三流企业狙击手。

科恩并没有将资金投入到杠杆收购业务中，而是作为搭桥贷款提供给古德的客户。虽然他们也把这称为商业银行业务，但古德的客户大都对美国公司中的老弱病残感兴趣；这些老弱病残的公司最后不是从科恩手中买回自己的股票，就是跟其他公司合并了。但不管他们的猎物采取什么样的方法，协利证券公司都能赚到钱。

协利的一些主管强烈反对雇用古德，特别是并购业务部的希尔和沃特斯，他们认为古德是个爱吹嘘的敲诈专家。希尔强调，古德的那些客户将玷污协利的声誉，毕竟公司还想从那些大公司得到一些传统的并购咨询业务，这样下去的话，大公司将对协利敬而远之。希尔从他加入公司的那天起就一直和古德唱对台戏。希尔和沃特斯私下里将古德的错误都登记在册。一个同事说：“希尔从一开始就发誓要干掉古德。”

但自从古德的第一笔业务（保罗·比尔厄里安在1986年收购哈默密尔纸业公司）给公司带来可观的600万美元咨询费之后，科恩就打消了心中的疑虑。这是协利赚得最轻松的一笔收入。“天啊，”公司副主席乔治·辛伯格激动地说，“这太了不起了。”15个月来，协利帮助古德的客户恶意收购了好几家公司，其中包括柏林顿实业公司和特利克斯公司，并源源不断地从这些客户手中收取咨询费收入。

但过了一段时间后，科恩开始对古德失去信心了。垃圾债券销售收入通常是商业银行利润最丰厚的业务之一。由于古德的那些客户几乎什么都不买，协利的垃圾债券部门无所事事。当阿什·伊尔德曼收购庞德罗萨牛排连锁店成功时，协利的垃圾债券却输得很惨，致使公司的利润一落千丈。科恩怒发冲冠，并将此事归咎于古德。

协利最后一次恶意收购发生在1987年10月19日的“黑色星期一”。股价暴跌使得大量正准备启动的收购项目浮出水面，科恩和辛伯格这才意识到之前放出去的上千万贷款有可能收不回，因此惊恐万分。一周之后，乐观的古德要求公司投资委员会支持比尔厄里安收购一家缝纫机生产厂辛格公司，却被狠狠地训了一顿。古德并没有得到他想要的1亿美元贷款，科恩反而要求比尔厄里安先拿出2.5亿美元。“如果他拿不出来，就做了他，”辛伯格说，“我才不管呢，现在游戏的规则变了。”

比尔厄里安还真拿出了2.5亿美元，这让科恩大吃一惊，协利不得不进行它最后一场伟大的恶意收购。辛格公司很快就屈服了，比尔厄里安之后不得不自己筹资去收购公司，但在刚刚经历了股市崩盘的华尔街，要筹集这些资金并非易事。在这场漫长而又艰巨的谈判中，辛伯格和古德差点闹翻了。有一次古德去加勒比海度假，辛伯格趁机让古德的对手希尔去和比尔厄里安谈判。对于希尔来说，没有什么比这更让他兴奋的。希尔开始对古德最好的客户采取强硬的手段。“如果生意失败，我就

走进去打断比尔厄里安的腿。”㊀

比尔厄里安最后成功地收购了辛格公司，不过这场交易成了古德的滑铁卢。尽管这给公司带来了 3 000 多万美元的收入，但古德在公司里名声扫地。希尔回忆说：“古德脑门上已经顶着两把枪了，而这时彼得·所罗门把第三把枪的枪筒塞进古德的嘴里。”

作为投资银行主管之一的所罗门是个脾气暴躁、横行霸道的家伙。他以前是古德的上司，希望通过古德的部门来染指协利的商业信贷——杠杆收购基金。科恩很久以前就考虑筹资，但一直没什么行动。看到同行在类似资金的成功和“黑色星期一”的股灾，傻瓜都知道用别人的钱来投资远比用自己的资金安全。

但科恩和所罗门对于这笔规模超过 10 亿美元的基金有着截然不同的看法。在其他公司，杠杆收购基金都有一定的自主性，但大家说野心勃勃的所罗门把协利的这笔资金看成建立自己势力范围的绝好机会，同时可以乘机大赚一笔钱。所罗门希望从中分得很大一块利润，但遭到科恩的强烈反对。科恩将这笔基金当成公司的一个部门，认为所罗门没有理由受到特殊对待。这两个人性格都很倔强而且相当情绪化，到了 1988 年春季他们俩开始进入冷战。协利套汇业务主管鲍勃·米拉德不得不作为他们之间的传话筒。这对协利开展杠杆收购业务并不是个好的开头。

正当所罗门和科恩对峙的时候，希尔开始大显身手。3 月份沃特斯辞职的前 4 天，希尔宣布了他最得意的收购计划：英国比泽建筑公司准备用 12.7 亿美元恶意收购匹兹堡萎靡不振的考伯斯公司。但让人出乎意料的是在这场收购协议中，协利拥有 45% 的股份，而比泽建筑公司的份额还不到 50%。之前从来没有一家大的投资银行在恶意收购中持有如此大的份额，这样协利就走到了前台。希尔对这场收购寄予了厚望，相信这会给公司和自己带来荣誉。他本认为这场收购会赢得非常轻松，用华尔街的行话说就是一个“灌篮”。

但希尔这次大错特错了。考伯斯公司的反抗在匹兹堡成了轰动一时的事件。从匹兹堡市长到宾夕法尼亚州的财长无不谴责协利和运通的行径，并要求州内企业和这两家公司断绝商业来往。考伯斯公司的员工将美国运通卡剪成两半以示抗议，并写信给其他公司痛斥美国运通公司为这次收购推波助澜。

没有人比罗宾逊对这件事更恼火的了，他认为造成这种局面完全是因为协利之前没有全面征求他的意见。“这件事给罗宾逊造成了很大的压力，而这种压力从 51 楼很快传到了 19 楼的协利，”科恩的亲信说，“对科恩来说，这是个惨痛的教训。”

虽然比泽建筑公司最后如愿以偿地收购了考伯斯公司，但这场收购对协利的商业银行业务产生了深远的影响。恶意收购这个曾经让协利发财的法宝一下子就被打入了冷宫。当年夏天，科恩放弃了两场恶意收购。

㊀ 1989 年 9 月，比尔厄里安被指控违反多项证券法规，被判入狱 4 年。协利证券公司未被起诉。

与此同时，协利的收入也跟着减少。整个证券行业在“黑色星期一”之后受到重创，但很少有公司像协利的情况那样严重。协利并购了赫顿之后，运营成本急剧攀升。尽管公司已经裁员，而且科恩准备再缩减编制，但他更需要新的收入来源。商业信贷业务成了华尔街最活跃、最赚钱的行当。对协利来说很有必要挤到里面去。除了恶意收购之外，协利只有一个选择，那就是杠杆收购。

当约翰逊转变观念并开始思考杠杆收购可能出现的各种情况时，科恩似乎看到了希望。180 亿美元的杠杆收购能够解决很多问题。光靠这场规模空前的收购，协利就能立即成为商业信贷行业中的佼佼者。如果以后有人想进行大规模的杠杆收购，他们就会优先考虑与协利合作；而且协利的那些闲置资金也终于能够派上大用场了。这场收购还能给希尔的并购业务部门带来其他巨大的好处。协利为这场收购融资而发行的债券可以使奄奄一息的垃圾债券部门一下子起死回生，更不用说这场收购能给公司带来的巨额收入了。

啊，手续费！光预收的手续费，包括咨询、贷款和成交费，总额就将近 2 亿美元。这就像给收入日益萎缩的协利立即输入大量的血液。而且还不止这些，收购之后的几个年头，收入还会源源不断地流入公司，到时候还会有再融资收入、咨询收入和管理费收入。单单并购重组业务就能给公司带来数以万计的入账，因为他们需要将雷诺兹－纳贝斯克集团的一些业务剥离出售来还贷款。这还是他们没有考虑投资收益之前的收入呢。希尔预计每年的投资回报率将至少达到 40%，也就是说这项 5 亿美元的投资，公司将连续 5 年以上每年拿到 2 亿美元的投资回报。

这令科恩心驰神往。尽管科恩曾经策划过协利自身的并购，但在他的职业生涯中只做过一个对 Sheller-Globe 公司的杠杆收购。这也是协利在此之前做过的最大规模的杠杆收购。约翰逊和罗宾逊之间的友谊，加上这场交易给协利带来的影响让科恩下定决心要做成这一单买卖。约翰逊手里有他梦寐以求的生意，可以说这将是成就他一生的收购。星期五晚上当飞机降落在亚特兰大时，科恩感到这一切都触手可及。

星期六早晨，科恩在韦弗里宾馆和希尔以及协利的首席律师杰克·努斯鲍姆吃早饭。努斯鲍姆是科恩最信赖的顾问，他在摩洛哥度假的时候就听说了这场正在酝酿中的收购计划，并提前两天飞到亚特兰大听取了霍里根和亨德森关于烟草负债的情况。这让他感到诉讼案还不是太糟糕，对杠杆收购的影响并不是很大。希尔和协利另一位老练的银行家吉姆·斯特恩提前一天来布置周六的会议，告诉约翰逊的人进行杠杆收购之后可能会有什么样的事情发生。两人都感觉目前情况一切良好，而约翰逊似乎也在积极地准备。

为了避免引起别人的怀疑，早饭过后协利的人三三两两地穿过停车场来到雷诺兹-纳贝斯克集团的办公大楼。从约翰逊的办公室里，他们能俯瞰到一片松林。约翰逊在霍里根、塞奇和亨德森的陪同下，带来了他团队中的新成员——达维律师事务所的史蒂夫·戈德斯通。

人们都对 42 岁的戈德斯通来为公司的主管们出谋划策感到奇怪。瘦削又有点秃顶的戈德斯通出生在一个内衣商人的家庭，这在华尔街律师中并不多见。大多数律师专做并购业务的咨询或处理法庭诉讼案件，而戈德斯通两个都做。作为企业顾问，他几乎毫无名气。十多年来，他一直致力于一些重要的承销业务和中型规模的收购业务。有一年夏天，在达维律师事务所帮助雷诺兹-纳贝斯克集团处理毒丸计划[⊖]时，他认识了约翰逊。

杰克·努斯鲍姆：作为科恩最信任的心腹，他在这场收购中扮演了重要的角色。

作为一名诉讼律师，戈德斯通因为在一场被《美国律师》称为 1987 年人们最关注的地方法院判决中的表现而恶名远扬。戈德斯通在为原告帝杰证券公司做辩护时，他莫名其妙地反对法官的命令，拒绝让一位关键证人出庭作证，于是法官就做出了对他客户不利的判决。帝杰证券公司因此损失了 1 亿美元。雪上加霜的是，4 个月后针对三个被告人的赔偿请求也被法院驳回。雇用戈德斯通是亨德森的决定。

史蒂夫·戈德斯通：他成为约翰逊的华尔街律师让人颇为不解。这位律师曾经警告过约翰逊，他们的秘密计划可能会掀起轩然大波。

从一开始，大家就能看出这注定不是一次普通的杠杆收购。那天在约翰逊办公室里的会谈涉及了一些关于价格、利润和收购开始时间等实质性问题。而此前他们的讨论都是理论上的而且都是通过电话。大家都不确定约翰逊是否真的要玩杠杆收购。努斯鲍姆有一次问戈德斯通：“你觉得约翰逊同意的可能性有多大?”“不到一半吧。”戈德斯通想了想之后说。

因为一切都还不确定，所以当希尔看到约翰逊手下人对杠杆收购如此了解感到非常惊讶。事实

⊖ 在恶意收购中，目标公司通过发行证券来降低其在收购方手中证券价值的措施。——译者注

上，作为学生的雷诺兹－纳贝斯克集团能够指导作为教师的协利这堂课该如何上。

大多数杠杆收购成功的关键在于一种被称为“脑门上架枪”的策略。公司的高级管理人员在华尔街的一些公司（如协利）的帮助下悄悄地筹集资金。一旦资金到位、价格敲定，首席执行官就拿着报价去找董事会。希尔还制定了一个为期十周的进度表，约翰逊－协利团队可以按部就班地自行实施杠杆收购。这个方案可以称为“成功实施杠杆收购的十个步骤”：

- 第 1 周至第 3 周：价值和价格商议等基础性工作。
- 第 4 周：和银行开会，讨论贷款事宜。
- 第 5 周：银行对贷款结构进行优化。
- 第 6 周：管理层决定是否启动杠杆收购。
- 第 7 周：告知董事并要求他们秘密地组成一个独立的委员会来评估各项杠杆收购提案。
- 第 8 周：管理层准备收购协议。
- 第 9 周：管理者向董事会提交初次收购方案，和独立委员会展开谈判，通过媒体发布消息称董事会正在研究一项杠杆收购提议。
- 第 10 周：执行收购协议并向媒体公布。

关键就是要将整个过程在协议达成前高度保密，在正式投标开始前就结束整个过程。把枪口对准董事们的脑门，他们就没有太多选择的余地。因为如果董事会将杠杆收购的消息过早地放出去，公司就可能招来企业狙击手的偷袭，同时可能把公司的管理层吓跑。许多年来，董事会都会在有备而来的管理层面前缴械投降，现在这种情况还经常发生。希尔这些华尔街军师认为，应该在一切都准备就绪的情况下对董事会发起进攻，他想当然地认为约翰逊也这样想。

约翰逊却浑然不知希尔的这种安排。他亲眼目睹了威尔逊因为小小的越轨行为而招致董事会的罢黜。他不愿意让协利来安排资金问题或其他事宜，因为万一走漏了风声，董事会就会跳起来。约翰逊在亚特兰大过得很舒服，除非他决心启动杠杆收购，否则绝不会冒险让协利走在他前面。另一方面，他对自己的能力很有信心。如果杠杆收购是个不错的方法，他认为可以自己把这个想法推销给董事会，但前提是采用利诱的方法，而不是用逼宫的手段。

约翰逊并没有接受协利的方案，这让科恩和希尔感到不安，但他们别无他法。如果没有约翰逊的话，他们将做不了这场生意。如果董事会决定要将他们的计划公开的话，那么他们就将丧失战略优势。在最坏的情况下，他们只能和那些想要和他们一争高下的对手们站在同一条起跑线上。但无论是科恩、希尔还是约翰逊，都不是特别担心这种情况的出现。因为雷诺兹－纳贝斯克集团实在是太大了，只有少数几家大公司才敢打这个主意。那天，希尔罗列了可能出现的竞争对手：

- 汉森信托有限公司，一家对美国公司垂涎已久的英国财团。主席汉森勋爵从一家烟草公司发家，现已建成了一个商业帝国。
- 位于康涅狄格州的美国烟草公司，主要品牌包括帕尔玛牌香烟和好彩牌香烟。在那年的前几个月刚刚勇敢地击退了一场针对该公司的恶意收购。
- 华尔街上位居第二的杠杆收购公司弗斯特曼－利特尔公司，它一直表现出希望加入这场竞争激烈的大规模并购当中的渴望。但希尔表示这家公司可能还没这么强的实力参与到这场200亿美元规模的杠杆收购里来。

这些都是黑马，但办公室里的每个人都知道只有克拉维斯才是真正有实力对这次收购构成威胁的人。全世界所有的大公司和投资者中，也只有克拉维斯同时拥有权力、自信和财力提出一个反要约。各种意见和小道消息弥漫在约翰逊的办公室。有人认为克拉维斯现在正在非洲度假，估计不会那么快就做出反应。但协利知道克拉维斯早在一年前就向约翰逊抛出过橄榄枝。

"亨利不会采取行动的，"约翰逊自信地说，"我相信他对烟草行业没什么兴趣。"塞奇也同意老板的说法。

这是一个很重要的结论，在接下来的几天里约翰逊多次强调。他知道克拉维斯之前让贝克和沃特斯帮忙牵线搭桥，但约翰逊没有把这些放在心上。他有意避免跟协利的人提起这件事。"没有必要和他们说，"约翰逊后来说，"他们会焦急不安地到处说，'我们要这么做，我们要那么做。'这个行业里的人都有点过于敏感，我希望他们能保持冷静。"

但事实上，约翰逊也犯了与协利那些主管同样致命的错误。大多数人都坚信他们的标价一旦投出，没有人敢和他们竞争。他们敢打保票，如果没有管理层的帮助来寻找一条节流的最佳办法，甚至是克拉维斯也不敢尝试这么大规模的收购。即使他想冒险，克拉维斯也会被烟草行业复杂的诉讼问题吓跑。科恩和希尔在心中已经把约翰逊当成了抵抗竞争者的盾牌。作为团队中主要策划者的希尔有办法试探一下克拉维斯的胃口，但后来约翰逊强烈要求保密，所以就不了了之了。其实希尔知道提问有时候可以起到声东击西的效果。

协利理所当然地认为约翰逊能搞定董事会，而约翰逊也相信协利能够筹到足够的资金将公司买下来。但事实上，协利并不是这么想的，而是希望和德崇或美林银行等垃圾债券巨头联手收购公司。但这个想法很快就被否决了，因为和其他公司联手意味着协利变相地承认自己没有足够的实力来完成这场收购。科恩确信只要有美国运通公司做后盾，协利就能完成这项交易。

价格上没有什么争议。希尔和约翰逊都认为每股75美元的报价很合理。这个价格比公司历史最高股价每股71美元虽然没高多少，但还是高了一点。根据这个价格，这场交易的总额将达到176亿美元，大约是收购碧翠丝公司的3倍。其中15亿美元需要他们从商业银行贷款，这可是之前为收购公司从银行贷款规模最大一次的2倍。协利的斯特恩花了几个小时核算银行业内是否真的有这么多钱用来运作这项杠杆收购。“170亿美元，”约翰逊说，“我的妈啊，我要像耍猴的那样到处乞讨才能筹集到这么多钱啊。”

希尔提醒说价格可能还会高。董事会会尽力争取一个更高的价格，可能接近每股80美元。这种情况在大多数的杠杆收购中都出现过。由于知道董事会肯定会抬高价格，管理层一般先故意出一个较低的价格，这样到时候董事会也好说已经尽力了。这是个很好的公关技巧，同时也可以在股东提出诉讼时对董事会成员起到保护作用。

当谈到收购价格可能要超过每股75美元的时候，约翰逊表现得有些不悦。因为价格越高，意味着债务越沉重，公司就越要勒紧裤带。约翰逊对成本削减一点都提不起兴趣，更不用说要削减雷诺兹-纳贝斯克集团的飞行队或其他福利。他感到协利和其他放贷公司一样，对一些针头线脑的成本控制过分关注。约翰逊一再强调，如果杠杆收购要进行的话，总理牌香烟和亚特兰大的总部不在预算削减之列。

“我告诉你们，我们不准备采取节衣缩食的管理模式，”约翰逊说道，“我不希望你们过来和我说公司应该把飞机减少到5架，而不是现在的6架，以及诸如此类的问题。我知道如果要进行杠杆收购的话，我会在一段时间里忙得晕头转向，但我不在乎。我只是不想改变生活方式。我拥有优秀的公司和不错的生活，不希望在生活方式上做出改变。”

老练的杠杆收购参与者可能会对这种无痛杠杆收购的想法感到好笑，但科恩和希尔还是同意了约翰逊的要求，尽管希尔心里认为总理牌香烟和公司总部大楼最终会受到影响。两人都努力使约翰逊感觉舒服，他们不能吓得他不敢走进10天之后就要召开的董事会。他们心甘情愿地同意了约翰逊提出的各种要求，因为协利能否得到这场杠杆收购业务取决于约翰逊的心情。

作为约翰逊利益代言人的戈德斯通感觉到协利可能对他的客户过分地夸大了杠杆收购的好处。在一次谈话中，戈德斯通对努斯鲍姆说：“你们是不是告诉罗斯让他出的价格越高越好?”努斯鲍姆和希尔都信誓旦旦地说他们从没有这样告诉过约翰逊。

那天讨论的最后也是最重要的一个问题是管理层协议。这份文件将明确约翰逊和协利之间的关系，并且载明收购之后雷诺兹-纳贝斯克公司的管理方式，谁拥有控制权和如何来分配利润。

在杠杆收购业界里面，那些和克拉维斯等人合作的公司的高级管理人员都有着明确的角色。这些上市公司的高管们经常受到杠杆收购公司的热烈追捧。像KKR等可以登门拜访，但是如果主人不邀请的话就没办法登堂入室。因此作为回报，杠杆收购公司一般会允许这些高管用自己的资金购买公司10%～15%的股票。虽然收购后首席执行官名义上还是公司的一把手，而且公司在运营上也会保持一定的独立性，但不用说大家也知道最终决定权掌握在谁的手里。像 KKR 和弗斯特曼 - 利特尔公司掌控着每一个董事会，决定着每一个预算方案并行使着高管的任免权。杠杆收购并不是民主政治，在 KKR 控制的公司里，每个主管都必须对克拉维斯和罗伯茨负责。

但约翰逊并不理会这些传统做法。在他的观念里，杠杆收购公司和职业经理人的角色正好调了个个儿。约翰逊不理解为什么要让协利来控制董事会，这样岂不是他随时都有丢饭碗的危险？那些最了解公司的职业经理人为什么不掌权？让协利哭笑不得的是约翰逊要求由他来控制董事会，并且他要求对公司战略无论在决策过程中还是决策过程后都享有一票否决权。他准确地猜到协利会砍掉总理牌香烟、总部大楼以及飞行队。否决权可以确保杠杆收购后能按照他自己的想法来运营公司，而不是对协利唯命是从。

“我可不想让一帮该死的投资银行家到我的董事会里教我什么能做，什么不能做，”他告诉科恩，“你们应该对我的能力有信心。我不想被一群小孩子整天盯着，对我指手画脚。”

要是克拉维斯的话，他可能会让约翰逊哪儿凉快去哪儿待着，但是科恩和希尔已经下定决心对约翰逊百依百顺。除此之外他们别无他法，因为约翰逊已经讲得很清楚了，不给他否决权就没有继续谈下去的必要。希尔后来承认，协利梦寐以求地想加入这个杠杆收购俱乐部，而这就是加入俱乐部的入场券。

但是科恩还是对约翰逊最出格的要求感到痛苦。塞奇发现协利在筹集新资金的时候对其投资者承诺了 40% 的投资回报率。“没问题，”塞奇说，“协利可以得到 40%，但剩下的应该由约翰逊和他的员工分享。”这部分的收益相当于雷诺兹 - 纳贝斯克收购之后，约翰逊等人将持有公司 20% 或以上的股票。希尔并没有和塞奇争论，只是暗示约翰逊的要求太过分了。作为证据，他拿了之前一些杠杆收购的管理层协议给塞奇看，比如对碧翠丝公司的收购，凯利和他的员工只能购买公司 12.5% 的股票。

可约翰逊不但想要获得更多的利润分成，而且希望分成的基数越大越好。希尔算了一笔账，20% 的利润分成在 5 年里对约翰逊他们来说相当于 25 亿美元。斯特恩在 9 月 30 日给科恩写了一份备忘录说，约翰逊提出的份额“看起来很大，特别是考虑到这次杠杆收购的规模。从绝对量上说，管理层的要价远远超出了之前任何一场收购。”

约翰逊和协利星期六又讨论了管理层协议。虽然会议一直拖到下午 3 点，双方仍未取得多大进展。由于在其他方面都达成了共识，约翰逊觉得卷入冗长的谈判似乎没有太多的必要。约翰逊让科恩放心，关于利润分配比例不会有太大的问题。对会议进度感到吃惊的科恩也相信了约翰逊的话。塞奇答应会在下周的时候跟希尔再讨论这个问题。

在回纽约之前，协利的银行家们想再次游说约翰逊和几家商业银行坐下来一起讨论融资的问题。但约翰逊不同意，并告诉科恩说协利只能和两家公司接触，而且只能在基础层面展开讨论。约翰逊表示，只要看一看对方是否有充足的资金来操作这场杠杆收购就足够了，别再深入下去。接下来还有好几个星期的时间，足够他们和银行来协商融资的事情。

星期一是哥伦布发现美洲纪念日。科恩给美国信孚银行的主席查理·桑福德打了一个电话。“查理，我想跟你讨论个事情，这件事对我们两家都关系重大。我们越快行动越好。等我们见面的时候，你就知道我们为什么不能在电话里讨论这件事情了。”第二天，科恩找到花旗银行的董事会主席约翰·里德。“约翰，我这儿有一个绝好的机会给你……”

第二天早上，也就是10月12日，星期三，在斯特恩的带领下，协利的人员分别与信孚银行和花旗银行的高级代表会面。为了避免走漏风声，斯特恩要求两家银行信用分析团队的人数不得超过四个。两天后，两家公司都向他表示愿意参与这场收购。斯特恩觉得事情的进展比之前想象的还容易。

信孚银行纽约分行收购业务部主管鲍勃·奥布莱恩觉得研究协利的方案是他职业生涯中最刺激的一次。毫无疑问，所有的银行都会争着为雷诺兹－纳贝斯克这样的大公司提供贷款，但现在的问题是，银行业内是否有足够的资金来收购这家公司。

在很多大规模的收购中，贷款都由全世界的银行来提供。奥布莱恩的小组发动部门里分布在全世界的50多个业务员一个国家一个国家、一家银行一家银行地询问，把能够动用的每一美元都挖掘出来支持这次的杠杆收购。他们联系了爱尔兰、比利时、丹麦和希腊等银行的信贷部。芬兰的联合银行对一家亚特兰大公司的收购会不会感兴趣？让人难以捉摸的日本银行对烟草业务会有什么看法呢？

最后，奥布莱恩得出结论，全世界总共有210亿美元的资金可以用来发动一项杠杆收购。但他知道并不是所有这些钱都能够到位。一些银行对香烟并不感兴趣，有可能因为这些银行的主席有一天被迎面而来的烟味给呛着了。在这210亿美元当中，奥布莱恩认为他可以调用其中的160亿美元。这是个大胆的猜想。根据协利的计算，他们能够取得155亿美元的资金，相当于全世界可以贷给的杠杆收购活动资金的3/4。

对于约翰逊来说，在开展那些杠杆收购的时间里，没有丝毫的乐趣。塞奇很奇怪他已经不再跟以前那样在深更半夜接到约翰逊打来的电话。一些业余的心理医生觉得约翰逊全身心地投入到这场收购中，可以使他从儿子车祸的阴影中得到暂时的解脱。布鲁斯·约翰逊依然处在昏迷当中。

随着董事会会议的临近，约翰逊开始对是否需要开展杠杆收购产生了怀疑。一方面的原因是很多他多年的老朋友都不能参加这场收购。约翰逊在一次漫长的晚餐上难过地告诉卡波内尔说他没有被包含在七人的管理层小组内，因为如果管理层小组中标了，德尔蒙特食品公司就会被卖掉用来偿还贷款。在这七人当中，霍里根是最富有激情的。据约翰逊和其他人讲，霍里根对杠杆收购即将带来的收益感到有点神魂颠倒。他一次又一次地在拍纸簿上斟酌那个七人小组的名单。㊀

即便约翰逊对他即将获得的上百万美元垂涎不已，其他人也没看出来。约翰逊一点儿也不担心那些参与杠杆收购的主管们的利益冲突。在约翰逊看来，收购公司并不构成利益冲突，而应该是将各方利益统一到一起。他相信在一场杠杆收购中，各方都是最终受益者。股价问题能够得到解决，股东们将得到每股 75 美元的收入。约翰逊说："按照我们现在的管理方式，公司的股价再过四五年也达不到这个水平。"协利和他的朋友罗宾逊也能因此扬名。同时约翰逊和他的朋友们能够得到他们想都不敢想的财富。

周一会议的组织者也许会把约翰逊的决定归因于贪婪，但事实更为复杂。首要原因，杠杆收购似乎满足了约翰逊好动的本性：他不希望这家企业衰亡。当面对股价下跌时，约翰逊无法像其他首席执行官那样视而不见。另外，虽然和其他人一样，约翰逊也希望能够一夜致富，但他也乐善好施，将这场收购看做给每个人的终极礼物。"罗斯觉得他的行为能够让每个人的碗里都有肉。"他的朋友、心理学家亚当斯说。

10 月 13 日星期四，约翰逊打电话给远在韩国汉城出差的休格尔。由于担心越洋电话线路不可靠，有人会偷听到他们的对话，约翰逊就隐晦地和休格尔展开了交谈。"你还记得上次我们讨论过的那个方案吗？"

休格尔嘴上说记得，心里却想：自己不是一个月前就说服约翰逊放弃这个想法了吗？

"查理，我们现在应该重新审视它。现在跟我上次和你谈的时候相比又有了一些新情况。董事会应该研究一下。"

休格尔大吃一惊。

"我们很希望开展这场收购，因此你一定要回来参加这次会议。"约翰逊说。

休格尔绞尽脑汁想知道到底是什么让约翰逊又变卦了，也许是布鲁斯的车祸。休格尔试图说服约翰逊放弃这个想法，但又放弃了。路途遥远加上约翰逊的决心让休格尔不好开口。约翰逊在挂电话之前问休格尔是否愿意领导特别委员会来评估他的方案，休格尔答应了。

㊀ 除了约翰逊和霍里根，这个七人小组还包括塞奇、亨德森、爱德华·罗宾逊、马丁和副总裁韦尔奇。

约翰逊让科恩放心管理层协议的谈判不会出现麻烦。但塞奇却不这么认为。他并不傻：如果协利想要做这桩生意的话，那他们就必须按照约翰逊的意思来。星期六的那场会议已经很明显地表明了这一点。现在塞奇准备把约翰逊的意思落到实处，让协利同意约翰逊在利润分配上的比例。戈德斯通有一次说："协利肯定不会答应的。"

"其实他们已经原则上答应了，只不过没说出来罢了。"塞奇回答说。

"我相信他们不会同意的，他们已经放弃得够多的了。"戈德斯通警告说。

塞奇依然十分固执地说："他们要么接受，要么走人。我告诉你，他们一定会接受的。"

星期四早上，希尔和斯特恩来到雷诺兹－纳贝斯克集团在曼哈顿的办公室，但他们并没有意识到自己已经进入了塞奇的埋伏圈。等塞奇一开口，这场会面的气氛就和之前在亚特兰大会面时的气氛截然相反。约翰逊那种平易近人、称兄道弟的气氛已荡然无存，取而代之的是塞奇冷酷无情、咄咄逼人的架势。

纽约董事会议厅里，协利的这两名银行家静听塞奇讲解游戏规则。如果协利希望约翰逊和他们合作的话，那么到时候协利只能得到七个董事席位中的两个，约翰逊会得到三个，剩下的两个由外部的独立董事占据。约翰逊手下的管理层不会自己掏腰包购买公司的股份，协利需要将钱贷给他们，来让他们购买公司股份，这些高管将用之后的激励性奖金偿还贷款。协利还需要替约翰逊支付这部分的税金。说穿了，管理层就是空手套白狼。塞奇最后又重申说管理层的分成比例不能小于20%。

希尔不知该说什么好。他之前还以为会有艰苦的谈判，但现在却出乎他的意料。他甚至不知道从什么地方来反驳塞奇。当希尔和斯特恩准备与塞奇理论的时候，塞奇威胁说约翰逊随时准备放弃这个项目，更糟的是，他还可能会找其他的投资银行来发起这场收购。

在希尔看来，塞奇似乎不遵循杠杆收购的游戏规则。希尔争辩道："钱都由我们投入，风险也都由我们来承担。你这不是开玩笑嘛。"要求协利的投资者只拿40%的回报简直太没道理了。那些把钱投资到协利的机构都要求投资回报率在40%以上。所以希尔觉得约翰逊的份额最多不能超过10%。

但塞奇丝毫没有妥协的意思。整整两天，希尔和斯特恩跟这位雷曼前银行家据理力争。谈判中的火药味越来越浓，三个人最后都吵得面红耳赤。这两位协利银行家后来回忆说，这是他们在华尔街职业生涯中最艰难的谈判。在整个谈判过程当中，他们始终和科恩保持着联系。当时科恩正好在亚利桑那州图森市参加美国运通公司管理层会议。

"塞奇简直是丧失了理智，"斯特恩星期四的时候告诉科恩。随着谈判的进展，斯特恩的措辞也开始变得尖锐："彼得，这简直是他妈的一场噩梦。"

塞奇的言行让斯特恩感到惊讶。70年代的时候，当斯特恩在雷曼还是个资历较浅的银行家时，他在标牌公司的项目上和塞奇合作过，并把他当做自己的老朋友。然而现在双方开始交恶，塞奇指责斯特恩没有职业素养，这对斯特恩来说是种人格的羞辱。"够了，我不干了。"斯特恩边说边站起来准备离开，塞奇只好赶紧道歉。

后来塞奇承认他之所以采取强硬的态度，一部分是因为他对银行借贷双方的关系存在成见。当塞奇还在华尔街上班的时候，客户就是老板，投资银行只是雇来帮忙的。但协利并不是配角，而是一个合伙人。它将为雷诺兹－纳贝斯克集团的收购计划投入数以千万计的资金。塞奇并没有意识到这一点，因此后来他说："（协利）他们不再扮演求着公司要业务的角色了，而是重要的参与者。"

塞奇看不起希尔和斯特恩，觉得他们两个没有达到雷曼的传统标准，因此认为有必要在谈判方面给他们上一课。约翰逊后来说："安迪认为这些家伙有点蠢，一点都不精明。"

为了争取力量来对抗塞奇，希尔给戈德斯通打了电话。戈德斯通一直对塞奇的要求不是很赞同，于是将自己的想法告诉了希尔。"如果我们的客户告诉你他们认为自己有权要求得到什么，那很好。如果有什么需要我帮忙的话，我会尽力的。"

但戈德斯通很快对自己说的话感到后悔，因为希尔在谈判的关键阶段告诉塞奇说达维律师事务所也支持协利的立场。事后，塞奇找到戈德斯通并将他狠狠地批了一通。"你到底站在哪一边？"塞奇直截了当地问。之后戈德斯通再也不趟这浑水了。

谈判旷日持久地进行着，希尔在科恩的允许下勉强同意了塞奇的要求。协利同意在董事会中委派两名董事，同意替约翰逊支付他的个税。但将全美最大公司之一的雷诺兹－纳贝斯克集团20%的股份免费送给管理层？这样不但协利的利润会受到影响，而且如果让外界知道的话，协利也太丢脸了。

"安迪，你给自己制造了一个很大、很大的公关麻烦，"希尔提醒道，"人们会说管理层正在中饱私囊。"塞奇回应说："到时候再说。"

希尔试了各种办法都没有用，而且每次一谈到关键问题，塞奇就威胁走人。斯特恩还是取得了小小的进展，因为塞奇终于同意管理层在达到一定的业绩时才可以取得一些额外的股权。管理层如果能够完成一项资产剥离业务，达到目标营业利润或取得特定的投资回报率，才能够获得股权。

但协利的银行家没办法让塞奇放弃最核心的要求，塞奇要求这些股权最终能让约翰逊的持股比例达到20%。为了证明目前协议的条款已经很优厚，斯特恩用计算机演示了在每股80美元的条件下，这场杠杆收购能够为管理层带来的收益。塞奇认为这个假设有点可笑："你疯了吧？没人会出这么高的价格。"

两天之后，希尔和斯特恩只能认输。他们找到科恩说："彼得，还是你自己和罗斯谈谈吧。我们没法和塞奇这家伙再谈下去了，他简直不可理喻。"

塞奇也快受不了协利了。周末的时候，斯特恩不再接他的电话。到了星期天，塞奇准备放弃协利。塞奇对正和戈德斯通在佛罗里达度周末的约翰逊抱怨道："让我们甩开这帮人从头开始吧。"

约翰逊并不担忧。每一场谈判都是一次斗争，只不过情况有好有坏。三天之后，约翰逊就要召开董事会并向他们报价。他知道科恩急切地想得到这次机会，所以不太可能因为这一次谈判就轻易放弃这次收购。

约翰逊宽慰塞奇："他们还会回到谈判桌上来的，如果不这样，他们一分钱都赚不到。"

约翰逊的一个电话把休格尔从韩国召了回来。当飞机飞到北太平洋上空时，休格尔掏出记事本列出他要做的工作。特别委员会应该有五个成员。一般这种委员会有三名委员，但休格尔准备下个月去莫斯科，因此不希望到时候只有两名董事留守。他需要那些当过首席执行官、懂得公司运作的人来担任委员会成员，而且这些人还要有时间，不会因为旷日持久的谈判错过吃饭而牢骚满腹。

星期日晚上，休格尔刚回到康涅狄格的家中，就给已经回到亚特兰大的约翰逊打了个电话。电话里两人讨论了委员会人选问题。其实休格尔早已有了自己的想法，只不过是通过约翰逊的嘴巴说出那些人名而已。西湾公司的戴维斯是个合适的人选。作为约翰逊的老朋友，戴维斯比董事会里的其他人更了解企业重组，因为在过去的5年里他对西湾公司进行了多次改革。美国计算机服务公司的前董事会主席安德森也是候选人之一，而且约翰逊给了他8万美元一年的董事咨询费。他们认为至少有一位董事应该来自温斯顿－塞勒姆，于是他们把人选定为梅德林。让人最不可思议的候选人是麦康伯。虽然在早期的交往中，约翰逊不信任这位塞拉尼斯化学公司的前主席，但他和休格尔还是决定让此人加入委员会，以免麦康伯在其他董事中间造谣滋事。

"还有一件事。"约翰逊想起了戈德斯通的话，"最好在董事会里有一名律师。我们应该把事情做得滴水不漏。"

休格尔其实在他的名单上已经写了"律师"。律师的人选将非常关键，因为律师将确保这些董事在他们职责范围内行使义务。一到星期一，休格尔就打电话到纽约最有名的几家律师事务所求助。当前三家事务所解释说他们之间存在利益冲突，不便参与时，休格尔马上警觉起来，因为这表明外面的银行或投资银行家已经开始准备这件事情了。休格尔立即意识到约翰逊还有很多事情没有告诉他。

彼得·阿特金斯面带愠色地盯着航班显示屏。由于大雾原因，芝加哥机场被迫关闭，他飞往阿尔伯克基的航班被无限期地延迟。

阿特金斯拿起他的公文包，穿过人群走到公用电话亭前。他需要在傍晚前赶到新墨西哥州参加一个重要的会议。45岁的阿特金斯已经厌倦了长时间的出差，但并不是他倒不过来时差的原因，各地的同事对他的身体素质感到相当佩服。其他律师经历了长时间的谈判之后到了下半夜都筋疲力尽，而穿着讲究的阿特金斯却没有一丝倦意。作为华尔街证券业务顶尖律师之一的阿特金斯出生在纽约布鲁克林区的弗拉特布什，而他所在的世达律师事务所是全美第三大律师事务所，而且在新兴的并购法律业务范围里表现十分活跃。

阿特金斯拿起电话让秘书重新预订航班，秘书告诉他有位叫休格尔的先生给他打了电话。阿特金斯只认识一个休格尔，此人好像是燃烧工程公司的主席。过会儿给休格尔回电话，阿特金斯自言自语道。

彼得·阿特金斯：作为竞标活动的裁判，他带领董事会成员穿过法律和道德的雷区。

阿特金斯的秘书给他在联合航空公司预订了机票。当他跑到登机通道前，才发现由于丹佛机场也封闭了，班次也被无限期延迟。正当他埋怨自己的霉运时，他听到BP机响了起来。他走到一个对方付费的电话亭前，呼叫接线员。

接线员称是休格尔先生留的言，内容是“告诉他，他将与史上最大的交易失之交臂”。

还真会诈唬，阿特金斯心里想，接着又开始为去新墨西哥的事发愁。他的秘书又查了一遍其他公司的航班，之后给他订了在达拉斯转机的大陆航空公司航班。

于是，阿特金斯快速跑向远处大陆航空公司的登机口。他气喘吁吁地跑到登机口，看到大家正在准备登机，心里很有成就感。当排队的人群慢慢地向前移动时，阿特金斯掏出手机给这位休格尔先生打了个电话。20分钟之后，阿特金斯就坐着飞机向西飞去，而休格尔也给自己找到了律师。

星期一，也就是董事会召开的前两天，约翰逊开始变得有些紧张。每个小时他都要看一下公司的股价。如果股票价格有大幅度上升的话，他随时准备放弃杠杆收购。

最近《商业周刊》的“华尔街内幕”专栏上的一篇文章让他感到如坐针毡。这篇名为“烟雾信号：买入雷诺兹－纳贝斯克集团”的专栏文章指出雷诺兹－纳贝斯克集团的流动资产和股价之间存在很大的差异，并引用一个投资经理的话说，雷诺

特别委员会（自左上角顺时针排列）：比尔·安德森、在温斯顿－塞勒姆遭受非难的艾伯特·巴特勒、

之后不相信约翰逊的查理·休格尔、一向讨厌约翰逊的约翰·麦康伯和约翰逊的朋友马丁·戴维斯。

兹-纳贝斯克集团即将重组或被收购。文章接着猜测道，有小道消息称为了避免被收购，管理层准备将公司买下来然后将烟草业务剥离出去。约翰逊心想他们只猜对了一半，他和贝尼文托当初决定卖掉食品部门，而烟草部门能给公司带来巨大的现金流，公司会予以保留。约翰逊尽量不去想这件事。

真正让他吃惊的是，就在下午6点之前的几分钟，道琼斯新闻网报道菲利普·莫里斯公司向卡夫食品公司发出了价值110亿美元的收购要约。哈米什·迈克斯韦尔正积极地扩张着他的帝国，这和约翰逊准备缩小自己业务范围的计划形成了鲜明的对比。这个消息一公布，投资银行家都打来电话询问约翰逊是否有兴趣和菲利普·莫里斯公司竞价。这些人的说辞都大同小异：这可是难得的机会啊。卡夫食品公司可是家了不起的公司，你应该试试，赶快行动吧。

唯一引起约翰逊注意的是来自摩根士丹利的沃特斯打来的电话。沃特斯联系上了韦尔奇，向他询问卡夫食品公司的情况。在挂电话之前他提到12天之前和韦尔奇谈过的那件事。“顺便问一句，你们和KKR有进展吗？”

“啊，我们还在研究。”韦尔奇回答道。

当天约翰逊给董事们打电话，要求他们出席周三的晚宴。当董事们询问原因时，约翰逊只是说：“事关重大。”对那些特别委员会的成员们，约翰逊问他们是否愿意参与研究重组方案。戴维斯虽然不很乐意，但还是答应了。麦康伯倒是很爽快地答应了。休格尔联系了安德森，他也同意了。只有梅德林拒绝了，推说实在抽不出时间。实际上，他担心一边担任着雷诺兹-纳贝斯克集团的主要关系银行的领导，一边担任委员会委员将来可能会出现利益冲突。梅德林建议说：“你能问问别人吗，比如巴特勒？”

休格尔也只能找性格温和的巴特勒了。“罗斯之前有没有和你谈过这件事？”休格尔那天问巴特勒。“还没有，但他好几个星期之前就和我提到过研究重组的事情。”

巴特勒同意加入委员会，但他告诉休格尔一件事情。几周之前，约翰逊请求巴特勒在5月份他七十大寿之后继续担任雷诺兹烟草公司的董事。“这两件事没什么联系吧？”巴特勒问。

休格尔立刻警觉了起来。“他都到什么程度了？”

巴特勒说约翰逊已经发出明显的邀约了。

“我待会儿再给你打电话。”休格尔生气地挂了电话。他知道烟草业务会在杠杆收购之后继续存在，而他不喜欢约翰逊将公司董事会席位许诺给现在的董事。在这整个过程中，董事应该保持中立，而现在约翰逊这么做似乎不太妥当。于是休格尔打电话给约翰逊，告诉他自己的想法。

“巴特勒一定是搞错了，”约翰逊解释说，“我上次和他谈话的时候，还没有决定要收购公司呢。我只是想让他继续担任烟草业务的董事。”但休格尔并不相信是巴特勒弄错了，并告诫约翰逊说：“罗斯，你要当心啊，要知道你这样做很不好。”

接下来，约翰逊说的话让休格尔一辈子都不会忘记。约翰逊告诉他，杠杆收购完成后公司会设几个席位给独立董事。“希望你能考虑一下，查理。下决心吧，让我们先把这场交易做完。但我们一直合作得很融洽，我希望你能过来帮我。作为董事，你还能拿到一些股权。”

“喔，那你准备怎么处理？”休格尔将信将疑地问。

约翰逊说出了自己的想法。休格尔可以和其他高管享受相同的好处，他可以用协利的贷款来购买，然后就看着这些股权迅速升值。5年之后这500万美元的权益资产就能变成2 000万美元。

休格尔不知道该说些什么好。约翰逊是否知道自己在说什么？他知不知道他正在行贿？他是在耍滑头还是真的天真？但约翰逊永远都让人捉摸不透。“我不能这么做，我马上就要当特别委员会的主席了。”

休格尔建议约翰逊打电话给巴特勒把董事会席位一事解释清楚，然后就带着疑惑和一点点担心匆忙地结束了谈话。晚些时候他自己又给巴特勒打了电话：“我不会对任何人提起这件事的。”

星期一，塞奇打电话给约翰逊，约翰逊正在家里。塞奇有点抓狂。当天他收到协利几个年轻律师给他传真过来的管理层协议草案，他一看好多都不符合要求。塞奇认为协利在一些关键问题上都背离了谈判的结果。约翰逊说：“来我家吧，我把他们都叫上。”

约翰逊有点生气了。离董事会召开都不到四天了，而一些主要问题还都没得到圆满解决。他决定把自己人都叫上，然后打电话给协利让对方给个说法。劳里开始给管理层团队的人挨个打电话，询问他们在哪。戈德斯通那天回纽约了，劳里只好找到他的助手、长着娃娃脸的哈佛毕业生乔治·巴松来充当他们的谈判代表。霍里根当时正和两个烟草业务的主管在韦弗里酒店吃完饭。马丁直接从街的那头来到约翰逊家里。贝尼文托和亨德森两人正好在一起吃饭。

等大家都到齐时，已经是晚上10点多了。劳里给大家拿了些健怡可乐，约翰逊则坐在书桌旁给在纽约的科恩拨了电话。在等待对方接电话时，他望着挂在墙上的那些他和社会名流们的合影。

他怎么也没想到接电话的竟然是罗宾逊。罗宾逊一家在曼哈顿的家中已经上床休息了，约翰逊才意识到自己拨错了号码。“该死，吉姆，打错了，我正在找彼得。”

“出什么事了？”罗宾逊问道。

约翰逊像变了个人似的，异常愤怒。“协利的那帮蠢货！他们都快把我们逼疯了，简直不可理喻。他们修改的那些都是什么狗屁东西！我对他们不能再忍了。”

罗宾逊由于没有参与这件事，并不太了解具体情况。他挂了约翰逊电话之后就给科恩打电话。“我不清楚到底出了什么事情，但希尔和斯特恩一定是把教皇给惹恼了。你能出面解决一下吗?”

科恩很害怕给约翰逊打电话。他本来希望希尔和斯特恩能自己搞定管理层协议的，而且他还准备明天一大早去参加《你早，美国》的访谈节目。科恩极不情愿地拿起话筒，然后打到了亚特兰大。“我们能明天再谈吗？现在时间不早了。”科恩问。

“不行，这事现在就得解决。”约翰逊说，“彼得，我认为这件事有点荒唐。如果今晚这事不得到解决，我们就不用合作了。如果我们两家现在就闹矛盾，那以后会怎么样?”

科恩吓了一跳，约翰逊看来真的是生气了。科恩说：“我们会解决的。”挂了电话之后，科恩就把自己的私人助理安德烈·法里斯叫到了家里。法里斯就住在北面的第三个街区，不一会就到了科恩的家。科恩还电话连线上了努斯鲍姆。不久这三个人就打电话给正坐在约翰逊书房里的巴松。

“真喜欢这把椅子。”巴松对约翰逊说。

“如果你能搞定这件事情，我就给你买一把。”约翰逊说。

电话的另一头，科恩发现自己形势不妙。约翰逊咄咄逼人的要求让他感到很不适应。科恩知道协利要放弃多少资金和管理权，但如果要使交易进行下去，他就必须做出让步，无论如何都要满足约翰逊。

不到两个小时，谈判就结束了。科恩几乎答应了巴松提出的每一个要求。根据当晚塞奇的秘书打印出来的稿子看，约翰逊等七人能拿到8.5%的股份，资金全部由协利提供。如果达到所有条件，那么他们的持股比例能够达到18.5%，这些股份在几年之后就能值25亿美元。约翰逊能够随意处置他拥有的那部分股份。按照戈德斯通的说法，约翰逊1%的股份在5年之后就能变成1亿美元。此外约翰逊还得到了一票否决权，并控制了董事会。在之前的杠杆收购中从没有这么优惠的条件。

科恩想图个轻松，因为他觉得自己已经和约翰逊达成协议说如果股票价格超过每股75美元，这个协议就得重新商议。他敢肯定股价一定会超过75美元的。双方暂时都得到了各自想要的东西。约翰逊得到了历史上最丰厚的管理层协议，而科恩终于推动了收购活动向前发展，并告诉他的同事们这个管理层协议还没有板上钉钉。

斯特恩得知科恩的让步时，一下子火冒三丈。他用拳头狠狠地敲打着桌子，破口大骂：“去他妈的，我一定要每股75美元收购，多一个子儿都不行!”

在雷诺兹-纳贝斯克集团的总部大楼里，员工们也注意到了一些细微的变化。有一天爱德华·罗宾逊让人赶紧把4 000万美元存入“拉比”退休基金里，从而引起了财务部员工的种种猜测。约翰逊和一些高管看起来老是心不在焉，于是谣言开始传播开来。有几个秘书甚至咨询了心理医生，一个预言家告诉她们："你们的工作并不牢靠，应该找一个稳定的工作，比如去政府部门或者 IBM。"

接着另一位说得更糟糕："我看不到你的余生在从事目前的工作。"

"那你都看到什么了？"

这位预言家闭上眼睛，沉思了许久说："就像一根蜡烛……被吹灭了。"

星期二，约翰逊焦急地等待着，每过一小时他都要查看一下股票价格。第二天早晨他邀请刚从纽约回来的戈德斯通到家里吃早饭。戈德斯通有点不知所措，不知道约翰逊要准备启动杠杆收购还是只是谈杠杆收购本身。约翰逊讲了一大堆之后，最后补充说他决定支持杠杆收购。戈德斯通建议说："把你的想法告诉他们，最终做不做是他们的事。"

吃完早饭，约翰逊来到办公室查看了一下股票行情，没什么变化。接着他又和他的管理团队见了一面，确保每个人在发动总攻之前没什么情绪波动。塞奇鉴于和希尔的谈判仍然有些矛盾，但他表示无论发生了什么事情，他都会站在约翰逊的一边。爱德华·罗宾逊完全支持这个计划，他给约翰逊打气："加油。"

急切地准备上场的霍里根再次提醒约翰逊要提防董事会。约翰逊和马丁·戴维斯两人关系好并不意味着斯迪克特的老朋友就会把公司交给约翰逊。"安德森他们是老顽固，"霍里根提醒约翰逊，"他们不会喜欢杠杆收购的。巴特勒本来就是公司的老管家，而麦康伯是个牢骚大王。"

约翰逊提到雷诺兹公司长期的合作银行狄龙·里德公司和拉扎德十分适合作为董事会的投资银行顾问，他以为这样能给哈里斯带来生意。霍里根却不以为然地说："和协利合作，对哈里斯来说是他职业生涯中的耻辱，他的自尊受到了严重的伤害。他不会再是你的朋友了，而是变成了你的死对头。"约翰逊性格中天真和狡诈的奇怪结合一直让霍里根感到吃惊。

周三早晨，休格尔和阿特金斯坐着燃烧工程公司的飞机来到了亚特兰大。刚住进韦弗里酒店，休格尔就走到隔壁找约翰逊聊天。这是他在董事会召开之前养成的习惯。休格尔发现约翰逊像以前一样兴奋，甚至比以前更加活跃。看得出来，约翰逊没改主意，杠杆收购将继续进行。休格尔很想知道约翰逊准备怎么和董事会谈这件事，于是两人就开始排练起约翰逊的演讲稿。

当休格尔提到阿特金斯将列席董事会会议时，约翰逊感到十分惊讶。他漫不经心地说针对这件事的新闻发布会以后再说，但并没有坚持说不能召开。之后休格尔来到阿特金斯的房间，让他起草一份新闻稿，如有必要准备第二天早上发布。

“天哪。”戈德斯通听说休格尔把阿特金斯带来时心里暗暗叫苦。之前他还一直以为董事会不会公开当晚约翰逊的演说，这样管理小组就有机会在私下里完成谈判。现在这一切都落空了。

这和阿特金斯最近的一次经历有关。早在两个月前，这位世达律师事务所的律师因为他在一家威斯康星州造纸厂的收购活动中扮演的角色而受到法官严厉批评。这家造纸厂的管理层采用了经典的“脑门上架枪”的做法迫使董事会通过合并协议。而代表董事利益的阿特金斯却允许收购方将此事严格保密直到最后一分钟，只有在公司股价出现上涨的时候才能公开这个信息。

聘请阿特金斯担任董事会顾问的恰好是作为收购方的原公司首席执行官，这个事实让法官不得不怀疑阿特金斯这种做法的动机。“显然，在公司收购的过程中，律师的作用更多的应该是保护股东们的利益，而引导那些经验不足的董事还在其次，”法官说，“我们不得不怀疑这个利益相关的首席执行官在挑选对手时表现得如此积极的背后是否有其他目的。”而阿特金斯决定保密的做法，法官认为“值得深究”。

法庭的这些意见都暗示阿特金斯在这件事上出卖了职业操守，违背了中立的原则。戈德斯通猜想阿特金斯一定还在为这件事感到心痛。努斯鲍姆也表示：“阿特金斯显然吸取了上次的教训。我想他一定比恺撒大帝的妻子还要圣洁。”

约翰·格林纳斯：被排除在管理层团队之外以后，这位约翰逊的原继承人开始秘密地实施报复行动。

休格尔离开之后，约翰逊就去迎接刚从新泽西州回来的格林纳斯。很少有人知道，这位年轻的纳贝斯克总裁是约翰逊的接班人。三个月前，约翰逊还和他一起促膝长谈，并向他详尽地描述了他的将来。格林纳斯会在 1989 年年初从纽约搬到亚特兰大去担任执行副总裁，次年春天的年会上他就被任命为董事会成员。这样到 1990 年约翰逊退休的时候，45 岁的他就可以当上公司的首席执行官了。

格林纳斯在约翰逊手下平步青云。尽管他不是约翰逊核心集团的成员，但是他一直追随约翰逊。从标牌公司的酒业营销经理一跃成为纳贝斯克公司的首席执行官，他用了仅仅 10 年的时间。和约翰逊截然相反，格林纳斯是个不苟言笑、性格内向的人。但他并不缺少幽默感，他在办公室里放了一块打铁的砧板。他总是穿着一套呆板的西装，也不会用煽动性的语言来激励他手下的销售人员。下班之后，当约翰逊和他的死党们在家里喝酒大摆龙门阵的时候，格林纳斯还待在办公室里处理公务。他也不打高尔夫球，只爱好举重。但他能很好地完成约翰逊交给他的任务，因此很受到约翰逊的重用。而那些眼红的同事则私底下说他的升迁完全是因为约翰逊和他都是加拿大人。

当格林纳斯4点钟走进约翰逊的办公室时，他一点也没察觉到雷诺兹–纳贝斯克集团即将面临的灾难。他没有参与收购小组，原因就是纳贝斯克公司和德尔蒙特食品公司一样也会被卖掉来偿还银行贷款。格林纳斯一点儿也不晓得他马上就要从一个公司继承人沦落为一个无家可归的人了。

“约翰，”约翰逊热情地招呼格林纳斯，“我准备发动杠杆收购了。”

格林纳斯顿时瘫坐在凳子上，一脸惊讶。他仔细体会约翰逊的话，终于明白了其中的含义。约翰逊带着一群高级主管和协利打交道，而他却没有参与。格林纳斯心里一沉：没有我！他看着这位他曾经的导师，听他向自己描绘杠杆收购给每个人带来的美好前景，心想：是他摧毁了纳贝斯克公司，我也要失业了，我的员工都被他耍了。

格林纳斯呆若木鸡地坐在那儿，好半天才问了一句：“为什么不让我参加管理团队？”

约翰逊解释说因为他们要出售纳贝斯克公司才能偿还贷款。但是，他补充道，格林纳斯可以帮忙寻找合适的买家。接着，约翰逊口口声声地说这对格林纳斯是个绝好的机会。“约翰，这是你人生的一次分水岭。如果你不喜欢新环境的话，其他人也会要你的。你还年轻，机会多的是。只要敢想，这个世界就是你的。”

无论什么原因，如果格林纳斯不喜欢纳贝斯克公司新东家的话，约翰逊说格林纳斯可以辞职并拿到3年的退休金，再加上手里5万股限售股，格林纳斯总共可以拿到700多万美元的补偿。

“我会让你发财的，约翰！”约翰逊说道。

一小时后，格林纳斯颓废地离开了约翰逊的办公室。走在回韦弗里酒店的路上，他感觉这就像一场梦。回到酒店，格林纳斯默默地坐了几分钟。他觉得应该做点事情。

约翰逊还独自待在办公室里。窗外，暮色渐渐地吞噬了秋天暖洋洋的下午。两小时后，他将发表一生中最重要的演说。他坐在办公桌前字斟句酌地在黄色拍纸簿上记了些笔记。他觉得这就像在练习高尔夫球：集中精神，调整好姿势，然后一切都会好的。

Barbarians 第7章 at the Gate

野蛮人准备行动

约翰逊第二天起得很早，周三晚上董事会上的情形还历历在目。早上8点他要去总部参加薪酬委员会会议，接着要和全体董事会成员会面。9点30分还要出席有关这次杠杆收购的新闻发布会。当他浏览当天的早报时，看到在《亚特兰大宪法报》商业版的头版里有一篇标题为“分析人士认为雷诺兹－纳贝斯克集团不太可能参与并购”的报道，约翰逊禁不住咯咯直乐。

文章结尾说雷诺兹－纳贝斯克集团会在最近这场食品行业的收购浪潮中采取观望的态度，而菲利普·莫里斯公司开始打卡夫食品公司的主意，大都会公司已经对派斯博瑞食品公司发起了收购。“好吧，”约翰逊对他的妻子说，“他们又在为我们操心了。”

出门之前，约翰逊接到了来自格里森的祝贺，接着休格尔打来电话向他报忧。休格尔说昨天晚饭后，麦康伯和乔丹在内的几个董事聚在一起讨论这次的杠杆收购会对他们每年5万美元的退休金有什么影响。这个会议可能会有些麻烦。当约翰逊踏进公司总部，他发现休格尔的担心是有道理的。

这天早晨，薪酬委员会提到董事会成员的退休金问题。现在任何关于董事报酬的问题都会让人觉得是约翰逊在试图左右董事会成员。约翰逊建议大家讨论一下这件事，他们也这么做了，但约翰逊能明显感到一些董事表现出来的不满。董事会成员就包括交通险在内的其他津贴向约翰逊提出了疑问，问这些福利是否会有变化。约翰逊有点恼了，说这个现在还不知道，以后再说。

霍里根那天早上也在亚特兰大，对新闻发布会大发雷霆。发言稿的初稿说，由约翰逊领导收购小组，而霍里根坚持要求加上他的名字，否则他的手下会猜想约翰逊会不会把雷诺兹烟草公司一起卖掉。"我们应该说约翰逊和霍里根，"他对亨德森说，"如果我和他在一起的话，大家就不会胡乱猜测了。"看到霍里根的脸黑了下来，亨德森只好按照他的意思写。

早上 9 点 35 分，当消息公布在道琼斯新闻节目中时，天顿时塌了下来。雷诺兹－纳贝斯克集团的公共关系主管比尔·利斯早上起来以为当天的大新闻就是公司第三季度的盈利情况和董事会批准投资新建工程的消息。杠杆收购的消息发布没过多久，上百个电话从各个媒体打进公司，有来自报社、广播电台和电视台的，有来自全美各地的，还有海外的媒体和情绪激动的投资者的。当地的电视台早已在公司外围摆好了架势，直升机在屋顶盘旋，机上的人监视着大楼里的情况。之前在美国环球航空公司工作的时候，利斯经常处理一些劫机事件，但自打他从航空公司辞职后，已经好久没见到这种场面了。对每个打进来的电话，他和四个手下只能一遍一遍地重复相同的回答：除了新闻发布会，其他无可奉告。

到了中午，站在总部大楼外的一个记者告诉电视机前的观众说他准备在约翰逊回家吃午饭的时候找机会向他提问。在清水溪路的约翰逊家中，约翰逊的女佣正在看电视。"太太，先生要回来吃午饭。"劳里疑惑地打电话给她的丈夫："你中午要回来吃饭？"

即使约翰逊想回家吃饭，他也出不去。总部大楼已经被媒体围得水泄不通。即使是当地的记者，他们也知道 176 亿美元的杠杆收购将会是公司收购史上最大的手笔。这件事是当天的新闻头条，也将成为年度最轰动的商业事件。亚特兰大市北面时髦的购物中心这一天突然成了世界的商业中心。

星期四早晨，吉姆·罗宾逊在他亚特兰大的母亲家，准备参加可口可乐公司的董事会。罗宾逊在亚特兰大长大，之后进入哈佛求学。52 岁的罗宾逊被人称为美国商业帝国的国务卿。他领导的美国运通公司是世界上最强大的金融巨头之一，管理着 1 980 亿美元的资产，拥有 2 800 万的信用卡客户。只要罗宾逊一开口，政治家们都得毕恭毕敬地听他说话。一年前，他提出的解决第三世界国家债务危机的方案在国际社会上引起了广泛的关注。罗宾逊举止庄重，既有南方种植园主的风度，也有北方银行家的干练。他的妻子琳达·罗宾逊在纽约掌管着一家公关公司，在业界也很有影响力。

早上7点，罗宾逊接到科恩打来的电话。得知雷诺兹－纳贝斯克集团将要举行的新闻发布会，罗宾逊大吃一惊。虽然他对最新的进展情况没有过多的关注，但也没想到他们会召开新闻发布会，即使要有，最早也得到下个星期才会召开。

"怎么来得这么快?"罗宾逊问道。

"律师认为早就应该召开了，"科恩说，"董事会也同意了律师的建议。"

这不是一个好兆头，但他们两人都不怎么担心，因为他们觉得不会有什么大问题。

10月20日的早上，华尔街上空气清爽宜人。往北的两个街区，上班族们从纽约世贸中心地下的地铁站出来，绕过拐角的汉堡王快餐店，沿着百老汇大街一直向南来到经纪公司。一路上，大家谈论的话题都是两周后的总统大选和世界职业棒球大赛。

虽然黑色星期一已经过去一年了，但华尔街依然笼罩在这场股灾的阴影当中。人们普遍担心的经济大幅度滑坡并没有发生，但也丝毫没有复苏的迹象。其实，华尔街正处于一种混乱的状态。各大证券公司的老总们忧心忡忡，经纪业收入减少。当时从股市上逃离的投资者也都没有回到股市的意思，各种证券的交易量下降了22个百分点。

自去年股市崩溃以来，已经有15 000名华尔街的员工失去了工作。协利和其他几家公司也正在考虑裁员。华尔街上每天都有其他公司准备裁员的消息。大家开始还有些害怕，而现在都感到烦了。在曼哈顿下城的股票交易所里，交易员讲的黄色笑话比他们手头交易的股票数量还要多。

长此以往，唯一让人看到希望的就是并购业务，尤其是商业信贷业务。并不只有科恩看到了这一点，华尔街上的首席执行官都想到了商业信贷业务。美林银行就对外宣称其杠杆收购业务的投资回报率每年都能达到100%。《商业周刊》1月份一期杂志的封面故事里就说，在J. P. 摩根过了全盛期之后，华尔街还没有收购过这么多的公司。

金融业持续的低迷让商业信贷业务更加走俏。从杠杆收购和搭桥贷款取得的丰厚利润能够快速帮助经纪公司渡过难关。单单一场交易给经纪公司带来的预收款就可以达到5 000万美元，甚至更多，这些钱能维持公司3个月的开支。通过出售其拥有的一家得克萨斯化学公司10%的股份，6月份摩根士丹利就获得1.2亿美元的税前收益；而在整个1987年，该公司的税后利润只有2.3亿美元。听到这些诱人的数字，那些商业银行业的后进者，像高盛银行、所罗门兄弟银行，还有小不点狄龙·里德公司，也到处寻找投资机会。

站在商业信贷业务最前端的是一群并购的排头兵。几乎每一家投资银行都有并购部门，这些部门里面生存着一群关系错综复杂的人。他们的前辈为企业客户提供私募和承销服务，并且和这些客户保持着数十年的友谊。到了 70 年代后期，随着恶意收购的大量涌现，华尔街上出现了新一代的投资银行家。他们是一群唯利是图的雇佣兵。对于希尔这些人和那些华尔街律师来说，每一个收购都是他们赚钱的机会，没有好与坏之分。有人说华尔街的并购咨询顾问的忠心时刻在变，这种说法本身就不对。因为除了对他们的公司和自己，他们毫无忠心可言。

华尔街一家大公司的董事会主席曾经说，“在这些家伙心中，摆在第一位的永远是他们自己，其次是他们的合作伙伴，最后才是他们的客户。”

在这些人的世界里，收购就是他们的生意，那些顶级生意人就是“玩家”。顶级玩家通常会同时周旋于多个收购项目。在任何时候，他们可能在某个项目上是盟友，在另一个项目上又成了对手。很多时候这些人被比做雇佣兵，但有些人可能认为将他们比做职业摔跤手会更贴切一些。一帮出场费昂贵的摔跤手从一个比赛场地到另一个比赛场地，但观众却弄不明白他们在场上是表演还是动真格的。

在这帮收购从业者当中，有十几个核心人物。在过去长达十多年的时间里，他们分分合合，合合分分。他们通常自称是“集团”的一员。他们一起成长，他们的职业生涯因成百上千个并购活动而互相交织在一起。这些参与大收购时代的玩家大都是在 60 年代后期大学毕业，在 70 年代中期通过收购相互成为朋友，到了 80 年代末期，经常给对方开惊喜生日派会。

除了希尔，集团的成员还包括布鲁斯 · 沃瑟斯坦和约瑟夫 · 佩雷拉，他们俩是并购时代最先出道的超级明星。在 1988 年年初，他们两个人离开了长期供职的第一波士顿集团，组建了一家名叫沃瑟斯坦 – 佩雷拉的并购咨询公司。此外，集团还包括摩根士丹利身材矮小的兼并部门主管艾瑞克 · 格里彻、露华浓集团的董事会副主席唐纳德 · 德拉普金、世达律师事务所的迈克尔 · 戈登堡和莫里斯 · 克拉默、在沃瑟斯坦离开第一波士顿后当上并购部主管的吉姆 · 马赫、黑石集团总裁史蒂夫 · 施沃茨曼，还有凯威律师事务所的艾伦 · 芬克尔森。“这些人我敢用脑袋和事业打赌，”德拉普金说，“而且我们之间都心有灵犀。”

虽然这些人供职于不同的公司，但他们之前都是在两家投资银行——第一波士顿和雷曼，或者在世达和凯威这两家大律师事务所里工作。大多数人都是寻求刺激的证券承销专家和抵押贷款律师。

从某种角度来说，美国公司的兼并业务可以被看成是老朋友之间一盘永远下不完的棋。在很多方面，作为集团核心人物的沃瑟斯坦被公认为顶级大师；作为剧作家温迪 · 沃瑟斯坦的哥哥，他在兼并战略和战术上的创新可以写好几本书了。多年来，格里彻一直是他的主要竞争对手。到了 1989 年，希尔取代格里彻成了沃瑟斯坦的劲敌，而 10 年前，希尔曾因离开第一波士顿而避免了与沃瑟斯坦的争权夺利。

布鲁斯·沃瑟斯坦：华尔街这位出色的银行家失去了克拉维斯对他的信任，因此克拉维斯在召开关键会议时都会避开沃瑟斯坦："我们不能让这个家伙靠近我们。"

"在任何一场收购中，总有我们这些人的身影。我们的生活总是交织在一起。"希尔说。戈登堡说："在每一次收购中，你总能看到希尔、佩雷拉和沃瑟斯坦，还有第一波士顿。你认识他们中每个人，而且知道他们在某种情况下会采取什么样的行动。相信我，你绝对不想新加入这场已经玩了多年的扑克游戏。"芬克尔森补充说："有人问我为什么会成功，这和我的年龄有关，我马上就到不惑之年了。我们集团里的每个人都要到 40 岁了。我们彼此互相帮助。"

这个集团的教父是约瑟夫·福隆，华尔街上一名具有传奇色彩的并购律师。很多集团成员都曾在福隆手下学习收购业务；对一些人来说，他就像他们的父亲。集团里的成员几乎大大小小的事都会去请教福隆，有什么争执也会让福隆出面调停，但另一方面，福隆也经常是他们最强劲的对手。"团队规模小的好处在于方便管理。这一点我是在小镇上的律师协会里看到的。因为大家都彼此认识，每个人都知道对方在做什么。这样就毫无秘密可言。"福隆说。

这种拉帮结派的思维正好给 80 年代后期流行于华尔街的内部交易提供了温床。对集团成员来说，那些对内部交易的调查就像是麦卡锡主义死灰复燃。那些被判罪的人无一例外是他们的同事或者朋友。说起这场内部交易丑闻，首先不得不提德崇证券公司野心勃勃的投资银行家丹尼斯·列文。他之前因为跟当时的主管希尔不和而离开了美邦证券公司，后来在格里彻手下做事。而对集团成员打击最大的是投资银行家马丁·西格尔被判刑。西格尔是沃瑟斯坦和其他几位集团成员的好友。和靠坑蒙拐骗起家的列文不同，他在哈佛接受过教育并在业内广受尊重。“我们这些人要么在集团里，要么在监狱里。”格里彻开玩笑说。

那这些人的友谊是不是会损害到他们客户的利益呢？这个谁也说不清楚。即使在一场数十亿美元的收购当中各为其主，他们还依然相互交流信息；这些“后台沟通”已经成为他们生意中的家常便饭。尽管有这种哥们情谊，但在收购中的种种迹象表明他们首先是对手，其次才是朋友。希尔、沃瑟斯坦和格里彻，这些人最早宣传他们彼此是好朋友，但当对方遭遇失败的时候，他们又是最先出来散布消息的。他们七位数的奖金建立在相互了解和相互倾轧之上。

当然并不是所有的重量级选手都在这个集团里，如拉扎德守旧派银行家的领班菲利克斯·罗哈廷、芝加哥拉塞尔金融街大亨伊兰·哈里斯、德崇的“疯狗”贝克、高盛投资银行主管杰夫·布瓦希。和那些“集团”成员一样，他们也都卷入了雷诺兹－纳贝斯克的旋涡里。

对克拉维斯来说，这可真是繁忙的一周。

菲利普·莫里斯突然对卡夫发动袭击，这给克拉维斯出面营救这家公司提供了一个千载难逢的机会。他当时正在西班牙猎鸟，但还是联系上了卡夫董事会主席约翰·里奇曼。克拉维斯说如果卡夫希望进行一场友善并购的话，KKR 公司可以帮忙。里奇曼似乎很感兴趣。KKR 的顾问为卡夫算了一下，这场收购总额超过 130 亿美元，将会成为历史上最大的收购。克拉维斯心里也惦记着派斯博瑞食品公司，这家公司正在寻找潜在的收购方，以摆脱大都会公司的纠缠。那天下午，克拉维斯准备参加在世达律师事务所召开的派斯博瑞财务情况说明会。

尽管克拉维斯这个星期已经排得满满当当了，但似乎他还有更多的事情要处理。当他的秘书将一张便条放到他面前的时候，克拉维斯正在他那可以俯瞰大军广场的办公室里打电话。

“雷诺兹－纳贝斯克集团准备以每股 75 美元的价格变成私人公司。”

克拉维斯手中的话筒差一点滑落。接下来的几秒钟，他都说不出话来。这不可能是真的。

他的得力助手保罗·雷切尔稍后走进克拉维斯的办公室。

克拉维斯立刻问他：“你听说了吗？”

“听说什么？”

“约翰逊要以每股 75 美元的价格收购他们的公司。”

雷切尔想了一会儿，最后才反应过来。“天啊，”雷切尔说，接着，第二个想法浮现在他的脑子里，“这也太便宜了。”

克拉维斯开始发起火来：“简直难以想象，这可是我们给他出的点子，他却连招呼都不和我们打一声。”

格里彻办公室的整面墙上都是他和家人的照片。照片里人物的服装和表情让人感觉这些照片就是拉尔夫·劳伦的宣传广告。

格里彻正仰靠在他的老板椅上，突然看到电脑屏幕上出现一条新闻。他立即从椅子上蹿了起来，急忙拨通了一个电话：“不管你手上的事情有多么重要，马上到我的办公室来。”

几分钟后，沃特斯就赶到了格里彻的办公室。两个人都目瞪口呆地盯着电脑屏幕看。

雷诺兹－纳贝斯克集团要被收购？竟然没有摩根士丹利的份儿？

格里彻让沃特斯看价格。他们都认为75美元实在是太低了，约翰逊简直就是在明目张胆地抢钱。

那天早上，格里彻和沃特斯好像心有灵犀。两个人都知道杠杆收购的流程，现在要回答的问题是，这场收购是否木已成舟？谁在为特别委员会提供咨询？更重要的是，摩根士丹利怎样才能分到一杯羹？

在他们采取行动之前，沃特斯得先回自己的办公室接个电话。

“到底发生什么事了？”雷切尔问道。

“我也不太清楚，一有消息，我就通知你。”

沃特斯刚放下话筒，电话又响起来了，这回是克拉维斯打来的。

“出什么事了？”

“亨利，等我们弄清楚了马上告诉你。”

“是谁？是谁在策划这场收购？”

“我不知道。我们正在调查呢，很有可能是协利。”

两人就挂了电话。几分钟之后，格里彻看到新闻里说协利证券公司参与了这场交易，这时他才想到塞奇。他知道这个时候不能发火，就笑嘻嘻地说：“嗨，安迪，你上哪儿筹钱去？”

塞奇嘟囔了一句。

“我想说我们没有机会和特别委员会接触，我感到有点惊讶，是不是协利从中作梗？”

塞奇告诉他没那回事儿。除此之外，格里彻很难从老练的塞奇嘴里套出更多的话来。之后，格里彻找到韦尔奇。韦尔奇含含糊糊地答应会让摩根士丹利有机会参与这场收购。而沃特斯在大厅里逮住了约翰逊的规划总监迪恩·波斯瓦。他告诉沃特斯这场收购才刚刚开始，“我们还在研究当中，希望尽快地搞定它。下周三左右应该就完成了。”

沃特斯觉得虽然希望不大，但还是有机会的。如果想拿下这家公司的话，就看谁下手快了。

当贝克听到这个消息的时候，他正好在世达律师事务所。

几个星期以来，贝克和一群来自四家投资银行的顾问团队一直在为派斯博瑞抵抗大都会的收购出谋划策。当天他正好和几个银行家跟几个派斯博瑞的潜在收购方开会。

看到约翰逊发布的消息，贝克目瞪口呆。

杠杆收购？没有德崇的份儿？也没有我？简直不可想象。

他和协利的银行家约翰·埃尔曼坐同一辆车去市中心，两人在雷曼工作时就认识了。埃尔曼脸上挂着得意的笑容，一直不停地说这场收购对他们公司的影响。

当车到了贝克的公司，贝克准备下车的时候，埃尔曼说道：“这将是历史上最大的收购了。”

这个德崇的银行家再也忍不住了：“我觉得不可能，约翰，我觉得不可能。”

刚到办公室，贝克就接到了克拉维斯的电话。

“这到底是怎么回事？”克拉维斯劈头就问。

“我也不知道，我们正想和他们谈谈。我给他们打个电话摸摸情况，待会儿再和你联系。”

贝克立即给身在亚特兰大的约翰逊拨了个电话，接电话的却是约翰逊的秘书贝蒂·马丁。

“他们现在正在开董事会会议呢。”贝蒂说。

贝克怒了，他一定要和约翰逊谈谈。“贝蒂，如果你不把他们叫出来，我要开始骂人了。现在是十万火急。”

几分钟后，约翰逊从会议室出来，拿起电话。

“嗨，伙计，在干嘛？”贝克询问道，语气中带着几分愠怒。

“哦，我们准备收购我们的公司。”约翰逊说。

“你事先也不告诉我一声，我是看到新闻才得知此事的，罗斯。我真搞不懂你。”贝克已经掩饰不住胸中的怒火。

这时约翰逊也毫不示弱，“我们已经有合作搭档了，杰夫。就这么回事！”

“疯狗”哑然。

那天早上，克拉维斯很早就接到了迪克·贝迪的电话。在并购行业里，贝迪被看成是克拉维斯的“诸葛亮”。15年来，他一直是克拉维斯最信赖的外部顾问。贝迪在卡特政府里担任过一些职务，也经常活跃在纽约民主党人的圈子里。作为市长的朋友，贝迪被认为是最有希望继任市长的人。曾在海军飞行队里服役的贝迪现年49岁，有着沙砾色的头发和一双蓝色的眼睛，说起话来像个慈祥的长者，但眼神里却透着军人的那种坚毅。

迪克·贝迪：夹在两个老朋友中间，克拉维斯的这位参谋充当了双面间谍。

克拉维斯对雷诺兹－纳贝斯克的痴迷逃不过贝迪的眼睛。一年多来，KKR一直在搜集针对烟草公司诉讼案件的资料，目的是分析这些诉讼对烟草公司的影响。

“你看到这个消息了吗？”贝迪问克拉维斯。

“还能看不到吗？”克拉维斯说。

“简直不敢相信。我们要弄清楚到底是怎么回事。”

“我不明白。之前我们和罗斯谈过收购，他为什么不来找我们？这说不过去啊，是我帮他出的这个主意。”

“我知道，这真是太不像话了。”贝迪说。

“他为什么偏偏找到了协利？之前他们从来没做过收购啊。”

贝迪对这一点再清楚不过了，因为协利就是他的第二大客户，排在KKR后面。

协利投资主管鲍勃·米勒德接到科恩的电话时，还没有从当初的惊讶中回过神来。科恩一边在他的办公室里来来回回走着，一边看着报价器上面的重大新闻。雷诺兹－纳贝斯克集团的股价一路飙升。股市收盘的时候，股价达到了每股77.25美元，上涨幅度超过21个百分点。

“天哪，彼得，这真是不可思议。”米勒德喊道。

但这个靠收购活动维生的交易员很想知道科恩为什么要采取这样的策略。为什么协利不赶在消息公布之前就赶紧结束这场交易，而之前摩根士丹利和其他公司都采用了这种手段。“为什么把自己搞得这么被动?”米勒德问。

“我们也没办法，只能这么做。”科恩回答道。

“你凭什么这么肯定没人会出价比你高?”

科恩的理由是其他企业没这个能力。

“那其他的金融机构呢？比如 KKR?”

“KKR 不会做的。亨利给约翰逊的条件不如我们的有吸引力。”

“那又怎么样?”米勒德提醒科恩，最近几个月克拉维斯单方面地对德士古公司和克罗格公司发动了恶意收购。“没有管理层的配合并不意味着克拉维斯他们会就此罢休。他们为何不赌一把?”

“因为他们不会像我们那样满足约翰逊的要求。”科恩又重复了一遍。

“但如果他们执意收购公司，那就由不得约翰逊了。”

科恩显然不明白米勒德的意思。米勒德建议协利应该先弄清楚克拉维斯有什么打算。“最好和他谈谈。”米勒德说。

但科恩似乎没有把他的话放在心上。

星期四的下午，约翰逊的团队意识到因为没有让贝克参与这场收购，他正把华尔街闹得沸沸扬扬。韦尔奇打电话给贝克，此时贝克还在气头上。

“太荒唐了，”贝克说，“这价格太离谱了。我不知道你们这些人是怎么想的!”接着他问约翰逊为什么不找克拉维斯，“为什么我们要相互作对呢?”

韦尔奇试图劝说贝克不要参与到这场收购当中来。“我们希望德崇能够为我们加油助威，成为我们的朋友。”

贝克对韦尔奇这种天真的想法感到惊讶：“我可以向你保证我们会为这场交易加油助威的，但不是你们想象的那种。”

“为什么?”

“我们已经用了两年半的时间劝你们开展杠杆收购。如果你认为我们会心平气和地看热闹，和这场历史上最大的交易失之交臂的话，我就真不知道该怎么回答你了。”

“那你打算加入到我们一方吗?”

“吉姆，我们和别人已经有约在先了。”

韦尔奇之后又给贝克打了两次电话，希望能让德崇上钩。但贝克依然对约翰逊的怠慢耿耿于怀，因此，德崇，这个华尔街阵地上的重型武器等待着竞标者出现，贝克知道这位竞标者将会是谁。

周四下午，克拉维斯和雷切尔暂时将愤怒抛在脑后，赶到世达参加派斯博瑞的宣讲会。之后克拉维斯把贝克拉进一个会议室。

“雷诺兹－纳贝斯克那边怎么样?”克拉维斯问。

“不清楚。现在他们都不和我联系。我不知道是否有新的情况。但你知道这场收购我们做定了。你们会请我们加入吗?”

“别担心，到时候少不了你帮忙。”克拉维斯说。

这项业务对德崇来说意味着5 000万美元的收入。除了钱之外，贝克一想到约翰逊屁滚尿流的狼狈相，就情不自禁地笑了。

在曼哈顿下城一座不起眼的办公大楼的17层，一位名为比尔·斯特朗的胖乎乎的银行家正在打电话。他坐在一个局促的格子间里，周围都是和他一样的格子间。这里不像其他公司的收购部门有红木家具和东方地毯。多年来所罗门兄弟银行在交易所里赚了大把大把的钱，而不是在董事会里。

斯特朗一边听着客户的电话，一边专心盯着电脑屏幕上闪过的约翰逊的投标细节。当他意识到这则新闻的深远意义时，斯特朗像一些优秀的银行家一样问电话另一头的客户：“你有兴趣吗?”

“没有。”对方回答说。

斯特朗不得不冒进一下。在投资银行界，所罗门老是一副病恹恹的样子。除了预期不太好，仅有的一场对Revco连锁药店的杠杆收购也泡汤了。自从一年前股市崩溃以来，所罗门兄弟银行唯一一次垃圾债券的承销也以失败告终。唯一的一次搭桥贷款也没有成功，里面也有所罗门兄弟公司的份儿。三年来，所罗门挤破头似地想进入商业信贷行业，但结果都是令人无颜以对。斯特朗和他的同事们之后只好死马当活马医。

斯特朗在华尔街上并没有太大的名气，两年前，他才当上了合伙人。他工作勤奋积极，并恪守美国中西部的工作观念，来自印第安纳州的他对自己的家乡感到无比自豪。之前做过会计师的他敢于直视客户并告诉他们，他为自己诚实正直的品质感到自豪，因为他相信华尔街缺少这些品质。一些银行家也这么说，但似乎只有斯特朗真正做到了这一点。

和华尔街上的其他银行家一样，斯特朗对约翰逊准备收购雷诺兹－纳贝斯克这件事很感兴趣。星期四晚上，他拿出雷诺兹－纳贝斯克的年报和中期财报研究起来。最后他得出一个结论：75美元的价格实在太便宜了，约翰逊这帮人简直就是在抢劫。

斯特朗一想到这儿就兴奋起来。所罗门在业务上屡遭失败，但如果能完成这场收购，之前的耻辱都只是小插曲。这时，他想到了一个理想的合伙人——汉森信托公司。这家信托基金热衷于收购美国公司，目前也在美国成立了分支机构；如果这个分支机构独立出来，在美国大企业里也能排上名次。如果能将所罗门的金融影响力和汉森的营销能力结合在一起，斯特朗觉得这场收购的主角就非他们莫属。

星期五早上，斯特朗将自己的想法告诉了公司主席约翰·古弗兰。斯特朗说雷诺兹－纳贝斯克集团是可遇不可求的一次机会，不但这家公司的品牌值好多钱，而且烟草业务巨大的现金流足以支付所有的收购费用，75 美元的价格几乎就是白送的。

古弗兰平时对年轻交易员的热情一直抱有怀疑的态度，但他这次却听得聚精会神。“好吧，打个电话吧。”他指示斯特朗。

斯特朗 10 点左右给汉森的联系人打了个电话，向对方介绍了雷诺兹－纳贝斯克的情况，并细数了这场交易吸引人的地方——烟草业务巨大的现金流、无与伦比的品牌和被低估的股票价格。

“我建议我们联手各出一半的资金将这家公司买下来，对了，我要快点听回信儿。”斯特朗说。

下午 2 点，汉森的电话来了。

“好的，我们加入。”汉森的人说道。

斯特朗高兴极了，准备下周一开会商讨具体收购事宜。现在他有很多事情要做。他先打电话将最新进展告诉了古弗兰，而古弗兰在电话里也十分支持他。于是，斯特朗组建了一个 10 人的银行家和分析家团队，准备周末研究一下雷诺兹－纳贝斯克的财务数据。和这个庞大的收购相比，这样的团队实在是显得过于渺小。但斯特朗这么做是为了保持低调，防止走漏半点风声。他希望星期一早上就开始行动。

周四下午，雷诺兹－纳贝斯克的管理层办公室挤满了人，有协利的希尔和站在一边无所事事的斯特恩。董事们来来往往，兴高采烈地喝着饮料。拉扎德和狄龙·里德的团队是由休格尔在周三请过来的，11 点的时候到了公司。拉扎德的菲利克斯·罗哈廷在那儿眉飞色舞地说着话，和他一起聊天的有从芝加哥赶来的哈里斯和阿根廷人路易斯·里纳尔迪尼。狄龙·里德的银行家富兰克林·霍布斯和约翰·马林也一起到了公司。

“嗨！”约翰逊一看到马琳就大喊道，接着走过来和大家握手，好像这是一场在自家后院举行的烧烤活动，而不是一场杠杆收购。对这些银行家来说，约翰逊似乎是个大大咧咧、没心没肺的人。

“好了，伙计们，”他喊道，“比赛就要开始了，你们有什么想法吗？”

坦白讲，当他们走进会议室和休格尔见面的时候，脑子里一片空白。作为特别委员会的主席，休格尔先向拉扎德简单地介绍了一下情况，然后又向狄龙·里德的银行家做了说明。两家银行都同意1 400万美元担任董事会的咨询顾问，主要负责评估约翰逊的出价对投资者是否公平合理；虽然可能性不大，但如果出现了其他竞标者，他们也需要做出评估。

当休格尔要求大家尽快结束这个过程时，银行家顿时感觉有点儿不对劲。休格尔提出要在10天内完成所有的评估工作，但罗哈廷和哈里斯都认为太仓促，这样会让约翰逊占便宜。于是，他们俩就猜疑休格尔是不是和约翰逊穿一条裤子，但他们只是心里想想，并没有说出来。

会议在下午3点左右结束了，聚集在21层的人群开始慢慢散去。霍里根飞往温斯顿－塞勒姆向自己的下属传达会议的精神，而约翰逊独自坐在办公室里拆看邮件和处理一些文件。现在他没有别的事情可做。他向马丁抱怨道："天哪，我感觉就像自己带了个竖琴去参加晚会，但却没人要求我演奏一曲。"

为了避开公司外等待的记者，戈德斯通和几位华尔街同事从秘密通道离开了公司。之后，戈德斯通跟阿特金斯和两位集团董事坐上雷诺兹－纳贝斯克前往纽约的专机。途中大部分时间，阿特金斯都与戴维斯和麦康伯在一起。但当飞机快到纽约时，戈德斯通在驾驶舱入口碰到了阿特金斯。

"快看那儿。"其中一个飞行员叫道。

他们俩朝窗外看去，整个纽约和曼哈顿都沐浴在落日的余晖里，湛蓝的天空中点缀着片片的火烧云。戈德斯通觉得这是他见过的最美丽的景色之一，刹那间他卸下了律师的架子，感觉自己已经融入了这场伟大而又浪漫的冒险。

他笑着说："这会是一次很难忘的经历。"

"是啊，"阿特金斯同意道，"我也这么认为。"

Barbarians 第 8 章 at the Gate

两队人马

星期五下午，希尔在世达律师事务所参加冗长的派斯博瑞战略研讨会。自从英国的大都会公司向派斯博瑞发动了恶意收购之后，派斯博瑞就请来华尔街一半的银行家来抵御进攻。这些顾问想到了他们所能想到的一切办法，比如杠杆收购、防御性资本结构调整、毒丸计划和业务分拆，但都不奏效。

部分原因是出主意的人太多：代表协利的希尔；贝克带领着德崇团队；沃瑟斯坦率领着沃瑟斯坦－佩雷拉公司的小组；第一波士顿的银行家也随处可见。

尽管派斯博瑞麻烦缠身，但希尔还是念念不忘雷诺兹－纳贝斯克。漫长的等待游戏已经开始了。特别委员会已经成立，如果一切顺利的话，还有两三周的时间就可以确定公司的价值。希尔敢肯定，到那时约翰逊的管理团队将在谈判桌前和董事们讨价还价，最后可能以略高于 75 美元的价格购买公司，也有可能以 80 美元出头的价格收购。

而现在，协利对任何的竞价都十分警觉。约翰逊收购计划才公布 30 个小时，但希尔明白华尔街上的每个银行家都在想方设法地开出超过每股 75 美元的价格。到目前为止，还没有人站出来。他希望最终也没有人站出来。希尔等得有点不耐烦了。

派斯博瑞的会议继续进行着，希尔发现贝克和沃瑟斯坦频繁地进出会议室。这两个人这会儿看起来都很忙，希尔很想知道他们在忙些什么。他突然想起当天早些时候贝克谈到一些关于雷诺兹－纳贝斯克的事情。“你们的价格实在低得太厉害了，”贝克肯定地说，“一定会有人出来和你们竞争的。”

希尔突然间明白了贝克警告的真正含义。

贝克指的是克拉维斯。

不太可能啊。如果没有管理层的保驾护航，克拉维斯是不敢尝试如此大规模的生意的，而且约翰逊多次提到克拉维斯对雷诺兹－纳贝斯克没什么兴趣。

希尔需要自己去弄个究竟。他借故离开会议室，来到公用电话机前，凭记忆拨了KKR公司的电话。当克拉维斯接电话时，希尔尽量让自己的声音听起来愉悦一些。

“我不知道你们是否对卡夫感兴趣，”希尔说，“我觉得也许我们能够帮助你们。”用这个理由实在有点牵强，如果克拉维斯要行动的话，不用说他早就找到了一个银行家。

克拉维斯几乎怒不可遏：“已经有好多人来找我们谈卡夫的事了。我们也许会找其中一个来帮助我们，但绝不会是你们。”

希尔顿时就明白了，在克拉维斯愤怒的语气中，他意识到自己最担心的事情发生了。克拉维斯非常希望得到雷诺兹－纳贝斯克。

克拉维斯的话很简要：“你知道，雷诺兹－纳贝斯克这件事情让我们大吃一惊。是我们给约翰逊出了这个主意，咱们之间的关系一直很好，在这样大规模的收购当中，竟然没有邀请我们一起参与，我感到很惊讶。因此我们绝不能对这件事听之任之。”

谈话很快就结束了。希尔挂了电话，呆若木鸡。

这下要出大乱子了，他必须马上想办法。

希尔立即给科恩打电话，把刚才和克拉维斯的谈话向他转述了一遍。让希尔吃惊的是，科恩似乎一点儿也不担心。

“他为什么生气？”科恩问道。

“要不我们和他见一面，看看这到底是怎么回事。”

“为什么不先弄清楚到底是怎么回事，然后再去找他呢？”

希尔仔细考虑了一下他的对策。也许他们可以阻止克拉维斯，或者安抚一下他。无论哪种方案，如果要弄清克拉维斯的动机，他们都得见克拉维斯一面。但科恩认为和克拉维斯见面没什么必要，因为这是协利的业务，克拉维斯不应该插手。

但希尔要让科恩明白那个电话的重要性，克拉维斯可不是轻轻松松就能对付的。

“彼得，你要明白……”

过了半小时，希尔又给克拉维斯打了电话：“我和科恩希望能和你谈谈。”

克拉维斯说时候已经不早了，有事周一再说。

希尔有点儿焦躁不安了。

“不，不，让我们今天见面吧，我觉得有必要今天就谈。”

“现在已经很晚了。”

“亨利，我今天迫切地想见你一面。”

克拉维斯只好答应。

6 点整，希尔淋着细雨走进玖熙大楼，这时贝克和一个助手正迎面走来。

希尔挤出一丝微笑：“我知道你们俩是来干嘛的。”他心想克拉维斯已经雇用了德崇，形势在恶化。

希尔到楼上等待科恩，科恩正被堵在周五下午的路上。6 点半，科恩终于也赶到了。

“亨利，你周五晚上 6 点半还待在公司？你应该去滑雪或者干点别的。”科恩愉快地说。

“呵，彼得，你不也在这儿吗？”

两人说完握了握手。等科恩坐下，希尔转身对克拉维斯说：“是我想要开这次会的，因为我发现你对雷诺兹 - 纳贝斯克很感兴趣。如果能知道你具体对什么感兴趣，这样可能对双方都有好处。”

“是的，我是很感兴趣，而且我很早就瞄上了这家公司。”

“但这是我们的生意，亨利。”科恩打断道。他希望克拉维斯明白雷诺兹 - 纳贝斯克为什么对协利的未来如此重要。他解释了他对商业信贷业务给予的厚望和这次收购对协利涉足杠杆收购业务的重要意义。希尔作为一个并购顾问显示出了他的才华，使得协利能够比以前发掘出更多的投资机会。“你知道，这是我们固有的业务流程。”

“很好，你们现在和我们是竞争对手。”言下之意就是如果协利参与收购雷诺兹 - 纳贝斯克的话，今后就别想和 KKR 做生意了。“你们参与这件事，让我很吃惊。我们之前给了你们很多生意，我猜这对你们来说已经没什么太大的意义了。”

“亨利，我们需要涉足这个行业，这是我们公司今后的发展方向啊。”科恩说道。

科恩突然想到 2 月份的时候他和克拉维斯的一次谈话，当时两人一块儿滑雪。当他们等着进入障碍滑雪项目的时候，两人聊起了杠杆收购行业目前的发展情况。

那天克拉维斯主要谈到摩根士丹利和美林银行等新出现的竞争对手。“彼得，还有谁会加入进来？你们会怎么做？”

科恩谈到协利也希望参与商业信贷这个业务：“鉴于我们公司其他业务的利润越

来越薄，我们需要充分利用资本，客户们也要求我们这样做，我们是可以为他们提供资金的。”科恩还记得当时克拉维斯就建议两家公司应该避免竞争，主动回避对方业务。

科恩就以子之矛攻子之盾。

“亨利，这是协利的业务。我们在 8 个月前曾明确谈了这个想法，而且我们当时达成了共识。你当时说彼此不插手对方业务，现在你自己却违背了承诺。”

“我们从来没有这样的约定，彼得。”

科恩这一番简短的话让克拉维斯不禁打了个冷噤。原来如此，克拉维斯想。只要稍微有点闲钱，银行家们都想把钱投入到杠杆收购当中。这五年来，行业内的竞争不断加剧，这让克拉维斯感到心烦。摩根士丹利、美林银行，还有一些闻所未闻的公司都想瓜分他的业务，现在连协利也跳出来和他抢生意。KKR 于 1987 年筹集的那部分资金本来是想专门用于那些金额巨大、别人没有能力做的杠杆收购，这样就没有人可以跟它竞争了。谁知现在他们刚把这片沃土开拓好，科恩就闯了进来。而像科恩这种连杠杆收购和收购都区分不清的人，也敢说他们有资格做一笔 180 亿美元的业务。克拉维斯没想到天底下还有这样厚颜无耻的家伙，他现在要做的是好好地教训一下这帮人，尤其是科恩。

“我们一直以来都和协利有业务往来，”克拉维斯重复道，“而且我和你的关系不错。这场生意由我们来做再合适不过了。”

“但资金是我们筹集来的，”科恩说，“我们有责任让投资者的钱生钱。”

“这次收购太引人注目了，规模太大了，”克拉维斯威胁道，“它符合资金流动的所有特征，我不能袖手旁观。我们想参与这场收购，而且我们会参与这场收购的。”

希尔一直在旁边听着，觉得科恩的想法有点好笑。难道他相信克拉维斯会把在滑雪时说的话当真，从而放弃一场 200 亿美元的业务？无论如何，科恩和克拉维斯两人总会有人改变想法的。两个人都深信自己生来就有权利得到约翰逊的企业。希尔试图调停这件事情，不时地问“我们能做什么”或“我们怎么才能解决”之类的问题。但这些努力都没有用，因为科恩和克拉维斯已经较上劲了。

“我不相信你能以每股 75 美元的价格将这家公司买下来。”克拉维斯说。

“为什么？”科恩问。

“我们关注这家公司已经很长时间了，对这家公司很了解。这个价格低了，实在是太便宜了。”

“这是罗斯的想法，我们只是帮忙筹集资金而已。”科恩辩护道。

“哦，那你现在是他的同伙了。”

“这是罗斯的生意，他和董事会关系不错。“

克拉维斯听出了里面的意思：约翰逊控制着董事会成员。

“你准备怎么办？”克拉维斯问科恩。

“你呢?”科恩反问道。

“我不知道我要做什么。”

“哦，我们该怎么办?”科恩说。

克拉维斯最后说道：“也许我们都会参与到这场收购当中。”克拉维斯早已料到会出现这样结果。他说目前有三个选择：“第一，我们可以公平竞争。”这个结果都不是科恩和克拉维斯愿意看到的。长时间的竞争会抬高公司股票的价格，这意味着他们需要借更多的资金来收购公司，背负的债务也更沉重，最后只会鹬蚌相争，渔翁得利。

克拉维斯接着说，协利和 KKR 可以联合起来对雷诺兹 - 纳贝斯克投标。但克拉维斯和科恩的自尊心都很强，这个想法也不太符合两个人的胃口。对科恩来说，跟克拉维斯或者其他人联手就等于承认协利没有独自开展这项业务的能力。将一部分股权出售给投资者是一回事，而且科恩也有这个打算，但双方联手开展收购则是另外一回事。合伙的想法，至少对这两人来说，不太可能。

克拉维斯最后建议协利自己经营雷诺兹 - 纳贝斯克的烟草公司，而把食品业务卖给 KKR。

科恩并没有明确表态，只说他需要和约翰逊他们讨论一下，然后才能和 KKR 讨论是否成立合营企业。“现在我们联起手来可能很有必要，但谁能保证将来会怎么样呢?我不敢确定，我的意思是我现在没法给你答案。”

会议终于结束了。科恩从座位上站起来准备离开的时候，建议他们下周再深入谈一次。

科恩和希尔接着来到希尔的公寓给约翰逊打了电话，把跟克拉维斯的谈话内容告诉了他。科恩将两人的对峙轻描淡写地提了一下，坚持说自己准备下周一和克拉维斯再碰一次面。

当他们汇报完，电话那头是一段漫长的沉默。

“你们觉得他是什么意思?”约翰逊问。

希尔说：“无论如何，亨利想参与进来。”

科恩也将这次会面的情况告诉了吉姆 · 罗宾逊，此时罗宾逊正在他康涅狄格州的农场。

罗宾逊一开始听得津津有味。当科恩说到和克拉维斯的冲突时，罗宾逊开始担心起来，克拉维斯可不是好惹的。

罗宾逊说也许他可以跟克拉维斯谈谈：“或许我们可以一起解决这件事。”

科恩劝他打消这个念头，因为这样做会让别人认为他们在示弱。

罗宾逊不这么认为，但他还是尊重科恩根据当时情况做出的判断。他告诉自己要用人不疑，疑人不用。他很清楚这场收购对科恩和协利前途的分量，科恩绝不会轻易放弃雷诺兹 - 纳贝斯克的任何一个业务。

罗宾逊还是觉得有必要和克拉维斯谈一谈，因为把克拉维斯惹毛了可不是闹着玩的。

科恩说："还是让我再和他见一下，让他冷静冷静。星期一和他见面之后我再向你汇报。"罗宾逊同意了。

克拉维斯并没有干坐着等科恩。

星期五晚上，克拉维斯立刻召集了一组投资银行家来起草对雷诺兹－纳贝斯克的竞标书。这个小组的牵头人是贝克的雇主德崇。尽管德崇前两年因为伊万·博斯基的内幕交易受到联邦政府的调查，但他们强大的垃圾债券业务依然毫发未损。现在德崇的前途未卜，业内有传闻说判决马上就要下来了。要是在竞标过程中出现问题，将对克拉维斯造成不堪设想的后果。为了减少风险，克拉维斯决定同时聘请美林银行作为候选的资金提供者。

选择沃特斯和艾瑞克·格里彻的东家摩根士丹利对 KKR 来说也是很自然的，因为这家银行擅长复杂的计算和咨询工作。克拉维斯很青睐沃特斯，自他在协利突然失势之后，克拉维斯希望能够借这次机会可以使沃特斯的事业有所提升。

这个由三家投资银行组成的团队显得有点累赘，而雇用他们也费用不菲。这是 KKR 迄今为止为一场收购召集的阵容最庞大的银行团队。尽管如此，克拉维斯还是打算请第四家银行沃瑟斯坦－佩雷拉。沃瑟斯坦在华尔街上是最耀眼的兼并明星，在每一场大规模的收购中都显示了巨大的作用。但克拉维斯雇用这家公司并不是需要沃瑟斯坦的建议，而是为了防守，因为他不希望沃瑟斯坦为他人所用。沃瑟斯坦如果被别人雇用的话，会给克拉维斯造成很大的麻烦。安全的办法就是把这个交易员收买下来，然后把他关起来而不是让他到处乱跑。

聘请投资银行的事情进展得很顺利。但正当克拉维斯准备寻找一组商业信贷银行小组来为他筹集 100 亿美元左右的长期贷款时，他感觉被人当头一棒。星期四的时候，他联系了信孚银行西海岸地区业务主管罗纳德·巴迪。作为克拉维斯长期合作的银行家，巴迪答应在和他的上司们沟通之后马上开始他的工作。但等到星期五巴迪回电话的时候，巴迪竟然出奇的平静。

"出问题了，"巴迪说，"我老实告诉你，现在上头还没明确说让我帮你，但我这个周末再帮你想想办法。"

克拉维斯呆住了，这种事情之前还从来没有发生过。他猜想巴迪之所以不能答应是因为科恩已经和信孚银行签订了协议，规定银行方面不能再和其他竞标方合作。这招可真是一剑封喉。现在资金源被掐断了，克拉维斯的部队也就弹尽粮绝了。

"你们不能做得这么绝！"克拉维斯暴跳如雷，"不能这样！"

星期六克拉维斯一整天都在思考如何收购雷诺兹－纳贝斯克。他越想越心烦，科恩和希尔虽然不是收购方面的老手，但还没有那么蠢。除非有其他的消息，克拉维斯猜想对方的资金都已经到位了，而且正准备收官。董事会的成员肯定都听约翰逊的话。

信孚银行的遭遇是一次意想不到的危机。这不但使克拉维斯不能得到他最信赖的伙伴的资金，而且克拉维斯猜想这也表明协利想方设法阻止几家大银行为其他竞争对手提供资金。除此之外，克拉维斯得知美国运通公司下周一准备召开董事会。这只有一种可能，协利需要它的母公司批准大规模的搭桥贷款来支持这场收购活动。

这一切都说明协利和约翰逊希望速战速决。克拉维斯知道一旦约翰逊和董事会签署了合并协议，就很难再插手进去了。星期六晚上克拉维斯咨询了以激进手法闻名的沃瑟斯坦，沃瑟斯坦建议克拉维斯采取闪电战术。如果克拉维斯担心约翰逊封锁这场交易，那么唯一的办法就是进攻，而且出手要快。任何的迟疑将给约翰逊时间来和亲约翰逊的董事会签协议。

当过律师的沃瑟斯坦引用前高等法院法官路易斯·布兰戴斯的话说："阳光是最好的杀毒剂。"如果约翰逊通过种种暗箱操作来掠夺公司的话，克拉维斯就应该使这个过程公开化。而最好的方法就是马上发出收购要约。

克拉维斯决定明天就召集顾问们开会。

克拉维斯心想：快！快！快！一切都要快。

世界上有上千家商业银行。但在并购行业，有影响力的只有屈指可数的三家。

花旗银行、汉华银行和信孚银行形成的三巨头源源不断地为华尔街的收购活动输送着资金。垃圾债券虽然也是收购活动资金的重要来源之一，但是如果少了这三家大银行的燃料，并购界的引擎也很难运转起来。

这三家银行不但实力雄厚，而且迫切地希望将它们的资金贷给收购业务的玩家们，在80年代后期，三者成了收购资金的公共承运商，因为它们觉得同时将钱借给同一交易活动中的不同客户并没什么不妥。和它们的远亲投资银行一样，商业银行对每个客户的信息都守口如瓶，所以客户找它们借钱也很放心。

但这种做法有时候让银行的那些长期关系户很恼火。波士顿的吉列剃须刀公司就因为花旗银行的下属分支同意将资金拆借给一个蓄谋收购吉列的企业，而和花旗银行断绝了业务往来。这样的例子不胜枚举。总之，银行都是在权衡利弊之后才会做出决定。尽管美国的企业界都不赞同这种做法，但是银行的实力和影响力实在是太强大了，胳膊毕竟拧不过大腿。

尽管很少有人以排他方式雇用三巨头里的一家，但不能说不可能，当然这样做费用也相当高。克拉维斯怀疑协利并没有和花旗银行或信孚银行签订排他协议。因为没有预见可能出现的竞争对手，科恩肯定不会想到要以独占的方式和银行签订合约。专门负责和银行联系的斯特恩曾经向信孚银行的奥布莱恩提起过这件事，但奥布莱恩不置可否。奥布莱恩后来承认他允许协利操作得让外人以为信孚银行不会为其他竞争方提供资金了。大家都误以为信孚银行只为约翰逊一人服务。

因此当巴迪请求公司为克拉维斯提供资金的时候，奥布莱恩的上司们也不太清楚能不能做，只有逐级上报直到把情况弄清楚。巴迪整个周末都在为能得到批准将资金借给他最大的客户东奔西走，但丝毫没有进展。这个问题直到第二个星期才得到解决，此时已经拖了克拉维斯的后腿。

直到星期六晚上，克拉维斯还没有和其他两家银行联系。那天晚上，贝迪在家休息的时候突然接到马克·梭罗的一个电话。梭罗是汉华银行并购融资部门的主管，在华尔街的并购圈子里很有威望。

梭罗告诉贝迪，他正在找协利的彼得·所罗门。因为贝迪是协利关系密切的外部顾问之一，所以想问一下他是否知道彼得家里的电话。

"你找彼得有什么事情?"贝迪问道。

"我也许不该告诉你，"梭罗说，"但我现在需要马上找到协利的人。"其实梭罗并没有说奥布莱恩找到他，邀请他加入协利的团队。梭罗想先和协利的人接触之后再决定是不是加入。

不管怎样，贝迪可以肯定这件事和雷诺兹-纳贝斯克有关。梭罗显然不知道克拉维斯的意向，也不知道贝迪正在替克拉维斯发动进攻而卖力。

贝迪的脑子飞快地转动起来。巴迪那边的进展使贝迪对银行方面的信息极其敏感，他不能让梭罗联系到协利。

"真是太巧了，克拉维斯正好有事找你。我可以叫他打电话给你吗?"

"当然可以。"

接着贝迪告诉梭罗说他找不到所罗门的电话号码。和梭罗通完电话，贝迪马上给克拉维斯打了个电话，把事情的经过跟他说了一遍。

第二天一早，克拉维斯就找到梭罗："请问你们这次没有专门受雇于协利吧?"

"没有，我们现在还没有和任何人签订排他协议。"

听到这个，克拉维斯终于舒了一口气。克拉维斯告诉梭罗说 KKR 愿意以独占的方式聘请汉华银行。

梭罗大吃一惊："天啊，我们还从没这么做过。"

"那就从这次开始吧，我们不会亏待你们的。"克拉维斯说。

对克拉维斯来说，这是仅有的一个好消息。科恩这次就别想打汉华银行的主意了。

就在这个周末，第一批装着财务数据的箱子运到了拉扎德和狄龙·里德公司。在箱子里，他们还发现六份由外部人员起草的财务研究报告，这些研究报告大多是劝说约翰逊进行一些重组业务。

在拉扎德，里纳尔迪尼拿着一些报告冲进同事的办公室。“你们都看这些了吗?”这个阿根廷人惊讶地问道。星期六的时候，哈里斯在芝加哥家中收到这批文件，看了之后，大吃一惊。

每个评估报告的结果都显示收购价格都不应低于每股 80 美元，大多数都逼近了 90 美元。狄龙·里德公司的 Tara 项目组将每股价格定在 81 ~ 87 美元之间，这比约翰逊以每股 75 美元价格计算的总额平均多了 20 亿美元。鲁宾的 Reo 项目显示公司在私募股权市场的价值高达每股 96 美元。银行家们都很清楚雷诺兹 - 纳贝斯克削减成本的空间非常大，约翰逊的飞行队在华尔街人尽皆知，但这样的评估结果让这帮华尔街人自己都想不到。

正当这些专家们在约翰逊的数据里披沙拣金之时，休格尔在康涅狄格州收到了一个匿名包裹。他在里面发现一份雷诺兹 - 纳贝斯克集团的规划文件，这显然出自波斯瓦属下之手。这份被归为绝密文件的《公司战略速递》是在 9 月 29 日完成的，也就是约翰逊准备向董事会提交收购议案的前三个星期。

休格尔仔细阅读了这份文件。文件首先介绍了公司股价被低估的情况，简述了如何对付菲利普·莫里斯公司，并提示说由于烟草诉讼的原因，集团不太容易成为收购对象。但引起休格尔关注的是公司的评估方法。文件循序渐进地阐述了定价模型，并把价格锁定在 82 ~ 111 美元之间。这份报告在结尾指出：“雷诺兹 - 纳贝斯克集团完全有理由拒绝低于 111 美元的价格。”

休格尔有点弄不明白了。“最低每股 82 美元？要是约翰逊手下的人说公司的股价能卖 82 ~ 111 美元，他为什么偏偏给个 75 美元的价格?”

休格尔对这个资料的来历也感到不解。没有特别的书信，也找不到关于寄件人身份的线索。但有一件事可以肯定，能够拿到这种绝密文件的人肯定是雷诺兹 - 纳贝斯克集团的高层，看来有人要反戈了。

“我们看上了一家烟草公司，”克拉维斯看着沃瑟斯坦说，“但我还不能明确告诉你是哪一家公司。”

克拉维斯笑了笑。挤在董事会办公室的每个人都很清楚沃瑟斯坦目前正忙着菲利普·莫里斯对卡夫的恶意收购。

星期天下午，投资顾问们三三两两地从四面八方来到了KKR的董事会会议室。克拉维斯和他的手下中午就到了公司，并花了好多时间研究雷诺兹－纳贝斯克的内在价值。

坐在巨大的会议桌旁，克拉维斯仔细打量了自己的团队。像往常一样在他的左边有贝迪。贝迪目光坚定，坐在他左边的是查理斯·科古特。在贝迪的指导下，科古特负责处理KKR大部分的法律事务。这两个律师从他们康涅狄格州的家中一起开车来到公司。

旁边是泰德·安蒙，之前也是一名律师，现在是KKR的高级顾问。他擅长处理各种棘手的问题。坐在安蒙旁边的是沃瑟斯坦。虽然沃瑟斯坦脑子灵活，源源不断地给克拉维斯想出好主意，但却很难打入KKR的权力中心。公司的许多高管，尤其是罗伯茨，都弄不清楚沃瑟斯坦到底效忠于谁。

接着是摩根士丹利的并购部主管格里彻。格里彻和沃瑟斯坦这两个并购界的大牌给克拉维斯和他的手下们在紧张的气氛中带来一点儿欢笑。在会上，两人轮流第一个发表看法，而且从不会打乱次序。他们不约而同地提出相同的建议，有时候让克拉维斯很不高兴。贝迪猜想两人可能在每次的战略讨论会召开之前都会交换意见，所以他们的意见才会如此相似。

在桌子的另一头坐着沃特斯和长着娃娃脸的马克·罗斯福。沃瑟斯坦的助手罗斯福在最近一场收购中表现突出，所以克拉维斯很喜欢他。一旁站着德崇小组：贝克和里昂·布莱克。华尔街机智的金融专家布莱克将迈克尔·米尔肯的许多思想都活学活用了。最后是雷切尔以及他两位工作卖力的助手斯科特·斯图尔特和克里夫·罗宾斯。

克拉维斯让大家安静下来之后，就开始向大家介绍目前的情况："据我们了解，协利准备和很多家银行签订合约使这些银行只为其服务，"克拉维斯接着说，"如果真是这么回事的话，我们必须现在就采取行动来阻止这种情况发生。"

关于雷诺兹－纳贝斯克集团的内在价值，其实大家的想法都大同小异。每个人都知道约翰逊的公司有充足的现金流，但问题是如何才能拿下这家公司。当天，罗宾斯在备忘录中为这个"摘桃计划"小组成员列出了他们的几个方案。

备忘录中列出了三个方案。第一个就是给雷诺兹－纳贝斯克集团的董事写一封所谓"狗熊式拥抱"的信。㊀在信中，克拉维斯将暗示他愿意出比每股75美元更高的价格，但并不明确具体的价格。他们可以通过这种途径得到雷诺兹－纳贝斯克集团一些机密的财务信息，因为在得不到管理层协助的情况下，这些信息对他们的投标是必不可少的。这样做的好处是能够阻止管理层希望迅速完成收购的企图，而这

㊀ 恶意收购者写信给目标公司的董事会，承诺将高价收购该公司股票，董事会出于义务要把信件公布于全体股东，而股东往往受优惠价格的诱惑而迫使董事会接受报价。——译者注

种做法的劣势是可能会延长这场竞价比赛的时间。罗宾斯在备忘录中说他们也许会赢，但这一方案可能得多花数十亿美元。

第二个方案是与协利及约翰逊谈判，看能否有可能联合起来竞标。罗宾斯不确定这个方案是否有“示弱”的味道。第三个方案是要约收购，也就是沃瑟斯坦提出的闪电战术。这个方案的好处是“节约时间成本，推迟管理层投票”，坏处是“信息匮乏、缺乏友善、融资困难”。

该是顾问们发表意见的时候了，格里彻首先发言。他的语气语调听起来有点戎马味道，好像是在给步兵团做鼓动演说。

“我们应该采用要约收购的方式。在我们采取行动之前，协利恐怕已经和董事会达成了某种协议。如果我们打电话跟他们说，‘是啊，我们也想参加。’我们只会很被动。而要约收购却不同，它能让我们和协利在同一平台上对决。我们必须赶快采取行动，我们要出其不意地击败他们，就是要击败他们。”

桌子对面的贝迪咧嘴笑了，心想这就是典型的格里彻。

接着发言的是沃瑟斯坦，他重复了一遍前天晚上他私下里告诉克拉维斯的那些看法，又接着前天晚上的话题把方案的优缺点详细地过了一遍。德崇的布莱克则提醒大家：“嗨，大家干嘛这么着急？为何不等对方先出价，到时候我们再出一个比他们更高的价格？”

“那时候你就成恶人了。”格里彻说。

他们继续讨论着，但这时候大家很清楚哪种方案占了上风。

“什么价格？”克拉维斯问。

“我们可以出每股75美元的价格。”格里彻建议道。

沃瑟斯坦摇了摇头说：“每股价格应该在90~100美元之间。”

大家都开玩笑说沃瑟斯坦的钱袋口子总是很松，至少在花客户钱的时候如此。他的客户经常因此出很高的价钱，所以大家将这部分钱称为“沃瑟斯坦溢价”。

克拉维斯看了看沃特斯，因为在座的人里面没有比他更了解约翰逊的了。

“你是怎么看约翰逊的？”克拉维斯问。

沃特斯简要地回顾了一下约翰逊的历程，最后得出结论说：“罗斯从来不买什么，他一直都是在卖。”每股90美元的收购要约会立即让约翰逊陷入防守状态。一方面，他不想出这么高的价格，更重要的是，和75美元的价格相比，90美元的价格让人觉得约翰逊就是在巧取豪夺。这样的话，约翰逊和董事会之间就会出现隔阂。

“如果我们表现得强势一点的话，”沃特斯补充道，“约翰逊也许就会退缩。”

最后，克拉维斯转向德崇团队。他们能否通过销售债券筹集到足够的资金来买下雷诺兹-纳贝斯克集团？国际上对垃圾债券的需求量如何？他们都知道这次债券的发行量将创下华尔街债券发行量的新高。但他们也担心法院对德崇的制裁会对收购和债券发行造成灾难性的后果。

“我们可以发行垃圾债券，”布莱克说，“不用担心我们的问题。我们有能力处理好。”

会议结束后，克拉维斯把雷切尔和他的顾问带到了自己的办公室。现在是做出决定的时候了。其他的顾问则转到 KKR 的厨房，要了些比萨饼。当克拉维斯关上办公室门的时候，没人知道离他们会场六个街区远的地方另一个类似的会议正在进行着。

古弗兰紧紧拽着他三岁儿子的小手走上了麦迪逊大街。父子俩刚一起逛街回来，古弗兰的胳膊下夹着一个包裹。这时他看到街对面斯特朗和另一个员工正到处找停车位，于是就向他们招了招手。

古弗兰明白，当天晚上在他家召开的会议将会成为他华尔街生涯当中最重要的一次。所罗门兄弟银行是华尔街上最有实力的公司之一。在它可以俯瞰到纽约港口的宽敞的交易厅里，公司每天的交易量可以达到200 亿美元以上，比纽约证交所的交易量还要多。但是，公司近三年来都没有达到预期的盈利目标，古弗兰终于下定决心将公司的业务从证券交易中撤离出来，转而将来之不易的资金投入到商业信贷业务当中。

但古弗兰本人是并购行业的新手。华尔街通常分为两大对峙的阵营——投资银行家和交易员。投资银行家衣冠楚楚，做事圆滑，一般有哈佛大学等名校背景；而交易员一般都是那些面红耳赤的犹太或爱尔兰后裔，他们一般在城市大学接受教育，在交易大厅里大喊大叫混口饭吃。根据古弗兰的教育背景和气质，他算是一名交易员。

在交易大厅的办公桌上，古弗兰带领着所罗门见证了 10 年的增长，使公司成了业界规模最大、盈利最好的一家公司。1985 年，《商业周刊》授予了他“华尔街之王”的桂冠。对业内人士来说，古弗兰就等同于所罗门。他的话在公司里面就是金科玉律，当他走进一个房间，挥挥他手中的雪茄烟，下属们都要害怕地抖一抖。身材矮小的他喜欢穿深色的三件套，圆脸，厚嘴唇，脸上经常挂着一丝不自然的微笑。约翰逊早在标牌公司的时候就认识他了，并叫他“老土豆”。

59 岁的古弗兰开始了他的新生活。他娶了第二任妻子，之后有了一个儿子，而且频频出现在一些社交活动上，这成了华尔街人茶余饭后的谈资。他的现任妻子苏珊·古弗兰之前是泛美航空公司的一名空姐。刚 40 岁出头的她将丈夫毫无生气的生活带入了一系列正式的慈善晚会和社交宴会。1981 年结婚后，他们夫妇俩经常在《每日女性服饰》上露面。为基辛格举办六十大寿让他们夫妇俩在纽约上流社会得到认可。几个月后，赴宴的客人们还津津有味地谈起苏珊的厨师为大家准备的甜点。

自从古弗兰两口子在巴黎的时尚街上买下了一栋 18 世纪的豪宅之后，苏珊大部分时间都待在法国，古弗兰只好每个周末往返于大西洋两岸。当80年代中期所罗门遇上问题的时候，很多人都认为是苏珊使古弗兰不能专心于公务。“我认为苏珊应该对约翰的麻烦负很大的责任，”一个业内的朋友在1988年接受《纽约》采访时说，“一旦老家伙发现了自己的第二春，他们也将不久于人世了。”

约翰·古弗兰：所罗门的大佬更看重的是如何才能卖出更多的债券而不是奥利奥饼干。

聚会中的古弗兰夫妇：“一旦老家伙发现了自己的第二春，他们也将不久于人世了。”

随着所罗门业务的增长，之前不受重视的投资银行部门跟公司主导的交易员文化之间的冲突日益加剧。到了1987年，这些银行家要求在公司里有更多的话语权，希望将公司推向收购和商业银行业务。古弗兰把很多时间花在镇压内部反抗势力上，在他大清洗期间，士气和公司的利润也一落千丈。一系列失败的重组使一些大人物纷纷辞职，其中包括芝加哥的交易商哈里斯和经济学大师亨利·考夫曼。在公司股价最低点，所罗门险些被罗恩·佩雷曼收购。

两年以来，古弗兰经历了一次又一次的危机，所罗门就像一座浓烟滚滚的活火山。现在古弗兰似乎已经熬过了最艰难的那段日子，内部的那些麻烦制造者都已经被扫地出门了，公司的利润又有了转机，古弗兰和他的妻子也从《每日女性服饰》上销声匿迹了。古弗兰第一次对投资银行业产生浓厚的兴趣，甚至有时跟着银行家去拜访潜在客户。虽然股票交易依然赚钱，但古弗兰开始领悟到其他华尔街首席执行官几年前就明白的道理：现在真正赚钱的是商业信贷业务。

雷诺兹-纳贝斯克集团是古弗兰最好的试金石。他明白他的整个投资银行部门随时准备从约翰逊创造的机会中分一杯羹。但古弗兰将信将疑，并将投资银行部门的热情归结为“成交热”，一旦投资银行家发现一个他们觉得很难得的收购机会就经常出现这种状态。在古弗兰看来，这种情况每隔一两个月都会出现。这些银行家认为他们发现了圣杯，觉得这场收购能够使公司扭转乾坤。雷诺兹－纳贝斯克集团将成为所罗门的救星；这场收购将重写公司的历史，之前的阴霾也将一扫而空，并在短时间内确立所罗门在杠杆收购行业的地位。

一个很高远的目标，但古弗兰认为这很难实现而且有一定的风险。从斯特朗口中，他了解到雷诺兹－纳贝斯克有着很多品牌和优良的现金流。听起来很诱人，但古弗兰需要更宏观的情况。为了这场交易，他们需要上亿美元的资金，这对公司来说压力不小。所罗门的证券部门用公司资金买入大量股票和证券，然后卖出，靠的是薄利多销。如果公司动用过多的资金，那些评级机构就会重新审视公司的信用等级。哪怕降级一点点，公司就得多付出几百万美元的交易成本。更重要的是，任何的降级都会招致交易员们的不满。他很清楚，如果他不能妥善地处理这件事的话，那么一场动乱是不可避免了。

停好车之后，斯特朗和其他六个银行家陆续来到古弗兰的住处。他们被引进两层高的大厅，大厅的墙上悬挂着一张莫奈的睡莲。不算装修，古弗兰为购置这座有 6 个卧室的公寓就花了 650 万美元。在公寓的开放空间里，古弗兰一家喜欢 18 世纪法国宫廷的陈列。

古弗兰一家原本住在水苑，因为跟那儿的邻居发生口角就把家搬到了第五大道上。苏珊坚持要用一棵 6.7 米的杉树作为圣诞树，当杉树运到之后才发现电梯装不下，苏珊于是就在屋顶架了一个起重机把树从窗户搬入屋内。不幸的是，她之前并没有征得其他租户的同意，因此引发了一场价值 3 500 万美元的诉讼。之后他们一家就搬到了第五大道的公寓。

参观了这座大宅之后，斯特朗就被领到古弗兰的书房。“好了，关于这件事我都需要知道些什么？”古弗兰问道。

斯特朗有点紧张，这是他最重要的一次讲演。他需要古弗兰的全力支持，而这将会改变公司的未来。斯特朗很快理出头绪。他解释道，所罗门公司和汉森基金将成为合伙人，在股票、成本和控制权上都享有同等的权利。所罗门负责融资业务而汉森负责公司运营。

经过一个周末的仔细研究，斯特朗的小组得出了和克拉维斯相同的结论，要想得到雷诺兹－纳贝斯克集团就要采取激进的手段。斯特朗建议所罗门马上秘密地吃进大量的雷诺兹－纳贝斯克股票，为将来发起恶意的要约收购做准备。斯特朗认为这样所罗门就有了讨价还价的筹码，即使将来所罗门没有取得雷诺兹－纳贝斯克的控制权，到时候把这些股票卖出也能大赚一笔。

其实斯特朗所说的做法就是那些企业狙击手多年来惯用的手法，但大家还没有听说过有哪家大的投资银行采用这种手段。斯特朗强调说特殊情况应该特殊处理，只要古弗兰同意，斯特朗将从下周一早上就开始买入雷诺兹－纳贝斯克的股票，直到购入 10 亿美元的股票。

斯特朗是经过深思熟虑之后才提出了这样的建议。整个周末这群银行家都围绕着这个建议讨论不休，这个策略听起来很不错。雷诺兹 - 纳贝斯克集团是个千载难逢的机会，所罗门就应该采取这样激进的手段。他们越讨论越兴奋，但每个人心中都有这样一个疑问：古弗兰会同意吗？

“不会，他绝不会同意的。”一个名叫查理斯 · 菲利普斯的银行家说。古弗兰虽然嘴上说看好这个项目，但是心里却拿不定主意。几个银行家听了之后就泄气了。“如果我们想不出法子来收购雷诺兹 - 纳贝斯克的话，那我在所罗门的这 15 年将一无是处。”另一个银行家说。

斯特朗讲解完之后，古弗兰开始发问了，试图找出一些缺点。他的行事方式就是要让银行家们处于防守的位置，然后让他们从多个角度来证明每一步都是万无一失的。古弗兰希望听到一切可能会出问题的地方：“这不是你们的钱，你们当然站着说话不腰疼，但你们凭什么就认为这个方法行得通？”

这些银行家一开始都不敢确定古弗兰是故意找茬还是在提问题。“烟草业的诉讼问题怎么样？”古弗兰说。“你放心。”银行家们都肯定地说。接着他又转向菲利普斯问道：“债券市场能够筹到这些资金吗？”“可以。”

他们就这样一个问题一个问题地讨论。一小时之后，古弗兰给所罗门最有影响力的董事会成员沃伦 · 巴菲特打了一个电话。巴菲特被人们认为是华尔街上最聪明的投资者之一，他的言论能够影响股市行情，而且这种情况经常出现。巴菲特不是个短线投机者，他的投资理念很传统，也就是投资并持有。去年秋天，巴菲特购买了所罗门 12% 的股份，使其免于被罗恩 · 佩雷曼收购。

当巴菲特接电话时，古弗兰就将电话调成免提状态，并向巴菲特详细地介绍了情况。他们该怎么办？

巴菲特建议他们放手去做。巴菲特曾经是雷诺兹 - 纳贝斯克集团的大股东之一，因此很了解烟草行业。“我告诉你我为什么喜欢烟草行业，你投入 1 美分能得到 1 美元的回报。而且烟草能让人上瘾，顾客对品牌的忠诚度很高。”

那巴菲特愿意和所罗门一起完成这场收购吗？这位投资者回答说这次不会，虽然烟草行业的投资回报率很高，但是持有一家烟草公司的股票就像和死亡出售者为伍，会受到道义上的谴责。巴菲特不想承受这样的谴责。“我现在已经很有钱了，我不需要来投资烟草公司。”巴菲特说。

对坐在古弗兰书房中的银行家来说，巴菲特的回答替他们打消了古弗兰最后一丝疑虑。古弗兰最后同意说，如果特殊情况需要采取一些激进做法的话，那就动手吧。

当天晚上这群银行家都兴高采烈地离开了古弗兰的家。菲利普斯一直对古弗兰抱有怀疑态度，但那天也兴高采烈地坐公共汽车回家了。他简直不敢相信自己见证了所罗门历史上最重要的时刻之一。

古弗兰真的答应了。

凌晨三点多，所罗门的银行家们互通电话，传达这个好消息。大家都不能相信他们的运气。经过多年的努力，所罗门终于要干件大事了。

“哎，哎，等一下，”罗伯茨问道，“为什么非要今天晚上？我坐飞机明天就到。”

“明天也行，”克拉维斯说，“但等到明天一切都晚了。”

罗伯茨对克拉维斯提出马上进行要约收购的建议大吃一惊。他尽管一直关注着这件事情，但没想到要进行要约收购了。坐在他旧金山南部的家里，出于谨慎，罗伯茨希望多了解些情况之后再决定是否要进行公司历史上首次的要约收购。

克拉维斯逐条列出了加紧行动的各种理由：银行被对手垄断，美国运通公司明天就要召开董事会，显然是为了决议通过搭桥贷款来为这场收购提供资金。克拉维斯说，如果不快点行动的话，约翰逊就会在几天之内结束这场收购。而要约收购是目前 KKR 能够入场的唯一机会。一方面，要约收购能够得到对方董事会的回应，联邦证券法规定要约收购的目标对象必须在 10 天之内对要约收购发出方做出正式的回复。克拉维斯说，董事会因此不可能对他们置之不理。

克拉维斯接着说，这不能完全算是恶意收购。首先约翰逊已经将公司作为收购对象了。克拉维斯希望在雷诺兹－纳贝斯克董事会的同意下完成要约收购，这样他们就能争取到时间而不至于发动全面的恶意收购。

沃瑟斯坦和格里彻被带了进来，对罗伯茨重复了一遍他们的战斗动员演说。罗伯茨对这两个银行家的论调并不怎么感冒，但他并没有当着他们的面说。因为在华尔街上，像沃瑟斯坦和格里彻这样千方百计劝 KKR 快速完成交易的银行家到处都是，目的就是赚到上百万美元的咨询费。沃瑟斯坦尤其坏，不时地向克拉维斯提供新的收购点子。罗伯茨对他们的话都半信半疑，并将他们归为他讨厌纽约的理由之一。过了一会儿，罗伯茨请他们两位离开办公室。

这是个重大的决定，这场收购的规模相当于他们之前做过的好几倍。这也是他们第一次在没有管理层的帮助下发起一场收购。如果想要得到雷诺兹－纳贝斯克，他们注定只能单打独斗了。

罗伯茨发现自己开始认同克拉维斯的直觉。独自待在加利福尼亚的罗伯茨觉得猜疑纽约的每个人没多大的意义：“让我们暂时不谈这件事，明天早上再说。到时候如果都没有意见的话，我们就准备动手吧。”

会议在 10 点 15 分结束了。正当克拉维斯准备回家的时候，格里彻和沃瑟斯坦走进了他的办公室。“我们想和你谈谈咨询费。”他们其中一个开口说。

克拉维斯被这样的请求激怒了。克拉维斯通常在收购的后期，或者是在收购结束之后才和投资顾问们谈咨询费的问题。克拉维斯相信公司应该善待投资顾问。他瞪了他们一眼：这两个小朋友想多要点零花钱啊。

“为什么要现在和你们讨论咨询费的事?”克拉维斯问，“我们之前从未这样做过。”

这两个顾问认为摩根士丹利和沃瑟斯坦－佩雷拉各自应该得到5 000万美元的咨询费。这绝对是个天文数字，迄今为止，历史上最高的费用差不多在5 000万~6 000万美元之间，这里面还包括大量的搭桥贷款费用和上亿美元的注资。而现在光凭咨询服务，沃瑟斯坦和格里彻就想要这个价。

这真是太荒唐了，克拉维斯想。他现在正准备发起职业生涯中最大的一次收购，而且在华尔街历史上也是规模最大的一次，但他的顾问们却更多地关心自己的报酬而不是他们的策略。

“还不到时候，”克拉维斯告诉他们俩，“我们不准备讨论这个问题，这也是我们最后一次讨论这个问题。”

“那好吧，”格里彻过了一会儿说，“但这对我们很重要，亨利。我们相信你会把这件事处理好的。”

接着，克拉维斯就坐车回公寓。他对今晚的进展很满意，要约收购是个正确的决定，他有75%的把握会这么做。但还是有一些疑问。他的那些投资者会怎么看待这次投资？报纸又会如何报道这次要约收购？更重要的是，雷诺兹－纳贝斯克的董事们会如何看待？必须让这些董事相信这次收购并没有任何敌意。

克拉维斯想先休息一下，明天早上他和贝迪及罗伯茨，或者还有科恩讨论之后，再做决定。

这边克拉维斯正紧锣密鼓地准备着，而雷诺兹－纳贝斯克的董事们则都回家休息了。星期天晚上约翰逊还丝毫没有察觉到即将来临的风暴，他飘然来到吉姆和琳达·罗宾逊位于现代艺术博物馆楼上的公寓。晒得黝黑的约翰逊那天心情不错，穿着棉质的运动衣和休闲裤，看起来很惬意。他那天下午从亚特兰大坐飞机赶到田纳西州的查塔诺加，跟随行的劳里和马丁打了一局高尔夫球。那儿的高尔夫球场属于他的朋友杰克·鲁普敦，是约翰逊最喜欢的高尔夫球场地之一。

约翰逊并不担心来自克拉维斯的威胁。实际上，自从星期五开始他就没把这事放在心上。星期六他一觉睡到中午，然后和马丁看了一下午的大学橄榄球比赛。星期一他准备和劳里一起去医院探望布鲁斯，一个多月之前的那场车祸让布鲁斯至今还处于昏迷状态。星期二他们准备和商业信贷银行家会面，他们需要筹集150亿美元左右来收购公司。约翰逊认为到时候收购工作就正式启动了。

克拉维斯那边科恩会负责搞定。克拉维斯会冷静下来的，一切都将很顺利。科恩说一切都在掌控之中，只要科恩没来向他报忧，约翰逊就觉得一切正常。况且，克拉维斯会做什么？没有管理层的帮助，约翰逊认为克拉维斯肯定不敢拿出180亿美元收购雷诺兹－纳贝斯克集团。

但罗宾逊并不像约翰逊那样能沉得住气。整个周末他都在为是否要给克拉维斯打电话做着激烈的思想斗争。虽然科恩说一切都很顺利，但罗宾逊却一直想帮科恩一把。那天晚上他和约翰逊在电话中与科恩花了很长时间讨论各种方案。

11点钟左右，约翰逊一家和马丁回到了约翰逊在第五大道上的寓所。当他们进屋的时候，马丁看到自己的助手利斯发来的一条信息，大吃一惊。马丁给利斯打了电话，发现利斯已经急得像一只热锅上的蚂蚁。

利斯对马丁说他刚接到《华尔街日报》记者的电话，这位记者在电话里说克拉维斯明天将以每股90美元的价格向雷诺兹－纳贝斯克发起要约收购。

马丁和约翰逊互相看了对方一眼。“这简直太疯狂了。”马丁告诉利斯。

“太疯狂了，”约翰逊也赞同道，“谁会出90美元的价格？”

两个人都认为这是收购谣言。每逢这种大规模的收购，市面上都会出现千奇百怪的传闻，但马丁还是把这个消息告诉了琳达。

科恩放下书准备和妻子上床休息。他知道明天注定不是轻松的一天，还得和克拉维斯打交道。

这个周末对科恩来说风平浪静。星期五晚上和克拉维斯开完会后，科恩筋疲力尽地回到家里。接下来的一天，他上了6个小时的法语课，同时还在学习意大利语，因为他最近加入了在法国和意大利的董事会。他向家庭教师保证他会比去年春天更加努力。“我保证这次我一定好好学。”他说道，但却不知道这是他最后一次上法语课。周六下午他和儿子玩了会儿橄榄球。星期天科恩整天待在家里。他跟罗宾逊和希尔谈了几次话，三个人一直认为应该和克拉维斯保持联系。科恩虽然丝毫不知道最后会有什么结果，但必须阻止克拉维斯，防止事态扩大。

科恩的电话响了起来，是琳达打过来的，她告诉他马丁收到的消息，说克拉维斯正准备对雷诺兹－纳贝斯克发起要约收购。

科恩说：“我不相信这是真的。一定是有人在传播谣言。”和约翰逊一样，科恩把这个消息仅仅视为谣言。琳达也认为这是空穴来风。

不到一个小时，琳达又打来电话，说自己也接到一个记者的电话，内容和马丁的电话内容一模一样。

“这不可能，琳达，”科恩重复道，“我们明天就要和克拉维斯面谈。他为什么不等到明天的会议之后再做决定呢？这有些不合情理，一定是谣言。”

当天晚上，琳达给约翰逊打了最后一次电话，告诉约翰逊她也同样接到了记者的电话。但她安慰约翰逊，让他不必担心。“科恩说这不可能，他们明天就和克拉维斯见面。”

约翰逊这时才感到有些不太对劲。跟琳达道了晚安之后，约翰逊对自己的妻子说：“天啊，琳达也接到电话了，这太蹊跷了。”

这会是真的？约翰逊心想，不，这一定是谣言。他自言自语道，就算是克拉维斯要超越自己的价格，也不至于高出15美元啊。

不，不可能。

星期一早上，所罗门的斯特朗很早就起床了，为新的一天做好了准备。这一天，所罗门的银行家们就将进入21世纪了。

5点20分左右，斯特朗钻进他的黑色宝马轿车直奔最近的一家报刊亭。20分钟后，他就驶向荷兰隧道，副驾驶座上放着一份还没来得及读的报纸。这时他接到了所罗门顾问大卫·科克兰德的电话。科克兰德告诉斯特朗，哥伦比亚广播电台说克拉维斯宣布将以每股90美元的价格收购雷诺兹－纳贝斯克集团。

“啊，天啊。”斯特朗叫道。

清晨6点，正当约翰逊的律师戈德斯通穿上运动裤的时候，他的电话响了起来。这个律师最近刚搬到联合国广场上的一间公寓里，刚刚养成了去楼下健身房缓解压力的习惯。

“克拉维斯发起了要约收购。”希尔言辞确凿地将自己所知道的情况一五一十地告诉了戈德斯通。

一开始戈德斯通没反应过来：“你再说一遍。”

希尔又重复了一遍。

“什么价格？”戈德斯通问道。

“90美元。”

戈德斯通大吃一惊。这几周在准备竞标的过程中，他还从来没听到过这么高的价格，一点儿心理准备都没有。协利之前说他们预计价格不会超过80美元。

“再重复一遍，90？9 加个 0？”

“千真万确。”

“我马上去你的办公室。”

戈德斯通机械地脱下运动服。几个月之后，当戈德斯通回忆起这件事时说：“我接到那个电话时犹如五雷轰顶。”

星期一早上的《华尔街日报》和《纽约时报》都报道说 KKR 即将以每股 90 美元的价格对雷诺兹－纳贝斯克集团发起要约收购。贝迪看到报纸后惊讶得目瞪口呆，一定是有人走漏了风声。这是他在华尔街 20 年来遇到的最恶劣的一次泄密事件。有人，可能是克拉维斯花重金雇用的顾问，出卖了克拉维斯职业生涯中最重要的一次行动。当克拉维斯 7 点左右给他打电话的时候，贝迪还没有从惊讶中回过神来。

“你看没看《纽约时报》里的那个混账报道？”克拉维斯几乎尖叫道。

“看了，我肺都快气炸了。”

“一定是贝克那个混蛋！”

“不可能，亨利……”

“就是他！”

克拉维斯看到《纽约时报》提到了德崇证券公司，就不假思索地将贝克当成了罪魁祸首。这么多年来，克拉维斯对贝克各种出格的表演、愚蠢的笑话和歇斯底里的行为一直都很容忍，但这次克拉维斯终于忍无可忍了，应该让贝克吃点苦头。

一小时之后，克拉维斯怒气冲冲地赶到自己的办公室。无论他之前对这次收购有什么担心，现在都没有考虑的意义了。这次消息的走漏逼着克拉维斯硬着头皮上了。他告诉手下 8 点准备正式发布要约收购的事项。

为了转移他对贝克无比的愤恨，克拉维斯草草地列了一个单子，单子不长，只有五个人：休格尔、约翰逊、罗宾逊、科恩和哈里斯。当克拉维斯打电话给哈里斯的时候，身材肥胖的哈里斯正在跑步机上艰难地跑着。

“啊，我的天！”哈里斯听到克拉维斯说起要约收购雷诺兹－纳贝斯克的时候大叫起来。这个芝加哥的经纪人提醒克拉维斯说自己是董事会的顾问，因此必须在这次收购中保持中立。但任何能够增加股东福利的消息，董事会都是很欢迎的。

“亨利，这太棒了。”哈里斯说。

科恩星期一也早早地起来，7 点半就坐上他的豪华轿车赶往协利总部。顺路把孩子们送到学校后，科恩就接到了妻子从家里打来的电话："亨利刚才打电话找你。"

科恩那天早上还没有看当天的报纸，很快就联系上了克拉维斯。他从来没有听到过克拉维斯的声音如此紧张。

"彼得，我只是想告诉你我们知道你周末都做了什么事情，所以我们准备在8点钟宣布以每股90美元的价格收购雷诺兹－纳贝斯克。"

"亨利，我这周末到底做了什么？"科恩极力抑制住心中的怒火。

"你自己知道，你是不是想阻止那些大银行向其他竞标者提供资金？我们对这些都一清二楚。我们还听说了你们那些董事会会议。"

"我不知道你从哪儿听说这些子虚乌有的事情。那些董事会会议早在几个月前就已经定下来了。亨利，你想怎么样？我说过我会找你谈的，我什么时候说话不算数了？"

科恩继续说道："你犯了一个错误，亨利。我觉得你低估了我们的实力。"科恩已经不再掩饰自己的愤怒。

挂了电话之后，科恩开始担心起来。当车驶向公司总部时，科恩左思右想。到底什么事情把克拉维斯逼急了？接着他就给公司的首席律师努斯鲍姆拨了一个电话。

"他们为什么要这么做？我理解不了！这简直太不像话了！"科恩情绪激动地说道，"我还指望他能和我们继续谈下去。"

但两人都猜不出到底哪儿出了问题。努斯鲍姆说这可能只是一个幌子。如果真是要约收购的话，那没什么太多的花头。克拉维斯不可能在短短的三天之内就筹集200亿美元。

"他们怎么可能发动要约收购呢？"努斯鲍姆说，"他们没有资金，只不过吓唬吓唬人而已。再说克拉维斯没胆量做恶意收购。"

约翰逊正准备坐下来享用早餐，这时马丁从外面冲了进来。"关于克拉维斯的那件事，"马丁气喘吁吁地说，"我们从很多方面都得到了证实，这的确是真的。"

"不可能，"约翰逊说到，"这绝对不可能。这太离谱了，每股90美元啊！这简直疯了！"

"但这是事实。"马丁说道。

约翰逊立即想到了科恩和克拉维斯的会谈，上星期五一定发生了什么事把克拉维斯逼急了，而科恩却没有向自己汇报。

"一定是谁把他给惹恼了，我要弄个水落石出。"约翰逊说道。

除了上次和约翰逊毫无结果的会面，克拉维斯对约翰逊还真不是很了解。他给摩根士丹利的格里彻打了个电话，希望他能安排一次电话会议。

"亨利，我在报纸上看到关于你的报道了，"格里彻哈哈大笑道，禁不住挖苦一下他的对手贝克，“你怎么能相信德崇那帮家伙呢？”

“该死的，”克拉维斯大光其火地说，“我还从来没生过这么大的气。你相信吗？我已经将德崇从队伍里清除掉了。”

格里彻一边心里暗笑，一边给在亚特兰大的约翰逊打了个电话。约翰逊很快从纽约的家里回了电话。这个摩根士丹利银行家惊讶地发现约翰逊依然兴致很高。如果克拉维斯的要约收购让约翰逊大吃一惊的话，约翰逊却丝毫没有表现出来。

“他妈的，这么高的价格，”约翰逊大叫道，“天啊，这一定是疯了。但我们给股东们做了一件大好事啊。”

格里彻猜不出约翰逊到底什么意思。难道这个人真的不在乎把这个公司拱手让给别人吗？他自己的饭碗都有可能保不住。

过了几分钟后，约翰逊又给克拉维斯打了电话。克拉维斯也对这位雷诺兹－纳贝斯克总裁的态度感到十分诧异，约翰逊似乎只是对克拉维斯的举动本身表示吃惊。

“我的天啊，亨利，我知道你有钱，但想不到你这么有钱！这个要约太棒了……”

跟约翰逊的热情洋溢比起来，克拉维斯显得很平静。他一本正经地说：“罗斯，我只是出于礼貌让你知道一下，我们想把公司买下来。我们很愿意和你一起坐下来谈谈，看看我们是否能够合作。我们希望你来经营这家公司。”

“好啊，那就先让我们看看事情如何发展，”约翰逊说，“我之后再和你谈。”

谈话就这么匆匆结束了。

之后，克拉维斯向罗宾逊和休格尔传达了类似的信息。最后他打电话去责骂贝克。克拉维斯真恨不得把贝克大卸八块。

“我真不敢相信你会背叛我。”克拉维斯咬牙切齿地说。

贝克立即忙不迭地说：“不是我干的，亨利。你要相信我，真的不是我。”

“那些报道让我不得不相信，”克拉维斯冷冰冰地说，“我不希望身边有内鬼。我不希望我的团队里有人光顾着自己的利益，我们不需要这样的人。杰夫，我不想在会上见到你。”

贝克开始变得歇斯底里起来，因为他不但将名誉扫地，而且上百万的咨询费也将化为泡影。“亨利，我没出卖你。我什么都没做！不是我啊，不是我干的，你要相信我啊。是沃瑟斯坦，一定是沃瑟斯坦。”

贝克苦苦哀求，但克拉维斯很快对贝克的矢口否认烦透了。

那天每隔半小时，贝克就打电话给克拉维斯，但克拉维斯对此置之不理。贝克还向雷切尔等人发誓自己是清白的，甚至找来那个记者为自己作证，但都没有用。几天下来，贝克神情恍惚，茶饭不思，不知道克拉维斯是否还相信自己。

某一天贝克听说格里彻到处和别人说是他泄漏了消息，于是他立刻给格里彻的搭档沃特斯打电话。

“请你转告格里彻，”贝克说，“如果再让我听到他说是我走漏了消息，我就拧断他的脖子。”

关于是谁走漏了消息，KKR 内部展开了长时间的讨论。

因为克拉维斯还对此事耿耿于怀，贝克好几个星期都被排除在一切战略会议之外。但后来克拉维斯又让他回来了，因为克拉维斯渐渐相信这个德崇的银行家是被真正的“告密者”陷害了，这个“告密者”就是沃瑟斯坦。

根据克拉维斯助手们的解释，沃瑟斯坦为了把克拉维斯拖入到争夺雷诺兹 - 纳贝斯克的持久战中，就将收购的消息透露给媒体。大家认为他这么做的动机是防止克拉维斯来争夺卡夫。沃瑟斯坦为卡夫的追求者菲利普·莫里斯提供咨询，生怕克拉维斯会把卡夫从他手中抢走。“他想把我们再往里推一把。”雷切尔说。事实上，克拉维斯在星期天下午就和卡夫的总裁约翰·里奇曼谈过收购卡夫。

克拉维斯认为沃瑟斯坦为了掩护自己，就狡猾地把消息出处安在德崇的头上，因为多嘴多舌的贝克最容易引起大家的怀疑。

在收购完成后的几个月，克拉维斯和雷切尔又改了说法。通过检查公司那个星期天晚上的通话记录，他们称发现有两个分别打给《华尔街日报》和《纽约时报》的电话。克拉维斯相信这次消息是通过多个渠道泄露出去的，贝克和沃瑟斯坦两个人分别给两家媒体打了电话。他们猜想贝克的动机完全是出于自我意识的膨胀，他希望把这次收购的功劳据为己有。尽管铁证如山，但贝克和沃瑟斯坦都矢口否认，说自己没有向外界透露过半点消息。

这场泄密纷争对克拉维斯产生了深远的影响。从那天起，克拉维斯意识到一个简单的事实：虽然公司需要支付 5 亿美元请这些顾问来帮忙，但这些人都不值得他信任。在接下来对雷诺兹 - 纳贝斯克的争夺中，克拉维斯、罗伯茨和他们的助手们很少依赖这些外部顾问。虽然他们两兄弟还需要这些银行家来帮他们做财务分析，但两人只会和 KKR 的员工分享真实的想法。有时候他们也故意误导这些银行家们，希望贝克和沃瑟斯坦们会传播假消息来混淆对手的视听。

克拉维斯的公告就像一颗炸弹在古弗兰脚下炸开了花。在这个利好消息的刺激下，雷诺兹 - 纳贝斯克的股价一路飙升，古弗兰不得不暂时叫停所罗门收购雷诺兹 - 纳贝斯克股票的计划。早上 11 点，斯特朗和菲利普斯在汉森的办公室里与汉森的代表见面时，对方告诉他们公司管理层需要重新考虑投标计划。到了下午 3 点，这个计划被否决了。

到了晚上，前天晚上的会议就像一场噩梦。古弗兰来到公司 17 层楼的办公室，质问前一天晚上这些银行家向他强力推荐的战略。古弗兰一度暗示说他们这些银行家太不爱惜公司的资金了。等古弗兰离开后，情绪低落的几个银行家自嘲地称自己是“豪侠”，这个称谓流传了好长一段时间。

“昨天晚上我们还是一群天才，”菲利普斯说，“现在我们一下子成了蠢货。”

约翰逊坐在自己的公寓里，通过大军广场他能看见克拉维斯的办公室，沉思着早上发生的事情。

“对我来说，一切都结束了。”约翰逊告诉马丁。

第9章 Barbarians at the Gate

向垃圾债券宣战

西奥多·弗斯特曼穿上白色的浴袍，轻轻地沿着回旋的楼梯来到楼下享用早餐。晨曦透过窗户撒进他在东河上游的公寓。下游的罗斯福大道上，上班通勤一族正在星期一拥挤的交通中缓缓前行。

弗斯特曼听到他的女佣诺埃米正在厨房里为他准备早餐：一杯咖啡、面包圈和半个柚子。在准备享受一顿悠闲早餐的同时，他有时间可以读一读当天的报纸。49岁的弗斯特曼依然像之前当运动员时候那样身材魁梧、肩膀宽阔。他的网球技术比年轻时大有长进，现在他有时候还和职业选手一起切磋球技呢。由于他意大利母亲的遗传，他眼睛周围橄榄色的皮肤突出了地中海人的特点，但头发有点花白。

在法国饭厅的水晶大吊灯下，弗斯特曼坐在一排排的大部头中间。他轻轻地走在柔软的土耳其地毯上，最后在一张罩有老虎图案的天鹅绒椅子上坐定。在他的左肩上方，挂着一幅毕加索的真迹。弗斯特曼的住所位于曼哈顿最高档的社区，他的邻居包括雷克斯·哈里逊和葛丽泰·嘉宝。

大家都会说，这个人什么都不缺。作为纽约最著名的单身汉，全美闻名的共和党资金筹集者，弗斯特曼拥有配有司机的梅赛德斯轿车，装满新鲜水果的私人飞机、金碧辉煌的洗手间，接送他上下班的直升机，可以避开曼哈顿拥挤的交通。凭借着艰苦奋斗和运气，他10年前成立的弗斯特曼－利特尔公司专门从事杠杆收购业务，现在其旗下的企业每年的利润就达到80亿美元，这使得弗斯特曼有钱在南安普顿和阿斯彭买地置业。他的办公室里陈列着西方的艺术品，在那儿可以看到中央花园的美景，墙上还挂着一幅弗斯特曼和里根握手的照片。此外，他还资助阿富汗境内的一支反政府武装。

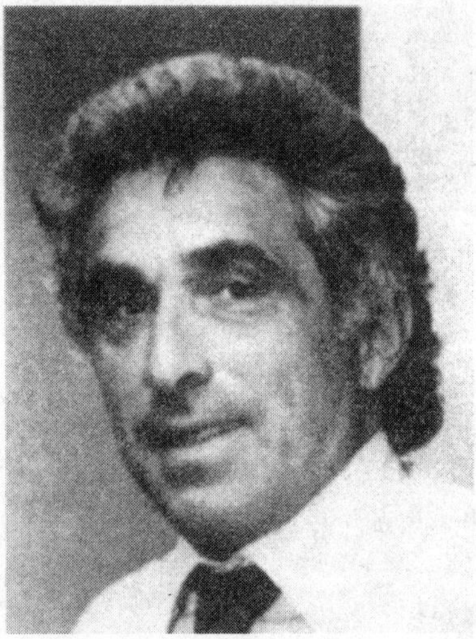

西奥多·弗斯特曼：他对克拉维斯的憎恨驱使他加入了对雷诺兹-纳贝斯克集团的争夺。

财富能够给他带来一切，但却不能给他内心的平静。在弗斯特曼内心深处，他是一个易怒的人，内心燃烧着一种对现实的不满与愤怒，他的朋友和商业伙伴都知道尽量避免谈到一些话题。一提到某个东西，他就会变得非常激动，并滔滔不绝地开始谴责。朋友们耳朵都已经听出茧来了。在华尔街，弗斯特曼知道有人叫他灾难预言家卡珊德拉；竞争对手们都在背后对他嗤之以鼻。弗斯特曼对此并不理睬。他读过温斯顿·丘吉尔的自传。这位政治家当年提醒世界提防纳粹德国时的孤独感引起了他的共鸣。

那天早上的一篇报道又激起了他的愤怒。打开《时代》周刊，他立即被商业版上方的一条标题所吸引——“KKR公司加入对雷诺兹-纳贝斯克集团的投标”。他仔细地阅读了这篇文章。

这帮该死的家伙，他们又开始动手了，弗斯特曼自言自语道。

弗斯特曼觉得KKR的投标一文不值。90美元一股的价格空洞无物。弗斯特曼自言自语地说，这个小子的垃圾债券只值这个价格的一半。克拉维斯这次又想拿少得可怜的现金和一大把的债券去收购一家优秀的美国企业。弗斯特曼又翻了一遍这篇文章，这里面显然不会有克拉维斯公司融资方面的消息，也没有其他相关的报道。

KKR有的只是一大堆假设，其中包括融资和雷诺兹-纳贝斯克董事会的审批。弗斯特曼觉得这是一场投标，也就是说，如果克拉维斯没有感冒发烧，如果道奇队能够赢得比赛，如果他的老婆多卖出14件衣服……他感到心里的怒火越烧越旺。这种感觉5年来一直伴随着弗斯特曼。

弗斯特曼相信一个卡特尔已经控制了华尔街，而这个卡特尔的首领是德崇证券公司的迈克尔·米尔肯，而实力最强的成员当属KKR的克拉维斯了。现在在这场收购雷诺兹-纳贝斯克的斗争中，这个卡特尔已经占据上风。

这个卡特尔的产品是回报率很高的垃圾债券。到了1988年，几乎每一个大的投资者、股票交易所和杠杆收购公司都用垃圾债券筹集资金，通常这些资金都用在杠杆收购当中。弗斯特曼相信垃圾债券不但败坏了杠杆收购行业，还把华尔街也引上了不归路。在每一场大收购当中，弗斯特曼·利特尔公司都特立独行，坚决不使用垃圾债券来筹资。

在弗斯特曼看来，垃圾债券就像兴奋剂一样，可以让一些小不点都敢打行业老大的主意；他觉得自己有责任力挽狂澜。他相信现在的杠杆收购公司已经不像弗斯特曼-利特尔公司那样跟收购对象的管理层一起并肩合作，帮助收购对象成长，然后在 5 ~ 7 年后将公司还给股东们。大家现在关注的是如何想方设法地和收购对象持续不断地做生意，从而收取一些费用——杠杆收购公司要收管理费，投资银行要收咨询费，券商要收垃圾债券发行费，等等。弗斯特曼觉得整个杠杆收购行业已经沦为了暴发户的天堂。但他认为根本的原因不在垃圾债券上，它如果合理使用，将是个非常有用的融资工具。他实际上反对的是在每一场新收购中出现的一些垃圾债券的怪胎：所谓的实物付息债券，它是一种可以用其他债券，而不是现金来支付利息的债券。弗斯特曼称这些债券为“假钞”、“橡皮泥”，或是他觉得最贴切的“贝壳币”。在给机构投资者做报告的时候，他喜欢拿起一串印第安人佩戴的贝壳首饰来形象地表述自己的观点。

弗斯特曼知道美国经济迟早会下滑，到时候当人们不能按时清偿巨额债务的时候，这些垃圾债券狂人们就没有好下场。他们就像那些想空手套白狼的地产投机商一样，当债主逼上门来的时候，口袋里没东西可以拿去抵债。弗斯特曼担心当这一天到来的时候，垃圾债券的使用已经铺天盖地，以至于整个美国经济都会被拉进衰退的泥潭。

在德崇的那些客户中，最让弗斯特曼不安的是他的对手 KKR 公司。克拉维斯不但比其他同行用的垃圾债券剂量更多，而且还把触角伸向了弗斯特曼·利特尔公司的主战场——杠杆收购行业。弗斯特曼对垃圾债券越不满，他就越将自己的矛头指向克拉维斯。

有意思的是，他们曾经一度还是朋友，但现在克拉维斯已经成了弗斯特曼的眼中钉、肉中刺了。在他看来，克拉维斯就是华尔街版的浮士德，为了得到垃圾债券和每个星期一早上收购一家公司而出卖自己灵魂的人。一听到有人提起“克拉维斯”这四个字，弗斯特曼就发出不屑的声音，翻翻白眼，然后重重地叹一口气，“骗子”这样的称呼就从他嘴里脱口而出。骂得最凶的时候，弗斯特曼还把克拉维斯称为“混蛋”或“狗杂种”。

那些想研究 KKR 和杠杆收购行业的人几乎都曾听过弗斯特曼反克拉维斯的言论。在不屑的声音、叹气和翻白眼之后，弗斯特曼就开始口诛克拉维斯。

“这就像奇境里的爱丽丝一样，”弗斯特曼恼怒地说，“克拉维斯之所以能够支付这么高的投资回报，是因为他的钱不是真的，是假的！是假钞，是贝壳币。这些收购垃圾债券的家伙还在逍遥法外而其他人却浑然不知。”

弗斯特曼会血脉贲张地告诉你，KKR 手中的那些企业一点都不像他们自己说的那么健康，而且他们支付给投资者的回报根本不能和弗斯特曼-利特尔公司投资者取得的回报相比。弗斯特曼担心 KKR 参与的每一场收购都会对美国经济构成威胁。

很多认识他们两个的人都觉得弗斯特曼是吃不到葡萄就说葡萄酸。当然，这里面肯定有这方面的因素。有时候，弗斯特曼会在批判克拉维斯 20 多分钟后，补充说自己跟克拉维斯并没有任何私人恩怨。他会说："这里面没有任何私人动机。"克拉维斯并不是他的敌人：垃圾债券这种流行在华尔街上的疾病将会摧毁弗斯特曼苦心经营的杠杆收购行业，而克拉维斯只是杀伤力最强的病毒罢了。而弗斯特曼-利特尔公司之外的人很难区分两者之间的区别。

有时候，大家觉得弗斯特曼生来就脾气暴躁。当年他的爷爷，一个专横的德国移民，创建了一家纺织厂，使他在第二次世界大战之前成了世界上最富有的人之一。他的父亲尤利斯·弗斯特曼继承了家族产业——弗斯特曼羊毛纺织厂，并在康涅狄格州的格林尼治镇盖起了别墅。那里有网球场和私人垒球场。尽管家境殷实，弗斯特曼的家庭生活却并不诗情画意。尤利斯·弗斯特曼酗酒成性。因为弗斯特曼家里有枪，年轻的泰德，六个孩子中的老二，一直生活在他父亲的暴力阴影之下。夜幕降临的时候，弗斯特曼家的别墅里经常响起厮打的惨叫声，有时他的母亲会高声质问丈夫为何不听医生劝告而戒酒。这让弗斯特曼家的孩子几十年之后才克服家庭生活给他们带来的后遗症：成年之后的弗斯特曼和他的兄弟托尼曾经有 10 年之久没怎么说话。

青少年时代的弗斯特曼将他内心的愤怒都发泄在体育活动上。到了 16 岁那年，他已经是美国东部少年业余网球高手。但他对运动的喜爱慢慢地被来自他专制霸道的母亲的压力所摧毁。他把母亲称为"网球妈妈"。"她对我要求太严格了。"弗斯特曼说。到了 17 岁，弗斯特曼的运动员生涯也就结束了。在青少年网球锦标赛上，当打到 5:5 的时候，他对裁判的判决不满，在被驳回后，弗斯特曼的士气受到了很大的打击。那一局他以 5:7 的成绩输了；接下来的一局，他又以 0:6 输给了对手。"我再也受不了这种打击了。"他后来回忆说。在以后的 17 年，他再也没有踏进网球场。

他的另一个爱好是曲棍球。他第一次站在网前的时候，只有 8 岁，那时他还不会滑冰。他很喜欢身后那扇大门给他的独立感，因为他觉得他的成功在于他自己，不需要他人的帮助。在耶鲁大学念书的时候，他的成绩属于中下，并在东部曲棍球队担任守门员。毕业之后，弗斯特曼也不知怎么的就拒绝了来自国家队的邀请。他在一年内换了好几份工作，比如在少年感化院教体操，在华盛顿一家律师事务所打工。他后来说自己当时是个"稀里糊涂的孩子"，希望能够克服童年的不幸。就在那时，他的父亲去世了。

父亲生前的愿望是让他的二儿子上法学院。弗斯特曼在其父亲去世三个月后被哥伦比亚大学录取。但父亲的产业也开始日渐衰败下去，弗斯特曼羊毛纺织厂倒闭后就被转手了。父亲的产业除了支付他的书本费和学费外，还能每个月给他 150 美元的零花钱。为了维持原来奢华的生活方式，这个来自格林尼治小镇的富家子弟开始参与高风险的桥牌赌博。靠着精湛的牌技，弗斯特曼很快就在曼哈顿近郊住上了每月350美元的公寓。

毕业之后，他就在曼哈顿的一家小型律师事务所工作。三年来，他忍受着烦琐的企业法律事务。有时候，他会偷偷地在下午4点的时候溜出去打桥牌，运气好的时候他一晚能进账1 500美元。弗斯特曼虽然讨厌为事务所的高级合伙人在资料室里做法律研究，但却没有自信跳槽。直到有一天，他们的事务所承接了华尔街上一项大的承销业务。这位年轻的律师被派去联系债券。"弗斯特曼，"高级律师庄严地宣布道，"你将负责去联系我们债券的印刷厂。"这时，弗斯特曼终于下定决心逃离律师行业。

在朋友的帮助下，他加入了华尔街上的一家小公司。在那儿他学到了承销方面的知识和其他一些零零散散的业务知识，但不久他就对这些东西感到不屑一顾，急不可耐地想承担更多的业务，同时也感觉自己的薪水偏低而很不满意。于是他又到另一家小投资公司Fahaerty & Swartwood待了6个月。和他一起并肩工作的是一个工作卖力的俄克拉何马州的青年克拉维斯。不久，弗斯特曼又跳到一个名不见经传的小公司，在那儿一干就是三年。这段时间里，他涉足了包销、投资银行业务和并购工作。最后，弗斯特曼感觉在公司高层的监视下工作很不自由，于是就辞职了。"说实在话，我从来都不是个好员工，"弗斯特曼说，"我总不按照上级的指示去做，而且还经常越级反映情况。"

到了1974年，35岁的弗斯特曼既没工作，也没存款。他自尊心太强，不想向他母亲伸手，也不好意思向他哥哥托尼要钱。当时托尼建立了一家成功的资金管理公司弗斯特曼·乐夫公司。弗斯特曼把他的小汽车卖了2万美元，估计这够他花一年的了。为了支付房租，他经常出现在桥牌桌和高尔夫球场上，为他华尔街朋友的生意牵线搭桥。到了中年，弗斯特曼依然是个从华尔街逃出去的难民，一个不学无术的家伙，大家都不愿意搭理他。

弗斯特曼在华尔街工作时帮助过得克萨斯州一家名叫格雷汉姆电磁公司上市，因此成了这家公司的董事。走投无路的他想方设法说服公司的董事会主席将公司拍卖，让他来充当中间人。由于没有办公室，他就哄骗他哥哥的秘书帮他接听电话，并承诺如果她能对每个打给他电话的人说他正在开会，然后把消息告诉他的话，他就给她买一件貂皮大衣。

过了一年半载之后，他终于把格雷汉姆电磁公司转手了。"我太不擅长做生意了。"他回忆时说。但当这场生意完成后，他净赚了30万美元。他从他哥哥手里租了一间办公室，准备大干一场。为了能赚钱，弗斯特曼什么都做，还曾经一度想把壁炉零件卖给当时的伊朗政府。

在弗斯特曼的高尔夫球友当中，有一个叫鲁登伯格的老总。弗斯特曼一直想为鲁登伯格撮合生意，所以当他的弟弟尼克·弗斯特曼还在一家刚起步的小公司KKR工作，说想和这位老总见面时，弗斯特曼看到有利可图，就高兴地帮忙安排了。

这次会面改变了弗斯特曼的生活。在会上，他和鲁登伯格听克拉维斯和科尔伯格介绍一种他们称之为杠杆收购的业务。弗斯特曼虽然对这个概念并不陌生，但之前并没有亲手操作过。鲁登伯格当时听得津津有味，等克拉维斯他们离开之后，问弗斯特曼道："这不就是你之前经常说的那个东西吗？"

弗斯特曼并不明白鲁登伯格的意图，小心翼翼地回答说："嗯，差不多。"

"那么，"鲁登伯格接着问道，"和他们相比，我们还差什么条件吗？"

"没有。"

"那好，那你想不想做这个业务？"

"但我需要一些启动资金。"

这次谈话之后，鲁登伯格提出要出资帮助弗斯特曼成立一家新公司。这位老总发动自己的朋友都进来投资，弗斯特曼和他的弟弟则负责运作杠杆收购。鲁登伯格说了一句让弗斯特曼终生难忘的话："我的名声就是我的全部家当，我可不希望输掉我的全部家当。"弗斯特曼就将这句话奉为金科玉律。一位前投资银行家布莱恩·利特尔也过来加入了他们，弗斯特曼－利特尔公司就在 1978 年开张了：两个人外加一个秘书，拿两份工资——弗斯特曼停薪一年。

弗斯特曼－利特尔是杠杆收购行业内首批直接从大型退休金基金直接融资的公司。像一个地产中介那样，弗斯特曼推销的说辞非常简单：名声、名声、还是名声。在全美筹集资金的宣讲会上，弗斯特曼有时以正人君子自居，还有点天真，喜欢长篇大论，这成了他的标志。这套长篇大论让合作伙伴喜欢，让同伴烦，让对手不安。首先弗斯特曼以名声起头——"华尔街上的佼佼者，你可以问任何人"，接着就谈到弗斯特曼－利特尔的财务优势和老作风，尤其是最近他又开始控诉垃圾债券的罪恶。

弗斯特曼－利特尔的投资回报率是一流的。经过三五年的运作，他们当初收购的公司转手价格能够达到当初收购价格的 4～10 倍。到了 20 世纪 80 年代中期，只有一家公司比弗斯特曼－利特尔做得更成功，它就是 KKR。

1983 年，弗斯特曼－利特尔遇上了第一个转折点。当时他们在竞标中赢得了达拉斯一家名为辣椒博士的软饮连锁公司。弗斯特曼的对手卡斯特－库克公司，得到了当时还是加利福尼亚一家不起眼的券商德崇的迈克尔·米尔肯的支持。弗斯特曼－利特尔的现金报价和卡斯特－库克的垃圾债券报价对峙了好长一段时间才把这家饮料公司拿下。

虽然弗斯特曼赢得了这场战役，但他很快就输掉了这场战争。1985 年，国际知名化妆品巨头露华浓遭到了罗恩·佩雷曼的突袭。罗恩·佩雷曼的主要资产是一家名为 Pantry Pride 的连锁超市，其规模和露华浓公司不可同日而语，但其背后有德崇为其撑腰。随着露华浓的防线一道道被突破，管理层为了保住自己的饭碗，同时可能还希望趁机大捞一把，就扑向了弗斯特曼－利特尔的怀抱。但特拉华的法庭认为露华浓合并协议中的关键条款严重倾向弗斯特曼－利特尔，按照判例法，判 Pantry Pride 胜诉。

露华浓是第一家被恶意收购者用垃圾债券收购的大型上市公司，这对之后一系列类似的收购起到了示范作用，包括那些由企业狙击手比尔厄里安和古德史密斯发起的收购活动。奇怪的是，弗斯特曼觉得自己应该对被垃圾债券支持的收购者闹得天翻地覆的美国企业界有个交代。

垃圾债券的胜利不仅仅冒犯了弗斯特曼，而且也给他的生意造成了麻烦。由于垃圾债券，那些企业狙击手能够轻松而又便宜地取代自己，这样他们就会抬高收购目标的价格。弗斯特曼发现自己在之前根本不会遇到竞争的地方开始屡屡碰壁。很多情况下，如果收购价格被垃圾债券支持的收购者抬得很离谱的话，他就拒绝参与这样的竞标。结果他发现自己生意越做越小。最后，令人意想不到的事情发生了。1987 年，弗斯特曼－利特尔从投资者那儿筹集了当时创纪录的 27 亿美元资金，却出乎意料地连一笔杠杆收购都没有做成。他们本来希望这一年将成为弗斯特曼－利特尔公司创造新高的一年，到头来却是这样的结果。

一开始，弗斯特曼把他的怒火指向了德崇。有一次，米尔肯的手下来拜访弗斯特曼－利特尔公司。在由一个名叫约翰·史博瑞格的公司顾问安排的见面会上，这位客人建议弗斯特曼－利特尔也加入垃圾债券收购者的行列里。跟这位德崇的银行家友好地聊完天，送走客人之后，弗斯特曼就把史博瑞格叫到自己的办公室里，他气愤地说："约翰，你在这儿还有很长一段路要走，而且也很有前途。但是以后不要再把这种人渣带到公司里来了。"

弗斯特曼注意到之前一些对垃圾债券不怎么感冒的华尔街经纪公司也都争先恐后地去瓜分这个新兴的市场，这更让他不安。"设想一下有 10 个刚刚进入社交场合的少女坐在舞厅里，"弗斯特曼对一群美国证监会的官员说，"假设他们是美林银行、协利证券公司和其他一些大证券经纪公司的头头。这时，一位小姐走了进来，假设她就是米尔肯。这些少女和这个靠出卖自己肉体每晚赚 100 美元的妓女没有什么共同点。但这个小姐有点特别，她每天晚上能够赚到 100 万美元。很快，你会发现什么结果？舞厅里就会有 11 个妓女。"

弗斯特曼还从来没有感到这么恼火过。只有在垃圾债券市场遭遇周期性的崩溃时，弗斯特曼－利特尔才有机会和那些竞争对手站在同一起跑线上争夺大的收购对象。由于 1986 年 11 月伊凡·博斯基的内部交易丑闻被曝光之后，垃圾债券市场开始萎缩。弗斯特曼－利特尔才得以收购了到目前为止最大的一个收购对象——加利福尼亚州一家名为李尔－席格勒公司的军火承包商。当再次面对一个由德崇支持的收购对手时，弗斯特曼将他的战场开辟到了李尔－席格勒公司的董事会。

"在我告诉你们我们是谁之前，"弗斯特曼对在座的董事会成员说，"先让我告诉你们我们不是什么。我们现在不是，将来也不会是德崇证券公司的客户。"弗斯特曼听到在场一个德崇银行家倒吸一口气。“我们没有，我们也不会发行一些无厘头的纸片来摧毁我们收购的公司。我们是一群实实在在的人，我们的钱也是实实在在的。”弗斯特曼回忆说当时董事们都齐声鼓起掌来。

弗斯特曼和克拉维斯只正面交锋过一次，但这次交锋让弗斯特曼永生难忘。1988年的春天，就在雷诺兹－纳贝斯克公司被收购之前的6个月，卡夫准备将金霸王电池公司出售，弗斯特曼热情地向金霸王的管理层示好。他和金霸王的总裁罗伯特·基德尔的关系好到基德尔找到卡夫高层，请求他们不要将金霸王出售给像KKR这样的垃圾债券支持的买主。基德尔在信中称如果卖给由垃圾债券支持的买主的话，公司的前途就毁了。弗斯特曼在心里不停地祈祷，基德尔又给垂涎已久的克拉维斯发了同样一封信。克拉维斯不但拒绝了基德尔的请求，而且还提高了他的报价，远远超出了弗斯特曼的价格。这让弗斯特曼恨得咬牙切齿。

1988年的夏天和秋天，弗斯特曼的愤怒与日俱增。他发现克拉维斯破坏了杠杆收购行业内最神圣的规矩之一，像那些恶意收购者一样秘密囤积德士古公司和克罗格公司的股票。这种激进的做法迫使弗斯特曼痛苦地重新审视自己的价值观。独自一个人的时候，他就在想也许是自己错了，也许是自己没有看到新金融时代的到来。那些比他年轻的合伙人建议他重新考虑对垃圾债券的敌对态度。他的女朋友让他忘掉克拉维斯，停止担心，开始享受他的财富。弗斯特曼试着学会放松，但他发现长期以来对垃圾债券的看法变得更加强烈。

就在雷诺兹－纳贝斯克集团收购爆发之前的几个星期，弗斯特曼接受了朋友们的建议，为《华尔街日报》的社论版写了一篇反垃圾债券的文章，将他的感想公之于众。这篇文章被刊登在10月25日星期二的报纸上。

杠杆收购行业的从业者认为弗斯特曼文章中那些关键段落，比如对一些周期性较强的石油和伐木行业投资的批判，实际上矛头直指克拉维斯。弗斯特曼在文章结尾写道：“看到这些收购完成，就像看着一些喝得醉醺醺的司机在除夕夜把车开上高速公路。虽然你不知道谁会撞上谁，但肯定知道这样是很危险的。”

星期一早上，弗斯特曼从办公室里远眺东河，心里很清楚该如何行动。他突然意识到雷诺兹－纳贝斯克集团的这场收购不仅仅是一场大收购，它也不会是克拉维斯的“每周买卖”，这将是一场五年来他向世人展示垃圾债券和KKR真实面目的绝佳机会。这是弗斯特曼和克拉维斯之间正义和邪恶的斗争。弗斯特曼发誓这次一定要扒下克拉维斯骗子的伪装。

但他首先要取得进入这场收购的入场券。摊在弗斯特曼古董餐桌上的报道几乎没怎么提到约翰逊收购方案的细节。在字里行间，弗斯特曼推断约翰逊的团队被迫过早地向公众披露了他们的收购计划。这意味着从完成正式的标书到联系银行、安排融资，约翰逊他们还需要几天甚至几个星期的时间。这样弗斯特曼－利特尔公司还有机会活动一下。

协利的出现也让弗斯特曼感到振奋。尽管在协利几乎没有熟人，他知道希尔的团队在杠杆收购方面并不内行。最重要的是协利需要大量的资金来完成这场收购。这样弗斯特曼－利特尔公司90亿美元的购买力对对方来说就太重要了。

约翰逊是另一个利好消息。弗斯特曼认识约翰逊和他年轻的妻子劳里，而且很喜欢他们夫妇俩。他第一次和约翰逊打交道的时候是在20世纪80年代初，当时弗斯特曼－利特尔公司正打算收购标牌公司的Fleischmann业务部门。他们当时的交谈让弗斯特曼觉得约翰逊虽然有点推销员的那种圆滑，但他的脑子很灵活。后来弗斯特曼把约翰逊介绍到自己担任董事会成员的深谷球场（有意思的是，凯利正是在这里说服约翰逊和克拉维斯见面的）。

几年之后弗斯特曼打电话给约翰逊，希望他能够给弗斯特曼－利特尔公司的收购基金投点资金。约翰逊很乐意帮忙："天啊，我正求之不得呢，"弗斯特曼还记得约翰逊在电话里激动地喊道，"太棒了，我们愿意帮这个忙。"弗斯特曼放下电话，觉得雷诺兹－纳贝斯克集团的这个总裁真是个大好人，虽然有时候听着像一个娱乐节目的主持人。

当他仔细阅读报道的时候，他的脑海里浮现出一套方案。他想起四天之前和他最信赖的投资银行家布瓦希的一次谈话。作为华尔街顶尖的生意人，高盛银行的布瓦希正打算组织一系列的大公司联合起来向雷诺兹－纳贝斯克集团发起第三方投标。

布瓦希曾经问他："你介意收购一家烟草公司吗？"

"介意啊，怎么了？"弗斯特曼回答道。

"你介意什么？"

弗斯特曼立马就说道："我可不想兜售癌症。"

当布瓦希坚持让弗斯特曼再仔细考虑一下时，弗斯特曼答应再想一想。后来他和几个合伙人谈起这个问题的时候发现或多或少地担心烟草行业的问题。他的弟弟尼克之前和弗斯特曼一样也是个烟民，一边算着协利和其他人能从约翰逊的收购中取得多少好处，一边哈哈大笑。尼克开玩笑说："这好比把100磅的鲜肉倒进鲨鱼池里。"

但是参与这场即将是华尔街历史上最大的杠杆收购交易对他来说吸引力实在太大了。他打电话给自己常年的律师史蒂夫·弗雷廷，说："在你采取任何行动之前都务必和我通个气。"当弗斯特曼星期五离开公司的时候，他还没有决定是否要参加这次收购。

吃完早饭，弗斯特曼就钻进黑色的梅赛德斯轿车，让司机开到他在通用汽车大厦办公室的楼下。那里离玖熙57号大街的KKR总部只有投石之遥。

“给我接吉姆·罗宾逊。”他告诉他的秘书。

当罗宾逊打电话过来的时候，弗斯特曼说：“嗨，吉姆，我不太清楚到底发生了什么事，但你知道我们的牌子。”他又开始了弗斯特曼-利特尔公司的那个调调。

正当弗斯特曼越扯越远的时候，罗宾逊打断他：“这些我知道，待会儿我让别人联系你。”

弗斯特曼听了很满意，感觉终于迈出了第一步。他能感觉到决一死战的时候到了。

直到几个月后，他才承认，自己内心深处希望能够重创克拉维斯。

“干掉他们！这次不能再让KKR得逞，”弗斯特曼心里发誓道，“我认识约翰逊，还认识罗宾逊，克拉维斯这次肯定没戏了。”

Barbarians 第10章 at the Gate

第一次谈判

星期一早上，协利内一片乱糟糟的景象。第19层总裁办公室里，在奥杜邦版画、绿色植物和精致的东方地毯之间，惊愕的管理层小组成员们聚集在一起。科恩、希尔等人并没有对他们前期准备不足做出反省，而是把怒火指向克拉维斯。每个人对克拉维斯的行为都有着自己的说法。

约翰逊踱进协利的董事会会议室，拉了把椅子坐下来。惊讶的他要求他们对克拉维斯的突袭做出解释。科恩不是还准备和他见面吗？到底是什么把克拉维斯逼上了梁山？

“彼得，局面已经失控了。”约翰逊提到科恩和克拉维斯的第一次见面时说，“一定是有人把他惹恼了。不是说星期一准备见面吗？除非你把他逼急了。我是说星期五你们见面的时候一定发生了什么事，克拉维斯才会做出这样的举动。”

这时的约翰逊和平时判若两人。他的言谈举止间都显示了他对克拉维斯报价的惊讶之情。戈德斯通生平第一次看到约翰逊阳光灿烂的脸上出现乌云。希尔觉得约翰逊就像被人突然在脸上拍了块板砖。

“我还以为一切都很顺利，我原以为你要去见那家伙。到底他妈的发生了什么事情？”约翰逊又说了一遍。

跟希尔和努斯鲍姆交流之后，科恩觉得自己已经找到了答案：都是沃瑟斯坦和那帮华尔街顾问们在捣蛋。他们一定子虚乌有地捏造出协利垄断了那些大银行的故事迫使克拉维斯采取过激的行为。

科恩向大家解释道，克拉维斯的顾问们各自心怀鬼胎，都希望协利的这次收购泡汤。为收购雷诺兹-纳贝斯克而发行的垃圾债券无疑将是历史上发行量最大的一次，协利将因此一跃成为德崇的最大对手，从而威胁到其在垃圾债券行业中的龙头地位。

摩根士丹利同样也把协利看成其在杠杆收购业内发展的阻碍。科恩敢肯定，因为受到排挤而离开协利的沃特斯一定想借机狠狠报复他的老同事希尔。同时，声名鹊起的希尔也对沃瑟斯坦构成了直接威胁。科恩接着说："无可争辩的是，每个为亨利提供咨询的人都可能怂恿他参加竞标。他们都希望看到我们败北。这些人可能整个周末都在对他狂轰滥炸。"

约翰逊并不太关心华尔街上的这些恩恩怨怨。当科恩和希尔开始准备对克拉维斯进行反击时，约翰逊开始动摇了："我觉得一切都结束了，到此为止了。我的意思是谁出的价能比他们还高?"

戈德斯通觉得是时候向约翰逊解释一些东西了，约翰逊的利益并不完全等同于协利的利益，如果约翰逊能打好他手里的牌，完全可能开展一次他能够承受的杠杆收购。其实约翰逊有很多选择，他可以和克拉维斯联合起来竞标。戈德斯通相信科恩也知道这一点。让约翰逊离开协利还有另一个原因，约翰逊和科恩似乎就要大吵一架了。戈德斯通凑近约翰逊，拉住他的胳膊。

"罗斯，让我们回达维律师事务所吧，"戈德斯通说道，"我们还有很多事情要谈。"

对约翰逊来说，这件事就像一场噩梦。现实世界好像留在了亚特兰大，现在的地方则与现实隔离，在这里，传统的数字法则和金融理念已经完全不再适用。钱就是纸，纸就是钱，人们为了几千万而相互欺骗。

到了达维律师事务所，戈德斯通先将约翰逊、马丁、亨德森带到38层的会议室，然后自己径直来到办公室取东西。一进办公室，同事们便好奇地凑上来，叽叽喳喳地问道："我的天，到底发生什么事了?"你没事吧？你接下来准备怎么做?"

透过办公室的窗户，戈德斯通望着北边克莱斯勒大厦的尖顶，慢慢地说道："前景并不理想。一切都变了……也许我们会和亨利达成协议，也许……"他也无法预料会有什么样的结果。克拉维斯就像是半路杀出的程咬金，和他竞争就意味着要推翻之前在每股75美元的价格基础上做的各种假设，从头再来。戈德斯通不敢肯定约翰逊是否会愿意这样做。

当戈德斯通回到38层的会议室，约翰逊正在那儿来回踱步，其他人也都一副不知所措的表情，一夜暴富的梦想随着道琼斯四声宣布克拉维斯到来的钟声而破灭了。

约翰逊说着："现在一切都完了。我说这如果是真的，那真是太不可思议了。如果他们现在已经筹到资金，这场游戏就结束了。"他一次次地想知道科恩到底做了什么把克拉维斯给逼急了。

戈德斯通想让约翰逊的注意力从过去转向未来。克拉维斯的突袭大幅度地提高了收购价格，如果约翰逊准备迎击，那么他的价格就要比每股 90 美元高。和之前的假设相比，以每股 90 美元的价格完成收购后，公司的经营管理方法肯定是不同的。那些增加的债务意味着约翰逊不得不做出他害怕看到的大规模成本缩减。飞机、亚特兰大总部还有总理牌香烟，都可能受到影响。

"罗斯，你要想想你是否愿意在每股 90 美元的价格购买后，继续管理这家公司；如果你觉得可以，那接下来的问题就由协利去处理了，反正钱由协利出，和你无关。"

约翰逊说他需要知道更多关于克拉维斯竞标的内容。克拉维斯到底想得到什么？是否有办法摆脱他？为什么协利只愿意出每股 75 美元，而克拉维斯却愿意出 90 美元？约翰逊说在得到这些答案之前他不会做任何决定。科恩必须和克拉维斯再见一面，弄清楚这些问题。只有到那个时候，他们才能决定下一步怎么走。

戈德斯通从会议室出来的时候发现希尔正等在外面。戈德斯通心里暗笑，希尔很明显是来监视约翰逊的，以免约翰逊做出过激的行为。

比如和克拉维斯谈判。

星期一下午，克拉维斯的团队就开会讨论早上新闻发布会所造成的后果。

接下来的日子里，贝迪将是克拉维斯最有效的情报来源。在过去的几年中，这个说话柔和的律师在华尔街上有一群忠心耿耿的朋友。而且他在为协利工作的时候认识了好多科恩团队里的成员。

和他最要好的是协利风险套利部门主管鲍勃·米拉德，两人是多年的老朋友。那天下午，米拉德估摸着贝迪会给他打电话。这是这场收购当中两人的第一次对话，而且谈话内容日后对克拉维斯意义重大。米拉德和科恩交往也很密切，在某种程度上，米拉德也是科恩的传声筒。科恩的有些想法和威胁都是通过米拉德传给贝迪的，以免彼此之间会撕破脸。出于安全考虑，贝迪没有把米拉德的身份告诉克拉维斯。

米拉德说："彼得说他一定会赢，因为有约翰逊帮他。"

"此言差矣，鲍勃。你要告诉彼得，胜出的那个人肯定是出价最高的，而不是谁有约翰逊的支持。难道他不知道即使没有约翰逊的帮忙，克拉维斯也准备收购这家公司吗？”

米拉德也同意这种说法。他在上星期四的时候就告诉科恩了，但科恩一直没有把他的话当回事。贝迪和米拉德认为最理想的结果就是克拉维斯和科恩联合起来买下约翰逊的公司。竞争只会两败俱伤，而且还会引来大量的负面报道。但这两个自负的人是否能够携手又是另外一回事。

米拉德建议贝迪给科恩打个电话。

克拉维斯的竞标使科恩的噩梦化成了现实。但和约翰逊不同，科恩并没有想过就此罢休。按照他的性格，他是不会轻言放弃的。

关于克拉维斯竞标的细节慢慢地传出来，科恩和希尔意识到事情并不像他们之前想象的那么糟糕。一方面，克拉维斯提出每股 90 美元的价格并不都是现金。90 美元里有 79 美元是现金，剩下的 11 美元则是以证券的形式支付。这个发现让他们振奋不已。他们说：“瞧，在现金方面克拉维斯只比我们多出了 4 美元。”科恩说协利也能添一些有价证券进去，前提是要说服约翰逊。但如果这是他们唯一的办法，约翰逊应该也不会反对。

在这些混乱中，科恩他们也意识到光靠协利，根本不能打败克拉维斯。价格一旦超过 90 美元，他们就需要权益资本的注入，金额大约在 25 亿美元左右。就算加上美国运通公司的资金，由协利来单独承担这么庞大的一笔投资也不太现实。

下午的时候，科恩接到了好朋友、所罗门的总裁汤姆·施特劳斯的一个电话。在这家股票经纪公司，施特劳斯是二把手，仅次于古弗兰。从他的办公室，人们可以俯瞰到公司的交易大厅。他和科恩两家人不但经常在一起度假，而且还经常串门。施特劳斯想问一下所罗门是否能够分得一杯羹。类似的电话成天像潮水般打到科恩的办公室，但只有像施特劳斯这样的少数人才能得到机会。他们约定第二天一起吃午饭。

希尔告诉科恩，可以合作的伙伴圈子很小而且还在不断地缩小。克拉维斯已经雇用了那些大牌的公司——美林银行、德崇和摩根士丹利。“我们可以从所罗门和第一波士顿里头选一个作为合作伙伴。”希尔建议，“所罗门的资金比较多，但在杠杆收购行业当中这并不算什么优势。事实上，资金多反而对杠杆收购造成负面影响。而且所罗门在并购业内并没有多少经验。”第一波士顿在垃圾债券业务方面比较在行，而且在并购方面也有丰富的经验。虽然最近沃瑟斯坦和佩雷拉离职了，希尔依然倾向于第一波士顿，但也知道他的想法并没有什么分量。友谊在华尔街上是一个很重要的决定因素，科恩会把这个机会留给自己的朋友施特劳斯。

贝迪当天下午 4 点找到科恩。

这个律师当下的处境很尴尬。和努斯鲍姆的事务所一样，他所在的盛信律师事务所代理协利的事务已经有 40 年之久了。尽管努斯鲍姆是科恩最信任的心腹，但科恩也把贝迪当做自己重要的顾问。听说贝迪在这场争夺战中站在克拉维斯一方时，科恩怒不可遏，因为他觉得贝迪至少应该先礼节性地征得他的同意才能这么做。

当科恩接了电话，贝迪小心翼翼地谈到了要约收购的问题，郑重地提醒科恩他将代表克拉维斯团队，但还是会问科恩有什么意见。“彼得，我今天打电话来是想说我们依然希望能够坦诚地沟通，”贝迪说，“这个收购要约并不意味着我们不能并肩合作。”

“如果克拉维斯想合作的话，他为什么还要发起收购要约？没必要那么做。他为什么不自己打电话来？我本来还想给他打电话呢。这太荒唐了。”

贝迪想让科恩冷静下来。“彼得，经过多方面的考虑，我们觉得发起要约收购是最好的方式。但我们依然需要相互沟通，我们没有必要不相往来。你应该和亨利谈谈。”

科恩在同意和克拉维斯对话之前，他将这个主意告诉了约翰逊。约翰逊那天下午又是打电话、回邮件，又是阅读计算机模拟分析图表，忙得不亦乐乎。

“彼得，这不是一场你死我活的比赛。我觉得这个主意不错，而且亨利是个靠谱的人。你们应该见一下面，弄清楚他对这次收购的态度。”

于是科恩就定在星期二早上和克拉维斯见面。

星期一下午当吉姆 · 罗宾逊刚看到约翰逊的管理层协议时，他立刻担心起来。这比他之前担忧的还要糟糕——否决权、搭便车，还有数目巨大的报酬，这些都让他坐立不安。但最让这位美国运通公司主席担心的是华尔街同行所称的这场交易的“门面”。罗宾逊敢肯定这份文件迟早是会公开的，从外人的角度看，这份协议实在是太骇人听闻了。到了媒体手里，这场交易会被描述成赤裸裸的掠夺。在罗宾逊看来，7 个人分享 20 亿美元的方案势必会给公司的公关带来灾难性的后果。

一定要做些变动，不仅仅是为了装点一下门面。这个协议太丰厚了，之前答应给约翰逊的报酬必须拿出一部分来抬高收购价格，这样才能击败克拉维斯。作为约翰逊在华尔街最亲密的朋友，由罗宾逊出面把这个建议告诉约翰逊是最合适不过的了。

星期一晚上，罗宾逊来到约翰逊的办公室，尽量将这个消息说得委婉一些。“罗斯，根据目前的情况，我们需要重新审视一下我们的方案。”

“你有什么高见?”约翰逊有点恼怒。他想起戈德斯通之前关于管理层协议所说的话:“这些家伙想把你搞垮。”但是对于罗宾逊,约翰逊还是信任的。

“我不希望你今天来是为科恩做说客的。他们不仅想搞垮我,还想拿走我的一切。”

“不,罗斯,这只是我个人的想法。我是以朋友的身份给你建议。”

“那就不一样了,那你想要怎么做?”约翰逊说。

“有多少人会因为这个管理层协议而受益?”罗宾逊问道。

“可能有8个,也可能有20个。”约翰逊承认自己在这方面还没有考虑太多。

“我建议你最好确定下来。”

“我才不关心呢。我一直希望很多的员工能够从中受益。我想让尽可能多的人得到好处。”

罗宾逊解释说现在应该把这件事提上日程,而且最好是让达维律师事务所和稳博律师事务所一起制定一个员工持股计划。

约翰逊同意了。以后约翰逊称他一直以来都有这个想法。

至于员工最后能否分享约翰逊的财富又是另外一个问题,现在罗宾逊关心的是这份协议的影响。罗宾逊虽然不能废止这个协议,但他敢肯定,这个计划一旦公布于众,负面影响会比之前小很多。

他希望如此。

星期二早上,《华尔街日报》的头版上刊登了一篇文章,名为“雷诺兹-纳贝斯克集团:KKR和协利的交锋”。

读了这篇文章后,克拉维斯心里很不舒服。主流财经媒体《华尔街日报》和《纽约时报》都详尽报道了星期五自己和科恩会面的情况,克拉维斯觉得这两家媒体把他描绘成杠杆收购行业中无情打压竞争对手的暴君。无论事实的真相如何,协利很明显是在用媒体的力量破坏自己的公众形象,这正是克拉维斯致命的弱点。

但当他读到科恩在采访中对《华尔街日报》说的话时,克拉维斯情不自禁地笑了起来。科恩抱怨说克拉维斯之前还答应和协利协商,之后却依然强硬地介入这场收购。“我们一起滑雪,一起参加社交活动,”科恩谈到克拉维斯时说,“我觉得某些人应该提高自己的行为道德水准。”

克拉维斯却不以为然,他并没有把科恩当做自己的朋友。克拉维斯告诉朋友说他对科恩知之甚少。他们也就滑过一次雪,那还是协利举办的滑雪比赛;而且除了在华尔街的几次社交活动中见过几次之外,他们俩就几乎没有什么接触。“这家伙也太神经过敏了吧。”

星期二早上，科恩和克拉维斯一起吃早餐，但气氛异常凝重。

科恩先到了见面地点并看了一下环境。他们选了一个第三方的场所——广场酒店的餐厅。科恩让餐厅主管帮忙找了一个偏远的角落，那样他们可以谈事情。于是餐厅主管就把他带到餐厅的一个角落里。几分钟后，克拉维斯也赶到了，在科恩对面坐了下来。点了咖啡之后，两个人就直奔主题。

“亨利，我说过我会打电话给你，我之前也准备打电话给你。我相信我是个讲信用的人，现在你却把事情弄得这么大。”

虽然科恩说话毫不客气，但他心里也很清楚，如果跟克拉维斯展开持久战的话，协利注定赢不了。所以科恩表示愿意妥协：“我们并不是小心眼，亨利。我们从来也没有想过要独吞这个好处，因为这个蛋糕太大了。我们希望能够做一些实际的买卖。如果我们能够一起做，并且符合大家利益的话，我们就应该联合起来。我们为什么不一起合作呢？”

“怎么个合作法？”克拉维斯问道。

“平分，一人一半。”

“这不可能，我们还从来没和别人这么做过呢。”克拉维斯说。

“但我不觉得一人一半有什么不合适的。”

“不行，不行。”克拉维斯不想再继续讨论下去。

克拉维斯提起管理层协议。他想到了一个月之前贝克所说的一番话，贝克告诉他约翰逊想要控制董事会。如果约翰逊不喜欢KKR的收购方式，那他想要在多大程度上控制董事会？

“和你之前没什么差别，真的。”科恩说。

“什么意思？5%、10%、15%，还是30%？到底是多少？”

“没错，就是那个范围。”

科恩故意没提到约翰逊的否决权和要求得到20亿美元的管理层协议：“如果我们联手，我们自然会让你知道细节。”

在谈话过程中，克拉维斯一直在试探科恩。他认为科恩就是一个门外汉，到现在为止最多只参与过两个杠杆收购。格里彻把科恩看做乳臭未干的投资银行家，科恩却还以为自己很有实力。克拉维斯心想，这家伙还自我感觉良好。他以为有了管理层就稳操胜券了，以为约翰逊出面就可以把我们给打败了。

克拉维斯在心里暗暗说，好吧，小子，你肯定会大吃一惊的。“科恩不知道我们已经下定决心了，什么都阻挡不了我们。我们要将他们赶尽杀绝。”

在克拉维斯和科恩的那顿早餐结束之后，约翰逊决定亲自出马。他首先要知道克拉维斯的投标是否是真的，如果是的话，对公司的管理层又会有什么影响。约翰逊知道科恩不愿意将这次交易的一部分让给克拉维斯做。见面两次，克拉维斯和科恩每次都打口水战。也许和克拉维斯结成某种合伙关系很有必要。约翰逊认为要找到答案，唯一的办法就是直接和克拉维斯面谈。

扫了一眼电话机上的未接来电，约翰逊看到沃特斯的名字。沃特斯之前在协利工作，现在为克拉维斯效力。也许让沃特斯牵线搭桥是个不错的选择。几分钟后，沃特斯在摩根士丹利的办公室里拿起自己的电话，听到约翰逊的笑声大吃一惊。“我一直想给你打电话。”约翰逊在电话里笑呵呵地说。

“罗斯，你知道我一直在和你沟通。”沃特斯也笑着说。

约翰逊告诉沃特斯他希望能够和克拉维斯见一面。“你真该见见克拉维斯，其实他人并不坏。你们之间见个面很有必要。”沃特斯说。

约翰逊也这么觉得。接着他又打电话去美国运通公司找到罗宾逊，约翰逊想先征求一下罗宾逊的意见。“吉姆，我想去见亨利，看看他到底在想什么。你有什么意见吗?”

约翰逊告诉罗宾逊为什么要去见克拉维斯。

“我的意思是沟通越充分越好。我也不知道我的这个想法是不是正确，但我希望亲自弄清楚他们的立场。吉姆，我和你都是高素质的人，我觉得这件事有更高层次的解决办法。”他的言下之意很清楚：科恩和克拉维斯为一些鸡毛蒜皮的事情争吵使收购活动难有进展。“吉姆，我想派代表团去，而不是和科恩他们。”

罗宾逊同意之后，约翰逊又打电话给沃特斯。最后他们将见面时间安排在下午4点。

和科恩吃完早饭后，克拉维斯穿过大街来到自己的办公室跟前一天坐飞机赶到纽约的贝迪和罗伯茨商量收购事宜。他们一致认为科恩是他们收购雷诺兹－纳贝斯克集团的唯一障碍。协利根本没有必要插足到这场收购里来。约翰逊有管理公司的经验，而 KKR 则对杠杆收购十分在行。而科恩只是想赚取手续费，而且想通过这场收购奠定自己在杠杆收购界的地位，所以他的心态很不好。

“他们并不能给这场交易带来什么好处。”

“啥都没有。”克拉维斯赞同道。

一定要想办法甩掉协利。他们最先想到的是让协利在这场收购中扮演配角。克拉维斯想找人为这次收购提供一些咨询，也许可以把这个机会给协利，但他绝对不会放弃大量的股权，更不要说 50% 的控制权了。最多 10%，克拉维斯建议道。

但贝迪却不这么认为：10% 的股权怎么说也太少了，毕竟这场收购是协利起的头。他虽然嘴上并没有说，心里却很清楚科恩一定会认为 10% 的股权是对他的侮辱。同时，他也知道克拉维斯才不管科恩怎么想呢。

当科恩陪着施特劳斯和古弗兰吃午饭并参加协利的董事会时，约翰逊正在和一群穿着灰色西装的银行家开会商谈为收购公司融资的问题。当这些银行家问起一些关于削减成本的问题时，约翰逊感到很不高兴，就把这些问题推给了协利的斯特恩。而这群由奥布莱恩带领的信孚银行专家觉得约翰逊对他们不够重视。130 亿美元的融资，他们觉得约翰逊应该老老实实地坐在那儿回答他们的问题。

但约翰逊脑子里想着很多重要的事情，其中最重要的就是和克拉维斯的会谈。4 点还差几分的时候，约翰逊独自走进电梯，准备去楼下的 KKR 公司。当电梯门在他身后关闭的时候，他这才想起自己忘了克拉维斯办公室具体在几楼。他按了 44 层，从电梯里出来发现自己走错了。他又试了 42 层，转了一会儿才在一个角落里找到这家公司。

走进 KKR，约翰逊被带到了克拉维斯宽敞的办公室，在那里他第一次见到了罗伯茨。当时的气氛相当友好，约翰逊并没有什么企图，而克拉维斯急切地想得到约翰逊的管理经验。深深地吸了一口总理牌香烟之后，约翰逊很快就开始谈他希望在完成杠杆收购之后如何经营公司。谈话内容并不是很具体，这三个人都只是想探一探对方的虚实。当克拉维斯和罗伯茨谈到他们的经营理念时，约翰逊感觉很钦佩。他们似乎很了解财务架构和资金的筹集，而科恩那些人很少谈论。约翰逊也对自己的公司发表了一些想法，这对兄弟极其渴望了解他们的收购对象，因此听得聚精会神。

约翰逊拐弯抹角地打探着各种情况，并询问如果克拉维斯收购了他的公司之后会如何做。“这样说吧，亨利，如果你们收购了这家公司，你们不会对公司的飞机和高尔夫球场指手划脚吧？”

“这对我们来说并不重要，”克拉维斯说，“如果你想多坐一趟飞机，这完全是你的自由。你可以问凯利。”约翰逊点了点头说，“那就好，那就好。”

但罗伯茨并不像克拉维斯那样客客气气，这位被称为“冷面杀手”的人很讨厌约翰逊那种轻松愉快的性格。“虽然我们不想让你过着斯巴达人的日子，但我们希望每一笔费用都花在合理的地方。如果到一个地方没有其他交通工具的话，我们并不介意公司的员工乘坐公司的飞机去。在每一场我们发起的收购中，公司的首席执行官以身作则很重要。你可以问一下彼得·马戈翁。”马戈翁是KKR控制下的喜互惠超市的首席执行官，同时也是约翰逊的朋友。

“嗯，我问过他，”约翰逊说，“但我认为我们这笔生意有点特殊。”约翰逊解释说他希望在收购完成之后，公司的管理层能够继续控制公司。罗伯茨摇了摇头说这是不可能的，KKR还没有这么做过。“如果管理层想掌握实际控制权的话，我们就根本不会收购。我们会和管理层合作，但绝不会放弃对公司的控制权。”

约翰逊不解地问：“这是为什么？”

“我们出了钱，要向投资者有个交代，这就是为什么我们要控制公司。”从约翰逊的眼神里，罗伯茨看出约翰逊并不想听到这些话。

“哈，这还真有意思。但是坦白地说，我现在还有一定的选择权。”约翰逊说道。

他们谈到成本缩减是杠杆收购成功的一个关键因素。但让罗伯茨吃惊的是，约翰逊竟然说他们并不准备削减公司的预算，理由是他觉得成本削减的作用被人为地夸大了：“随便什么人都能大棒一挥就把成本减下去，我却找不到一个会花钱的人。”

约翰逊接着说：“我和其他公司一样精打细算，但我们的管理团队绝对是一流的。我们并没有铺张浪费，因此我不希望听到一群讨厌鬼在我耳朵旁边讨论应不应该买豪华轿车，那些都是狗屁。你们只需要关心烟草的价格或是我出售资产的价格，我只关心那些真正重要的问题。”

真正重要的问题是诸如总理牌香烟之类的问题。约翰逊开始谈论起这种无烟型香烟的优劣势及市场对其的反应。约翰逊对他们说：“告诉你们一个秘密，这种香烟里烟草只是被加热了而已，而没有燃烧。”约翰逊说着就把手中的烟头扔在了脚下的东方地毯上。

罗伯茨看着约翰逊脚下那个冒烟的烟头，脸色都变了。“看，没有烧起来吧。”约翰逊笑眯眯地把烟头捡了起来，他感觉罗伯茨会气得从窗户跳下去。

他们谈了一个小时后，约翰逊出去接了一个电话。几分钟之后，他又回来了，不好意思地说：“吉姆和科恩找我，我约了你们的同行弗斯特曼，现在已经迟到了。”约翰逊笑了笑，觉得让他们知道自己还有很多选择并无大碍。“对，我们认识弗斯特曼。”克拉维斯也对约翰逊微笑道，心想，难道弗斯特曼觉得他能够参加这场收购？

这个消息让罗伯茨打了一个寒战。接着他对约翰逊产生了怀疑，心想这个家伙看起来不像个正经的生意人，现在他准备去找弗斯特曼？罗伯茨可不喜欢被人玩弄。

在离开之前，约翰逊建议克拉维斯可以继续和协利谈判。“我希望你们能够一起把问题解决了，但是要讲买卖公平，谁也不要想占对方的便宜。拿出点诚意，这样我们才能继续合作。”

刚过6点，约翰逊离开了克拉维斯的公司。克拉维斯和罗伯茨都觉得采取行动的时候到了。

罗宾逊心里暗暗骂着电话。

当他刚从纽约城市合伙人的会场出来的时候，诧异地发现克拉维斯在他车载电话上的留言。

当他的车开上主路的时候，比这个傍晚的交通堵塞更恼人的是他移动电话的信号。当接通了克拉维斯之后，电话里充满了杂音，但克拉维斯的意思十分清晰。

克拉维斯在电话里说："我想和你做一笔生意。条件是由KKR出面收购雷诺兹－纳贝斯克集团；作为回报，协利可以从KKR一次性取得1.25亿美元的服务费，并有权购买雷诺兹－纳贝斯克集团10%的股权。我希望在晚上12点之前得到你的答复。"

吉姆·罗宾逊并不是那种一提钱就来劲儿的人。"亨利，这听起来有点少，但我会答复你的。"

几分钟后，相同的电话把科恩从董事会会议里叫出来。科恩并没怎么说话，但克拉维斯从科恩的语气里听出自己并不受欢迎。

约翰逊去哪儿了？

弗斯特曼已经等了将近两个小时，却连约翰逊的人影都没看到。

经过一天的深思熟虑，弗斯特曼已经准备好向克拉维斯和他讨厌的垃圾债券开战了。弗斯特曼－利特尔公司的电脑仔细地处理了所有关于雷诺兹－纳贝斯克集团的公开信息。来自高盛银行的分析师们细致地分析了电脑的处理结果，最后得出的结论和弗斯特曼之前预料到的一模一样：即使是每股90美元的价格，这笔生意也是划算的。

弗斯特曼－利特尔公司的战略十分清晰，至少是在第一步。克拉维斯轻率的要约收购使弗斯特曼的公司也有机会参与到这场角逐当中，并有可能拯救雷诺兹－纳贝斯克集团。克拉维斯在媒体上宣称"杠杆收购专卖店"的言论已经激起了公愤，而弗斯特曼的顾问们决心抓住这次机会。"我们要以柔克刚。"布瓦希告诉弗斯特曼，而弗斯特曼完全同意这种方式。

现在，万事俱备，就差约翰逊了。

在希尔的陪同下，约翰逊终于在6点半赶到了弗斯特曼－利特尔公司。双方握手寒暄之后，弗斯特曼突然发现约翰逊身后站着一个陌生人。

于是弗斯特曼把希尔拉到一边，眼睛盯着那个陌生人，低声地问希尔："那个家伙是谁？"希尔看起来有点窘迫："嗯，这么跟你说吧，他一直跟在约翰逊身边。他和我们的事情没什么关系。"

弗斯特曼猜想这人大概是个保镖。雇保镖并不是弗斯特曼－利特尔公司的文化，看来这不是个好兆头。

弗斯特曼把希尔和约翰逊领到了一个会议室，这个会议室的装饰更像家居的风格而不像一个公司的会议室。12 把黑漆漆的皮椅子环绕在会议桌周围，会议室的一角摆放着一台电视机，而墙上则挂满了弗斯特曼喜欢的大萧条时代的海报。

约翰逊在会议桌的上首坐了下来，脸上挂着微笑。

"我刚从竞争对手那儿过来。"

"什么意思？"弗斯特曼一惊。

"我刚和克拉维斯谈完话。"

弗斯特曼抑制不住胸中的怒火，"你为什么要这样？"

这时，希尔插进来说："我们也是不得已而为之。"他安慰弗斯特曼："这真的没什么。我个人觉得这没什么大不了的。罗斯只不过想多了解一点情况而已。"

一提到克拉维斯的名字，弗斯特曼的话匣子就打开了。接下来的半个小时里，他开始控诉邪恶的垃圾债券和罪孽深重的克拉维斯，并称只有他的公司才能拯救华尔街。弗斯特曼还特地提到他的一篇文章被刊登在当天的《华尔街日报》上。

这家伙还真把《华尔街日报》的文章当回事儿，约翰逊听后心中窃喜，觉得自己已经了解了弗斯特曼的世界观。在弗斯特曼的世界里，克拉维斯就是魔鬼的化身，而他自己是个天使，他的客户完美无缺。赚钱并不是他真正关心的问题，他是上帝派来帮助那些想把公司私有化的人的。

约翰逊心想，我明白了。

弗斯特曼说完后，尼克和另一个合伙人史蒂夫·科林斯基开始向约翰逊询问他的公司情况。比如烟草业的前景如何？哪块业务可以出售？异常兴奋的约翰逊给出的回答显得有点不着边际。约翰逊身上的压力显然不小，弗斯特曼心想。

希尔出去接了科恩的电话，科恩告诉他克拉维斯准备出 1.25 亿美元作为交换条件。"这听起来不是我想象的那种合作。"希尔说。

"和我想的也不一样。"科恩表示赞同。

但在希尔看来，这笔生意还是有点诱人。这个数目的服务费相当于协利 1987 年公司业务收入的一半。协利第四季度的收益预期有所下降，希尔知道科恩为此承受着巨大的压力。而现在一下子就能赚到 1.25 亿美元，这听起来让人有点心痒痒。

希尔说"不用说，如果我们接受了，我们将永远退出商业信贷业务，也表明我们因为钱而放弃了事业。即使我们把理由说得再怎么冠冕堂皇，人家还是能够看得出来。我们说什么也不能接受这个条件。"

“又是他们，”希尔一进会议室就嚷道，“我们刚刚接到一个最没有面子的条件。”

弗斯特曼有点糊涂了，但他显然知道希尔指的“他们”是克拉维斯。难道希尔用他公司的电话和克拉维斯讨价还价？那现在他和约翰逊谈算是怎么回事？具有讽刺意味的是，他右肩上方的一张海报标语说：“不要浪费我的时间，空谈无益。”

“我们要讨论一下这件事，”希尔对约翰逊说道，“因为这个报价可能对你来说并不算没面子，但对我们来说却不一样。”

约翰逊和希尔不久就起身离开了，把弗斯特曼兄弟晾在那里。约翰逊在和克拉维斯谈生意？那他为什么还要来找弗斯特曼－利特尔公司？也许后来当希尔那天晚上邀请弗斯特曼的团队到玖熙大厦商谈两家公司联合竞标时，他们才明白这到底是怎么回事。

当他们回顾刚才会谈中的细节时，科林斯基问弗斯特曼：“你觉得那家伙可靠吗？”

弗斯特曼将约翰逊离奇的举动归结为紧张。他多次目睹过这样的情形，公司的首席执行官在自己的商业领域里应对自如，却被华尔街弄得晕头转向的。“他的压力很大，”弗斯特曼解释说，“要知道他的处境很困难。我很同情那些首席执行官。”

科林斯基却并不这么认为：“我觉得这家伙是神经错乱。”

就在克拉维斯开出 1.25 亿美元的价码之后一小时，贝迪打电话给协利的米拉德。

“你听说我们的报价了吗？”贝迪问道。

米拉德的回答早在贝迪的预料当中，这个交易员说科恩对克拉维斯的报价气得直跳脚。他感到自己被羞辱了，说从来没有受过这样的耻辱。

“他说这是在行贿。”米拉德说。

“我早猜到了。”贝迪叹了一口气。

当约翰逊回到自己在 48 层的办公室时，科恩正在那儿对克拉维斯大发雷霆。希尔也跟着骂起来，气得脸都成了猪肝色，约翰逊担心希尔会突然心脏病发作。罗宾逊也站在一旁。

在吵吵闹闹当中，克拉维斯的存在也使得协利和约翰逊之间未承认的隔阂挑明了。自从前天早上克拉维斯宣布收购开始，这个隔阂持续了两天。约翰逊依然还没有明确表示他会跟协利合作。罗宾逊和科恩虽然没有让约翰逊表态，但很明显对当天下午约翰逊和克拉维斯的会晤感到担忧。约翰逊会待在协利的船上还是会跳到克拉维斯的船上？

罗宾逊告诉约翰逊："罗斯，如果你想跟他们合作的话，你完全有自由这么做。"科恩也附和着说："我们不会拦着你的。"

"见鬼，"约翰逊说，"让我们大家都冷静下来吧。我得先和我的人谈一谈，然后才能决定下一步怎么走。"

当夜幕降临时，48层楼挤满了人。来自协利证券公司、达维律师事务所、努斯鲍姆的律师事务所和雷诺兹-纳贝斯克集团的人都忙着重新过一遍之前的分析结果，准备超越克拉维斯的报价。约翰逊把公司的主管们都叫到自己的办公室里，霍里根、亨德森、马丁和其他人倚靠在奶黄色的家具或墙上。

"大致情况就是这样，"约翰逊向大家介绍了克拉维斯的条件，"我不想由我一个人来做出决定，让我们投票决定吧。我会按照投票结果来执行，希望你们能把自己的想法告诉我。现在你们可以自己做出选择。但伙计们，你们要对自己的职业生涯负责任。我们是应该跟亨利走呢，还是应该跟着吉姆走？"

约翰逊扫视了一下屋内这些经过精心挑选参加这次大冒险的队员。"你们都知道跟着克拉维斯干会是什么样。"约翰逊说。大家都点头表示知道。约翰逊接着说："跟着协利取胜的几率也不是很大。"

"你们知道，如果我们跟着协利，大家可能到时候都得走人。"协利击败克拉维斯的可能性简直微乎其微，科恩的团队是否有能力筹到足够的资金来完成这场收购很难说。如果他们选择了协利证券公司，一旦失败了，他们都得丢饭碗。

听了这番话，霍里根知道约翰逊在鼓励他们重新考虑对协利的忠诚度。他们两人之前私下里谈话的时候，霍里根曾问起约翰逊和克拉维斯会面的情况。约翰逊对克拉维斯和罗伯茨的赞美之词让霍里根大吃一惊。"天啊，他们真了不起。"约翰逊说。

"真的吗？"霍里根一副不相信的样子。

霍里根又继续追问了他们会面时都发生了什么事情。这个烟草业务主管一方面想知道作为一个自由的代理人，约翰逊为他自己得到了多少好处。另一方面他很不明白约翰逊怎么一下子对克拉维斯的态度发生了180度的大转变。也许只有约翰逊才能做到这一点，倔强的霍里根肯定做不到。

"我不明白你的意思，但我不喜欢你的这个想法。"霍里根说。

"我有点搞不懂了。我现在正在促成世界上最大的一桩生意，而你却一点也不领情。"约翰逊回答。

霍里根把自己的理由简单地告诉约翰逊。他说先想想如果和克拉维斯联手的话，董事会会怎么看。如果和克拉维斯合作肯定会压低公司的收购价格，管理团队怎么解释他们这么做是出于股东的利益？“董事会肯定会惩罚我们的。”霍里根大声说道。

约翰逊却不以为然。90 美元的价格已经满足了股东利益最大化的要求，现在重要的是保证竞标活动顺利地进行下去，而且要确保举债的规模不至于对他们今后经营公司造成困难。

霍里根不吃这一套。“克拉维斯就是我们的敌人，我不能想象我会和他们合作。”

霍里根又开始谴责克拉维斯和他的收购方法。无论成功的可能性有多大，霍里根一定要和协利在一起。“不管是输是赢，我们都和协利并肩作战。”

亨德森、罗宾逊和塞奇等人都表示同意霍里根的意见。“我们同意，我们支持你，”马丁说，“我们选择了合作伙伴，不应该就这样抛弃他们。”

管理团队散会后，约翰逊把科恩叫过来，对他说：“我知道你对我们还有点猜疑。你们的出价让我们很满意，我为此很感激。现在我想重申一下我们的态度，我们会一直和你们合作的。”

科恩显然很高兴：“我很感激你们对我们投了信心票。我向你保证我们会自始至终为你们服务。”

就在高涨的喧嚣声中，弗斯特曼赶到了玖熙大厦的 48 层。刚从电梯里出来，他感到情况不妙。这里到处都是人，而且很多人看起来像律师。弗斯特曼小声抱怨道：“太多出主意的人了。”

弗斯特曼带着他的弟弟尼克、律师弗雷廷和高盛的银行家布瓦希。习惯和投资银行家打交道的布瓦希看到科恩和罗宾逊这样的高管到处乱跑，感到很是纳闷。他弄不清楚到底谁在管事。

弗斯特曼的团队被领到了一间没有窗户的会议室里，会议室里坐着十多个律师和投资银行家，约翰逊和科恩也都在那儿。一见到弗斯特曼的团队，协利的人就迫不及待地围上来提问题。他们大多数问题都围绕一个主题：如何才能打败克拉维斯。弗斯特曼把这些问题放在一边，解释说现在讨论这些问题没有任何意义，除非约翰逊也准备对克拉维斯开战了。接着弗斯特曼又开始控诉起克拉维斯来。

一开始弗斯特曼先是谴责克拉维斯，不要垃圾债券，也不要搭桥贷款。正当弗斯特曼兴致上来的时候，他看到约翰逊走了出去。他接着在那儿滔滔不绝地说不要敌意的要约收购，过了一会儿，科恩也随约翰逊走了出去。“总之，我们排斥很多东西，但这次我们一定要加入进来，你们在听吗？”

弗斯特曼看了看周围，惊奇地发现办公室里除了他带来的三个人，其他人几乎都走了。正当弗斯特曼抓耳挠腮的时候，协利的一个银行家提出几种让垃圾债券帮助弗斯特曼 - 利特尔公司实现目标，但又不至于违背他们道德观的方法。

弗斯特曼感到很恼火。难道这家伙没有听到刚才自己说的话吗？难道这家伙不会去读一读当天早上刊登在《华尔街日报》上的那篇文章吗？难道他不知道在和谁说话吗？"等等，等等，你们还是没有明白我的意思，我们从来不这么做。"弗斯特曼懊恼地说。

然后，他想了一会儿，问："其他人都去哪儿了？"

没有人知道。当剩下的几个协利银行家离开后，弗斯特曼感到有点束手无策了。他坐着等了一个多小时，还是不见约翰逊、科恩、罗宾逊或者汤希尔的踪影。布瓦希脾气开始上来了，他提醒弗斯特曼："一定有什么不对劲。"

科恩整个晚上都在寻找克拉维斯。他和约翰逊一致认为有必要让克拉维斯知道1.25亿美元的"贿赂"让他们大失所望。马丁建议给克拉维斯送一条死鱼以表明他们的态度。科恩在克拉维斯家里的电话机上留了言，又打电话给贝迪，问他是否知道克拉维斯在哪里。贝迪自然知道，但没有告诉科恩。

其实在他们打电话的时候，克拉维斯正在附近的饭店里参加一场豪华的正式晚宴。在饭桌上，他跟特别委员会的财务顾问、拉扎德的罗哈廷和所罗门的古弗兰聊了一会儿。宴会上到处都是关于收购雷诺兹-纳贝斯克集团的谣言。古弗兰丝毫没有透露说所罗门也差点儿加入这场角逐，和克拉维斯成为对手。他只是对最近媒体报道克拉维斯一事做了一番评价。

"这是我第一次看到一个金融家同一天出现在《华尔街日报》和《纽约时报》的头版上。"古弗兰说。

克拉维斯笑了笑，他心里并不怎么喜欢约翰·古弗兰。

晚宴结束后，克拉维斯回到家里等科恩的电话。从书房的窗户往外看，他看到对面玖熙大厦48层楼里灯火通明。他心想，他们还在忙呢。

12点15分，他接到了约翰逊的电话。

约翰逊那股快活劲儿已经没有了："亨利，我对你很失望。你提出的条件太差劲了。我还以为你会给一个公道的价格，而事实上你一点儿都不讲理。这样很不好。"

约翰逊又说他们还有继续商量的机会，但这种条件绝对让科恩他们没法接受。如果克拉维斯还有更好的建议的话，他随时欢迎。

克拉维斯一点儿也不惊讶，贝迪的情报一向都很准确。"好的，"克拉维斯没心情和约翰逊争论，"如果你是这样想的话……"

约翰逊放下电话，看了看戈德斯通。接着两人来到约翰逊办公室外面的接待室，坐了下来。科恩正在门外徘徊。

戈德斯通对约翰逊的做法很不满意。按照约翰逊的性格，他就是拉不下脸来。他对自己的利益太乐观了。

“罗斯，如果你想告诉亨利你不准备改变合作伙伴的话，你刚才就不要那样跟他说。我认为你应该再给他打一个电话，把你的意思说得更直白一些。”戈德斯通说。

“也许我刚才说得还不够清楚。”

“没错，我觉得说得有点含糊。”

“也许我应该再给他打个电话。”

“嗯，给他再打一个。”

过了 5 分钟，约翰逊又拨通了克拉维斯的电话。

“亨利，也许我刚才说得不够明白。我现在告诉你，我们会一直跟协利合作。我不希望给你造成任何你觉得我们和协利不是合作伙伴的印象。你别指望我会抛弃我们的战友。”

克拉维斯很纳闷约翰逊为什么会打来两次电话。他猜一定是有人在背后指使约翰逊，因此很好奇到底谁在管理团队中说了算。

“我并不希望看到你抛弃你的伙伴。罗斯，我也希望你能明白，没人想拆散你和协利。我们不是那种人。”

这话或多或少有点虚伪，但现在还没到疏远约翰逊的时候。挂了电话之后，克拉维斯开始担心起来。他跟罗伯茨和贝迪讨论说他们的条件被科恩拒绝并不是一件好事。每股 90 美元的要约收购看来很不错，但克拉维斯十分清楚他还从未在没有管理层帮助的情况下发动过大规模的要约收购。虽然他嘴上不承认，但心里却很清楚自己很需要约翰逊的帮助。再说，在这种情况下，竞标活动最终胜出者会多花几十亿美元。克拉维斯和罗伯茨认为需要采用另一种途径。

克拉维斯于是打电话给还在玖熙大厦的约翰逊。过了一会儿，科恩接了电话。

“彼得，我觉得我们应该坐下来谈一谈。你知道我们并不想拆散你们，我们有必要沟通一下。”

科恩说，好的，那就谈谈吧。

“那我们明天早上再见面吧。”

“不用，如果你想谈的话，我们现在就开始谈。”科恩并没有告诉克拉维斯，弗斯特曼就在另一个房间里等。

“彼得，现在已经是夜里 12 点半了。”

“如果你有什么话要说，就现在说吧。等到明天就太迟了。”

克拉维斯几分钟后给贝迪打了电话。

“他们想和我们见面。”

“明天什么时候？”贝迪正准备睡了。

“现在。”

“现在？”

贝迪套上一件浅色的夹克衫，就从第五大道的家里出来，挥手叫了一辆出租车。他先去嘉丽酒店接罗伯茨，然后又到林荫大道接了克拉维斯。出租车沿着空荡荡的大街很快到了目的地。下了车，他们惊讶地发现玖熙大厦楼下停满了豪华轿车。

克拉维斯摇了摇头："天啊，看来大家都到齐了。"

1 点刚过不久，协利的副主席辛伯格看到克拉维斯从电梯里出来。作为一名杰出的摄影师，辛伯格正好随身带了一部照相机。正当他拿起照相机准备抓拍这个历史瞬间的时候，他突然停住了，尽管平常不怎么迷信，他仍不希望因为拍照而给这次会谈带来晦气。

协利的斯特恩向刚出电梯的克拉维斯一行人挥挥手。斯特恩整个晚上的大部分时间都在向所罗门的银行家们汇报最新情况。那个会议室离弗斯特曼等待的地方只有2.4 米远，而两扇上了锁的门能够保证这两队人马不会碰到一块儿。斯特恩赶紧回到所罗门团队那边，心想不知今天晚上会上演一场什么样的好戏。

在约翰逊的办公室里，协利的人都情绪激动地等待着克拉维斯的到来。

科恩和罗宾逊等其他六个人焦急地徘徊着。协利的老总担心克拉维斯会见到弗斯特曼，那样后果将不堪设想。

约翰逊的办公室里已经烟雾缭绕了。约翰逊叼着一根小雪茄，而科恩一直烟不离手。污浊的空气中一层烟雾，但似乎没人在意，毕竟大家准备购买的就是一家烟草公司。约翰逊办公桌后面的书架上放着一本《孙子兵法》，显然还没有翻过。

克拉维斯、罗伯茨和贝迪来到高管办公区，经过塞奇的办公室，最后走进约翰逊的办公室。见面之后，他们先开了一会儿玩笑。努斯鲍姆拿贝迪开涮："迪克，你好像刚上床就被揪过来了。"

呛人的空气让罗伯茨感到不舒服，下意识地用手在面前扇了几下。他感到眼睛有些难受，罗伯茨希望自嘲一下自己对香烟的反应，于是他看着霍里根就说："幸亏你们不生产雪茄，那东西真让我受不了。"

罗伯茨的话让大家过了一会儿才明白里面的讽刺意味。约翰逊和霍里根互递了一个惊讶的眼色。罗伯茨说他受不了烟雾？这个想收购美国最大的烟草公司之一的人说出这样的话让人感到惊讶。罗伯茨的失礼预示着晚上的会面不会顺利。

"如果你真的受不了，我这就把它掐了。"科恩说着，晃了晃手里的雪茄。

"我真的受不了。"罗伯茨说。

"这太他妈棒了。"霍里根低声说道。

科恩出去了，几分钟后回到屋里。他拿着那根已经熄灭的雪茄，走到约翰逊的空办公桌后面。之前科恩和罗宾逊都认为在克拉维斯到的时候，美国运通的老板最好回避一下。科恩知道罗宾逊和克拉维斯两家经常在一起骑马，所以他不希望罗宾逊会因为这个原因而偏向对方。

这时罗宾逊和约翰逊站起来向外走去。"我们让你们这些银行家们谈，"约翰逊对大家说，"我希望你们能取得一些进展，这对大家都有好处。如果你们需要找我们的话，就到大厅来。"

"大家要知道，现在很多人都在关注这件事情，包括国会里的一些人。"罗宾逊说道。

"放心吧，我们不会破坏这家我们从小就热爱和仰慕的公司的。"罗伯茨毫无表情地说。

等罗宾逊和约翰逊离开后，科恩很清楚他和希尔应该如何对付他们的对手。华尔街的谈判桌前都会上演这样一出戏：由高级的合伙人扮演政治家的角色，也就是俗称的"白脸"，而他的手下则扮演执法者的角色，也就是"黑脸"。多年来，科恩一直充当桑迪·韦尔的黑脸，对这个角色他已经驾轻就熟了。今天晚上，科恩要尝试扮演一下外交家的角色了。

由于对克拉维斯的"贿赂"心存芥蒂，科恩一开始就有点儿演砸了。站在约翰逊的办公桌后面，科恩强调说协利对和克拉维斯合作持欢迎态度。尽管科恩的语调开始很平和，但他好斗的一面很快就占了上风："这是我们的生意，我们不准备放手，我们不甘心居于附属地位。我们有罗斯帮忙，这明显是我们的一大优势。"

谈到KKR开出的价码，科恩继续说道："我们不吃你们那一套。你们不能三番五次地羞辱我们，这太伤人了，太瞧不起人了。"

坐在贝迪身边的罗伯茨一直把手放在大腿上，冷冷地说："彼得，我们到这儿是来谈生意的。你能不能说说我们怎么合作？我们想知道一切可能的方案，看看我们能不能合作。"

但协利没完没了。穿着考究的希尔开始扮演黑脸了："公司高层现在已经决定选择我们公司了。

希尔想让克拉维斯明白，如果双方一旦打起仗来克拉维斯将面临什么样的风险："亨利，没有人给你们指路，没有管理层的协助，会给你们带来很多麻烦，最主要的是你们能否算出一个合理的价格。"

希尔接着说道："这将关系到外界怎么看待你们的收购，是友善的还是敌意的。如果是敌意的话，投资者就会有看法，这也关系到将来你们如何和管理层相处的问题。而且你也知道，雷诺兹-纳贝斯克集团在南部和卡罗来纳一带也有业务，而这些地方的立法者都比较强势，其中典型人物就是赫尔姆斯。我敢肯定他会十分关注这家公司的前途。"

很明显，这是在威胁。希尔停顿了一下，这时克拉维斯的队员们都迫不及待地发表自己的意见。克拉维斯气急败坏地说："如果你是在威胁我们的话，那也太滑稽了。我可不会乖乖地坐在这儿听你吓唬我。"

罗伯茨说："如果你要告状，那你直接打电话给赫尔姆斯好了，随你的便。在这儿言论自由。"

贝迪试图打个圆场，说："汤姆，这样子谈下去对大家都没有好处。"

科恩一看形势不太对劲，这时也开口道："嘿嘿，这样谈下去有点不合时宜。这不是我们这次会议的目的，我们今天是来讨论我们两家如何才能并肩合作的。"

贝迪很高兴看到科恩能够抛出橄榄枝，但他心里也清楚科恩就是在等希尔演完黑脸之后出来演白脸。

凌晨两点的时候，一个人把头探进弗斯特曼团队等候的会议室，说约翰逊想见他们。弗斯特曼问："我能带上弗雷廷吗？"

"不行，不能带律师。"那人答道。

筋疲力尽的弗斯特曼兄弟从沙发上站起来，跟着那人经过那些熄了灯的房间来到霍里根的高级办公室。约翰逊、霍里根和罗宾逊都在那儿。罗宾逊穿着一件晚礼服，领带扣耷拉着。

"一切进展如何？"弗斯特曼问。

罗宾逊说："我想让你知道目前的情况，我只能实话实说了。"

"你说吧。"

"我们的人正在另一个会议室和克拉维斯谈判。"

听到这里，弗斯特曼眼睛呆呆地看着罗宾逊头部的上方，好像他的腹部被狠狠地砸了一拳。他愣住了，不知该说什么，只是在他的兄弟旁边坐了下来。

失望这个词已经不足以表达他的愤怒，这是一场背叛。他原以为这些人做事都是有原则的，他多么希望他们能够像他那样看穿克拉维斯的本质。现在他才明白自己太天真了。

慢慢地，一连串愤怒的词句在弗斯特曼的脑海里闪过：狗杂种，一帮狗娘养的，我到这儿干嘛来了？这帮混蛋竟然和克拉维斯勾搭上了。

但弗斯特曼什么也没说。

罗宾逊继续说："这是我们所做的最好的决定，而不是正确的事。做生意就应该这样子。"

弗斯特曼继续保持沉默。

"我们认为和他们是不会结果的。"罗宾逊说。

约翰逊也赞同道："不会，我们也不认为会有任何结果，而且管理层也不准备那样做。"

弗斯特曼思忖道，那你们为什么还要和他们谈判呢？他讨厌别人说谎，当时他真想破口大骂，但又忍住了。他之前总是告诫自己的合伙人，如果你在客户面前情绪失控的话，生意肯定泡汤。

他看着罗宾逊："这些和我没什么关系，但对你们的做法我不敢苟同。"

弗斯特曼本来想就此打住，但一开口就停不下来了："我认为他们只是三流货色，他们的所作所为都证明他们是不折不扣的三流货色。"

弗斯特曼又恳切地望着罗宾逊，气氛尴尬极了。罗宾逊说："我们只是商场上的朋友，别的方面我们对他们并不了解。其实没什么好担心的，因为我们是不会跟他们合作的。"

"吉姆，不管能不能谈出结果，问题是你为什么要和他们接头？我很难理解既然你把我们叫来，为什么还想和他们做生意？我们只收 9% 的手续费，你不需要垃圾债券来筹资，说白了，你不需要克拉维斯。我们从没有像他们那么做过，也从没有提出过 90 美元的高价。要不是克拉维斯掺和进来的话，我们也不会参与进来，而是在一边为你们加油助威。"

他们又谈了一段时间，没话找话地说说网球和高尔夫球。弗斯特曼最后说："好吧，谢谢你，至少让我们知道了这些。"

"是啊，我们至少告诉你真实的情况，你也应该感谢我们。"约翰逊说。

"嗯，谢谢。"弗斯特曼说。

弗斯特曼垂头丧气地回到布瓦希和弗雷廷那里。他一见到他俩就说："你们永远也不会相信这些。"

听了弗斯特曼的遭遇之后，弗雷廷说："我们离开这里吧。既然他们这么捉弄你，为什么还要留下来和这帮人合作呢？弗斯特曼做生意从来不要什么花招，所以不应该和这些不诚信的人打交道。"

弗雷廷就像个慈祥的邻家大叔，当小孩子被欺负之后会给他们安慰。8 年之后，他对弗斯特曼产生了一种强烈的保护欲，因为弗雷廷知道弗斯特曼在很多方面都把华尔街想得太天真。弗斯特曼并不喜欢科恩或克拉维斯，并强烈谴责这些人，但在内心里他对这些人并不十分了解。弗斯特曼以为别人都和他一样正直，很多时候也正是因此而受到伤害，比如今晚的遭遇。

“让我们离开这个鬼地方吧。”弗斯特曼也同意，准备拔腿要走。

布瓦希这时拦住了他，说：“再等等，到头来我们都要离开的。要是你能留下来的话，我们或许能够扭转形势。”

这个高盛银行的银行家早已注意到这里乱糟糟的气氛，人们的脸上都写满了困惑，而且像科恩和罗宾逊等人的出现也让人费解。在协利团队这种绝望的气氛中，布瓦希看到了机会。

“他们都在忍受着煎熬。如果他们不能和克拉维斯达成协议的话，我们对他们来说就显得重要了。到时候我们就可以掌握主动权。”

弗斯特曼现在也感到很矛盾。他急切地想和克拉维斯大战一场，向世人展示垃圾债券的真实面目。但约翰逊似乎不分是非，就像不能区分克拉维斯和弗斯特曼一样。这让弗斯特曼感到恼火。

他们继续等待。

48 层楼的另一头，在约翰逊烟雾弥漫的办公室里，谈判没有取得任何进展。按道理说，如果能达成协议，双方都能得到好处。如果双方动起手来，结果只能是两败俱伤。但很显然，各方对合作都有着自己的理解。科恩认为克拉维斯提出的10%的持股权是对他们的侮辱，因此拒绝接受。而克拉维斯也不赞同五五分成。“我们还从来没有这样做过，现在也不想开这个头。”

“咳，凡事都有开头。像这样大的生意一辈子能碰上几次？”

克拉维斯依然对希尔刚才的威胁怀恨在心，瞪着他说：“我们是不会放弃控制权的。我们就是不能那么做，这是我们的原则。”

一个小时里他们从一个问题讨论到另一个问题，但没有一个问题能够达成协议，也没有发生什么正面冲突。“那好，你想在交易中扮演什么角色？”克拉维斯问科恩。

“我们负责融资，我们负责整个项目。”

克拉维斯翻了一下白眼。“为什么不让我们来负责这个项目？你们可以以股份合伙人的身份加入。你们有什么好担心的？我们不会亏待你们的。”

在交谈中，克拉维斯和罗伯茨又一次问到协利证券公司和约翰逊之间的合作内容。科恩回答说：“在我们达成合作协议之前谈论管理层协议没有什么意义。”

“不知道你们的协议，我们没办法给你个合理的报价啊。”罗伯茨反驳道。科恩就含糊其辞地描述了一下他们和约翰逊之间的合作内容。

依然没有丝毫结果。

罗伯茨想以退为进。他建议协利可以收购整个雷诺兹－纳贝斯克集团，然后将集团的食品业务出售给KKR。这个做法比较复杂，并涉及了一些税收优惠，需要花几分钟时间来解释。罗伯茨问希尔协利愿意多少钱将食品业务出售给KKR，“嗯，155亿美元。”希尔说。

罗伯茨说：“这个价格我们不能接受，食品业务最多值140亿美元。”科恩和希尔出去商量了一会儿，回到屋里后拒绝了罗伯茨的提议。

就这样，随着谈判的继续，双方几乎未就任何内容达成一致，比如哪家投资银行将负责收购完成之后的债券发行等等。除了杠杆收购的回报，债券发行对于这场收购中的投资银行来说是个肥差。克拉维斯将德崇证券看成了不二人选，因为就是这家公司创造了垃圾债券市场，并在行业中具有持牛耳的地位。

科恩说：“我们不想充当德崇的配角，这没什么好商量的。况且法院对他们的判决马上就要下来了，谁也说不准到时候会发生什么事情。”

到了凌晨3点，双方显然达不成什么协议。当克拉维斯和罗伯茨起身准备离开的时候，科恩把贝迪拉到一边。

科恩说：“凭借你的影响力，我们应该阻止事情的进一步恶化，这样下去，局面会弄得很难收拾。”

克拉维斯和罗伯茨到楼下叫了一辆出租车。

当车子开上主路时，克拉维斯一心想着把希尔活活掐死。关于赫尔姆斯的那些话还让他很气愤，无论贝迪说多少安慰的话都不能让克拉维斯消气。

“真不敢相信，这家伙竟敢威胁我们。”克拉维斯说。

罗伯茨认为希尔就是个坏得透顶的下三烂：“如果你了解希尔，你就知道他嘴里吐不出什么象牙来。”

约翰逊原以为等他回到自己的办公室，克拉维斯的事情就已经处理妥当了。听说谈判最后以失败告终的时候，他大吃一惊。科恩正在办公室来回地踱步，嘴里对克拉维斯骂骂咧咧：“这简直不可能，我们没法和他们做生意。”

约翰逊不相信，至今四次谈判，科恩没有一次能和克拉维斯达成共识。到底出了什么事？一直以自己能跟三教九流合得来而感到自豪的约翰逊完全不能理解科恩为什么就做不到，况且是在这么紧要的关头。克拉维斯和科恩就像两种不活泼的化学元素，但一接触就会发生爆炸。那天下午和克拉维斯交谈的时候，约翰逊觉得克拉维斯并不是个不讲理的人。

约翰逊听着科恩抱怨克拉维斯如何不可理喻。从科恩的话中，约翰逊感觉到科恩正庆幸这场谈判最后破产了，这样科恩就有理由拒绝跟克拉维斯合作，到头来协利就可以独吞这个生意。但约翰逊更关心的是自己的公司，而不是华尔街的这些对手。他开始怀疑科恩的人品，“天哪，真的出岔子了。”约翰逊心想。

这时一个头探进约翰逊的办公室，告诉他弗斯特曼就要走了，约翰逊的思绪被打断了。

“啊，天啊，他还在楼下。”吉姆·罗宾逊说。

科恩和其他人都急急忙忙走出去拦弗斯特曼，约翰逊和罗宾逊紧跟其后。约翰逊说：“我感觉自己就像精神病院院长。”

布瓦希已经等不及了。这位火爆脾气的银行家从座位上蹿了起来，走出了那间没有窗户的会议室。会议室外面空无一人。他找了几个办公室，最后终于找到了他的目标。

在一间办公室里，协利的主管杰夫·莱恩和辛伯格正坐在一张桌子上侃大山。布瓦希从门缝把头伸了进去：

“我只想告诉你们一件事。我在这个行业里干了18年，这是我见到过的最粗野的行为。这样太过分了，我们不能再忍了。”

说完这些，布瓦希头也不回地走了。

弗斯特曼也受够了，他和三位助手拎起自己的衣服，想找人道别。

突然，过道的另一头，弗斯特曼看到科恩和一队人马正向他赶来。两队人马在会议室外碰面了，而弗斯特曼一直在那儿坐冷板凳。

“嘿，伙计，我们走，让我们进去谈谈。”科恩向弗斯特曼伸出手，表示欢迎。

弗斯特曼马上意识到发生了什么事情：协利和克拉维斯的谈判流产了，现在科恩需要弗斯特曼-利特尔公司。

那一晚，弗斯特曼第二次想大叫一声。他看着科恩，想对他说：“你的行为真让我恶心。”

但是弗斯特曼不能就这么离开。他后来回忆道，当时的情形就像高中时期的恋爱经历。每一次在你打算分手之前，你知道如果真的把她晾在那里，你们就不会再和好了。弗斯特曼知道如果他当时离开雷诺兹－纳贝斯克办公室的话，他就再也没有机会了。那么这个历史上最大的收购就会被克拉维斯捡走。没人会知道真实的情况，没人会知道皇帝没有穿衣服。两队人马又回到了会议室。

弗斯特曼力图保持冷静，但和平时一样，还是没有控制住。在开始谈判之前，在他们被当成“合伙人”之前，他需要让科恩明白弗斯特曼－利特尔公司到底是什么样的，他要让他们清楚地明白自己和 KKR 之间本质的区别。

“你不能把弗斯特曼－利特尔和 KKR 相提并论，我们和他们之间有天壤之别。10 年前，我刚办这家公司的时候就说要成为同行业中最棒的。我并不追求成为业界里规模最大的公司。如果你认为最大的才是最好的话，那我们谈都不用谈。我们的回报率是他们的三四倍，而且他们的回报率有很大水分。”

罗宾逊赶紧趁弗斯特曼扯远之前打断他：“这些我们都知道，所以今天才找你们谈。”

过了一会儿，约翰逊也加入到他们当中来。弗斯特曼转向他说：“我的意思是，如果你对 KKR 还抱有幻想的话，那么我们就没有必要合作了。”两者只能选一个，弗斯特曼说，他绝不会和那些还对克拉维斯有念想的人联手。

布瓦希知道弗斯特曼想要什么。“我们希望你们能保证，你们不会再和克拉维斯那些人打交道了，我们才能谈下去。”他后来又重复了好几次，确保对方完全了解弗斯特曼的立场。

布瓦希看着约翰逊懒散地坐在椅子上，右手托着脑袋，看起来很疲倦。约翰逊不时地从杯子里喝几口透明的饮料。看到约翰逊说话含糊，弗雷廷很想知道那杯子里到底是水还是伏特加。

“罗斯，”布瓦希说，“我觉得西奥多的意思是，他想确定你已经和克拉维斯断绝关系了。他希望你正眼看着他，告诉他你已经下定决心了，告诉他你已经与克拉维斯不再来往了。否则的话，我们现在就离开这里。”

弗斯特曼插话说：“你们和克拉维斯结束了吗？如果还没有结束的话，我们就不用再谈了。”

约翰逊终于开口了：“我们和他们已经没什么了。我们必须这么做。现在我们已经和他们没什么关系了，我们需要你们的支持，希望能和你们一起合作。”

接下来，他们进一步探讨了一些战略战术上的问题，以及如何来对付咄咄逼人的克拉维斯。当时不知谁说了一句：“现在已经 4 点钟了，大家明天都没事了吗？”很快，弗斯特曼团队的人从沙发上站起来，和约翰逊等人握了手之后，直奔电梯口。这时候，弗斯特曼不禁想起，他们孤零零地在会议室里等了三个钟头，却没有听到有人跟他们道歉。

当弗斯特曼一行从玖熙大厦出来的时候，清晨的凉风吹打在他们的脸上。一时间，四个人默默地站在 57 号大街上，陷入了沉思。

布瓦希终于打破了沉默。他问弗斯特曼："你决定要和这些人做生意吗?"

"杰夫，他们是公司的管理层，我们需要和他们合作。我们至少要试着和他们合作，你不这么认为吗?"

"作为顾问，我有个想法。我想你应该告诉他们你很生气，我是这么认为的，我们要告诉他们我们对刚才他们对待我们的方式很不高兴。"

布瓦希的态度很明显，他不想和科恩打交道。接着，布瓦希说出了自己的想法：高盛银行的几个优质客户，比如宝洁公司也渴望加入到收购大战中来："你不觉得你有更多的选择吗？我的意思是，你不想和我们一起干吗?"

"杰夫，我现在有三种选择。我可以和科恩他们合作，也可以和你们合作，或者我什么都不做。"

弗雷廷哈哈大笑，仿佛是说在华尔街这样的地方不作为也只有弗斯特曼才能想出来。

"杰夫，你觉得我是在开玩笑，对吗？什么也不做？我的意思是如果这场收购不符合我的原则的话，我什么也不会做。"

"我觉得你应该把这个告诉科恩。"布瓦希说。

"这应该是顾问做的事情，"弗斯特曼回答道，"我不想和科恩这个人说话。"

Barbarians 第11章 at the Gate

历兵秣马

和谈失败了，科恩的部队开始厉兵秣马。由于克拉维斯提出了每股 90 美元的要约收购，管理层之前在每股 75 美元价格基础上所作的各种假设都不能用了。他们已经开始修改大量的分析报告，并重新计算需要剥离的资产规模。为取得银行 150 亿美元贷款的谈判又重新开始了。为了尽可能地提高收购价格，协利悄悄地把约翰逊的那些奢侈品都考虑了进来。“所有的飞机、高档公寓、总理牌香烟、乡村俱乐部会员卡和亚特兰大的总部大楼，都将不复存在。”希尔回忆道。

协利不但在战略上出现失误，而且融资水平也跟不上 KKR 及其顾问公司——德崇和美林。克拉维斯把实物付息优先股引入到了这次收购当中，并且在其每股 90 美元的价格中占了 11 美元，总额达到 25 亿美元。协利在这方面根本无法与其匹敌。给丹尼斯·古德的企业狙击手提供服务的两年，使科恩的垃圾债券部门荒废了现在迫切需要的专业技能。当时全球的实物付息债券市场需求为 25 亿美元，而克拉维斯收购要约中的债券金额就相当于这个数字的两倍。这种自信并不是一夜之间就能建立起来的。无论希尔怎样努力，他不能理解市场会接受每股 5 美元的价格，但之后他又把这个价格提高到了每股 8 美元。

科恩暂时没有和弗斯特曼联系。弗斯特曼多次打电话告诉科恩，克拉维斯并不会干坐着，催促他尽快行动。每次和弗斯特曼通话的时候，都必须先听他讲 20 分钟克拉维斯如何在摧毁世界。

科恩目前的首要任务就是把所罗门拉进来作为这次收购的合伙人。星期三早上，约翰逊起得有点晚，然后赶到协利去跟科恩以及所罗门的老大古弗兰和施特劳斯见面。会面后科恩问约翰逊是否可以让所罗门也加入进来。

“这我还需要你的意见，他们能给我们带来什么呢？”约翰逊问。

“他们能带来好多东西。”科恩解释说，最主要的是他们能够提供30亿美元的资金。现在竞标价格已经达到了一个新的高度，而单单靠协利自身的资金恐怕不能完成。而且如果约翰逊的团队在竞标中胜出，所罗门在债券的发行上也能帮上很大的忙。

“你觉得可以让他们加入进来吗？”科恩问。

“没问题，你们需要这些资金。”约翰逊回答道。

如果要和协利联手的话，弗斯特曼-利特尔公司还需要做很多工作。那天晚上，尼克穿过大军广场来到雷诺兹-纳贝斯克的办公室，准备开始他们双赢的合伙关系。

皮肤黝黑的尼克比哥哥小8岁。长着一张明星脸的他跟弗斯特曼一样厌恶垃圾债券和克拉维斯。往玖熙大厦走的时候，他看到克拉维斯和罗伯茨正从玻璃大厅走出来。这时克拉维斯也认出了尼克，并朝他笑了笑。克拉维斯知道尼克来玖熙大厦的目的，于是决定捉弄一下他。当尼克走进旋转门的时候，克拉维斯突然拉住旋转门，将尼克困在旋转门里头。克拉维斯笑得很开心，他喜欢捉弄自己的对手。

过了一会儿，克拉维斯松了手，尼克涨红着脸从旋转门里出来了。“你来这儿干什么？尼克，你为什么也要掺和进来？”克拉维斯呵斥道。

当他看到尼克没有直接去到约翰逊那层楼的电梯口，而选了一个离那部电梯较远的另一个电梯口时，克拉维斯露出蔑笑。克拉维斯猜尼克这么做是为了迷惑他们。“真是此地无银三百两。”克拉维斯笑着说。

星期三晚上，约翰逊主持了一个慈善晚会，宣布休格尔为少年之家俱乐部的年度人物。约翰逊早年在纽约的时候就开始支持这家慈善团体，因此他提名休格尔作为年度人物的奖项。

约翰逊是个高超的晚宴演讲大师，一边讲笑话，一边数落休格尔。休格尔领导的特别委员会将决定约翰逊的收购是否能够成功。其他的几个委员也出席了晚会，有来自雷诺兹-纳贝斯克集团的格林纳斯和韦尔奇、拉扎德的哈里斯和西湾公司的戴维斯。“欢迎参加特别委员会的聚会。”约翰逊在晚会开始时说。

之后，约翰逊来到罗宾逊家中，两人一直谈到很晚。约翰逊手里拿着饮料，从罗宾逊的家里俯瞰纽约城，心中一片宁静。他对每股 80 美元出头的报价不甚满意；现在他们正在考虑 90 美元左右的报价，他一点儿也提不起热情。在这个价格下，债务会把他们压垮的。亚特兰大、总理牌香烟、那些公寓还有那些飞机，等等，他害怕往下想。如果成功意味着他将失去钟爱的一切，那他宁愿输掉。

“这价格最后会涨到多少呢？”约翰逊问道，“我们现在说的是真金白银。吉姆，你知道，公司最多只能出它赚到的那些钱。无论业绩有多好，如果价格出的太高，你就亏了。”

当约翰逊将他的担心告诉戈德斯通的时候，戈德斯通向他娓娓地解释这里面的道理。“罗斯，那是他们的钱。如果他们愿意花的话，就由他们去好了。”

约翰逊边喝着的饮料，边和罗宾逊讨论着。他认为自己已经失去了对这次大冒险的控制。“吉姆，这到底有多疯狂？”约翰逊问美国运通的董事会主席。

要多疯狂就有多疯狂。

约翰逊这边烦躁的心情刚放松下来，玖熙大厦 48 层的雷诺兹－纳贝斯克办公室里开始上演了一场小闹剧。来自协利和所罗门的银行家们正跟尼克和布瓦希带领的高盛银行团队见面。经过一个月的忙碌，希尔已经知道如何来开展收购工作，哪些业务需要出售以及约翰逊都应该做哪些和不应该做哪些事情。而布瓦希则有自己的看法，他认为公司需要卖掉更多的资产，而且速度越快越好。希尔则不以为然。他们两个人毫不相让，很快就展开了唇枪舌剑。

尼克觉得会议室太小了，不足以容下这两个银行家的自尊心。布瓦希想吓唬希尔，说协利的对手正准备抢走他们的生意。这时，尼克站了起来，把希尔拉到一边。

“你知道，汤姆，”弗斯特曼说，“我们并没有反客为主的意思，好吗？这关系到我们如何来完成这场收购。让我们不要再掐来掐去了。”

之后，当尼克和布瓦希一起坐电梯下楼的时候，布瓦希显然对尼克刚才跟希尔所说的话很不满。“你为什么要那样做？你跟他说什么了？”布瓦希问道。

尼克对布瓦希这种狭隘的自尊心很不耐烦。“我们的目的并不是要反客为主，而是要把这场收购搞定。”

星期二早上，施特劳斯来到古弗兰的办公室和两个银行家谈论起雷诺兹－纳贝斯克集团。古弗兰星期一晚上飞到了马德里去为公司在当地新开张的分支机构剪彩，让施特劳斯留在公司处理这些事情。施特劳斯之前是靠做政府债券起家的，对收购业务不是很了解。在大部分职业生涯中，施特劳斯都挨着古弗兰坐在交易大厅里。施特劳斯看到那些交易员们叫嚷着指挥资金流向，感到十分亲切。而现在他极其需要银行家们的建议。

古弗兰办公室里的电话响了，秘书告诉他是克拉维斯打来的。就在他准备接电话的时候，另一条线也响了，是古弗兰从欧洲打来的越洋电话。

施特劳斯觉得应该先接古弗兰的电话，于是他拿起电话，谁知里面传来的却是克拉维斯的声音。看来他接错了电话。

没等克拉维斯开口，施特劳斯就已经预料到这不会是一场愉快的谈话。他和克拉维斯已经打了20年的交道，但他们之间的友谊已经荡然无存。在20世纪70年代，汤姆和波妮·施特劳斯夫妇跟亨利和海蒂·克拉维斯一家走得很近。“当年亨利和海蒂离婚的时候，施特劳斯夫妇就参与了整个事件。克拉维斯两口子离婚之后，施特劳斯他们还跟海蒂保持着密切的联系。当克拉维斯再婚的时候，他们的友谊就破裂了，”施特劳斯的一个密友说，“亨利感到汤姆和波妮背叛了他。”

事后施特劳斯也承认他们之间的关系恶化，他说：“女人们在碰到离婚这些事的时候会走得比较近。”但他不承认这件事对他们收购雷诺兹–纳贝斯克集团会有什么影响。

但这两个人的朋友却不这么认为。施特劳斯和克拉维斯紧张的关系已经影响了这场收购的几次关键性谈判。一个评论家说：“这场收购将弥合一些破裂的友谊，但是汤姆和亨利的关系不可能和好如初。”

那天早晨，克拉维斯想让他的老朋友施特劳斯帮自己个忙。他和声细语，极力示好。

“汤姆，我知道你们也想参与进来，但我希望你们不要这样。我们是好哥们。如果你不卷进来的话，我将感激不尽。”

施特劳斯不敢相信克拉维斯竟然厚颜无耻到如此地步。收购雷诺兹–纳贝斯克集团是所罗门进入商业信贷行业的一次绝佳机会。为了这次收购，克拉维斯不是分别聘请了4家投资银行，里面怎么就没有所罗门呢？施特劳斯不仅仅是因为这件事而感到愤怒。“KKR一直骑在所罗门头上拉屎撒尿。他们付了5亿美元的业务费，而所罗门才得到其中的1%。而且，所罗门得到的都是其他公司的残羹冷炙。”菲利普斯说。

施特劳斯很有绅士风度，没有在电话里骂克拉维斯。“这场生意对我们来说意义重大，亨利，但这并不说我们之间就没有合作的机会了。”施特劳斯说。

说完，施特劳斯就匆匆地挂了电话，古弗兰还在另一条线上等他。

“不知好歹的家伙。”克拉维斯放下话筒，自言自语道。

这些年来，他将几个重要的项目介绍给了所罗门，而施特劳斯却不肯和自己多说一句话。在这场收购大战即将打响之前，施特劳斯连一声招呼都不打，也太不给他克拉维斯面子了。

克拉维斯想把这些都抛在脑后，他需要考虑更重要的事情。他的要约收购星期五，也就是明天就要启动了。他知道科恩和约翰逊不久也会亮出他们的价格。到那时候，克拉维斯就要做好准备出的价钱比他们高。而在此之前，他需要更深入地了解约翰逊的公司。由于没有约翰逊的帮助，他感到自己的处境很不利，现在他还需要一个了解雷诺兹-纳贝斯克集团的人。

克拉维斯几天前接到过吉姆·沃尔特打来的电话。1987 年的时候，克拉维斯收购了一家位于佛罗里达州坦帕市的公司，而沃尔特正是这家公司的创始人。沃尔特现在和威尔逊都是安可尔玻璃公司的董事，因此沃尔特建议克拉维斯可以让威尔逊来帮忙分析雷诺兹-纳贝斯克集团。随着时间一点一滴地过去，跟约翰逊一起收购雷诺兹-纳贝斯克已经不可能了，克拉维斯只好另想办法。

于是克拉维斯打电话到威尔逊在佛罗里达杰克逊维尔市的家里。自从威尔逊被赶出雷诺兹-纳贝斯克之后，这位董事会的前主席就搬到了那儿。“我想他会给你回电话的。”威尔逊的秘书答应克拉维斯让威尔逊马上回电话。

几分钟后，威尔逊从董事会溜出来，给克拉维斯拨了个电话。做了自我介绍之后，克拉维斯说：“也许我们应该见个面，这样会好一点。”

“那敢情好。”威尔逊说。于是他们约定星期五早上 10 点见面。

理查德·雷诺兹的外孙史密斯·巴格利并不是个火药性子。他身高两米，说起话来慢条斯理，走起路来小心翼翼，好像生怕惊动别人。他花白的头发常年都是乱蓬蓬的，看起来像个上学郎。

而现在，巴格利却有一肚子的火。他拥有公司 100 万股，他把自己看成是雷诺兹家族核心继承人。如果眼睁睁地看着约翰逊把这个他们家族辛辛苦苦经营的企业窃走，他将会成为家族的罪人。星期三下午，巴格利来到他律师的办公室，挥舞着双手，打破了阿诺-波特律师事务所华盛顿办公室宁静的氛围。

“这些兔崽子，这些小经理人，”巴格利怒吼道，“这个卑鄙小人从股东们的收购偷走了公司，把它当做自己牟取私利的工具。这些钱属于全体股东的，这太离谱了。我们应该采取行动了。”

但采取什么行动呢？直到现在，巴格利还是对这家公司没多大的兴趣。他从小在康涅狄格州的格林尼治长大，离弗斯特曼的家只有几步之遥。他的大半生都和商业界没有任何关系。因为他在商场上的经历并不愉快。20 世纪 70 年代的时候，他负责管理一家名为华盛顿集团的公司，但后来公司倒闭了，而他也以操作股价的罪名被法院起诉。从此以后，他就退出商界，成了一名慈善家，投身于那些靠雷诺兹－纳贝斯克的股票收入作为经费的慈善基金。他曾经是 Z. 史密斯·雷诺兹基金会的主席和民主党国家委员会下属金融委员会的副主席。约翰逊的权力争夺战来得太不是时候了。

但巴格利决心阻止约翰逊。巴格利认为这是他作为家族一员应尽的职责。他的母亲南西·雷诺兹是理查德·雷诺兹的第三个孩子，很关心公司的经营情况。在 20 世纪 70 年代早期，有人提出要把雷诺兹三个字从公司的名字中去掉。他的母亲强烈反对，为此还给公司的董事们写了一封信说除非等她死了，否则谁也别想这么做。到了 80 年代中期，南西催促威尔逊的手下出版一本介绍公司历史的书籍，其实这件事他们 20 年就开始准备了，但因为有人认为书中的观点有点偏颇，所以一直没有出版。但在她的努力下，南茜终于在去世的那一年看到了这本书的出版。

和他母亲一样，巴格利特别喜欢和公司的头头脑脑碰面了解公司的情况。他大约每年会和威尔逊吃个午饭，并且对他印象很不错。和约翰逊碰面，巴格利大约计划了有一年之久，最后终于在全美民主党夏季大会上见到了约翰逊。他对约翰逊的印象并不好。“这个杂种，”巴格利大骂道，“他把公司搬到了亚特兰大，现在又想把钱卷走。”

但现在他能做什么呢？他想采取法律手段阻止这场收购，为此他咨询了温斯顿－塞勒姆的律师，但律师告诉他更好的办法是他自己组成一个团队和约翰逊竞争。现在他和阿诺－波特尔律师事务所的律师来讨论这种方案的可行性。雷诺兹－纳贝斯克集团的员工和退休人员的股份加起来大约占公司股份的 5%。可以把他们联合起来抵抗约翰逊吗？律师回答有可能。那家族股份呢？雷诺兹家族成员手里也持有公司 5%～8% 的股份。巴格利倾向于将员工的股份和家族股份合并到一起，然后以家族名义参加竞标的想法，虽然他知道这样做不太可能。因为除了巴格利和他母亲之外，雷诺兹家族的其他人已经有几十年没有过问过公司的事务了。

巴格利并不希望看到公司被挂牌出售，虽然他承认在看到公司股票上涨的时候，心里还是有点儿高兴的。但如果真要拍卖的话，他希望那个价格对股东是最好的价格，而不是对约翰逊最优惠的价格。想到这儿，约翰逊公开和克拉维斯勾肩搭背让他忧心忡忡。

很多年之前巴格利曾见过克拉维斯，对他的印象还不错。如果他能够说服家族成员支持克拉维斯，并且给克拉维斯介绍一个熟知公司业务的人，克拉维斯会放弃和约翰逊合作吗？虽然巴格利认为这个计划的成功概率不大，但他觉得即使成不了事也没多大损失。

于是他回到自己的办公室，迅速拨通了克拉维斯的电话。“你在忙什么呢？”巴格利问道。

“我现在正在忙一些你们家族公司的事呢。”克拉维斯答道。接着他们约定星期六早上在纽约一起吃早餐。

接着巴格利给他的老朋友威尔逊打了个电话。“我们也应该进场，你有兴趣见见我和我的律师吗？”

威尔逊会感兴趣吗？这个曾经掌管了150亿美元公司资产的人现在正热衷于两件事情：一是他的个人咨询公司，二是他的小船坞。自从离开公司之后，威尔逊经常接到之前的心腹打来的电话，向他透露约翰逊在公司的各种恶作剧。当他听说约翰逊正在糟蹋这家公司的时候，威尔逊愤怒不已。

威尔逊将自己被开除的理由归于自己坚持原则，不在公司玩弄政治手段。他用辞退补偿金的一部分买了一艘游艇，并将其取名为“诚信”。当初董事会让约翰逊上位的决定现在被证明是错误的，这多少让威尔逊感到欣慰。威尔逊多想再杀回去，从头拾起旧山河。

威尔逊感兴趣吗？巴格利从电话的另一头都能感觉得到。

“明天怎么样？”威尔逊问巴格利。

巴格利说没问题，威尔逊接着关心了一下出行问题。

“你是坐豪华轿车来吗？”威尔逊说。

“啊，当然啦。”巴格利回答说。

巴格利和他的律师第二天飞到了杰克逊维尔，然后坐着豪华轿车在晚上6点赶到了威尔逊家。威尔逊穿着衬衣，打着领带出来迎接他们。这时正好是鸡尾酒时间，威尔逊问他们想喝点什么。几分钟后，克拉维斯打电话来说他明天早上会派一架飞机来接威尔逊。晚上他们在威尔逊的俱乐部里吃晚饭，在那里这位雷诺兹-纳贝斯克集团的前总裁控诉约翰逊种种铺张浪费的行为。威尔逊在诉说中经常提到“令人震惊”和“让人厌恶”这两个词。“这家有着光荣传统的公司就这样被他们给毁了。”威尔逊感慨道。

巴格利说：“克拉维斯需要你这样值得信任的人。你可以在管理上帮助他，而我可以用家族力量帮他。我们可以一起打败约翰逊。”

统一战线就这样形成了。之后巴格利回到威尔逊的家里，威尔逊的妻子也加入了他们的聊天。他们一边喝着饮料，一边回忆往日在雷诺兹公司的斗争。重新挎上枪的感觉是不是很好？他们开玩笑说。

星期五早上在等待威尔逊的间歇，克拉维斯突然看到《华尔街日报》上赫然登着“KKR 聘威尔逊为特别顾问”的大标题，这让他始料不及。

“他们怎么知道的?”他问罗伯茨。两人都不知道怎么回事，只知道现在威尔逊已经坐上飞机飞向纽约了。难道是飞行员走漏了风声？有可能。

当克拉维斯和罗伯茨还在猜测消息走漏的源头时，休格尔打进电话来。休格尔也刚刚看到这则新闻。

“亨利，如果你真的想收购公司的话，我劝你一句，不要雇用威尔逊。如果你非要那样做，我们都会辞职的。如果你担心公司的管理层，其实公司里有好多优秀的人，我会协助你找他们来帮你的。但是你现在让威尔逊来无异于引狼入室。”

克拉维斯感谢休格尔的提醒。之后，克拉维斯和罗伯茨同威尔逊会谈了 2 个小时，他们发现威尔逊对公司的了解已经过时了，而且很明显威尔逊急切地想报当初的一箭之仇。他们猜测消息是威尔逊自己走漏的。泄密，克拉维斯对这个词恨之入骨，他也希望眼前的这位前首席执行官和这个词无关。当威尔逊离开后，克拉维斯和罗伯茨很快决定之后不和此人有来往。威尔逊为 KKR 做咨询顾问的职业生涯还没有开始就草草结束了。

星期四下午，科恩坐上他的轿车，到所罗门接上施特劳斯，然后一块赶去见弗斯特曼。所罗门已经同意成为协利团队的合伙人，出资比例为 50%，下午就宣布这个消息。

当科恩被领到弗斯特曼的办公室后，他开始欣赏起办公室里五花八门的艺术收藏品、家庭照片和一些书籍。弗斯特曼发现协利的这位主席正在打量他们的公司。作为双方第一次见面，这次会晤并不成功。迫不及待地想加入战斗的弗斯特曼又开始长篇大论地抨击克拉维斯。施特劳斯觉得弗斯特曼有点没完没了。

布瓦希也在场。希尔之前跟科恩谈到过他对布瓦希的看法。布瓦希和他的那些人对获取雷诺兹-纳贝斯克的商业机密表现出强烈的兴趣，这显得很不正常。希尔虽然不知道布瓦希和宝洁等客户之间的联系，但他感觉布瓦希除了给弗斯特曼提供咨询以外还有其他的一些小算盘。因此他提醒科恩在高盛银行的这些同行面前要注意保密。

科恩本人也不喜欢星期二和布瓦希初次见面时对方表现出来的强势态度。当科恩问起布瓦希作为弗斯特曼顾问的工作内容时，布瓦希就开始支支吾吾，这更让科恩相信希尔的猜测有道理：布瓦希可能是在为高盛银行的竞标小组搜集一些资料，提供信息。

科恩和施特劳斯离开弗斯特曼的办公室时，深深感觉布瓦希的动机不纯。

星期五早上，布瓦希从长岛的家中出来坐在车上看报纸。报纸上都报道说协利和所罗门会是一对绝好的搭档，但却丝毫没有提到弗斯特曼－利特尔公司。自从星期二晚上糟糕的会谈以后，布瓦希明显感到自己的客户不被人重视。

于是，他就用车载电话把弗斯特曼从熟睡中叫醒。“应该和科恩谈谈了。我们最好让这个家伙知道我们的感受，”布瓦希说，“这家伙指望着你出钱。他用了合伙人这个词，但他不知道这个词意味着什么。应该让他们知道你是怎么对待你的合伙人的。”

科恩穿上外套，正准备出家门，这时电话铃响了起来。他跑到厨房接起电话，一下子就听出布瓦希很不客气：“除非事情走上正轨，否则我们只好撒手不管。你要知道，你正在失去一位合伙人。别以为弗斯特曼没有其他的办法，其实他是有的。我们有足够的能力帮助他。”

“你在说些什么？”

“我说如果我们没有和你们合作的话，我们还其他方法。”

“你说你有其他方法是什么意思？”科恩说。

科恩其实早已心知肚明。希尔猜得没错：高盛银行也想加入进来争夺雷诺兹－纳贝斯克集团。在科恩看来，布瓦希就是个想打入协利战略高层的内奸。此时，科恩用他自己的话说，“有点抓狂”。

“听着，我们不需要你，我们也不需要弗斯特曼，我们不需要任何人的帮忙，我们能完成这场收购。我们把所有的数据和秘密都告诉了你。现在你说你们还有其他的选择？这和你之前所说的截然相反。”

科恩挂了电话，很清楚这不会是和这个高盛银行家最后一次激烈交锋。快到中午的时候，科恩给弗斯特曼打了一个电话——再过几小时弗斯特曼就要来协利了。

“你都会带谁过来？”科恩问。

弗斯特曼说有他的弟弟、布瓦希和儒雅的律师弗雷廷。

“能不带布瓦希吗？”

“天啊，彼得，你知道他是我的顾问啊。”

“那好吧，如果你非带不可的话。但愿这家伙别再给我打电话了，我不喜欢他说话的方式。”

下午，当弗斯特曼的团队来到协利的时候，科恩的气儿还没有消。当他们在协利奢华的图书馆里坐下时，科恩便把身子转向布瓦希，开门见山就问：“我想知道你们都签保密协议了没有，你们是否可以自由退出？不然的话，我不知道今天你们凭什么能和我们坐在这儿。”

布瓦希回答说没有，高盛银行和弗斯特曼－利特尔公司都没有签这类协议，但布瓦希向科恩保证他不会泄露任何机密。“彼得，我敢保证。”

“我希望从律师嘴里听到这些话。”

布瓦希的话有点强硬：“彼得，你是在说我的话不算数？”

“我希望从律师嘴里听到这些话。”

科恩转向坐在他对面沙发上的弗雷廷。

“嗨，律师。”

弗雷廷正在记笔记，似乎没有听到科恩在喊他。

“嘿，叫你呢，律师。”

弗雷廷抬起头，从他那厚厚的眼镜片后面眨了眨眼。他知道科恩在吓唬他：“你在和我说话吗？有什么事？”

“保密协议允许你们撇开管理层，自己单独发起要约吗？”

弗雷廷想了一会儿，然后用平静的语气回答说：“我有两个答案。第一，我不是你的律师，我不能义务给你提供法律建议，你应该向你的律师努斯鲍姆咨询这个问题，他是个不错的律师；第二，我也跟我的客户说过，他们当然可以发起竞标。”

科恩没什么反应。过了一会儿，他找了个借口离开了会议室。

弗斯特曼对他们刚才的谈话感到吃惊。“嘿，叫你呢，律师。”这个科恩把自己当成什么了？一个叼着大雪茄的小个子，这家伙应该进精神病院。

弗斯特曼知道科恩一定很矛盾。弗斯特曼－利特尔公司已经和雷诺兹－纳贝斯克集团签订了保密协议，保证他们不泄露公司的机密；但他们没有和协利签过这样的协议，也没有和管理层团队签过。况且弗斯特曼－利特尔公司也不会签这种合约。

几分钟后，科恩拿着几份电脑模拟运算草图回来了。科恩将其中一份递给弗斯特曼，说：“这是我们制作的协利—所罗门—弗斯特曼－利特尔公司三方标书的草案。”

弗斯特曼草草地翻阅了一下，但里面的数字对他来说没什么意义。这个标书通篇都在说垃圾债券和一些不知所云的东西。在某一页，他看到弗斯特曼－利特尔公司的 30 亿美元资金夹在垃圾债券当中，顿时心生厌恶。

更糟糕的是，弗斯特曼－利特尔公司对竞标小组没有控制权。协利证券公司起草的协议里各项条款都在限制弗斯特曼－利特尔公司取得竞标小组的控制权。

科恩看得出来弗斯特曼对这些资料十分不满意。“不要把这个当做最终的定稿，我们很希望把你们的意见也考虑进去。”

弗斯特曼摇了摇头说，这样不行。他想让科恩明白，弗斯特曼－利特尔公司给投资者的募资说明书里面承诺公司将控制整个竞标团队。每一场由弗斯特曼－利特尔公司参与的收购当中，37% 的股份是要给那些投资者的，另外 10% ~15% 会出售给收购管理层。即使他们要分配剩下 53% 的股份，弗斯特曼－利特尔公司也要占大头。现在的方案却要让弗斯特曼拿小头，这样是行不通的。

“彼得，你可别生气，但这的确行不通。”

“没关系，我们再重新修改一下。”科恩说着站起来，离开了会议室。

等科恩走后，弗斯特曼对布瓦希说：“我们该怎么办？根本没有再谈下去的必要了。我们不能把鸡屎变成鸡肉沙拉啊。没什么可以商量的，你知道吧？他们就是拎不清。”

于是四个人一起讨论起来。他们都同意弗斯特曼也许可以向协利提出自己的资本结构建议。弗斯特曼也认为这是个不错的主意。而且，他已经连续工作了 48 个小时。于是，他站了起来，去找科恩。当他找到科恩时，科恩正在一个烟雾缭绕的会议室里抽着雪茄，墙边站着一队律师和投资银行家。

“彼得，你知道这可能性不大，”弗斯特曼说道，“我快累死了，想先回公司。我们这儿一点头绪都没有。要不由我们来准备一份材料，到时候你看看行不行吧？”

科恩同意了。

出了协利，弗斯特曼和布瓦希钻进了弗斯特曼的黑色梅赛德斯。当车子开上了西岸高速公路时，他们两个人已经讨论得不可开交了。布瓦希看到弗斯特曼突然睁大了眼睛——他看到了一辆迎面驶来的车，当他正要喊“杰夫，小心”时已经晚了，那辆车已经从左后方撞在了弗斯特曼的轿车上。

幸好没有人在这次小车祸中受伤，但对方司机没有上保险，于是他们等了好几个小时警察才赶到。看来这个星期弗斯特曼的运气太背了。

古弗兰的西班牙之行虽然很成功，但他回纽约的旅途并不顺利。一开始他飞往巴黎的飞机由于天气原因而改航线了。机场方面本想安排他在里昂降落，但他拒绝了。伦敦的大雾还没有散去，飞机只好在布鲁塞尔降落了。古弗兰最后乘坐比利时航空公司 1 点半的航班回到纽约，刚好赶在 6 点之前到达了肯尼迪国际机场。

古弗兰坐上一架协利派来的直升飞机，一刻钟后，他就出现在所罗门位于曼哈顿下城的总部。一进董事会会议室，他就见到了他的律师彼得 · 达罗和投资银行家迈克 · 齐格曼，他们手里拿着约翰逊的管理层协议。

“说了你也不会信。“齐格曼说。

古弗兰接过协议看了起来，看完后他大吃一惊。这份协议的条件比科恩之前说的还要优厚。如果他没理解错的话，约翰逊的 7 人小组可以白白拿到 10 亿美元，甚至更多。达罗和古弗兰一条一条地看那份文件，要知道了解事情会如何发展对他们来说很重要。

半小时后，古弗兰赶到了协利。见面后不久，古弗兰就说起了这份管理层协议。“我将会有很大麻烦，我们作为一个团队也会遇上很大的麻烦，除非他们修改协议，同意减少他们的报酬。”古弗兰说，“彼得，这样太不合适了。”

“约翰，我可以向你保证，我们会处理这件事的，”科恩说，但是，他又补充道，“在他们不知道竞标价格会达到一个什么样的价位之前修改条款没太大意义。”

听了这话，古弗兰终于放心了，同意再等等看。

星期五晚上，协利和所罗门的团队干到很晚，星期六又继续加班。两家公司动员远在伦敦和东京的员工向一些境外银行拉借款。另一个小组由斯特恩带领，负责重新调整资本结构，好让弗斯特曼能够接受。

科恩星期六大部分时间都在找弗斯特曼，把电话打到他的办公室，又把电话打到他的家里。弗斯特曼正好在吃午饭，下午就出去了。科恩知道弗斯特曼已经得到了消息，前一个星期弗斯特曼还一直催他快行动，而现在当他最需要弗斯特曼的时候，他却躲起了猫猫。弗斯特曼其实是在欲擒故纵。

“他现在要起小把戏来了。”科恩对施特劳斯说。

虽然电话里科恩留的言越来越多，弗斯特曼依然对他不理不睬。他中饭吃了很长时间，接着下午到皇后区打了场网球。在球场上，他想到了科恩和雷诺兹－纳贝斯克集团。这场收购的进展令他很不满意。

“我觉得我们输了，我们浪费了那么多的时间。你觉得克拉维斯是在浪费他的时间吗？我们得马上采取行动。”

当弗斯特曼从球场上下来的时候，他想摆脱三天来一直困扰着他的坏心情。尽管他想揍扁克拉维斯，但感觉这场收购不适合他们。

弗斯特曼回到自己家就听到电话的铃声。

“我正到处找你呢。”

科恩怒气冲冲地说。科恩说了什么，弗斯特曼一句也没听进去。“我不希望和这样的人在一起工作，我讨厌这人，他为什么就不能像罗宾逊那样？”弗斯特曼告诉自己，“你现在是把一个婊子当成你的梦中女孩，这是不可能的。”

“彼得，我收到你的留言了，”弗斯特曼说，“但我一天都不在家。”

科恩为错怪了弗斯特曼向他道歉。“我现在正在施特劳斯的家里。我有一个好消息要告诉你，我想我们已经有办法把你的要求融合到方案中。我觉得我们可以做到，我很有信心。”科恩来到所罗门这位老总在纽约州阿蒙克市的家中，并在那儿举行了一个非正式的宴会。在宴会间隙，科恩趁机走出屋子给弗斯特曼打电话。

弗斯特曼听到电话里有狗的叫声和小孩子的笑声。他听到有人，好像是科恩开玩笑地说：“把狗拉出去。”

这时弗斯特曼开始喜欢上了科恩，并开始责怪自己当初对科恩尖刻的评价。弗斯特曼想，狗和小孩，太棒了，这就像一个大家庭，这有点儿像弗斯特曼－利特尔公司。

科恩向弗斯特曼介绍了修改后的资本结构。所罗门和协利会各自投入25%的资金，弗斯特曼则出剩下的50%。公司的表决权也按照出资比例确定，也就是说弗斯特曼－利特尔拥有雷诺兹－纳贝斯克50%的表决权。修改后方案没有像之前方案那样突出垃圾债券，并且弗斯特曼－利特尔在将来公司里有更多的决策权。同样重要的是，弗斯特曼－利特尔对雷诺兹－纳贝斯克的债务享有优先求偿权。

“这回怎么样？”科恩问道。

弗斯特曼实在是感到很意外。“彼得，这可是个飞跃啊，”他说，“太棒了。”

“那我们明天见。”科恩说。

弗斯特曼的团队花了一个晚上的时间来分析科恩提出的方案。他们都觉得这个方案的前景不错。晚上12点之后，弗斯特曼在长岛的一次晚宴上找到了布瓦希，并将好消息告诉了他。

当天晚上，弗斯特曼－利特尔的另一个合伙人利特尔刚从远东度假回来。利特尔在中国香港、泰国和巴厘岛度假的时候就密切关注着这场竞标。他的飞机一着陆，他就给弗斯特曼打了电话，弗斯特曼将科恩的建议告诉了利特尔。

利特尔一听到和协利合作，就失去了兴趣：“天啊，跟这些人合作，这和我们之前做的事情差了十万八千里。”

他认识科恩有10年了，两人在汉普顿的住所离得不远。利特尔认为科恩是华尔街上的糟粕，是个视钱如命的家伙。他很反感和这个人在一起工作。

“泰德，这家伙就是个恶棍。”

弗斯特曼安慰利特尔说这场收购将由弗斯特曼－利特尔公司来控制。但利特尔对这种合作方式仍然没什么热情。在挂断电话之前，利特尔说：“我宁可跟克拉维斯合作。”

大多数美国公司都会雇新闻发言人来处理公司的公关问题，无论是有毒物质的排放还是季度红利的发放。他们这些人的主要任务是主持新闻发布会，记者们把这些人称为“高射炮”。但在华尔街上，流言和内幕信息肆意横流，一批公关从业人员也因此获得了一些权势。他们的崛起不难理解：当财经媒体将更多的版面用来报道20世纪80年代规模宏大的收购争夺战时，操控这些报道的重要性也随之增加。到了80年代末，每一家参与收购大战的公司都无一例外地会聘请一家公关公司跟投资银行家与律师并肩作战。

多年来，华尔街上的公共关系事务都被一家名为科克斯特的公关公司和它的创始者戈尔什·科克斯特所垄断。在每一场重大的收购中，肯定会有科克斯特公司的发言人。正是由于戈尔什·科克斯特的帮助，KKR 在过去的十年里都没有出现在报纸的头条上。

到了 80 年代后期，科克斯特公司多年来的统治地位开始受到了挑战。琳达·罗宾逊可不是一般的“高射炮”。她身段细长，一头红色的卷发，面带微笑。她的工作表总是排得满满的，并且很有说服力。她小时候在加利福尼亚州度过，她的父亲是 40 年代著名广播连续剧《阿摩司和安迪》中阿摩司的配音演员。在 70 年代，刚跨入社会的时候，她经历了一场失败的婚姻，换了大量工作，其中有一个是在一家针灸诊所。

作为一名忠实的共和党人，她在里根 1980 年的总统竞选中骗到了一份新闻秘书的工作。之后，她就去了一家由前交通部长开的公司，在那儿，她认识并嫁给了罗宾逊。在她和一帮朋友们组建了一个公关公司后，琳达越来越频繁地在外人面前显露出对丈夫的感情。“他很可爱吧？”琳达问一个女记者，并坚持让这个记者摸一摸罗宾逊的肱二头肌。

很快，她就成了华尔街上一股不容忽视的力量。但如果有人暗示这完全是靠她丈夫，琳达就马上横眉竖眼。她的客户包括德士古公司，当年德士古公司抵御来自卡尔·伊坎和迈克尔·米尔肯竞争的时候，琳达还为德士古公司提供过咨询。汤姆·布罗考，戴安·索耶、芭芭拉·沃尔特斯等人都是她的朋友。她当时参加了《华尔街日报》总编的婚礼，此事引起了报社员工的注意。1988 年，《华尔街日报》在头版的人物简介中写道：“35 岁的她似乎想通过参加一些著名律师和传媒大亨的婚礼，对这些人产生影响。”

约翰逊在宣布实施杠杆收购的几个小时之后就雇用了琳达的公司。琳达发现这位老朋友的公关工作做得一塌糊涂。上任第一个星期，她就开始接到一些充满敌意的电话。作为约翰逊团队的首席发言人，她一直在电话上向那些记者澄清一些内部细节问题。

她的这种做事风格让所罗门的高级公关专员鲍勃·贝克心里很不舒服。贝克觉得琳达说话没有分寸。他曾经因为琳达安排《纽约时报》采访科恩和其他几个参与雷诺兹－纳贝斯克和菲利普·莫里斯事件的华尔街要人而大发雷霆。“当交易结束之后你才能这样做，”贝克说，“琳达，这会让人看笑话的。”

当贝克怀疑琳达正准备让科恩参加星期天早上的新闻节目时，他们终于闹翻了。为了抬高自己公司员工的地位，所罗门的这位发言人想让自己公司的弗里曼跟弗斯特曼一起做节目，不想让科恩跟弗斯特曼一起上节目。

“琳达，我们所罗门的人服从你是因为你给管理层团队打工，”贝克说，“我可不能说因为你和美国运通公司的主席睡觉所以会包庇协利。不过，这里面显然存在着利益冲突。我并不是在吓唬你，但要知道，这场收购完成之后我们还要继续生活下去的。”

当时琳达差点没对贝克发火，但她尽量不把时间浪费在内耗上。她有更重要的事情去处理。罗宾逊一家子的社交生活很忙碌，经常要从一个正式宴会赶到另一个正式宴会。她开玩笑说每两个星期只有一个半晚上是在家里过的。克拉维斯一家和罗宾逊一家是好朋友。两家人在康涅狄格州的别墅之间开车只有20分钟的距离。琳达成功地激起了克拉维斯对公关行业的兴趣。两家人还一起出钱购买了他们的第一匹马，并给它起名叫“亿万”，不过在几个星期之后，克拉维斯会给它起一个新的绰号：饼干渣。

自从克拉维斯公布了他的要约收购之后，琳达就私底下游说他和约翰逊合作。“琳达一直想黏上亨利，”克拉维斯的一个手下说，“你要了解这些人。他们都希望和对方成为朋友，所以亨利每天都会接到琳达打来的电话。后来亨利和她打交道了。琳达当时扮演的是牵线搭桥的角色。”

吉姆和琳达·罗宾逊是华尔街顶尖的权势搭档：吉姆是约翰逊忠实的资深顾问，而琳达则主动联系克拉维斯。

琳达和克拉维斯的接触是严格保密的。除了她的丈夫和约翰逊之外，只有戈德斯通知道这件事。戈德斯通开始担心起来：在这场一不小心就会引起地震的收购当中，让一个公关人员负责跟克拉维斯联系是否明智。

“琳达，你可要当心啊，”戈德斯通曾经告诫她，“那些没有经过管理层团队决定的事情你可不能随便说啊。”

琳达让戈德斯通放心，她心里有数。

所罗门的弗里曼虽然是个经验丰富的银行家，但对杠杆收购并不很精通。当山姆·唐纳尔森在星期天早上的电视节目里向他发难时，弗里曼脸色惨白、表情紧张。

“说到道德观，你能否讲讲这些杠杆收购到底是怎么回事？”唐纳尔森问道，“在过去，人们建立公司是为了发展壮大，一方面为社会提供就业机会，同时也为股东创造财富……但现在，好多进入这个行业里的人是为了破坏这些公司，从中发一笔横财，然后扬长而去。这种做法道德吗？”

“我觉得这一现象并不只在杠杆收购中存在，”弗里曼回答道，“企业重组的结果也各式各样。比方说，美国一些知名的大公司通过重组获得了巨大的成功。阿科公司就是一个成功的例子，而美国电报电话公司则相反。但这些极端例子只是整个重组风潮当中的一个片段。”

“我同意这并不是杠杆收购的独特写照，”唐纳尔森说，“但是这些人有时候在还没收购之前就说，‘我们要进去，我们要把这家公司拆了，拆了卖比整个卖值钱。到时候我们赚了钱就拍屁股走人。’弗斯特曼先生，这是件好事吗？”

弗斯特曼在电视台答应不谈收购雷诺兹－纳贝斯克才参加这个节目。虽然报纸上说他对雷诺兹－纳贝斯克很感兴趣，但大家都不清楚他到底在里面扮演一个什么样的角色。

“其实，有些时候杠杆收购还是有益的，”弗斯特曼说，“并不是说它百害而无一益。”

“那么对那些员工来说呢，弗斯特曼先生？”

“嗯，他们……”

“你指的他们是谁？我的意思是哪些人会失去工作？”

“不，这并不是问题的关键，”弗斯特曼说，“而且，我在文章中也提到，没有原则的杠杆收购，最后倒霉的是那些工人。原则就是……投资原则这个词需要返璞归真，并时刻牢记的。最开始想到杠杆收购这个做法的人，包括我在内，是很有原则的……而现在大量的效仿者都涌进这个行业中，鱼龙混杂，原则也开始大打折扣，也就出现了那些没有商业实质的分拆。”

“我并不是在指责你，”唐纳尔森过了一会儿说道，“我觉得我是在指责你提到的那些人，所谓的效仿者。但现在，他们为什么能够搭便车，而不受到任何限制呢？”

“呃，我觉得这不是搭便车。如果我们有更多时间的话，我们会去约束他们……但问题是有些人发明了一种新的货币形式，也就是俗称的垃圾债券……”

录制完节目之后，弗斯特曼就把弗里曼叫到自己家里，两人打开电视机收看刚录制完的节目。弗里曼给自己的岳母打了个电话。岳母说：“和你一起上节目的那个人挺逗的，他是犹太人吧？”

两人喝着咖啡，弗斯特曼就把话题扯到雷诺兹－纳贝斯克上来。他并不像前一天晚上那样充满热情。“我不知道我们能否在一起合作。你们的做法不对，垃圾债券、实物付息债券、这个那个的，这太不像话了。约翰逊难道没意见吗？”

“我也不知道，”弗里曼说，“我们没有什么发言权。”

“那好吧，这个历史上最大的收购就要归克拉维斯了。”

由于罗斯福大道上拥挤的路况，弗斯特曼、他的弟弟尼克和弗雷廷晚了一个小时才赶到协利。他们三个人穿过一群投资银行家，才被带到了会议室。科恩和古弗兰已经在那儿等候多时了。弗斯特曼这次故意没有带布瓦希。

他们刚坐下时，弗斯特曼不知道今天的会面能促成一个共同对付克拉维斯的协议，还是自己退出这次合作。但没过一会儿，弗斯特曼就找到了答案。

科恩首先发言了："首先我要说明一下那天晚上我说错话了。当时我有点弄混了，现在我声明一下正确的条件。"

科恩解释了协利建议的资本结构。这个新方案和他昨天晚上说的大相径庭。比如弗斯特曼将拿到次级债权而不是优先求偿的债权。这变化也太大了。弗斯特曼不相信科恩又一次有意误导他，只能怪自己不长记性。

科恩的话音一落，弗斯特曼就说："彼得，这和我们那天说的完全不一样。并不是我对你有意见，但这确实差别太大了。"

"是的，这个我知道。"

弗斯特曼虽然看起来一副无所谓的样子，但心里感到自己已经达到了忍耐的极限。弗斯特曼发现自己第一次听科恩讲解管理层协议的一些细节。科恩解释说各方都可以对对方的决定投反对票。如果弗斯特曼没听错的话，约翰逊和他的高管团队有权否定弗斯特曼等人的决定。

弗斯特曼心里想，这也太没脑子了。这是帮菜鸟在打世界职业棒球大赛。他们有数十亿的资金，却还要听命于公司的管理层。他们还以为我会和他们一样傻。

科恩说完，大家谁也没说话。"我觉得我们还能做得更好，刚才只是我们的初步想法。"古弗兰说。

所罗门的董事会主席转向弗雷廷："你有什么想法?"

弗雷廷怀疑古弗兰和科恩想知道外界会如何看待这份和约翰逊的协议，他们并没有看到大局。"鉴于这场交易的规模，我认为这会受到来自政府和国会的密切关注，因此在座各位的公司都会受到影响。我想这一点大家都是要有心理准备的。"

弗雷廷继续说："根据我的计算，这份管理层协议金额大约达到了 20 亿美元，对吧?"

"不不不，"弗斯特曼打断他说，"不对。"但他真正想说的是，不可能。

"我觉得没错。"弗雷廷说。

古弗兰看了看大家说："是这样吗?"

他们都算了算，如果加上所有的激励条件，总数可以达到 19 亿美元。

"对公司的高管团队来说，这可是一笔巨大的收益啊!"

大家都点头同意。但科恩再次强调说这份协议还要做些修改。

"那修改之后要多少钱?"弗斯特曼问道。

古弗兰咯咯地笑起来："我们就知道你会问这个。"

科恩开始念起来。首先是成交费，如果收购成功的话，协利和所罗门可以拿到 1.2 亿美元。然后需要支付 5% 的手续费给出资的各方。

"那是做什么的?"

“哦，这个你也有份。”科恩说。

“哦，那好吧。”弗斯特曼说。

协利预计在杠杆收购完成之后需要大约1.03亿美元来拍卖雷诺兹-纳贝斯克的资产。还有一笔2 300万美元的费用用来发行次级债。弗斯特曼-利特尔公司也会因为发行次级债得到3 000万美元报酬。

弗斯特曼觉得再念下去，这个费用清单就没完没了了。坐在他旁边的弗雷廷有些问题要问科恩。

“当你发行垃圾债券来代替搭桥贷款的时候，这里面有差价吗?”

“哦，是的，我们会收3.5%的手续费。”这大约有4.25亿美元。

弗雷廷看到弗斯特曼兄弟都很疑惑。“也有搭桥贷款的费用吧?”律师问。几十亿的短期贷款不可能免息的。

科恩点点头。

“到底为什么要用垃圾债券?”弗斯特曼问道。

斯特恩站在会议室一角。这位协利的垃圾债券主管看起来好像有一星期没有睡觉了。斯特恩说:“如果你想承担50亿美元风险的话，我们是十分欢迎的。”

弗斯特曼听出这话里的嘲笑意味，于是瞪了斯特恩一眼。

“我不认识你，彼得，这是谁啊?”弗斯特曼感到自己的血在往上涌，“你也许不知道我是谁。你提到了50亿美元的担保风险，而我的30亿美元可能就打水漂了。”弗斯特曼越说越气，但大家都不想再听到他的长篇大论。

科恩这时指着斯特恩对弗斯特曼说：“你想让他出去吗?你想让他离开会议室吗?”

弗斯特曼觉得科恩说话的语气就像个黑社会老大：“不用，不用。他可以待在这里。”

于是他们继续讨论费用问题。“那银行手续费怎么算?”

“对，还有银行费用。”协利预计要支付2.5%的手续费给他的商业银行，大约是3.75亿美元。

“2.5%是吗?”尼克向他哥哥递了个眼色后说。

“2.5%，”弗雷廷重复了一遍，“听起来这笔钱不少啊。”

但科恩还没有说完：“我们估计律师费用大约要7 500万。”然后他转过头去对弗雷廷说:“所以我相信你一定希望这场交易能够顺利进行。”

“哈，”弗雷廷回答道，“我可没有什么个人动机。”

这时，尼克打断了他们。“稍等，稍等。暂时停一下，”他说，“彼得，我们到底要出多少钱才能买下这家公司?我有点糊涂了。如果我没算错的话，你借的钱好像比实际会用的多得多。”

尼克又算了一遍数，发现他们对不上。如果他没听错的话，协利在首付款之后需要再借190亿美元。但现在看来他们只需要165亿就可以把雷诺兹-纳贝斯克给买下来。“我们好像多借了25亿美元，”尼克·弗斯特曼说，“我们为什么要这么干?”

“是吗?”古弗兰问。

尼克看了弗雷廷一眼，好像在说：“这些家伙知道自己在干什么吗?”

他们休息了一会儿。尼克领着一帮协利和所罗门的人去另一个会议室里对数。弗斯特曼和弗雷廷来到会议室外商量。弗雷廷心里很清楚，科恩的表述很不利于合作。

接着，弗雷廷一个人回到了科恩他们所在的会议室，说：“弗斯特曼可能希望重新考虑，包括手续费、资本结构、约翰逊的状况还有公司治理的情况。简单地说，这场收购的各个方面。而且我很担心到时候的优先股会是实物付息债券，你知道他从来就不喜欢那个。”

“那好吧。”科恩说。

等科恩和希尔进一步介绍完他们的收购策略后，弗斯特曼团队就从里面出来。弗雷廷问弗斯特曼下一步该怎么办。

“我们先回去给布瓦希打个电话，告诉他我们现在的情况。”弗斯特曼说。

“我们现在什么情况?”弗雷廷问。

“你知道我们现在的情况，”弗斯特曼说，“我们不和科恩他们合作了。”

第12章 Barbarians at the Gate

第二次谈判

从某方面说，杠杆收购就好比购买一辆二手车。

收购对象的年度财务报表和一些公开资料就好比是分类广告。这些资料和广告一样包括了许多有用的信息，但老到的收购者知道一个精明的会计可以根据公司的利益来披露信息。

购车者关注的不仅仅局限于广告上的信息，他还想跟车主交流一下，并亲自对汽车做个检查，然后开着这辆车在周围兜几圈。对杠杆收购的买家来说，一次全面细致的调查也同样重要。作为收购行业的行家里手，杠杆收购的发起方必须对他的目标公司进行了解，因为一场杠杆收购最后成功与否取决于收购者确切地识别这家公司能够承受多少债务，准确地计算出哪些预算可以削减，哪些业务应该出售用来偿还贷款。和购买二手车相比，买主要准确确定车子还能跑多少公里，需要更换哪些零部件，今后还要做哪些保养和维修。任何决定出现失误都可能促使银行要求提前收回贷款。在杠杆收购行业中也一样，错误的计算方法或不正确的预计都会使双方陷入巨额的债务中。

但如果你是克拉维斯，约翰逊那帮卖车的人甚至不让你踢踢轮胎，看看是否结实，你该怎么办？

这就是克拉维斯目前面临的难题。在这场收购中，约翰逊和科恩掌握着主动权。

他们不但可以看到各种各样机密的信息，而且有管理层帮助他们分析这些数据。他们知道从哪里可以抠出钱来，哪里可以削减预算而不会影响公司的运作，还有哪些工厂可以出售而不会影响产量。这些信息是成功的必要条件，而现在克拉维斯只能在门外巴望。

特别委员会的重要职责之一就是帮助克拉维斯这样的买家了解雷诺兹－纳贝斯克集团。理论上，拉扎德和狄龙·里德就像裁判，负责为克拉维斯们提供一个平等竞争的舞台。但在实际操作中，要做到这一点十分困难。

杠杆收购的买家了解收购目标的过程被称为尽职调查。如果克拉维斯能够得到管理层的帮助，尽职调查就会变得轻而易举。他们可以很方便地拿到各种机密的信息，随时找主管展开头脑风暴想办法来增加现金流和减少成本。克拉维斯有一帮会计、律师和投资银行家会对这些方案进行评估，直至满意为止。这项工作虽然有些按部就班，毫无乐趣可言，但这可是克拉维斯在杠杆收购行业制胜的法宝。

10 月 27 日星期四克拉维斯、罗伯茨和休格尔见面时，休格尔同意克拉维斯对集团展开尽职调查。雷诺兹－纳贝斯克集团的管理层，包括约翰逊团队里的几个成员都会被要求参加面谈。和许多上市公司一样，雷诺兹－纳贝斯克是在特拉华州注册成立的。根据该州的法律，目标公司的董事会必须派人配合克拉维斯的调查。但之后，克拉维斯发现并没有哪一条法律规定这些高管必须配合。

星期一早上，特别委员会在纽约广场酒店为克拉维斯安排和集团的高管们面谈，这次面谈将持续两天。因为克拉维斯知道不会有什么结果，所以他们没有邀请约翰逊。而霍里根拒绝了邀请。为了这次会谈，克拉维斯的团队用了一个周末的时间准备。

约翰逊手下的那些高管们都严阵以待。克拉维斯准备在一间客厅里接见他们，向他们介绍克拉维斯公司的经营理念，如果克拉维斯能够收购雷诺兹－纳贝斯克集团的话，希望对方能够继续留在公司。然后他会把主管带到另一个房间，雷切尔和一批 KKR 的顾问会向他们提大量的问题。雷切尔在会谈之前情绪就十分低落。那天早上，特别委员会才将雷诺兹－纳贝斯克的第一批财务数据送到他的手里，所以他根本没时间准备可以问到点子上的问题。

早上 9 点 30 分的时候，绅士食品公司的总裁约翰·保利克朗出现在会面地点。当克拉维斯上前和保利克朗握手时，发现保利克朗后面跟着亨德森的律师。克拉维斯对任何约翰逊威胁或搅局的迹象都很敏感。这个人是间谍吗？派他来是为了吓唬这些受访者，防止他们走漏消息吗？克拉维斯也不确定，过了一会儿那个律师就离开了，只剩下保利克朗一个人留在广场酒店里。

下午 1 点，纳贝斯克的主管格林纳斯和他的助手比尔·迈克奈特也赶到了饭店。克拉维斯把之前准备好的一番话说了一遍，尽量让他们俩感到自在。格林纳斯说："你要知道，我并不是约翰逊的人，我都不在那七个人之内。"克拉维斯感到一阵惊喜。

“关注这个人，也许我们能从他这儿打开突破口。”当克拉维斯把格林纳斯带进会谈室时对雷切尔关照道。

当格林纳斯坐到桌子旁的时候，雷切尔满怀信心。正当他们准备开始的时候，拉扎德一个年轻的顾问进来告诉格林纳斯：“面谈之后，请你到对面的48楼去一趟。”气氛顿时被破坏了。雷切尔怀疑这是约翰逊在吓唬格林纳斯，是个心理战。和之前保利克朗一样，格林纳斯很有礼貌地对雷切尔的问题做出回答，虽然答案看起来对克拉维斯有些帮助，但帮助都不是很大。

亨德森计划会在5点接受访谈。亨德森对烟草业的法律问题了如指掌，因此显得格外重要。快到5点的时候，克拉维斯和贝迪在会见室外见到了亨德森。谁知他的律师先上前一步握住了克拉维斯的手并开始介绍自己。

“能借一步说话吗？克拉维斯先生。”

于是两人就走到一间空房间里，贝迪在外面等着。一分钟后克拉维斯从里面出来，看着亨德森离开了。

“这是我听到过的最混蛋的话。”

“怎么了？”

“他说得很明确。无论是输是赢，他都站在罗斯一边。他不想和我们谈话。这是我第一次碰到这种事。”

到了晚上，雷切尔的火气越来越大。约翰逊的这帮领导人似乎都集体失忆了。他们只回答一些简单的问题，如果雷切尔征求意见和建议，或者询问哪些预算可以削减，他们都会搪塞说：“我回去研究一下才能告诉你。”

星期二约翰逊的管理队伍继续接受询问。下午，国内烟草主管杜夫·冯·阿尔克斯带着三名高级主管来到广场饭店。星期一的《华尔街日报》报道这位公司高管曾经说，如果克拉维斯收购了公司，他就会离开。因此，克拉维斯对他并不抱什么希望。

“你无疑已经知道我要说的那些话了。阿尔克斯先生，我也没什么好和你谈的。我在报纸上看到，你要离开公司的，还会带走八个高级管理人员。”

“噢，不。你再仔细读读我在报纸上说的话。我并没有替他们说话，他们的去留应该由他们自己决定。”

“如果我收购了公司，你就要离开公司？”克拉维斯问道。

“我对管理层忠心耿耿，但我会再考虑一下。”阿尔克斯说。

真有意思，这些人的立场也变得太快了吧，克拉维斯心想。其他少数人，比如德尔蒙特食品公司的卡波内尔比较和善并相对合作，其他大部分主管似乎连自己姓什么都忘了。

爱德华·罗宾逊是表现最差的主管了。这位集团的财务主管堪称庞大的数据库，他对公司欧洲和离岸资金的运作了如指掌，因此对克拉维斯来说是一个宝贵的矿藏。

罗宾逊在星期二下午 5 点才露面，显然是不想和克拉维斯打交道。一见面，克拉维斯就能够感受到罗宾逊的敌意。

“你想听我接下来要说的话吗？”克拉维斯说。

“不想听。我都知道了。”罗宾逊说。

在会谈室里，罗宾逊拒不配合。大多数问题他要么推说不知道，要么说等找到答案再让人转达给克拉维斯。在会谈时，雷切尔问到雷诺兹－纳贝斯克下属的租赁公司。要不是克拉维斯收到一封要求购买这家公司的信件，他们可能还不知道有这家公司。

“什么租赁公司？”罗宾逊问。

就这样，罗宾逊一直顾左右而言他。最后，雷切尔的助手斯图尔特终于放弃了：“我们还继续问吗？干脆回家得了。”

送走罗宾逊后，他们最后见到了波斯瓦尔。此人态度稍微好点，但雷切尔感觉有点像在审讯战俘。他没想到波斯瓦尔报出名字、官阶和编号。最后结束的时候，雷切尔气呼呼地冲出屋子。

“毫无用处，这些人什么都不肯说。”雷切尔向负责安排会面的拉扎德的人抱怨说。

星期一早上，打电话通知科恩和古弗兰自己退出协利团队之后，弗斯特曼一点都不感到后悔。和协利打交道是他进入这行以来最令人沮丧的经历，一想到要和垃圾债券合作他就想洗手不干。他唯一遗憾的是，如果没有一个强有力的对手的话，克拉维斯就能轻而易举得到这场有史以来最大的杠杆收购。协利根本不是克拉维斯的对手，最后很可能他们会联手。

布瓦希却不想放弃雷诺兹－纳贝斯克集团。高盛银行的三个大客户都对这场收购虎视眈眈：宝洁公司想买下雷诺兹－纳贝斯克集团的饼干业务，罗森－普瑞纳公司想得到一系列的食品业务，卡斯特－库克公司的老总戴维·默多克做梦都想收购都乐食品公司的竞争对手——德尔蒙特食品公司。因为他的客户都竭力想从这场收购中分得一杯羹，布瓦希比任何人都想参与这场收购。

和协利相似，高盛银行也准备投放数十亿美元的资金，但高盛的这笔资金是专门用来开展搭桥贷款业务的。这将使传统保守的高盛面对面地和那些财大气粗的协利、美林交手。布瓦希准备用这笔资金来收购雷诺兹－纳贝斯克集团。

布瓦希设想的组合将是梦幻团队。他想找一个对烟草业务感兴趣的投资者，这个人就是弗斯特曼。首先要说服弗斯特曼，布瓦希知道如何能让弗斯特曼跟着自己走。

布瓦希整天缠着弗斯特曼，提醒他当初为什么会参与这个收购项目。在克拉维斯染指每一家《财富》500强企业之前，他们必须联合起来，不能让克拉维斯的阴谋得逞。“如果KKR这次赢了，它就会变得比布恩·皮肯斯、卡尔·伊坎和其他企业狙击手加起来还要强大。”

到时候美国企业界都会站起来，抵抗这个垃圾债券卡特尔。谁能打败克拉维斯就会成为业界的英雄。这个英雄非弗斯特曼莫属，布瓦希说。因为只有弗斯特曼具备阻挡克拉维斯的技术和力量。

布瓦希说：“你不知道你自己有多强大。”和其他竞争对手相比，弗斯特曼的优势在于借款的利息低。“你还不知道你手中资金的威力，这对整个收购来说至关重要。”

弗斯特曼慢慢上钩了。打击克拉维斯和垃圾债券的诱惑对弗斯特曼来说吸引力太大了，而且没人能够抵挡和宝洁这样的大公司合作的机会。弗斯特曼说出了自己的心声：

“如果我们开展尽职调查的话，这是现实可行的。你找来的那些人将会成为积极的参与者。他们每个人都是拿着真金白银的。没有人是属于另一个阵营的，他们不是垃圾债券卡特尔的成员。天哪，这可真的是太棒了。”

布瓦希赞同道：“是的，而且不一定有风险。我知道你不想做任何有风险的事情。我知道你的原则。但想想，如果这次收购符合你的标准，我们就能干它个惊天动地。这些垃圾债券的玩家已经嚣张了三四年，现在我们要去扭转这个趋势。”

这让弗斯特曼想到了露华浓的收购。由于罗恩·佩雷曼收购露华浓，垃圾债券集团才开始风光起来。他又感到自己有义务去收复被这些企业狙击手夺走的失地。他在那次收购中惨败，而现在他要报仇雪耻。

弗斯特曼在脑海里浮现出这样一个场景——垃圾债券商们黑压压地出现在城门外，弗斯特曼想，我们要彻底消灭他们，我们要在吊桥上击退这些野蛮人，这将是一幅多么宏伟的景象啊！

他下定了决心。

弗斯特曼说，去他的科恩，我们不需要他。科恩缺乏经验，肯定会失败的。这将是弗斯特曼和克拉维斯之间的较量，是宝洁公司、罗森-普瑞纳公司和卡斯特-库克等实业公司跟德崇和美林等垃圾债券之间的对决。

“你知道我的原则，不要有垃圾债券，一点儿也不能有，而且我们要争取让对方请求我们加入。”

“没问题。”

“而且弗斯特曼-利特尔公司对整个竞标小组的行动有否决权。”

布瓦希也同意了。

约翰逊的团队正准备着自己的投标方案。约翰逊在亚特兰大度完周末之后，星期一下午赶到纽约和得克萨斯投资家罗伯·特巴斯的几位代表见面并交谈了一个小时。接着约翰逊、霍里根和其他几个雷诺兹的高管赶到协利的餐厅和协利、所罗门的银行家团队共进晚餐。

对如何开展投标的问题，大家形成了两种意见。由古弗兰和施特劳斯带领的所罗门代表倾向于速战速决，建议马上向董事会发出投标方案，价格就定在每股92 美元。这显然是交易员的思维方式：强调速度，出价略微超过自己的竞争对手，然后静观其变。

而戈德斯通和希尔则认为这种手法缺乏远见。在价格上略超过克拉维斯只会导致无休止的竞标战，最后把价格抬上去。他们最不愿意看到的就是价格拉锯战。他们希望能够快、准、狠地结束这场交易，迅速将克拉维斯打下擂台并一次性搞定董事会。每股 100 美元的价格对他们来说也是可以考虑的。晚餐结束时，戈德斯通感觉到大部分人都站到了他这边。

星期二早上，戈德斯通接到了阿特金斯的电话。克拉维斯宣布参加竞标已经有一周的时间了，而且尽职调查也正在进行当中，所以这个特别委员会的律师想知道什么时候才能收到约翰逊的标书。戈德斯通想先试探一下阿特金斯："如果我们提出压倒性报价的话，董事会会考虑批准合并协议吗？"这个协议能够让董事会锁定一个比较高的价格，从而在实质上为这次竞标设置了门槛。阿特金斯似乎对这个提议并不感兴趣，他的意思很明确："先把你们的标书发过来。"

之后，戈德斯通又深入考虑了这个问题。用压倒性的价格换取合并协议，他对这个想法十分满意，约翰逊也觉得这个办法不错。但如何让阿特金斯感兴趣呢？戈德斯通从约翰逊那儿得到了灵感。

通过和休格尔的交谈，约翰逊得知董事会非常担心公司的管理层会和克拉维斯达成什么协议，这样的话，就不存在竞争局面，价格就上不去。因此，戈德斯通推断道，董事会也许会见好就收，避免两家联起手来。

星期三早上，戈德斯通打电话给阿特金斯。"我有些想法，我们想和你达成合并协议。如果你们愿意采取这种方案的话，我们会报出一个非常诱人的价格，可以说是一个压倒性报价。"

"那为什么不现在就告诉我呢？董事会也很想看到你们的标书。"阿特金斯心里想，难道我上次说的还不够清楚吗？

"但是事情并不是那么简单，"戈德斯通反驳道，"如果你们不给我们什么承诺的话，我们为什么要给你们这么优惠的条件呢？我们什么好处都得不到。况且现在我们还有机会和竞争对手谈判。如果谈判成功的话，到时候你们想再要拿到这个价位就不可能了。所以在和竞争对手充分沟通之前，我们不准备提交竞标方案。"

这其实是虚张声势。约翰逊的团队能否和克拉维斯达成共识，戈德斯通并没有把握。随着社会舆论的升级，约翰逊和克拉维斯合作的可能性很小。但阿特金斯并不了解内情，戈德斯通就是利用阿特金斯的这种心理。

“哦，我知道这个道理。你其实是在激励我们接受你们的方案。”戈德斯通似乎能够听到阿特金斯头脑开窍的声音。

“没错。”

“我明白了。你是想让我们考虑一下你们的建议。好吧，我会和负责的人讨论一下，然后给你答复。那你现在有成形的合并协议吗？”

“有啊。”

“那你可以直接发送给我。”

戈德斯通听了大喜，当天下午就让助手把一份协议发给阿特金斯，然后跑到协利证券公司。

所罗门的老大古弗兰和施特劳斯早已等在科恩的办公室里，戈德斯通和他们一起到协利的餐厅吃午饭。戈德斯通边吃边向大家介绍刚才和阿特金斯的谈话。

古弗兰一听立刻感觉不太对劲。一个压倒性的价格？戈德斯通的战略会让整个团队的报价远远高于每股 90 美元。为什么要出这么高的价格呢？这不是在浪费钱吗？古弗兰问道：“我们为什么要这么做？你能确定他们会买账吗？如果我们这么做了，胜算的几率有多大？”

“要我说的话，小于 50%。”戈德斯通承认道。

戈德斯通有点搞不懂了，前几天这些人还说他们赞成报出一个压倒性的价格。戈德斯通认为努斯鲍姆和古弗兰的观点一致，也觉得没有必要多给钱。

吃过午饭，戈德斯通忧心忡忡地回到自己的办公室。他没有再打电话给阿特金斯，因为他才意识到对于他所做出的承诺，他的小组成员——特别是古弗兰——并不准备兑现。这让他很恼火，古弗兰连最基本的竞标策略都不懂。从现在开始他必须小心谨慎，这次他也许做得有点过头了。

到了星期二晚上，克拉维斯的尽职调查终于完成了。克拉维斯情绪低落地从广场饭店回到自己的办公室，准备和罗伯茨讨论下一步的计划。

现在他们的竞标搞得有点不上不下。从约翰逊团队手中夺得主动权之后，他们已经渐渐失去了动力。什么都不顺利。尽职调查做得很失败。克拉维斯和罗伯茨面临的是他们人生中最大的一次收购，但手头掌握的资料并不比一个雷诺兹－纳贝斯克的退休员工多。

更糟糕的是，克拉维斯开始听到从他投资者那里传来的抱怨声。星期五的报纸都传言说克拉维斯的几个主要投资者对克拉维斯的激进策略感到担心。在俄勒冈州、密歇根州和马萨诸塞州的养老金参与这场恶意收购的消息充斥报端。克拉维斯和他的手下都尽量去安慰投资者，但加在他们头上的压力却越来越大。他甚至通过格里彻让休格尔出面向投资者澄清他们的收购并不是恶意的。

克拉维斯怀疑希尔和约翰逊在背后捣鬼。克拉维斯最大的支持者之一是洛杉矶威尔希尔公司的道格·勒邦。这位养老金咨询顾问为克拉维斯的一部分投资者出谋划策，包括马萨诸塞州、俄勒冈州和艾奥瓦州。勒邦的这些客户大约为克拉维斯提供了1/4的资金。就在克拉维斯宣布他的要约收购不久，这些投资者就收到了来自各方面的谴责。勒邦本人也接到了雷诺兹-纳贝斯克集团主管言辞激烈的电话。亨德森在电话中情绪激动地说威尔希尔和客户之间的协议禁止他们为恶意收购提供资金。

重重麻烦之中，最让克拉维斯头疼的莫过于媒体报道了。KKR已经成了众矢之的。在克拉维斯的“杠杆收购专卖店”言论引起轩然大波的一周之后，星期一几大媒体又把注意力集中到这上面来了。“债务的狂欢：收购者是否走得太远了?”一文出现在《商业周刊》的封面上；《时代》杂志发表了一篇悲观的报导——“烧钱的收购”。一些重量级的企业领袖都纷纷走到媒体前谴责杠杆收购，并预言美国将深陷债务泥潭。每一篇报道都把克拉维斯当成靶子。《新闻周刊》是抨击克拉维斯最厉害的，这家媒体还报导了克拉维斯夫妇的花边新闻——在“纽约超级夫妻的劲暴生活”里提到当年奥斯卡·德拉伦塔逼迫克拉维斯将勒姆娶回家的一些细节。

媒体的猛烈攻击让克拉维斯焦头烂额。罗伯茨虽然在加利福尼亚过着平静的生活，也觉得这些报道让人无法忍受。在鸡尾酒会上，一些朋友都凑上前来，寻问他的生意对美国是否有益。在13年的社交生活中，这对堂兄弟第一次因为一场大规模的收购而被人盯上。虽然克拉维斯经常出现在一些新闻专栏里，但这次《新闻周刊》和《时代》杂志发表的这些彩色照片和文章完全是负面的。这种报导不但会摧毁他们的事业，而且会招致华盛顿方面的愤怒。罗伯茨始终牢记着这一点。

“纽约这些家伙都疯了，这里的氛围太差劲了。我们要尽快想办法结束这些事情。”

克拉维斯也不得不承认。

“我真想现在就回到旧金山去，这里的人都疯了。”罗伯茨说。

尽职调查、心事重重的投资者和媒体，要设法解决这些问题，两兄弟觉得也许应该和约翰逊展开谈判。讨论中，克拉维斯发现联合投标也不是什么坏事。“我猜我们会喜欢吉姆·罗宾逊，会喜欢科恩的。当你仔细思考这些的时候，你会发现一切并不那么糟糕。”

抛开对约翰逊的轻视，罗伯茨对这个想法还是赞同的。他想协利并不是靠经营食品公司赚钱，他们关心的只是钱。一旦拿到那些手续费后，科恩就会对雷诺兹-纳贝斯克失去兴趣。罗伯茨建议道：“给他们一半的股份吧，将来我们可能有机会把股份再从他们手里买回来。”

虽然卑躬屈膝地去找约翰逊让克拉维斯很不舒服，但这对公司来说是必需的。对前景感到沮丧的克拉维斯看了看来电显示。和往常一样，他看到琳达给他打了几个电话。约翰逊似乎会听罗宾逊夫人的话。在这件事中，琳达没有太大的关系，于是他拿起了话筒。

琳达很高兴克拉维斯能回她的电话。在琳达看来，这场竞争——相互骂阵、指责——有点失控了。她并不觉得克拉维斯有什么特别的理由不能跟协利和所罗门一起做生意。事实上，克拉维斯应该和它们合作。

琳达知道这都是面子在作怪，她对华尔街上这些自大的客户最了解不过了。这种事经常发生，科恩、施特劳斯和克拉维斯已经偏离了他们真正想要的东西：雷诺兹－纳贝斯克集团。他们的纷争和股东价值或受托责任都已没什么关系。在这一点上，她很清楚科恩是不会屈服于克拉维斯的，克拉维斯也不会对科恩做出让步，克拉维斯也绝不会和施特劳斯打交道。三方谁都想当老大。

琳达告诉自己，应该有人出来调和。由于大家都没有记仇，解决这个问题应该不会太困难。结束这场纷争需要女性的介入。

“我相信事情会得到解决的，”她告诉克拉维斯，“不要对罗斯放弃希望，我们要让你们一起坐下来谈谈。”

“琳达，我也不敢肯定。我们现在一点儿进展都没有，双方的利益相差了十万八千里。”

琳达坚持说：“一定有办法可以让你们合作。罗斯这个人不错，我想你们一定会合作得十分融洽。”

克拉维斯最后同意了：“好吧，也许双方合作对大家都有利。”

“那我开始安排了。”琳达说。

星期三早上，琳达给约翰逊打了一个电话，兴奋地说：“我觉得我们应该再试一次，这样一定会有意想不到的事情发生。你觉得如何?”

约翰逊很赞同这个想法。他也觉得没有理由和克拉维斯为敌。无论科恩怎么说，克拉维斯并不是个恶魔。如果大家相互竞争的话，结果只会是两败俱伤。而且约翰逊很怀疑协利能否报出一个高过克拉维斯的价格。塞奇正监督着银行家的工作情况，觉得他们似乎没有什么进展。

“当然了，为什么不呢?”约翰逊说。

卡罗琳·勒姆下午2点会在广场酒店举行她的春季时装发布会，琳达说：“我可能会在那儿见到亨利，到时候我怎么说？”

“告诉他我们要在更高层次上解决这个问题，上一次我和吉姆都没在场，这是我们的失误。这次就我和吉姆，没有别人。就这么告诉他，让我们再谈一次。”

“对了，还有一件事，”约翰逊说，“这件事一定要保密，不能让其他人知道。”约翰逊强调这次会面要对其他人保密，特别是科恩。科恩和希尔的性情太暴躁，现在还不是让他们俩参与进来的时候。约翰逊也不会把这事告诉戈德斯通。

让琳达采取行动之前，约翰逊给罗宾逊打了个电话，向他解释了这次见面的目的。美国运通的老大也同意了这次行动。

快到 2 点的时候，克拉维斯坐电梯下楼，穿过 58 号街来到广场酒店。酒店的大宴会厅里人头攒动，闪光灯频频发出耀眼的光芒，满眼是洁白的牙齿和蓬松的头发。大家翘首期待着勒姆春季时装发布会的开幕。该到的人都到齐了，克拉维斯看到了社会名流杰罗姆·基普金，那边是布莱恩·特朗普和安妮·巴斯两个交际花坐在一起。

但克拉维斯此时想的不只是时装。他看了一圈后，终于看到了琳达。吉姆·罗宾逊的妻子不但是勒姆的朋友，也是她的一个粉丝。克拉维斯小心翼翼地把她带到一个角落，然后打量一下四周，确认没人注意到他们。

“怎么样了？”克拉维斯问道。

“我正在努力，应该没什么大问题。我感觉你应该能和罗斯一起共事。我会帮忙安排罗斯、吉姆跟你们兄弟俩一起见面的。”

“太好了，这听起来很有希望。”

“到时候真见面了，我希望你们能保持理智，我也会告诉我们的人保持冷静。”

克拉维斯向她保证自己一定会表现得很得体的。

“亨利，”罗宾逊说道，“我希望这不是空话，否则也不需要我在这里忙活。”

时装表演马上就要开始了。克拉维斯就和琳达道了别，走到前排在德拉伦塔旁边坐下。琳达就坐在他们后面。当美妙的音乐舒缓地响起时，勒姆的模特们穿着红色、海蓝色和白色的新款服装从 T 型台上缓缓走来。勒姆的服装风格让人耳目一新，但服饰的小配件让批评家不怎么喜欢。《每日女性服饰》第二天就抱怨道：“围巾喧宾夺主，手提包显得有点累赘。”

克拉维斯觉得一切都很不错，脸上洋溢着自豪的笑容。自始至终，他都在和德拉伦塔谈笑。当模特环场最后一圈时，勒姆走了出来，然后转了个身，向自己的丈夫挥了挥手。她光彩照人，身材迷人，对大家的鼓掌表示感谢。这时，克拉维斯也朝她挥了挥手。

整个时装秀摄影师们都周旋在克拉维斯的周围，从各个角度拍摄。琳达凑过来，在他耳朵边说："亨利，如果你做成这笔大生意后，想想到时候会有多少摄影师啊。"

克拉维斯离开到处是飞吻和闪光灯的时装发布会，穿过大街回到了自己的办公室。两兄弟确定了他们和约翰逊见面的目的，然后就给琳达打了个电话。时装发布会结束后，琳达就偷偷地溜到后台为演出的成功向勒姆表示祝贺。

"如果在见面之前不事先谈妥一些条件的话，我们就没有必要面谈了。"克拉维斯开口道。

"那你说，先要解决哪些事情？"琳达说。

克拉维斯表示他想要成为大股东并且由他来控制董事会。但琳达对双方共同控制董事会不做丝毫让步，克拉维斯也很快作罢了。为了换取和平，他必须付出一些代价。但谈到第三个问题时，他坚持要让德崇来负责发行债券，只有这样，他才能保证大规模收购的顺利完成。

"琳达，这一点非常非常的重要。"克拉维斯说，"你要明白，这个角色只能让德崇上，非它不可。如果约翰逊不能接受这一点的话，那么我们就没法合作了。"

"你知道所罗门那边对德崇很在意，"琳达说，"让我想想，罗斯想要完成这次收购。他希望能够与最顶尖的伙伴合作。这一点应该不成问题。"

三个问题都达成了共识。克拉维斯和琳达都对如此快速的进展感到欢欣鼓舞。在准备挂电话之前，克拉维斯又提了一个小小的要求。琳达觉得他有些得寸进尺。

"亨利，每次我们有了一点小小进展的时候，你不能再回过头来讨价还价。"

"好吧，"克拉维斯说，"我知足了。"

"你能保证？"

"我保证，"克拉维斯说，"你能保证你们那边会同意今天谈妥的条件吗？"

"嗯，你不用担心。"琳达说。

最后他们决定双方进行会晤。

听琳达汇报完她和克拉维斯交谈的情况后，约翰逊感到非常满意。对方的要求很合理。天哪，约翰逊心想一周前克拉维斯还只想给10%的股份，现在竟然给到了50%。最后他们把见面时间定在了6点钟。"亨利说这次见面要做到绝对的保密，他们谁也没告诉，包括他们的银行顾问。"

约翰逊点了点头。他也希望其他人都不知道这件事，他不希望到时候看到科恩和克拉维斯对峙的场面。约翰逊开始佩服克拉维斯和银行顾问打交道的手段。克拉维斯的那帮银行家知道的并不多，而且还算是听话的。他们知道得越少，坏事的几率就越小。有时候他也希望能对科恩和古弗兰做到这一点。

只有一个小麻烦，琳达说，和社交活动有关：“今晚我和吉姆要去格里彻家参加聚会。我们该怎么办？”约翰逊和琳达都知道如果格里彻发现双方会谈的话，到时候就毫无秘密可言了。

“你就别去了，8 点的时候给他们打个电话就说你临时有事去不了了。这事千万不能跟格里彻说。他要知道了还不得窜上了天。”

尽管琳达不想失礼，但她觉得只能这样了：“现在你要给亨利打个电话。”

琳达自己先给克拉维斯打了个电话：“罗斯准备打电话给你，和你最终敲定我们之前谈的那些条件。没问题吧？”

“我要表现得很惊喜吗？”克拉维斯问。

“不用。”

“明白了。”

约翰逊很快就拨通了电话。

“亨利，让我们再尝试一次。”这一次由约翰逊和罗宾逊代表管理层团队参加，而克拉维斯和罗伯茨代表 KKR。“好的，”克拉维斯说，“但不要告诉别的人。如果消息走漏，我就知道是你们那边没有把好关。因为我们这边我能够打保票。”

他们决定在广场酒店见面。当约翰逊将见面的事情告诉罗宾逊之后，美国运通公司的这位总裁要求科恩也必须参加。如果让科恩知道自己的老板和老板的妻子背着自己去开会，这样会很不好。约翰逊勉强答应了。

之后约翰逊打电话给科恩，他必须小心措辞：“我和亨利聊了一下，他想和我见面。你说我该怎么办？”

“你应该去。这没什么不妥的。”科恩说。

科恩和罗宾逊在快到 6 点的时候赶到了玖熙大厦。当他们三人走进大堂，约翰逊让科恩先收敛一下他的自尊心：“我希望这件事越低调越好。我不希望看到剑拔弩张的情况出现。”

克拉维斯和罗伯茨早早就来到了 15 楼的套房。这间套房已经重新装修了一番，现在成了酒店新主人唐纳德·特朗普和伊凡娜·特朗普夫妇的最爱。那天晚上酒店的房间已经订满了，但克拉维斯还是说服伊凡娜把这个套间租给他，并保证第二天 8 点之前准时退房。到时候会有摄影师来这儿为酒店宣传册的制作拍摄照片。

在他们等待的时候，克拉维斯紧张地在房间里来回踱步。他听到了嘈杂声，好像是鸟在叫。他走进卧室，发现里面有一对笼养的长尾小鹦鹉。在整个会晤过程中他都将听到它们的叫声。

约翰逊领着科恩和罗宾逊在6点的时候出现了。罗伯茨迎上前来，看到科恩他吃了一惊。为了打破僵局，罗伯茨拿出一盒上好的雪茄。

罗伯茨将盒子交给科恩时说："和平的信物，但希望你不会在这儿抽。"

科恩笑了笑："我会到角落里抽，这样你就闻不到烟味了。"

这是个良好的开始。

约翰逊首先对大家发言："注意，让我们一起来看看能不能回到原点。现在事情变得越来越糟。但吉姆、我还有彼得认为我们有必要做出一些让步。这不会完全符合你们的想法，同样也不会完全符合我们的想法。但希望大家都能够接受，每个人都不可能百分之百地得到满足。

半小时过去了，他们大致勾勒出协议的雏形。雷诺兹－纳贝斯克董事会由双方共同控制，任何一方都没有绝对控制权。股权也同样对半分，约翰逊的股份从协利的部分出。由于不知道琳达之前的铺垫工作，科恩对如此快地达成协议感到吃惊，但没有表露出来。

在手续费问题上，克拉维斯说他计划支付四家投资银行每家2 500万美元。此外，KKR希望能够得到1%的服务费。大家心算就知道这大约要2亿美元，是之前华尔街历史上最大收购活动手续费的3倍。

"等等。"罗宾逊打断道。他很清楚整个世界都在关注着这次交易，他们不能表现得过于贪婪。让人吃惊的是，克拉维斯原则上答应服务费还可以商量。

克拉维斯提到了德崇，坚持认为应该由这个垃圾债券巨头作为主承销商为这次收购提供资金支持。

科恩的语气立刻变得生硬："为什么是德崇?"

"彼得，如果要投入20亿的资金，我们是拿不出这么多钱的。"罗伯茨认为所罗门或者所罗门和协利加起来都不能完成这么大规模的债券发行。"即使这笔交易最开始就由我们自己来做，我们也不会考虑由你们来承销债券。"

科恩并不喜欢这个想法，直言不讳地说："你知道他们的。你让德崇来共同管理这次交易，他们会独占。你什么好处都拿不到。"

"这次不会这样，你们会得到一半的手续费。即使你们没有卖出一张债券，你们也照样拿到一半的承销手续费，怎么样?"

科恩也就不说话了。

他们接着讨论其他问题。科恩提出协利想接收所有将要售出资产。希尔预计仅这项业务协利就能赚到1.03亿美元的手续费。

罗伯茨表示反对："这不太合情理。你们应该将这些资产打包给熟悉相关行业的投资银行家。”

“至少我们可以作为共同顾问。”科恩说。

“为什么要付双份的钱？”

“不，不，不，你理解错了。这并不重要，重要的是让我们公司的名字出现在债券发行通告里。”最活跃的并购顾问公司的排名是根据债券发行公告中出现公司名字的次数做出的。即使协利不能得到一分钱，科恩也希望公司能够因为这些资产的出售而沾点光。大家在这个问题上并未达成共识。

一小时后，协议终于出来了。有三项主要问题得到了解决，其他问题需要找律师来敲定最终的细节。

约翰逊激动万分，坚冰终于被粉碎了，他终于和克拉维斯达成了协议，这大部分应该归功于琳达的奔波。约翰逊在心里告诉自己，虽然这并不完美，但却能避免损失，甚至会取得一定意义上的胜利，因为他能掌握他的公司。

最后，大家都面带微笑离开了会场。罗宾逊靠近他妻子的马术伙伴克拉维斯，笑着说：“你应该给我夫人送一大束鲜花，是她帮助了你。”

迄今为止只有六个人知道这次秘密会谈。

戈德斯通心生疑惑，约翰逊和科恩都不见了，好像大家都不在玖熙大厦里，于是他就往协利给希尔打了个电话。

“你有什么消息吗？”

“没有啊，你有听说什么吗？”希尔问道。

“我也没有，但肯定有什么事，只不过我们不知道罢了。”

罗伯茨和克拉维斯兴高采烈地留在了会议室。克拉维斯给贝迪打了一个电话。接着贝迪和他的搭档科古特来到广场酒店楼下的橡木屋餐厅和他们两兄弟一起吃饭。律师们要了鱼，克拉维斯和罗伯茨点了两份牛排。对吃比较讲究的罗伯茨发现自己的牛排胡椒放得太多，就把牛排推到一边。律师们一边吃，一边听克拉维斯简要介绍目前谈判的进展情况。一小时后大家还要到楼上再开会谈判。

“这并不是理想的方案，但至少是个解决办法。”罗伯茨说。

回到楼上，克拉维斯接到了科恩打来的一个电话。

“这太可笑了。”克拉维斯放下电话就说。

“怎么了？”贝迪问。

“他要把施特劳斯带过来，你知道施特劳斯会把古弗兰也叫来。”

贝迪惊讶地说：“施特劳斯？干嘛把施特劳斯带过来？他什么也不懂。”

克拉维斯不用说什么贝迪也心知肚明，克拉维斯是不会和他之前的朋友打交道的。

接着罗伯茨接到了第二个电话，是楼下橡木屋餐厅的服务生打来的。服务生想知道为什么一个叫罗伯茨的先生把饭钱记到他的房间。“这个房间的旅客登记的是一位布朗先生。”

罗伯茨笑了笑，布朗是他在入住时候用的化名。罗伯茨说：“就记到我的账单上吧。”

街对面玖熙大楼里的约翰逊开始担心待会儿回到广场酒店的人数。戈德斯通已经得到通知，古弗兰和施特劳斯也通知到了，他们肯定会去。约翰逊希望参加会议的人少一点，一方面是出于保密性的考虑，另一方面是因为人越多，出现分歧的可能性也就越大。而且，他能够感觉到克拉维斯不太喜欢所罗门兄弟银行的两位老大。

约翰逊知会罗宾逊，所罗门最好只能有一个人参加会议，结果施特劳斯来了。加上协利的律师努斯鲍姆，总共六个人。约翰逊这才感到满意。

戈德斯通到场的时候，约翰逊兴致勃勃地告诉他下午和克拉维斯面谈的情况。“一切都很顺利，”约翰逊说，“现在我们准备让克拉维斯看看我们的管理层协议。”

戈德斯通立刻感到不对劲。两个星期以来，他都小心翼翼地保管着这份协议，生怕被外人知道。和罗宾逊一样，戈德斯通很清楚一旦被媒体知道这份协议的内容，将会是什么样的后果。戈德斯通提醒约翰逊：“把这个让克拉维斯看是很危险的。如果谈判最后没有成功的话，克拉维斯可以借此置我们于死地。”

“天哪，”约翰逊并没有把戈德斯通的提醒当回事，“他们马上就要成为我们的合伙人了。如果要成为合作伙伴，就应该坦诚相见。如果协议有什么问题的话，大家可以一起讨论解决。”约翰逊说戈德斯通有点多疑了。在约翰逊的坚持下，戈德斯通最后同意给克拉维斯一份管理层协议的复印件，虽然他心里一百个不乐意。

约翰逊团队的六名成员 9 点左右匆匆忙忙地赶到了广场酒店。最初 20 分钟，一切都进展得很顺利。约翰逊对一些法律上的细节没什么兴趣，开始变得焦躁不安。“你还需要我做什么吗？”约翰逊问戈德斯通。

律师回答说：“目前你不必待在这儿了。”

约翰逊高高兴兴地回到了玖熙大厦。吃了一份三明治后，他向塞奇和霍里根简单地介绍了昨天晚上的进展。接着他穿过两个街区回到自己的住所，洗了个澡，刮了胡子，穿上一件休闲西服。约翰逊准备赶回办公室，召开一个狂欢的派对。

“你为什么不和我一起去呢？”约翰逊问自己的妻子劳里，“你一定要去。这会是非常有趣的时刻，你会很开心的。”

当齐格曼 10 点钟打来电话的时候，所罗门的首席律师达罗已经宽衣解带准备睡觉了。“古弗兰现在在玖熙大厦，他想让你马上过去。”

达罗立刻赶到了雷诺兹 - 纳贝斯克集团的办公楼。他发现第 48 层楼里几乎空无一人，只有古弗兰在那儿忿忿不平。所罗门的主席显然没有心情参加派对。而且达罗还从来没见他发过这么大的火。

“我不知道到底发生了什么事情。他们在广场酒店开会，却不让我参加。我不知道这是为什么。我要你去会场，现在就去。”

“没问题。”达罗说，但连古弗兰都被排除在外了，达罗也不知道怎么才能进到会场。古弗兰递给他一张纸条，上面写着克拉维斯的房间号。

达罗穿过 58 号街来到广场酒店，坐电梯径直到 15 楼。他转了两圈都没有找到古弗兰写的那个房间，因为根本没有这个房间号。正当达罗漫无目的地转悠的时候，他突然看到一个高大的男子站在两扇门外。

“这是亨利的房间吗？”达罗本能地问道。

“是的，先生，”那人说着打开了门，“请进吧。”

达罗一进去就发现施特劳斯正在跟克拉维斯和罗伯茨激烈地讨论着。达罗当时可能还不知道，他正在目睹约翰逊努力达成的 200 亿美元的和平条约中出现第一个分歧。

“这可是我们的钱，我们可不想投入这么多钱，而让别人说了算。”施特劳斯说。

施特劳斯说话有点激动，毫不客气地说出了自己的想法。这些债券的发行必须由所罗门和协利来完成。所罗门已经准备好了，而且也愿意来发行这些债券，也有足够的专业技能。他们已经为此准备了好几个星期，现在要把这些准备的资料移交给德崇，这显然是不合理的。

“我们就想要这块业务，”施特劳斯说，“为什么你们就不能考虑一下我们公司呢？”

克拉维斯不耐烦地解释了为何选择德崇证券来负责债券的发行。"是这样的，每次德崇证券公司帮我们发行债券都十分出色。在收购碧翠丝公司的时候，大家都不看好他们，但后来他们却做得很成功。他们技术过硬，而且价格公道。这次是我们最大的一次收购，我们经不起任何差错。"

汤姆·施特劳斯：收购行业的菜鸟，他的言论使来之不易的停战协议凶多吉少。

施特劳斯可能还会强调所罗门的资金有多么的圣洁，别人万万不能碰。但房间里的其他人都知道他的真实想法，所罗门一直对德崇恨之入骨。把历史上最大的债券承销业务拱手让给自己的对手，所罗门以后脸还往哪儿搁啊。五年来所罗门在其他债权的发行业务上都很出色，但一直很难进入高度专业化而且利润丰厚的垃圾债券发行领域。所罗门兄弟银行也做了一些努力，但由于内部斗争的原因，都失败了。德崇在垃圾债券领域里固不可摧的地位让古弗兰如鲠在喉。

"并不是说你们不好，但你们对这块儿确实不是很擅长，"克拉维斯告诉施特劳斯，"你们之前都没做过。"

施特劳斯提到所罗门让60名债券销售员在周末想出销售这些债券的最好办法，他问："我现在回去怎么对他们说?"克拉维斯和罗伯茨翻了翻白眼说："就算你们整个周末都在想办法，也并不能说明什么问题。我们需要的是最好的、最有资格的人。"

科恩发现自己的处境十分尴尬。之前多多少少同意了让德崇加入，现在他又出来帮着施特劳斯说话。其实科恩有自己的理由不信任德崇，他认为德崇违约了一项合同约定，五年来协利一直在和德崇打这场官司。由于德崇拒绝履行合同，1985年协利为这场官司花了5 000万美元，科恩说协利不想和德崇一起共图大业。

很快克拉维斯和施特劳斯就开始说车轱辘话了，大家对所罗门的强硬态度并不过于担心。在这么庞大的收购当中，争论肯定是少不了的，但之后双方都会做出妥协的。而且他们有更加重要的事情需要处理，那就是管理层协议。

戈德斯通迅速拿出一份材料在克拉维斯面前晃了晃，说："我们希望你能在这份文件上签字。"

"拿给贝迪看一下。"克拉维斯说。

戈德斯通翻到文件的后面，然后指着其中一段话对贝迪说："我希望你能看到这段并理解它的含义。"

这段条款规定约翰逊对整个收购活动具有控制权。站在戈德斯通旁边的贝迪认为这一条并不是那么重要，如果他们能达成协议的话，到时候就是克拉维斯说了算了。

贝迪什么话也没说，拿着这份文件和科古特走到角落里看了起来。戈德斯通有点紧张："我希望你们能保证除了用来评估这次收购之外，不将它用于其他用途，而且也不会把它透露出去。"

几分钟后，贝迪朝克拉维斯和罗伯茨做了个手势，然后他们四个人来到隔壁的卧室。"简直不敢相信。"贝迪说。这个律师已经快速地阅读了一下这份协议，但里面的内容太不可思议了。控制权和否决权都在约翰逊手里，更令人惊讶的是协利承诺约翰逊的巨额回报。贝迪说："亨利，你是不会容忍这些的。"

科古特也附和说："如果我们同意这些条款的话，罗斯就大权独揽了。你不能答应。"

克拉维斯感到震惊。他知道科恩急着想开展商业信贷业务，难道代价就是把这场交易的控制权完全交给约翰逊？这样的杠杆收购他还是头一次听说。克拉维斯说："这简直是某些人头脑发热。科恩怎么能这么做呢？"

科古特和所罗门的律师达罗住在布鲁克林高地的同一条街上。他们俩曾开玩笑说这次雷诺兹－纳贝斯克的收购将给那条街带来好处，但他们指的那条街是他们住的御花园大街，而不是华尔街。科古特走出卧室，此时会议已经差不多开完了，科古特向达罗招了招手，达罗就走进克拉维斯开会的那间卧室。

"你见到这份文件了吗？"贝迪问达罗。

达罗点了点头。

"这件事你有参与吗？"

所罗门的律师早就料到会有这个问题。当戈德斯通拿出这份协议的时候，他就打电话给古弗兰请示如何处理。达罗现在需要把握好分寸。如果所罗门要和克拉维斯成为合伙人，那么现在要对这份被古弗兰形容为"不合时宜"的协议表示出不满。但如果这次谈判失败的话，克拉维斯肯定会把所罗门的不满作为抨击管理层的大棒。

达罗承认这份文件存在硬伤，并希望能够重新修改。他还提到古弗兰和巴菲特都不同意这份文件。他能说的也就这些了。过了一会儿，贝迪又回到了客厅，把戈德斯通拉到一边。

"现在管理团队一共有多少人？"

戈德斯通透露说目前为止只有七个人，但约翰逊想让大多数的员工都能享受到好处。

"你知道，这报酬也太丰厚了。"

"你应该和罗斯谈谈这个问题。"

贝迪说："哦，我们现在暂时保留我们的意见。容我们考虑考虑，再给你答复。"

戈德斯通点点头，同时建议他们仔细研究一下这份文件。"你们到时候需要解决这些问题，因为它们非常重要。"

他们准备先休息一小时，然后赶到雷诺兹－纳贝斯克的办公室继续讨论问题。在忙乱中，戈德斯通和努斯鲍姆都没有向贝迪要回那份管理层协议。

"他们没向我们要，所以我们就把它留了下来。"科古特说。

当克拉维斯、罗伯茨、贝迪和科古特从电梯里出来的时候，他们诧异地发现雷诺兹－纳贝斯克的办公室里挤满了人。一些和谈判无关的人在那儿奔来跑去。琳达手里拿着一份新闻发布稿的草稿到处乱跑。当克拉维斯被介绍给劳里时，他有点二丈和尚摸不着头脑。他看到约翰逊手里拿着一杯苏格兰威士忌，表情轻松，西装的左胸口袋里的手绢透露着喜庆。接着克拉维斯又被介绍认识了霍里根，霍里根穿着一件白色的网球衫，看起来很时髦。克拉维斯本来以为他们会展开一系列艰难的谈判，而现在面前的景象让他想起兄弟会开联谊时的场景。

克拉维斯和罗伯茨被带到了约翰逊的办公室。约翰逊心情很好，并邀请他们喝一杯，但被两兄弟婉言谢绝了。贝迪塞给约翰逊秘书一份他刚刚起草的协议，请她帮忙打印出来。科恩和施特劳斯都还没到。

在克拉维斯和罗伯茨等待的间歇，约翰逊就海阔天空地聊起他们即将共同经营的公司。约翰逊兴高采烈地谈到了一系列的话题，包括总理牌香烟、亚特兰大的总部和即将出售的纳贝斯克公司的前景。他很高兴能够认识这些新的合作伙伴。罗宾逊和霍里根则坐在旁边静静地听着，偶尔也说上两句。

他们花了将近一个小时的时间讨论了雷诺兹－纳贝斯克的一些细节问题。这时，达维律师事务所的律师巴松从门外探进一个脑袋："你们这儿怎么只有一个律师？"巴松责问贝迪说。巴松本意只是想保护他的客户，但把友好的气氛给破坏了。克拉维斯才意识到他们已经等了很久："怎么还不开始？"

"我不清楚。"约翰逊说。其实他并不特别着急，这些收尾工作总是需要花一些时间的。

过了一会儿，科恩走进约翰逊的办公室。他还在跟施特劳斯和古弗兰就债券发行的问题兜圈子。

"现在的进展如何？"罗伯茨问道。

科恩解释说："我们还在研究当中。"

事实上，科恩还在原地踏步。他花了一个小时想要了解所罗门为什么反对德崇的加入，并希望能找到一个折中的办法，但所罗门说什么也不答应。科恩从来没有在所罗门这样的公司工作过，因此有时候并不能真正理解古弗兰的心思。看来还需要花时间，而科恩已经感到疲倦了。

后来，参加那天晚上讨论的人对这个"德崇困境"有着各自的说法。罗宾逊反对德崇是因为法院马上就要宣判德崇了；所罗门的官方说法是他们不希望将自己的资金交由他人操作，这个解释有点让人感到费解，因为所罗门正准备把自己的资金交给协利运作；约翰逊则暗示说克拉维斯可能受制于德崇。

几个月后，施特劳斯终于说出了这其中的奥秘，这关系到债券发行行业的潜规则。当几个银行一起组成承销团时，必须要有一个银行牵头来做主承销商。那些债券销售的关键数据都由这家主承销商保管，一般都由主承销商来发号施令，并在发行过程中分批将债券发售出去。牵头银行一般都会出现在《华尔街日报》和其他几家财经媒体的债券发行公告的左边，这在债券发行行业中是一种地位的象征。

在克拉维斯还没加入进来之前，施特劳斯和科恩同意由所罗门和协利共同来承销这批债券。协利将会保管债券发行的信息，而且它的名字将会出现在债券发行公告的左边，所罗门则被安排在债券发行公告的右边。施特劳斯解释说，所罗门并不介意这种安排，因为在债券发行行业里所罗门的实力比协利强，内行人一看就知道谁是真正的主承销商。现在德崇加入进来，如果把它放在发行公告的左边，而协利和所罗门的排位不变的话，意义就完全不一样了。虽然大家都知道所罗门比协利强很多，但和德崇这样的大腕相比却差得很远。施特劳斯说："如果把我们放在德崇证券公司的右边，大家一定会认为我们无足轻重。"

说到底对所罗门来说，外界的看法才是问题的根本。对约翰逊和其他收购者来说，外界认为谁是债券的主承销商并不是他们所关心的问题。尽管所罗门是约翰逊这次收购活动的全职合作伙伴，尽管一直大谈特谈商业信贷业务，但所罗门的最终目的并不是经营生产奥利奥饼干，而是销售债券。所罗门宁愿牺牲约翰逊的利益，也不愿意让外界认为他们在这场收购活动中的地位在对手德崇之下。

抛开那些大男子主义，抛开那些贪婪的思想，抛开那些对股东价值的讨论，所有的问题可以概括为：因为他们公司的名字不能放在《纽约时报》和《华尔街日报》债券发行公告的左边，而是放在右边，古弗兰和施特劳斯就准备阻挠这场有史以来最大的收购活动。

到了凌晨 2 点，科恩还在克拉维斯和所罗门之间奔波调停。他竭尽全力想找到一个折中方案，但结果令他失望。

无论克拉维斯那边怎么让步，古弗兰都不能接受。"我们永远也不会听命于德崇。我很高兴能和他们合作，彼得，但我们还没慷慨到可以将这次收购拱手让人。"

科恩试了好几次想把他的朋友施特劳斯拉到一边和他说几句心里话，但每次齐格曼或者所罗门其他银行家都会不知趣地凑上来说几句。这让科恩想到所罗门的主管们就像连着的香肠一样，一个人走到哪儿，其他人就在屁股后面跟着，根本不可能和他们单独说会儿话。

科恩有一次终于忍不住发火了。齐格曼又重提所罗门的尊严，“我们是所罗门，他们算老几啊？胆敢这么对待我们！”科恩已经受够了，听到这话一下子蹦了起来。“你知道你在说什么吗？你们自己连 Southland 和 Revco 都拿不下来，我们不能不顾及他们的影响力。我想说的是，你知道我们现在在干嘛吗？”

科恩尝试了他能想到的所有办法，比如让克拉维斯答应聘请所罗门并给克拉维斯补偿，在第三方的地带设立一个工作室这样三方可以一起承销债券。每次所罗门那边有什么变化，科恩都提心吊胆，生怕发生什么变故。每次他们几乎就要达成协议的时候，总会有一个银行家愤怒地跳出来咒骂德崇。“我们都在干嘛？”或者“德崇那帮骗子！他们是骗子。”接着大家都开始破口大骂。

这是科恩碰到过的最让他沮丧的事情。虽然他经常自诩精力过人，现在也不得不承认自己撑不住了。两星期来他不停地工作，也该休息一下了。凌晨 2 点还在为历史最大收购中最重要的问题谈判，这毫无意义。他们为什么要在这儿？

随着黑夜的消逝，约翰逊依然对克拉维斯的财务技能感到敬佩，开始倾向于克拉维斯的立场。约翰逊问：“如果他们真的是最可靠的，为什么不让德崇来做呢？彼得，我们应该让最有实力的公司来做，我不管他们是谁。黑猫白猫，能抓老鼠就是好猫。”

约翰逊的这番话为克拉维斯壮了胆。“为何你不亲自出马，然后把事情摆平？”克拉维斯当时就问约翰逊，因为毕竟他是所罗门的客户，难道他没有办法让那些银行家按照他的意愿来行动吗？约翰逊答应试一下。

约翰逊出去了 20 分钟又回到办公室：“我和他们谈了。”

“然后呢？”克拉维斯问。

“咳，我也不知道到底怎么样了。”

“这里到底谁说了算？”克拉维斯问，心里更加不舒服了。

“我也不知道，”约翰逊说，“那儿全是所罗门的人。”

那天晚上一直没说话的罗宾逊突然想到了一个解决办法，他建议：“古弗兰今晚没有受邀来参加我们的谈判，我觉得他一定很不开心，你们何不坐下来和他谈一谈？”

“行啊，你能派人把他叫过来吗？”克拉维斯说。

有人回来说找不到古弗兰，他消失了。“他到底去哪儿了？”约翰逊说着离开了办公室。他找到安保人员，安保人员告诉他古弗兰出去散步了。

约翰逊思忖道，如果古弗兰正在生闷气，让别人去叫他来可能会让他更加不高兴，于是他亲自出去找。最后他看到古弗兰正站在 57 号大街上，抽着雪茄，一副若有所思的样子。

“走，咱们到楼上去，你该见见亨利。现在事情好像有进展。”

凌晨 3 点的时候，克拉维斯和罗伯茨跟古弗兰一起来到约翰逊办公室的前厅。

“我们都要理智行事。你能告诉我为什么你们这么想主导这场收购吗？”克拉维斯说。

“因为我相信我们有能力做好，因为我们的人已经在这上面花了大量的时间。我们完全有能力完成这项工作，而且我们应该这么做。我们还有很多理由，最近几年来公司的业务一直不顺。”这些克拉维斯都知道，正因为这样克拉维斯才不希望让所罗门来牵头承销。“虽然我对米尔肯无比敬佩，但是所罗门希望能够自己完成这次债券承销。”

看来古弗兰并不想做出让步，但克拉维斯也没有退却的意思。

当古弗兰走出房间的时候，罗伯茨的心情一下子跌到了谷底。他和克拉维斯聊了几分钟后，贝迪走了进来。

“这太荒唐了，我们花了一晚上的时间来讨论谁的名字会出现在债券发行公告书的左边和右边。我们什么时候才能切入正题啊？如果我们收购活动一上马，怎么和这些人打交道？每个人都对收购业务不闻不问，对那些细枝末节倒非常感兴趣。每个人关心的都是自尊和地位。”

他越说越沮丧：“原以为我们就要步入正轨了，现在倒好。”

“你说得没错。”克拉维斯点点头。

“关于管理层协议，我们还有好多问题没有谈呢，”贝迪也和他的委托人有同感，“如果这些现在不解决的话，那我们要等到什么时候解决？”

“我们先回家睡一会儿吧，这太荒唐了。”罗伯茨说。

克拉维斯把科恩拉到一边，告诉他天亮之后再继续谈判。至于债券发行的问题，罗伯茨和克拉维斯打算早上 7 点钟在吃早点的时候和德崇的彼得·阿克曼谈一谈。阿克曼是米尔肯的接班人，也许他能想出什么办法让古弗兰满意。

“你们准备好以后打电话到我家吧。”科恩说。

当克拉维斯的团队走向电梯间的时候，古弗兰追了出来。“等一等，让我们再谈谈。”贝迪想让所罗门的老大冷静一下：“约翰，我们现在一点进展都没有。”

克拉维斯和罗伯茨停了下来，贝迪就来到一个玻璃办公室和所罗门的人说几句话。他一进门，那些人就抛出一大堆的问题：“你们为什么这么护着德崇？”“他们是大公司，他们自己会照顾自己的，不用发愁。”贝迪说：“科恩整个晚上都在为你们这些人说话。德崇是我们的合作伙伴，我们对他们很满意，所以我们不想丢下老朋友。”

其实这里面原因太复杂了。贝迪不想揭所罗门的旧伤疤，之前所罗门好几次想进入杠杆收购，最终都惨败而归。他也没有说克拉维斯宁可让他母亲负责债券发行，也不愿让所罗门来做，还有克拉维斯认为施特劳斯背叛了他。

等到克拉维斯和罗伯茨离开的时候，约翰逊已经回家了。巴松准备好了一份供双方签署的协议，约翰逊在出门的时候签上了自己的名字。约翰逊相信克拉维斯和所罗门之间的僵局到明天就会烟消云散。说实话，和协利的方式比起来，约翰逊更喜欢克拉维斯的方式。

但无论什么方法，只要能够达到目的，他都不介意。这些细枝末节的东西太让人伤脑筋了。协利的很多人都留了下来，一直工作到凌晨5点。所罗门的两个成员达罗和齐格曼从大楼里出来，发现他们的出租车已经在那里等了八个钟头，里程表还在计数。

司机把他们载到布鲁克林高地，对他们说："不好意思，先生们。你们能帮我在这张票上签个字吗？不然别人不会相信我等了那么久。"

当科恩疲惫不堪地回到第五大道的家中时，东方已露出鱼肚白。他想上床睡觉，但因为太紧张怎么也睡不着。他妻子醒了之后询问事情的进展。科恩从来没有感到如此懊恼。

在他职业生涯中，这是他第一次没有成功撮合互相对立的双方。这可是他引以为傲的能力。夫妻两人坐在床上，谈论着当晚发生的那些事情。科恩渐渐地放松下来，最后就入睡了。

电话铃将科恩从熟睡中惊醒。他睁开眼睛，朦朦胧胧地看了一下表，刚到8点。他拿起电话，里面传来克拉维斯平静的声音。他们又要准备开会了。

昏昏沉沉的科恩实在是不想再去见克拉维斯。他打电话给罗宾逊，说："无论你现在在干嘛，都先放一放。我们现在就去玖熙大厦。"

接着科恩又给协利的二把手莱恩打了电话。因为莱恩需要在科恩不在的时候处理公司日常事务，所以一直没有参与雷诺兹－纳贝斯克的收购。现在科恩需要他帮忙："我现在真的有点筋疲力尽了。我可能无法保持头脑清醒，因此我需要你的帮助。"

早上9点，一些人已经聚集到约翰逊的办公室。所罗门只来了古弗兰和施特劳斯。克拉维斯和罗伯茨稍后也赶来了，已经做好了开会的准备。科恩建议他们先回到楼下自己的办公室，等约翰逊来了再说。大家等了15分钟，约翰逊还没出现，于是打电话到他家，原来约翰逊还在睡觉。9点15分左右，科恩来到楼下克拉维斯的办公室，他太困了，有点睁不开眼。克拉维斯、罗伯茨和贝迪都在那儿。

在吃早餐的时候，阿克曼说如果克拉维斯愿意的话，德崇可以退出这场收购。但克拉维斯不希望这么做。当问到他有什么主意时，阿克曼想出了一个他认为古弗兰可以接受的方法。债券的发行可以分成两批，第一批由德崇牵头，协利的名字出现在债券发行公告的右边；第二批由所罗门牵头，协利的名字还出现在原来的位置。前天晚上他们也讨论过类似做法，克拉维斯觉得具有可行性。

科恩尽量竖起耳朵听，但不确定自己是否已经完全理解了这个做法。二十几分钟后，他回到楼上向努斯鲍姆、罗宾逊和戈德斯通等人介绍了克拉维斯的方案。当古弗兰和其他人对阿克曼的计划提出疑问时，科恩发现自己都不能给出答案。

“就这样，我不管了。也许其他人能够解决这些问题，也许有人可以现在下去找出答案。”科恩疲倦地说。

于是大家派莱恩和努斯鲍姆下去找出答案。克拉维斯把两人领到另一间屋子，让泰德·阿蒙向他们解释。但让克拉维斯担心的是，这两个人好像一点都不明白这个方案。

琳达在家中被秘书打来的电话叫醒了：“克拉维斯刚才打来电话，他说有很重要的事情找你。”

琳达才睡了三个小时。早上6点上床睡觉的时候，琳达希望等她醒来的时候，克拉维斯他们能够把交易给敲定。她很快就接通了克拉维斯。

“我做的如何，教练?”克拉维斯问。

“我不清楚，亨利，”琳达迷迷糊糊地说，“现在才早上9点半，一切还顺利吗?”

“我们刚开完会。事情马马虎虎，我们也说不好。”琳达知道克拉维斯想套话。

“我也不知道有什么情况，等我弄清楚了再给你打电话吧。”琳达说。

挂了电话后，琳达又给雷诺兹-纳贝斯克集团的人打电话。对方告诉他，因为克拉维斯坚持要让德崇介入，所以谈判失败了。现在每个人都在责怪克拉维斯。“天啊，不。”琳达心想。

琳达又给约翰逊打电话。约翰逊还在家里，因此对玖熙大厦那边形势的迅速恶化一点也不知道。约翰逊一般都起得很晚，即使这样一个200亿美元的谈判也不能改变他的习惯。

“情况好像有点失控了。”琳达说。

最后琳达又给克拉维斯回了一个电话：“大家都很生气。你和我们的人见面时都说了什么?”

“你们的人很难对付。”

“他们都说是你在阻挠事情的顺利进行。”

当约翰逊10点赶到办公室的时候，他看到科恩、古弗兰和其他人在那儿吵吵嚷嚷的。他们在那儿抱怨克拉维斯不但坚持要让德崇一起来承销债券，而且现在还对管理层协议说三道四。

“他们对你的管理层协议很不满，还大放厥词。”科恩说。

如果有人想故意激怒约翰逊的话，约翰逊总能察觉出来。显然，科恩在挑拨他和克拉维斯的关系。约翰逊在大型会议室里坐了下来，大家开始讨论如何对付克拉维斯，但大部分人似乎只是在辱骂克拉维斯。

他们想独吞这块蛋糕，我们被耍了，他们在羞辱我们，他们在羞辱我们!

对约翰逊来说，这都毫无意义。他心里很清楚，这场斗争归根到底是谁能够得到最多的手续费。每当他问一个问题，这些人都用一些华尔街的行话来回答他，把问题弄得更加让约翰逊摸不着头脑。很多时候，约翰逊自己也不知道该不该发火：“我他妈的就是不明白问题出在哪儿了。”

施特劳斯解释说分批发行债券需要调用大量的人力财力。古弗兰开口道：“这帮该死的家伙总是异想天开。我们应该自己干，和他们这些人合作真是太累了。”

约翰逊气愤地回到了自己的办公室，他不想参与这种泼妇骂街。他不敢相信就因为由哪个银行来负责债券发行，他的方案就要破产了。约翰逊感到不耐烦了。

“狗屁！他们谁关心过这个公司，他们谁关心过员工。天啊，我们还要经营这个公司啊。还有 14 万的工人等着我养活啊!”

早上的时间一分一秒地过去，约翰逊希望会有什么事情发生。和平条约千万不能破产，他相信这个也会得到很好的解决。

在玻璃办公室里，情况急转直下。如果克拉维斯还坚持用德崇的话，所罗门就不会和克拉维斯合作。如果不准备合作的话，那就该投标了。古弗兰和施特劳斯说克拉维斯指出 10 天前就宣布以每股 90 美元收购雷诺兹 – 纳贝斯克集团，公司的管理层到现在还没有拿出自己的投标方案。于是他们建议管理层应该立刻把投标价格改为每股 92 美元。

“这样才能表明我们的意图，”施特劳斯说，“我们需要参与进去。我们要拿出竞标价格。”这个价格并没有遭到科恩或罗宾逊的异议。在场的所有人中，只有戈德斯通对此强烈反对。

在戈德斯通看来，这种策略就是交易员俗称的“死磕”。说白了就是科恩和古弗兰已经对克拉维斯恨之入骨，恨不得把标书摔在他的脸上。戈德斯通在心里暗骂这些人和他们可恶的自尊心。

他站到了桌子旁，反对新的投标价格，他的声调也慢慢高亢起来。他一直向阿特金斯请求达成合并协议，并保证管理层团队会给出一个压倒性的价格。如果协利喊出 92 美元一股的价格，他之前的保证就没有意义了。每股 2 美元的增幅并没有多大的吸引力。一旦这个价格报出去，他们将失去特别委员会的支持。阿特金斯和休格尔就会意识到管理层团队已经上钩了，就会加以利用，直到拿到他们满意的报价为止。

“这个报价并不能吓退亨利，”戈德斯通说，“亨利不会一走了之。这只会刺激他。你们的行为不但会激怒亨利，而且会失去特别委员会对我们的支持。我们抛弃了战略优势，结果什么都得不到。”

约翰逊可以开空头支票，古弗兰说，但最终还是由所罗门和协利来买单：“你又没出钱，该怎么做我们自有分寸。”

戈德斯通和所罗门的高管们就投标战略陷入激烈的讨论。戈德斯通很希望希尔能够在场支持他的观点，可当时希尔正在明尼阿波利斯参加派斯博瑞食品公司的董事会。最后戈德斯通的合伙人丹尼斯·赫希探过来在他耳边轻轻地说了一句。

“嘿，冷静一点，”赫希说，“他们已经下定决心了，再说你又不是他们的法律顾问。”

戈德斯通气呼呼冲到了约翰逊的办公室。他怒不可遏地向约翰逊汇报目前的情况，说这些银行家准备针对克拉维斯发起竞标。“这将铸成大错，到时候吃亏的是我们。但是我没办法说服他们，他们个个都气势汹汹，一点都听不进我的话。”

戈德斯通接着抱怨起古弗兰来，约翰逊无动于衷地听着，因为这只是一场谈判，每一场谈判都会出现分歧，出现争论。他安慰自己，这些人早晚会冷静下来。

罗宾逊，还有科恩、努斯鲍姆被派到楼下和克拉维斯做最后的商谈，大约11点钟，他们一同走到克拉维斯的办公室，罗宾逊说：

“我们很感谢你们能真心诚意地来谈判。我们双方都想达成一致，大家都很用心，但现在似乎我们在一个问题上不能达成一致。如果你们不能做出让步的话，再谈其他问题也没有什么必要了。我们只能分道扬镳了。”

克拉维斯有点不知所措：“我们今天早上跟彼得说的那个建议，你们有什么想法吗？”

“你的建议行不通。”善于外交辞令的罗宾逊说，接着他宣布了一个令人震惊的消息。

“我们准备发起竞标，这个消息马上就会出现在新闻上。”

克拉维斯大吃一惊：“你说什么？”他还以为双方的谈判还在继续，“为什么要这么做？”

“谁输谁赢目前还不知道呢！但即使是我们输了，结果对我们公司和投资者来说也是最有利的。”

当罗宾逊一行离开后，克拉维斯和罗伯茨都暴跳如雷。“该死的，”罗伯茨大发牢骚道，“约翰逊没种自己下来告诉我们。幸好我们没太指望这帮家伙，我早就知道和他们不会有什么结果的。”

科恩从克拉维斯的办公室出来，在KKR的接待室拿起电话，给楼上打过去。

“行动吧。”他说。几分钟后，道琼斯新闻网上就出现了雷诺兹－纳贝斯克管理层出价每股92美元收购该公司的消息。

不仅是克拉维斯对这个消息目瞪口呆，连约翰逊也感到当头一棒。在办公室里焦躁不安的约翰逊意识到尽管戈德斯通提醒过他，但他不相信有人真的会发起新的投标，因为和克拉维斯达成协议就近在咫尺了，而且没有经过他的同意，谁也不会擅自行动。

“这到底是怎么回事？”约翰逊看到竞标的消息后，对戈德斯通呵斥道，“这简直愚蠢透顶！这太混蛋了！如果谈判彻底失败了，我们竞标还有屁用？合并协议就甭想了。这只会激怒克拉维斯。”琳达赶到48层给克拉维斯打了一个电话。克拉维斯咬牙切齿地说：“我真不相信他们会做出这样的事。”

克拉维斯怒火中烧：“他们为什么不做得更绝一些？”他一连说了好几分钟，丝毫控制不住自己的情绪。而琳达只能默默地听着，对自己这边的做法感到很难为情。

约翰逊依然待在自己的办公室里，还对事态的恶化感到不知所措。他不想跟古弗兰或科恩说话，因为他们为对克拉维斯搅局的报复行为感到洋洋自得。他也不敢和克拉维斯对话，因为他知道克拉维斯一定“怒发冲冠”。17个小时前，他还跟克拉维斯达成了停战协议。他本不想让施特劳斯、科恩或其他华尔街的人参与进来。整件事就因为赤裸裸的贪婪而搞得不可收拾。现在要命的是他那些合作伙伴们在发动一场200亿美元的竞标时连声招呼都不跟他打。他感觉自己就像一个穿着西装革履的人走进赌场，而第二天从里面出来只剩一条内裤。最糟糕的是他意识到他已经失去了对自己命运的控制权。

当约翰逊垂头丧气的时候，戈德斯通极不情愿地给阿特金斯打了一个电话，告诉他关于他们团队的新竞标价格。阿特金斯正在自己的事务所参加特别委员会的会议，出来接戈德斯通的电话。戈德斯通尽量掩饰自己的不悦。自从前一天他和阿特金斯讨论压倒性报价之后，他羞于和阿特金斯说话，因为他当时承诺会给特别委员会一个无人能及的价格。

当他把这个消息透露给阿特金斯时，戈德斯通感到阿特金斯的声音里充满了惊讶。戈德斯通想解释，但又不敢解释。最后当他说完后，电话的另一端出现令人不知所措的沉默。他知道阿特金斯一定难以接受这么低的竞标价格。

“好吧，我知道了。”阿特金斯最后说道。

并不只有戈德斯通对管理层92美元的价格感到不满。希尔在明尼阿波利斯市刚刚参加完派斯博瑞食品公司的董事会会议，就接到科恩的电话。他对自己的老板说：“我觉得这是个错误。”现在他们就像在一场拍卖会上。在拍卖会上，拍卖者对所有的竞拍品都有控制权。“一旦我们提出这样的报价，”他回想起这些天发生的事，“董事会就会随意摆布我们了。”

然后大家都去忙自己的事情了。科恩下午参加了纽约股票交易所的一次董事会会议；施特劳斯和古弗兰坐飞机到棕榈滩准备和所罗门的客户们周末出游；约翰逊在自己的办公室里闷闷不乐；琳达在离开玖熙大厦的时候，顺便拜访了克拉维斯的办公室。

“我们应该做点事情，让一切重新回到正轨。”琳达说。

“我想不出有什么办法可以让事情回到正轨。”克拉维斯觉得一切都结束了，只能听之任之。“在谈判当中，科恩是那种会突然拿出一把枪，然后朝屋内扫射的人。你怎么会和这种人谈判？”

“既然你们现在已经开出价格了，我们各自归队吧。”克拉维斯告诉罗宾逊的妻子。

研究金融可以说是贝尼文托的全部喜好。作为约翰逊和塞奇的顾问，贝尼文托喜欢用诸如“金融工程”这样的词来形容自己的工作。最近贝尼文托正在研究华尔街上几家咨询公司咨询费用的构成。星期四下午，他拿着最新的研究结果走进了约翰逊的办公室。根据目前华尔街的行情，结合公司在这场收购中支付给投资银行家和律师的费用，贝尼文托终于算出自己应该得到的服务费用，总共为 2 400 万美元。

约翰逊差点没昏过去。他觉得每个人都在想方设法为自己捞好处：董事们考虑的是他们的退休金和汽车保险；克拉维斯和他的投资银行家考虑的是他们的服务费；所罗门想到的是他们的债权。而现在贝尼文托也向他伸手要 2 400 万美元。约翰逊心想，贝尼文托的服务怎么可能值这么多钱。他告诉贝尼文托他想要多少钱都无所谓。等到事态恢复正常了，花多少钱对他来说都无所谓。

星期五早上，约翰逊一家情绪低落地坐飞机从纽约到了奥尔巴尼市外的一家医院。下午约翰逊在他昏迷不醒的儿子身边待了四个小时。布鲁斯的病情并不乐观。从威斯特郡到奥尔巴尼的途中，布鲁斯的病情严重恶化。威斯特郡的医生一直认为布鲁斯不会有事，而奥尔巴尼的医生认为不应该让布鲁斯转院。布鲁斯的体温迅速上升。约翰逊整天都和医生们交谈，但说不出什么东西。

而克拉维斯也陪着他的儿子度过了星期五。当天是马萨诸塞州贵族学校的家长日，克拉维斯开车来到学校参加活动。之后他回到了乡村的寓所，希望能够逃离艰苦的彻夜谈判和媒体严厉的指责。媒体的攻势让他感到孤立无援。在这最无助的时刻，他足以叩问自己：到底是否真想拥有雷诺兹－纳贝斯克集团。他值得为这场收购沦为千夫所指的罪人吗？

到了星期五下午，克拉维斯收到了自收购活动开始以来最大的打击。“亨利王”这样的标题赫然出现在《商业周刊》上。这篇封面故事的副标题是“为什么 KKR 的克拉维斯也许正在走向灭亡，即使他会在这场雷诺兹－纳贝斯克争夺战中获胜”。勒姆在她位于第 7 大道的办公室里看到这篇报道后，心里忐忑不安。

克拉维斯看到这篇文章之后，感到自己受到了莫大的侮辱。他避免和他人接触，一个人在那里闷闷不乐。周末的时候，勒姆想方设法让他振作起来，但不起什么作用。她一会儿装傻，一会儿逗他。她还开玩笑说应该把他郁闷的样子拍下来，放大成海报的样子，挂在家里。琳达也打来电话表示慰问，但克拉维斯始终高兴不起来，他受到的打击太大了。

就在他心情最低落的时候，发生了一件应该让他稍微感到欣慰的事情。克拉维斯并不知道，公众愤怒的情绪开始渐渐地转变风向，变得对自己有利起来。

尽管大家对约翰逊的管理层协议争论了很久，但两个星期以来，约翰逊的团队并没有对这份协议做实质性的修改。

尽管古弗兰抱怨过协议中一些“不合时宜”的方面，罗宾逊也提出过建议，尽管每个人都认为这份协议有必要重新修订，但是到目前为止一切都还是老样子。科恩忙得顾不上这件事，就让努斯鲍姆来处理，而努斯鲍姆则把这事交给了他事务所的一位同事。谈判过程乱糟糟的，需要花很长时间，而且每个人都在忙着对付克拉维斯，没人顾得上这事。

得到保证说管理层的报酬肯定会削减之后，古弗兰也不怎么着急。协议的保管人、约翰逊的律师们也都不紧不慢的。奇怪的是，戈德斯通让约翰逊自己修订管理层协议。戈德斯通后来解释说：“罗斯已经是成年人了，他知道如何取舍，所以才让他自己决定。”

一些普通的协议条款由戈德斯通的助手巴松负责。巴松把自己的工作看成只对约翰逊负责，因此将这份协议看成是至高无上、不可更改的，无论之前科恩对古弗兰承诺过什么。

自所罗门入场一周以来，巴松不停地催促古弗兰的助手们签字。“你签字了吗？”他问这些人，“还有你呢？”

心烦意乱之下，巴松向戈德斯通大声抱怨道：“他们在耍我们！”所罗门的律师达罗被巴松缠得不耐烦了，也找戈德斯通诉苦道：“你的手下巴松一直在催我。他觉得没有必要做修改。好吧，总有一天会有变化的。”

戈德斯通并没有兴趣和他吵架，只是说：“同意。”但他们始终没有对协议做出修改。

最希望尽快修改协议的是吉姆和琳达。这对夫妇对公共关系很敏感，因此都认为这份协议很可能会砸到约翰逊的脚。但罗宾逊本应该推动约翰逊做出修改却没有采取任何行动。这份协议就像一个滴答作响的定时炸弹，星期五下午，这颗炸弹终于爆炸了。

琳达接到了一个电话。《纽约时报》资深记者詹姆斯·斯腾格德正在写关于管理层协议的报道，准备星期六发表。琳达从对方口中得知，詹姆斯知道协议的具体内容，甚至还知道所罗门的态度。琳达的第一反应是和盘托出，开诚布公地讨论这份协议，但这个想法被戈德斯通否定了。当琳达将这事告诉她的丈夫时，这位美国企业界的国务卿的反应很直接：“啊，糟了。”

星期五傍晚，科恩正坐车回家。这是漫长而又令人心烦意乱的一个星期。尽管和克拉维斯的谈判失败了，他依然相信他可以让约翰逊和克拉维斯再次合作。双方都没有结下什么梁子，如果是因为德崇和所罗门之间的矛盾而使克拉维斯和约翰逊反目成仇的话，那真是太可笑了。

当他得知有人正准备报道管理层协议时，科恩立刻意识到这件事情的后果。如果协议泄露的话，那只可能是从一个地方传出去的。于是他立即给贝迪打了一个电话。

“到底发生了什么事？”科恩质问道。

“我也不太清楚，彼得，我知道消息泄露了，但肯定不是从我这儿走漏的。”

“就是你把消息卖给了斯腾格德。”

“彼得，真的不是我，这份协议现在还在我手上呢。我没法控制事情的发展，是亨利把这些资料发给了别人。”

其实，克拉维斯在星期四下午召集他的银行家开会，在会上他们详细地讨论了这份材料。虽然克拉维斯不相信这些咨询顾问能够管住嘴巴，但他觉得他们需要知道这份材料。贝迪知道这12个银行家任何一个都有嫌疑。

科恩怒气冲冲地挂断了电话。这场争夺雷诺兹-纳贝斯克的战斗开始升级了。风向开始转变，科恩不由倒吸了一口凉气。

到了星期五，弗斯特曼的投标小组准备浮出水面。一开始休格尔的特别委员会对于把财务信息泄露给竞争对手极为谨慎，因此一直都不太欢迎弗斯特曼的小组，是布瓦希的坚持才有了今天。布瓦希同意了一项艰难的尽职调查。特别委员会在每份资料上都做好标记，只有特定的人员才能浏览特定颜色的资料。

后来，休格尔突然意识到万一约翰逊和克拉维斯联手的话，弗斯特曼－利特尔公司可以作为他们的竞争对手出现，于是才转变了态度。休格尔很确定约翰逊和克拉维斯肯定会团结在一起的，因为那样对他们双方来说都很有意义。这样的话，弗斯特曼的出现就能够维持两方竞争的局面。

弗斯特曼确信这将是一个艰难的开始。星期五，他来到拉扎德在洛克菲勒中心的办公室，商讨新闻发布会的事宜，宣布他的竞标小组正式成立。他坚持要在新闻发布会上指出他的小组是“受邀”参加竞标。阿特金斯拒绝了他的要求，董事会应该对各方竞争者都是中立的。无论董事会多么希望弗斯特曼加入竞标的行列，对外断不能表现出厚此薄彼。

但弗斯特曼还是不依不饶。“我必须受到邀请。你明白吗？”他对拉扎德的顾问们说，“不然我就不参加。”

整个下午他们都争执不下。就在弗斯特曼准备摔门而去的时候，阿特金斯做出了让步。说“欢迎”可以吗？律师建议到，董事会对弗斯特曼的竞标表示欢迎，弗斯特曼这才同意。

在会间休息的时候，弗斯特曼打电话到自己的办公室，发现罗宾逊给他留了言。几分钟后他拨通了罗宾逊的电话，罗宾逊那软糯的佐治亚州口音在电话那头响了起来。

“你知道我对你很敬佩，”罗宾逊开口道，“你有你的生意，我有我的买卖。我并不是要对你的生意指手画脚。但我听流言说你和布瓦希准备有所行动。我们这边的人听到这个消息，都伸直了腿上上下下跳来跳去。”

弗斯特曼明白他的意思是说科恩很生气。“他们认为你向他们说过，如果你不跟我们合作的话，你保证不会单独行动的。他们告诉我你保证站在一旁看热闹。”

弗斯特曼深深地吸了一口气。“吉姆，你也知道我是个诚实的人。”他告诉罗宾逊，他当时对科恩强调弗斯特曼－利特尔公司有三种选择：和协利联手，自己单干或者什么都不干。“说实话，我倾向于最后一种选择，我只想忘掉这场收购。现在我也不知道我们应该做什么。”

“这些我知道，”罗宾逊说，“但你说过你只会在旁边观望。”

弗斯特曼试图解释他所说的旁边观望的含义，虽然明知道那丝毫没什么意义：“吉姆，注意，我们现在还不知道我们要干什么。等我们决定了，会第一时间通知你的。”

两个小时后，弗斯特曼又打电话给罗宾逊，在电话里他向美国运通的总裁宣读了一份新闻发布稿，宣告新的竞标小组成立。

罗宾逊大笑：“天啊，看来我刚才的电话起作用了。”

弗斯特曼并没有把罗宾逊之前的电话放在心上。

“祝你们好运。”弗斯特曼说。

“也祝你们好运。”罗宾逊说。

星期六早上约翰逊很晚才起来。他走到楼下捡起当天的《纽约时报》。正当他浏览商业版时，他突然被左下角的一篇标题为“纳贝斯克高管借收购谋私利”的报道所吸引。约翰逊从来没像其他人那样将这份管理层协议看成是贪婪的标志，觉得这篇文章毫无根据。文章中提到整个协议的金额将达到 20 亿美元，约翰逊认为有点离谱。只有所有的条件都满足，约翰逊他们才能得到那么多的钱。但问题是，现在投标的价格为 92 美元，因此他们根本不可能满足那些条件。而且，大家都知道那份管理层协议没有定稿，还需要更改。

“这简直可笑之极，谁都不会相信这种报道。”他大声地说，接着打电话给在康涅狄格州的罗宾逊夫妇：“一个头脑正常的人是绝对不会相信这些鬼话的，这真是他妈的混帐。”

琳达觉得这篇文章并不是毫无根据，但没有跟约翰逊明说。“罗斯，你现在面临的并不是公关问题，”琳达要让约翰逊明白他们目前所面临问题的性质。“这是事实，你可能不明白，你不能意气用事。你可能会因为这个管理层协议陷入大麻烦。”

约翰逊那天一直在打电话。他首先打给了管理层协议的设计者塞奇。塞奇也看到了那篇报道，但对此不以为然：“咳，这些人纯粹是瞎猜，谁都不会当真的。”

塞奇想谈谈银行那边的情况，他很担心协利在融资方面毫无进展：“我一直在催促他们，但我觉得他们不能完成这项工作。”

这也正是约翰逊需要知道的。他开始意识到协利和所罗门的局限性。“跟乔治和亨利接触之后，我觉得双方实力悬殊很大。”约翰逊告诉塞奇。

星期六，休格尔在康涅狄格州的家中读到了那篇文章，接着他就陆陆续续地接到董事们打来的电话，这些董事都愤怒地要求约翰逊做出解释。如果《纽约时报》上说的都是真的，那么董事会如果不知道这份协议，就会像个白痴。尽管休格尔本人对媒体的这些报道一直都不太相信，但他还是禁不住好奇给身在亚特兰大的约翰逊打了个电话。

“哦，查理，那些都是胡说八道，你一句话都不要相信。”接着他们讨论了文章中的失实之处。“这样吧，你能给我写封信说明一下吗？因为好多人打来电话问我这件事情。”

约翰逊答应了。第二天戈德斯通帮忙起草了一封信，由约翰逊签字后寄给了休格尔。信的开头这样写道：“本周六的《纽约时报》报道说本人和其他一些管理层人员根据我们的收购方案将获取巨额的收入。该报道严重失实，本人希望这封信能够以正视听。”

约翰逊在信中说管理小组的薪酬计划和普通的杠杆收购并没有什么差别。而且管理小组正准备把即将获得的公司股权分配给公司员工。“当我们和协利等合作伙伴达成股权分配协议的时候，我就让我们在纽约和温斯顿－塞勒姆的律师研究如何将这些股份分配给员工。具体方法律师还在研究当中。”

休格尔仔细地看了约翰逊的信。最近三个星期在和约翰逊的沟通中（包括那次约翰逊说要给休格尔股份的谈话），休格尔还是第一次听约翰逊说要将股份分给员工。直到昨天约翰逊看到那篇报道之前，休格尔还没听他提过这事。

休格尔觉得约翰逊在撒谎。

最让人意想不到的是那篇文章里有一段提到所罗门很担心这份管理层协议。古弗兰星期六打电话给约翰逊否认了这件事，并向他保证所罗门的高管们从来没有和那位记者接触过。“约翰，你们公司可能某些人口风不严啊。”按照他的性格，约翰逊一般都点到为止，不会把话说得很硬。

但戈德斯通不同，当他看到文章提到所罗门时，他顿时火冒三丈。一开始他觉得所罗门为了达到自己的目的而泄露了管理层协议。但转念一想，他觉得古弗兰不至于傻到如此地步。

“我们应该让所罗门别到处乱说话，”戈德斯通向科恩抱怨道，“如果确实需要做出些更改的话，我们就做。这种小分歧都说出去，别人一定会觉得我们内部不团结。他们要守规矩，不然大家都死定了。”

科恩坚持说所罗门不会有事的，但戈德斯通却不这么认为。后来戈德斯通让巴松写了一封信。

亲爱的彼得：

最近一段时间，媒体报道说管理团队的财务合作伙伴并不十分认同罗斯和管理层的权益计划，因此我们甚感担忧。在你和汤姆的保证下，罗斯和他的团队觉得事情并不像媒体报道所说。但是，那些流言依然见诸于报纸，这给我们双方都带来了不利。因此，我希望协利证券公司和所罗门兄弟银行能写一封短信声明你们支持目前的协议。

我们彼此都很清楚随着新情况的出现，那些协议条款将会在各方磋商的基础上做出修改。

真诚的，

小乔治·巴松

星期六，弗斯特曼到处找约翰逊，想告诉他自己的新团队成立了，但一直没找到他。于是他只好打电话给罗宾逊：“吉姆，我在找罗斯，但我不知道他在哪。你能帮我告诉他我正在找他吗？”

“你应该自己和他说。”罗宾逊似乎心情不错。

“那样最好了。”

谈到弗斯特曼的新团队，罗宾逊问他：“你还跟我们一起吗？我的意思是我们能否合作？你看还有可能吗？”

弗斯特曼突然想到一个主意，为什么不让约翰逊加入到自己的团队里来呢？协利还是可以在里面扮演角色的。与其让弗斯特曼－利特尔公司加入到协利奇怪的结构里面去，弗斯特曼为何不能在他真金白银的世界里给协利找一个合适的位置呢？

“当然，我们可以跟你们合作，这没有问题。但我们会按公司的规矩来办，不用垃圾债券，不开空头支票。我们很欢迎你们加入。”

罗宾逊接着将约翰逊的电话号码给了弗斯特曼。当天下午，约翰逊就给弗斯特曼回了一个电话。“罗斯，”弗斯特曼说，“我希望你能理解我这样做法律是完全允许的。我想告诉你到底发生了什么事情。但我一直没办法见到你，也一直没办法和你聊聊。”

约翰逊提到了《纽约时报》上的那篇文章：“我的生意都被媒体曝光了。你不会什么都不知道吧？”弗斯特曼知道约翰逊的言下之意。

“罗斯，我没听说啊。但我可以保证这不是我干的，我最痛恨这种卑鄙的勾当了。”

“好吧，”约翰逊说，“如果是克拉维斯干的话，我想我会有办法对付他的。”

弗斯特曼又将话题转到他的新团队上。“罗斯，你知道我们是这个行业中的佼佼者。我们和你是一类人。你知道我的钱都是从通用汽车、IBM，还有通用电气借来的。”

“嗯，杰克·韦尔奇、约翰·阿克斯。”约翰逊谈到通用电气和IBM的首席执行官说，“我们还一起打高尔夫呢。”

“我并不怪你和那些搞垃圾债券的人合作。但是如果和我合作的话，我不会用垃圾债券，不会用那些假钱。”

约翰逊笑着说：“我个人也没有投资垃圾债券。”

弗斯特曼感到一阵激动，好像约翰逊有点动心了。

“刚才吉姆还问我们是否还能合作，我告诉他没问题。我并不想任何人排除在外，我可不想要什么把戏。我们重视的是我们的名声。”

“我知道你们的声誉。”

“罗斯，你要仔细考虑一下我刚才说的。和吉姆聊一聊，他是个非常坦率的人。他一定会说如果我们能合作的话，那最好不过了。罗斯，你可是这次收购的关键人物，我希望你能和我们在一起。”

“我会考虑你的。”

最后弗斯特曼以带人情味的问候结束了他的谈话：“罗斯，我对你儿子的事情感到很难过。该死，我真的很难过。”约翰逊对他的好心表示感谢之后，弗斯特曼又接着说：“你知道，这次收购之后，我们还会见面的。最后谁收购雷诺兹－纳贝斯克集团还是次要的。”

“你说得对。”

“最重要的是，到时候我们依然是朋友。”

“一点没错。”

约翰逊并不想和弗斯特曼的新团队合作。在他看来，弗斯特曼丝毫不可能竞标成功。

星期天大家都休息了。约翰逊在亚特兰大的家里读了一大堆报纸，又观看了橄榄球和高尔夫球赛。心情低落的克拉维斯在康涅狄格州思考董事会是否会注意到那篇报道。但他对弗斯特曼的新团队并不关心。根据他的经验，这些人笨手笨脚的，根本没希望获胜。科恩在新泽西州陪自己的儿子去看纽约巨人队的比赛，也许他是全场唯一的整场比赛都在睡觉的父亲。

星期天晚上，银行家和律师们都聚集在科恩第五大道的家中，商讨接下来一周的战略部署。科恩对布瓦希和弗斯特曼愤恨不已。他认为之前两人还信誓旦旦地向他保证绝不自己单独采取行动收购雷诺兹－纳贝斯克集团。他们一开始还想和弗斯特曼打官司，但又放弃了这个念头。努斯鲍姆建议写一封信给弗斯特曼，向他们表达一下不满。戈德斯通和达罗觉得没有必要，但科恩似乎执意要报复。

星期天晚上，弗斯特曼正在东河的公寓里享受着前意大利国家网球队按摩师的按摩。他不时地接到外部公关顾问戴维斯·温斯特科的电话。温斯特科说，记者那天提问时不友好的语调表明协利显然对弗斯特曼很不满意："他们说你做了些什么，但我不太清楚他们指的是什么。"

弗斯特曼想了一会儿，觉得一定是因为管理层协议泄密的事："如果那个该死的克拉维斯让大家相信是我走漏了消息的话……"

弗斯特曼不时地起来接温斯特科的电话，他的按摩师恼火地说："你不好好躺着我怎么给你按摩啊？"

"毛里齐奥，我知道你有难处，但我遇到了更大的困难。"

弗斯特曼最后决定要弄清楚到底发生了什么事，他给亚特兰大的约翰逊打了个电话。约翰逊的妻子接了电话。

"嗨，劳里，我是弗斯特曼。"

"嗨，你好吗？"劳里听起来像是很高兴接到弗斯特曼的电话。

"不错，不错。罗斯在吗？"

"他现在正在开电话会议。"

"我只需要半分钟的时间，你能让他听一下电话吗？"

劳里放下电话，过了一会儿回来说："罗斯说等他开完会就给你打电话。"正当弗斯特曼准备挂电话的时候，劳里问弗斯特曼那边的天气情况。接着他们又聊了大约 10 分钟。挂了电话之后，弗斯特曼觉得约翰逊的妻子太贤惠了。

当劳里和弗斯特曼聊天的时候，约翰逊正在跟科恩和戈德斯通开会。当约翰逊提到弗斯特曼打来过电话时，科恩和戈德斯通顿时警觉起来，因为他们知道这只意味着一件事：就像之前克拉维斯一样，弗斯特曼也想争取约翰逊。

"听着，我站在你们这边。如果你们不希望我跟某些人合作的话，我是绝对不会和这些人打交道的。"

"要不我们给他打个电话，把你的想法告诉他，这样省得你亲自跟他说了。"戈德斯通建议说，因为他担心约翰逊拉不下脸来。

"好的，你们觉得怎么妥当就怎么做吧。"

于是戈德斯通很快让长着娃娃脸的巴松给弗斯特曼打个电话。

半小时后，弗斯特曼的电话铃响了起来，弗斯特曼心里早就想好要和约翰逊说什么了："罗斯，我向你保证我对管理层协议泄露一事一无所知。绝对不是我们干的，我们对这种事情深恶痛绝。"

但等到他拿起电话的时候，电话里传来一个陌生的声音："我是达维律师事务所的乔治·巴松。我代表我们的委托人约翰逊夫妇，要求你停止对他们的骚扰。你直接打电话到他们家引起了他们的恐慌，请不要再直接打电话给约翰逊先生。如果以后有什么事找他的话，你都要事先通过我。"

"我不认识你！但我可以告诉你，我打电话给约翰逊先生是想告诉他一些不上路的事情并不是我做的。约翰逊太太和我聊了一些高尔夫球和天气的话题。我想让你知道我是在罗宾逊的要求下才给约翰逊先生打的电话。”弗斯特曼毫不客气地回应道。

现在弗斯特曼怒火攻心。对科恩和他的雪茄、克拉维斯、律师还有垃圾债券的愤怒一齐在他胸中翻腾。“我告诉你，我对你们律师太了解了，知道你们在从中作梗，这不会是约翰逊的意思。我知道现在为什么律师会插手进来了。现在世道这么乱，就因为你们这些人和你们的小伎俩在作怪。”

弗斯特曼越说越气愤：“我觉得今天你对我极其不尊重。等这件事完了之后，我肯定会和约翰逊夫妇见面的，到时候我要把你这种无礼的行为告诉他们。”

说完，弗斯特曼就把电话挂了。

Barbarians 第13章 at the Gate

事情失去了控制

11月7日，星期一，雷诺兹-纳贝斯克集团的董事们个个面带愠色地来到了世达律师事务所。三个星期来，约翰逊已经把公司变成了一个价值200亿美元的马戏团。好多董事都认为出现这种事情简直就是自己的耻辱。管理层协议的曝光更让他们倒吸了一口气。到了星期一，董事会里弥漫着一种反对约翰逊的情绪。戈德斯通猜得没错，这些董事已经不再是约翰逊的盟友了，也不会再帮助他了，而且他们痛恨约翰逊将他们置于公众舆论的风暴眼里。

包括乔丹在内的几个董事对管理层协议的内容感到震惊，纷纷打电话给休格尔。麦康伯好像人格受到了极大的侮辱，语无伦次地说："太不要脸了，太肆无忌惮了。"休格尔还给戴维斯打了电话，他问戴维斯："你看没看《纽约时报》?"

戴维斯还没有看，但手头上正好有一份。读完那篇报道后，他怒气不打一处来："这到底……"

"你相信吗？这太糟糕了。约翰逊说那个报道失实，但我现在也不知道该相信谁……"

董事会已经受到了来自员工、股东和媒体等反约翰逊力量的责难，而关于约翰逊秘密协议的报道更是让董事会坐立不安。

一系列的报道接踵而来：价值5 250万美元的退休金计划和价值5 000万美元的

52.6万股限制股，约翰逊的小算盘打得可谓万无一失。更糟糕的是，约翰逊给予董事会成员的一些好处也被媒体曝光了，其中包括薪水不菲的聘用合同和每人1 500股的限制股。约翰逊赤裸裸的贪婪加上竞标者的互相倾轧，让本已被收购者搅得心神不宁的公众更加坐立不安。竞标活动一开始，反对约翰逊和杠杆收购的信件潮水般地涌进休格尔的办公室。

“这可是登峰造极的‘内部交易’啊，这些内幕人士被任命为雷诺兹－纳贝斯克集团的管理层。这帮人为了达到个人目的欺骗和利用我们。我觉得约翰逊的行径和持枪抢劫别无二致，只不过你们会顾及自己的利益而放过这群人。”其他的一些信件则要求休格尔将约翰逊和公司的整个管理层开除。一个温斯顿－塞勒姆的股东写信说：“无论如何，这世界上还有比股价更重要的东西。”

愤怒不仅仅局限于温斯顿－塞勒姆当地。一个纳什维尔的股东写道：“这帮贪婪的家伙心里根本就没有公司、员工或股东的利益。我们一定要和他们斗争到底。”波士顿的一封来信说：“这群人在他们任职期间做了哪些有利于公司股东的事了？除了中饱私囊之外，他们什么都没做。他们除了将公司总部从温斯顿－塞勒姆搬出去之外，还做过什么事？在建设厂房、雇用和训练员工、提高公司产品质量和销售量方面，他们无所作为。”

董事们特别关注了史密斯·巴格利的来信。这位雷诺兹家族的继承人要求组建一个独立的专家组来监督这次竞标。巴格利在信中表示特别委员会的某些成员和约翰逊关系暧昧，因此担心特别委员会能否真正地肩负起保护股东利益的责任。董事会并没有采纳这封信里的建议，后来媒体把这封信刊登出来后，公司的董事会又遭到了舆论的一阵抨击。

对雷诺兹－纳贝斯克的争夺战在全美范围内挑起了关于杠杆收购债务对国家经济危害的争论。著名的收购业务律师马丁·利普顿在给委托人的信中指出：“美国正在自掘坟墓。就像之前的郁金香事件、南海泡沫事件、金字塔投资欺诈和得克萨斯银行事件等经济狂热一样，杠杆收购最终是要失败的。”

联邦储备委员会主席艾伦·格林斯潘提请国会出台法规，促使银行在经济萧条时期重新考虑杠杆收购贷款的可行性。这位美国经济的掌门人让联邦银行的审查人员调查杠杆收购的债务情况。参议院少数党领袖鲍勃·多尔和其他几个政界要员开始要求修改税收法律以对杠杆收购加以控制。

11月中旬，美国大都会人寿公司和美国国际电话电报公司下属哈特佛保公司这两家大保险公司对雷诺兹－纳贝斯克集团提起诉讼，指控该公司股价上涨而导致两家公司所持雷诺兹－纳贝斯克集团的债券贬值。大都会人寿公司的总裁约翰称：“债券持有者损失的那部分财富无疑流入了雷诺兹－纳贝斯克的管理层和其他杠杆收购参与者的腰包。”而美国国际电话电报公司的董事会主席兰德·阿拉斯考格谴责杠杆收购是“不道德”的，并命令手下管理退休金的经理不要投资于杠杆收购。

在一篇名为“雷诺兹－纳贝斯克的马戏团为何如此危险”的社论中，《商业周刊》谈到了这家企业的困境。“这种景象不只是触目惊心，而且危害严重。”这篇社论说道，“这种行为给那些希望通过法规来限制市场经济的人留下了口实。杠杆收购，包括即将发生的雷诺兹－纳贝斯克集团的收购，它们的成败应该决定于其自身的经济和财务原因，而不是某些企业领导人幼稚的行为。”

在这些高谈阔论中，很少有人像雷诺兹－纳贝斯克集团的员工那样亲身感受到这场愈演愈烈的斗争所产生的影响。在亚特兰大，办公室工作人员吃中饭的时候都闷闷不乐地读着由公司发放的当天新闻摘要。无助、愤怒和对前途的迷茫使这些员工们在工作时间都关心着华尔街上的风吹草动，一有空就开始散布丑化约翰逊的宣传。

一首以约翰逊作为第一人称的讽刺诗这样写道：“靠摆柠檬水小摊起家，接着我卖了我妈妈，其他的都不在话下。”但实际上，亚特兰大的员工分裂成了支持约翰逊的原标牌老员工和反对约翰逊的原雷诺兹“蘑菇种植户”。当管理层协议曝光之后，一些举棋不定的员工纷纷加入到了原雷诺兹员工的阵营当中。“我们已经设下了十面埋伏，约翰逊他们已经四面楚歌了。”一位主管愤愤不平地说道。

《亚特兰大宪法报》上面的一张漫画也深受广大员工的欢迎。漫画中一群倒霉蛋被困在一个麦片碗里，旁边是个麦片的包装盒，盒子上写着：“雷诺兹－纳贝斯克员工，标价 250 亿美元。”

雷诺兹－纳贝斯克集团的员工都想尽办法来保住自己的饭碗。温斯顿－塞勒姆一家制烟厂的员工甚至开始计算 14 万员工每人需要拿出多少钱才能把公司买下来。在芝加哥，两个纳贝斯克饼干厂的主管找到他们的上司，要求出价 38 亿美元将 14 家烘培厂买下来。

最难过的还得说是温斯顿－塞勒姆的员工，他们心目中神圣的烟草公司现在成了约翰逊和霍里根手中的玩物。未经市场调查，无烟香烟就被他们两人直接送进了市场，现在情况惨不忍睹，总理牌香烟是公司历史上第一种被客户退回来的产品。雷诺兹烟草公司曾希望这个产品能够打响，而总理牌香烟却成了公司历史上最著名的滑铁卢。当经理们正拼命地想拯救这个产品的时候，霍里根和约翰逊却在纽约忙着自己的杠杆收购。

霍里根派保镖看护自己的住宅，并发信谴责《纽约时报》的报道纯属臆测。但人们更爱看的是一封以霍里根口吻写的讽刺信，这封讽刺信开头就说“我们已经打算拿了钱就走人”，结尾是“给你们这些蠢蛋当首席执行官真刺激。谢谢你们让我和罗斯成为百万富翁，没有你们，我们不可能有今天”。

特别委员会的五位成员当中，休格尔可能是对约翰逊前后看法变化最大的。开始他还不确定约翰逊的动机，但随着时间的推移，一系列令人震惊的事情出现，他的疑惑也越来越多。先是约翰逊邀请自己入伙，然后是管理层协议的曝光，接着他又收到一封匿名信称公司股票的价格大约在 82 ~ 111 美元之间。当休格尔拿着这封信去问约翰逊，约翰逊说这种信可能出自公司底层员工之手。“这里面有太多的不确定因素。”约翰逊说道。但休格尔并不太相信。星期一早上当休格尔看到《纽约时报》上说约翰逊的团队可能会起诉弗斯特曼 - 利特尔公司的团队时，他更加感到不安了。他决定不惜一切代价都要让弗斯特曼参与到这场角逐中来，他不能给约翰逊和科恩起诉弗斯特曼做帮腔。当天早晨，他就火速给约翰逊写了一封信。

“本委员会强烈反对你们对弗斯特曼提起诉讼。”休格尔写道，“无论你们之间有什么过节，本委员会认为弗斯特曼 - 利特尔公司具备了投标的资格，可以参加竞标。该公司的参与将更好地实现股东的利益，你们绝不应该阻挠。希望你们能够立刻向我保证你们团队不会起诉弗斯特曼。”戈德斯通心不在焉地给休格尔回了一封信说不会因为弗斯特曼参加竞标而起诉对方，但是如果约翰逊的利益受到威胁，他们就会诉诸法律。

每一次的报道都使休格尔加深了对约翰逊的认识。休格尔在他的母校拉法叶学院的理事会中担任主席。他发现约翰逊很少支持慈善事业。休格尔和他的妻子一起生活了 36 个年头，因此怀疑约翰逊的转变是不是和劳里有关。富裕的老男人和结发妻子离婚后迎娶年轻漂亮的女人，这种现象被称为“詹妮弗综合征”。休格尔对这种现象有种刻板的观念，他认为那些上了岁数的丈夫经常做一些傻事来取悦他们的“詹妮弗”。劳里·约翰逊、苏珊·古弗兰、琳达·罗宾逊和卡罗琳·勒姆这些野心勃勃的女人会经常拿自己的丈夫和别人比较，并怂恿他们做一些傻事。

在其他的董事会成员当中，从耶鲁大学毕业的麦康伯一直看不惯非名校出身的约翰逊。麦康伯离开塞拉尼斯化学公司的时候得到了 200 万美元的离职补偿金，因此对约翰逊 20 亿美元的补偿金感到很诧异。和休格尔一样，麦康伯也是商业核心价值理论的忠实信仰者，并认为约翰逊的所作所为让董事会蒙羞。他相信董事会的权力神圣不可侵犯，因此对约翰逊的做法深恶痛绝。

这位最讨厌约翰逊的董事惊奇地发现约翰逊最亲密的董事会朋友竟然和他一样讨厌约翰逊的收购。那年年初约翰逊把他的朋友、西湾公司的戴维斯带进了董事会。戴维斯高中没毕业就进入电影圈给山姆·戈德文打杂，后来当上了西湾旗下的派拉蒙公司的老总。他以炒员工鱿鱼而出名，因此上了《福布斯》杂志的“美国最难伺候的老板”排行榜。在担任西湾公司的首席执行官时，他吓退了卡尔·伊坎等企业狙击手，并将西湾公司从一个混乱的组织改造成了媒体行业和金融行业的一家大公司。他知道如何来评估企业的价值，所以当听到每股 75 美元的价格时，他觉得约翰逊的团队不是故意的就是评估能力不行，或者两者兼而有之。

美国计算机服务公司的安德森也十分讨厌垃圾债券、企业狙击手和一些让企业不务正业的东西。在美国计算机服务公司他宣扬一种朴素的“利益共同体”的思想，利益共同体包括员工、供应商以及和公司利益息息相关的各种团体。他甚至到雷诺

兹 - 纳贝斯克的董事会里发放相关的小册子，因此他本人也对这场收购感到厌烦。

在这些董事会成员当中，感受最深的当属巴特勒。在温斯顿 - 塞勒姆，那些反约翰逊的活跃分子认为董事会出卖了这个小镇和工厂的员工，于是巴特勒就成为攻击的对象。有一次他和美联银行的约翰·梅德林正好在市中心的一个俱乐部里吃午饭。恰巧斯迪克特路过，就上前生气地质问他："董事会怎么能由着他胡来？为什么？"巴特勒和梅德林耐心地向斯迪克特解释说他们也没有办法，但斯迪克特就是不相信。

没有人会相信他们的话。

星期一特别委员会开会的时候，大家心里都明白事情现在已经失去了控制。董事会成员都认为现在应该由他们出面处理这些事情。在戴维斯和麦康伯的催促下，拉扎德的银行家开始设计重组计划。理论上，特别委员会可以废除所有的竞标并独立地对公司进行重组。在实际操作中，董事会需要用重组作为自己的后路，以免克拉维斯和约翰逊联合起来。

当天的会议主要讨论阿特金斯拟定的一套投标指南，里面介绍了约翰逊、克拉维斯和弗斯特曼三方投标的程序。指南里的大部分规定都是标准规则，每个投标者都认为没问题。最重要的是截止日期，也就是 11 月 18 日，星期五的下午 5 点。也就是说他们还有 11 天的时间可以准备。

当约翰逊收到那份指南时，他不高兴地低吼了一声。正式的投标活动会让所有的竞争者都站在同一起跑线上，这样他的团队也就失去了优势。于是他给休格尔打了一个电话，试图和董事会达成合并协议，但休格尔就是不答应。至于重组计划，约翰逊觉得这只是在糊弄人。"查理，你可要小心啊。再怎么重组你也拿不到 90 美元啊。"

随着反对杠杆收购的呼声渐高，克拉维斯越来越担心这会对公司的名声造成不可挽回的损失。于是他和罗伯茨向他们的两个老朋友讨教如何来对付那些反对势力，最后得到的结论是他们不太可能做到。那些新闻报道已经引起了国会的注意，克拉维斯只能接受这场收购大战结束之后，国会就会立法来阻止杠杆收购活动的可能性。他尽量不去这么想："他们最多就是把我们钉死在媒体上，而且他们已经做到了。"

还念念不忘那个《商业周刊》封面故事的勒姆开始教导他如何应对媒体："亨利，不管你是否喜欢媒体，你都得和他们打交道，所以要学会直面他们。你不知道，现在你在让你的对手在和媒体打交道。你要站出来说出自己的故事，否则别人永远也不知道。"

“但是……”

“没有但是，”勒姆说，“你现在正在被人中伤。你要把你的故事说出来，不然那些故事只能从别人嘴里说出来。”

在勒姆的建议下，克拉维斯和罗伯茨同意接受《纽约时报》一位记者的采访。这位记者本来想做一次深入的采访，但克拉维斯在确认记者已经理解他没有对科恩说过“杠杆收购专卖店”这个词之后，就准备匆匆结束采访。凯克斯特公关公司的汤姆·戴利只好向记者解释说两人最近压力比较大，对突然结束采访表示道歉。

让克拉维斯头疼的不只是媒体，他需要一个明智的人来告诉他雷诺兹－纳贝斯克集团的水有多深。而现在离投标只有11天的时间，他实在是有点无能为力了。在格里彻的建议下，他拜访了农业巨头康尼格拉公司的主席查理斯·哈勃，向他请教如何经营公司，但没什么用。克拉维斯还和百事可乐公司的总裁见了两次面。百事可乐愿意为克拉维斯提供资金，条件是在收购完成之后他们能购买几条纳贝斯克公司的生产线。虽然克拉维斯知道百事可乐的总裁之后能够帮忙管理公司，但是远水救不了近渴。这时克拉维斯的耳边突然响起一个熟悉的名字：斯迪克特。

当克拉维斯找到斯迪克特的时候，斯迪克特心里权衡着对杠杆收购的厌恶和对约翰逊的不满。斯迪克特认为杠杆收购是一种可耻的行为，因为它除了对一些贪婪之徒有好处之外，对整个社会毫无益处可言。但在反对约翰逊热情高涨的温斯顿－塞勒姆，就连斯迪克特的理发师都支持克拉维斯，最后斯迪克特觉得帮助克拉维斯是对的。

斯迪克特担心去克拉维斯的办公室有可能会在大厅或电梯里碰到约翰逊，于是他们约定星期一下午4点在盛信律师事务所见面。斯迪克特是一个和蔼的老人，一个真正的绅士。和威尔逊不同，斯迪克特并没有表现出对约翰逊的痛恨。他很关心公司和员工。但是斯迪克特退休已经有5年了，他对公司的了解还只停留在过去的在职经历。但克拉维斯只好面对这个现实，因为斯迪克特是他手上唯一一张牌了。最后，两人的手握在了一起，斯迪克特答应加入KKR的团队。

当约翰逊得知这个消息之后，说：“克拉维斯一定是脑子烧坏了。”

星期一早晨，科恩给弗斯特曼－利特尔的信被媒体登了出来。在弗斯特曼看来，这封信更像一篇檄文。

亲爱的西奥多：

看到有关你将率领一个团队参加角逐雷诺兹－纳贝斯克集团竞标的报道，我深表遗憾，甚至是惊讶。

你一定还记得两星期前，你找到罗宾逊、约翰逊还有我，希望能够加入这个由管理层领导的团队中来，共同发起对雷诺兹-纳贝斯克的竞标。我相信你一定不会忘记当时你亲口告诉我们你要加入我们的那些理由。

考虑到你迫切想加入我们的心情，而且在你同意保密条款的情况下，我们才和你们详细且毫无保留地探讨了方案中的各种细节，其中包括我们的财务模型、具体的融资安排、现有的投标战略以及业务分拆的初步想法。

在你们和你们的代理高盛银行明确表示他们也将受到我们双方签署的保密协议约束的情况下，我们同意高盛银行参与到我们的协商中。但现在看来，高盛银行正利用那些从我们手中套取的商业秘密将一些食品公司拉到你的团队中去。

我强烈要求你们仔细思考一下你们的行为。我们的商业交往，包括最近的协商，都不应该违背任何商业伦理或契约关系。协利证券公司和雷诺兹-纳贝斯克集团的总裁们都会信守他们所做出的承诺。我希望你们也一样能够做到……

希望你能郑重地对待这封信。

诚挚的，

彼得

弗斯特曼第二天就对科恩的信予以回击。

尊敬的科恩先生：

1988年11月7日，您写了一封信并将这封信发表在媒体上。您的这种行为不负责任并且毫无根据地中伤了高盛银行和弗斯特曼-利特尔公司的职业道德。宝洁等公司也加入了我们的团队，因此，您也连带着诋毁了宝洁等公司的商业操守。您一定很清楚，玷污我们名誉就等于践踏我们的灵魂。我们相信您这样做的目的是把我们从雷诺兹-纳贝斯克集团的竞标活动中剔除出去，这样，协利证券公司和一些雷诺兹-纳贝斯克集团的管理者就可以低价收购整个集团了。雷诺兹-纳贝斯克集团的管理层有义务维护那些股东的利益，而您却和他们采取这样一种"策略"，这的确很让人失望。

我也相信您一定还记得我们在协商的过程中曾明确提出如果我们双方不能达成协议的话，我们有权单独采取行动。我们三番五次地告诉过您我们有三种选择：一是如果贵方的方案修改之后能达到我们要求的话，我们会跟贵方合作下去；其次，我们可能完全退出这个竞标；最后一种就是如果特别委员会欢迎我们参加竞标的话，我们将以独立竞标者的身份参与竞标。

弗斯特曼-利特尔团队的参与显然符合雷诺兹-纳贝斯克集团股东们的利益，并且受到了集团特别委员会的欢迎。如果经过严格的审核之后我们发现此次竞标不符合我们严格的融资标准的话，我们将放弃竞标。但无论如何，我们不能容忍贵方利用威胁的方式来损害我们公司和股东的利益。

以诚信为本的弗斯特曼－利特尔公司建立在商业界最高标准之上。我们在这场收购中严格遵循这些标准，因此不需要贵方在这方面的建议。

我希望这封信能够消除贵方造成的那些无谓争论。与贵方不同的是，我们绝不会像您那样把信交给媒体刊登出来。

真诚的，

西奥多·弗斯特曼

科恩还写了类似的信给弗斯特曼竞标团的每一个成员，其中包括广受尊敬的高盛银行高级合伙人约翰·温伯格。温伯格的回信就像是一个年长的政治家在教育一个年轻的手下。

亲爱的彼得：

我在1988年11月7日收到你的信件，与此同时我也接到报社打来的电话。显而易见，你写这封信是出于公关的目的而不是沟通的需要。这也说明你对我还不是很了解，不然你也不会浪费彼此的时间来羞辱或威胁我，尤其是当你对事实真相还不甚了解的时候。

在我看来，你的信不值得一回，但我的同事建议说还是给你个书面答复比较好。

你信中的指责缺乏事实依据而且毫无道理。高盛银行并没有违背弗斯特曼－利特尔公司和雷诺兹－纳贝斯克集团签署的保密协议中的任何条款。虽然我当时并没有在场，但我的同事都告诉我曾明确告知过你们，我们可能会独立地发起投标，而且这种想法一直在酝酿当中。

很明显，雷诺兹－纳贝斯克集团董事会的独立董事也认可我们的想法。今天我们得到董事会的回复，他们欢迎弗斯特曼－利特尔公司、高盛银行和其他一些跟我们一起合作的著名企业参与到这场收购中来。

你声称希望和高盛银行保持良好的关系，我很难相信。你在信中的指责并不利于促进我们双方关系的健康发展，况且你还在未跟我们就这封信的内容进行沟通的情况下就将它发表在媒体上。我们认为把双方的分歧公之于众对彼此都没有好处，因此我们不打算将这封信透露给媒体。

我对你信中的用词和语气表示不满，你没有资格来教育我、布瓦希或者高盛银行。而且你的行为只能加深外界对这个行业固有的一些负面看法，我希望这种行为以后不再发生。

诚挚的，

约翰·温伯格

读了休格尔、弗斯特曼和温伯格的来信后，罗宾逊打了个电话给科恩，告诉他自己不希望再看到协利发表任何东西。

星期三早上德尔蒙特食品公司的主席卡波内尔气呼呼地走进约翰逊在纽约的办公室。约翰逊还是头一次看到“独裁者”如此生气：“罗斯，你简直不能相信竟然会发生这种事。”

卡波内尔去参加了弗斯特曼－利特尔公司组织的尽职调查，刚从广场饭店回来。在尽职调查中，一群都乐公司的董事围着他问这问那。从他们提出的问题来看，都乐公司已经掌握了德尔蒙特公司大量的机密信息，比如物流计划、产量预测等几乎全部的信息。卡波内尔感到德尔蒙特公司的竞争优势已经严重被削弱。

两人都觉得是特别委员会把这些信息透露给了弗斯特曼－利特尔公司。他们严格的保密措施并没有起到作用，所以都乐公司才有可能接触到德尔蒙特公司一些最机密的文件。想到这些，约翰逊终于爆发了。他可以忍受和克拉维斯或科恩较量，因为他们之间都是平等竞争。而这种靠投机取巧来达到目的的办法，约翰逊无论如何都不能容忍。

休格尔早在前一天就到苏联出差了，但约翰逊已经顾不了这些了。于是马丁请美国广播公司的鲁尼·阿里基帮忙给美国广播公司在莫斯科的办事处打电话。休格尔匆匆忙忙地从莫斯科的一家旅馆里出来，沿着漆黑的、弯弯曲曲的大街赶到美国广播公司的办事处接听约翰逊的电话。即使在苏联，休格尔也不能片刻置身于这场收购之外。他在其下榻酒店大堂碰到百事可乐的一名总裁，对方向他表示百事可能参与投标。在克里姆林宫，休格尔和苏联的几位高级领导会面，其中就有苏联商业部部长。这些人都十分关心华尔街上的这场争夺。

在电话里，约翰逊对特别委员会破口大骂：“现在我算知道了，这些人都是些没用的饭桶！我们每年给他们发大把大把的钱，他们倒好，竟然吃里爬外，连个尽职调查都会搞砸。有些东西是不能让都乐公司知道的，就算他们不知道这些信息，也能判断公司是好是坏。你知道吗？你急着让他们加入进来，现在给公司造成很大的损失。你太偏心了。”

休格尔答应他会调查这件事的，之后特别委员会的一名助手找到约翰逊向他认错。但这件事并没有就此结束。几星期之后，卡波内尔收到都乐公司寄过来的一个包裹，打开一看发现对方寄错了。包裹里面有德尔蒙特公司财务数据的复印件。约翰逊这下明白了，都乐公司给公司全球的主管邮寄这些数据。但这时再亡羊补牢为是已晚。

纽约公共图书馆就像帕特农神庙那样矗立在中央车站南面的曼哈顿街上。这座占地两个街区的石质知识殿堂是纽约市内最优秀的学院派建筑之一。图书馆宏伟的馆口外醒目地伫立着两只巨大的石狮，分别名为“耐心之狮”和“坚忍之狮”。

11月10日星期四，这天对纽约公共图书馆来说是个特殊的日子，因为第18届“文坛狮会”年度晚宴将在这里举行。这次慈善晚宴同时会邀请文学界最耀眼的20位作家到场。除了这些文学大腕，来宾中不乏像亚士多、特朗普和巴斯家族这些纽约社会的中坚人物，此外还有一些天才作家，像阿特·包可华、乔治·希金斯和理查德·里维斯。大家先品尝鸡尾酒，然后到三个阅览室里享用晚餐，最后由演员克里斯托夫·普鲁玛为大家朗读史蒂文·李柯克的一篇短篇小说。

夜幕降临，华灯初上。宾客和作家们都打扮得光彩照人聚集到图书馆三楼的一个厅里。社会名流都到了：基辛格夫妇缓缓走来；杰奎琳·奥纳西斯穿着一件黑底白礼服在晚宴上光彩夺目。作为图书馆司库的古弗兰和他的妻子苏珊也出席了晚宴，看到克拉维斯夫妇挽着胳膊站在那儿，古弗兰朝他们挥了挥手。

突然房间里出现一阵骚动。大家听到闪光灯噼里啪啦的声音都转过头去看个究竟。在一群有点微醉的人当中，克拉维斯正在和科恩交谈。

对着相机，两个人笑了笑，不自然地聊了一会儿天。

科恩和克拉维斯在文坛狮会的晚宴上：定格在新贵阶层的目光下。

克拉维斯一边看着越来越多的人围了上来，一边说：“太可惜了，我们这次未能合作。”

科恩说合作的大门依然敞开着。

“我现在也没什么头绪。我实在是不知道下一步应该怎么做。”克拉维斯说。

在纽约上流社会的注视下，他们尽量表现得大度，在那儿站着聊了一会儿。

“现在事情弄成这个样子实在是太遗憾了，但也只能这样了，我们该干嘛还干嘛吧。”克拉维斯说。

和科恩说完话，克拉维斯挽着勒姆准备入席。这时他看到了纽约《每日新闻》的社会专栏记者比尔·诺维奇。9月份的时候，诺维奇并没有被邀请参加克拉维斯夫妇在纽约大都会博物馆召开的晚宴，因此，诺维奇就在他的专栏里宣传克拉维斯“对媒体深恶痛绝”。

克拉维斯已经受够了媒体，尤其讨厌诺维

奇，因为他觉得此人喜欢对自己的妻子说三道四。

勒姆眼看一场恶战就要爆发了，赶紧拉着她的丈夫说："走，亨利，我们去吃点东西吧。"

但这时已经晚了。一看到诺维奇，克拉维斯脸就涨得跟猪肝似的。当专栏作家向他走过来的时候，两人就开始拌起嘴来。克拉维斯先骂了诺维奇"混蛋"，然后又大声地说："我要打断你的狗腿。"一些人都清楚听到了克拉维斯的骂声，赶紧把头转了过去。

这时，社交名媛亚士多夫人走了过来，问道："你喝酒了吗？"

"我喝了。"克拉维斯回答道。

"我不是在问你，我是在问比尔。"

亚士多夫人的介入阻止了克拉维斯和诺维奇之间的恶战。

克拉维斯转身离开，继续朝宴会厅走去。贝迪正好听到了他们的争吵，觉得克拉维斯一定是酒后失态了。

一个名叫梅瑞迪斯·伊瑟林顿－史密斯的英国作家将这件事告诉了《每日女性服饰》的记者。"这种事情只会发生在下层社会的聚会上，想不到在文坛雄狮晚宴上竟然也会出现如此低俗的场景。"

与此同时，管理团队内部的关系也开始紧张起来。由于目前糟糕的表现，他们之间开始互相指责起来。希尔经常对所罗门的同事发火，所以这些绰号"香肠"的银行家们对他很反感。他们抱怨希尔从来不回他们的电话。用一个银行家的话说，他对待齐格曼就像对待应召女郎一样，需要的时候才想到对方。大家都觉得他油头粉面，对人颐指气使……用一句话概括就是，这个人太有汤姆·希尔的派头了。

有一天菲利普斯忍不住提醒同事们："那个你们称为'混蛋希尔'的家伙，统领着华尔街上最出色的兼并部门，而我要提醒你们，他的部门四年前可比我们的小不少。"大家都看着他，认为他一定是疯了。

科恩一直对这些"香肠"敬畏不已。有一天下午他看到办公室里满是所罗门的人，就问法里斯："这些都是什么人？他们都是哪个公司的？"科恩还会把古弗兰拉到一边，问他："参加会议的人能不能少点？"但这是不可能的。

约翰逊也一样对浩浩荡荡的顾问队伍感到惊讶。科恩就好像结婚一样后面跟满了助手。他一针见血地指出："天啊，彼得，怪不得你们的人会在红海走错方向。"

古弗兰对让戈德斯通和特别委员会进行联系很不满意。戈德斯通作为团队的唯一联系人和阿特金斯单线联系，而且古弗兰发现从这个世达律师事务所的律师那儿得不到一点建议。古弗兰让手下的人调查了一下戈德斯通的背景，发现对方毫无资历可言。因此古弗兰好几次跟科恩提出应该让所罗门的律师达罗和阿特金斯联系。

但他的建议没有被采纳。事实上，所罗门的高级主管们对约翰逊的整个团队都已不抱幻想。他们将管理层协议的泄露归咎于约翰逊。随着关于管理层贪婪本性的报道越来越多，很多人都认为约翰逊更多的是一个累赘。

对约翰逊的七人管理团队来说，玖熙大厦的生活就像一场梦。约翰逊每天让大家检查办公室里是否被安置了窃听器；有人建议到克拉维斯的办公室里安装窃听器，但被他拒绝了。会议经常被传呼机尖利的呼叫声打断。和比尔·利斯打交道的十多个记者都佩戴着传呼机，于是他也要求所有的高级主管都得佩戴传呼机上班。

当协利和所罗门从约翰逊的助手那儿接手投标准备活动后，很多约翰逊的助手感到被孤立了。"当银行家说要融资的时候，你是他的老板；等到他写支票的时候，他就成了你的老板。"塞奇感到无事可干，就买了一台电视机放到自己的办公室里来打发时间。

约翰逊也变得越来越沮丧。他的大冒险和之前想象的完全不一样：克拉维斯的突然袭击、和平会谈破产、管理层协议引起的轩然大波、德尔蒙特公司的数据泄露和媒体每天对他大加挞伐。而且协利渐渐地掌握了控制权，这场游戏一点也不有趣。他不禁抱怨："在太阳下山之前，什么事都没有。一旦天黑下来，大家就开始叫该死的外卖，在这儿解决晚餐，然后不停地讲啊讲。晚上我可不希望在办公室吃饭。"

最让他担心的是目前投标的价格。即使他们最后赢了，他的宝贝法拉利也会被拿去偿还公司债务，而且他不得不几年才能换一辆车。约翰逊消沉的态度让周围的人有点受不了。有一次战略研讨会上，一个投资银行家把霍里根拉到一边，建议他给约翰逊打打气。这位银行家说若是团队的精神领袖放弃战斗，这场收购肯定没戏。于是霍里根对约翰逊说："我们不能就此收手，如果说谁知道如何以最小的代价管理这家公司，只能是你和我。就算要输，我们也要和他们拼个你死我活，绝不退让。罗斯，你一定要赢，如果输了，你就太没面子了。"

但如果说霍里根已经准备出击的话，约翰逊却兴致全无："你不知道，我们不一定要赢，这就像打扑克牌，我们需要用我们的理智取胜，而不是盲目自大。"

11 月 10 日星期四，约翰逊从纽约飞往他在朱庇特的公寓，希望度过一个宁静的周末。他并没在亚特兰大做停留去参加查理·布朗机场新机库的落成典礼。实际上，他们准备的庆祝典礼根本不像预期的那样：市政官员、附近飞机棚的工人甚至是雷诺兹－纳贝斯克集团自己的领导几乎都没有出现。大家好像都不想和约翰逊有任何关系。晚会提前结束，员工们把食物打包回家自己吃了。

周末，休格尔刚从莫斯科出差回来，一下飞机他就给约翰逊打了个电话。休格尔刚刚看到雷诺兹－纳贝斯克集团向美国证券交易委员会提交的一份材料上清楚地写着，约翰逊将塞奇的薪酬由原来的 25 万美元提高到了 50 万美元。他越看越来气，因为董事会根本就没同意给塞奇涨薪水。"董事会在 7 月的时候就同意了。"约翰逊说。

休格尔又查看了 7 月份董事会纪要，并没有找到相关事项。于是他又打电话给约翰逊，这次约翰逊解释说董事会是在 9 月份同意给塞奇加薪的，但该决定可以追溯到 7 月。休格尔认为约翰逊在撒谎，这可是他这个星期第二次发现约翰逊对他说谎了。

“我会让你发财的，约翰！”

约翰逊的这句话听起来有点假，但却一直萦绕在格林纳斯的脑海里。自从他被约翰逊排除在管理团队之后，他所选择的道路有点激进但早已是命中注定。这关系到他是忠于纳贝斯克公司的那些员工，还是忠于那个甩掉他们的约翰逊。“我会让你发财的”，说得真好听。格林纳斯一直不明白约翰逊为什么要那样做，为什么约翰逊以为钱能解决所有的问题。格林纳斯关心的并不是钱，而是如何让纳贝斯克公司这部机器正常地运行起来，而约翰逊现在却想把这部机器拆成零部件卖掉。

一开始他不知所措，接着感到愤怒，现在他终于明白了。为什么约翰逊要把纳贝斯克公司和德尔蒙特食品公司重组成为独立的、规模适中而且容易出售的企业；为什么约翰逊会在夏天的时候把 30 万股限制股给雷诺兹烟草公司，而纳贝斯克公司的人却什么也没有；为什么霍里根每次都能达到他的目的。格林纳斯觉得约翰逊蓄谋已久，但一直瞒着他们。现在约翰逊还在向自己保证说会妥善安置自己，但这次格林纳斯不会再上当了。

格林纳斯讨厌这次杠杆收购的想法，也痛恨约翰逊把他排除在管理层外。最终，格林纳斯的理智战胜了怒火。发脾气是没有用的，他要报复。杠杆收购的消息一公布，格林纳斯就飞回到纳贝斯克公司在新泽西州的总部。几天之后，他将一份机密的文件装进信封发给了休格尔。

他几乎可以肯定最后约翰逊还是会得到公司。约翰逊知道其他竞争者都不可能知道的事情，而且董事会里都是他的朋友。但如果有什么内部消息能够让董事们看出约翰逊的真实面目，格林纳斯就一定要让董事们知道。如果其他的投标者能够比约翰逊更好地改造纳贝斯克公司，格林纳斯就会毫不犹豫地去帮助约翰逊的对手。

他把纳贝斯克公司的财务总监拉里叫到自己的办公室。他告诉拉里他们要为这次出售将公司分解，然后再重新包装一下。他们要将公司在拍卖之前好好打扮打扮，展示一下公司能够节省多少开支，能够增加多少现金流。如果其他买家看到纳贝斯克公司的潜力之后，他们或许会加入角逐，并击败约翰逊。这个方法有点远水救近火，却是他们拯救公司的唯一机会。“这是一场生存游戏，让我们尽我们所能吧。”

正当他准备秘密开展游击战的时候，格林纳斯也尽他所能让自己的下属保持好心情。在他的办公室里，格林纳斯制作出一系列讽刺约翰逊的漫画和备忘录来让那些忧郁的纳贝斯克公司主管开心。有一张卡通画上画着一个离婚法院的法官问一个小男孩："孩子，你希望和一个抽烟的家长还是一个不抽烟的家长住在一起?" 格林纳斯给这幅画配的回答是："谁知道呢，也许和一个不抽烟的家长住一起会更好。"

当克拉维斯宣布参与收购的时候，格林纳斯坚定地展开了他的行动。当他跟狄龙·里德公司和拉扎德的银行家见面的时候，他就给他们讲一些雷诺兹－纳贝斯克集团的"段子"。"猜一猜雷诺兹－纳贝斯克队有几个队员?" 格林纳斯问道。于是大家有的猜 8 个，有的猜 10 个，还有的猜 12 个。格林纳斯说："如果是 29 个人，费用是每年 700 万～1 000 万美元你们会惊诧吗?"

除了给他们讲著名的杰克·尼古拉斯和他的 100 万美元合同的故事，他还给他们讲一些不为人知的故事，比如谁是维杰·辛格，他为什么会在雷诺兹－纳贝斯克队里。格林纳斯还给他们讲松堡别墅、棕榈泉公寓和纽约公寓里发生的故事。格林纳斯想通过讲这种不着边际的行为让董事会的银行家知道哪些地方能够削减成本，成本缩减越多就意味着董事会可以要求竞标者支付更高的公允价格。

给银行家讲了三个星期的故事之后，格林纳斯准备行动了。他把自己的想法告诉了拉扎德的乔希·格鲍姆，格鲍姆立刻意识到了其中的意义。格林纳斯说："我们只能跟特别委员会说这些事情，而且不能让管理层知道，更不能让罗斯知道。有些事情事关重大，一旦走漏了风声，我们的饭碗都保不住。" 格鲍姆向他保证他们不会把这件事告诉约翰逊的。

格林纳斯计划在 11 月 14 日星期一到世达律师事务所见特别委员会。这天约翰逊碰巧也被叫到那儿参加董事会组织的尽职调查。那天早上，格林纳斯在去董事会的路上正好路过玖熙大厦。约翰逊一眼认出了他，并朝他喊道："约翰！进来和我们一块儿坐坐。我们正在讨论怎么样对付特别委员会呢。"

心惊胆战的格林纳斯跟着约翰逊走进了会议室。会议室里戈德斯通和管理层团队围在一张大圆桌旁激烈地讨论着。这将是约翰逊宣布杠杆收购一个月以来第一次和董事会开会。像平常一样，霍里根依然主张采取死硬的态度：什么都不要告诉这帮龟孙子。约翰逊还举棋不定。而格林纳斯则全身僵硬地坐在椅子上，担心自己的行为被人发现。

等他们准备出发去世达律师事务所的时候，约翰逊发现车还没准备，就让格林纳斯安排了一辆车。接着大家坐着纳贝斯克公司的豪华轿车来到世达律师事务所。下了车，他们就到一间小等候室里坐下。当休格尔进来准备把约翰逊带到董事会时，格林纳斯焦急而又茫然地站在那儿。

即使鼓起全部的勇气，他也不敢在约翰逊在场的情况下向董事会做报告。

休格尔疑惑地盯着他说："约翰，你不属于管理层团队吧?"

"哦，不。" 格林纳斯说。

"那你先在这儿等一下。" 休格尔说。

格林纳斯回到了自己的座位，松了一口气。

“我们当中出现了内鬼，”休格尔一边说，一边在会议室里走来走去，并用责备地眼光看着董事会成员，“我们内部出现了内鬼，我一定要把他给揪出来。”

在等待约翰逊出席的时候，这些董事个个都表现得很烦躁。离杠杆收购危机的爆发已经过了 27 天，他们感觉自己被困在这场混乱当中。媒体对这次收购的报道从 3 个星期前特别委员会第一次开会以来就没有停止过，这让休格尔恼火不已。拉扎德的罗哈廷劝休格尔冷静下来，说那次泄密可能是从其他人那儿传出去的，现在捕风捉影只会增加大家的压力。

几个董事私下里认为休格尔很虚伪。大家都知道约翰逊经常和休格尔聊天，这是其他竞标团队都享受不到的，而且这种做法很容易给特别委员会引来官司。律师们几次和休格尔提过这个问题，但似乎作用不大。休格尔几次在接受报纸采访时透露，相对于那些含有大量垃圾债券或其他证券的投标方案，董事比较倾向于那些现金比例较高的投标方案。他告诉记者：“现金就是硬道理。”他也因此受到了一些处罚。

英国董事格里森从伦敦打来的电话让本来就紧张的气氛更加凝重了。大家都知道格里森特别害怕惹来任何官司。在会上，他不停地问一些在其他人看来是吹毛求疵的问题，从而影响了会议进度。休格尔好几次被迫打断他。但其他几个董事和格里森有着同样的担忧。所有的董事会成员都被告知不能做任何记录，除非他们之后想收到法院的传票。

接着格里森要求约翰逊和他的管理团队集体辞职，因为他认为管理层既管理着公司又想收购公司，这样做“很不合适”。尽管董事会成员们都觉得管理层已经令人厌烦，休格尔后来还是说服格里森放弃了这个想法，因为现在没时间拆伙。

气氛并没有因为约翰逊和霍里根的到来而改观。当董事会问起管理层协议时，约翰逊一口咬定报道有失偏颇，他的收入分成和其他普通杠杆收购并没有太大区别。当董事会又问如何在烟草业务上削减成本时，约翰逊和霍里根异口同声地说没有什么办法。他们的态度很不友好，这让董事会很不舒服。

约翰逊和休格尔之间的裂痕越来越大。董事会多次表示反对竞标者“预售”雷诺兹 - 纳贝斯克集团的资产，也就是说在投标结束之前，投标者答应把雷诺兹 - 纳贝斯克集团的业务卖给第三方。当约翰逊否认他的团队有这样的行为时，休格尔不相信地笑了笑说：“大家都在预售公司。”

“你是不相信我的话吗？”约翰逊大吼道，“你完全错了，我希望你能收回你刚才的话。协利可能在这么做，所罗门也可能这么做，但我可以告诉你我的管理团队从来都没有做过。”休格尔也就不说话了，但大家都很清楚这场竞标之后，之前的友谊将不复存在。

任何成功的杠杆收购都离不开一系列的数据预测：利润、销售量，此外还有最重要的现金流。这些数据可以揭示一个公司最多能够偿还多少负债而不会影响它的运营，所以这些数据是制作标书的关键。对杠杆收购来说，一个正确的竞标价格就是一切，因为价格越高，公司背负的债务就越多。即使最优秀的公司如果债务过于沉重的话都有可能给压垮。

克拉维斯一开始以为能够从尽职调查中得到一些可靠的数据。没想到约翰逊防守严密，克拉维斯的团队结束尽职调查之后依然一头雾水，只好空手而归。到了星期一，离最终投标只剩下 4 天的时间，克拉维斯稍微知道一些德尔蒙特食品公司的信息，对纳贝斯克公司的了解仅限于皮毛，而对于霍里根的烟草公司几乎是一无所知。

替克拉维斯准备预测数据的工作就落到了 30 岁的顾问斯图尔特的头上。经过连续几天每天 18 个小时的苦干，斯图尔特终于完成了雷诺兹 - 纳贝斯克集团的预测数据第 4 版。从理论上说，每一版至少都比前一版要更精确一些。

斯科特·斯图尔特：在缺乏外部帮助的情况下，这位卖力的手下发现雷诺兹 - 纳贝斯克集团的价值有 10 亿美元的差距。克拉维斯在最后时刻被这个问题难住了。

他一开始用的是从雷诺兹 - 纳贝斯克公司的特别委员会处取得的数据。如果直接从约翰逊那儿取数，他们觉得很不靠谱。通常情况下，斯图尔特都会和公司管理层花几个星期的时间运用头脑风暴来进一步完善数据和发现可以削减开支的地方。但这次约翰逊的团队不愿意配合，斯图尔特只好求助于德崇和美林的烟草行业分析师。在摩根士丹利和沃瑟斯坦 - 佩雷拉公司人员的配合下，他预测的准确性又得到了提高。慢慢地，斯图尔特终于整理出一叠计算机数据图表。他希望这些数据是真实可靠的，但又担心这些数据并不比瞎猜的数据强多少。

斯图尔特还是不能得到一些关键性的数据来支持他的分析。理想的状态下，在没有收集齐相关数据之前，斯图尔特根本就不会开始建模。但他没有办法，眼看期限就要到了，他必须得弄出点东西来。三个星期来，他一直向狄龙·里德公司和拉扎德的银行家催要数据，但是都没什么结果。一开始他还以为这些银行家也在阻挠他开展工作，后来他才明白问题出在雷诺兹 - 纳贝斯克集团。除了管理层，没有人知道公司运营的全貌。而那些像霍里根等了解公司的人，除了提供他本人的姓名、职位和员工编号之外就不会再多说一个字。

到了星期一，斯图尔特更加坐立不安了。每天他都在搜集那些关键的数据，对着狄龙·里德公司和拉扎德兄弟银行的员工大喊大叫，对他自己公司的会计师和律师嚷嚷。这些会计师和律师在亚特兰大的数据房里辛苦地刨数据。数据房这个概念让斯图尔特感到好笑。他们那些数据都是成堆成堆的原始数据，即使不需要几个月，他们也得花上好几个星期来整理。斯图尔特打趣地想这些数据说不准还都是用汉字记录的。

他需要的数据并不复杂，包括三方面：雷诺兹－纳贝斯克集团预计可用的现金储备、债务总额和在公司“金色降落伞”退休计划下需要支付给约翰逊团队的离职补偿金。虽然这些数据看似简单，但都是克拉维斯和罗伯茨制定竞标价格的基础。两个老板看到他不能把预测数据交到他们手上开始有点不耐烦，这让斯图尔特感到很郁闷。

更糟糕的是，斯图尔特完全不能理解那些已经掌握的数据。他们第一次从雷诺兹－纳贝斯克集团取得的数据当中有一项是“其他用途的现金”，但克拉维斯的人都不知道那到底是什么。旁边是一行 10 年的数据，每年大约在 3 亿到 5 亿美元之间。斯图尔特完全不知道这个数据到底是什么东西，也不知道该怎么做。“其他用途”到底指的是什么？它是现金流入还是现金流出？他是要加上这个数、减去这个数还是应该对它置之不理？5 亿美元可不是个小数，克拉维斯不希望他的手下人忽视这个数，加上或减去这个数会造成 10 亿美元的差额，这直接影响到他们的投标价格是 96 美元还是 92 美元。三个星期过去了，这个数字依然像一座神秘的金矿在他 IBM 笔记本电脑的黑色屏幕上隐隐发亮，但没人能够解释这到底意味着什么。在尽职调查中他们曾经向爱德华·罗宾逊问起这件事，但罗宾逊说他一无所知。特别委员会里也没有一个人知道这个数字到底是什么。“其他用途的现金”就成了最神秘的谜语，斯图尔特只剩下四天的时间来揭开谜底。

星期一，斯图尔特接到狄龙·里德公司的顾问布莱尔·艾弗隆打来的电话。布莱尔问他有没有兴趣和格林纳斯谈谈，格林纳斯刚和特别委员会开完会。艾弗隆说：“我觉得这个人可以告诉你一个真实的雷诺兹－纳贝斯克集团。”斯图尔特就向雷切尔询问意见。“去，干嘛不去啊？我们当时和雷诺兹－纳贝斯克集团的人见面的时候，他们是唯一对我们有帮助的人。”

于是他们就安排星期一下午在近郊的一家酒店里见面。雷切尔带着斯图尔特和另一名公司顾问来到会议厅坐下。格林纳斯早已经到了，旁边坐着拉里·克莱恩伯格。

“在我们开始之前，”格林纳斯说道，“我想先问几个问题。”

“请讲。”雷切尔说。

“你们和管理团队还有联系吗？”

“没有了。”

“那和约翰逊呢？”

“也没有。”

“你们还打算和他们联系吗？”

“据我所知不会了。”

“很好，”格林纳斯打消了心中的疑虑，说，“我想向你们透露一些信息。”

接下来，格林纳斯两个半小时的谈话是雷切尔从事杠杆收购行业十多年来听到的最骇人听闻的故事。格林纳斯一股脑儿地把纳贝斯克公司的营运秘密、战略方针和一些薄弱的地方都展现在了雷切尔的面前。

“从来没有人问过我们怎样增加现金流，”格林纳斯说，“我告诉你，其实这里面有很多方法。”

格林纳斯自信地说，如果有必要的话，纳贝斯克公司的营业收入可以在一年内增加40%，毛利率能从11%提高到15%，现金流可以从8.16亿美元上升到11亿美元。

“不会吧……”雷切尔不相信这是真的。

“不，只是你不知道而已，”格林纳斯回答道，“我们的宗旨是平稳发展，因此没有必要让集团的利润一下子增加15%～20%。我下季度最大的任务就是将企业多余的资金挥霍掉，下季度的收入将会很高。天啊，我必须把它们花掉。”格林纳斯解释说这样做是为了满足华尔街对可预测性的需求。

这下雷切尔听糊涂了：“那你准备把这钱花在什么地方？”

“产品推广和市场营销。”

“那这钱花得值吗？”

格林纳斯笑了笑：“说实话不值。”

格林纳斯提到约翰逊准备用40亿美元来改进纳贝斯克公司的饼干厂。

“为了科技而科技。”格林纳斯嘲笑道，约翰逊不知道怎么处置那些从烟草业务取得的现金。“你不需要用这些钱买什么，只需要把它们挥霍掉。”格林纳斯强调道。

格林纳斯牵出约翰逊的圣牛，并毫不留情地将它们宰杀了：纳贝斯克运动队，一群废物；高尔夫球锦标赛，绣花枕头。“我应该每年在黛娜绍尔锦标赛上花1 000万美元吗？这能帮助我们卖出更多的饼干吗？不会。但公司非要让我这么做，这样才能计入我的开支。”

开完会之后，雷切尔有点晕头转向了。在离开之前，他对格林纳斯说：“你们最好对这些数字有把握，因为到时候我们需要你们的帮忙。”言下之意很明显：如果克拉维斯胜出的话，他们会继续保留纳贝斯克公司。格林纳斯兴高采烈地回去了。

雷切尔赶紧回来向克拉维斯汇报见面的情况。“我希望这不是约翰逊他们设的一个局。”克拉维斯说，脑子里闪过格林纳斯也许是约翰逊的一个棋子。

“不，我觉得这个人是靠得住的。”雷切尔说。

这是两个星期来他们两人听到的第一个好消息。雷切尔立刻把格林纳斯的一些信息应用到了他们的收购模型当中。第二天这些信息的影响就出来了。如果格林纳斯说的都是真的，KKR 就可以将投标价格从 90 美元提高到 100 美元左右。

星期二，约翰逊飞到华盛顿去见总统。其实那天和他一起见里根的还有另外几个总裁，他们都是纪念美国宪法颁布 200 周年委员会的成员。约翰逊是这个委员会的副主席。

吃完午餐之后，他被带到里根的办公室，并和里根握了握手。

"罗斯，"总统说道，"我最近发现你的曝光率有点高啊。"

约翰逊笑了笑，不知道如何回答是好。和里根照完相之后，他们一行又拜见了白宫的幕僚长肯尼思·杜伯斯坦和国家安全顾问科林·鲍威尔。两个人都问起了约翰逊的收购情况。约翰逊则趁机嘲讽了华尔街一下。

约翰逊和沃伦·博格、里根在白宫

但即使和总统侃大山也没有使约翰逊的心情好起来。在坐飞机回纽约之前，他转向 ADM 公司的主席兼纪念美国宪法颁布 200 周年委员会主席德温·安德雷亚斯，告诉他希望以后能经常见面。"德温，"约翰逊说，"几星期之后我可能会有比较多的空闲时间。"

桌子上的计算机模拟图表让弗斯特曼感到沮丧。如果价格在每股 85 美元的话，弗斯特曼还可以接受雷诺兹 - 纳贝斯克集团。这样弗斯特曼就可以按照他们公司的方式进行，不用垃圾债券，完全用现金。90 美元的价格会导致投资回报率大幅度下降，但也还可以接受。弗斯特曼 - 利特尔公司向那些机构投资者承诺了至少 35% 的回报。但如果价格超出 90 美元的话，他的投资回报率连 20% 都达不到。

于是他自嘲地说："该死，连国债都能达到 11% 的回报率。这太令人尴尬了。"在价格超过 90 美元的情况下，他们需要借助高盛银行的搭桥贷款，而之后他们还需要销售垃圾债券来筹集资金。弗斯特曼不赞成这个想法，但布瓦希却极力建议他这么做。在布瓦希的安排下，弗斯特曼被迫上了一周的垃圾债券速成班。但大多数时候，弗斯特曼不明白那些年轻的高盛银行家们在说什么。他抱怨说："我说英语，但他们好像在说土耳其语。”

不过弗斯特曼明白了这种贷款的潜在风险。如果高盛银行每个季度不通过销售债券来再融资的话，搭桥贷款的利率就会不停地上涨。如果一切顺利的话，弗斯特曼就可以用雷诺兹-纳贝斯克集团的现金流来偿还这笔贷款。但是如果高盛银行卖不掉这些债券的话，弗斯特曼-利特尔公司就得偿还全部贷款。实际上，弗斯特曼如果接受了搭桥贷款也就等于将整个交易赌在了高盛银行能不能卖掉这些债券上面。

布瓦希热情得不得了，特别希望使用搭桥贷款，并安慰弗斯特曼说搭桥贷款很安全，高盛银行卖不出债券的可能性非常小。

弗斯特曼说：“好啊，那就把这个也写进去。”他的意思是把这话写到合同里。

“不能这样，如果有什么意外的话，我们还是得给自己留条后路。”

当讨论青少年市场未来对烟草的需求时，弗斯特曼感觉自己就像个毒贩子。但总体来说和银行的沟通还算可以。星期天的下午，弗斯特曼穿着蓝色的牛仔裤站在汉华实业银行的礼堂里对一群穿着深色西装的银行家演讲，希望他们能够提供100亿美元以上的贷款。从他们的表情看，他们很愿意提供。

他们谈来谈去最后总是要扯到垃圾债券上，布瓦希最后终于失去了耐心。

“你当自己是神父吗？难道上帝规定你不能这么做？”

弗斯特曼试图向他解释：“我不能这么做，我是个战士，这个我实在做不到。”说着他就拿出他那篇刊登在《华尔街日报》上的文章给布瓦希看。

星期二下午正当他们激烈争论的时候，利特尔把他叫到了一边，说：“我觉得你、尼克还有我应该谈谈。”然后他们俩把尼克叫住，三个人来到利特尔的办公室里。

三个合伙人知道他们的处境有点尴尬。如果不借助垃圾债券的话，他们就不可能获得足够的回报，但三个人都不愿意这么做。事实上，即使他们想用垃圾债券的话，他们也不能用了，弗斯特曼与垃圾债券势不两立的架势让他们已经没有后路。如果要发行垃圾债券来偿还搭桥贷款的话，别人一定会笑话他们。利特尔说：“现在的情况是，没有垃圾债券我们就不可能完成收购。”

他们都闷闷不乐。“我认为我们将就此结束。”弗斯特曼说。

于是他就将这个消息告诉了布瓦希和宝洁公司等三个企业合作伙伴。当最初的狂热退却之后，他写了一篇长长的新闻稿，详细阐述了弗斯特曼-利特尔公司退出竞标的原因。这篇文章最后变成了对投标流程和垃圾债券的抨击。当天晚上，他打电话给阿特金斯，并向他念了这篇文章。

阿特金斯立刻意识到他不能让弗斯特曼发布这篇新闻稿，否则这将误导那些垃圾债券购买者、对杠杆收购敬而远之的银行业以及反对杠杆收购的立法者。离投标期限还有3天的时间，现在千万不能把那些银行给吓跑了。弗斯特曼可以退出，但阿特金斯不能允许他的离开妨碍到其他两位投标者。

但弗斯特曼坚持要让全世界都知道他是因为坚持自己的原则才退出竞争的。恼火的阿特金斯把休格尔从燃烧工程公司的董事会会议里拉了出来。“我们要让他们停止发布新闻稿，否则后果很严重。”

休格尔一开始就放宽条件让弗斯特曼参加投标，但现在看到弗斯特曼准备撤退，他和阿特金斯一样感到很难堪。休格尔后来说：“我们的马就要死了。”阿特金斯加了一句：“而且是死在众目睽睽之下。”

于是休格尔就开始和弗斯特曼交锋。两人为了新闻稿的事情争执了几个小时。弗斯特曼依然固执己见地说：“为了保护弗斯特曼－利特尔公司的名声，我一定要让它见报。”休格尔只好针锋相对。如果弗斯特曼不听劝告的话，恐吓也许会起作用。

“那我们也写一篇新闻稿如何？”休格尔试探道。

“你什么意思？你准备在里面怎么写？”

“就说你满怀敌意而且缺乏道德。”

“你不会这么做的。”

休格尔说：“不信你就试试，我相信第二天各大报纸都会把我的文章登出来。”

第二天弗斯特曼－利特尔公司宣布退出对雷诺兹－纳贝斯克集团的竞标，公告只有一句话，没有任何解释。

Barbarians at the Gate

第 14 章 第一轮投标

星期一上午在世达律师事务所楼上的会议室里，阿特金斯带领特别委员会的成员审核竞标者的方案。在他周围，他策划的竞标工作正如火如荼地进行着。三个竞争者（弗斯特曼 - 利特尔公司要到明天才退出竞标）正顺利地向星期五移近。阿特金斯相信他们的投标价格不但能让董事会满意，也能让股东们放心。保密协议已经准备就绪，尽职调查也在紧锣密鼓地进行着。如阿特金斯预期的一样，一切似乎都在掌控之中。就在这时，一封信送到了他面前。

他面无表情地浏览了这封信。信中的请求近乎绝望，但似乎一切都太迟了。这封信给阿特金斯的唯一感觉就是“含糊其辞”。

阿特金斯本希望能避免这样的事情发生，但是第一波士顿发来的这五页纸就像一把活动扳手，让他的机器戛然而止。如果不出意外的话，阿特金斯觉得他完全可以对第一波士顿的请求置之不理。但他也不能确定这样做的话，会有什么后果。

放下信，阿特金斯看着在场的董事们说：“我们今天又有新的情况了。”

80 年代美国企业界的兼并风潮促进了华尔街的繁荣，一家华尔街的公司会比其他公司进行更多的大规模收购。成立于 1934 年的第一波士顿到 70 年代末还是个二流的承销商，到了 80 年代在沃瑟斯坦和佩雷拉的推动下一跃成了投资银行界的领头羊。

在 1988 年寒冷的土拨鼠节，沃瑟斯坦和佩雷拉走进第一波士顿的管理层办公室，向他们宣读了由律师准备的一份材料，正式宣布辞职。自从他们离开第一波士顿之后，华尔街这家最大的顶级兼并业务企业陷入了混乱。第一波士顿 20 多个优秀的交易员（这些由沃瑟斯坦亲手提拔的精英）也很快离开第一波士顿加入到沃瑟斯坦和佩雷拉成立的新公司——沃瑟斯坦 - 佩雷拉。他们同时也带走了一批公司的大客户。

当克拉维斯对雷诺兹 - 纳贝斯克集团发出前所未有的收购要约时，沃瑟斯坦坚定地在他的身边辅佐。当时，华尔街每一家大小投资银行都蜂拥地赶往雷诺兹 - 纳贝斯克集团，但唯独没有第一波士顿。没有沃瑟斯坦，第一波士顿似乎注定要慢慢地消亡。亚瑟王离开了他的城堡，圆桌会议也一去不复返了。

当阿特金斯将那封信的复印件发给在场的董事会成员时，写信的那个人正在离会场 5 个街区远的办公室里焦急地等待着。38 岁的詹姆斯 · 马赫过去的 8 个月经历了他生命中最难熬的一段日子。沃瑟斯坦离开第一波士顿公司后，作为投资银行和合并业务部门共同主管的马赫肩负起重整业务部门的重任。

竞争对手们并不感到稀奇，他们将马赫比喻成“泰坦尼克号的船长”。但对马赫来说，拯救第一波士顿的意义并不仅仅是一项工作。十多年来，沃瑟斯坦和佩雷拉不但是他的上级，同时也是他的好朋友。他们的离职让马赫感到既气愤又迷惘。两家公司激烈的竞争让马赫更加痛苦不已。生存意味着每天都要和他十多年来无话不说的好朋友兵戎相见。那些继续留在第一波士顿的员工都高呼着要迎头痛击他们以前的上司。

沃瑟斯坦和佩雷拉离职 8 个月后，马赫感到有点筋疲力尽。这么短的时间里，他就经历了高潮和低谷——但大部分都是低谷。这一切都是因为第一波士顿是唯一没有参与雷诺兹 - 纳贝斯克集团竞标的大投资银行。第一波士顿只能站在台下看别人上演精彩的好戏，这让第一波士顿的竞争者和客户都感到马赫的部门已经危在旦夕了。

离竞标截止日还有 4 天的时间，马赫的方案却八字还没一撇。特别委员会要求竞标者星期五交上来的标书都要有足够的资金支持。克拉维斯和科恩已经准备了好几个星期；而第一波士顿还没有开始和银行接头。马赫知道如果第一波士顿能够参与到这场收购当中的话，他的部门就有救了。如果失败了，自己毫无疑问会成为大家的笑料。

让这个经常烟不离口的新英格兰人来领导第一波士顿公司 170 多位并购专员，大家觉得多少有点奇怪。因为他并不具备领导的天赋，也不会摇旗呐喊。但他的沉着冷静让他的同事们都赞叹不已。有人觉得马赫是禁欲主义者，尽管他经常自嘲，而且很少发脾气；要好的朋友一看到他紧绷着脸就都躲得远远的。毫不招摇的他梳了个大背头。

詹姆斯·马赫：经过8个月的内部纷争，第一波士顿提出的投标方案让这场历史上最大的收购争夺战陷入了混乱。

身材魁梧的马赫出生在马萨诸塞州中部的一个中产阶级家庭中，他的父亲是当地一家机床制造厂的厂长。1975年大量召回自行车把手的底座之后，机床厂的生意每况愈下。当时还是销售经理的马赫就离开工厂去哥伦比亚商学院继续深造。从学校出来后，他加入了第一波士顿，在刚成立不久的兼并部门谋了一个职位。沃瑟斯坦比他早一个星期加入了兼并部门。马赫对沃瑟斯坦不修边幅的头发和好动的性格印象深刻。“我当时不知道这个人是谁，我觉得他应该属于另一个星球。”马赫后来回忆说，“布鲁斯就是这样爱折腾。”

随着他们的名气越来越大，沃瑟斯坦越来越多地向马赫请教一些人事和利益冲突方面的问题，并戏称他为“判断力先生。”在第一波士顿，马赫是少数几个敢对沃瑟斯坦发火而不用担心被整的人。同事们经常看到马赫气冲冲地从沃瑟斯坦的办公室里出来，一边声嘶力竭地骂道：“你这混账!”在公司里除了沃瑟斯坦，没人能把马赫惹得这么生气。

尽管马赫头脑清醒冷静，沃瑟斯坦却从来不认为马赫是个顶尖的交易员。在沃瑟斯坦眼里，马赫的收购策略缺乏决断力。在大规模的收购战中，速度就是一切，而他发现马赫总要花上几个钟头，甚至几天时间研究战略，然后才开始行动。正因为马赫时常表现得优柔寡断，沃瑟斯坦和其他同事在背后都戏称他为“哈姆雷特”。

沃瑟斯坦和佩雷拉的成功让他们注定要跟第一波士顿的管理层产生矛盾。第一波士顿的老总彼得·布坎南是一位严肃、不苟言笑的人，平时开着一辆旅行车，在自己新泽西州的公寓一住就是20年。很多人觉得布坎南跟沃瑟斯坦和佩雷拉完全是两个世界的人。到了1987年的夏天，沃瑟斯坦觉得自己和佩雷拉是第一波士顿最重要的人物。但他将第一波士顿的业务从原来的股票买卖业务推向商业信贷领域时，矛盾就爆发了。跟布坎南和公司的几位高级管理者争吵之后，沃瑟斯坦和佩雷拉开始考虑离开第一波士顿自己单干。他们觉得圈子内的人都会追随自己。

当佩雷拉和沃瑟斯坦都积极准备离开公司时，马赫开始成了反对他们离开的主要声音。整个冬天，他一直说沃瑟斯坦应该对自己和招进来的员工负责，不应该一走了之。而私下里，他则担心沃瑟斯坦没有时间打理新的公司。他还怀疑“集团”里一些没有把第一波士顿利益放在心上的人，比如希尔和格里彻，也在那儿煽风点火，劝沃瑟斯坦离开公司。马赫心里清楚，一旦第一波士顿被削弱，他们的那些竞争者就会趁火打劫。

当布坎南公布了冗长的公司政策回顾，宣称公司的经营方向不会变化时，沃瑟斯坦终于受不了了。他和佩雷拉下定决心要离开第一波士顿。马赫与他们在一家日本料理店里分道扬镳了。沃瑟斯坦和他亲密的战友们在那儿花了好几个小时讨论另起炉灶的利弊。最后，沃瑟斯坦在沙地里划了一条线，问道：“我们现在决定吧，都有谁加入？”

佩雷拉、交易员比尔·兰伯特和圈子里的第五号人物查克·沃德，大家一个个地都支持沃瑟斯坦和他的新公司。

马赫脱口而出：“我不参与。”他希望自己的反对能够打击沃瑟斯坦的热情，但事情并不像他想象的那样。

经过进一步的讨论，沃瑟斯坦说：“好吧，让我们过去边喝边谈。”

大家谁都没说话，但心里很清楚沃瑟斯坦并没有邀请马赫。

“嗯，”马赫说，“到时候告诉我结果啊。”

“呵，”沃瑟斯坦回答道，“你已经和我们没有关系了。”这句话就像一个巴掌打在了马赫的脸上，似乎 11 年的友情顿时灰飞烟灭。马赫早就料到沃瑟斯坦会这么对待他，这也是他不愿意跟着这两个明星员工去开新公司的原因。一个月后，马赫对沃瑟斯坦的话依然耿耿于怀。

“这是布鲁斯典型的行事风格。”他之后评价说。

沃德依然想说服马赫加入他们。“你一定要过来啊，”他半开玩笑半认真地说，“只有你能管得住布鲁斯。”

当沃瑟斯坦和佩雷拉在 2 月份递交辞呈的时候，马赫正坐在 43 楼的办公室里整理自己的桌子。如果马赫不想和他的朋友开始新旅途的话，他也不想去收拾他们留下的摊子。沃瑟斯坦和佩雷拉是第一波士顿兼并部门的主力。在他们到来之前，兼并部门什么都不是。马赫担心他们一走，兼并部门又将回到过去的状态。马赫不知道自己该怎么办，但他也不想继续再待下去了。

正当马赫考虑递交辞职信的时候，布坎南打来电话。布坎南直截了当地说让马赫接替沃瑟斯坦领导公司的投资银行业务，包括兼并部门。布坎南句句都说到了马赫的心坎上，唤起了马赫的忠诚。如果马赫也辞职的话，公司的投资银行业务部将群龙无首，这让马赫很为难。马赫考虑了许久。公司里，关于沃瑟斯坦和佩雷拉离职的消息已经引起了不小的骚动，他必须立即采取行动以防事态的扩大。于是，他给自己的妻子打了一个电话。做了一个深呼吸之后，他接受了布坎南的任命。

事情比马赫所想的还要糟糕。十多个优秀员工随即离开了第一波士顿，加入了沃瑟斯坦的新公司。接下来的几周，每天都有马赫的朋友拿着辞职信走进他的办公室。他们之前辛辛苦苦花了10年建立起来的部门现在是腹背受敌。马赫举行一些活动来鼓舞士气：星期五下午的派对、打气演讲和发放印着“拒绝沃瑟斯坦－佩雷拉”的T恤。几星期来他每天工作18个小时，游说新老员工继续留在公司。

就在马赫竭力留住人才的时候，沃瑟斯坦开始把手伸向了第一波士顿的优质客户。很多公司都选择沃瑟斯坦的新公司，包括《时代周刊》和投资大亨罗恩·佩雷曼。格里彻和希尔当面向马赫表示同情，而他们的手下则帮着给马赫的员工打电话，希望他们能跳到自己的公司；他们还给第一波士顿的客户打电话，说第一波士顿要垮了，劝他们雇用自己的公司。

第一波士顿的内讧对他们的业务产生了不利的影响。但有趣的是，马赫却也因祸得福。他的对手们觉得马赫受的打击够大了，如果把他逼急了，后果可能不堪设想。他们在和第一波士顿竞争时都把这个因素考虑进去。希尔最清楚不过了。那年春天，协利的这位兼并部门主管代表百代公司向美标洁具公司发出了恶意收购要约。第一波士顿的客户科尔索公司的出价盖过了百代公司，并和美标洁具公司达成了收购协议。希尔的客户考虑或战或退。“我了解马赫的情况，所以很清楚他们会坚持下去的。”希尔说，“这场收购对第一波士顿来说至关重要。”在知晓马赫的决心之后，希尔建议他的客户退出这场收购。对马赫七零八落的团队来说，他们意识到离开了沃瑟斯坦他们也能继续活下去。

第一波士顿在其他几场收购中并不顺利。马赫在芝加哥的办事处为伊利诺伊州的谷物公司抵御收购者的进攻，但很快他们的防线就让英国的收购者给粉碎了。失败接踵而来。到了6月，马赫手下的杠杆收购团队集体辞职去组建自己的公司了。

当那年春天为最老的客户考伯斯公司抵御外部收购的时候，第一波士顿遭遇了低谷。为了应对希尔为贝泽尔公司组织发起的收购要约，马赫让手下27岁的重组天才布莱恩·费恩制定了一套复杂的防守计划，其中包括将考伯斯公司的业务卖给三家不同的公司。但考伯斯公司的董事会认为这个计划过于粗糙而没有采纳，接着就对收购者贝泽尔公司俯首称臣了。

每天晚上，马赫都很吃力地回到家中，感到筋疲力尽。但马赫对外表现得很平静，所以连他的妻子和四个孩子都没有发现任何异样。在整个收购过程中，马赫都表现得很平静。大家依然喜欢找他倾诉。一个朋友说：“他就像一座码头，大家都希望在他那儿靠岸歇一歇脚。”

受到新竞争者对手的讥笑让马赫更加郁闷。沃瑟斯坦手下一个不愿透露姓名的助手在接受《华尔街日报》采访时，对第一波士顿在收购中接连失手评论道：“当我们还在第一波士顿的时候，这种事情绝对不会发生。但第一波士顿的人觉得只要有钱流进公司就万事大吉了，也不知道为什么钱会流进来。”马赫对此大为光火。他最要好的朋友竟然说自己已经山穷水尽了。马赫的一个资深助手金·芬内布雷斯克在

《投资交易员文摘》中反击道："沃瑟斯坦－佩雷拉虽然是一家不错的公司。"但本质上是一家经营单一产品的公司，意思是说沃瑟斯坦公司的三十几个银行家给人一种沃瑟斯坦会亲自参与每个客户收购工作的假象。芬内布雷斯克知道"不错的公司"这个词会激怒沃瑟斯坦。他解释道："在投资银行业内，称某家公司是一家'不错的公司'就好像说一个胖妞再怎么锻炼也瘦不下来。"看到他的评论，第一波士顿的同事都过来拍拍他的肩膀表示赞许。

芬内布雷斯克的言论刚在媒体上发布，沃瑟斯坦那边马上就有了反应。沃瑟斯坦的助手沃德在电话里生气地对马赫说："你能不能管管你手下的人？"

金·芬内布雷斯克：马赫这位调皮的手下一心想对沃瑟斯坦发起反击。

还有一回，第一波士顿级别较低的银行家收到了一封假称是出自沃瑟斯坦－佩雷拉的沃德之手的邮件，并将其在第一波士顿内部流传。除了嘲笑第一波士顿之外，这封邮件明显是想劝第一波士顿的雇员不要投奔沃瑟斯坦－佩雷拉公司。"我们这儿有很多垃圾袋，但清洁工的人手不够。"那份备忘录接着建议申请者带上漱口水、护膝和凡士林。"如果你不知道为什么要带这些，说明你还不清楚这里的规矩。"

到了秋季，第一波士顿虽然在华尔街兼并顾问榜上的排名依然比较靠前，士气却很低落。

沃瑟斯坦等人离职后，第一波士顿的收入也开始大幅度减少。争夺新的客源就意味着每时每刻都得和沃瑟斯坦－佩雷拉正面交锋。

10月17日，第一波士顿的合并部门遭受了自沃瑟斯坦离职以来最大的打击。菲利普·莫里斯宣布以110亿美元的价格要约收购卡夫。在这次历史上最大的收购中，菲利普·莫里斯公司委托沃瑟斯坦－佩雷拉作为他们唯一的财务顾问，这让之前一直为这家烟草公司服务的第一波士顿感到颜面尽失。

那天下午离6点还有几分钟的时候，马赫正在办公室里给一位应聘者做面试，这时他电脑屏幕上闪过一条报道："菲利普·莫里斯宣布收购……"突然，这条道琼斯新闻标题的后半段卡住了。

"啊，不，"他自言自语道，"啊，不，不。"时间就像凝固了一样，他过了一会儿又看了看电脑屏幕，心里祈祷这只是一次小小的收购。

接着，整条新闻都播出来了："菲利普·莫里斯宣布收购卡夫。"

"他娘的。"

马赫难过的不仅仅是因为在这场历史上最大的恶意收购中自己的公司被晾在了一边，更重要的是第一波士顿竟然败在了沃瑟斯坦的手下。对马赫来说，菲利普·

莫里斯将第一波士顿拒之门外是一种直接的人身攻击。这家烟草巨头曾经是他的客户，马赫在1985年还亲自负责菲利普·莫里斯公司对通用食品公司的收购。现在沃瑟斯坦趁火打劫把第一波士顿的大客户给挖走了，马赫知道这只能怪自己。他把精力都放在留住人才上，没有兼顾到其他方面。这个沉重的打击让第一波士顿整个合并部门认识到他们不能把希望全部寄托在那些优质客户上。

马赫和菲利普·莫里斯公司的高级主管埃胡德·胡迈纳比较熟，于是就拨通了对方的电话。“埃胡德，这真太让人痛心了。”马赫在电话里尽力克制自己的情绪。除了说几句安慰的话之外，胡迈纳并没有表示以后会把业务交给第一波士顿做。整个星期，马赫从每个菲利普·莫里斯的主管口中得到的都是一样的答复。

当约翰逊准备以每股75美元收购雷诺兹-纳贝斯克集团的消息在电脑屏幕上缓缓掠过时，芬内布雷斯克一度以为是有人把数字打错了。他脑子里闪现出电影《战争游戏》中的电脑天才：“一定是黑客侵入了我的Quotron，这不可能是真的。”

马赫立刻召集大家制定一个进攻计划。和华尔街其他投资银行一样，第一波士顿也希望能够参与这场收购，无论是以特别委员会委托人的身份还是某条生产线买家的委托人的身份，总之，能够赚到佣金的任何业务都行。

接下来的几天，他们打了无数个电话给雷诺兹-纳贝斯克集团的潜在买家。一开始马赫并不担心第一波士顿没有机会参与这场即将上演的好戏。雷诺兹-纳贝斯克集团实在是太大了，一定会有很多公司聘请投资银行来给他们出谋划策。于是马赫卷起袖子，嘴里叼着万宝路，开始不停地打电话。

他先打给了雷诺兹-纳贝斯克集团，询问对方董事会是否需要他们提供咨询，但是雷诺兹-纳贝斯克已经聘请了狄龙·里德和拉扎德。接着他又去找希尔，问协利是否需要更多的资金，希尔回答说不需要。马赫接着给弗斯特曼和布瓦希打电话，但他们两人也都没给马赫任何希望。马赫面前的门一扇扇地关上了。

就在约翰逊宣布收购雷诺兹-纳贝斯克的第二天，马赫的一些老部下开始大发牢骚。星期五的傍晚，格雷·斯文森走进芬内布雷斯克的办公室。斯文森在第一波士顿里干了20年，他临阵不乱的做事风格让作为长岛人的芬内布雷斯克羡慕不已。

“你知道，这次收购我们又没赶上。”斯文森说。

“你在说什么？”芬内布雷斯克问。

“华尔街上人人都有份，就我们没有。只有我们是局外人，我们被忽略了。我知道现在我们该做些什么。我们干脆自己组成一个团队单干得了。把雷诺兹-纳贝斯克集团整个拿下，这才是第一波士顿最需要做的。这样才能把局势给扭转过来。”

一开始芬内布雷斯克并不赞成这个主意，觉得这太夸张了，近乎疯狂。但芬内布雷斯克听着听着觉得自己有点被斯文森的热情感染了。于是他把几个同事叫到自己的办公室，包括经验丰富的老将戴维·巴顿。刚在合并部门新岗位上履新一周的主管对斯文森的方案表示赞同。四天前刚刚从伦敦办事处回来的巴顿觉得公司的空气中弥漫着自卑，他告诉自己的同事："我们现在需要的是一剂强心剂，我们依然是华尔街上的弄潮儿。别人能做的事情我们也一样能够做好。"

于是大家就在芬内布雷斯克的办公室里展开了头脑风暴。第一波士顿可以拉上它远在瑞士的兄弟瑞士信贷，还有他们在伦敦的合资公司。到时候三家公司组成一个竞标小组，在全世界募集资金。这个方法很值得一试。

芬内布雷斯克兴奋不已，于是给马赫打了个电话让他过来。接着芬内布雷斯克就把他们的计划告诉了马赫。

"你觉得这个计划可行吗？"芬内布雷斯克问道。

马赫想了一会儿，说："我不反对这么做。"

芬内布雷斯克觉得这个回答太符合马赫的性格了，这有点令人抓狂。"我不反对这么做"，他的立场到底是什么？哦，这就是说这个主意很不错！正是马赫性格中的这一面让他的朋友很难接受。芬内布雷斯克多次请马赫站到桌子上给大家做个动员演说，但马赫丝毫没有那种激情。

芬内布雷斯克召集大家，并开始给一些杠杆收购的买家打电话，准备一起对雷诺兹－纳贝斯克发起投标。

急切需要正面消息的马赫终于在接下来的那个星期听到了一些好消息。让他想不到的是，他花在菲利普·莫里斯身上的努力最终得到了回报。依然还身处卡夫争夺战中的菲利普·莫里斯聘请第一波士顿为它研究收购雷诺兹－纳贝斯克的可行性。马赫知道菲利普·莫里斯收购雷诺兹－纳贝斯克的可能性很小，但也许菲利普·莫里斯会放弃卡夫而和约翰逊联手。这样的话，第一波士顿就可以跟在菲利普·莫里斯后面分得一杯羹了。

对马赫那些得力助手来说，菲利普·莫里斯能雇用他们真是太让人激动了。这个举动意味着沃瑟斯坦对卡夫的收购有可能流产，而且第一波士顿公司将有机会参与雷诺兹－纳贝斯克的收购。"太棒了。布鲁斯不但在收购卡夫上没戏，在收购雷诺兹－纳贝斯克上也没什么指望了。而我们不但能继续保持和菲利普·莫里斯的关系，而且还能进军雷诺兹－纳贝斯克的收购。太棒了！"

但芬内布雷斯克的部队在组织以菲利普·莫里斯公司为中心的收购团队上运气不佳。芬内布雷斯克和身价上亿的投资家约翰·克鲁格的几名助手见了几次面，但没有什么进展。管理层协议的曝光让这次收购笼罩在贪婪的色彩中，这让克鲁格敬而远之。

几天之后，马赫得知菲利普·莫里斯准备和卡夫达成友好协议，因此不太可能再来收购雷诺兹－纳贝斯克了。在和克鲁格谈判失败后，这个消息就像一记重拳打在了马赫的脸上。他最担心的事情看来是不可避免了：第一波士顿将无缘这场世纪收购。

接下来的几天里，第一波士顿的雷诺兹－纳贝斯克项目组的情绪跌到了谷底。垃圾债券业务的主管格雷格·马尔科姆开玩笑地说："我们就像一条追赶着巴士车的狗。"意思显而易见，试图参与这场收购的第一波士顿现在又落在同行们的后面。

于是大家又开始怀疑公司的发展方向是不是有问题。绝望的芬内布雷斯克飞到明尼苏达州寻找小型的收购对象。"我们还能像过去那样风光吗？以前布鲁斯让我们感觉自己高人一等，你会禁不住想起他当年的荣耀。我们还能够找回过去那种感觉吗？"

除了芬内布雷斯克，很少有人知道马赫内心的煎熬。在外人看来，马赫依然那么冷静，和往常一样沉稳。然而，在内心深处，马赫有点恐慌。为了参与这场收购，他试了所能想到的所有办法，但都无济于事。他心里很清楚别人在背后怎么评论他们。"第一波士顿没戏了，沃瑟斯坦走了，他们今非昔比了。"马赫之后回忆说："当时我们的业务岌岌可危，所以加入这场收购对我们来说至关重要。"

但马赫也不能说是走投无路，至少还有一个点子让他很感兴趣。一个星期五的下午，费恩拿着另一个新方案，兴冲冲地走进马赫的办公室。费恩激动地告诉马赫的秘书无论谁打来电话都不要接。

"如果你敢接电话，我就给你点颜色看看。"费恩笑着对马赫说，"现在闭上嘴巴听我说。"

马赫对公司里的这位杰出青年有种特殊的偏爱。费恩是金融界里的电脑黑客，尤其擅长捣弄数字，经常独自坐在那儿研究收购策略。作为第一波士顿的反收购/重组部门的专家，费恩将收购战略用到极致，经常会极具创造性地打散重组公司的资产负债表来抵御敌意的收购者。他稚气未脱的脸、棕黄色的头发和皱巴巴的西服，再加上那敏捷的头脑，让人不禁想起年轻时代的沃瑟斯坦。事实上，费恩也很受沃瑟斯坦的青睐，因此也是沃瑟斯坦和马赫争夺的对象。经过一夜的促膝长谈外加一瓶杜松子酒，马赫终于说服费恩留在自己身边。费恩说："马赫已经够惨了，我不忍心再伤害他。"

费恩让马赫先看放在桌子上的两页还没来得及读的备忘录。在驱车回长岛新家的路上，费恩灵光一闪想到了这个点子，然后那天早上，他就发给了马赫。马赫觉得备忘录中的这个战略既复杂，又不是很完善，可以说成功的可能性不大。

这个点子是基于一条将于12月31日废止的税法条款，离现在还有2个月的时间。根据费恩的计划，第一波士顿首先收购雷诺兹－纳贝斯克的食品业务，并拿到一种所谓的“分期支付票据”。从理论上说，第一波士顿可以拿这些票据到大银行那儿兑换成现金，也就是俗称的“贴现”。这个点子的美妙之处在于利用这个税法漏洞，这些票据所产生的税负可以推迟 10～20 年，相应节省的税款有 40 亿美元之多。接着，第一波士顿再将纳贝斯克公司拍卖出去，将 20% 的利润收入囊中，剩下的由雷诺兹－纳贝斯克集团的股东们分享。雷诺兹公司的董事会可以把节约的几十亿美元的利润分配给股东，而且股东们不需要交税。最后，第一波士顿公司运用传统的杠杆收购方式，以 150 亿美元的价格收购雷诺兹－纳贝斯克的烟草业务。

华尔街税务律师在 1986 年和 1987 年税法修订的时候发现了这个漏洞，并在 1988 年坎普公司收购联邦百货公司之后的几个收购中小试牛刀。这个方法对于避税十分有效，因此国会在 9 月份把它删除了，但立法者将废止的时间延迟到了年末。这给波士顿和其他公司收购者提供了最后冲刺的机会。费恩建议要抓住这次机会，把它用于这场历史上最大的收购中。

马赫有点将信将疑。他认为对于这样一场大规模的收购，这个主意似乎有点旁门左道，分期付款票据还从来没有在这么大规模的场合使用过。马赫心里很清楚，在将这个方案作为一个成熟的备选方案之前还需要解决许许多多的问题。

费恩承认：“的确还有很多问题需要我们去解决。”

“那你就去处理吧。”马赫说。

和克鲁格的谈判失败后，第一波士顿寻找共同投标伙伴的行动也搁浅了。经过一周的停顿，到了 11 月 9 日，罗得西亚人利昂·卡尔瓦利亚走进了巴顿的办公室。卡尔瓦利亚之前就是协助寻找共同投标伙伴的人。“该死的，我们绝不能放弃。”他和巴顿把那张列着潜在合作伙伴的名单又拿出来重新看了一遍，看看是不是有漏掉的公司。最后他们终于发现一个巴顿并不熟悉的名字：资源控股集团。

“这家公司如何？”卡尔瓦利亚问。

“他们老板是谁？”

“杰伊·普利茨克。”

巴顿并不怎么感兴趣。普里茨克是芝加哥受人尊敬的投资家，拥有凯悦酒店，但因为大家都知道他不愿意在公司收购上投资，第一波士顿就没有联系他的手下人。不过随着投标期限越来越近，只剩下 9 天的时间了。

“干嘛不联系一下他？给他打个电话。”巴顿说。

当天晚些时候，卡尔瓦利亚联系上了信息通公司的首席执行官杰瑞·塞斯罗。42 岁的塞斯罗在华尔街上并不怎么出名。他之前在毕马威会计师事务所里工作了 11 年，有机会接触普利茨克等投资家。之后他自己开了一家小型的投资公司。信息通大部分业务是为普利茨克和丹佛市的亿万富翁菲利普·安舒兹的投资活动出谋划策，还有小部分业务是为公司固定的投资者服务，比如印第安纳波利斯大卖场之王梅尔文·西蒙和辛辛那提投资家卡尔·林德纳。在华尔街上，塞斯罗虽然只是一个不起眼的角色，但偶尔也爆个冷门。

塞斯罗耐心听卡尔瓦利亚讲完。他很喜欢这个罗得西亚的年轻人，而且也知道第一波士顿急切地想做成这笔生意。卡尔瓦利亚的主意听上去有点近乎绝望的味道。

"你一定是疯了。现在才跟我们说这个已经太晚了。太晚了。回家吧，别想了。"

卡尔瓦利亚还是不依不饶，但塞斯罗不想再听了："算了吧，回家吧。"

挂了电话后，卡尔瓦利亚才想起费恩的策略——"税务小把戏"。第二天他又给塞斯罗打了一个电话。

"我们有一个优势。我们的税收筹划可以向雷诺兹－纳贝斯克集团的股东多支付8～10美元的现金，而KKR和协利都做不到这一点。我们能上你公司去，跟你详细地谈一下吗？"

塞斯罗终于松了口："那好吧，你们过来吧。"

第二天上午，芬内布雷斯克和卡尔瓦利亚花了一个小时向塞斯罗阐述了他们的想法，同时他们还暗示还有一些大客户也可能加入这个计划，比如百事可乐公司。塞斯罗觉得这个主意很不错，说自己会进一步研究一下这个方案。"你们要是能提前两周告诉我就好了。"塞斯罗说。

普利茨克仔细地听着塞斯罗从纽约打过来的电话。

66岁的普利茨克领导着一批被公认为美国最聪明的投资者。他个子不高，又有点瘦，虽然做了心脏搭桥手术，但依然活力四射。他的爷爷是一位俄国出生的药剂师，1881年从基辅移民到了芝加哥。普利茨克花了40年的时间建立了一个以业务多元化和利润丰厚而著称的商业帝国。这个商业帝国主要由两个公司组成——凯悦连锁酒店和玛蒙集团。玛蒙集团虽然并不广为人知，但其商业触角已经伸入了60多个业务，包括水泥和特玛捷票务公司。低调的普利茨克家族在80年代中期出手营救濒临破产的布拉尼夫航空公司，在当时引起了很大的轰动。但后来拯救计划的结果并不理想。

杰伊·普利茨克

那个星期五，普利茨克略带怀疑地听了塞斯罗跟他讲解第一波士顿特殊的税务战略。普利茨克说："啊，现在太晚了。"离正式投标只剩下7天的时间，但塞斯罗还在坚持要说服他。

当两人谈到他们潜在竞争对手的时候，塞斯罗意识到普利茨克的态度有所转变。普利茨克一直很崇拜克拉维斯，因此对克拉维斯在收购雷诺兹－纳贝斯克上的热忱很感兴趣。

“如果连亨利都参加的话，那里面肯定有好东西。”普利茨克说。

亿万富翁自有交友之道。

来自得克萨斯州的克莱因是普利茨克最亲密的朋友和顾问。70 年代初在华尔街工作的时候，为人和气的他和克拉维斯成了朋友。1988 年年初他和联合科技公司的前主席哈里·格雷成立了一个投资基金，这个基金的第三个合伙人是由普利茨克领导的合伙企业。到了那年春天，克莱因拿着刚刚筹集来的 5 亿美元资金准备投入到一些著名的收购活动中去，其中包括联邦百货公司收购大战。

2 月份的时候，克莱因基金的一名有限合伙人建议普利茨克和克莱因考虑对雷诺兹 - 纳贝斯克的杠杆收购，并将这个计划命名为“烟幕计划”。克莱因和普利茨克小组花了几个月的时间来讨论这个计划。由于大家和约翰逊不熟悉，因此克莱因建议先和克拉维斯碰个面，看他是否愿意联手收购雷诺兹 - 纳贝斯克集团。5 月 4 日克莱因在吃早饭的时候联系了克拉维斯。提到之前他和约翰逊的会谈细节时，克拉维斯说：“约翰逊并不想这么做。没有办法。”“烟幕计划”就这样胎死腹中了。

到了 10 月，就在约翰逊准备收购他们集团的消息公布之后，克莱因又找到克拉维斯，表示如果克拉维斯能参与杠杆收购的话，他们希望能在里面参点股。克拉维斯说他会考虑一下。

星期五下午，普利茨克给在得克萨斯州的克莱因打电话。“目前我们和克拉维斯达成什么协议了没有？”克莱因说他需要问一下才能告诉普利茨克。那天下午，当普利茨克正在考虑是否和第一波士顿合作的时候，克莱因联系了克拉维斯。

“我只是想跟你说一声，普利茨克可能会和第一波士顿联手参与收购雷诺兹 - 纳贝斯克的竞标。”

“谢谢。”克拉维斯说。

星期五下午，当马赫在办公室里开完会之后，第一波士顿的希望变得越来越渺茫。只有采用费恩不同寻常的重组方案才能保证第一波士顿不被排除在雷诺兹 - 纳贝斯克的竞标活动之外。于是，他把费恩和其他几个人叫到自己的办公室里研究下一步的计划。

在会上，费恩更详细地阐述了他的方案。如果利用分期付款票据的税务漏洞来收购雷诺兹 - 纳贝斯克，他预计可以节省 40 亿美元的税金，而且剩下的税金可以推迟到2000年以后缴纳。费恩粗略地算了一下，如果一切顺利的话，第一波士顿会有3亿美元的咨询费，相当于之前最大一笔并购咨询费的4倍。但费恩知道，马赫关心的不仅仅是咨询费，因此他在备忘录里还指出，“其他的好处还有扩大在并购行业中的市场份额以及不可估量的公关效应”。简而言之，如果他们能够做成这笔交易，他们就可以把沃瑟斯坦远远地甩在屁股后面。

但同时费恩也承认这个方案还有一些特殊的问题需要解决。首先，美国历史上还从没有出现过35亿美元之巨的递延税款。根据费恩的计算，光这项交易就会使联邦年度预算的赤字增加2%。如果第一波士顿准备启用这套方案的话，雷诺兹－纳贝斯克集团的董事会毫无疑问会考虑相应的政治影响。“不用说，华盛顿的那帮人肯定会坐不住的。”费恩说。

布莱恩·费恩：他的方案将会导致联邦政府的赤字增加2个百分点。

但这位自信满满的年轻人坚持认为国会不太可能出面干预。国会已经明确地将分期付款票据税法的废止时间延迟到了年底，因此肯定已经预料到很多收购都会抓紧时间利用这次机会。他们怎么可能为了一次杠杆收购而专门开会讨论呢？“放心，不会有什么事的。”费恩说。

在第一波士顿是否需要别的合伙人来一起实施的问题上，大家各持己见。有人认为应该单干，但马赫不这么认为。马赫很清楚队伍里需要一个有名气的合作伙伴来增强他们的实力。

马赫的愿望很快就要实现了。当夜幕降临的时候，卡尔瓦利亚走出办公室去接塞斯罗打来的一个电话。这位前会计师在电话里激动地说：“我们和杰伊谈过了，我们同意加入。让我们开始行动吧。”

费恩坐在昏暗的会议室里俯瞰着洛克菲勒中心，心中十分恼火。

“这些家伙为什么对我们大发雷霆啊？我们来了，他们应该高兴才是。”

星期二的早上，离星期五的投标截止日期还有3天的时间。费恩和三个第一波士顿的同事来到拉扎德的办公室详细展示他们的收购方案。费恩惊讶地发现拉扎德的办公室凌乱不堪。他怀疑这家公司自1932年以来就没用过地毯。

第一波士顿将自己的方案描述成一个重组方案，而不是一个收购方案。马赫相信雷诺兹－纳贝斯克的董事会一定希望公司依旧保持独立性，因此跟克拉维斯和科恩的方案相比，说成是重组方案对董事会更容易接受。第一波士顿和普利茨克家族在他们的方案中提议和董事会合作，将食品业务出售，然后把收到的钱分给股东，同时继续保留烟草业务。

随着会议的进行，费恩开始打量起坐在他对面的两个银行家：拉扎德的路易斯·里纳尔迪尼不但头脑灵活，而且口才了得，而狄龙·里德公司的马林让费恩不禁想到70年代以前的华尔街老古董。

“我们觉得董事们不太可能会采纳这种复杂的方案，尤其是这个方案可能会激怒华盛顿。”里纳尔迪尼一边说一边摇着头，“风险太大了。这不符合他们的做事风格。不过，我们不想挫伤你们的积极性。”

“你还说没有？”费恩心里默默地想，“这些家伙觉得自己被冒犯了，他们觉得我们打乱了他们的安排，他们觉得我们在跟他们开玩笑。”费恩认为自己知道他们为什么会这么想：“因为我们做了他们本应该做的事情，他们之前就应该想到这个方案。他们怕我们抢了他们的饭碗。”

特别委员会不但没有欢迎第一波士顿的投标，反而还冷言冷语。费恩一气之下离开会议室，心想这场收购大战将会比他想象的更加残酷。

马赫读着阿特金斯的来信，心中无比愤怒。

阿特金斯在信里说，董事会不准备给第一波士顿一次尽职调查的机会。如果第一波士顿执意要投标的话，除了公司年报和10－K报表，雷诺兹－纳贝斯克集团将不会提供更多的信息来源。

这似乎太不公平了。马赫星期三失望地对阿特金斯说：“我现在都不知道如何是好。我希望到星期五的时候能把我们的价格报出来，也许你会感兴趣的。”这时离投标的最后期限还剩下两天。

阿特金斯依然冷冰冰地说：“随你的便。”

第一波士顿准备投标的消息被刊登在星期四早上的报纸上。报纸并没有透露多少细节，也没有太多人把它当回事。沃瑟斯坦告诉别人，第一波士顿的方案纯粹是扯淡。星期五的时候，一个不愿透露姓名的董事会顾问在《华尔街日报》上评价这个方案时说了三个字：“蹩脚货”。

协利的希尔觉得第一波士顿的这个方案很可笑。希尔觉得马赫已经走投无路了，什么事情都能干出来。那个分期付款票据的把戏在这种重量级的收购中并不现实。希尔觉得塞斯罗无足轻重，完全是个门外汉。

“他们把能叫上的人都叫上了，除了艾伯特和卡斯特罗[㊀]，”希尔嘲笑道，“因为他们已经死了。”

对于普利茨克的突然出现，希尔和所罗门的“香肠”们发现哈里斯在里面扮演了重要的角色。为董事会提供咨询的哈里斯和普利茨克交往甚密，希尔因此把他们俩称为“结拜兄弟”。

希尔觉得普利茨克的突然闯入并不是偶然，而是特别委员会需要找人替代弗斯特曼－利特尔公司，所以哈里斯就联系了普利茨克。

在玖熙大厦，马丁开始大声抱怨“胖子哈里斯”弄砸了他们的好事。事实上，哈里斯在星期一见了普利茨克之后，在特别委员会上强烈建议委员会听一听第一波士顿和普利茨克的方案，但即使是哈里斯也不能说服阿特金斯向第一波士顿提供信息。

离投标期限还有两天的时间了。

随着投标期限的临近，约翰逊莫名的不适感稍有减轻。他又开始担心公众对管理协议的抨击会对董事会产生影响。于是他就在星期三的时候给休格尔打了一个电话。

“查理，如果由你来负责这次竞标的话，如果我们报出我们最好的价格，我希望你能保证不会来来回回地跟我们讨价还价。”

“我可以保证。”

“是你揭标吗？我不想再出什么差错。”

“到时候我会在现场亲自揭标。”休格尔接着说，“如果你担心媒体关注的话，你可以打电话给董事们向他们解释一下。”于是约翰逊第二天就开始给董事们打电话，在电话里，他的说辞都是千篇一律。

“我问心无愧，晚上睡得很香，因为我觉得我没有做任何对不起良心的事情。无论如何，管理团队拉升了公司的股价，这才是最重要的。”对每一个董事，他都尽量避免提及管理层协议，而是着重强调他的本意是为了造福公司股东和员工。

在接下来的两天里，约翰逊都在罗宾逊的家中商讨定价策略到很晚。好几个晚上，住在楼下公司公寓的霍里根也会上来参与讨论，琳达则忙着为他们端茶递水。约翰逊比较喜欢喝威士忌，罗宾逊只喝一杯，而霍里根则坚持要喝烈性酒，琳达称之为“成年人的饮料”，而琳达自己则比较喜欢喝啤酒口味的 Perrier 牌矿泉水。

夜猫子约翰逊一般会在罗宾逊家一直待到凌晨两三点。实在太困的时候，琳达就会脸朝下躺在客厅的沙发上，嘴里嚼着爆米花或者爱抚着她的三条爱犬。

㊀ 美国 20 世纪 40 年代谐星搭档。——译者注

每次她的丈夫和约翰逊走进密室，琳达就知道他们要谈管理层协议了。当初制定这个协议时火急火燎，而现在修改它的时候却和风细雨，很多时候都是由约翰逊和罗宾逊在深夜里私下商量出来的。罗宾逊并不需要花很大的力气来催促约翰逊修改这份协议，因为媒体已经替他做了。

到了星期三，也就是 11 月 16 日大家在科恩的办公室里开会，通过了修改后的管理层协议。约翰逊同意将管理团队的股份数减少两个百分点到 6.5%，同时大幅度削减激励性奖金。修订后的协议还加入了新的条款，明确将一部分股票分给雷诺兹－纳贝斯克集团 1.5 万名员工。这样管理团队的成员以后就可以理直气壮地将这一条拿出来，以此来佐证约翰逊慷慨地将自己的钱分给了公司的员工。

但实际上，约翰逊并没有这么做。戈德斯通说："当时罗斯其实是在慷他人之慨。"约翰逊和霍里根一直以来都希望得到 1% 的股份。戈德斯通估算这 1% 的股份价值约在 7 500 万到 1 亿美元之间。根据戈德斯通的说法，约翰逊还希望在协议修订的时候再多获得 1% 的股份。

戈德斯通和巴松曾经开玩笑地批评约翰逊，说每次和罗宾逊开完会，他的收入就要减少 5 000 万美元。当约翰逊说他准备 11 月 19 日那个星期去罗宾逊在康涅狄格州的农场度周末的时候，他的律师很不高兴："你别去了，你要是去了就会两手空空地回来。"

格林纳斯透露的信息给克拉维斯团队带来的欢乐是短暂的。星期三晚上，一个从狄龙·里德打来的电话解开了斯图尔特心中很多的疑团。

斯图尔特大吃了一惊。他将雷诺兹－纳贝斯克集团的可用现金储备高估了 4.5 亿美元，同时金色降落伞付款总额比他原来猜想的多出 3 亿美元。之前他最担心的"其他用途的现金"还是出问题了，流出公司的现金比他之前预估的数字要多 5.5 亿美元。斯图尔特不需要计算器也知道需要把 13 亿美元从他的定价模型中除去，这对收购价格的影响大约是每股 6 美元。

当斯图加特把这个消息告诉雷切尔时，雷切尔惊奇地问道："这是怎么回事？"但谁也不清楚这到底是怎么回事，斯图尔特感到无比尴尬。

星期四上午，已经被媒体弄得心惊胆战的克拉维斯听到这个消息时，感到又被人当头打了一棒。虽然不是他们自己的原因导致的，克拉维斯还能忍受，但他们的信心受到了重创。如果连这些基础的数据都弄不准确，那他们定价模型的其他部分可信度又能有多高呢？他们还有什么东西不知道呢？他们的分析从开始到现在差不多有一个月的时间了，而现在突然一切都变得那么不确定。

星期二他们才开始意识到事情的严重性，这可不是临阵慌张的时候啊。

"天哪，我们对这家公司真正了解多少？"罗伯茨问道。

星期五早上，克拉维斯的办公室里人人心情沉重，每个人的心里都在想这个问题。眼前是历史上最大的公司收购，而自己对雷诺兹－纳贝斯克集团真正了解多少。他们没有去雷诺兹－纳贝斯克的工厂看一看，也只跟屈指可数的几个公司主管谈过话。他们手头上有的只不过是一堆年报、雷诺兹－纳贝斯克向政府递交的申报材料和几叠计算机草图——他们都感到信心不足。

他们的这些疑问引发了更多的担忧。他们能否万无一失地完成这样大的收购？那些已经对杠杆收购贷款紧张兮兮的银行会愿意跟他们合作吗？那些忧心忡忡的垃圾债券投资者会不会购买KKR发行的债券呢？罗伯茨还提到生活方式的考虑。他们之前都过着平静的生活，而收购雷诺兹－纳贝斯克将意味着他们会受到媒体的广泛关注，华盛顿的听证会还要他们做出经营雷诺兹－纳贝斯克的承诺。"我们的公司还要经营很长一段时间，"罗伯茨说，"我们真的想打破这种平静吗？"

"我们真的要这样做吗？"雷切尔也附和道。

KKR讨论问题一直采用一种固定的模式：先从低级别的员工开始，斯图尔特或者罗宾斯，然后转一圈到罗伯茨为止。每绕一圈，他们就越感到悲观。一开始，乐观的克拉维斯和雷切尔认为价格可以定在每股97～98美元。但罗伯茨比较悲观，他认为价格没必要超过93美元。"91或92美元如何？为什么要那么冒险呢？"

到了下午2点半左右，贝迪把头探进办公室，忧伤地说："如果你们还不赶紧给个价格的话，你们将被排除在投标程序以外。我现在先打个电话过去，看他们能不能给我们延长些时间。"

"好的，"有人回答道，"再给我们15分钟的时间。"

找律师准备投标书本来是最程序化的一项工作，但对于第一波士顿来说也成了问题。一般大的律师事务所都已经参与到雷诺兹－纳贝斯克集团的收购中了，因此都回绝了马赫。马赫最后选择了不太有名的文德律师事务所，他们的首要任务就是起草一封能于星期五下午正式发出的投标信。由于在寻找律师事务所上花的时间太长，费恩直到星期四下午才向律师们简单介绍了情况。

星期五上午8点，文德律师事务所的团队拿着一封起草好的投标信来到了第一波士顿。马赫和他的手下开始仔细地阅读这封信，而律师们则焦急地等待着。几分钟后，他们不约而同地认为这封投标信简直就是垃圾。

芬内布雷斯克在屋里大声抱怨道："这简直就是狗屎！"费恩也摇摇头附和道：

“太垃圾了，文章狗屁不通！”

烦躁的马赫让这些律师和第一波士顿团队的成员到楼上的一间董事会议室里重新修改这五页文件。马赫知道这注定是一项艰巨的任务，但他并不是很担心，因为还有整整一天的工夫。

楼上陷入了一片混乱。五六个律师想重新起草文件，而第一波士顿团队也开始自己写。草稿写了一遍又一遍，随时都有新的律师加入到写作队伍中。到了中午，塞斯罗和他的合伙人们也赶到了第一波士顿，加入了这场混乱。过了一会儿，有人把午饭送到了会议室。他们又写了很多草稿，但没有一份是令人满意的。对于一些模糊条款中的用词，他们展开了激烈的讨论。只有费恩的秘书很平静地将每一条修改和建议速记下来。一下午过去了，这些吵吵嚷嚷的律师和银行家头顶上方烟雾缭绕。大家火气都很大，讨论来讨论去后来都不知道话题扯到哪了。

塞斯罗从来没见过这种混乱的景象。第一波士顿的人似乎连最简单的问题都不能达成共识。他们是对雷诺兹－纳贝斯克整个集团投标还是只对食品公司投标？是杠杆收购还是重组？塞斯罗退到了一个墙角，不解地摇了摇头。他想起了还在芝加哥的普利茨克和他的资深律师汉克·汉德尔斯曼，口中念念有词：“幸好他们没过来。”好像没人能够做得了主。他嘟囔着：“这真是太糟糕了。”

塞斯罗敢肯定如果普利茨克走进办公室看到这种情况，他一定会退出这场收购。“他们一定会这样做的，他们会转身离开。”塞斯罗告诉其中一位合伙人。但在电话里，塞斯罗不停地告诉这个芝加哥的投资家一切都很顺利。塞斯罗很清楚是自己把普利茨克拉进来的，不到万不得已的时候他绝不能半途而废。

随着时间一点一滴地过去，塞斯罗开始担心第一波士顿是否可以胜任这场价值 200 亿美元的收购。他对其中一个合伙人坦白：“如果有沃瑟斯坦和佩雷拉在的话，我会更安心一点。现在已经不是当年的第一波士顿了。”

离投标截止时间还剩下两个小时的时候，马赫终于收到了一份修改好了的投标信，开始默默地读起来。这封信的表达方式过于跳跃，让人抓不住重点。从字面上看，很难看出第一波士顿希望董事会采取一个交易还是三个交易，这是一场收购还是一场重组呢？

马赫火冒三丈，踢了踢他的红木办公桌桌腿，把拳头狠狠地砸在桌子上。“我还从来没见过这么差劲的！我们连这都做不好吗？我说这也太垃圾了。”

马赫抓起那封信，经过秘书的办公桌，三步并两步地来到楼上拥挤的会议室。费恩了解马赫的脾气，一看到他紧绷的脸就知道马赫现在一肚子火。会议室里一片寂静。

马赫对会议室里的人说：“你们都没有抓住重点。现在听我给你们讲讲我们要做什么，”接着，马赫用半小时口述了一封新的投标信，由费恩的秘书记了下来。如果有人插嘴，马赫就会提高自己的声音盖过对方。塞斯罗不敢相信眼前的这一幕，这让他感觉好像是一个老师在训斥一群二年级的小学生。过了一会儿，他几乎忍不住想给普利茨克打电话劝他退出这场收购。

投标期限越来越近，但马赫和律师们还在为是对整个集团投标还是对烟草业务投标争得不可开交。

塞斯罗事后回忆时说："争论的内容不单单是文字的拼写和句式的应用，大家还在争论到底采用什么方式投标和投标对象。"

"记住，你们弄完了还要让普利茨克过一下目。"塞斯罗挂了电话后告诉马赫。

马赫再也控制不住自己的情绪了。

"芝加哥？我还得和芝加哥那边商量？这只是一封投标信而已！得了吧！"

"天哪，我们什么时候才能开始啊？"

霍里根已经气得快口吐白沫了。约翰逊和他的随行人员坐在协利的餐厅里等着服务员把他们的咖啡和面包端上来。他们本来是要讨论投标方案的，但两个小时过去了，他们还在点菜。

约翰逊有点不相信自己的眼睛。这个房间像往常一样坐满了人：协利来了12个人，由古弗兰带队的所罗门来了9个人，再加上约翰逊和他的手下。古弗兰带领的所罗门在出发前已经吃了饭，所以坐到了另外一桌。"我们过来原来是看别人吃饭的。"古弗兰带着罕有的幽默说。

那天早上，约翰逊、霍里根和塞奇赶到科恩的办公室，当时协利的这位主管正站在办公桌后面。

"嗨，伙计们，我们准备出什么价？"

"没几个钱。"约翰逊笑着回答说。

接着科恩让他的秘书给一个大家都没听说过的人打电话。霍里根不知道科恩葫芦里卖的什么药，难道是什么秘密武器？过了一会儿，科恩拿起话筒说："喂？"霍里根竖起耳朵想听科恩会说些什么。

"对，我和我妻子讨论过了。不要外套了，我们就要那套西服。"

三个小时过去了，他们依然只字不提投标的事。午饭一直吃到下午1点半的时候，约翰逊也耐不住性子了。

"让我们谈谈投标的事吧，彼得。"约翰逊说。

"天哪，我们需要一个数字，时间不早了。"塞奇脱口而出。

"标书在哪儿？"

戈德斯通听得出巴松很不高兴。现在已经过了2点，但协利团队却还没有拿出最终的投标方案。戈德斯通把巴松留在达维律师事务所，自己来到协利看他们讨论的进展情况。他惊奇地发现科恩、古弗兰和其他三十多个人一边悠闲地吃着午饭，一边讨论投标方案。这场面不像是战略研究会，而更像一场酒会。

"巴松，他们快讨论完了。"

"嗨，能不能快点？"巴松在电话里催促道，"我们需要报价，快没时间了。如果他们还不赶快敲定价格的话，我们就没戏了。"

戈德斯通明白他的伙伴并不是在夸大其词。在接下来不到三个小时里，巴松需要准备十多份材料，包括银行承诺函、债务证明还有一些深奥难懂的文件。如果得不到最终价格，巴松就没法完成这些材料。

过了3点，巴松才拿到最终数字。在曼哈顿市的6家银行、律师事务所和会计师事务所里，无数根手指在计算器上飞快地敲打着，计算着利率、付款计划和一些关键的比例。3点45分，巴松觉得银行方面的材料已经准备得差不多了。但很明显，这份将近1米高的材料不可能按时送到世达律师事务所了。

所有华尔街上的律师事务所都很清楚这个时间点市中心的交通情况。地铁肯定是不行的。即使是一小点的火星都会让快递员在列克星敦大道下的隧道里堵上几个钟头，到时候很难联系上快递员。而且，巴松知道列克星敦主线上离世达最近的地铁站也有4个街区远。因此他建议坐出租车沿着东河大道穿过拥挤的市区到世达。

4点20分，巴松让所罗门的首席律师达罗、达维律师事务所的理查德·图鲁斯德尔和其他两个律师坐上一辆出租车前往世达。他们随身携带的重要文件还没有正式完成，因此他们需要在路上把一些关键数字填进去。来自花旗银行和信孚银行的律师会在世达门口和他们见面，到时候会把贷款协议交给他们。当他们正准备出门的时候，巴松塞给图鲁斯德尔一个移动电话。

15分钟后，四个律师在出租车上奋笔疾书，他们的出租车在14号大街上一步一挪地前进着。在达维律师事务所里，巴松眼睛紧盯着墙上的钟，不住地为他们祈祷。从协利回来的戈德斯通，还有约翰逊和霍里根也加入了祈祷的队伍，但只有约翰逊一人心情放松。看到这一幕，他笑着说："至少现在我们有点乐趣。"

每隔5分钟，戈德斯通就会给坐在司机旁边的图鲁斯德尔打电话："你现在到哪了？在第几街区了？"

出租车缓慢地移动在拥挤的道路上，达维律师事务所的人脸上都露出焦虑的神情。在最后15分钟，出租车从高速路下来到了第一大道上。10分钟之后，出租车在第55号大街1条停了下来，在星期五下午的交通高峰中最终寸步难移。

戈德斯通都快疯了。站在他身边的霍里根也像热锅上的蚂蚁一样，质问道："怎么要这么长时间？"

惊慌失措的戈德斯通拿起电话对图鲁斯德尔大吼道："赶紧下车，跑过去！"这时他们离目的地还有两个街区的距离，于是四个律师拿起文件从车上下来，撒腿朝世达跑去。约翰逊情不自禁地笑起来："我希望他们都是长跑冠军，要不然他们不可能在5点赶到那儿。"

戈德斯通眼睛一眨不眨地看着墙上的钟，心里想他们赶不到了。几秒钟后，他让巴松给阿特金斯的一个助手迈克·齐赞格打电话："我们现在给你们传真投标信，你们马上就会收到。"

当工作人员将材料一页一页地传真过去时，戈德斯通听到图鲁斯德尔电话里上气不接下气地说："我们到了第55大街2条。"

时间一分一秒地过去。这时约翰逊接到了休格尔的电话。休格尔担心地问："你的投标书呢？罗斯，你的投标书呢？"

约翰逊假装一本正经地说："查理，我们还在犹豫要不要投标。"

霍里根已经气得七窍生烟："这太荒谬了，我简直不敢相信！"塞奇这时也赶过来了，被眼前一团乱糟糟的景象吓坏了。

当图鲁斯德尔等人气喘吁吁地赶到世达时，媒体的长枪短炮都瞄准了他们。看到图鲁斯德尔手上的移动电话，记者立马上前把他们围了个水泄不通，大叫大嚷地采访起来。这些律师像橄榄球场上的后卫，好不容易突破重围才闯进大厅。

但在大厅里，他们并没有看到银行方面的人。"他们去哪儿了？"这些律师们四处张望寻找银行方面的人。"他们在哪？"达罗问道，接着他就像在动物园里迷路的孩子一样到处寻找那些和他只有一面之交的银行律师。

几秒钟后，图鲁斯德尔又接到了戈德斯通的电话。

"你们人呢？"

"已经在电梯里了！"

在第34层的大厅，前台小姐准备把他们领到楼上。"等等，等等，再检查一下优先股的股息利率。"巴松在电话那头命令道。于是他们又花了宝贵的几秒钟来核对数字。

等图鲁斯德尔和他的三位同事到了第35层时，他们发现面前站着一个身材魁梧的保安。一分钟之后，疲惫不堪的图鲁斯德尔被带到了接待室，将装订好的投标方案交给了阿特金斯，而他们的银行资料还需要再等45分钟才能拿到。

达罗看了一下表，这时已经是5点零1分了。历史上最大的杠杆收购的投标书迟到了，但他祈祷别人都没有注意到这一点。

5点还差10分，查理斯·科古特胳膊下夹着KKR的标书，悄悄地从媒体身边走过，来到世达律师事务所楼下的大厅。到了楼上，科古特从保安身边走过，并在截止前几分钟给阿特金斯打了一个电话。等阿特金斯过来的时候，科古特正坐在过道的地上对标书做完最后的修改，匆匆地将其塞入一堆竞标资料中。

科古特看到保安拦住了那些准备走进接待室的人。一个世达的合伙人也被保安误当成闲杂人等而拦在外边。这位合伙人对着保安尖叫道："我是这儿的合伙人，我是合伙人，让我进去！"

将投标书交给了阿特金斯后，科古特就转身离开了。

到了晚上 7 点，离正式投标截止时间已经过了整整两个小时，第一波士顿还没有将投标方案定下来。马赫已经将文件传真给了芝加哥的普利茨克。这位投资家和他的律师们还在要求马赫做一些细微的改动。虽然已经过了截止时间，大家的压力有所减轻，但马赫却变得越来越不耐烦了。这太不像话了，他想马上把投标信发出去。

普利茨克对第一波士顿的能力仍然没有信心。到了 7 点，他跟塞斯罗商量是否能中途撤退。"你觉得第一波士顿能完成这项任务吗？"他问道。

塞斯罗知道普利茨克准备打退堂鼓了。整个下午，普利茨克告诉塞斯罗说他不想因为这次投标而丢脸。错过投标时限和投标信的质量更加重了他的担忧。

"杰伊，很明显他们已经风光不再了，但他们还是很不错的。"

"你觉得我们还要再继续做下去吗？"普利茨克问，"如果我们现在退出的话会很丢脸吗？我们能不能现在就退出啊？我们现在就打包回家吧。"

"我依然相信他们能够完成任务。让我们再等等吧。"塞斯罗知道他正在拿自己的信誉担保，这让他有点为难。

到了晚上 9 点，马赫终于不想再等了。他告诉普利茨克，只要他的律师都在纽约，以后的麻烦都可以避免，然后他就让人将投标信发出去了。

当文件准备送出去的时候，律师还在建议要修改一些地方，但都被马赫挡了回去。一切虚与委蛇都化成喊叫声回响在第一波士顿空荡荡的过道里。

"快走，快走。别管那么多了。快！快！赶紧的！"

当费恩和斯科特·林赛穿过 5 个街区来到世达的时候，已经是晚上 9 点半了。电视台的摄像机和记者早已离去。事务所的楼上没有人等候他们的标书，律师事务所宽敞的过道上静悄悄。费恩和林赛来到阿特金斯的高级办公室。

阿特金斯不在办公室里。当费恩说要在外面等，秘书告诉他阿特金斯正在开会，不方便见他们。费恩就将第一波士顿的投标信交给了阿特金斯的秘书，并留下电话号码。之后，这对银行家就行色匆匆地离开了。

Barbarians 第15章 at the Gate

半路杀出程咬金

并不是只有约翰逊和克拉维斯对雷诺兹－纳贝斯克感兴趣，那个星期五，一些千奇百怪、莫名其妙的标书通过联邦快递和传真涌入了雷诺兹－纳贝斯克的董事会。等到标书期限截止时，休格尔的特别委员会收到了大量无厘头的标书，当然这些最后都由狄龙·里德公司或拉扎德兄弟银行审核淘汰掉了。一个马里兰州人通过传真报出每股126美元的价格，总价为284亿美元。而温斯顿－塞勒姆的股票经纪人的报价比他高出1美元。“虽然我目前还没有找到一家大的投资银行，”这位股票经纪人在标书中写道，“但我相信，一旦董事会接受我的投标，很快几家银行就会自动找上门来。”

最让休格尔哭笑不得的是一份来自多伦多的一位银行家的标书。星期五晚上，休格尔笑着将这封信传给在第47层楼会议室里的董事会成员和投资银行家们。这个多伦多银行家的报价是每股123美元，但里面有一个小小的把戏。他说如果特别委员会成员能将票投给他的话，“为了答谢他们多年来对公司的贡献”，他准备支付给特别委员会成员每人700万美元的报酬，而其他董事则会拿到500万美元。

随着标书的到来，阿特金斯开始在他摆满了鸭子木雕和纪念牌的豪华办公室里升堂会审。跟着他的是专业出庭律师迈克·米切尔。阿特金斯预感今晚发生的事情有可能会出现在法庭上，因此他找来米切尔帮忙监督整个过程都符合法律规定。

米切尔面带微笑地站在阿特金斯办公室的一角，看着快递员、律师、银行家和董事们进进出出，这让他想起查理·卓别林的一部电影。过了将近一个小时的时间，管理团队的贷款相关资料才被送到；而每过十几分钟，马赫都会打电话过来说第一波士顿的材料马上就到。

当律师们最终确定了两份标书时，大家都感觉松了一口气。

但这两份标书价格相差甚远。

克拉维斯的投标价格是每股 94 美元，总价为 216.2 亿美元。

而约翰逊的出价为每股 100 美元，总价为 230 亿美元。

接下来的事情就好办了。到了晚上 9 点，阿特金斯就打发投资银行的人回家，同时通知董事他们也可以走了。特别委员会准备星期天早上开会正式宣布约翰逊胜出。但星期六双方代表需要向特别委员会解释一下他们投标方案中的那些有价证券情况，两份标书都包含了大量的实物付息债券。阿特金斯需要确定这些证券的价格，星期天早上好向特别委员会报告。其实这只是个形式而已，但阿特金斯想尽量做得面面俱到。

当阿特金斯收到第一波士顿提交的投标方案时，他仔细地看了起来。他希望能像对待那些无厘头标书一样把马赫的投标书也枪毙了。看得出来，马赫的标书根本不完整，最多只能算一个想法罢了；里面也没有交代融资计划，马赫有没有和银行方面接触过更是不得而知。但第一波士顿认为采用费恩分期付款票据的战略，他们的投标价格能够达到 105 ~ 118 美元。

这个计划的关键问题在税金上面，但阿特金斯对税这方面并不精通。这个问题只能留给世达的税务律师来解决了。乍一看，阿特金斯觉得他不能轻易地否决马赫的想法。如果马赫真能够做到的话，第一波士顿的总报价将比其他方案高出 30 亿美元，虽然阿特金斯不太相信马赫能够做到。

在审查这个方案之前，阿特金斯和十几个同事先去一个由玻璃幕墙围起来的会议室里边吃晚饭，边讨论马赫的计划。会议室的桌子上摆放着中式快餐，中间是圆形的笔筒，里面放着许多削好的铅笔。阿特金斯将马赫那 9 页投标书的复印件分发给他的同事们。律师们一边吃着快餐，一边看着材料。

马特·罗森：当董事会要求其帮忙做决定时，这位年轻的律师担心自己会陷入利益冲突。

11 点左右的时候，36 岁的税务律师马特·罗森也加入了他们。罗森是“少壮派律师”的典型代表，他们这帮人大都身穿意大利西服，脚踏乐福便鞋，办公室里放满了现代艺术品。这些平时唯恐天下不乱的家伙在同学聚会的时候却都不好意思告诉别人自己在企业收购中利用税务漏洞赚了上百万的收入。

“你是否愿意成为这个案子的第一见证人?”米切尔问罗森。

“不明白你的意思。”

米切尔将第一波士顿的材料交给罗森，说：“你看一下这个，都是关于税的。”

罗森看了一分钟之后，就走到另一个会议室仔细地研究起马赫铤而走险的投标方案来。罗森感觉第一波士顿方案的核心建立在大量的税法假设上，而这些假设的不确定因素太多。罗森立刻意识到这个方案的命运，以及整个投标过程都将建立在他如何评价这些假设上。现在阿特金斯和米切尔需要他的建议：这 40 亿美元的税是否可以递延，两位资深的律师现在基本依赖他的建议。如果马赫的方案具有操作性，罗森明白这一石将激起千层浪，而且整个投标活动将重新陷入混乱。

罗森努力不去思考这个问题的后果，将思绪拉回到面前的这份标书。正当仔细阅读马赫的税务假设时，罗森的肚子开始咕咕地叫了。如果说采取这个方案的代价还可以接受的话，罗森却又发现了一个更加令人担忧的事实：这份标书中好几个关键性的结论，包括一个对递延税款处理的做法都是他的主意。

罗森之前一直担心的事终于发生了。随着 12 月 31 日的临近，华尔街上出现了分期付款销售的狂热。每一家投资银行似乎都按捺不住了，费恩将这个想法应用到了第一波士顿至少四个大的收购当中。其实，费恩最喜欢的税务律师就是罗森。

他们两个人脾气相投，惺惺相惜。多年的交往使他们成了亲密的朋友。费恩那些纷繁复杂的重组方案都利用到了税务漏洞。两个人经常好几个小时在电话讨论这些话题，特别是费恩在他的车里装了车载电话后，在他晚上下班回家的路上，总要和罗森谈上好几个小时。费恩很敬佩罗森能够对一些棘手的税务问题想到富有创意的解决办法，罗森也很欣赏费恩敏捷的思维。早在为大众电影院销售分期付款债券时，罗森就和第一波士顿合作了。现在阿特金斯却要求他对自己提出的建议做出判断，这让罗森越想越害怕。

罗森和费恩并没有专门讨论雷诺兹－纳贝斯克集团，因为他们从来不针对某一个特定的公司讨论。费恩一般都提一些假设性的问题，然后罗森就这些假设做出回答。在这种智力赛中，罗森通常不知道自己在谈论哪个公司。但当他看到第一波士顿的方案时，罗森很快就明白了他最近和费恩讨论的话题。

一想到“利益冲突”这个词，罗森就头疼不已。但他知道自己必须面对。鉴于雷诺兹－纳贝斯克争夺战的残酷性，他和费恩之间的交谈迟早会被别人发现。他在心里安慰自己能够公平地做出判断，他不会因为帮助朋友而拿自己的事业当儿戏。在大规模收购的法律环境下，表面功夫没做好跟真正的弄虚作假后果一样严重。

罗森在那儿足足做了 45 分钟的思想斗争，这时阿特金斯过来了。这位资深律师迫不及待地想知道这份投标方案是不是可行。

“你有什么看法吗?”阿特金斯说。

罗森深深地吸了一口气说："啊，我遇到一些技术上的问题。我觉得有些不对劲，但也说不好为什么，因为他们给的资料不太全。如果你想知道这个方法是不是可行的话，我可以告诉你，只要做一些修改，这个方案还是可以操作的。"

罗森接着跟阿特金斯说了费恩的事情。他很信任阿特金斯，6 个月前还请阿特金斯参加了他的婚礼。"你知道我很熟悉这些税务漏洞的处理。我们和第一波士顿在类似的方案上合作了很长一段时间。"

阿特金斯暂时先把罗森的担心放到了一边。

"先谈这个方案的问题吧。实施这个方案会有什么困难吗？"

罗森列举了几点可能会出现的问题，比如这场收购肯定需要筹集大笔的资金而这个方案却没有提到融资的事情。但真正的问题在于第一波士顿能否赶在这条税法作废之前完成所有的工作。现在离年底只有 42 天的时间，如果联邦贸易委员会对第一波士顿进行漫长的反垄断审查的话，这场收购就没什么希望了。而且谁会拥有雷诺兹－纳贝斯克的哪一块业务也不是很清楚。这些细节都需要和第一波士顿讨论之后才能确定下来。

"这并不是无稽之谈，我很熟悉这个方案的基本假设。"再熟悉不过了，罗森心想。"如果我刚才提出的五六个疑问能够得到很好解决的话，从法律角度来讲我会认为它可行吗？"罗森停顿了一下说，"我觉得这个方案很可行。"

阿特金斯相信罗森。他并不担心罗森存在利益冲突的情况。对他来说，这将是他们之间的一个小秘密。为了避免给人留下不公正的印象，阿特金斯建议罗森去征得拉扎德和狄龙·里德律师的同意。罗森答应明天一早就办这件事。

下半夜的时候，罗森忍受着包括米切尔在内的同事们的盘问。每个人都想找出罗森论证中的缺陷，然后以此为理由否定第一波士顿那份恼人的投标方案。但罗森依然坚持自己的立场：他不能断言这个方案没有可取之处。

这些律师一直从星期五晚上工作到星期六，最后一个个疲惫不堪地离开公司，回到郊区的家。凌晨 4 点，世达律师事务所里一片寂静，外面的大街上也很安静，事务所过道上的会议室里，快餐盒横七竖八地躺在桌子上。

只有阿特金斯和米切尔还没走。他们坐在阿特金斯办公室里鸭子木雕中间。罗森已经回家了，说好明天会和费恩谈谈。除非罗森跟费恩谈了之后改变主意，否则这两名律师很清楚他们接下来要做些什么。

米切尔盯着阿特金斯桌子上一份第一波士顿标书的复印件说："我不知道我们还能做点什么，你不可能对这样的方案视而不见啊。"

阿特金斯点了点头，看着米切尔，叹了口气说："只能这样做了。"

接下来沉默了一会儿。热爱法律的两人已是老友，他们明白，除了等罗森和费恩谈话的结果，其他的只能留给星期天早上特别委员会了。米切尔明白了那一刻的重要。

“天哪，谁会想到结果会是这样。”米切尔说。

星期五晚上，听到自己的团队明天被邀请去世达律师事务所，克拉维斯兴奋极了。虽然不知道特别委员会有什么计划，但这表明约翰逊的团队并没有垄断这次竞标。之前的不快突然烟消云散了，克拉维斯说：“天啊，也许我们还算不错。”

当克拉维斯的团队发现德崇的阿克曼已经坐上飞机回到贝弗利山庄时，他们感到一阵恐慌。阿克曼可是这次债券发行的关键人物，到时候只能让他电话连线参加会议了。对于沃瑟斯坦，大家不知道该如何处理。自从上次消息泄露之后，克拉维斯不再信任沃瑟斯坦，不希望他再参加会议。阿蒙告诉贝迪，现在需要让沃瑟斯坦的助手罗斯福出席明天的会议，向委员会解释方案中的债券问题。

“你去给罗斯福打电话，让他明天一个人到世达。”阿蒙说。

“我？为什么要我去？”

“就要你去。”

“哦，不，”贝迪笑着说，“这应该你去。他可是你的银行家啊，我可不想插手。”结果沃瑟斯坦被告知他不必出席会议了[㊀]。

星期六早上7点钟，大约有24个投资银行家和律师聚集到了KKR。两个小时后，克拉维斯带着他们来到世达律师事务所。上楼之后，他们格外注意任何跟管理层团队有关的蛛丝马迹。克拉维斯在过道里碰到了哈里斯。

克拉维斯小分队被领到了一个大的会议室里，在那里他们见到了两位银行家，拉扎德的鲍勃·洛夫乔伊和狄龙·里德的马林。沃瑟斯坦的助手罗斯福见到他们时，心里一沉。哈廷的人呢？哈里斯又去哪了？罗斯福一下子就明白了，接见他们的是第二小组。情况不妙。

克拉维斯也注意到了这一点。看到世达一个名叫比尔·弗兰克的律师，他感到十分惊讶。他对我们的收购了解多少？阿特金斯去哪儿了？克拉维斯这才意识到阿特金斯现在一定正在和管理层团队见面。他开始紧张起来。

克拉维斯的银行家和律师花了一个多小时详细解释了他们方案中的每一部分，还特别强调了他们的债券。这是华尔街非常具体的工作，克拉维斯团队里的6个银行代表自豪地介绍了自家的优势，会议一直在开。

㊀ 沃瑟斯坦否认了这一点，他说自己没必要出现在去世达的“技术队伍”里。

接着，当斯图尔特开始介绍克拉维斯的定价模型时，洛夫乔伊打断了他，说斯图尔特念的那些数据和他手中材料里的数据有出入。如果特别委员会的工作做到位了，所有的人都应该一模一样。

“看来你没有最新的数据。”洛夫乔伊一脸担心的样子。

斯图尔特回应道：“那特别委员会用的是什么数据？”于是两个人都一脸迷惑地开始对起数字来。贝迪心里有种不祥的预感。他潦草地写了张纸条给坐在他身边的助手罗宾斯：“我们的数据有问题，我们应该采取行动。”罗宾斯点点头。

克拉维斯的队伍群情激愤。下楼的时候，他们就在电梯里大骂起来：“他们在弄虚作假！他们在弄虚作假！”贝迪咬牙切齿地说：“这太过分了。该死，他们给我们的数字并不准确。我们被算计了。”

在楼下大厅，克拉维斯、罗伯茨和贝迪思考着下一步计划。之前，他们曾讨论过万一出现这样的问题他们该怎么办，结论是缠住管理层。不能获得准确数据的事实虽然很让人烦心，但也恰好给了他们一个抗议的口实。如果特别委员会没有给 KKR 准确数据的话，那这场竞标活动就有问题。这样的话他们有必要出面阻止以免事态变得更严重。

贝迪从中央车站赶回自己的办公室，口述了一封信，并马上发给了阿特金斯。里面有一部分是这样写的：“我们从马林和洛夫乔伊口中得知，雷诺兹－纳贝斯克集团的管理层给我们的一些财务数据并不准确。因此我们应该在收到最新和更多的准确数据之后和您重新谈一谈我们的收购价格。”

在这温和的文字背后隐藏着强烈的信号。不一会儿，愤怒的阿特金斯打电话给贝迪。他不能对克拉维斯的警告置之不理。同样让他生气的是贝迪的抗议会给本来毫无漏洞的竞标活动抹黑。阿特金斯愤怒地告诉贝迪：“我宁愿你直接跟我说，也不要写下来。我对这种事情很在意的。”

根据当时的情况，阿特金斯不想把任何新情况告诉 KKR。而马林和洛夫乔伊给贝迪回了一封信，在信里他们奇怪地说信息没有问题。这让克拉维斯的团队既迷茫又恼火，但又不能做什么，只好等待董事会的决定。

当天下午晚些时候，贝迪接到了阿特金斯的第二个电话：“今晚我们不需要你们了。你可以让你的人回家了。”

贝迪的心一下子提到了嗓子眼儿：“约翰逊的人你也让他们回家了吗？”

“对，没错。”

贝迪稍微松了一口气。

那天早上，科恩的人也在世达碰到了相同的遭遇。由哈里斯带领的三个委员会顾问为了摸清管理团队的证券价格，连珠炮似地发问。随着会议的进行，拉扎德的里纳尔迪尼向希尔要现金流量的预测报告。里纳尔迪尼说这个现金流量预测对评估证券的价格十分重要。

“不行，”希尔说，“现金流量的预测是管理团队的秘密武器，是约翰逊方案中最有价值的部分。”

“为什么呢？“里纳尔迪尼问。

“现金流量的预测是我们的机密信息，我们怎么能保证你不会把这个给克拉维斯他们呢？”希尔说。

“不至于吧……”里纳尔迪尼说。

马赫星期六早上醒来的时候已经对他们的方案不抱太多的幻想。他知道第一波士顿的方案几乎不能胜出，最多只能引起董事会的关注，延长投标时间罢了。

一早上他都在家里来回走动，等电话。大约11点的时候，电话终于响了：“你会收到一封信。我们对你的方案有很多疑问，准备弄清楚。”

阿特金斯总是让人难以捉摸。马赫挂了电话之后，一方面觉得这是个好兆头，另一方面又觉得阿特金斯可能是想乘机找理由回绝他们。

5分钟后，邮差就把信送到了马赫的家里。马赫打开一看里面的问题都是些基础性的、技术性的而且是偏向税务方面的。马赫觉得没有经过尽职调查，大多数问题他都答不上来。第一波士顿应该得到更多的信息才能确定他们的方案是否可行。

那天下午阿特金斯打来好几个电话，接着又问了很多复杂的税务问题。马赫觉得这些问题只有通过谈判才能回答，于是说：“我们对有些问题还不敢肯定，最好是和你们一块儿坐下来研究。”

接着马赫打电话给费恩，把阿特金斯的信念给他听。费恩听到这封信很不高兴，说：“听下来好像他们想向外界证明他们为什么不会和我们合作。”

马赫说：“我倒不这么认为。根据我和他的交谈，我觉得事情并不是你想的那样。”

“希望你是对的。”

他们讨论接下来该怎么办。通常他们会以书面的形式答复阿特金斯，或者让第一波士顿的税务律师和世达的律师开个会。但这两种办法都不是很合适。开会需要时间，而现在时间是最宝贵的东西。费恩认为第一波士顿的成败掌握在罗森手上。罗森不但跟费恩的私交甚好，而且对他的想法也很清楚，这对第一波士顿来说是个有利的条件。费恩问马赫说：“我何不现在就给罗森打个电话，跟他把这些问题过一遍？一个电话能够省去很多繁文缛节。”马赫觉得这个主意不错。

中午费恩给罗森打了电话，罗森听起来好像有点疲倦。“你知道现在什么让我感到不安吗？看起来你们像是在取证来证明我们为什么不能赢得这场收购。”

“这样，我现在不能告诉你一些细节。但事情并不是你想的那样，不然这太不公平了。”

费恩悬着的心就放下了，觉得罗森应该不会骗他。接着罗森也问了很多问题，但大多数费恩都不知道如何回答。“不经过尽职调查我肯定不能回答你的问题。”他又强调了一遍，“我真的没法回答。”

经过一个多小时，费恩又把话题扯回来了：“行了，我们都是老朋友了。我们可不想因为我们的方案不可行而上报。你要帮我们想想办法，你一定得帮我们。没有尽职调查的话，我们就不能更好地回答你们的问题。”

当他挂了电话之后，费恩还是很紧张。他知道罗森明白他们方案的美妙之处，但罗森会支持他们吗？

星期六是吉姆·罗宾逊53岁的生日，罗宾逊一家人回到康涅狄格州的农场等待投标的结果。下午3点左右，罗宾逊惊讶地发现约翰逊和他的妻子开车赶到了他的农场。

罗宾逊很高兴能够见到约翰逊一家，而且更令人高兴的是他们能够暂时远离那个喧嚣的城市。劳里走进罗宾逊家的健身房，里面挂着一张罗宾逊年轻时的照片，照片上的罗宾逊手里握着个哑铃，表情严肃。约翰逊躺在沙发上，一边看着报纸，一边看着电视转播的大学生橄榄球比赛。他们发现很难不去想特别委员会的会议。整个下午直至晚上，他们都期盼着有人会打来电话，但电话一直没有响。

那天的晚餐是中国菜和电话机。罗宾逊家里有五部电话机，琳达把其中三部拿到了餐桌上。饭桌上约翰逊和罗宾逊一家一直到处找人问消息。关于第一波士顿的投标方案的消息铺天盖地，但他们不确定这是否会对他们产生影响。

约翰逊最终发现了金矿。他们之前就知道特别委员会和全体董事会在明天开会，特别委员会会对推荐的方案进行投票，然后董事会就会走走形式通过特别委员会投票结果。约翰逊十分想知道更多的细节，于是就给雷诺兹-纳贝斯克管理飞行部门的一名员工打了个电话。这名员工已经在约翰逊身边工作了29年。约翰逊从这名员工口中得知那些原本为董事们飞往纽约参加会议而预留的飞机暂时停飞了。显然，由全体董事参加的董事会被取消了。

“太奇怪了，为什么会议会取消呢？”约翰逊说。

约翰逊猜想，不是特别委员会推迟了，就是他们根本没有想好应该推荐哪些方案。这存在着两种可能：彼此的价格太接近了　特别委员会难以做出决定；各方的价格都一样。

约翰逊说：“一定发生了什么怪事。”他觉得无论是什么原因导致了这次会议的推迟，对他们来说都不是个好消息。

琳达把这个消息告诉了科恩。科恩的妻子到佛罗里达去看朋友了，只剩他一人待在曼哈顿的公寓里。虽然约翰逊有些担忧，但总体上他们在罗宾逊的农场里依然很乐观。他们觉得现在仅仅根据董事会的航班安排来下结论还为时尚早。

吃过晚饭，琳达笑眯眯地端出了为她丈夫亲手准备的生日蛋糕。胡萝卜蛋糕上铺了一层细白糖，点缀着奥利奥饼干、全麦饼干和纳贝斯克公司新上市的小熊饼干。但最让人叫绝的是"生日蜡烛"。这些"生日蜡烛"乍一看还让人以为是蜡烛，但仔细一看就会发现它们其实是点着的温斯顿-塞勒姆香烟，烟雾袅袅上升。

等到休格尔星期天上午10点15分召集特别委员会开会的时候，会议室里的每个人心里都很清楚他们接下来要做什么。罗森的税务意见意味着他们不能漠视第一波士顿的建议，因为如果第一波士顿的方案可行，他们的收购价格将高达每股118美元。为了让马赫的团队有时间完善他们的方案，特别委员会将宣布第二轮的竞标。包括之前本来获胜的管理层的所有标书都将作废。

这个决定是阿特金斯和米切尔在罗森和费恩谈话后做出的最终决定，但并不是所有人对这个决定都表示欢迎。狄龙·里德的霍布斯直言不讳地说马赫的方案经不起推敲。但和往常一样，谁都不敢和律师们争执，尤其是在可能吃官司的情况下。

休格尔也对举行第二轮竞标的主意很不高兴。说得好听一点，第一波士顿的方案还没有成形，而且他一直觉得约翰逊很可能会和克拉维斯合作。"如果我们再继续拖延下去，到时候第一波士顿退出，约翰逊和克拉维斯一旦联手，我们该怎么办啊？我们就又回到了每股93美元的价格。"

戴维斯反驳休格尔，认为让这些投标者相互竞争，拼个你死我活，对董事会才是最有利的，董事会应该抓紧时间研究重组方案。

两个人在这个问题上还闹起了矛盾。星期四下午，路透社援引休格尔的话说星期五是这次投标的最终期限，特别委员会不准备再延长了。戴维斯看到之后，立即给休格尔拨了一个电话。"路透社的新闻到底是怎么回事？"他咆哮道，然后给休格尔念了那个报道，"这不是我们的想法，这样太不负责任了。"

休格尔一口咬定说："我可从来没说过这话。"

戴维斯不相信休格尔，觉得休格尔有点幼稚或者是约翰逊的一颗棋子，或者两者兼有之。他自己现在是特别委员会里的强硬派，丝毫不给管理团队开后门，唯一的目的是为公司争取到最高的标价。他说单单贝迪的信就足以作为推迟投标截止日期的理由。

董事会成员对延长投标的意见没有太多的争论：他们愿意冒险推迟投标的截止日期。他们叫来罗森，让他解释和税务相关的问题，但并没有问起罗森和费恩之间的关系。休格尔和其他董事详详细细问了罗森一遍，最后还是采纳了他的意见。虽然他们很希望立马结束这件事情，但他们看起来还有好多问题想问。快到下午 1 点的时候，阿特金斯离开会议室去问马赫他还需准备多长时间。

到了星期六晚上，马赫心情已经放松了许多。从阿特金斯提问时的语气来看，他知道第一波士顿终于一只脚迈进了这次竞标的大门。等阿特金斯星期天早上再给他打电话的时候，他心里已经有了准备。

“如果你们都差不多了，董事会准备让你们试一试。”阿特金斯说。

“你下定决心了吗？”阿特金斯问，“大约需要多少时间？”

马赫希望有两个星期的时间准备，但心里知道肯定不可能。阿特金斯建议将竞标截止时间推迟到下周一[㊀]，也就是说马赫还有 8 天的时间。马赫考虑到感恩节就要来了，这段期间他们很难跟银行联系，于是建议将截止日期从周一往后推至 10 天。“行，”阿特金斯说，“那就定在 11 月 29 日，星期二下午 5 点。”

马赫放下话筒，笑着对自己说：“我就给你看看我的米老鼠。”

星期天早上，塞斯罗正在长岛的家中看报，希望将世达的喧嚣都抛在脑后。外面的狂风暴雨让他待在室内感觉很好。这时电话响了起来，是马赫的助手林德赛打来的：“阿特金斯让你过来签一个保密协议。我们终于迈出了第一步。”

兴奋的塞斯罗迫不及待地钻进他的宝马轿车，在雨水浸漫的街道里开了一个小时后，终于赶到了世达律师事务所。在那里他见到了费恩和阿特金斯。他发现阿特金斯的情绪就像外面的天气一样糟糕。

阿特金斯的态度很不友好。塞斯罗猜因为延长竞标时间自己一定被人骂死了，而且这也给阿特金斯的工作添了不少麻烦。阿特金斯显然很疲倦，急着想回家休息。塞罗斯觉得阿特金斯一定已经连续工作了三天三夜。阿特金斯的助手齐赞格站在角落，看起来像个布娃娃一样面无表情。

“好了，现在你们也加入投标了。”阿特金斯一板一眼地说，“我们对你们的期望很大。我们可不希望弗斯特曼 - 利特尔公司这样的事情再次出现。他们叫唤了半天最后却退出了投标。我们让你们加入进来，希望你们是诚心诚意的。”

塞斯罗点点头，保证他们是诚心诚意的。

这时，阿特金斯把一份保密协议放到了塞斯罗面前，说：“签个字吧。”

“我需要让律师先帮我确认一下没有问题，我才能签字。”

“好吧，那我走了。”阿特金斯毫不客气地说。

㊀ 在西方国家，星期天是每个星期的开始。——译者注

“我不能签字。”塞斯罗回应道。

“你必须签字。”

塞斯罗要求先将这份协议传真给普利茨克的律师先看一下。阿特金斯催促他快一点。

很快，汉德尔斯曼就打来了电话，要求对文件中的一些条款做些修改。

塞斯罗看着紧绷着脸的阿特金斯，打断了汉德尔斯曼：“让我告诉你现在的情况吧。我们要么签字，要么回家……不，就是现在。你有三秒钟的时间考虑。阿特金斯就在我旁边，我们只能签字，没办法修改。”

到了中午，一群人聚集到了克拉维斯的办公室里。除了坐在那儿等消息外，他们没有别的事情可做。大多数银行家和律师都去一个会议室看电视转播纽约喷气机队对抗水牛队。有人还买了爆米花，传来传去。德崇的阿克曼此时也从洛杉矶回来了。他走出会议室，抱了一大摞书回来看。克拉维斯则在他的办公室里整天坐立不安。

“我们什么时候才能得到通知？”他一直在问，“混蛋，他们什么时候告诉我们？”

雷切尔不时给贝迪打电话。贝迪正在家全神贯注地读着《原子弹的诞生》。

“事情有什么进展吗？”雷切尔问。

“我不知道，你想让我给他们打电话吗？”贝迪说。

“不，千万别。”雷切尔说。他们可不想惹人生厌。

约翰逊在罗宾逊的农场里度过了他关键的一天。他是这四个人里面唯一不看好董事会审议过程的人。大多数时间他都坐在沙发上看报纸。到了下午，他们依然没有任何消息。琳达紧张地到处打电话希望能得到竞标的结果，而约翰逊却不慌不忙，依然兴高采烈。约翰逊安慰女主人说：“别担心，琳达，他们迟早得告诉我们。”

但约翰逊内心正变得更加悲观。董事会会议被取消一事对他的压力很大。光凭这个消息，至少今天董事会应该不会有决议出来。他猜目前竞标各方的价格都不相上下同，考虑到大家对管理层协议的关注程度，这不是什么好兆头。

“如果这些投标的价格很接近的话，我们就没戏了。董事会不会把票投给我们。”约翰逊说。

4 点左右，这两对夫妇准备回纽约。这时，外面下起了暴雨，恶劣的天气使他们的直升机没法起飞，而由于雨一直没有停下来的意思，他们就钻进两辆轿车。罗宾逊一家坐在前面有司机驾驶的一辆车上，而马丁那天开着自己的白色路虎，约翰逊一家就坐着他的车回纽约。

他们两辆车在交通几乎停滞的哈琴森河公园大道艰难地向前挪动着。琳达在前面的那辆车里把手机放在耳边，还在到处打探消息。当他们的汽车刚开过纽约的州界时，她的手机响了起来。一个记者打电话过来告诉她，自己手里有一份特别委员会准备发布的新闻稿。琳达听着那位记者给她念那篇新闻稿的时候，几乎不能相信自己的耳朵。

几分钟后，她放下电话对丈夫说："你绝对想不到……"

15 分钟，琳达一直在呼叫马丁车里的电话，但由于暴雨的原因一直没打通。到了马马罗内克，琳达终于联系上他们。

只听路虎车里一阵痛苦的吼叫声。

"我们被人耍了，被人耍了！"马丁大喊道。

一瞬间约翰逊的希望全都破灭了。"算了，"他静静地告诉妻子，"再见……"

琳达将这个消息告诉了另一个报社记者。这个报社记者很快又告诉了待在家中的贝迪。贝迪一开始搞不懂本来只有他们和约翰逊团队竞标，KKR 公司怎么会位居第三呢。当他了解情况后，贝迪忍不住骂了一句："王八蛋！"

当记者说完后，贝迪听到线上又有人打进电话来，于是就结束了和记者的谈话。他接了第二个打进来的电话。还没等阿特金斯开口说话，贝迪就说："我知道你打电话想说什么事。"接着他就报出了三个竞标方案和下一轮的投标期限。

一个月来一直保持着矜持的阿特金斯也忍不住说："他娘的，你是怎么知道的？"

贝迪只是哈哈大笑。

约翰逊和罗宾逊一家来到努斯鲍姆的威德法律师事务所和管理团队的其他成员会合。所罗门的人个个都情绪激动。这些"香肠"觉得是哈里斯引狼入室，将第一波士顿－普利茨克团队带到了竞标活动中，坏了他们的好事，于是就对他们这位前同事破口大骂："这头肥猪！他想搞死我们，他想要弄死我们！"

一向颇有大将风度的罗宾逊试图安抚大家激愤的情绪。努斯鲍姆也努力地引导大家看到事情的光明面："咳，其实我们的情况还不错。第一波士顿迟早会失败的，到时候胜出的人就是我们了。"

"我不这么认为。他们现在已经知道我们的上限了，他们知道我们的情况。"约翰逊告诉自己的同伴们，这说明董事会的人相当险恶。"管理团队已经不可能赢得比赛了，这是板上钉钉的事。”约翰逊提前下结论说。

约翰逊准备放弃这次收购，打道回府。“无论如何我们都可以选择不再投标。”他告诉同伴们，“去他妈的，我们该做的都已经做了。我们真心实意，到头来却被当猴耍，出尽洋相。妈的。我们不干了，看他们怎么向股东交代。”

这话很夸张，但当科恩听完后，他很怕约翰逊是对的。科恩第一次意识到约翰逊已经成了一个累赘，也许这些董事真的不愿意将公司交给约翰逊来管理。

“罗斯，”古弗兰问约翰逊，“你觉得董事是在跟你作对？”

“唉，我们的关系也只能到这份心上了。”约翰逊说。谁敢冒着吃官司的风险来帮助自己最铁的哥们儿？“他们并不是和我过不去，而是为了自保。这两个可不一样。”

在玖熙大厦里，克拉维斯不知道应该后悔莫及还是欢欣鼓舞。照理来说他们已经失败了，约翰逊和科恩显然已经把他们击败了。克拉维斯做梦都想不到管理团队竟然会出每股100美元的价格。当他意识到第一波士顿那个竞标方案的作用时，愤怒的克拉维斯才松了一口气：“天哪，我们还有一次机会。”

那天下午，克拉维斯和罗伯茨到处打听第一波士顿方案的更多细节，结果让他们大吃一惊。“他们到底是从哪儿冒出来的？”克拉维斯满腹狐疑地说。一开始他们不知道马赫葫芦里卖的什么药。但随着搜集到的信息越来越多，克拉维斯发现马赫的方案根本经不起推敲，而且董事会也不愿意给马赫机会。在他看来，第一波士顿绝对不可能在年底完成他们的计划。但是，事情还是发生了，克拉维斯感到很幸运。接着他给妻子勒姆打了个电话，用欢快的声音说：“我们起码还没出局。”

傍晚时分，克拉维斯、罗伯茨和贝迪聚到克拉维斯的办公室里商量下一步的行动。从表面上看，他们的处境并不理想。

罗伯茨劝大家别着急。他认真地思考了一下眼下的情况，并不认为第三名的位置就有那么差劲。罗伯茨说：“这正是我们想要的。”

这话引来了大家质疑的目光。

罗伯茨说：“这样子，我们先韬光养晦，放出话去说我们还不确定下一步该怎么办。这是事实，因为我们没有理由说我们真的要跟进这场收购。我们要让大家觉得我们可能不会进入下一轮的角逐。”

克拉维斯也赞同道：“你说得对。我们不要打草惊蛇，尤其是如果我们不准备再参加竞标的话。”这很说得过去：如果克拉维斯他们准备继续跟进的话，干嘛要说出来？如果他们真的要退出的话，虽然这不太可能，现在放出话去，到时候岂不是会弄得自己很难下台？

罗伯茨微笑着在脑袋中构思出一个计划。他觉得沃瑟斯坦和那些口风不严的投资银行家是帮他传递假消息的最佳人选："我觉得我们应该给沃瑟斯坦演一场好戏。"

第一步是举行新闻发布会。"我们需要认真考虑一下其他的选择，"这家公司在星期天晚上的新闻发布会上宣称，"我们会根据事情的最新进展做出下一步的打算，如果我们还有下一步的话。"

当克拉维斯回到家的时候，他看上去疲惫不堪，心情低落，并说要放弃这次收购。勒姆想凭借女性的直觉，在丈夫的脸上寻找任何透露他真实感受的蛛丝马迹。他真的要退出吗？他真舍得将他人生中最大的猎物拱手让给别人吗？

夹着尾巴逃跑并不符合克拉维斯的性格。勒姆感到在她丈夫心灰意冷的言语之下隐藏着新的想法。不，她断定，克拉维斯不会就此收手。经过再三的思考，她更加确信自己的丈夫早已另有打算。

Barbarians at the Gate

第16章 第二轮投标

星期一上午，当那些投标者开始回顾刚刚过去的投标活动时，华尔街出奇的安静。金融市场上风平浪静，投资银行家们也放慢了步伐。在一扇扇紧闭的大门后，华尔街庞大的收购机器也停止了工作。

原因很简单，那些商业银行都放下手里的其他收购业务，忙着为雷诺兹－纳贝斯克竞标活动的最终获胜者筹集将近150亿美元以上的资金。随着大家的目光都转向了雷诺兹－纳贝斯克，大多数的收购活动都暂停了。那些信息匮乏的套利者虽然对他们的交易限价大为不满，但除了等待和观望之外也没有更好的办法。不止一个交易员想起那些老式西部片里，小镇上的人们都会躲在家里，把街道让出来给那些江湖豪侠们对决。

"'米老鼠'[1]已经成了'巨鼠'[2]！"吉姆·马赫笑着对大家说。

星期一的早上，华尔街也许已经平静下来。但在第一波士顿却人声鼎沸。马赫的

---

[1] 米老鼠（mickey mouse）：在英语当中，米老鼠还有低价劣质品的意思。——译者注

[2] 巨鼠（mighty mouse）：由原美国海军军械试验站、现海军武器中心于1948年在法西斯德国的R－4M空空火箭弹的基础上研制的航空火箭弹。——译者注

团队不仅仅是热情高涨，而是热血沸腾。他们自己都没有想到会成功。

到了早上8点，马赫手下的几员大将都聚集到了马赫的办公室内庆祝胜利，同时也为下星期艰苦卓绝的工作做准备。“伙计们，”垃圾债券部门主管马尔科姆说，“那条狗终于赶上了巴士汽车。”

办公室里充满了欢声笑语，马赫很高兴看到这种场面。第一波士顿需要这样的集体荣誉感，尤其是对完成这场收购来说。虽然他不确定他们能否成功，但他们肯定会全力以赴。

当笑声渐渐散去，马赫就开始把任务布置给各个团队的主管。他们只有8天的时间来准备华尔街历史上这场最大、最复杂的杠杆收购方案。马赫知道这将是对他们部门能力的终极考验，看他们能不能在没有沃瑟斯坦的情况下依然生存下去。

喜欢说笑的芬内布雷斯克将负责评估纳贝斯克，并预估如果第一波士顿将纳贝斯克出手的话会有多少收入。费恩没有固定团队，主要负责为整个团队提供建议。马尔科姆担负的责任最艰巨，负责为这次收购融资。马尔科姆的手下不但需要在其他银行都已经进场的情况下筹措150亿美元以上的资金来收购，而且还需要找到一家银行让分期付款票据的计划运作起来。这项工作有很大的风险，之前从来没有人这么做过。办公室里的所有人都知道这是摆在他们面前最大的困难。

过了一会儿，马赫走到第44层的董事会议厅。他和普利茨克约好在那儿一起吃午饭。普利茨克当天早上刚从芝加哥赶来看他的钦差大使塞斯罗。看到普利茨克依然对第一波士顿团队上星期五的表现耿耿于怀，塞斯罗并不感到奇怪。“他们是把这次收购作为重塑形象的演练吗?”普利茨克问道。

在董事会议厅里，塞斯罗将芬内布雷斯克拉到一边，单刀直入地问他：“我不希望到时候出洋相，杰伊也肯定不想。我就指望你们了。不要和我花言巧语，你们这些人明白了吗?”

芬内布雷斯克一再向他表示他们听明白了，他们也不想丢人现眼。

饭桌上，马赫向普利茨克汇报了他们的进展情况，接着两人又讨论了雷诺兹-纳贝斯克的内在价值。普利茨克的助手克莱因说他最近跟克拉维斯聊天时，听克拉维斯说他们正举棋不定，还在思考是不是要参加下一轮的竞标。听到这些，马赫感到十分吃惊。

一起吃饭的几个人都在想克拉维斯是不是要退出竞标，他那94美元一股的价格实在是太差劲了。他们推断克拉维斯可能开始顶不住来自媒体、政府和公众的多重压力了。但不论是什么原因，克莱因都觉得有必要找克拉维斯谈谈，看看是不是有可能跟他合作。“是这样的，我们不会做一些你们不希望我们做的事情。但我们只是觉得应该和他谈谈。”

马赫觉得这个主意不错。他很乐意甚至巴不得和克拉维斯来完成这个250亿美元的收购。“嘿，我们需要资金，”马赫对普利茨克说，“我们对这个建议没意见。不用担心我们。”

普利茨克还有一个要求，他希望他的名字不要出现在报纸上。普利茨克用手做一个砍桌子的动作以表示强调，说：“从现在开始，不要提我的名字。大家要以‘第一波士顿团队’的名义出现。”大家都不清楚普利茨克这样做是为了方便第一波士顿还是为了到时候保全自己的颜面。

星期一，约翰逊感觉情绪低落。“我们被糊弄了，查理，大家都很清楚。”约翰逊对休格尔抱怨道。

“我其实也很难过，罗斯，但我们什么也帮不了你，公事还得公办。”

“我感觉董事会亏待了我们。”

“这是律师让我们这样做的。我们不能否决那个可能出价达到110美元一股的方案。”

休格尔无论怎么说都不能平息约翰逊一肚子的怒火。越憋在肚子里，约翰逊感到心情越沉重。他把那些董事会成员当成自己的朋友，而在关键的时候这些人却背叛了他。戈德斯通说的没错，这些人不会把他当成自己的朋友了。他当时还不承认，尽管现在也还是不愿承认，但约翰逊在内心里明白这是个事实。

麦康伯背叛他，约翰逊还能理解，因为麦康伯早就看不惯自己了。但戴维斯会这么做，约翰逊真是万万也没有想到。约翰逊听说戴维斯是所有董事当中对自己态度最强硬的。安德森？巴特勒？约翰逊之前还把他们称为“看似独立”的委员，但现在他们也成了华尔街操纵者的傀儡。尤其是阿特金斯，这个不爱说话、被约翰逊称之为“笑脸男孩”的律师。当然，这些人中最让约翰逊伤心的是哈里斯。约翰逊听人说哈里斯在高尔夫球场上到处说他的坏话。约翰逊和哈里斯认识已经有15个年头了，这太让他难过了。

星期二，约翰逊真想就此放弃，然后赶到董事会把董事们的脑袋一个个拧下来。神情黯然的他让妻子劳里腾出公司的那套公寓，接着他们一起整理自己的物件，分别安排运往亚特兰大、科罗拉多和佛罗里达的住所。

约翰逊觉得对于第二轮的竞标他们没什么可准备的。约翰逊已经对100美元一股的价格感到很意外了，所以不能再提高价格。他告诉罗宾逊：“无论我们第二轮出什么样的价格，我们都不能比第一轮的价格高出太多。也许我们可以稍微调整一下，比如说现金部分的比例，但是绝对不能超出我们之前的价格太多。”

星期二下午，约翰逊又开始坐不住了。他让戈德斯通来到玖熙大厦，告诉他一个如何对付董事会的方法。“告诉他们，如果还不给我们一个明确的方案的话，我们就走人了。他们把压力都放到我们头上，我们为何不也给他们施点压呢？作为竞标者，我们没有运用我们的权力。都是他们来制定规则，我们为什么不来制定一些自己的规则呢？”

戈德斯通知道现在采取强硬的手段有点晚了。这次竞标已经引起了公众的注意，而且这场游戏已经超出了他们的预计。他并没有按照约翰逊的意思给阿特金斯打电话，而是等到第二天，劝约翰逊不要做出过激的言行。星期三下午，约翰逊就收拾好东西，坐着他的湾流飞机到佛罗里达去过感恩节了。

随着形势日趋明朗，间谍战开始打响了。

星期一上午，贝迪联系了协力的交易员米拉德。5 个星期来，这两个朋友一直私下交流着信息。对贝迪来说，米拉德就像一项宝贵的无形资产。

那天早上，米拉德感觉贝迪从来没有那么阴郁过。“祝贺你们啊，”贝迪说，“你们肯定是这场收购的赢家了。”

接着他们的话题立刻转到了第一波士顿那个“奇迹般”的投标方案上，贝迪说：“第一波士顿的方案显然是在吹牛。我们研究了一下他们的方案，觉得根本行不通。可以说那个方案啥都不是。”

米拉德问贝迪克拉维斯下一步有什么打算。贝迪说他也不清楚，接着又主动谈论起他对第一波士顿方案的一些看法。

贝迪说：“我们对他们的方案很了解。要是我们能帮得上忙的话，我们一定助他们一臂之力。”

米拉德听到这话感到很吃惊，贝迪的话里透着一股颓废的味道。看来克拉维斯真的要退出角逐了。米拉德这时提议：“为何不打个电话向彼得祝贺一下呢？现在就给他打吧，他一定会很高兴的。”

米拉德觉得这个消息对科恩意义重大。

那天下午，科恩正赶往肯尼迪国际机场，因为他要去参加第二天比利时兴业银行在布鲁塞尔召开的董事会。在前往机场的途中，他给贝迪回了一个电话。

“你们的价格赢定了，彼得，祝贺你，太棒了。”贝迪说。

“是吗？谢谢。你觉得第一波士顿的方案如何？”

“那个方案没戏了，根本行不通。我们自己也研究过，本来打算把这种方法用到另一个收购案子当中。但是到年底肯定来不及，没戏了。”

“我们也这么认为。我们被害惨了。你们在忙什么呢？”

“咳，我也不知道。现在这儿大家的情绪都很低落。我也不知道如何应对第二轮的竞标。也许我们就此收手了，准备休假一段时间。乔治准备回旧金山，亨利好像会去滑雪。”

“是啊，我也准备给自己放几天假，但下下周可能就得回来工作了。我和夫人会去东汉普顿散散心，我实在太累了。”

挂断电话之后，贝迪对着电话发了一会儿呆。他觉得自己并没有说谎，也没有故意误导科恩。克拉维斯的确不知道下一步的计划。况且，科恩也没有对他的话产生怀疑。如果科恩觉得克拉维斯将不参加下一轮竞标的话，那么，这是科恩自己的问题。

贝迪可能还不知道，这是科恩最后一次和他这么客客气气地说话了。

在公众看来，雷诺兹-纳贝斯克的竞标活动似乎很疯狂，第三支竞标团队的出现让整个收购变成了一个谁都能参与的跑马场。但在拉扎德和狄龙·里德的办公室过道里，人们却看不到这种热烈的气氛。对董事会的顾问来说，第一波士顿的出现并不是什么好事。他们绝大多数人不认为 8 天之后马赫的团队能够拿出一个可行的方案。

更让他们担心的是克拉维斯糟糕的表现。94 美元一股的价格让很多人都想不通克拉维斯到底是怎么了。克拉维斯是想等着失败吗？他们在星期天晚上的新闻发布会上说可能不会参加第二轮竞标。看来情况不妙。

一开始，委员会的任务是想让两支队伍互相竞争。当他们有了两个公司之后，他们还想要第三家公司；有了第三家，就会想第四家……为了实现股东利益最大化，他们想尽了办法。如果第一波士顿和克拉维斯都没法参加第二轮竞标的话，那么委员会就别无选择了，只能选择约翰逊。

这让委员会中资格最老的银行家罗哈廷感到极其不安。他带领狄龙·里德和世达律师事务所的人利用感恩节前的几天终于制订出了两套方案。第一套方案是要帮助克拉维斯。无论如何也要让克拉维斯下星期二准时出现在投标现场。他们需要做的就是向克拉维斯提供大量的数据和建议，向他证明雷诺兹-纳贝斯克值得他这么做。第二套方案是委员会需要努力完善再融资计划，这是为了防范出现最坏的情况，也就是只有约翰逊一个人出现在投标现场。这将意味着他们需要贷款和出售资产来向投资者一次性支付一大笔钱。

营救克拉维斯的行动在星期一拉开了帷幕。拉扎德的洛夫乔伊在星期一下午的电话会议上问雷切尔：“你们要怎么样才肯回到投标活动中来？”

坐在一堆不断增高的计算机分析图表面前，雷切尔说他需要更多的信息，而且要真实准确的数据，这样克拉维斯才会考虑是否重新回到收购中来。“首先，我们想见一下烟草业务的负责人，而且霍里根也必须在场。我们想听听他的计划。如果你们确实没有什么有用信息的话，我们想从他那儿得到这些信息。”

雷切尔已经看到格林纳斯将纳贝斯克公司的情况和盘托出。他很怀疑霍里根和约翰逊也有一个秘密计划，一样可以从烟草业务中削减掉一些成本，于是他把他的想法告诉了洛夫乔伊。“这样吧，我们还真不知道是否有这种总体规划。如果这种规划确实存在的话，他们就是没跟我们说实话。他们口口声声地说他们没有。”

星期一晚上，洛夫乔伊带着一堆人来到KKR跟雷切尔和斯图尔特见面。拉扎德的团队一条条地梳理雷诺兹-纳贝斯克的数据，加上少得可怜的几条从约翰逊的投标方案中取得的信息，最后他们为克拉维斯计算出了新改进过的预测数据。拉扎德的银行家尽其所能让克拉维斯明白，约翰逊的公司不像他当初想的那么复杂。

30多岁的拉扎德员工格鲍姆对雷切尔说，从烟草公司还能够节省1.5亿美元，这是个非常重要的消息。如果按照股票数平摊到10年的话，这相当于8~9美元一股，足以让克拉维斯的投标价格提高到100元一股以上。从克拉维斯等人的表情看，洛夫乔伊知道对方明白这个消息对他们的意义。

但事实上雷切尔并不很相信他们。他知道拉扎德让克拉维斯继续待在这场收购中对拉扎德是有好处的，所以对他们的建议应持保留态度；但另一方面，他不得不承认，他们传递出来的信号让他心里比较舒服。在商谈过程中，一个名叫史蒂夫·格拉布的拉扎德银行家把雷切尔拉到一边。雷切尔和格拉布相识多年，因此很信任格拉布。

格拉布对雷切尔说：“我还从来没见过这样的公司。我还从来没看到过这么糟蹋钱的企业。我之前在通用汽车公司工作。通用汽车的挥霍无度也是有名的，但和雷诺兹-纳贝斯克比起来简直就是小巫见大巫。这家公司好像随地都是钱。无论你做什么，尽管花钱去做，不用畏首畏尾。”

“先生们，不用站起来。我们都知道我们为什么到这儿来。”霍里根大步走进人满为患的会议室。

星期二上午，霍里根已经准备好接受克拉维斯的提问。十多个来自KKR的银行家和律师以及特别委员会的成员都围坐在雷诺兹-纳贝斯克纽约办公室的会议桌旁。霍里根显然已经气得暴跳如雷，但很快大家都明白了其中的原因。

霍里根把一份报纸拍到会议桌上说道：“我刚知道你们今天早上把我解雇了。”那天早上的《格林斯博罗新闻》报道称，如果克拉维斯赢得了这场收购，霍里根和约翰逊就会“下课”。更糟糕的是，这则消息出现在该报对霍里根的死对头斯迪克特的采访报道中。

“我们对这件事一点都不清楚。”克拉维斯心平气和地说。

“我知道是斯迪克特说的，”霍里根说，“我早和那个记者联系了。”

“我什么都不知道。”克拉维斯又说了一遍，“这篇报道严重失实，而且很不负责任。”

霍里根接着展开了对斯迪克特的攻击：斯迪克特是如何糟蹋烟草公司的，而他霍里根是如何单枪匹马地拯救雷诺兹公司的。“如果你们觉得这个老糊涂能够重出江湖、拯救公司的话，我只能为你们祈祷了。”霍里根补充说。

“好吧，今天我们来是为了谈正事的。”

霍里根讲了一会儿烟草行业和雷诺兹烟草公司。等他讲完后，克拉维斯的小组成员开始向霍里根发问了，但很快他们就发现霍里根的对立情绪很强烈。

“你们可以缩减哪些方面的成本呢？”克里夫·罗宾斯问道。

“没有可以缩减的。”

“收购成功后，你和罗斯会怎样经营公司？”雷切尔接着问道，“你们有什么打算？肯定有些地方你们是可以省下些钱来的。”

“没有，”霍里根回答说，“我觉得我们的成本已经压得很低了，可以说用最少的钱办最多的事。我们从来不乱花钱。”

“那么这些人员开支呢？”罗宾斯说。

“哦，没有。我们在公司总部根本就没有雇用员工。”

霍里根的口风很紧。克拉维斯和他的手下从不同的角度问霍里根如何才能减少开支，可霍里根就是不肯松口。

“那让我们来看看你的那些数字吧，”罗宾斯指着他收到的一份简略的预测数据问霍里根，“你觉得这些数字还能变得更好看一点吗？”

“不能。”

“没有提高的余地吗？”

“没有了，我们已经全力以赴了。”

“那么说你们的预测数据就全部在这里了？”克拉维斯说。

“千真万确，我们什么都做不了。就是这样，我们既不会做得比这个好，也不会做得比这个差。”霍里根接着开始大谈特谈总理牌香烟和其他一些正在进行的项目是如何重要。

“你是不是还给了协利其他一些分析数据？”罗宾斯问，“有没有一些数据你给了他们，但没有提供给我们的？”

“没有，绝对没有。”霍里根回答说。

当罗宾斯问是否可以提高低档香烟“多柔”系列的价格时，霍里根不耐烦地大吼道：“你要那样做的话，你就等着这些香烟堆积发霉吧。”说完他就拒绝回答这位年轻顾问接下来提出的任何问题。

克拉维斯说："这真的有点不可思议，你竟然没有提高的余地。天啊，而且你也不能削减任何成本。要真的是那样的话，我觉得我们出 94 美元的价格还有些高了。你真的就不能缩减成本了？真的不能吗？"

"不能，"霍里根打断克拉维斯，"我很确定我们没有办法做到。"

"那好吧，我们当初的投标价格有点高了，我觉得我们也没办法再提高我们的价格了。"

克拉维斯对霍里根的表现十分反感，于是就下楼去吃中饭了。他打算和普利茨克、克莱因和塞斯罗等人一起吃午饭，但他并不指望能在吃饭的时候得到什么消息。克莱因已经好几天前就开始约他吃饭，说两个团队一起坐下来谈谈很有必要。虽然觉得希望不大，克拉维斯还是认为通过见面也许可以知道是否该把马赫那奇怪的投标方案当回事。

克莱因一边吃着意大利面，一边热情洋溢地谈论起雷诺兹-纳贝斯克和它的现金流，接着他又聊到第一波士顿的税务方案和如何实施这个方案。克莱因说唯一改善这个方案的办法就是看普利茨克能否和克拉维斯联手。

"那第一波士顿呢？"克拉维斯问。

"无论怎样，他们都不会反对的。"克莱因说。

克拉维斯说："好吧，那你们希望怎么一个合作方式呢？"

克莱因说："合伙制，五五分成。"

克拉维斯摇了摇头说："这绝对不行。虽然我们现在没什么兴趣，但如果要让我们加入的话，你们的投资比例要低于25%。你们可以入股，但我们肯定要控制权。"

"不成，"普利茨克说，"这样不可能。要那样的话，我们一点兴趣都没有。"

显然双方都没有商量的余地了。从他们想和自己联手的想法看，克拉维斯觉得普利茨克团队对能否成功胜出的底气不足。吃完午饭，克拉维斯就给贝迪打了个电话，提到会面的一些细节时，克拉维斯忍不住哈哈大笑起来。

"这些人还在原地踏步。"克拉维斯说。

星期二下午，KKR 的团队都开始去度假了。罗伯茨坐飞机回到了旧金山，阿蒙飞往多米尼加共和国的一处旅游胜地，斯图尔特则去了巴巴多斯岛，雷切尔飞到佛罗里达和家人一起过感恩节，克拉维斯打算星期三下午 2 点半带上勒姆和他的三个孩子赶往范尔城。

正当他准备离开办公室的时候，克拉维斯接到了琳达打来的一个电话。琳达正坐车赶往康涅狄格州，说打电话来并不是为了公事。琳达和克拉维斯之前一起出钱买了一匹马，现在又有一匹马准备出手，琳达想问克拉维斯是否打算把它买下来。

“这个星期我们就要定下来了，很多人都想买这匹马呢。啊，这太糟糕了是吧？没完没了似的。”

“你在说雷诺兹－纳贝斯克？”

“是啊。”

“我倒不这么认为。”

“为什么，天啊，这的确太糟糕了。”

克拉维斯一点儿也不信琳达打电话来就是为了买马的事。琳达一定是来探探他的口风，看他还会不会参加第二轮的竞标。克拉维斯这时觉得应该欲擒故纵。到时候琳达肯定会跑去跟她的丈夫说克拉维斯已经退出竞标了。

“不，我一点都不觉得糟糕，琳达。我们的状态不错。我们得了个第三名，我们已经很满足了。”克拉维斯希望这些明显的讽刺能够达到预期的效果。

“我现在已经感到厌倦了，”克拉维斯接着用真诚的语调说，“我下午就放假了。我会带着勒姆和我的孩子去范尔城过感恩节。我想马上离开这儿。我已经告诉手下的员工不用再去想这场收购了，轻轻松松过个假期。我真的不知道下星期我们要做什么，也许我们根本就不会再投标了。”

几个月后，琳达坚持说她一点儿也不相信克拉维斯会谢幕离开：“我觉得亨利是在蒙我，他表现得太明显了。”

星期三下午，马丁的助手利斯接到了一家媒介购买的电话，雷诺兹－纳贝斯克是《时代》周刊最大的广告商之一，这位媒介购买说他刚听说《时代》周刊内部的一个熟人跟他说这期杂志的封面故事将会是《华尔街上的贪婪》，而且封面上会刊登约翰逊的照片。

利斯给马丁打了个电话，马丁又把这事告诉了琳达。三个人都开始担心起来，现在离第二轮的竞标还不到一个星期的时间了，他们的竞争对手肯定很希望看到这样一个封面。罗宾逊和马丁一致同意绝对不能让这种事情发生，而且他们唯一的办法就是约翰逊本人了。每一家大的新闻机构都想采访他，现在都让他们给回绝了。接着他们两个人让利斯用约翰逊的独家采访权作为筹码去和《时代》周刊谈判。也许，仅仅是也许，他们可以让约翰逊的头像不被刊登在杂志的封面上。

利斯的处境很为难。自从特别委员会成立以来，他就成了特别委员会的官方发言人。但利斯是约翰逊的忠实拥护者，所以当马丁让他去和《时代》周刊交涉，利斯还是风风火火地找到《时代》周刊杂志社，捍卫约翰逊的名誉。

在琳达和马丁的指示下，利斯星期三晚上给《时代》周刊设在亚特兰大的分社社长乔·凯恩打电话，说如果杂志社能够把针对约翰逊的封面文章撤下来，他们就可以给《时代》周刊独家采访约翰逊的机会。凯恩告诉利斯这件事他决定不了。

绝望的利斯只好做出让步，说如果《时代》周刊能够把约翰逊放在一组照片当中，不刻意突出他本人的话，《时代》周刊可以对约翰逊进行独家采访。凯恩说他也做不了主，建议利斯直接给他纽约的上级打电话。

在佛罗里达，约翰逊并没有决定是否要接受他的第一次采访。他给他的朋友、前《时代》周刊出版人杰克·迈耶斯打电话，向他征求意见。

“杰克，你觉得我应该去吗？”

迈耶斯发现那篇封面故事的作者是《时代》周刊资深记者弗雷德里克·翁格霍伊尔，于是就建议约翰逊应该接受采访。“罗斯，我不觉得这会对你不利。”迈耶斯说。约翰逊已经受到了媒体的谴责，事情还能再糟到哪儿去？于是约翰逊同意接受采访。“你是了解我的，我会原原本本地把事情真相告诉他的。”

于是翁格霍伊尔星期五上午飞到朱庇特来采访约翰逊。马丁和琳达之前就关照约翰逊注意不要乱说话，强调股东利益，对一些管理层协议方面的尖锐问题做好准备。在接受采访的前一天晚上，琳达把这个采访的事情告诉了科恩，科恩立马就警觉起来。科恩刚从布鲁塞尔回来，在自家的花园里悠闲地度过了感恩节。和戈德斯通一样，他很担心口无遮拦的约翰逊到时候会说些什么。但琳达让他不用担心，他们已经教过约翰逊怎么说了。

第二天早上，约翰逊在朱庇特的希尔顿饭店里见到了翁格霍伊尔。这位《时代》周刊记者觉得雷诺兹-纳贝斯克集团的总裁平易近人。采访结束后，翁格霍伊尔赶紧去写新闻稿，因为杂志下星期一就要摆到报刊亭了。琳达打电话给约翰逊问他采访的情况。

“我要是知道就好了。记者就是记者，他们想怎么写就怎么写。”约翰逊说。

和家人一起过完感恩节之后，马赫星期五早上赶来公司上班。很多同事都没去度假而是待在办公室里，他们从附近的外卖店里订了一桌简单的火鸡宴就算度过了感恩节。星期天早上，办公室里就像是兄弟会的俱乐部，比萨盒子和空的中餐快餐盒扔得到处都是。毫无疑问那是大家深夜开头脑风暴的产物。

第一波士顿的纳贝斯克小组也有所进展，这都归功于 3 天前格林纳斯的帮助。芬内布雷斯克十分器重格林纳斯，并表示如果第一波士顿赢得了这场收购，他们想让格林纳斯来管理整个公司。格林纳斯没有立即表态，只是说这个问题等他们赢得收购之后再谈。

威尔逊也加入了这个散漫的第一波士顿的队伍。他和巴格利在星期二上午见到了芬内布雷斯克。巴格利提出要参股他们的收购，而威尔逊要求提名为未来的首席执行官。第一波士顿婉言拒绝了巴格利的要求，而接受了威尔逊的请求。

威尔逊需要阅读第一波士顿收到的一大堆雷诺兹－纳贝斯克的材料。他负责解释数据、提示可能出现的问题，并寻找有利之处。虽然威尔逊对第一波士顿成功的可能性不是很确定，但他很高兴自己终于参与到这场竞争中来了。"威尔逊很心切地想体面风光地回到温斯顿－塞勒姆。他想从我们这儿找到医治'退休首席执行官病'的药方"芬内布雷斯克后来说。

但威尔逊也不是万能的。当他去游说那些集团董事的时候，威尔逊发现董事会里只剩下两个朋友了——梅德林和克伦德宁。威尔逊对他们说："你们能不能帮我跟休格尔说第一波士顿的人是诚心诚意的？他们的想法非常有意思。虽然我觉得这个方案成功的可能性不是太大，但它比现在的那几个方案都不知强几十倍、几百倍。"当第一波士顿被批准和烟草公司主管们见面的时候，他们也让威尔逊一块儿去。"不行，我要是去了，那些人肯定就不敢说话了。你觉得他们敢去告诉霍里根他们把一些事情说给威尔逊听了吗？"

尽管取得了一些进展，马赫还是很担心。如果马尔科姆的银行小组不能拿到任何贷款的话，他们之前的准备都将前功尽弃。而现在马尔科姆看起来遇到了麻烦。每一家大银行都对费恩的点子不屑一顾。现在有三家竞标团体争夺银行资源，银行自然会挑三拣四，再加上眼下正是感恩节，更是雪上加霜。第一波士顿只是请花旗银行看一下他们的方案而已，这家银行竟然狮子大开口说要500万美元的服务费，形势一点也不容乐观。

马赫回到自己的办公室开始思考起来。也许为了完成这个收购需要付出很大的努力。他知道一些重要的交易会由此改变华尔街上某家公司的命运。他回想起那几场使沃瑟斯坦和佩雷拉成名的收购，可以说没有那几场收购就没有今天的第一波士顿，或者退一步说是在沃瑟斯坦等人离开之前的第一波士顿。他之前一直期望雷诺兹－纳贝斯克的收购能够让第一波士顿再现往日的荣耀，但现在这个希望离他越来越远了。

也许我们现在就应该拔营回程，这样可能会少损失一点，马赫想。

放弃的念头让马赫感到痛苦，煎熬这个词都不足以表达他内心的感受。马赫一整天脑子里都在想这些不愉快的事情。到了星期五下午，情况似乎终于有了好转。

马尔科姆打来电话，兴奋地告诉马赫，美国大通曼哈顿银行答应看一下他们的融资计划。"听那个人的口气，我们看起来很有希望。"

马赫祈祷着。

一

星期五下午，约翰逊挤出时间打了一场高尔夫球，然后让劳里去请格林纳斯夫妇到他们家里来吃晚饭。格林纳斯一家人在棕榈滩的布雷克斯过感恩节。约翰逊感到格林纳斯对纳贝斯克公司的未来很担心，决定安慰一下他。“这小伙心事重重啊。”约翰逊对劳里说。

即使在佛罗里达度假期间，格林纳斯还是每天和芬内布雷斯克保持联系。7 点半，他忐忑不安来到了约翰逊的公寓。他和约翰逊已经有两个星期没有见面交流了，他很担心约翰逊会问起来这些天他都在忙什么。

一走进约翰逊的家里，格林纳斯就看到屋前的大西洋和屋后郁郁葱葱的近岸内航道。约翰逊还是像往常那样快活热情，他告诉格林纳斯他刚刚接受了《时代》周刊的采访，而且看起来会登上杂志的封面。“那可是封面人物啊，你知道并不是谁都可以上封面的。”约翰逊兴奋地说道。

和往常一样，大部分时间都是约翰逊一个人在说。约翰逊让格林纳斯坐下来，并告诉他如果纳贝斯克被出售的话，格林纳斯还是有很多选择的。

“听着，即使我们少要点钱，我们也要为纳贝斯克找到一个好的买家。这样你和手下人才有可能升上去。”约翰逊和他标牌公司的那些同党已经两次证明了这个理论，这次机会真是太好了。

格林纳斯不停地点头。

“我相信我做的这些对你很有意义。你是你们这代人里面最有优势的，因为无论将来你进哪个公司，无论是卡夫、菲利普·莫里斯、雀巢还是联合利华，它们都没有你在纳贝斯克的那些经历和技能。”

“纳贝斯克、雷诺兹和德尔蒙特本来就不应该在一起，”约翰逊说，“它们之间没有相似之处，没有协同效应，相互之间也没有人员或思想的交流，所以把它们分拆开来并不是没有道理的。你明白我的意思吧，约翰？”

格林纳斯又点了点头，约翰逊认为他已经同意自己的看法。

随着夜幕的降临，约翰逊把格林纳斯也当成管理层小组的一员，和他倾诉自己对即将到来的竞标活动的担忧。对约翰逊来说，100 美元一股的价格已经够高的了，他不知道他们的团队还能否提高价格。

“我真的很不确定，约翰。我不知道我们能否承受得了这么高的价格。他们想要大量的现金，现在我面临的最大问题是让我的投资者们同意 100 美元的价格。像古弗兰这样的短线交易员，你知道他是怎么想的吗？他认为别人出价 94 美元，我们为什么还要在 100 美元上死撑着？我们为什么不能出价 97 或 98 块钱？”

即使这样，约翰逊也很明确地说他不准备把价格提高到 100 美元之上。从财务的角度来看，这没有什么实际意义。

等到格林纳斯准备离开的时候已经到了下半夜，格林纳斯心里悬着的石头终于可以落地了。在这长达5个多小时的谈话中，约翰逊没有问他这些天都在做什么。

之后约翰逊回忆起那天的谈话时，他只记得格林纳斯不停地对他说，“罗斯，我希望你会赢。”

星期五，雷切尔投标的热情与日俱增。他把电话打到罗伯茨的家里，希望能够激发起罗伯茨对第二轮投标的热情。

“天啊，我也不知道。我尽量不去想这个事情。一提到这件事，我就感到烦。”

“那你和亨利说了吗？”

“没有，我们尽量回避这个话题。”

雷切尔认为罗伯茨是个大麻烦，他丝毫不考虑公司其他人对这场收购的感受，似乎对能够控制克拉维斯而自鸣得意。就因为罗伯茨，他们的竞标价格才远远落后于其他的团队。雷切尔现在担心的是罗伯茨会不会参加第二轮的竞标活动。

“我想告诉你，我们的价格上限能够达到105美元，而且投资回报依然十分可观。”雷切尔说。

但罗伯茨依然不置可否，雷切尔不知道自己的这个消息会不会对罗伯茨产生影响。

克拉维斯伸了伸懒腰，并吸了一口科罗拉多清冽的空气。从和约翰逊艰苦的较量中脱离出来的这两天，克拉维斯感觉舒服了很多。这几天他也没怎么和雷切尔或罗伯茨联系，但他一点都不担心。

这是克拉维斯在范尔城的家中度过的第二个感恩节。像范尔城这样适合休养度假的地方很难找。两年之前，正好在此滑雪的克拉维斯给在纽约的妻子勒姆打电话说想在当地找一个小屋。他们两个人都喜欢滑雪，于是一拍即合。克拉维斯唯一的要求是一出家门就可以滑雪，于是他们就一个房子一个房子地看，但一直没找到满意的。最后他们来到了一个山坡上，这个山坡让他们感到很满意，虽然山坡上的房子从外面看上去实在是太糟糕了。克拉维斯和勒姆几乎没怎么进去看就把这栋房子买了下来。之后他们把这栋房子给拆了，在原来的地基上盖了一栋新的。

于是，一幢提洛尔风格的艺术品就在去年感恩节之前诞生了，克拉维斯夫妇俩将这个地方命名为“快活林”。克拉维斯对这儿喜欢得不得了。一排排银色的白杨树围绕在他们房子周围，空气中弥漫着松树的清香味。一进房子就可以看到起居室里一个 17 世纪法国风格的壁炉和可以俯瞰整个山坡的拱形窗户。书房复杂的镶板由一个澳大利亚的能工巧匠用夏威夷的寇阿相思树手工打磨而成。

一迈进屋子，克拉维斯就闭口不谈收购的事情了。唯一一次谈到这件事的时候，还是勒姆先开的头："你有什么打算吗？"

"我现在没什么主意。"克拉维斯回答说。

勒姆又开始在她丈夫的脸上寻找线索，但什么也没发现。之后勒姆说："他就像在打一场很重要的扑克牌，死死地护住以防别人偷看，包括我在内。"

他们在感恩节那天庆祝结婚三周年。勒姆送给克拉维斯一只两个星期大的黑色拉布拉多犬，其实她送了克拉维斯一张她抱着那条小狗的照片。克拉维斯已经有了一条名叫克里斯蒂的黄色拉布拉多犬，那也是勒姆两年前作为圣诞节礼物送给克拉维斯的。

"你会给这条狗起什么名字呢？"克拉维斯的一个孩子问他。

克拉维斯想了一会儿说："如果我们参加第二轮的竞标活动并且中标的话，我们就叫它'纳贝斯克'。但如果我们没有中的，我们再想一个其他的名字。"

这些孩子对纳贝斯克这个名字并不很感兴趣，其中一个孩子说："我们为何不叫它'奥利奥'呢？"

星期六早上克拉维斯正准备去滑雪，在路上他给雷切尔回了一个电话。

"你和乔治最近有联系吗？"雷切尔问道。

"还没有呢，你呢？"

"我昨天刚和他联系过。"

"那他是什么意思？"

"他不确定下一步该怎么办。"

"你有什么想法？"克拉维斯问。

"咳，你是知道我的。我对这场收购的态度比乔治积极多了。"雷切尔说。

接着他们又研究了半天罗伯茨是否会固执己见，并约定星期一第一件事就是讨论他们的战略。"你知道乔治等到星期一早上才会到纽约，"克拉维斯提醒雷切尔说，"罗伯茨一点儿也不喜欢纽约，不到最后一刻他死也不会离开加利福尼亚的。"

"那我们星期一晚上怎么也得碰个头。"雷切尔说。

到了周末，那些在感恩节前散布的小道消息渐渐成了公开的秘密。整个周末，协利和管理层团队从四面八方都听到同一个消息：

克拉维斯不会参加下一轮竞标了。

克拉维斯不会出现在竞标会议上了。

克拉维斯一去不复返了。

这个谣言通过克拉维斯的投资银行家和律师传到了每一个相关人士的耳朵里。在康涅狄格休假的罗宾逊夫妇听到之后，想起了那天和克拉维斯的谈话。在汉普顿度假的科恩听了之后，想起那天贝迪的电话。希尔在长岛家中听到了这个消息，不由想起了那天和沃瑟斯坦的谈话。谣言也传到了所罗门、拉扎德和狄龙·里德每个银行家的耳朵里。在佛罗里达度假的约翰逊从琳达口中得知了这个消息。所有人都知道了这个消息。

但现在的问题是，有人相信这个流言吗？

马赫的团队周末还在紧张地工作着，向星期二的期限缓缓推进。在这个五彩杂陈的投资者队伍里有一家名叫 S&W Berisford 的英国糖业公司，普利茨克拥有这家公司 11% 的股份，同时塞斯罗也为这家公司提供财务咨询服务。

塞斯罗暂时计划从这家英国公司凑到 1 亿美元，这样第一波士顿还需要筹集 12 亿美元。星期六，第一波士顿团队的税务专家说用来购买纳贝斯克的 2.5 亿美元中，必须有一半的资金来自和普利茨克或第一波士顿无关的独立第三方。塞斯罗一下子就想到了 S&W Berisford 这家公司。

这家英国糖业公司的两名高级主管就在纽约，但没人知道他们在哪里。塞斯罗就给在伦敦的 S&W Berisford 财务总监打电话，这位财务总监告诉这个会计师为什么他会找不到这两个人。他们是正统的犹太教徒，因此他们在安息日是不能工作的，甚至不能接电话。塞斯罗只好干等了一天。夜幕降临后，他接到了 S&W Berisford 美国公司主管霍华德·朱克曼的电话。

“霍华德，我们两天之内就要答复。”

“要是这个很重要的话，我们今天晚上就开个会吧？”朱克曼建议道。

“那敢情好，你过来吧。”塞斯罗说。

那天晚上当 S&W Berisford 的两个主管来到公司的时候，芬内布雷斯克上前迎接他们。去往会议室时，芬内布雷斯克好像听到某个年轻的员工轻轻地吹口哨。他转身看了眼 S&W Berisford 主席伊夫雷姆·马古利斯，一下子意识到了为什么有人会吹那个口哨：那个口哨的调子是英国大导演希区柯克在 20 世纪 50 年代拍的一部电视剧里的主题曲，而马古利斯和希区柯克简直就像是一个模子里倒出来的。

芬内布雷斯克他们一起吃了 45 分钟的饭。马赫的这位助手非常高兴，他觉得到星期二之前 S&W Berisford 的人就可以给答复了。

20 分钟之后，朱克曼把芬内布雷斯克拉到一边说：“我们会做的。”

芬内布雷斯克一开始没理解对方的意思：“你们会做什么？”

“我们会出 1.25 亿美元。”

芬内布雷斯克目瞪口呆地看着朱克曼随手拾起一个扔掉的比萨盒子，在盒子背面写下“同意授权 S&W Berisford 伦敦办公室出资 1.25 亿美元”。芬内布雷斯克对朱克曼的办事效率大吃一惊。

费恩转过身来笑着对汉德尔斯曼说：“这些人知道他们在做什么吗？”

“不，他们并不很清楚。怎么了？”

“嗯，因为这件事很重要。我觉得，因为这关系到 1.25 亿美元啊。他们为什么要这么做？”

汉德尔斯曼看着费恩，感觉好像这是他碰到过的最愚蠢的问题。

“是杰伊让他们这么做的。”

星期一早上，罗哈廷在拉扎德 32C 会议室里和董事会的顾问们开了一个会。在拉扎德，32C 会议室被认为是最顶级的会议室，因为全公司只有这个会议室经过装潢。

离第二轮竞标截止日只有 36 个小时，大家还有很多事情需要做。大家听说克拉维斯要退出竞标的消息，都很担心。更糟糕的是，第一波士顿那边也传来不好的征兆。他们现在都不能确定这两个团队明天还会不会出现在竞标现场。

现在，他们更需要来研究一下重组计划的可行性。里纳尔迪尼已经花了很多时间研究重组计划，对此比较有信心。包括罗哈廷在内的其他人却对这个计划没有太大把握：重组之后公司会怎么样？更重要的是，到时候谁来经营这家公司？

“要是没有管理层，重组后的公司将如何生存下去？”罗哈廷反问道。

如果知道谁肯自告奋勇地站出来，为公司挑大梁的话，约翰逊一定会哈哈大笑。这个人就是麦康伯，他同时也是特别委员会的一员，现在有权审判约翰逊。之前他也至少两次想要夺取雷诺兹－纳贝斯克的领导权，但最终失败了。几个星期之前当重组的话题被提出来之后，麦康伯曾经找到休格尔，并毛遂自荐说如果约翰逊被赶出公司的话，他本人愿意领导重组后的新公司。因此麦康伯是委员会里最拥护重组方案的委员，这一点也不奇怪。

这些顾问们决定冒一次险。如果他们认为重组的价格是 100 美元一股的话，为什么不让那些竞标者也知道呢？这样他们就可以为第二轮的投标设定一个下线，任何出价低于 100 美元一股的竞标者都会被淘汰。在某种程度上，这会起到威慑作用。

星期一早上12点半，协利和所罗门的联合团队在希尔的带领下来到狄龙·里德公司和董事会的顾问们开会。在董事会的银行家眼里，希尔看起来有点不可一世。希尔对克拉维斯退出竞标已经信以为真，并觉得第一波士顿的方案就是个笑料。在和高尔夫球友里纳尔迪尼聊天的时候，希尔把两个手握拳放在一起，模仿风箱做了上上下下的动作，好像在嘲笑董事会正鼓动别人来对抗克拉维斯和约翰逊。

"希尔还是像之前那样傲慢，甚至比之前更加目中无人。"一个委员会的顾问回忆时说。

狄龙·里德和拉扎德的银行家向希尔的团队传达了几个信息。要稳定证券的价格。和克拉维斯的证券相比，协利并没有一个机制来保证他们的证券交易价格在某段时间内能够保持稳定。协利垃圾债券的价格随时会出现波动，这样那些投资者就要承受市场的风险。同时董事会的这些顾问们也提到了100美元一股的重组计划。他们暗示说任何少于100美元一股的价格都会被淘汰。

希尔不但不感谢这些顾问，反而一一驳斥了顾问们的建议。他觉得他们的证券没什么问题，而重组计划完全是用来吓唬小孩子的。希尔那天感觉自己胜券在握，而那些银行家也就没有再和他多费口舌。一个银行家说："要是希尔把他们的建议当成耳边风的话，那他就等着失败吧。"

星期一下午，罗哈廷也把类似的信息传达给了罗宾逊和克拉维斯。克拉维斯星期天晚上刚回到纽约。"我现在还没有什么打算，"克拉维斯告诉罗哈廷，"我也不知道我们会不会参加竞标。上一次投标媒体对我的负面报道……"

罗哈廷鼓励克拉维斯参与竞标："亨利，中标只会提升你在公众心目中的形象。我不觉得如果你中标的话会比你中途退出给大家的印象要差。"

星期一下午，离投标截止时间还剩下24小时，克拉维斯的队员还在到处跑。刚刚从佛罗里达回来的雷切尔开着车把女儿送到新英格兰的一所贵族学校去，那天上午他在佛蒙特州曼彻斯特市的一家五金店里买了一些工具，中午到女儿的宿舍里把挂钩钉到墙上。罗伯茨还在中西部上空的飞机上呢。他们两个人要到傍晚才能到纽约。

晚上，克拉维斯设宴为罗伯茨、雷切尔和其他十多个团队成员接风。在饭桌上，他们开始谈论这次竞标成功的话，会对公司产生什么影响。

大部分时间他们都没有谈及财务方面的问题，而是更多地讨论来自华盛顿的压力，担心今后将生活在公众的视线里面，以及要吞并雷诺兹-纳贝斯克这样庞大的公司存在的一些实际问题。目前公司只有 15 名交易员。

让雷切尔担忧的是，罗伯茨依然不主张参与竞标。

“我们还是放弃吧。”罗伯茨再次强调这一观点。

“乔治，别啊。我们不能就这样弃权了啊。如果我们不想中标的话，我们至少也要保持第三名的位置啊。”

他们又聊了一会儿各自的困惑，但投标的事情依然没有得到解决。明天，大家就都知道答案了。

星期一，第一波士顿精心策划的方案就要开始亮相了。塞斯罗一上来就结结巴巴的。投资者虽然答应了会借给普利茨克的助手 6 亿美元，比他需要的 4 亿美元整整多出了 2 亿美元，但大多数投资者需要在跟第一波士顿开会并仔细研究雷诺兹 - 纳贝斯克的财务数据之后才能最终决定。塞斯罗就去为星期一下午在第一波士顿的演讲做准备，这样他才能够获得投资者的书面承诺。

一直反对预售的世达律师事务所同意了塞斯罗的提议，但有一个条件。要举行会议的话，塞斯罗的团队需要签署一份秘密协议。等把这份文件传真给每一个投资者后不久，塞斯罗就听到投资者那边传来了此起彼伏的反对声。

这份协议里有一个条款限制出售雷诺兹 - 纳贝斯克的股票，但塞斯罗的支持者几乎每一个都是股票市场的活跃分子，而且都重仓持有雷诺兹 - 纳贝斯克。比如纽约投资家马丁·格鲁斯就告诉塞斯罗，签署这份协议之后，他们手中的股票就不能出手了，一旦股价暴跌，他们将蒙受巨大的损失。于是塞斯罗的投资者们都一个个准备退出。

“不、不，”当塞斯罗明白这个条款的意义时，不满地说道，“这太说不过去了，还让不让人活了？他们在和第一波士顿开会之前是不会加入进来的。这下麻烦大了。”

但世达律师事务所拒绝在这些条款上做出让步。塞斯罗这时也束手无策。从星期一到星期二，他到处寻找那些手中没有持股的投资者。马赫和普利茨克都小心翼翼地看着塞斯罗，希望他能够在 5 点之前筹到足够的资金。

幸好第一波士顿在银行那边有了很大的进步。经历了重重困难之后，第一波士顿的银行团队差不多快成功了。这项任务可并不轻松。美国几乎每一家大银行不是去帮克拉维斯了，就是去帮协利了。没有哪家愿意把资源再分配出来帮助第一波士顿。日本的银行也都有自己的苦衷。“我们很希望能跟你们合作。但我们已经和另外两家开展业务了，而且我们这儿已经没有会说英语的人了。”一个东京银行家告诉第一波士顿的巴顿。

瑞士信贷银行和法国的一家银行终于答应马尔科姆为他们收购雷诺兹提供贷款。融资计划的其余部分就得依靠大通曼哈顿银行来完成了。

星期一下午，马尔科姆接到了第一波士顿融资项目的接口人戴维·马莱塔的电话。马尔科姆想，如果不出意外的话，大通曼哈顿银行应该已经批准借钱给他们了。

“我们碰上大麻烦了。”马莱塔说。

“什么麻烦？”

“大通曼哈顿不能借钱给我们了。”

马尔科姆的心一沉：“你不是开玩笑吧？”

“我没有和你开玩笑。”

“到底发生什么事了？”

通过层层审批，第一波士顿马上就要拿到贷款了，就在这个节骨眼上，资料竟然被大通曼哈顿银行的高级信贷主管人员卡住了。马尔科姆听了这个消息之后目瞪口呆。马赫听了这个消息之后，痛苦地闭上了眼睛，说：“我们有大麻烦了。”

星期一早上，出现在报刊亭上的《时代》周刊比琳达想象的还要糟糕。杂志封面上的约翰逊一只手托着下巴，做思考状，而旁边的标题则是“贪婪的游戏”，下面还有一行解说：“这个人将从历史上最大的公司收购中获利1亿美元，收购的风潮是否已经走火入魔？”

《时代》周刊封面：贪婪的游戏

虽然封面的破坏性很强，但最强的破坏性还是他自己造的孽。记者问他那个管理层协议是怎么回事，他回答说：“我的任务是为我的手下争取最大的利益。”当问到首席执行官是否应该得到这样的报酬时，约翰逊回答说：“这些钱就像大富翁游戏里的游戏币。”约翰逊在回答记者提出是否有很多人会失业的问题时说：“这是肯定的。我手下的那些员工，特别是亚特兰大的那些员工，他们根本就不用愁找不到工作，因为很多人都是律师、会计师或者是秘书。我是不会让他们饿死的，他们将得到一笔丰厚的离职补偿金。”

实际情况并不完全像约翰逊所说的那样。特别委员会要求每一位竞标者都必须提供员工的分流安置方案，但这个要求一直遭到管理层团队的抵制。

特别委员会秘书沃德·米勒长期以来担任约翰逊的律政人员。1961 年从法学院毕业后，米勒就加入了标牌公司。现在随着纳贝斯克即将被出售，他的很多老朋友也即将面临失业，这让米勒感到很恼火。就在两轮竞标活动的间歇，他也想办法做些事情来帮助他的朋友们。

米勒向每一位董事提出公司应该做到以下几点：保证雷诺兹－纳贝斯克员工三年的工资和福利；对留下来的员工，一旦他们的新雇主解雇了他们，这些员工有权取得丰厚的离职补偿金；继续为退休员工提供医疗保险。

KKR 的律师们并不喜欢米勒的想法，但他们只能通过谈判来解决，但米勒丝毫不让步。米勒找到董事会成员，再次向他们表明了自己的立场。而约翰逊唯一喜欢的员工也就是马丁了，现在他开始为这个 1 月份加入公司的员工争取退休金计划。

星期一下午，约翰逊对休格尔说："我不会问你这个竞标是否公正。如果你问我是否相信那些特别委员会的成员，我会告诉你我不相信他们。"休格尔向约翰逊保证投标的过程透明公正，但等到他再次提及重组方案的时候，约翰逊打断他："得了吧，查理，老说这些你累不累啊？"

星期二的早上，休格尔在酒店里惊讶地接到约翰逊打来的电话。他看了看时间，才 6 点 10 分。"你这么早起来有什么事吗？"休格尔问。

"我想知道这场投标会发生什么事情。"约翰逊接着告诉休格尔说协利阵营内部已经出现了分歧。大多数人都以为克拉维斯退出竞标了，但还有少数人，比如约翰逊本人，都担心克拉维斯会来个回马枪。

"我不知道他们会做什么。"约翰逊说。

"你干嘛问我？我也不知道啊。你只要尽你所能，能出多少价就出多少价。"休格尔说。

星期二上午，第一波士顿的投标方案依然悬而未决。塞斯罗一直向马赫保证他会筹集到他那部分资金的。正当塞斯罗满世界找钱的时候，克莱因向大家汇报普利茨克家族最新情况。普利茨克正在迈阿密谈一笔邮轮生意；他的儿子汤姆在潜水事故中耳朵受了伤，没办法坐飞机，现在正躺在洛杉矶的一家旅馆里。父子俩都很担心如果塞斯罗不能筹到资金，第一波士顿是否会找普利茨克家族让他们来出这笔钱。对普利茨克来说，4 个亿不是一个小数目啊。

"快点做决定吧，"克莱因那天早上说，"今天是最后一天了。"

那天上午马赫和他的手下正在为他们的融资计划向大通曼哈顿银行的高级管理人员施压，但他们丝毫没有进展。克莱因的合伙人格雷联系上了这家银行的董事会主席，但这位高级管理人员一小时之后就要坐飞机去苏联，因此并不想花时间来推翻他手下人的决定。

马赫感到很受打击。没有银行的支持，费恩的想法也只是一个空想而已。马赫决定降低自己的要求。如果银行不同意借钱给第一波士顿，那第一波士顿就必须找人来证明他们的方案是没有问题的。马赫必须找到些证据给董事会看，让他们相信他们的项目是可行的。

克莱因试着找到了信孚银行，但对方告诉他信孚银行已经没有多余的人手来帮助第一波士顿了。到了中午的时候，格雷又给花旗银行打了个电话，终于收到了意外的惊喜，花旗银行下午 2 点将会派一组人到第一波士顿。

把第一波士顿纷繁复杂的文件和数据整理成一本 3 英寸厚的小册子，这个繁重的任务落到了 31 岁的戈登・里奇头上。他身材矮小，比较情绪化，头上的棕发日渐稀疏。

直到星期一下午，里奇还不知道第一波士顿的方案到底会以收购、再融资还是其他别的形式出现。那天他对聚集在马赫办公室的一群人说道："我现在已经快没时间了，我得马上回办公室去赶这次收购的材料。如果你们现在还不能告诉我方案是啥样的话，到时候我写什么就是什么了啊。"说完，里奇就大步流星地走出了办公室。

星期二凌晨 1 点，里奇在 44 层的董事会议室里和一群律师开会，他依然情绪激动。会议桌上的每一个律师都对里奇写的材料品头论足、滔滔不绝。这时候，其他人可能开始数绵羊了，而里奇开始数这些律师以求入睡。等到第 38 位律师发表完看法时，里奇终于忍不住发火了。

"如果问题不是很大的话，大家也别要求太苛刻了。我不关心那些细微的差别，就按照我的意思来。"里奇说道。

从星期一晚上一直到星期二上午，里奇一直穿梭于第一波士顿的办公室之间，向每个人催要那些需要递交给阿特金斯的材料。"少废话，我们的工作态度就是这样。有什么不满，找马赫说去。"他对律师们吼道。

到了星期二下午，里奇憋了一肚子的火。4 天来，他一直请求别人提前一天把材料交到他手里，而现在离递交材料的最终期限只有几小时了，他连一半的材料都还没收齐。

里奇只好像童话故事里的怪物一样守在办公室的门口，只要别人经过他跟前，他就揪住对方问什么时候他才能收到材料。正在气头上的时候，里奇逮住了费恩。这时一个名叫迈克・罗特菲尔德的律师走进里奇的办公室想把费恩叫走，里奇生气地拒绝了。

"不行，你不能把他带走，"里奇对罗特菲尔德大吼道，"你给我出去！"

当费恩起身准备离开的时候，里奇终于爆发了。他抓起电话机的话筒，然后把它狠狠地砸向了电话机，整部电话立刻就报废了。费恩和罗特菲尔德一看赶紧逃了出去。

之后，里奇走出办公室，在空荡荡的41层漫无目的地走着。他感到太累了，只想马上离开这栋大楼。但想到自己很可能会被解雇，里奇只好又回到自己的办公室里，继续等待下去。

下午2点的时候，花旗银行的小组来到了第一波士顿。不知为什么，这些银行家是从纽约北部的办事处赶过来的。

只剩下3个钟头了，芬内布雷斯克已经没有时间来考虑行程，直接将这些银行家带到了楼上没人用的餐厅。“情况是这样的，”他开始向领头的银行家解释说，“几个小时之后，我们就要投标了，但有一家银行在紧要关头把我们给耍了。这个方案在财务上是行得通的。我希望你们能够尽全力帮助我们。”

在接下来的一个半小时里，芬内布雷斯克向这些银行家简要介绍了第一波士顿的收购策略。由于担心这些银行家不明白，他把自己草拟的一份文件交给这些银行家，说：“大致情况就是这样，欢迎大家提出建议。”

费恩一整天都在从一个屋子转到另一个屋子，一边嚼着三明治，一边回答大家的问题。他的任务早已经结束了，剩下的问题就是筹集资金了。下午3点左右，费恩在过道里碰到了愁眉不展的汉德尔斯曼。

“费恩，我遇上大麻烦了。”

“怎么回事？”

“我们现在还差2.5亿的资金。”

“什么？”费恩大吃一惊，“这是怎么回事？”

“塞斯罗没有完成任务。”

两人一边走，汉德尔斯曼一边向费恩解释目前尴尬的处境。他们最后在马赫办公室门口一张空桌子前站住了。费恩看到马赫的办公室里神情沮丧的塞斯罗在那儿做自我检讨。接着，这个会计师走到费恩和汉德尔斯曼跟前停了一下，然后转身离开。

费恩瞟了一眼汉德尔斯曼，对方恶狠狠地盯着塞斯罗。

塞斯罗离开后，汉德尔斯曼转过来对费恩说道：“我可以找杰伊想办法，但我可不敢打保票。”

“我不知道这些，”费恩说，“但我们如果没有资金的话，就不能把投标方案发出去。”

如果普利茨克父子能够拿出这笔钱并赢得这场收购的话，两人知道他们能够在几天之内就把剩余的资金凑齐，银行和一些机构投资者都会争先恐后地想加入进来，但现在谁也不会主动把钱送上门来。

“现在已经别无选择了。要么你给杰伊打个电话，要么我们就退出这场收购。即使资金到位了，这事能否成功还是个问题。但要是没有资金，我们必死无疑。”

马赫也不赞成在没有任何资金保证的情况下发出投标。没有银行资金支持已经够糟糕的了；如果连定金都拿不出来，这也太荒唐了。克莱因打电话给他的一帮基金投资者，从这里筹集了500万的资金，从那里筹集了1 000万的资金。但这离他们的预想金额还差很大一截。离投标期限还差1小时，他们还有2亿美元的资金缺口。克莱因、马赫、费恩和汉德尔斯曼知道他们只能找普利茨克才能筹集到这笔资金。

4点15分，克莱因终于联系上了普利茨克父子。他快速地向他们介绍了目前的情况。“我们现在就要去投标了。除了你们，别人不可能在5分钟内给我们出支票了。”

电话那头是一阵沉默。

普利茨克说道：“没有其他的办法了吗?”克莱因知道这也许是普利茨克家族有史以来做出的最大的承诺。

克莱因看了看窗外，说：“杰伊，你现在在佛罗里达；汤姆，你现在加利福尼亚。我不知道你们是否看到太阳就要下山了。”

克莱因回头看了看马赫。马赫一脸严肃地站在桌边。“马赫现在就在我旁边。只有你们答应，他们才能往下走。”

电话那一头又是一阵沉默。“那可是一大笔钱啊。“汤姆说。

“我知道，伙计们，所以我才联系你们嘛。我们想知道你们是否……”

“没有其他办法了吗?”普利茨克又问了一遍。

“没了，现在只有这个办法了。”

“我们是否应该这么做?”

克莱因想了想，瞟了一眼马赫说：“是的。”

“第一波士顿是否觉得我们应该提供这笔资金呢?”

“是的。”

接着电话那头一片寂静。克莱因屏住呼吸。

“爸爸……”汤姆说。

“我知道了，”普利茨克说，“就这样，我们同意提供资金。”

克莱因舒了一口气说：“谢谢你们。”挂了电话之后，他回过头对马赫说，“普利茨克父子全力支持这次收购。”

马赫那天终于第一次笑了。

星期二早上 11 点，克拉维斯和罗伯茨见了他们的银行家，对他们说自己还没有决定下午是否要参加投标。两个人早已有了自己的打算，但他们就是不想告诉这些银行家。如果不出意料的话，这个消息很快就会传到科恩的耳朵里。

没有人在意第一波士顿。通过那些银行家，克拉维斯知道马赫麻烦一大堆。克莱因一直在打电话，看起来第一波士顿只能在这场 KKR 主导的收购中扮演一个小角色了。略施小计，他们就了解到阿特金斯和其他董事会的法律顾问们对第一波士顿的方案不抱太大希望。贝迪打电话给自己的税务律师，表示想仿效第一波士顿的方案，结果他的税务律师们劝他放弃这个想法，因为它根本行不通。

之后，克拉维斯和罗伯茨在克拉维斯的高级办公室里举行了一个非正式的圆桌会议。已经厌倦了这种讨论方式的顾问们将其称之为“傻子转圈”。从斯图尔特开始，他们轮流发表自己的意见。“我们还要收购吗？”斯图尔特和罗宾斯给予了充分的肯定。阿蒙则有点左右为难。从旧金山赶来的普通合伙人麦克唐纳尔则极力支持收购，不遗余力地强调奥利奥、纳贝斯克和乐事等品牌的价值。雷切尔也跃跃欲试。

克拉维斯也同样希望参与进去。一周以来，一直把自己的想法深藏不露的克拉维斯也已经准备好做最后的冲锋。大家都不感到惊讶。了解克拉维斯的人不相信他会眼睁睁地看着别人把雷诺兹 - 纳贝斯克抱回家。如果我们要投标的话，克拉维斯强调道，我们就非把它拿下不可。

罗伯茨终于开口了：“我觉得我们应该先问一下自己，‘为了这场收购惹来这么多麻烦值得吗？我们真的愿意自找麻烦吗？’由于这场收购我们肯定会受到来自华盛顿的压力，还有来自我们合作伙伴的压力。”罗伯茨边说边看着屋里的每一个人，“我最不愿意看到公司陷入麻烦当中，这可能会使这个行业都遭殃，所以我不倾向于投标。”

罗伯茨的话让大家无所适从。克拉维斯和罗伯茨很少在大家面前表现出意见不一致的情况。房间内的好几个人面面相觑，不知该如何是好。

“嗯，”克拉维斯说，“自从公司成立以来，一切大事都是由我和乔治一致同意后我们才会去做，否则我们就不会去做。”然后他转过头来对罗伯茨说，“我们俩是不是先合计一下？”罗伯茨点点头。

正当大家犹豫不决的时候，来自旧金山的顾问杰米 · 格林开口了。如果 KKR 收购了雷诺兹 - 纳贝斯克的话，格林将负责为这次收购向银行筹集数十亿的资金。这个角色给他的意见增加了不少分量。

“等等，等等，”格林说道，“乔治，我还真觉得我们应该参与这次收购。当然这肯定困难重重。但我觉得这是一次不错的机会。”

这句话罗伯茨已经等了好几天了，现在终于有人说出来了。罗伯茨的态度一下子就转变了。几分钟后，他们从原来要不要投标的问题转到了他们应该出多少钱来完成这场收购。

“好，”罗伯茨说，“如果我们准备参加的话，我们一定要打胜仗。我们要大量地减少我们之前提到的现金比例。等到最后，董事会不会太在意多三四块钱现金。他们关注的是哪个人出的价钱高。”

“到时候如果彼此价格很接近的话，”罗伯茨继续说道，“我们就会胜出。”

他们又花了4个小时来完善方案中的财务结构，为了增加获胜的概率，他们提高了实物付息债券的比例，同时减少了支付给股东的现金部分。好多次，贝迪都焦急地把头探进屋里说：“该死的，赶紧给我标书。时间快来不及了。”

“一边待着去，”罗伯茨笑眯眯地说，“你只要改几个数字就可以了，我们会让你知道结果的。”

那天下午科恩召集管理团队在协利开会。每个人都对这次竞标很清楚，约翰逊的助手贝尼文托和塞奇建议将价格定在每股110美元左右，但和之前一样，大家都把他们的意见当成耳边风。只有科恩和古弗兰的意见才是重要的。

科恩之后说他倾向于每股102或者103美元。担心又会跟克拉维斯打成平手的古弗兰则想把投标降低到97或98美元。双方各让一步，由于维持原来每股100美元的价格会让董事会很没面子，而他们觉得至少应该给董事会延长竞标的做法留点面子，所以最后，科恩和古弗兰同意再加1块钱，价格为每股101美元。

这个定价策略后来引起大家激烈的争论。难道科恩和其他人都觉得克拉维斯退出投标了？“毫无疑问我们被糊弄了，”科恩的律师兼心腹努斯鲍姆回忆时说，“很明显，还能说什么？”据努斯鲍姆说，这主要是由于贝迪打给科恩的那个电话。“我们就是因为这个才上当受骗了，”努斯鲍姆说，“贝迪对科恩明确表示他们已经退出收购了。他这么一说，彼得也就相信了……我们觉得克拉维斯不会参加角逐了。我们当时觉得第一波士顿是我们唯一的竞争对手。”

所罗门的菲利普斯回忆说：“希尔是这些人中最相信KKR不会参加竞标的人。”希尔也很不情愿地承认道：“听到亨利要去范尔城度假，我就很自然地认为亨利对这场收购并不那么在意。但不得不承认，这招欲擒故纵用得太厉害了。”谈到科恩，希尔说：“彼得坚定不移地相信KKR不会出现了。在骨子里，他对这一点深信不疑。”据希尔讲，当科恩从布鲁塞尔回到纽约的时候，他说有理由相信贝迪说克拉维斯他们退出了竞标。

同希尔、努斯鲍姆等人的说法相反，科恩始终认为他从来都不觉得克拉维斯已经放弃了收购。“我一直认为他会继续参加第二轮投标，”科恩说，“希尔非常骄傲自大，他很确信克拉维斯不会再出现在投标现场。我就告诉他，‘我们不能做这种假设。’我觉得亨利还会参加竞标……他每年都要回范尔城过感恩节（事实上这只是克拉维斯在范尔城度过的第二个感恩节）。只要有一个传真机，谁都可以在那里办公。”

虽然大家各执一词，但他们最后的竞标价格最能说明问题。每一个追求雷诺兹－纳贝斯克的竞争者都很自然地想超过已经公开的每股 100 美元的价格。像几个星期之前他们公开的投标公告一样，科恩每股 101 美元的价格不言自明：管理层团队又一次觉得他们的价格无人能及。努斯鲍姆说：“这是最要命的失误。”

在第一波士顿，芬内布雷斯克整个下午都缠着花旗银行派来的小组。他需要对方能够写一封信，证明费恩的想法是可行的。他感觉自己就像一位在产房门口徘徊的父亲。每隔 10 分钟，餐厅外面的电话铃就会响起来：“信呢？那封该死的信出来没有？”

“等等，”芬内布雷斯克一遍一遍地告诉对方，“我们正在尽力……”

当花旗银行的小分队从餐厅里出来的时候，已经是 4 点半了。芬内布雷斯克在外面焦急地踱着步。“谢谢，”芬内布雷斯克一手拿着那封信，一手握住银行家的手说，“实在太谢谢你们了。”

这封信很快就被加到投标方案里，然后有人将整个投标方案送到世达律师事务所。之后，马赫表现得非常镇定。投标方案和他之前想象的差距很大。那封关于货币化的信让他一点都不满意。他告诉自己这是个非常勇敢的举动。虽然他们的计划希望不大，但马赫认为他非常走运，就像 9 天之前他们有机会参加这场收购。“该死的，”他说，“也许这种好事会继续发生。”

5 点还差几分，罗伯茨低着头走近了 KKR 的董事会议室里。

十多个华尔街费用最高的投资银行家正焦急地等待着 KKR 的投标进展。每个银行家都在想同一件事：罗伯茨和克拉维斯提出的新价格会不会又没戏了？他们是否想最终胜出？之后虽然他们每个人都吹嘘说是自己说服了克拉维斯参加竞标，但此时几乎没人知道他们兄弟俩有什么打算。他们的决定对在场的每一个银行家来说可是意味着上百万的服务费。

罗伯茨站在克拉维斯旁边，一脸沮丧的样子。他慢慢地摇了摇头，目光低垂，双手插在兜里。他以悲伤的语调对他们说道：“不好意思，我们本来决定忘记这场收购，它的风险太大了。”

他停顿了一下，确保大家都听明白了。“我们似乎不可能赢。”

房间里安静得让人有点受不了。1 亿美元的服务费正在灰飞烟灭。

罗伯茨叹了口气问：“亨利，我们商定的新价格是多少？我记得是 106 美元，对吗？”

克拉维斯点点头说：“我记得是这个价格。”

站在投资银行家身边的贝迪永远也不会忘记当那些银行家们听到这个消息后的反应。“你能够看到这些人的眼睛顿时亮了起来，里面闪着金光，”他回忆说，“他们好像在说，‘哈，我们会杀回去了，耶！’”

这些银行家又继续兴致勃勃地等待消息。

Barbarians 第17章 at the Gate

胜利迟迟不到

协利证券公司里一片热火朝天的景象。

即使面对《时代》周刊的封面报道、来自公众的讨伐以及董事会成员的不满，科恩和希尔也确信胜利就在眼前了。谁都没有把克拉维斯当回事，现在一切都看第一波士顿的了。如果董事会接受马赫那无厘头的方案，那第一波士顿就会赢得这场收购。几乎所有人都觉得这种概率很小，但如果真的发生的话，也只能顺其自然。在投资回报率上，没有人能跟马赫的方案相媲美。"我们大家心情都不错，"努斯鲍姆回忆时说，"不是我们被第一波士顿打败，就是我们把第一波士顿打败。"

星期二下午，提交投标方案之后的一个小时，管理层小组的成员就各奔东西了。科恩觉得董事会的决定8点钟之后才能出来，就匆匆带着他的妻子和孩子去吃饭，庆祝他们结婚20周年。到了8点钟，他才回到威德法律师事务所。古弗兰领着所罗门的银行家来到市中心的一家牛排餐馆。在那儿他们碰到了花旗银行的主席约翰·里德。他们也在8点钟的时候赶到了威德法律师事务所。

到了6点钟，没人给他们打电话。

到了7点钟，依然没人给他们打电话。

到了8点钟，还是没人给他们打电话。

但这些人并不是特别担心。古弗兰和斯特恩开始玩起了扑克牌。另外一些所罗门的银行家则坐在角落的沙发上看着最近一期的赛车杂志。

到了9点钟，科恩和努斯鲍姆给戈德斯通打了个电话。戈德斯通还待在办公室里，以便避开所罗门那些人。如果克拉维斯没有参加竞标，而第一波士顿又是个空炮，按道理说管理层团队现在应该已经收到消息了。想到这儿，他们三个人不由紧张起来。古弗兰虽然在牌桌上手气不错，刚刚从斯特恩和信孚银行的奥布莱恩那儿赢了400美元，但也开始失去了耐心。一向不喜欢别人对自己隐瞒情况的他抱怨道："为什么我们还没得到消息呢？"

那天晚上，罗宾逊和妻子琳达赶到曼哈顿近郊的万豪酒店去参加一个正式晚宴。琳达的好朋友兼客户，德士古公司的老总詹姆斯·金尼尔在这次少年之家俱乐部的庆典上受到了表彰。

摩根士丹利的格里彻也是德士古公司的董事会成员，那天恰好和罗宾逊夫妇坐在同一桌。当他看到罗宾逊裤兜里露出移动电话的天线时，格里彻微微一笑。

为了缓解大家紧张的情绪，琳达在晚宴开始之前开始东拉西扯起来。

"那，"琳达问格里彻，"你们这次的价格是多少？"

格里彻没有反应。他猜想琳达也许是想套他的话，以为自己会把克拉维斯的投标价格一五一十地告诉她。

"哦，现在投标都结束了，"琳达追着问，"你可以告诉我。"

格里彻耸了耸肩膀，想如果琳达·罗宾逊想玩游戏的话，自己愿意奉陪。

"94美元，"他一本正经地说道，"和原来一样，没有再提高报价。"

格里彻停顿了一下，问："你们的价格是多少？"

"你猜猜看。"

"和原来差不多吧。"

"没错，"琳达说，"和原来没什么大变化。"

克拉维斯的伙伴都聚集在克拉维斯的办公室里，忍受着等待的煎熬。

走廊上到处都是来回踱步的银行家。但除了等待，他们什么也做不了。几个小时之后，他们叫了比萨外卖。

9点还差几分的时候，贝迪接到了阿特金斯打来的电话。阿特金斯在电话里说："请你和你们的人过来一下。"

贝迪竭力控制住自己激动的情绪，说："你们只通知我们过去吗？你们还通知其他团队过去没？”

“这个我无可奉告。”

接着他们两个人又谈了一会儿，确定到底谁需要去世达律师事务所。阿特金斯告诉贝迪目前只需要律师和顾问过去就可以了。饥肠辘辘的贝迪看着桌上的比萨问阿特金斯：“那你们那边有吃的吗？”

“有。”阿特金斯回答道。

贝迪把这个消息告诉了克拉维斯。克拉维斯也努力按捺住自己的情绪，他们之前也碰到过这种情况。得知自己不用出席会议，克拉维斯就和几个普通合伙人去意大利餐厅吃饭了。

当克拉维斯等人出去吃饭的时候，贝迪召集律师、投资银行家和顾问们急急忙忙地赶往世达律师事务所。由于担心管理层小组在楼下大厅里安插了耳目，贝迪让这些人三三两两地离开公司以免引起别人的猜疑。走到楼下，罗宾斯上前和一个保安低语了几句。他想知道约翰逊是否也离开了大厦，这样的话好马上让克拉维斯知道。

克拉维斯刚点完餐，饭店服务员就告诉他前台有电话找他，是贝迪打过来的。

“他们希望你 45 分钟内赶过来。”

“噢，我们刚开始吃呢，我们会去的。”

“我们的状态不错，一切看起来都很顺利。罗哈廷等着见你呢。”

听到这里，克拉维斯才感觉到一丝胜利的喜悦。回到饭桌旁，他兴奋地把这个消息告诉了其他几个合伙人。

“事情进展得不错。”克拉维斯笑着说。在座的几位合伙人也感觉成功近在咫尺。

正当克拉维斯吃饭吃到一半的时候，他又被人叫去接电话了，还是贝迪打来的。

“该死的，你们到哪了？”

“刚不是说吃完饭我们就过去吗？”克拉维斯说。

“罗哈廷已经等得不耐烦了。”

“我们过去，我们这就过去。”

“快点，亨利。他们想把这些事情弄完赶紧回家。”

“好的，好的，我们马上就到。”

克拉维斯有点生气地回到饭桌边：“他们想让我们现在就赶过去。我猜罗哈廷今天是想早点回家。”

他们狼吞虎咽地吃完后，就挤进克拉维斯那辆蓝色的梅赛德斯。没过几分钟，他们就来到了世达律师事务所。接着克拉维斯、罗伯茨和雷切尔被领到一个会议室里，罗哈廷、哈里斯和阿特金斯正在那儿等着他们。

克拉维斯寻找着管理层团队的踪影，但丝毫没发现对方。罗哈廷过了一遍接下来要解决的问题。他告诉克拉维斯，拉扎德和狄龙·里德希望进一步了解投标方案中垃圾债券的一些细节。接着罗哈廷问克拉维斯："这是你们能出的最高价格了吗？"

"是的。"克拉维斯说。

"那好，如果你们的证券跟融资都没问题的话，我们准备把你们的方案推荐给特别委员会。"

听到这儿，克拉维斯和罗伯茨立刻喜上眉梢。

他们赢了。

经过6个星期的艰苦奋战，克拉维斯和罗伯茨还差两轮谈判就要到达成功的终点线了。克拉维斯的律师罗伯特·斯巴特跑到楼上的会议室里准备和特别委员会协商合并协议。那些投资银行家们则走到另一个会议室向委员会的银行家解释方案中的证券。拉扎德和狄龙·里德公司的人提了一大堆问题，比如法院对德崇做出不利判决的话，克拉维斯会有什么应对方案。

克拉维斯想如果一切顺利的话，这两轮的谈判用不了几个小时就能搞定。明天早上，特别委员会就要准备决定向董事会推荐哪个方案。无事可做的克拉维斯和罗伯茨就只好坐在那儿干等。

当会议顺利进行着，阿特金斯就直奔到楼上的办公室去处理一大堆的电话留言。他先给马赫回了一个电话。

第一波士顿的方案很快就被否定了。实际上，一些关键的问题，比如通过反垄断调查的时间点，都没有办法确定下来。他们方案中最致命的弱点在于第一波士顿没有一个实实在在的银行承诺为方案提供资金。马赫的方案引来了特别委员会那些银行顾问们的嘲笑。而芬内布雷斯克花大力气拿到的那封信也只不过是一张印着花旗银行抬头的信纸罢了。这封信只有一个副总裁的签字，根本不符合特别委员会的要求。

在曼哈顿西区家中的马赫再也等不及了。阿特金斯刚打过来电话，马赫就迫不及待地说："彼得，我现在就等着消息呢，这实在是一种煎熬啊。我还要继续等下去吗，还是我可以上床休息了？"

"不用了，"阿特金斯说，"你先睡吧。"

马赫知道是怎么一回事了，他的奇迹破灭了。

"唉，"他说道，"这太可惜了。"

马赫挂了电话后又给他的手下里奇打了电话："我们没戏了，没戏了。"

怎么还没来电话？阿特金斯跑哪儿去了？

随着时间一分一秒地过去，戈德斯通焦急地在办公室里来回踱步。没有消息这本身就是个坏消息。一定是出什么问题了。也许他们选择了第一波士顿，戈德斯通想，天哪，也许是克拉维斯的方案。

他们都跑哪儿去了？

他一边踱着步，一边习惯性地把铅笔一端的橡皮给抠下来。有时候他用力过猛，这些小橡皮头就会飞到屋的对面，弹在别人的脑门上。那天晚上，戈德斯通办公室的地板上散落着饱受摧残的橡皮头。

到了 9 点半，戈德斯通不想再继续胡乱地猜测下去。他先给他的同事赫希打了个电话，按下免提键后，又给阿特金斯打了个电话。阿特金斯刚和马赫通完话，过了一会儿，就给戈德斯通回了个电话。

“彼得，这儿有一堆人在等你回话呢，”戈德斯通说，“你们今天晚上能做决定吗？我们还要等多久？”

“我认为你们没有必要再等了，我们明天早上会和你们联系的。”阿特金斯说。

这番话犹如一盆冷水浇头而下，让戈德斯通从头凉到了脚。

“你说什么？这是什么意思？”戈德斯通的声音里充满了焦急和不安，“难道我们出局了？”

阿特金斯冷冷地说：“我现在什么都不能说。”

戈德斯通依然追着他问：“我们出局了？”

“我只能告诉你今天晚上我们不会再找你了，你们可以先回家了。”

接到戈德斯通的电话后，聚集在威德法律师事务所的每个人都像被电击中了一样。大家有的扔下扑克牌，有的将汽车杂志随手扔到角落里，个个面带愁容都想知道发生了什么事情。

“这到底是什么意思？”

“到底出了什么事？”

几分钟后，他们受到了更沉重的一击。努斯鲍姆接到一个记者的电话。这位记者说克拉维斯刚刚被叫到世达律师事务所，问协利有没有人去。

“没有，”努斯鲍姆结结巴巴地说，“我们没有去。”

想到克拉维斯，努斯鲍姆感觉自己的脑袋嗡地一下炸开了。他不敢相信这是真的，科恩也不能相信。他们这下子突然意识到大事不妙。

威德法律师事务所里顿时乱成了一锅粥。大家都对事情本身和应该如何解决有自己的见解。古弗兰一边把赢来的钱塞到自己的口袋里，一边怒不可遏地让人赶到世达律师事务所去。

努斯鲍姆脑子飞速地运转起来，觉得要赶紧做些什么。最后他决定给阿特金斯写封信。努斯鲍姆觉得有必要把他们的愤怒写下来。在科恩等人的咆哮和咒骂声中，努斯鲍姆开始让人把他的口述整理成信件。

少年之家俱乐部晚宴上的节目快结束了，这时，琳达接到一个紧急的电话。向大家打了个招呼之后，她直接就冲进万豪酒店的厨房去接听。

当她回到座位上的时候，格里彻看到琳达已经气得脸色铁青，心想她一定知道竞标的结果了。格里彻只能赶紧满脸赔笑。等到节目结束后，罗宾逊夫妇俩从座位上起身准备离开。

琳达转过身来对摩根士丹利的这位银行家甩下一句话："格里彻，你他妈的是个大骗子。"

格里彻直视着琳达的眼睛说："琳达，你还不相信吗？董事会是绝不会把公司给约翰逊的。"

正当他们醉生梦死的时候，约翰逊、霍里根和其他雷诺兹-纳贝斯克集团的主管们接到了噩耗。后来他们又陆陆续续地接到了更多的消息，但没有一条是能让他们高兴的。阿特金斯告诉戈德斯通他可以回家了，而克拉维斯被请到了世达律师事务所。更糟糕的是，利斯打电话来说特别委员会让他明天早上召开一个记者招待会。种种迹象表明他们已经失败了。

"一切都完了。对我来说，也到了该走人的时候了。"约翰逊说。

当戈德斯通听说克拉维斯在世达律师事务所的时候，他立即又给阿特金斯打了一个电话。200亿美元的方案，以及包括他本人在内很多人的职业生涯已经岌岌可危。阿特金斯用免提方式接听了戈德斯通的电话。很快阿特金斯的办公室里充斥着戈德斯通痛苦的声音。

戈德斯通坚持认为管理层团队上了别人的当，因此处在一个极其不利的地位，甚至可以说他们的优势被第一波士顿不靠谱的方案给抢走了。由于第一轮出价明显高于其他投标者，管理层团队没有必要再抬高报价。戈德斯通认为他们是被迫在跟自己竞争。为了公平起见，戈德斯通坚持要求增加新一轮的竞标活动。

“我们还没输！”戈德斯通丝毫不认输，“彼得，我们还想提高价格。这样的竞标怎么一小时就给结束了，这像什么话？现在也没有程序来规范竞标的流程。我们说了我们会提高价格，我们就会做到。你怎么能这样呢？这太不公平了。”

阿特金斯尽力地安慰已经上蹿下跳的戈德斯通，但丝毫没有用。

“彼得，你们不能这样就结束这次投标。只要有人愿意出价，你们就不能结束。”

接下来的 45 分钟里，戈德斯通一直揪着这个问题不放，阿特金斯只好答应说他会考虑一下戈德斯通的建议的，但在明天特别委员会开会之前自己什么都帮不了。阿特金斯和米切尔觉得戈德斯通的理由并不比他 6 个星期前提出来的更有说服力。但现在戈德斯通认为按照三局两胜制原则，管理层还有一次机会。

快到 11 点的时候，戈德斯通告诉阿特金斯，努斯鲍姆会寄给他一封信向他表示抗议。“信里面的言辞可能会有些激烈，但彼得你要将心比心。那边的人都气得直跺脚了，他们真的很愤怒。”

刚到 11 点，阿特金斯就收到了努斯鲍姆的抗议信。“我刚收到信了，”阿特金斯乘机结束了和戈德斯通的谈话，“我们之后会和你联系的。”

阿特金斯挂了电话之后就开始读起信来，这封信还是用威德法律师事务所的信纸写的。

尊敬的先生们：

在过去的几个小时里，我们不断接到报社打来的电话，才知道今天管理层团队竞标方案的作用，而且有报道说你或你的代表们今天晚上早些时候和另一竞标方的代表举行了会晤。如果我们的消息可靠的话，这一方的竞标者在今晚提高了他们的报价。

我们有理由相信管理层团队在整个投标过程中一直处于劣势。如果你们目前正在和其他投标者接触的话，那么我们也要求你们和我们展开沟通。这样我们才有机会知道这次投标的真实情况，并对我们的投标价格做出相应的调整，就像在 11 月 18 日其他投标团队有机会对我们胜出的投标价格做出回应一样。

这封信表明我们愿意就投标方案的各个方面和你们进行进一步交流的诚意。我们重申我们愿意并期待能推进竞标活动的发展。而在此之前，恳请您能够公开各位竞标者投标所有的细节。

管理层小组的成员现在正等在这边的办公室里。如果你在看完信之后能给我们回个电话的话，我们将不胜感激。

此致

敬礼

杰克·努斯鲍姆

阿特金斯放下信，双眉紧锁。这又将是一个漫漫长夜。

信发出之后，等在威德法律师事务所的这些人开始静下心来等待阿特金斯的答复。大家在过道里三三两两地围在一起讨论。在事务所的一间会议室里，古弗兰坐在一个角落里读着一本杂志。另外一些人则打起盹来。这时协利的辛伯格过来开始向大家分雪茄。事务所里终于安静了下来。

罗宾逊夫妇急急忙忙地赶到了玖熙大厦霍里根的办公室。约翰逊见他们俩穿着一本正经，就跟他们开起玩笑来。他们除了坐着干等之外，没有什么事情可做。约翰逊不时地试着给休格尔打电话。他觉得休格尔可能知道一些情况。

没吃晚饭的休格尔感觉自己已经饿得不行了。11 点刚过，他就走出世达律师事务所回自己在丽晶大酒店的套间。走进酒店的大堂，他就到处找吃饭的地方，结果发现餐厅都打烊了。休格尔之后饿着肚子回到自己的房间，准备赶紧上床睡觉。刚躺下没多久，他就听到电话响了起来。

“约翰逊先生找你。”约翰逊的秘书说。

休格尔拿着话筒，从床上坐了起来。就在他等待约翰逊说话的时候，电话机上的指示灯显示又有一个电话打了进来。他让约翰逊的秘书稍等一下，自己先接听了阿特金斯打进来的电话。

阿特金斯告诉休格尔自己接到了戈德斯通的电话，并提醒他管理层团队现在很生气，可能会找他。“他们非常恼火。”阿特金斯说。

休格尔心想，原来约翰逊是为这个找自己啊。他发现约翰逊的那个电话已经挂机了。和阿特金斯说完后，休格尔又拨了一个电话到玖熙大厦。

当约翰逊一接电话，休格尔就感觉到了约翰逊的怒气。但出乎他意料的是，约翰逊的第一句话竟然和错过历史上最大的交易一点都没有关系。

“我们听说他们准备取消金色降落伞计划，有这回事吗？”约翰逊问。

休格尔大吃一惊，怀疑自己是不是听错了。金色降落伞计划？现在公司前途未卜，而约翰逊却在算计自己的离职补偿金？休格尔怀疑是霍里根让约翰逊这么问的，因为只有霍里根才会这么问。

“真滑稽，你们为什么会觉得我们要那么做？罗斯，不管怎样，我现在担心的并不是这个问题，我们更关心的是公司的未来。”

“那现在情况怎么样了？据我所知，阿特金斯正打发我们回家呢。你能透露点消息吗？”

休格尔笑了起来：“你还记得早上我们在电话里说的话吗？”

“记得啊。”

“他们投标了。”

“你的意思是一鸣惊人的投标？”

“没错。”

“那他们出的价格是多少？”

“这个我不能告诉你。”两个人心里都明白，他们私下里联系就已经违反了投标程序的规定。

“我们相差大约 5 美元？”约翰逊问。

“对。”

“你是说他们的价格是 106 美元？”

“你猜的还挺准。”

“好吧，我们认输了。这场游戏结束了。上帝保佑他们。”约翰逊说。

约翰逊放下电话，身边只有罗宾逊。伫立良久，他终于开口了：“一切都结束了。”

然后两人一起来到霍里根办公室的前厅，霍里根、琳达还有其他人都在那儿焦急地等待着消息。

“怎么样？他都说了些什么？”有人问。

“游戏结束了，到此为止。”约翰逊平静地说。

大家都迫不及待地追问约翰逊：“这话是什么意思？他到底说了什么？他们出价多少？”

霍里根立即就开始骂这骂那，骂董事会和克拉维斯。在场的每个人都想知道休格尔说了什么，到底发生了什么事。

“我不能告诉你们。我要对得起查理对我的信任，”约翰逊接着又补充道，“但我可以告诉你们，我们的价格远远落后于第一名。”

几分钟后，约翰逊打电话给科恩和待在威德法律师事务所里的那群人。努斯鲍姆按下了免提键好让在场的人都可以听到。

“竞标结束了，克拉维斯他们赢了。”

刚才在霍里根办公室里的一幕又重新上演了。大家都愤怒地问约翰逊到底是怎么回事。

“他们赢了是什么意思？我们知道他们的价格是多少吗？到底发生了什么事？”

“我不能告诉你。但据我所知，他们的价格远远高于我们。”

科恩和其他人气急败坏地让约翰逊说得再具体一些。

“我只能告诉你们这些了。但我想大约是 4 ~ 5 美元之间的差距吧。相差了 4 ~ 5 美元，我们根本就没戏了。看来他们真的是拼了命了。”

在约翰逊的指示下，琳达从 12 点半开始给记者们打电话。她告诉其中一个记者说：“竞标结束了，我们没中标，也不准备再投标了。”

阿特金斯在12点半的时候给戈德斯通打了个电话。

“是这样的，我和我的团队讨论了你的观点。我想告诉你，你对这场竞标的程序是否公平的理解并不准确。在第一轮投标中，你的客户出价高并不能免除他们在第二轮提高竞标价格的义务。竞标的程序是没有什么问题的。”阿特金斯说因此重新召开投标是不可能的。

“但你们要知道，你们有义务考虑我们第二次的投标，”戈德斯通不急不慢地说道，“董事会成员有义务这么做，他们现在不能对我们的投标不理不睬。我们希望再一次投标。”

戈德斯通在某种程度上是对的。法律上并没有明确规定竞标的流程。目前的法律主要是在20世纪80年代中期一系列的收购风潮中形成的，而且随时都在变化当中。特拉华州衡平法院在大量的案件中规定了一大堆董事会成员应该如何来开展透明公正的竞标活动。但这些案例都没有提到怎么样来结束一场竞标。80年代后期，很多董事会都对这个问题很头疼。1988年年初，联邦百货公司的董事会虽然一心想结束竞标活动，但竞标活动还是拖了好几个星期。最终，大多数投标活动都以出价最高的一方胜出而告终。

阿特金斯和戈德斯通争论了将近一个小时，围绕那个问题来来回回地讨论。但有趣的是，戈德斯通并不确定协利和所罗门是否愿意再继续投标。约翰逊肯定是不会了。即使这样，戈德斯通知道如果自己不能说服阿特金斯举行第三轮竞标的话，他们就什么机会都没有了。

无论约翰逊说什么，科恩如果现在放弃将损失惨重。

接完约翰逊的电话之后不久，他开始给记者和那些他认为可能会知道克拉维斯投标价格的人打电话。他想继续战斗下去，但他得先摸清对方的底细。很快他就听到各种关于克拉维斯投标方案的内容。显然克拉维斯通过增加证券数量，减少现金来提高投标价格。

这让科恩很难接受。一开始，约翰逊就多次提到休格尔的话——现金才是硬道理。如果克拉维斯的投标方案大部分由证券组成的话，这说明投标规则发生了变化。这已经不是第一次了！

科恩突然想到可以在自己的方案中增加证券的比重。如果克拉维斯这么干的话，协利为什么就不能呢？科恩马上给自己的助手法里斯打电话，让他重新设计一套财务模型，里面要扩大证券的比重，同时减少现金的成分。虽然现在考虑新的投标方案还为时尚早，但科恩觉得各种可能的情况他们都得想到。

现在退出竞标有点操之过急。科恩让约翰逊暂时先不要发布任何消息。

“已经晚了，我们早给媒体打电话了。”约翰逊说。

“现在的情况就好比竞选当夜一样。我们还没有足够的信息，所以还不能认输。也许我们的确失败了，但我们等到事情再明朗一点宣布也不迟。”

“别废话，彼得，投标已经结束了。你为什么想再重新进行新闻发布会呢？”

“哦，不，我只是觉得我们可以继续出价。”

“你想怎么做？”

“只要我们愿意，我们可以随时出价。”

“那你准备出多少价？”

科恩心里也没底，他只是想再观望一下。约翰逊感到很迷惑，很不理解协利怎么可能在这么晚的时候让投标重新再开局，而他本人根本不想这么做。

约翰逊打电话给戈德斯通，戈德斯通又开始老调重弹：“罗斯，这是协利的钱。如果他们想投标，你就不能拦着他们。除非你现在不想再管这个公司了，否则你应该放手让他们去投标。”

“但现在投标已经结束了……”

“罗斯，你不能这么说，你再等等。他们今天晚上还得出价。等到明天就来不及了。”

约翰逊觉得整件事荒唐透了。最后他极不情愿地同意重新召开一个新闻发布会。凌晨 1 点半，愠怒的琳达又给那些记者打电话。很多人都已经睡了。只有一小部分媒体，比如《纽约时报》，把这个最新消息放到了他们即将发行的报纸中。

正当约翰逊思索着这突如其来的变化时，贝尼文托手里挥舞着一份新的计算机模拟结果，急急忙忙地冲进了他的办公室。贝尼文托兴奋地告诉约翰逊说如果管理层团队能够减少投标方案中的现金成分，他们就可以大幅度地增加证券的比重。这样就可以提高投标价格的面值，但风险和原来相比并没有增加。

约翰逊半信半疑。用一些价值不确定的证券取代现金，这对他来说不可理解。

“那你怎么给这个方案定价呢？”

“你没办法做到，”贝尼文托说，“但很显然，那些人能。”

“这简直是一派胡言，”约翰逊说，“一点都说不通。查理一直在和我们说现金就是硬道理。头脑正常的人肯定不会接受这个方案的。”

3 点左右，约翰逊回家了，不想再和收购有任何瓜葛。当他走出公司的时候，他没有顾及那些想继续战斗的科恩和贝尼文托们的感受。

对约翰逊来说，蛇已经死了，只不过它的尾巴还在动。

独自待在办公室里的戈德斯通并不想就这样轻易放弃。不管约翰逊想得到什么，如果他们想要胜利的话，他们就得继续投标。他们必须现在就采取行动。

戈德斯通在电话中把自己了解到的情况告诉了那些待在威德法律师事务所的人，阿特金斯不准备再召开竞标了。他说："定一个你们最高的价格，现在就给阿特金斯他们发过去。等他们请我们去投标的话，那肯定没戏了。伙计们，行动比语言更重要。别写什么信了，赶紧投标吧。"

"等一等，"古弗兰说，"我们现在还不清楚到底是什么情况。我们可不想自己跟自己较劲。"

和科恩一样，古弗兰也求胜心切，甚至可以说比一般人都要心切。但这关系到几十亿的资金，两位首席执行官并不想盲目地提高他们的投标价格，据他们了解，克拉维斯的价格只比他们高出每股 1 美元。如果他们每股提高 5 美元的话，他们将白白浪费总值 10 亿美元。他们不但被人当傻子看，而且会受到自己公司董事会的弹劾，还可能会惹上官司。古弗兰又重复道："我们只有在掌握了对手价格的情况下，才会采取行动。"

古弗兰根本不相信克拉维斯会出每股 105 或 106 美元的价格。这个价位有点高。所罗门的主席这 6 个星期以来对戈德斯通不能搞定特别委员会感到很恼火，另一方面他也开始怀疑约翰逊有些东西故意瞒着他们。

"我很担心达维律师事务所和约翰逊串通好，故意不让我们知道一些东西，"古弗兰对戈德斯通说，"罗斯知道对方的投标价格。我现在就想知道情况。你去问一下他。"

"他不知道价格。"戈德斯通回应道。戈德斯通并没有说谎，因为约翰逊并没有把和休格尔谈话的细节都告诉他。"注意，你们必须现在就投标。"

希尔打断道："我们必须弄清楚亨利出的什么价格。"

"我们不可能知道，"戈德斯通反驳道，"就算我们有精力来调查，人家克拉维斯他们都在和董事会协商合并协议了。我们必须现在就行动。"

吵吵嚷嚷了好一会儿，戈德斯通意识到要让协利和所罗门投标唯一的办法就是弄清楚克拉维斯的投标价格。

他给阿特金斯打了一个电话。这次他几乎是朝着话筒大吼道："这太不像话了。你必须告诉我们其他人的投标价格！"戈德斯通坚决要求，"我们之间的价格相差太小了，我们必须知道对手的情况才能继续投标。"

"你为什么不自己去问约翰逊呢？我什么都不能告诉你。去问约翰逊，他已经和休格尔通过话了。"阿特金斯说。

戈德斯通不解地把电话挂了。阿特金斯为什么建议自己去问约翰逊？约翰逊什么都不知道，难道不是吗？

趁约翰逊还没有离开玖熙大厦，戈德斯通赶紧给他打了一个电话。"罗斯，你和休格尔都说了什么啊？"他问道，"到底发生了什么事？"

约翰逊依然想保护休格尔，没有回答戈德斯通的问题，而是重复了之前说的"四五美元的差距。"

“一切都结束了。”约翰逊说道。

挂断电话后，戈德斯通害怕给威德法律师事务所那帮人打电话。他能听出古弗兰话中带刺；所罗门那帮人毫不掩饰对他的轻蔑。但无论如何他还是拨通了电话。“你们并不需要知道具体的数字，赶紧投标吧。”但他的话丝毫不起作用。当他放下电话的时候，戈德斯通才想起赫希还在另一部电话上。

赫希穿着睡衣，一边喝着咖啡，一边听着戈德斯通整晚在那儿发火。“天啊，你不是在最高法院，”赫希说，“但做得差不多了。”

到了凌晨 3 点，聚集在威德法律师事务所的那些人已经筋疲力尽了。他们的斗志已经丧失，脸上写满了倦意。他们知道等到太阳一出来，克拉维斯估计已经和董事会达成了合并协议。他们摇着头，无奈地说也许真的是结束了。接着他们开始渐渐地离开了。

古弗兰走到科恩跟前，对他说：“彼得，很荣幸能够跟你们合作。我们一起做事很开心，也学到了不少东西。希望下次能够继续合作。”

“嗯，下次继续合作。”科恩说。

离科恩他们 4 个街区的距离，克拉维斯等人正在和特别委员会谈判着。克拉维斯、罗伯茨和雷切尔坐在一个会议室里无聊地打发时间，而他们的律师和投资银行家们正忙着敲定最后的细节。克拉维斯此时内心无比的激动。他们终于买下了这家公司，这场收购恶战终于结束了。

几个小时很快过去了，克拉维斯他们开始坐不住了。怎么要这么久？刚过 12 点，沃瑟斯坦接到了当时正在东京的合伙人佩雷拉的电话。“沃瑟斯坦 - 佩雷拉这家国际银行到处给我们做宣传呢。”罗伯茨开玩笑说。

等沃瑟斯坦说完后，大家谁也笑不出来了。佩雷拉刚刚看到一篇透露 KKR 投标细节的电讯新闻稿。沃瑟斯坦把电话递给克拉维斯。克拉维斯阴沉着脸听佩雷拉向他念那篇新闻稿。几分钟之后，克拉维斯就收到了这篇文章的传真件。

这篇即将刊登在明天早上《华尔街日报》上的文章推测管理层的投标价格为 101 美元，并猜测克拉维斯的价格大约在 103 美元或者更高。同时，这篇文章还提醒说约翰逊还可能继续竞标。

“他们会继续出价是什么意思？投标都已经结束了！”克拉维斯说。

罗伯茨气得头发都竖了起来。一定是有人泄露消息了，而且很可能是特别委员会里的人，为了希望管理层抬高投标价格。这场竞标活动照理已经结束了，克拉维斯和罗伯茨都不能容忍自己被别人糊弄。

克拉维斯的小组走进会议室，董事会的银行家们还在那儿捣鼓投标方案中的那些证券。

“该死的，我们被耍了。我受不了了。”罗伯茨把刚才的事情原原本本地告诉了他们。

“新国会山”：KKR公司里一张恶搞贝迪、罗伯茨、克拉维斯和雷切尔的诙谐画。

拉扎德和狄龙·里德的银行家都感到这活没法干下去了。贝迪拉着科古特去找阿特金斯，这件事严重违反了保密协议。如果佩雷拉在日本看到了这篇报道，那么协利和所罗门的人也可能看到。贝迪担心如果管理层小组想再杀回来的话，他们现在应该知道出多少价合适了。

贝迪和科古特一起来到楼上，后面跟着两个委员会的银行家：拉扎德的洛夫乔伊和狄龙·里德的霍布斯，他们也对这次消息的泄露感到愤怒不已。他们四个人在阿特金斯的办公室外等了半个小时。世达律师事务所的律师齐赞格挡在办公室的门口，不让他们进去。

最后，洛夫乔伊和霍布斯终于突破齐赞格的阻拦，闯进了阿特金斯的办公室。他们发现里面差不多有十来个律师在那儿激烈地争论着，而阿特金斯坐在他那张乱糟糟的桌子后面。这两个银行家很快就从律师的口中得知戈德斯通对投标过程的不满。

洛夫乔伊之前也是个律师，因此对律师这种过于敏感的职业病已经司空见惯了，但他更担心的是留在会议室里怒气冲冲的罗伯茨：“你们为什么要和管理层联系？我们不应该和他们对话。我们应该和KKR打交道。这些威胁都不值得我们去理会，你们干吗把它们当回事儿？”

阿特金斯并没有说什么。他从座位上站起来，走到楼下来见克拉维斯和罗伯茨。

贝迪和科古特站在阿特金斯的办公室门口，看着米切尔和其他一些律师一脸愁容地进进出出。他们俩疑惑地看了对方一眼，心想这到底是怎么回事。

贝迪觉得他已经知道答案了。

“是不是约翰逊他们为难你们了？”贝迪对齐赞格试探道。从齐赞格的表情推断，贝迪猜想一定是协利的反攻开始了。

过了一会儿，阿特金斯从里面出来了，贝迪马上迎了上去。

“我们遇上了一些麻烦，一些人情绪有些激动。”阿特金斯朝自己的办公室指了指。

阿特金斯跟着克拉维斯的这两位律师来到楼下的会议室，贝迪说 KKR 根本不能容忍投标信息被泄露出去，这样会导致协利再次发起竞标。

“我们绝不允许有人出卖我们的投标方案。这太不像话了，我们不能再容忍这种行为了。”

贝迪刚才在楼上的时候不经意地听到董事会秘书沃德·米勒给董事会成员打电话，让他们参加 7 点半召开的特别委员会会议或 11 点召开的全体董事会会议。

“什么 7 点半，现在就让他们起床，赶紧过来。这样我们把合并协议签了。事情简直太离谱。”

阿特金斯坚定地说：“我们不能这样做，他们还在睡觉呢。”

克拉维斯气坏了：“我们按照游戏规则来投标的。现在倒好，有人把我们的投标方案泄露出去了。我们被利用了。”

“没有这回事，你们肯定没有被利用。”阿特金斯说。

“你看这是什么？这又怎么解释？”克拉维斯说着扬了扬那份新闻稿。

克拉维斯和罗伯茨很不满地回到了会议室，商讨下一步的行动。这时，沃瑟斯坦慢悠悠地走过来，好像准备要进会议室。科古特知道克拉维斯早已不信任沃瑟斯坦了，赶紧过去把门给关上了，不让沃瑟斯坦进来。

“不好意思，请你暂时回避一下。”科古特一本正经地说道。看到这一幕，雷切尔哈哈大笑。

克拉维斯的队员们都认为协利的确可能发起反攻，现在的问题是他们应该怎么反应。克拉维斯和罗伯茨都知道阻止科恩继续投标是不可能的，但他们希望能够让董事会早日明确投标的截止日期。他们最终定为下午 1 点，也就是全体董事会会议开始之后的 2 个小时。这样管理层小组还有 8 小时的时间发起反攻。克拉维斯希望，走运的话，他们已经放弃了。

他们没有放弃。

那天早上醒来的时候，科恩感觉身上的每一块骨头都尖叫着要重新加入到对雷诺兹 - 纳贝斯克的争夺中去。他给助手法里斯打电话，法里斯证实了他的猜疑：通过增加证券的数量，同时相应地减少现金，他们可以提高报价，但他们实际支付的现金并不会增加。科恩和施特劳斯联系后，发现所罗门已经做好了第二次冲锋的准备。

接着科恩又把电话打到努斯鲍姆的家里：“有什么阻挡我们继续投标吗？”

“什么都不能阻挡我们。”

“那我准备这样做……”

Barbarians at the Gate

第18章 兵临城下

“今天和之前的会议一样重要，大家可要保持头脑清醒，三思而后行。”阿特金斯开场道。

11月30日，星期三早上7点45分。当董事会成员陆陆续续地来到世达律师事务所之后，阿特金斯就把他们带到35层楼上一个没有窗户的会议室。会议室两头的墙上挂着一些不知名的现代艺术品。休格尔在马蹄形橡木会议桌的一头坐下。他看起来心情不错，饥肠辘辘的他在来开会的路上买了一个苹果。

休格尔右手边坐着戴维斯，左手边坐着阿特金斯、安德森、巴特勒和麦康伯。谢伯利、茱安妮塔、乔丹和梅德林等四位外部董事也出席了会议。会议桌的另一头是来自狄龙·里德和拉扎德的银行家。他们身后的自助餐桌上摆满了面包、奶油芝士以及一扎扎的橙汁和一壶壶的咖啡。

“我们要努力做出一个最符合股东利益的决定。别人可能会指责这次投标的流程，也许还会有官司上的麻烦，包括来自我们的投标者。”阿特金斯接着提到一个“切记”：如果有人问董事会接下来会有什么动作，无可奉告是唯一正确的回答。“要不惜一切代价做到绝对的保密。”

阿特金斯又向董事们汇报了昨天晚上发生的事情，并向董事会宣读了努斯鲍姆的抗议信，同时还提到了戈德斯通愤怒的电话。第一波士顿的投标方案最终是昙花一现。克拉维斯证券的谈判也被提到了，以及他们在看到道琼斯的报道出现在东京后的不满。

“他们对我们下了最后通牒，如果到今天下午 1 点，董事会还不批准他们的投标的话，他们就退出这次投标。”

听到可以考虑克拉维斯为最终胜利者时，罗哈廷看到董事们脸上都浮现出轻松的表情。董事会成员交头接耳地谈论《时代》周刊那篇封面报道引发的反响……“太可怕了，他们怎么会犯这么低级的错误？早知道约翰逊会乱说话，他们应该把他发配到巴塔哥尼亚。”

在美国，约翰逊已经成了“贪婪”一词的化身。在座的每一个人都不愿意将公司交给他打理。如果约翰逊出的价格比其他投标者高出许多的话，董事会成员也就只好宣布约翰逊获胜了。但现在很多人心里暗自高兴，因为他们可以很轻松地做出选择了。

董事会和他们的顾问们花了 3 个小时的时间回顾了过去 10 天里发生的事情。拉扎德和狄龙·里德详细地阅读了投标方案，着重比较了双方方案中证券之间的细微差别。格里森因为担心董事会有可能被起诉，从伦敦打来电话问了一大堆细枝末节的问题。

快到 11 点的时候，休格尔向董事们汇报了一些最新消息：“大家先休息一会儿，然后克拉维斯和罗伯茨会向大家介绍一下他们的情况。”

“哦，对了，还有一件事情，”休格尔说，“约翰逊也来了。”

那天清晨醒来的时候，约翰逊感到压在自己胸口的石头一下子不见了。不管怎样，这场战争马上就快结束了。现在每个人又可以重新回到正常的生活中了。他对劳里说：“我打算今天先参加董事会，然后明天我们一起回亚特兰大。”

9 点左右，约翰逊穿过大军广场来到自己的办公室。没过多久，他就接到了科恩的电话。科恩兴奋地对他说：“我们准备再投一次标，你觉得我们的价格再高一点怎么样？”接着科恩提到想减少现金，增加实物支付，“这个价格没问题，你加入我们吗？”

约翰逊早已见怪不怪了。“你的意思是这个价格和原来 90 美元现金、6 美元实物支付优先股和 4 美元可转换债券的情况对我们的影响一样？”

“千真万确。从你管理公司的角度看，其实这对你更加有利，因为我们方案中的现金成分少了很多。”

约翰逊想了一会儿说：“管他呢，如果你们想重新杀进去，大闹一场的话，你们就去做吧。”他唯一想说的是在新的价格水平下，他不能保证他的团队能够削减足够的费用使他们的方案依然赚钱。

“不要指望会有奇迹发生，因为我们现在就在奇境里。”约翰逊放下电话，感觉他是在参加自己的葬礼，现在这场游戏的主角已经成了协利。

快到11点的时候，约翰逊带着他新的快乐伙伴们——霍里根、亨德森、韦尔奇和卡波内尔来到了世达律师事务所。约翰逊尽管相信他们已经失败了，但他还是很开心。他期望看到科恩把董事们打得屁滚尿流。被描绘成企业界贪婪的典型代表已经有一个月了，如今约翰逊也希望看到那些董事会成员出丑。他在去的路上笑着说：“看他们抓瞎一定很有趣。让我们去看看他们丑态百出的样子吧，哈哈。”

科恩的团队也准备就绪了。努斯鲍姆准备在11点之前和约翰逊在世达律师事务所的大厅里会合。努斯鲍姆的第一封信并没有得到特别委员会的正式答复，因此他又写了一封，要求董事会继续举行竞标活动。努斯鲍姆和约翰逊准备一起走进董事会，请求重新召开竞标。

但等到努斯鲍姆来到世达律师事务所的时候，却怎么也找不到约翰逊。在大厅里等了10分钟后，依然不见约翰逊的人影，努斯鲍姆就一个人上了楼，这才发现约翰逊的团队正坐在32层楼的一个会议室里。而公司的董事们都坐在35层楼。

约翰逊神采奕奕，有说有笑地等待着被叫进董事会去。“这是不是太有意思了？”他问努斯鲍姆。约翰逊不知道接下来会发生什么事情，但很确信地对努斯鲍姆说：“这次我们一定要报一箭之仇。”

努斯鲍姆可没什么心情和约翰逊说笑。他在会议室门口焦急地走来走去。他看看表，时间已经到了11点15分。如果董事会按时召开的话，现在估计董事会已经开始对克拉维斯的方案投票了。他不能再等下去了，时间已经来不及了。

于是他就把电话打到阿特金斯的办公室，没有人接，他给阿特金斯留了一个简单的留言：如果董事会不让约翰逊参加董事会会议的话，他们将把信交给董事会。努斯鲍姆留完言之后又等了15分钟，阿特金斯依然没有给他回电话。

努斯鲍姆给在协利的科恩打电话，声音里充满了焦虑。

“我们被挡在董事会外面了，罗斯也没办法进去，看来他们是不想让我们参加了。如果我们想要出更高价格的话，最好现在就行动。”

科恩听了之后说：“我待会儿给你答复。”

11点12分，克拉维斯和罗伯茨在雷切尔和贝迪的陪同下走进董事会会议室。

那天早上9点45分，他们四个人就到了世达，本来想马上就可以和董事会签署合并协议并将雷诺兹－纳贝斯克收入囊中，谁知却先被领到了接待室。接着他们的银行家也陆陆续续到了，沃瑟斯坦也来了。格里彻因为前一天晚上没人通知他，所以赶到的时候怒气冲冲。贝克也被召了回来。过了一会儿，科古特到处去找空的会议室好让罗伯茨、克拉维斯和雷切尔避开那些多嘴多舌的银行家，谈一些机密的问题。

罗伯茨他们三个人都很紧张。早上的报纸说约翰逊的团队并没有完全退出这场竞标，但到现在为止，他们还没有看到约翰逊他们。他们越等越心急，心想董事会是不是出什么事了。最后休格尔走进来带他们去见董事会。

当他们走进董事会，克拉维斯和罗伯茨都严阵以待。现在不是抱怨约翰逊的时候，现在正是说服董事会的大好时机。他们需要说服戴维斯、休格尔和麦康伯这些董事会成员，KKR 的投标方案是最安全、最符合股东和员工利益的。

等董事们安静下来后，罗伯茨开始讲述他们的收购策略。KKR 并不是来拆散雷诺兹－纳贝斯克集团的。如果 KKR 能够赢得这场杠杆收购的话，他们将尽量保持公司的完整性。只有 20% 的集团资产会被出售，而他们将书面保证股东们会收到 25% 的利润。罗伯茨还强调说他希望这次收购能够万无一失。华尔街历史上最大的收购案可不是儿戏。KKR 旗下公司一共有 30 多万员工，因此他们知道让员工开心是多么的重要。

这番话打消了董事们心中的疑虑。接下来的 15 分钟里，董事们开始问罗伯茨和克拉维斯一些问题，比如有一个董事问斯迪克特会是什么角色，罗伯茨说他只是一个过渡的首席执行官。

“非得要下午 1 点之前给你们答复吗？”一个董事问。

“不能再迟了。”罗伯茨说。

“尽量在下午 1 点之前给我们答复吧。”克拉维斯说。

接着休格尔和阿特金斯跟着克拉维斯的队员来到另一个房间。休格尔坚持要在最终投票开始之前先解决一些问题。这些被休格尔称为“第二计划”的问题和职工的福利有关，比如搬家费。20 分钟里，他们讨论的都是一些“非常深奥”的问题，例如员工需要搬迁多远才能够报销。惊讶的雷切尔称之为”鸡毛蒜皮”。罗伯茨看了看克拉维斯，向他翻了翻白眼。

离投票开始还有一个小时。

贝迪将那些“鸡毛蒜皮”的问题放在一边，把克拉维斯和罗伯茨带到一间没人的办公室里等待董事会最后的投票结果。他们选的房间在离董事会会议室大约 6 米的一个角落里，很有地理优势。站在那个角落，他们能够清楚地看到那些进出董事会会议室的人。几分钟过后，贝迪从那个办公室出来，经过一棵盆栽的肯蒂亚棕榈树，到一个位置优越的角落里望风。

半个小时内，一群律师和投资银行家不停地进出董事会会议室。由于和大部分人都很熟，贝迪一会儿逮住这个律师聊聊天，一会儿拉住那个银行家谈谈话。就快到中午的时候，他突然发现那些人更加频繁地进出会议室了。面带焦虑的律师们像热锅上的蚂蚁一样来来回回，这时贝迪拉住其中一个律师的胳膊问道："发生什么事了？"

"罗斯和努斯鲍姆来了。"那个律师说完又匆匆忙忙地离开了。

贝迪嘴里骂了一句，他虽然很生气，但却一点儿也不惊讶。阿特金斯和特别委员会已经把他们晾了半天之久。约翰逊重新杀回来只是一个时间问题。贝迪赶紧回到那个小办公室。

罗伯茨一听到这个消息就控制不住地骂了起来："妈的，这到底是怎么回事？我们从昨天晚上9点半就开始等。我们被他们当猴耍了！"

在协利，科恩的办公室里熙熙攘攘。希尔和其他12个顾问不停地进进出出。科恩站在自己的桌子旁边，嘴里叼着一根雪茄，正仔细地研究计算机模拟结果。当努斯鲍姆打来电话的时候，他已经对新的投标价格有数了。他将新价格告诉了所罗门的古弗兰和施特劳斯，现在他们需要约翰逊批准新的投标价格和削减管理层协议中支付给约翰逊的报酬。

科恩将这两个要求告诉了戈德斯通。戈德斯通又把这些意思传达给了正在世达的约翰逊。约翰逊得知科恩的新计划时，忍不住笑了起来："你一定是开玩笑吧。"约翰逊已经不对这次收购抱任何希望了，于是就很爽快地答应了。

10分钟后，科恩就给努斯鲍姆回电话说："按照这个价格报。"接着他报了一连串现金和股票比例等数字。

努斯鲍姆吓了一跳，说："好吧。"

新的报价是108美元一股，总价是250亿美元。

努斯鲍姆的脑子快速地旋转起来。投标是一回事；让董事会接受自己的报价是另一回事。他们在世达已经等了一个多小时了也没人理他们。他们无论如何也要向董事会施加压力，让他们重新召开投标大会。努斯鲍姆看了一下自己的手表，现在已经过了12点。

"彼得，他们对我们不理不睬。现在看来董事会好像要包庇克拉维斯他们。"努斯鲍姆说。

"如果他们不接受投标的话，我们就自己单独行动。董事会还不理会我们的公开投标，我们到时候就召开记者招待会。"

几分钟过后，努斯鲍姆又接着给阿特金斯的办公室打电话。

"请告诉阿特金斯先生，"努斯鲍姆告诉阿特金斯的秘书，"我们准备重新报价，而且我们要将报价公布在报纸上。”

努斯鲍姆认为也许这样能够引起阿特金斯他们的重视。

这一招果然有效。

就在努斯鲍姆打完电话几分钟之后，阿特金斯的秘书就将努斯鲍姆的消息告诉了正在和董事们开会的阿特金斯。他拉着米切尔走出会议室，从事务所的内部通道来到第 32 层楼。

在那里，他们看到努斯鲍姆孤零零地站在一间空荡荡的办公室里。办公室里面除了一张桌子和一部电话外，没有椅子，墙上也没有什么艺术品；除了能够欣赏到 2 个街区以外的皇后区大桥之外，那儿什么都没有。

阿特金斯看得出努斯鲍姆很紧张。

“这样，我手里的这封信是我的诉讼律师替我起草的，我现在就交给你们，但你们可以不用看了。我现在真正想说的是，这是我们新的报价。”

这时米切尔从自己的钱包里找出一张纸片，把努斯鲍姆告诉他的价格写了下来。108 美元一股的价格包括 84 美元的现金、20 美元的实物支付优先股和 4 美元的可转换债券，总共的价格是 250 亿美元。

“最后我想强调的是，凡事可商量。”

阿特金斯点了点头。当他们走出那间办公室的时候，他们两人会心一笑。

“今天可真是有趣的一天啊。”米切尔说。

接着，努斯鲍姆就给科恩打电话汇报最新的情况：“我不知道接下来会发生什么事情，但我觉得我们又重新加入了比赛。”

贝迪在董事会门口的过道上到处打探着消息。他至今还没有看到约翰逊和他手下的人，据别人说他们已经在这栋大厦里了。阿特金斯正好和努斯鲍姆谈完话回来，就被贝迪抓住了。

“约翰逊和努斯鲍姆在搞什么鬼？”贝迪问。

“哦，”阿特金斯回答道，“我们准备看一下他们刚刚给我们的报价。”

“他们出的是什么价？”

“这个我不能告诉你。”

“别这样行吗？我的客户从昨天晚上就开始在这儿等了。他们已经被人利用烦了。现在谁都知道了我们的报价。我要告诉你，如果这种情况再继续下去的话，他们可要走人了。如果他们真的走了，你应该很明白，到时候约翰逊就可以为所欲为了。”

“我知道了。”阿特金斯说完就走进了会议室。

那天早上，克莱因和另外三个普利茨克的助手正在纽约的拉瓜地亚机场准备乘坐美国航空公司的班机回芝加哥。当他们发现买不到同一班次的机票时，他们决定坐下一趟航班。来到海军将官俱乐部，无事可做的克莱因就给马赫打了个电话。

马赫告诉克莱因这场竞标活动还没有完全结束。克拉维斯刚刚报出了106美元一股的价格，好像成功的概率挺大的。听到这个消息，普利茨克小组立刻振奋不已。

克莱因问，“投标又重新开始了？我们能否提高报价中的现金比例？”

几分钟后，他们才发现空欢喜了一场。

马赫说：“不好意思，现在投标结束了。”

12点40分，阿特金斯来到克拉维斯和罗伯茨等待的那间小办公室里。阿特金斯一开口，房间里的气氛一下子就变得僵硬起来。“我们刚遇到新的情况，恐怕不能在1点之前给你们答复了。我们希望能够再延长点时间。”

“绝对不行。”克拉维斯说。

罗伯茨的回答也一样不容置疑：“我们绝不允许这种事情发生。”当罗伯茨发怒的时候，他的嘴唇就会收缩紧绷，脸上也会出现皱纹。“这太不像话了！”罗伯茨几乎再也控制不住自己的怒火。

“我们不想再被别人耍了。昨天晚上你还跟我们说你会跟董事会推荐我们的投标方案，我们都说好的。而现在董事会又开始朝三暮四了。我们不能再等下去了。”

这时贝迪插嘴道：“别急，别急。”接着他对阿特金斯说：“你能给我们几分钟吗？”

阿特金斯就离开了那间办公室。贝迪把门关上后，用一种劝诫的语气对克拉维斯和罗伯茨说：“乔治、亨利，你们先冷静一下。他们现在的压力也很大，他们想把事情做得漂亮些。而我们这样逼迫他们反而让他们感到很为难……”

12点50分，道琼斯新闻网的滚动新闻屏幕上出现了一条报道。全美的董事会和交易所、经纪人和投资者们都看得目瞪口呆。

“雷诺兹-纳贝斯克集团管理层团队将投标价提升至108美元一股……”

贝迪暂停开导克拉维斯和罗伯茨，去接 KKR 顾问打来的一个紧急电话。

“他们又投标了。”那个顾问说。

“谁?”

“管理层团队。”

“什么?”

“管理层团队刚刚把新的投标价格公布出来，新价格是 108 美元一股。”

“不可能，你一定是在开玩笑。”

“这是真的。”

挂完电话，贝迪转过身来，看着克拉维斯和罗伯茨。

“你们一定不会相信。新闻报道说他们刚把价格提高到了 108 美元。”

克拉维斯顿时瘫坐在椅子上，他最担心的事情终于发生了。看来约翰逊整天整夜都在准备卷土重来。

离胜利还差 20 分钟的时候，事情又突然节外生枝。

这场竞标还没有结束，这家公司还没有属于他们，这世界太不公平了。目前的比分是 106∶108，他们处于劣势。

房间里顿时谩骂声四起。“他们不准备和我们签合并协议，现在该怎么办啊?”雷切尔看着墙上的钟说。

接着，他们突然从愤怒中一下子冷静了下来。克拉维斯和罗伯茨一下子就明白科恩做了什么。他们突然意识到过去的 12 个小时里，管理层团队都躲到哪里去了。他们觉得他们也许能够利用现在这种情况。这需要策略，他们不能再威胁放弃投标。于是他们用了 25 分钟的时间讨论下一步的行动，然后在 1 点 15 分的时候给阿特金斯打了一个电话。

“我们可以推迟我们的期限，但有一个条件，”克拉维斯说，“我们需要你们支付延期的费用，我们可以再等一个小时。这样合情合理。”克拉维斯知道自己处于一个有利的地位，因为管理层团队的证券方案还没有和特别委员会沟通。他现在没有必要担心，也不用急着提高他们的价格。如果需要的话，他们会有机会来提高报价的。像现在这样，他们进可攻，退可守。一方面，他们要向董事会施压，另一方面也可以确保无论发生什么事情，他们都可以想出法子。

阿特金斯问克拉维斯要多少费用。雷切尔计算之后得出他们总的费用将近 4 亿美元，但雷切尔不想刺激特别委员会，就只报了 4 500 万美元。

“我想我能够说服特别委员会接受这个价格。”休格尔说着就走进了克拉维斯所在的那个房间。几分钟之后，休格尔回来说董事会已经同意了他们的请求，并拿出一份写在黄色标准拍纸簿上的协议给他们。贝迪看了微微一笑。无论发生什么事情，他都能旱涝保收。

等一个小时，克拉维斯他们就能赚到 4 500 万美元。不可思议的是，阿特金斯和雷诺兹-纳贝斯克集团也认为这是一笔划算的买卖。

努斯鲍姆独自在那个能够俯瞰皇后大桥的房间里等待了45分钟，一边不时向科恩汇报情况，一边回答着特别委员会的银行顾问们的问题。

1点刚过，他就接到了阿特金斯打来的电话。

当初在提交投标方案的时候，努斯鲍姆就强调说108美元一股的各部分比例还是可以商量的。阿特金斯告诉努斯鲍姆说现在是他们最后一次机会。“我们希望你们给出一个最高的价格。请在15分钟内给我们回话。”

“也许我们不能这么快就给你们答复。”

“那你们就尽快给我们答复。”

努斯鲍姆立刻联系上了科恩。“现在他们又重新接受投标了。我们又有机会了，他们现在希望我们给出最高的报价。”

“他们要我们什么时候给答复?”

“15分钟以后。”

“时间太短了。”

“是啊。”

听到这个消息，约翰逊高兴得拍起手来，他已经不再担心投标价格了。

这下轮到科恩紧张了。

这已是他当天第二次迷茫不知如何是好了。他依然不知道克拉维斯的投标价格。他快速地和办公室里的希尔等人讨论之后，给所罗门的古弗兰打了个电话。让他吃惊的是，古弗兰要求继续提高竞标价格。科恩必须快速做出决定。无论他们把价格提到什么程度，他们都需要从管理层协议中拿出更多的钱来，所以这必须取得约翰逊的同意。

科恩打电话给戈德斯通说：“我们可以把价格提高到115美元，我觉得我们应该这么做。这样没人敢和我们抗衡了，我们就能立刻结束这场竞争。”

戈德斯通真想掐自己的大腿，自己不是在做梦吧。

115美元一股？6个星期之前，协利还告诉约翰逊说这家公司只值75美元一股。

科恩继续说协利现在需要约翰逊同意再减少2%的分成才能报出这个价格。也就是说，约翰逊需要把他收入的一半拿出来。“现在，我想知道罗斯能不能接受。”

戈德斯通虽然觉得这个数字和要求有点荒唐，但还是告诉了约翰逊。约翰逊听了科恩的想法之后，只是无助地笑了笑。

“天啊，这也太可笑了。这样的投资值吗？我觉得他不应该这么做，你觉得呢？”

戈德斯通觉得现在是时候向约翰逊介绍一些并购的基本常识了。

“注意，罗斯，除了买下这家公司，他们这样做还有其他的目的，”戈德斯通解释道，“协利能不能得到那预付给他们的 2 亿美元取决于他们能否成功完成这次收购。而且如果协利能够完成这场收购的话，那么这家公司在杠杆收购行业里就奠定了无人能敌的地位。”而约翰逊现在的问题是他只看到一些眼前的东西，比如金钱和投资，戈德斯通说，但实际上事情并不是那么简单，这就是华尔街。

“这对我来说完全不能理解。”约翰逊辩解道。

戈德斯通接着说：“还不止这些，如果你同意他们这样做，他们还想对你的报酬做出新的重大调整。你愿意吗？”

戈德斯通心想，现在是说实话的时候了。

“当然，为什么不同意呢？”约翰逊讽刺地笑道。他已经把其他一些东西都出让出去了。本来想拿到 20% 的，结果第一次就削减到了 8.5%，而现在又降到了 4%。“如果再这样下去的话，我们该欠他们钱了。”约翰逊笑着说，“史蒂夫……”

“你说。”

“记住，我们不能倒欠他们钱啊。”

戈德斯通和约翰逊通完话就给科恩打电话：“他同意了，投标吧。”

科恩又核对了新的报价之后，将新的投标方案告诉了正在世达等消息的努斯鲍姆。

努斯鲍姆毕业于沃顿商学院、哥伦比亚大学法律专业，现在是纽约最大律师事务所的高级合伙人。当他听到科恩的最新报价，大喊道：“不是吧！”

他挂断电话立刻找到阿特金斯，说约翰逊、协利和所罗门将他们的报价提高到 112 美元一股。他来不及细算，整个收购粗略价格是 257.6 亿美元。1 点 24 分，阿特金斯将这个消息告诉了董事会。

协利的最新报价让阿特金斯的工作更加困难重重。一方面，克拉维斯的报价是 106 美元一股。因为克拉维斯的证券已经谈妥了，独立委员会的顾问相信克拉维斯的投标方案确实值那么多钱。这个方案不错，而且很实在。但和约翰逊的方案比起来，它只能位居第二。

另一方面，管理层团队目前的出价是 112 美元一股。科恩的证券价格并不像克拉维斯的那样实在，而且管理层团队似乎对前几天狄龙·里德和拉扎德的忠告充耳不闻。他们的证券依然软塌塌的，也就是他们并没有一个“重启”机制来保证这些证券确实会按照协利所定的价格来交易。

科恩将他的投标价格评估为 112 美元一股，但阿特金斯心里再清楚不过了，其实他们的价格只有105美元一股。要确定这些证券的准确价格需要花时间，但现在离克拉维斯2点钟的期限只有半个小时了，时间对阿特金斯来说实在是太宝贵了。

阿特金斯安慰自己说克拉维斯可能是在吓唬他们，但他的决定关系到250亿美元，阿特金斯敢冒这个险吗？阿特金斯觉得无论如何也要让克拉维斯再次推迟期限。

站在董事会门口的贝迪朝董事会里张望着，正好看到阿特金斯和几位董事会顾问匆匆走进一间高级办公室。“有情况。”他忍不住想过去看个究竟。

在那间办公室里，这些顾问们正热火朝天地辩论着。“你们必须给KKR一些好处。你们要保证现在已经有的价格，我们可不想看到这些竞标者到头来全都跑光了。”律师丹尼斯·布洛克告诉跟他一起工作的董事会投资银行家。

他们必须一方面想办法拖延克拉维斯，一方面和管理层团队商讨他们的证券问题。现在他们已经给克拉维斯4 500万的费用，他们还能再给多少钱？

哈里斯想出一个办法。给克拉维斯一份合并协议，然后让他把最后期限再往后推一个星期。合并协议的内容是支付给克拉维斯大约4亿美金的费用；如果约翰逊的团队最终在这一周的时间里出价超过克拉维斯的话，则再外加2.3亿美金的费用，相当于1美元一股，作为所谓的“分手费”。到时候，克拉维斯依然有机会再次投标。

“不错，”布洛克说，“这样我们才能拖住克拉维斯。”

米切尔却有些担心：“现在108美元一股的价格已经都登出来了，克拉维斯他们肯定会知道的，他们一定会认为我们是在利用他们好向协利多要点钱。”

抛开这种担心，这似乎是唯一的办法。对克拉维斯来说，他怎么都不吃亏。克拉维斯不但白白拿到了合并协议，而且还赚到了钱。但大家都心知肚明，董事会这样做是因为他们已经没时间了。

下午2点还差几分的时候，阿特金斯带了一小队人马来到克拉维斯和罗伯茨歇脚的那间办公室。阿特金斯觉着这两兄弟就像是两座冰雕，他们紧紧地咬着牙，表情严肃。

米切尔解释完董事会的提议之后，问克拉维斯和罗伯茨是否能够接受。

“没门！你知道你在说什么吗？我们是来收购公司的，我们想要和你们达成协议。一旦我们出了这个门我们就再也不会回头了。你可以和我们拜拜了。”

贝迪一直保持着理智，他问米切尔：“约翰逊他们去哪儿了？你有没有和他们提起过类似的建议？”

贝迪早就知道阿特金斯不会回答这个问题的。

“我们看到新闻说管理层已经把价格抬高到了108美元一股，我没说错吧？”贝迪问道。

阿特金斯知道告诉他们确切的数字是最好不过了，但他又不可能透露科恩的价格早已经升到了 112 美元一股了。

“但很难说他们不会再提高价格。”阿特金斯模棱两可地说。

贝迪提出他们需要一点时间来考虑米切尔的方案，于是阿特金斯和他的同事们就离开了那间办公室。

克拉维斯觉得阿特金斯是在吓唬他们。科恩现在的价格肯定还是 108 美元一股。他何必还要再次提高价格呢？克拉维斯断定阿特金斯是在想方设法地从 KKR 榨出每一分钱。如果他们能够把价格也提高到和管理层的价格一样的话，克拉维斯觉得自己会赢。

“我们会和他们打成平手的。我们的证券价格比他们稳定，而且大家都知道我们比约翰逊更加可靠。自从《时代》周刊那次采访之后，董事会都对他咬牙切齿了。我们应该不分上下。”

如果现在他们态度再坚决一些的话，克拉维斯敢肯定董事会会就范的。他们的方案就像是董事会手里一只未煮熟的鸭子，董事会一定害怕它飞了。

雷切尔和阿蒙说可以每股再加 2 美元，实物支付和可转换债券各加 1 美元，因为董事会已经没有时间和他们争论了，所以如果克拉维斯说这些值 2 美元，那么董事会肯定会相信的。2 点刚过 5 分，他们就把阿特金斯叫了过来。

克拉维斯说：“我们不准备接受你们的建议。”

阿特金斯面无表情地问道：“那你们要对报价做调整吗？”

克拉维斯就开始解释他们准备如何将现在的 106 美元一股的价格提高到 108 美元一股。当阿特金斯离开后，克拉维斯和罗伯茨期待他们的价格马上就能得到董事会的认可。

阿特金斯和董事会的顾问们都大吃一惊；他们还以为克拉维斯会上他们的钩。

现在该怎么办？

2 点 10 分，休格尔让董事会成员们安静了下来。“KKR 又有了新的报价。”阿特金斯开始念克拉维斯的价格方案：每股 80 美元的现金、18 美元的实物支付优先股和 10 美元的可转换债券。

布洛克想到了什么，赶紧问道：“有要求我们什么时候回复吗？”

阿特金斯想了想回答说：“没有……”

真是侥幸啊。克拉维斯和罗伯茨忘了要求答复时间，而拉扎德和狄龙·里德需要花好几个小时来评估管理层团队的证券价格。由于克拉维斯的疏忽，他们现在终于有时间了。

但他们首先要处理的是合并协议。如果他们考虑管理层团队的话，董事会必须保证科恩也同意相同的条款，包括那个所谓的“第二计划”。于是董事会草拟了一份协议准备拿去给努斯鲍姆签字。“如果他们不签字的话，我们就选择 KKR；如果他们签了，我们需要律师建议我们应该怎么做。”休格尔说。

齐赞格拿着这份协议到第 32 层楼去找努斯鲍姆。

努斯鲍姆仔细读完这写在标准拍纸簿上的 21 条条款之后，给科恩打了个电话。科恩又召集古弗兰和施特劳斯开了个电话会议，最后总体上同意了这个协议。做了一些小小的修改之后，努斯鲍姆就把这份协议交还给了齐赞格。

克拉维斯所在的房间不但可以观察进出董事会的人流，而且离洗手间也是最近的。每当看到有董事走进洗手间的时候，克拉维斯就会让他的手下也跟着进去，站在董事旁边一边“解决问题”，一边讨论问题。当罗伯茨拦住正往洗手间走去的休格尔和乔丹时，这种“洗手间巡逻”终于起到了效果。

这时已是下午 3 点，克拉维斯和罗伯茨已经等了将近一个小时。“现在到底是什么情况？”罗伯茨问。

休格尔告诉他董事会现在还没有开始讨论他们的方案。

“你说什么？”罗伯茨大吃一惊。

罗伯茨气愤极了，跟着这两位董事会成员进了洗手间。当他们正在“解决问题”的时候，罗伯茨依然不放过他们：“如果董事会还没有开始讨论的话，那你们在里面搞什么鬼？”

休格尔含糊其辞地说他们遇到了一些法律上的问题。当他们洗完手后准备离开，罗伯茨紧紧地跟在他们后面。克拉维斯就在洗手间外等他们。

“到底发生什么事了？”克拉维斯责问道。

被前后夹击的休格尔停下脚步。“别这样好吗，朋友？再给我们一点点时间。”

“已经这么长时间了。”克拉维斯说。

“我们一定会解决的，马上就快结束了。”休格尔说。

“还需要多长时间？”克拉维斯问。

“两个钟头吧，再给我们两个钟头，我们会给你们答复的。”

休格尔笑了笑，并用手指了指比他们高两头的乔丹说：“如果罗斯敢乱来的话，我们这儿还有这个大力士呢。”

在楼下第 32 层的办公室里，约翰逊和管理层团队的其他成员一边有说有笑，一边关注着事态的发展。随着时间的过去，他们对华尔街的做事方式如此一波三折感到叹为观止。

约翰逊最感兴趣的是那些投标者用一种名为实物支付的垃圾债券变出了各种花样。他依然惊讶于管理层团队用这些来代替现金的决定。

“嗨，”约翰逊说，“我们为什么不注册一个新的公司，注册资金都是实物支付而没有现金？我很想知道能否用这些来付广告费，或者在《时代》周刊上买下一些版面。我们能这样吗？”

“我的意思是，”约翰逊接着说，“我们发现了比美国印钞厂更好使的造钱机器。就在华尔街，而且没人知道它的存在。我想连世界银行都不一定知道。你们能用这些帮助第三世界国家解决它们的债务危机，这是一种全新的货币……”

约翰逊有点沉迷于自己的幻想中了，并用嘴模仿印钞机工作时的声音：“轰隆，轰隆，轰隆。快点印吧，让它飞舞起来。”

约翰逊说他们可以为这个新公司制定章程，并把它命名为实物支付章程，然后要涵盖约翰逊戏称的华尔街三大定律：不按常规出牌、不使用现金、大话连篇。

休格尔和董事会成员们在会议室里思考如何来评估管理层团队的证券价格，谁都不希望再展开冗长的谈判。这时布洛克想到了一个办法：科恩已经同意接受和克拉维斯一样的合并协议，那为何不要求他们也跟克拉维斯一样稳定他们的证券价格呢？布洛克赶紧写了一封信让拉扎德的洛夫乔伊带下去给努斯鲍姆。几分钟后，洛夫乔伊回到了会议室。

管理层团队没有同意董事会的要求。

董事会感到有点进退两难。3 个小时之前，董事会差点就可以将雷诺兹－纳贝斯克集团交给克拉维斯和罗伯茨了。现在虽然约翰逊出价 112 美元一股，但他们不想改变。但唯一的问题是价格之间的差距：约翰逊 112 美元一股，而克拉维斯只有 108 美元一股。

“如果他们说他们的方案值 112 美元，你们除非验证了说不值这个价，否则绝不能选择 108 美元。”米切尔坚决地说，“即使在座的各位都想这么做，你们也不能在光天化日之下挑那个 108 美元的。我们要找管理层团队并验证一下他们的方案是否真的值那么多钱。”

压力当前，每个董事的反应都不尽相同。休格尔忘了按时服药，痛风病又发作了，走起路来一瘸一拐的。巴特勒自从 8 年前动了心脏手术之后就再也没碰过香烟，但此时也忍不住对吞云吐雾的梅德林说：“看在上帝的份上，给我一根烟吧。”一会儿的工夫，他就消灭了一包，接着又向其他人要烟抽。

最后，大家都没有什么办法只好去找科恩等人谈。4 点还差 10 分的时候，拉扎德的里纳尔迪尼带着一帮投资银行家不情不愿地下楼去和管理层团队讨论他们的证券问题。

克拉维斯和罗伯茨有点沉不住气了，只好出去散一散步。他们一起离开了大厦，沿着林荫大道向南溜达，然后转了个弯，又朝玖熙大厦往回走。在路上，罗伯茨还留意了一下路人都抽的什么牌子的烟，结果发现三个吸烟的人里面有一个抽的是云斯顿或是沙龙香烟，另外两个人则抽的是万宝路。“三个里面有一个人抽雷诺兹公司的香烟还不算坏。”罗伯茨嘲讽地说道。

回到第42层楼的办公室后，克拉维斯发现刚才出去时有一些电话没接到，就给对方回了过去，其中就有第一波士顿的马赫打来的电话。

“我刚才是想向你们表示祝贺的。”马赫接到电话后说。

“因为受不了在那边干着急，我也就回到了办公室。”克拉维斯说。虽然有点疲惫，但克拉维斯听上去还是很有礼貌的。“我想告诉你，如果没有你们参与进来的话，我们根本不可能有机会。还得谢谢你们。”

“你心里知道就行了。”马赫说。

克拉维斯和罗伯茨在5点左右又回到了世达律师事务所。迪克因为后背旧伤复发，躺在地板上休息，不一会儿就睡着了。雷切尔想看看《华尔街日报》，但贝迪的呼噜声吵得他实在看不进去，只好跑到别的房间去。

“有什么新的动静吗？”克拉维斯问道。

“没有什么动静。”雷切尔回答。

罗伯茨叫醒了贝迪，打发他接着去侦察情况。

“该死，你去找一下阿特金斯，这也太不像话了。”

几分钟后，贝迪终于在过道里碰到了阿特金斯。

“我的客户准备走了。我可不是跟你开玩笑。他们真的不想再继续耗下去了，真的。”

“让他们再等等。”

贝迪又走到董事会门口继续盯梢。一溜投资银行家们正穿梭于董事会大门和附近的楼梯之间。贝迪突然意识到董事会现在一定是在跟科恩和约翰逊他们谈判。克拉维斯和罗伯茨知道这个情况后，也从办公室里出来看个究竟。

正当他们走到董事会门口，正好赶上会议的间歇。几个董事会成员从里面出来，往洗手间走去。拉扎德的洛夫乔伊走到罗伯茨和雷切尔跟前，对他们说：“我知道你们等了很久，但我们马上就会有结果了。”

罗伯茨终于控制不住自己了，把所有的气都撒到了洛夫乔伊的头上。他对着洛夫乔伊大吼道："这到底是怎么回事！你们在耍我们！我们知道你们在搞什么鬼。你们在和楼下的约翰逊讨价还价！我实在看不下去了！"

被这突如其来的咆哮吓了一跳的洛夫乔伊尽力地安慰罗伯茨。"乔治，你想错了。你要相信我，我们现在是真心诚意地和你们在谈判。我们绝不会让你们吃亏的，实际上，你们的情况还是很令人乐观的。"

"我可不这么认为。要是你从昨天晚上 9 点半开始等，等到现在的话，你会怎么想？"罗伯茨说道。

没过多久，洛夫乔伊就撤退了。雷切尔听到洛夫乔伊自言自语地说："天啊，看来我不应该来的……"

5 分钟后，洛夫乔伊带着罗哈廷在一间空办公室里找到了克拉维斯和罗伯茨。显然罗伯茨的那番话起了作用。

"我们并没有和约翰逊在谈判。我们只是想知道他是什么态度，我们只是想弄清楚这个。"

怒气未消的克拉维斯和罗伯茨只好重新回到自己的座位上继续等待。

约翰逊已经有点受不了了，也到附近转悠了一圈，后面跟着一群郁郁不欢的人。离开的时候，他看到努斯鲍姆和那些跟董事会讨论证券的代表个个面带愁容：戈德斯通、协利的斯特恩和所罗门的菲利普斯。约翰逊并没有参与。

到了晚上 7 点，约翰逊也开始烦躁起来，问戈德斯通自己是否还需要等下去。戈德斯通告诉他可以走了，约翰逊就和他的队员们一起去霍里根最喜欢的一家餐馆吃饭。在离开之前，他给还待在玖熙大厦的马丁打了个电话。

"我们现在有多大的胜算？"马丁问。

"他们不会把公司给我们的。"约翰逊告诉他。

几分钟后，当约翰逊从大厦的大堂出来的时候，迎接他的是一大帮电视台的记者。

"谁赢了？"记者们大声地问道，"到底谁赢了？"

"股东。"约翰逊脱口而出。

那些在董事会里的人感觉克拉维斯的手下一直在董事会门口转悠。一出董事会的门，他们就会受到克拉维斯手下人的骚扰。巴特勒感觉上趟洗手间就像受审一样。大多数董事都愿意待在会议室里，不愿意出去，生怕被克拉维斯的那些手下逮住。

最后，休格尔憋不住了，只好硬着头皮往洗手间走去。

正当他解手的时候，休格尔发现他旁边站着克拉维斯的助手斯图尔特。

“现在事情有什么新的进展吗?”斯图尔特问道。

休格尔的第一反应是想举起他的双手投降，但这样做的话，就会出现某种尴尬的局面。

“别担心，马上就会有结果了。”休格尔告诉他。

董事会在6点10分的时候又继续开会。里纳尔迪尼和管理层团队的讨论也取得了一些进展。管理层团队大体上同意了董事会的要求，但只有一件事情例外，科恩和古弗兰拒绝为他们的证券设置“重启”机制，他们担心这样做会多花费上百万的资金。科恩和古弗兰坚持说协利和所罗门会竭尽全力来保证这些证券达到他们当初确定的价格。

罗哈廷将这个情况向董事会做了汇报。“摆在我们面前有两个方案，一个是112美元的方案，但是没有‘重启’机制的保证；另一个是108美元的方案。如果没有‘重启’机制保证的话，112美元的方案并没有任何保证。我不确定拉扎德或狄龙·里德是否会向你们推荐管理层团队的方案。”

董事们讨论之后决定再问一次管理层小组是否愿意为他们的证券提供“重启”机制。里纳尔迪尼打电话给斯特恩，告诉他这是最后一次机会了，管理层小组是否会考虑保证证券的价格。斯特恩的回答是否定的。

现在该转过头来处理克拉维斯的事情了。

早在听到协利答复之前，阿特金斯等人就决定也给克拉维斯最后一次投标机会。围坐在会议桌旁的董事们面带憔容，都希望克拉维斯能够替他们解围。正当阿特金斯领着一帮人去找克拉维斯的时候，梅德林嘱咐他：“告诉他们，我们需要他们再增加1美元的现金才能把票投给他们。”

等到阿特金斯走进克拉维斯等人所在的那个办公室，面无表情的克拉维斯正用手托着自己的脑袋，疲倦地坐在沙发上。坐在他旁边的罗伯茨则嘟着嘴巴。在这两个堂兄弟上方的墙上挂着一条巨大的蓝马林鱼标本，显然是某个律师夏天度假时候的战利品。雷切尔和其他三个KKR顾问都挨着墙壁站在贝迪和科古特的身边。他们对面的水箱里养着五颜六色的热带鱼。

阿特金斯开口道：“董事会愿意给KKR最后一次投标的机会。如果你们现在的价格还不是你们最终价格的话，现在是你们给出最佳价格的时候了。”

房间里鸦雀无声。

克拉维斯和罗伯茨惊讶地已经说不出话来了。贝迪和科古特也面面相觑。最后一次投标？难道他们 5 个小时前报出的价格还不是最终价格吗？

这时，罗哈廷打破了沉默。

“我们不是在和你们开玩笑，你们要把握好这次机会。”罗哈廷看着克拉维斯的眼睛说，“希望你们能给出你们最高的、也是最后一次的报价。”

“这是我们所见过的最荒唐的一次投标，5 个小时之前我们就把报价告诉你们了！”克拉维斯说。

半个小时后，贝迪和科古特从那个办公室出来去找阿特金斯。最后他们在董事会议室外找到了靠墙的阿特金斯。

贝迪告诉他，在 KKR 报出最终价格之前，董事会必须先答应他们两个条件。第一，他们将起草合并协议并作为投标方案的一部分呈给董事会。贝迪解释说：“因为我们想尽快结束这场混战。”第二，也是最重要的，克拉维斯和罗伯茨希望董事会能够承诺，如果他们投标了，董事会将不会让约翰逊和管理层团队的任何成员出席最终的董事会会议。

“如果让约翰逊或者其他的管理层成员参与审核我们方案的话，我们将拒绝参加投标。”贝迪说。

“为什么？”阿特金斯问。

“这还用问吗？罗斯肯定会站出来，继续投标啊。”

科古特这时也插嘴道：“无论我们出什么价，罗斯他们再在我们的价格上加 1 块钱，最后还是他们赢。”

阿特金斯不得不承认他们说的有道理，这一点他确实没有想到。

阿特金斯让这两位律师先等他一会儿，自己就去找米切尔想办法了。

5 分钟后，阿特金斯跟米切尔和布洛克来到一间没有人的办公室，关上门商谈对策。他们三个人在华尔街上算是资历最深的律师了，但这个问题的确让他们很头疼，他们怎么可能不邀请公司的首席执行官参加自己公司的董事会会议呢？

“我觉得我们不能把他给挡在董事会门外，”布洛克说，“我们该怎么办呢？”

他们从书架上抽了一大堆书，翻了半天也没找到一个满意的答案。看起来，约翰逊有权力参加这次会议了，如果将他拒在董事会会议之外的话，董事会可能会惹上官司。“我们没法儿不让他出席会议。”米切尔说。

时间一分一秒地过去了。

能不能现在就把他炒鱿鱼？他们都摇了摇头，这样会把事情弄得更大。

阿特金斯开始绝望起来，这场 250 亿美元的收购案现在岌岌可危。

就在这时，米切尔问了一个显而易见的问题：“我们为何不问一下他是否有意出席这次会议呢?"

这个好办。也许约翰逊根本就不想参加呢。阿特金斯在过道里找到了戈德斯通，跟他解释说董事们马上就要开会了，并会在会上选出最终的获胜者。

"你们有人想参加吗?"阿特金斯漫不经心地问道。

"等等，让我问一下。"几分钟后，戈德斯通找到阿特金斯问:"克拉维斯他们会出席会议吗?"

"不会。"

"那么我们也不准备参加了，除非克拉维斯他们要去。"

这时，阿特金斯在心里长长地舒了一口气。戈德斯通稀里糊涂地给了克拉维斯胜出的机会。

没有人愿意去问约翰逊他是否想参加这次董事会会议。那个时候，约翰逊已经和他的手下在几个街区以外的地方喝起酒来。

贝迪和罗哈廷两个人都是纽约政治圈里的活跃分子。趁等阿特金斯的空当，他们俩斜靠在董事会外的墙上讨论如何改进市内学校的设施。这时，阿特金斯过来跟他们说:"我们已经确定管理层团队不会参加这次董事会。"贝迪立马从墙上弹起来，冲到克拉维斯休息的那个房间里。

克拉维斯问屋子里的每一个人:"我们应该出多少价?"

这一次的讨论十分激烈。房间里的每一个人都知道这次收购成功与否，甚至是整个行业的命运都取决于这次出价了。多一分或少一分都可能造成天壤之别。现在投标价格已经达到了新高，光靠价格大战肯定是不行的。克拉维斯和罗伯茨那天已经不止一次谈到放弃这场收购。一个错误的决定，结果可能是致命的。

斯图尔特坐在罗伯茨的旁边，一边翻着一叠计算机模拟分析图表，一边回答克拉维斯提出的问题:"我们回去吧，他们这是在敲诈我们。"

雷切尔则有点恋恋不舍，但觉得没有必要再提高投标价格了:"这简直太不像话了。我觉得我们应该直接告诉他们，就这么多钱了。"

他们的意见转了一圈又一圈。等他们停下来的时候，他们发现自己还是在提高价格。大家似乎都同意做最后的一搏，每股再增加 50 美分的现金，总共大约是 1.15 亿美元。

"大家都同意这么做吗?"罗伯茨问道。

屋里所有的人都点了点头。

这时有人说："不，我不同意。"

说话的是来自旧金山的顾问杰米·格林。这已经是两天来他第二次对投标战略提出不同看法了。"我不确定我们是否有必要这么做。但如果下定决心做了，我们就再每股增加 1 美元。现在已经投入了这么多的时间和精力，我们一定要赢得这场收购。"

"我觉得他说得很对。我们应该这样做。既然我们决心要把这家公司买下来，我们就应该看得长远一些。"克拉维斯同意格林的建议。很快大家就决定将报价再提高 1 美元。

最后要确定董事会给他们答复的截止时间。上一次由于他们的疏忽使整个投标程序又拖延了 6 个小时，这次他们绝对不会再忘记期限了。有人建议给 1 小时，罗伯茨则说给 15 分钟。

"不行，乔治，15 分钟能做什么啊？"贝迪说。最后他们确定下来半个小时。

贝迪把阿特金斯和罗哈廷叫来，把最后的报价告诉了他们。坐在沙发上的克拉维斯首先开口道："我们现在就向你们宣布我们的报价。罗宾斯，请你念给他们听吧。"他示意坐在水箱旁边的罗宾斯将投标方案念给阿特金斯听。这位年轻的顾问念完之后，将签有罗伯茨和克拉维斯名字的合并协议交给阿特金斯。如果董事会同意接受他们的标书，请阿特金斯让休格尔签字并送过来。

"我们希望董事会在 30 分钟内签完字给我们。"罗伯茨说。

克拉维斯点了点头说："我们半个小时之后就走人了。"

阿特金斯面无表情地拿着合并协议和罗哈廷走了。大家看了一下表，时间正好是 8 点 15 分。

导火索已经被点燃了。

戈德斯通已经一天没吃东西了，肚子开始咕咕直叫。他决定去列克星敦大街上的一家中国餐馆边吃边等待特别委员会的决定。

他出去的时候看了一眼努斯鲍姆说："你觉得谁会赢，克拉维斯吗？"

努斯鲍姆点了点头。

罗哈廷和几个投资银行家围在董事会议室的角落里讨论克拉维斯最后的报价。在外行人看来，约翰逊的团队显然已经是赢家了，因为他们的报价比克拉维斯每股

109 美元的报价足足高了 3 美元。但在华尔街的行家眼里，事情并非这么简单。科恩和古弗兰拒绝为他们的证券“上保险”使他们的优势大打折扣。

几分钟后，罗哈廷对董事会成员们说：“这两个投标方案其实价格都在每股 108 美元和 109 美元之间。如此接近的价格，又包含空前数量的证券，我们认为，这两个投标方案并没有本质上的区别。从金融的角度看，它们的价格都很公允。差距实在是太小了，我很难说哪个方案更好。”

两个方案不相伯仲。

这是董事们最害怕听到的结论。现在他们必须在两者之间做出选择。在座的每一个人都知道董事会更愿意选择克拉维斯，但现在的问题是他们需要找到一个合法的理由支持他们的选择。

为了帮助董事们做出决定，罗哈廷指出了两个方案之间五六处的差别。在董事会的要求下，克拉维斯答应只收购公司 75% 的股份；尽管董事会的银行家一再强调，协利仍坚持收购 85% 的股份。其次，克拉维斯答应只出售纳贝斯克公司一部分的业务；而协利则会将纳贝斯克公司整个出售。罗哈廷还提到了协利不愿意为他们的证券设置“重启”机制，而且管理层团队对保障员工福利态度也很强硬，科恩想把这些问题推给雷诺兹 - 纳贝斯克集团最终的买家去解决。

听了两者之间的差异之后，每个董事心里都知道如何为自己的选择辩护了。梅德林选择在“重启”机制上做文章：“协利保证‘尽最大努力’是远远不够的。在这样一场 250 亿美元的收购中，这种做法显然说不过去。我们需要明明白白地知道这些证券到时候值多少钱。”

大家都点了点头。巴特勒想起了他的朋友还持有雷诺兹烟草公司的股票，于是就着重强调了要保证持股的分散性。茱安妮塔提到克拉维斯曾经保证会妥善安置员工的。安德森也比较倾向这个理由，于是他问：“是不是可以说 KKR 会对员工更负责任？”

其他人又都点了点头。

保安人员终于将克拉维斯那群吵吵嚷嚷的银行家放行了，他们已经在接待室待了整整一天。这群包括格里彻、沃瑟斯坦和贝克在内的华尔街并购精英靠笑话和八卦新闻度过了这一天。此时他们像潮水般涌向了克拉维斯等人所在的角落办公室。科古特再次把他们挡在了门外。

正当他们焦急地等待着董事会的决定，克拉维斯和罗伯茨决定玩一个恶作剧来调节一下现场的紧张气氛。待在那间办公室里的每个人都拿起自己的大衣和计算机模拟数据图表一言不发地从里面出来，从那些银行家身边经过，向楼梯口走去，像是要离开的样子。

这些银行家一开始还不敢相信自己的眼睛。

现在放弃投标，他们是不是疯了？

半个小时很快就要过去了，罗哈廷从董事会出来，飞一般地跑到克拉维斯和罗伯茨那里。

“再给我们 10 分钟的时间。”罗哈廷请求道。

“算了，我们走人了。”罗伯茨说。

“请再给我们点时间。现在走掉对你们什么好处都没有。”

“你能保证只需要 10 分钟？”克拉维斯问道。

“是的。”

“好吧，再给你们 10 分钟。”克拉维斯答应说，他可不想因为 10 分钟而和 250 亿美元的收购失之交臂。

5 分钟过后，董事会里的讨论开始慢慢地平息了。

“时间快到了，让我们做最后的决定吧。”

戴维斯抢先说道：“我建议选择 KKR。”

“同意。”麦康伯附和道。

“大家都同意吧？”休格尔说，人们都把手举得高高的。

“有反对的吗？”休格尔接着问。

没有人举手。

“全体通过。”休格尔说道。

阿特金斯手里拿着合并协议和董事会的顾问们去找克拉维斯。他面无表情地摊开协议，指着一个不起眼的条款说需要克拉维斯的同意。“这是关于什么的？”克拉维斯问，不明白阿特金斯到底是什么意思。

贝迪把身子探过来，仔细看了这条关于雷诺兹－纳贝斯克主管们的离职补偿金的条款之后说：“好的，我们没什么意见。”

阿特金斯合上协议，把它交到克拉维斯手中。“这是经过签名的协议，祝贺你们成为这家公司的新主人。”

迪克·贝迪在收购最后阶段发号施令。

罗伯茨和克拉维斯在文件上最后签字。

签字结束：欢庆。

克拉维斯有点不知所措了。经过漫长的 6 个星期，他已经掉了 8 磅肉。他从阿特金斯手中接过那份协议，说："太棒了。"罗伯茨几乎没说话，脑子里想的是接下来要做的工作。

贝迪等人和董事会的顾问都向克拉维斯和罗伯茨表示祝贺。过了一会儿，克拉维斯对罗宾斯说："让那些银行家都集中到会议室里，你去看住他们，别让他们往外打电话，尤其是沃瑟斯坦。"

接着，阿特金斯领着那些董事会顾问下了 3 个楼层，找到了管理层团队。等他们到了努斯鲍姆和斯特恩等人所在的会议室，阿特金斯让其他人在外面等，自己独自走进那个房间。他们接通了戈德斯通的电话。戈德斯通接到电话后，感觉胃里一阵痉挛。

阿特金斯的声音低沉而又悲痛。

"史蒂夫，我是彼得。"

"嗨。"

"我很遗憾地告诉你董事会已经和 KKR 签署了合并协议。现在投标已经结束了。董事会选择 KKR 有一些其他的原因。"

戈德斯通听后目瞪口呆。

"你能告诉我都是些什么原因吗？"戈德斯通机械地问道。

阿特金斯告诉他所有的问题都会在之后几天雷诺兹－纳贝斯克集团递交给证券交易委员会的报告中予以披露。然后，阿特金斯耸了耸肩就离开了那间会议室。

约翰逊在饭馆里接到了戈德斯通的电话。

"喂，罗斯，猜得到吗？"听到这话，约翰逊一下子就知道发生什么事情了。

"很让人吃惊吧。"约翰逊说。他的迷茫一下子就烟消云散了。他感到疲惫不堪。"克拉维斯他们中标了。"

过了一会儿，约翰逊说："我知道了。让我们在玖熙大厦集合，和手下人见一面。"

约翰逊回到饭桌，向大家传达了这个噩耗，"我没什么心情吃了。我想现在回去见一下我们的人。"

在喝彩和贺喜声中，休格尔把克拉维斯拉到一间没人的办公室里："祝贺你终于买下了这家优秀的企业。但知道吗？你犯了一个错误。”

“什么错误？”克拉维斯问道。

“斯迪克特。你要小心了，董事会里很多人对这件事很不高兴。你要知道这里面的来龙去脉。”

克拉维斯点了点头。

“别着急，你的手下都很不错。我也会在交接期间尽可能地帮助你。”休格尔说。

之后，休格尔的痛风又发作了，他一瘸一拐地走到了大堂。一个保安让他从后门出去，以避开那些把正门围得严严实实的电视台记者。等休格尔快上车的时候，记者认出了他，都蜂拥而上。看到记者冲了过来，保安赶紧把车门给关上，碰巧车门夹住了休格尔的腿，痛得休格尔想尖叫。他后来觉得这个结局是对这场痛苦的收购最好的总结。

当记者们都去追赶休格尔的时候，克拉维斯和罗伯茨无声无息地从前门出来，去附近的一家意大利餐馆庆祝他们的胜利了。

在林荫大道的家中，勒姆一直守在电话机旁等待着克拉维斯的消息。她永远也不会忘记这一刻。10 点 36 分，电话铃终于响了起来。

“我们中标了。”克拉维斯说。

勒姆喜出望外地大喊道：“耶！”

失败后的约翰逊很通达。到了玖熙大厦之后，他从办公室的酒柜里拿出苏格兰威士忌，叫来手下的每个主管谈话，拍拍他们的肩膀，感谢他们在收购中的表现。

“我们要保持乐观，”约翰逊对陪他妻子过来的罗宾逊夫妇和戈德斯通说，“他们这些人有了新的老板。我不希望大家继续交恶下去。游戏终于结束了，我们已经付出太多的时间和精力。无论他们曾经怎么伤害了你，现在都没什么意义了。这些都已经成为定局，让我们回到原来的生活吧。”

但并不是所有人都能心平气和地接受这个现实。那天晚上，霍里根变得越来越烦躁。约翰逊在他漫长的职业生涯中换了好几次工作，而霍里根一直在雷诺兹烟草公司干。他在温斯顿-塞勒姆一直是个重量级的人物。尽管约翰逊给他打过预防针，但他根本不相信他们会输掉。

“我们受到了该死的歧视。”他对约翰逊抱怨道。

“爱德华，我们的确为此忙活了很久，”约翰逊说，“该死的，我已经成了众矢之的。但我们要接受事实，我们要回到现实中，让企业继续运转。”约翰逊接着说，“你看，团队就要发生变化了。一开始还好，接着人们都会去拥护新的主子。他们会说，老国王已经驾崩，新国王万岁。”

霍里根更加怒火中烧。约翰逊之后不得不介入霍里根和马丁在过道上的争吵。为了找个出气筒，霍里根怪罪马丁没有处理好和媒体的关系。他咆哮道：“你是这个世界上最无能、最幼稚的混蛋!”

“这是你的看法，我对你还有看法呢。”马丁回应道。

约翰逊害怕他们动起手来，赶紧把他们劝开：“先生们，别这样。我们一直合作得很开心。我们干得不错，如果有什么不对的地方，那都是我的错。”

霍里根和马丁相互盯着对方。“行了，握手言和吧。”约翰逊说。

“我才不想和这种人握手呢。”霍里根气呼呼地说。

过了子夜，除了戈德斯通、罗宾逊夫妇和约翰逊一家，玖熙大厦里已经没有人了。他们五个人坐在会议室里，琳达忙着帮约翰逊安排第二天的新闻发布会。

戈德斯通看得出来约翰逊已经放松了不少。“你还记得当时我们讨论这次收购所要付出的代价吗?”约翰逊问戈德斯通。

戈德斯通笑了笑，脑海里浮现出那天他和约翰逊坐在佛罗里达约翰逊家的后门廊上，欣赏着落日的余晖。

约翰逊哈哈大笑：“就像你说的那样，这个代价的确很痛苦。但如果你现在问我是否后悔，我还是原来那句话，我别无他法。对股东来说，这个结果对他们是有利的，他们做得很对。”

这时约翰逊的司机也来到楼上，等着他们回家。约翰逊从座位上站起来说：“我们回去吧。”

尾　声

第二天上午，约翰逊登上了前往亚特兰大的飞机。在飞机起飞之前，他口述了新闻稿的内容，其中提到“最佳竞标方案”已经赢了。琳达给了科恩一份手稿，科恩见后大发雷霆。他立刻打电话给戈德斯通，说道：“这篇稿子一旦发表，我们都完了。这份新闻稿会害死我们的。”

一听这话，戈德斯通有点糊涂了，他原以为他们早就没戏了。投标活动已经结束了。戈德斯通挂了电话之后，又给正往南飞的约翰逊打电话。约翰逊非常恼火。6个星期以来，他第一次坚决表示反对。他立刻打电话告诉科恩：“一切都已经结束了，我已经受够了。我们现在还忙什么呢？我们已经不是在为公司或我们的股东效力了。一切都结束了。”

科恩、希尔和协利其他交易员仍然花了几天时间仔细研究如何报复克拉维斯。他们甚至考虑过采取法律手段。当然最后他们什么也没做。就在克拉维斯赢得胜利后的第5天，协利发表声明宣布结束对雷诺兹－纳贝斯克集团的投标。

周三晚上，当马赫正准备早点回家时，芬内布雷斯克一蹦一跳地来到了他的办公室。“格林纳斯来了，”芬内布雷斯克说道，“他想和我们聊聊。”芬内布雷斯克说这位纳贝斯克公司的总裁正在楼下会议室。马赫于是取消了一个会议，跟着芬内布雷斯克来到楼下的会议室。

“生日快乐！”

马赫激动地说不出话来。他差点忘了星期三是他的生日。会议室里到处都是气球、蛋糕和香槟酒，还有他的朋友们。芬内布雷斯克送上祝酒辞。他说：“我从来都不放过12月给我们老板敬酒的机会。”言下之意这关系到华尔街1月份的奖金。“我代表在过去2个星期里辛苦工作的每一位同仁，对您的英明领导表示感谢。”

这次雷诺兹－纳贝斯克的收购经历为马赫团队带来了福音。虽然有人并不看好他们，第一波士顿在1989年上半年里还是比华尔街上的同行完成了更多的并购项目。

与普利茨克合作，公司在之后与普利茨克相关的几次交易中收获颇丰，并最终在1989年和普利茨克联合收购了美国医疗国际集团，总耗资16亿美金。1990年9月，马赫被任命为第一波士顿的董事会副主席。

赢了其职业生涯最大胜利的克拉维斯第二天上午就坐上前往佛罗里达州的飞机去庆祝他母亲的八十大寿。第三天他又赶往亚特兰大去参观刚刚得到的宝贝。约翰逊正在机场等待他的到来，虽然在这场收购中失败了，但他毫无成见。

"祝贺你，朋友。"约翰逊说道，"你现在是这家公司的主人了。"约翰逊开着他的梅赛德斯将他们带到"玻璃动物园"。然后约翰逊带着克拉维斯一行参观了公司总部并准备把办公室交接给克拉维斯。"有什么我可以做的，你尽管开口，"约翰逊说道，"这些飞机都是你的，现在你是公司的老大。"

"罗斯，罗斯，等等。"克拉维斯告诉约翰逊，公司在未来的几个月内不会有任何人事变动。"你只要按照过去的模式将公司运行下去就好了。"

当天下午，克拉维斯又飞到温斯顿－塞勒姆去见霍里根。霍里根表面上跟约翰逊一样宽厚大度，但大家很快发现其中另有原因。跟约翰逊一样，克拉维斯也需要霍里根的烟草专业知识，所以在克拉维斯的鼓动下，霍里根同意暂时成为KKR团队里的一员。

过了一个星期，克拉维斯在纽约接到了霍里根的电话。"我只想告诉你，我不想再屈居人下了，"霍里根说道，"我给斯迪克特、威尔逊和约翰逊三个人打过工，现在他们都已成为往事。所以我现在想当首席执行官，要不我就走人。"

之后，他们两人开始了微妙的博弈。每当要向银行作重要的宣讲时，霍里根都会说，如果他不能当首席执行官的话，他就没有理由出席会议。如果他不准备在这家公司长干下去的话，他不想误导那些银行家。但每次克拉维斯都很有技巧地化解了僵局，并保证在会上向对方说明对霍里根的任命还没有定下来。等到第三次霍里根又提起这件事的时候，克拉维斯终于忍不住了。"我认为你没必要说话，"他说道，"你为什么不辞职？"

2月中旬，霍里根终于提交了辞职报告。公司给他在温斯顿－塞勒姆配了一间豪华的办公室，还有专门的秘书，还有权购买公司在纽约的公寓和棕榈滩的度假别墅，他立刻就行使了这些特权，加上价值4 570万美元的"金色降落伞"退休金。不久，他就用一部分收入购买了一家位于亚特兰大的糖果公司。

1989年2月9日上午8点，克拉维斯打开了资金流的闸门。那天上午，德崇寄来了之前承诺的搭桥贷款——价值50亿美元的支票。KKR 则将其账上的20亿美元划转到雷诺兹-纳贝斯克集团的银行账户。汉华银行又将从世界各地的银行筹集到的119亿美元存到 KKR 的托管账户上。

用来支付股权收购的现金部分总额达189亿美元，这也是流经美国金融系统的最大一笔资金流。由于美国联邦储备银行规定单笔电汇的上限是10亿美元，因此这些银行将庞大的资金流分割成每笔8亿至9.5亿美元不等。这笔庞大的资金流造成美国的货币供给统计数据一时间急剧上升。

在贝迪的雇主盛信律师事务所第13楼的会议室里，200多名律师和银行家济济一堂。他们密切地监视着资金流，看着各项资金在规定的时间进进出出。上午11点还差一刻的时候，资金结转完成。克拉维斯的所有收购资金终于到户，并相应取得了雷诺兹-纳贝斯克集团的所有权。

约翰逊在那天正式辞职，并启动了5 300万美元的“金色降落伞”[⊖]。在杠杆收购大战开始前，雷诺兹-纳贝斯克集团就已经预订了一架最豪华的湾流喷气式飞机，这架飞机的首航就是将约翰逊运往小镇朱庇特。约翰逊在离开公司前最后声明说：“去年10月我们启动的收购工作使公司股东受惠，同时证明了我们各个成员企业的财务实力。”

雷诺兹-纳贝斯克集团的大多数股东都住在北卡罗来纳州的温斯顿-塞勒姆。尽管资金涌进这个小镇，他们并没有因此感激约翰逊。克拉维斯赢得胜利后不久，小镇上就开始出现这样的标语：“再见了，罗斯；你好，KKR。”到2月下旬，近20亿美元的支票陆续来到小镇。温斯顿-塞勒姆“不情愿的百万富翁”比以往任何时候都要多。资金流带走了雷诺兹-纳贝斯克集团最后的股份。当地的经纪人和银行家们接到各地投资人焦急的电话。“我不会卖掉我的股份，”不止一个客户哽咽着说，“老爸说就算到了砸锅卖铁的地步也绝不能卖掉雷诺兹-纳贝斯克集团的股份。”这些经纪人和银行家告诉他们世界已经变了，不卖都不行了。

小镇居民收到支票后不久，城外的“财务顾问”也蜂拥而至，向当地居民建议如何最好地支配他们的新财富。股票经纪人通过各种渠道主动帮助人们如何将其意外之财在市场上进行再投资，如在雷诺兹烟草公司停车场的汽车挡风玻璃下夹杂传单，打惹人厌的销售电话，召开假日酒店的研讨会，等等。人们经常带着不信任的语气问道：“你是想让我买股票吧？”

“你必须明白，”一位退休的股票经纪人纳比·阿姆菲尔德说道，“雷诺兹烟草公司不是一只股票，它是一种信仰。”阿姆菲尔德甚至制作了一首歌曲来表达人们阴郁的心情。伴着《欢乐圣诞》的曲调，这首歌是这么唱的：

⊖ 此处金额由《商业周刊》计算得出。

"雪人"罗斯有一个分成三段的梦想：
你可以拥有脱脂牛奶，我可以将就奶油；
嘿，你们这些乡巴佬，这交易真理想；
你可以带走谷壳，我将拖着小麦走。

12 月份，约翰逊送给每位董事会成员 12 朵玫瑰，并写了个纸条："祝贺我们取得成功，我们的股东胜利了。"12 月份在他召开最后一次董事会前，他与董事会成员们一起共进晚餐，大家都彬彬有礼，但彼此都没有表示任何的歉意。麦康伯怀着报复的心态，提出瓜分管理层团队 1988 年的年度奖金。谢伯利在谈到纳贝斯克公司分拆的时候几乎掉下了眼泪。戴维斯驳回了给特殊委员会成员每人 25 万美元服务费的想法。

住在温斯顿－塞勒姆的董事们首当其冲受到公众的猛烈批评。一位上流社会的夫人在其举办的圣诞宴会名单上刻意划掉了梅德林和巴特勒的名字。一位烟草公司的雇员有一天对梅德林这样说："我希望自己有 100 万美元存在你的银行，这样我就可以把它们全部取出来，让你心痛不已。"

其他的董事们相对来说过得还算舒心。《今日美国》将休格尔评选为 1988 年年度商业英雄之一。第二年，他的燃烧工程公司被一家瑞典公司收购，而休格尔在新东家那儿谋了一个类似的头衔：非执行董事会主席。麦康伯被任命为美国进出口银行的主席。与梅德林一样，乔丹在雷诺兹－纳贝斯克集团重组后继续留任董事会。

斯迪克特风风火火地第三次当上了雷诺兹－纳贝斯克集团董事会主席的职务，并错误地宣布将公司总部搬回温斯顿－塞勒姆，从而引起一场轩然大波。他又乘坐着心爱的公司飞机到处飞行，并搬回了原来在"玻璃动物园"里的办公室。他对约翰逊的下场幸灾乐祸——但是，他也承认，这场收购的代价非常可怕。"我感觉很糟糕，"他在重返工作岗位的几天后对一位来访者说，"我真希望这一切从未发生过。"

作为雷诺兹－纳贝斯克集团的临时首席执行官，斯迪克特只是一个傀儡。克拉维斯在他周围安插了一个由合作伙伴和自己信任的雷诺兹－纳贝斯克集团主管们组成的"运营委员会"，以防止斯迪克特搞什么阴谋诡计。同时，克拉维斯加快了为集团物色一名首席执行官的步伐。

就在 3 月 9 日，星期四傍晚的时候，罗宾逊在家里接到了公司二把手郭士纳打来的电话。这位在美国运通旅行支票上签名的临时执行官对罗宾逊说："明早我一定要见你一面。"罗宾逊说自己日程已经排满，没有时间，但郭士纳称事情紧急。两人同意后天一大早在罗宾逊的公寓碰面。见面后，郭士纳扔下了一颗“炸弹”：他将出任雷诺兹-纳贝斯克集团的下一届首席执行官。

那天上午，余惊未定的罗宾逊在他的豪华轿车里接到了克拉维斯的电话。这位收购大王就将郭士纳挖走一事向罗宾逊表示歉意，并且对罗宾逊说，希望不会因此给美国运通公司带来太多麻烦。罗宾逊非常圆滑。“亨利，我很佩服你能做出这样明智的选择，”他说道，“但你犯了一个错误，你应该先问一下我想不想成为雷诺兹-纳贝斯克集团的首席执行官。”两人哈哈大笑，但毫无疑问彼此心中都很不是滋味。

华尔街的圈子很小，为了搞好各方面的关系，克拉维斯马不停蹄地去医治这场收购留下的创伤。在2月的峰会上，他跟科恩握手言和，并且让希尔调查研究收购西北航空公司的可行性。克拉维斯和施特劳斯之间的关系仍然非常紧张。这场收购结束后不久，施特劳斯一家搬到了位于林荫大道上的新家，恰好就住在克拉维斯一家的南面。当这位所罗门高管的新家装修完成后，克拉维斯家的墙壁上出现了一条裂缝。

克拉维斯也试着改善与琳达的关系。在郭士纳的小插曲之后不久，克拉维斯在琳达的电话机上留了言，但是琳达没理他。几天后，她收到了克拉维斯寄来的一个用陶瓷做的狗窝和一张有趣的卡片，大意是说罗宾逊家不待见他克拉维斯。琳达过了几天就给克拉维斯寄去一包20磅的狗粮。从此两家人和好如初。她和克拉维斯还一起养着那匹名为“亿万”的马。

高昂报酬源源不断地流向华尔街，抚慰着众人的伤口。在随后的几个月内，那些幸运地赢得了胜利的公司，财富滚滚而来。德崇从35亿美元的搭桥贷款中获得了2.27亿美元的收益，而从出售垃圾债券中获得的收益就更多了。美林银行从搭桥融资中获得了1.09亿美元的收益。由200家银行组成的辛迪加从145亿美元的委托贷款中获得了3.25亿美元的收益。KKR从投资者手中获得了7 500万美元的手续费收入。摩根士丹利和沃瑟斯坦-佩雷拉各自获得了2 500万美元的收入。克拉维斯甚至将一些福利慷慨地赠予那些他可能伤害过的人。布瓦希的高盛银行拿到了德尔蒙特食品公司的拍卖权，而罗哈廷的拉扎德同样获得了该公司ESPN股份的拍卖权。

克拉维斯为庆祝这次收购而举办的晚宴在之后很长一段时间里为人们津津乐道。晚宴在皮耶尔大酒店豪华宴会厅中举行，多达400多位投资银行家、律师和企业朋友们品着唐培里侬香槟王，享用了丰盛的龙虾大餐、小牛排配羊肚菌酱汁，还有一个1米高的大蛋糕，上面摆满了纳贝斯克公司的产品。

“今晚很高兴能在这里和KKR的朋友们欢聚一堂，”贝迪为宴会致开场辞，“我们能够相聚在这里可真不容易啊。”

贝迪一反常态，把对手和朋友都数落了一遍。“那不是贝克吗？”贝迪说，“我告诉你，今晚的聚会只是我们私底下的，不对外公开啊。”在大家的笑声中，贝克声如洪钟地说道："这话不要跟我说！你去跟沃瑟斯坦说！"

华尔街的盛宴：在克拉维斯的庆祝晚宴上，由雷诺兹－纳贝斯克集团的产品点缀的蛋糕。

贝克和贝迪在收购闭幕仪式上：解禁后的"疯狗"。

这场收购也许是“疯狗”最后一次出场。1990年1月，《华尔街日报》刊登了一篇文章，认为贝克光鲜的背景很多是虚构的。多年来，关于这个投资银行家的越战经历和他作为巨额财富继承人的身份让大家信以为真、耳口相传，一些传言甚至在本书的撰写时被收录进来。但在调查证实的过程中，我们无法验证这些传言的真实性，因此没有将其写进终稿。这次调查引发了《华尔街日报》这篇文章。在文章刊登后，贝克就从德崇辞职了。

胜利之后的几个月，克拉维斯大放异彩。在派对上，大家一看到克拉维斯来了，都会喊：“国王驾到!”5月，他带着勒姆和一些朋友跑到印度，和印度总理吉拉夫·甘地共用晚餐。克拉维斯和勒姆戴着用茉莉花、玫瑰花和晚香玉编织成的花环，在大象节上被奉为上宾。他们坐在一艘驳船上，一边听着小夜曲，一边享用着用明火烹饪的美食。在斋浦尔，当地人把铺着茉莉花的冰块放在风扇下面为他们消暑。“我的天啊，”德拉伦塔说，“这真是太周到，太热情了。”按照他们的说法，日子过得真是舒坦。

但克拉维斯并没有逍遥自在太久。8月份，他和科尔伯格之间的矛盾终于公开化了，科尔伯格指控原来的公司对他隐瞒了几次杠杆收购的收益，没有得到这部分分红，因此将KKR告上了法庭。这场诉讼到了1990年初才了结，但调解内容并没有公开。就在处理完科尔伯格的官司后不久，克拉维斯被迫展期或延期支付三次杠杆收购的债务，包括欧文斯-伊利诺伊公司的债务。这件事被媒体曝了光，《纽约时报》的一个头条这样写道：“这座由债务构造的大厦墙面出现了裂痕。”

克拉维斯坚持认为媒体是在无事生非，并开始把目光投向了欧洲的杠杆收购市场。就在雷诺兹-纳贝斯克集团的收购大战爆发之后的一年，克拉维斯还没有找到新的收购目标。杠杆收购市场上竞争依然激烈，而且经过雷诺兹-纳贝斯克收购的教训，克拉维斯不太愿意加入那些广受争议的收购，比如对西北航空公司的收购大战。这时，同行和媒体都怀疑克拉维斯是不是已壮士暮年。

在雷诺兹-纳贝斯克集团，郭士纳迅速缩小了约翰逊帝国的版图。在贝迪的支持下，郭士纳一下子卖掉了公司8架喷气式飞机中的7架，此外还有公司的十几套公寓，只有约翰逊的飞机库没有卖掉。“它实在是太大了。”1989年9月，贝迪抱怨说，“白送也很难送出去。”

麦肯锡公司的咨询人员涌入亚特兰大总部，他们对每样事进行评估，由此得罪了很多人。公司的员工们感觉非常不自在。对于许多人来说，这是压倒他们的最后一根稻草。当4月份克拉维斯宣布公司总部将搬到纽约时，只有10%的公司管理人员愿意前往。“我感觉自己不像为一家公司工作，”一位拒绝搬迁的员工说道，“我感觉我是在做投资。”

这项投资究竟有多好谁也不知道。在支付了33.4亿美元的债务后，公司1989年的年报显示公司净亏了11.5亿美元。1990年上半年，公司的赤字高达3.3亿美元。

但公司至关重要的现金流仍然很强劲，而且一些食品业务的剥离收益将近50亿美元。（德尔蒙特食品公司下属的罐头企业连同卡波内尔一起被卖给了另一家公司，卡波内尔成为新公司的董事会主席。）

格林纳斯言出必行。在1989年他将纳贝斯克公司的营业利润提高了50%，将现金流增加了2倍。黛娜绍尔女子职业高尔夫赞助预算被缩减一半，而且职业高尔夫协会的赞助也被取消，雷诺兹－纳贝斯克队的很多成员被无条件解雇。由于纳贝斯克公司的收益提供了重要支持，格林纳斯受到了克拉维斯的重用，并被任命为雷诺兹－纳贝斯克集团的董事会成员。

雷诺兹烟草公司却举步维艰。1989年3月，雷诺兹烟草公司放弃了总理牌香烟。在随后的几个月里，公司陆续解雇了2300名雇员。在这一年里，菲利普·莫里斯公司利用这场混乱，进一步拉开了和雷诺兹的距离。健康的倡议者们发起了更加猛烈的攻击。在健康和公众服务部秘书长路易斯·苏利文抨击了一种面向黑人消费者的“上城”牌香烟后，雷诺兹不得不放弃这个牌子的香烟。就连温斯顿－塞勒姆附近的格林斯博罗市也加入了反对吸烟的队列。

43岁的纽约银行家吉姆·约翰斯顿成了雷诺兹的新任首席执行官。在他的带领下，巨大的现金流依然源源不断地流入公司。这位雷诺兹曾经的市场营销天才由于反对渠道囤货，曾在1984年被公司解雇。在他重返公司后，他取缔了这一做法，冲销了账面上3.4亿美金的订单收入，提高了工厂生产和分销的效率。这一改变，加上成本的大幅度削减，使得1990年上半年香烟利润提高了46%。

1990年，雷诺兹－纳贝斯克集团的发展遭遇了第一次严重的挑战，讽刺的是，这一挑战恰恰是来自华尔街。在投标最后才成形的那条重要的“重启”条款，要求在1991年4月前面值超过40亿美元的债券价格恢复至其面值。随着这个期限的来临，这些债券正以极低的价格在市场上流通：“重启”的成本将达到数十亿美金，足以使公司破产。在这个令人沮丧的时候，罗伯茨打趣道，如果不立即采取挽救措施，《门口的野蛮人》就可以出续集了，名字就叫《丢盔弃甲的匈奴人》。

KKR设法摆脱了这个困境。1990年7月，它宣布了一项69亿美元的再融资方案，以便回购那些垃圾债券，代之以更简单的债务形式。这一成本高昂的操作可能会避免雷诺兹砸在KKR的手里，但同时也让KKR失掉了大赚一笔的机会。无论最后结局如何，对那些参与这次收购后续事宜的银行家和律师来说又是一次发财的好机会：2.5亿美元服务费。

对于克拉维斯来说，这项收购最后是否成功还要等上好几年才能见分晓。祸不单行，菲利普·莫里斯看到了雷诺兹的弱点，在几个重要市场采取了打击措施。菲利普·莫里斯扩大了其销售团队，把价格降得比雷诺兹还要低，用两款新的低价香烟来和雷诺兹的低价品牌“多柔”竞争。分析家们预测1989年雷诺兹的香烟销售量可能下降7到8个百分点，而菲利普·莫里斯的销售量将出现增长。

"菲利普·莫里斯正在和我们争食，" KKR 的罗宾斯在 1989 年 10 月说道，"万宝路是一台无法停止的机器。我们还要付出很多努力。"

到了 1990 年，华尔街的狂欢基本就结束了，大宗并购的记忆渐渐地离大家远去。在雷诺兹 – 纳贝斯克集团的收购之后，杠杆收购活动急剧减少。到 1989 年秋季，KKR 和弗斯特曼 – 利特尔都没有发起大规模的收购活动。在争夺雷诺兹 – 纳贝斯克的时候，对国会出台反杠杆收购法规的预期耽搁了很多并购交易。"约翰逊效应"让大家都不敢越雷池一步：毕竟没有一个首席执行官希望自己像约翰逊那样被游街示众。

最终使华尔街停下并购脚步的是垃圾债券市场的震荡。1989 年的前 8 个月里，价值 40 亿美金的垃圾债券违约，债务延期履行，最令人震惊的是加拿大商人罗伯特·康波在美国的零售帝国发生了财务危机。10 月份，67.9 亿美金的美国联合航空收购案的失败在华尔街上引起了巨大的恐慌，导致道琼斯工业指数骤降近 200 点，引发了新一轮投资者对股市崩溃的担忧。

正如弗斯特曼指出的那样，垃圾债券如果运用得当的话可以成为一个有用的工具。但问题是这些垃圾债券被滥用和过度使用。在随后的几个月里，垃圾债券的情况越来越糟糕，不能为华尔街收购引擎提供燃料了。相关银行在向德崇施压时，发现其因在米尔肯的案子中支付了 6.5 亿美金的罚款而变得岌岌可危。标志着垃圾债券时代的德崇证券公司申请了破产保护，并宣布其清算计划。

随着德崇轰然倒塌，以及金融大亨博斯基和米尔肯对内部交易的丑行供认不讳，大众开始讨伐华尔街在 20 世纪 80 年代无节制的贪婪。社会舆论的强烈抵制以及金融基本面的恶化迅速地给这个史无前例的垃圾债券时代画上了句号。

风向开始变化。随着新时代的来临，金融重组，也就是重新调整 80 年代那些失败的企业收购，成了年轻的 MBA 们追捧的专业。成千上万的华尔街人士，包括许多不到 30 岁的百万富翁，在金融刹车引发的萧条中失去了工作。所罗门兄弟银行一位年轻的债券销售员在其回忆录《说谎者的扑克牌》中讽刺了华尔街长达 10 年的放纵无度。该书风靡一时，并在畅销书排行榜上待了将近一年。投资银行家及并购业务的从业人员到处受到公众的抨击，如同过街老鼠一般。"收购"这种概念广泛受到鄙视，甚至那些曾经通过收购致富的人也对其嗤之以鼻。

那些从并购废墟中爬出来的"集团"成员绝大多数都毫发未损。1990 年 9 月，希尔被任命为协利旗下投资银行部门的联席首席执行官。格里彻离开了摩根士丹利自立门户，开办了格里彻公司，并且很快财源滚滚，同康尼格拉集团一起用 13.4 亿美元从克拉维斯手中收购了碧翠丝公司。格里彻离开摩根士丹利之后，沃特斯成为掌管摩根士丹利的两位投资银行家之一。相比之下，只有沃瑟斯坦因为一些收购的失败而饱受了媒体的抨击。

而科恩则属于那些没能看到新时代曙光的人。1990 年 1 月，科恩迫于压力辞去了协利董事会主席一职。他与罗宾逊之间的关系在雷诺兹 - 纳贝斯克收购结束后变得非常紧张，加上协利之后遭遇的一系列挫折，包括导致总裁莱恩辞职的受到广泛诟病的重组，二人的关系在 1989 年迅速恶化。在本书出版后，科恩对琳达与克拉维斯秘密协商的内容感到惊讶不已。这些细节的披露使他和罗宾逊一家的关系雪上加霜，他感觉自己的权威受到了削弱，并与罗宾逊一家彻底断绝了往来。之后，他跟许多人抱怨本书对他的描写有失偏颇，他在这场收购中做出的每一项决策都有罗宾逊的参与，其中就包括对约翰逊福利的谈判。

随着垃圾债券时代的崩溃，弗斯特曼感觉自己的预言应验了。他成为新闻媒体争相颂扬的英雄、黑暗中与贪婪作斗争的独行侠。弗斯特曼的智囊团告诉他要保持冷静，他在某种程度上也的确做到了这点。但事情还没完。最终的戏剧化是，当克拉维斯在 1990 年初打算拆散雷诺兹 - 纳贝斯克集团的时候，弗斯特曼开始重操旧业，玩起了杠杆收购，虽然不是很多——今天这儿一点，明天那儿一点——但是比这个行业里的任何人做的都要多。随着垃圾债券退出历史的舞台，弗斯特曼的“真金”终于闯入了公众的视野。这么多年来，弗斯特曼第一次成为众人推崇的对象。

在亚特兰大，约翰逊在经济衰退的大环境下依然不肯认错。1989 年 5 月，他笑着说：“其实在美国十有八九的公司都考虑过杠杆收购，只不过我把大家都吓跑了。现在常有人跟我说，‘天啊，罗斯，我们把所有档案都烧掉了。’”

与其他人不同的是，约翰逊并没有去反思自己的行为，依然一副无所谓的样子。失业后，他搬到了 Galleria 的另一幢大楼里，与一家乡村音乐的广播电台住在同一层楼。他与马丁合开了一家新公司，取名为 RJM 顾问公司。两个合伙人很难说清楚 RJM 顾问公司的具体业务是什么，虽然看起来是为他们的朋友免费提供专业咨询（马丁自己有 1 820 万的金色降落伞退休金，和约翰逊一样不需要钱）。

约翰逊和一些老朋友投资了一家收购了纳贝斯克远东业务的公司。但是大多数时候他更喜欢独处。除了打高尔夫球和滑雪，约翰逊在七家持股的企业里担任董事。他会带妻子劳里去看电影，或者整晚陪着他的儿子布鲁斯。布鲁斯已经从昏迷中醒来，但是由于伤势严重依然不能说话，只能通过写字与人沟通。1990 年夏天，约翰逊说：“我们对此非常欣慰。”

虽然约翰逊声称对这种半退休的生活非常满意，但朋友们对此却表示怀疑。其中一个理由就是，逃离商业世界不是他的性格。朋友们都说，恢复他的名誉可能还需要一段时间，但是约翰逊总有一天会回来。对此，他并不否认，并说：“我随时准备着改变。”

对这场收购造成的动荡，温斯顿 - 塞勒姆很少有人去责怪克拉维斯。相反，大家仍然对约翰逊耿耿于怀。只有少数几个人从宏观的角度看待这件事情。“如果没有约翰逊这个人，”雷诺兹－纳贝斯克集团的前养老金经理吉内·胡茨说道，“华尔街也会造这么一个人出来。”

从某种意义上说，时代造就了约翰逊，就如同他创造了雷诺兹－纳贝斯克集团一样。“喧嚣的80年代”是一个新的镀金时代，只有胜者为王。罗哈廷曾经把它称为“赌场社会”。投资银行家们既充当庄家，同时又是炼金士。他们编造出荒诞的方案，鼓捣出更加离谱的数据来支持他们的观点，然后引诱公司管理人员上钩。有观点认为，约翰逊在雷诺兹－纳贝斯克集团引发的这起事件将成为一个时代的转折点。

这场收购发生在雷诺兹－纳贝斯克集团身上并不偶然。在收购之前的10年间，相比一家伟大的公司，雷诺兹－纳贝斯克集团更像是一个巨大的造梦机器。来自烟草业务的巨大现金流让一些人自我膨胀，并实现了疯狂的梦想。斯迪克特可以跟国王为伍，霍里根可以像国王那样生活，董事们可以受到国王般的待遇。

当这家公司挂上拍卖的牌子时，它就像一颗水晶球那样让华尔街人看到了光辉的前景。马赫可以恢复第一波士顿的雄伟，弗斯特曼可以发动他最后的圣战，科恩可以从一个管理人员成为商业信贷行业的王子，克拉维斯可以成为帝国的君王，古弗兰则能够出现在债券发行公告的左侧。

雷诺兹烟草公司和纳贝斯克公司的创始人们肯定没法理解这场收购。不难想象，如果理查德·雷诺兹和阿道夫斯·格林游荡在这场收购大战的战场上，他们肯定会相互不解地问：为什么这些人如此在意电脑里的数据，而对从他们工厂生产出来的产品漠不关心？为什么他们总是一心想拆散公司而不是将公司发展壮大呢？归根到底，这些东西和公司的业务到底有什么关系呢？

后　记

自从那场收购结束后，这家公司给每个在它身上倾注了心血的人带来的只有痛苦。

——史蒂夫·戈德斯通，雷诺兹－纳贝斯克集团首席执行官（1995～2000）

20年后，你可能很快就能猜到约翰逊在忙乎什么。他正在佛罗里达州一个高尔夫球场边的一栋意式别墅里悠然享受着退休生活。那天他在门口迎接我们："快进来，伙计们，快进来。"接着他带我们来到用橡木嵌饰的书房。书房的墙壁和书架上陈列着奖杯和约翰逊跟家人及美国总统（老布什和尼克松）的一些合影，此外还有一排杂志的封面。让我们意想不到的是，其中竟然还有那张"广为人知"的《时代》周刊封面"贪婪的游戏"。当我们指着那杂志封面的时候，约翰逊说："啊，没错。只要他们没把我的名字倒过来写我都摆出来！"

约翰逊身穿格子衬衫和卡其布裤，他的书桌后面坐了下来。他的身后是一张80年代他巅峰时期的大肖像画。画中的约翰逊正戴着一副眼镜看《华尔街日报》，一头蓬乱的头发，十分个性，正是我们20年前认识的那位精力充沛的首席执行官。76岁的约翰逊和20年前相比几乎没什么变化。除了他走起路来有点儿费劲，他富有磁性的声音和以前相比低沉舒缓了许多，他还是像以前那样黝黑干瘦，依然一头银白色的头发，而且脸上的坏笑也一如从前。

这些年来，我们一直听说约翰逊念念不忘雷诺兹－纳贝斯克集团的那场杠杆收购。提起这件事他振振有词："那些股东们呐，他们依然喜欢我，"他一相情愿地说，"这场收购的结果对他们来说实在是太棒了。"事实上，约翰逊还曾花钱请人拿他的表现跟那些"著名的首席执行官"做比较。在他的职业生涯中，他年净资产收益率平均能够达到22%，在首席执行官的排名中，他位居第五。位居第一的是通用电气的杰克·韦尔奇。"还不赖吧？"约翰逊说。

他的一些朋友告诉我们约翰逊随时都准备拿出几张图表，希望用数字来证明他发动杠杆收购对股东们来说是有利的。无论他当时心中多么愤懑，但随着岁月的推移已经减轻了许多。"如果你是公司的首席执行官，别人总想把你搞垮，"他若有所思地说，“这是很自然的事情。很多人会讨厌你。如果你坚持自己的想法，你可能就会犯错，但总之这是无心之失。”现在约翰逊说他已经完全认识到了当初行为的后果，并表示能在美国历史上最著名商业事件之一中唱主角感到很高兴。

“我敢肯定这场收购对成千上万的读者产生了影响，加深了他们对商业的认识。”约翰逊说，“通过电影和书籍，大家都知道了我。这都快20年了，但大家依然觉得我是主角。到现在为止还经常有人拿着书找我签名呢。每个月我都得签上几本。谁都找我签名，甚至还有汽车修理工！你在全世界几乎每一个该死的图书馆里都能找到这本书，还有人用它作为商学院的教材！”

约翰逊依然能够将自己的行为说得冠冕堂皇，但对其所造成的恶劣后果却熟视无睹。“罗斯无理也能辩三分，这一点对他很有利。”曾长期跟随约翰逊的罗杰斯说，“他觉得他让那些股东发了财，而且他的朋友也都没受多大的影响，所以他觉得自己干得不错。但他只是看到了事情的表面。”

但约翰逊也有一段时间并不这么沾沾自喜。这场收购断送了他的职业生涯，使他失去了公司，而且名声也受到了损失。一夜之间，私人飞机、公司公寓和一些只有首席执行官才能享受的待遇都如黄粱梦醒。约翰逊坚持认为自己比以前更有成就感。对贪婪的羞愧感？“自从收购结束之后就不觉得有什么可羞愧的了。”坐商务舱出行？“我喜欢乘坐商务舱。”他脱口而出，“空姐把报纸塞给你之后不会再来烦你，这一点我很喜欢。在商业界的38个年头中，我一直很开心。我告诉自己‘抛头露面的生活到此结束’。于是我的手下就从12万名员工一下子减少到了4个。搬到佛罗里达之后我把司机也辞退了，所以现在只有3名员工。”

这场收购似乎也导致了他在1995年跟劳里最终劳燕分飞。“我在收购刚开始的时候就提醒罗斯，他一旦失去豪宅和私人飞机，劳里也将会离他而去。”休格尔回忆道。

按照约翰逊的说法，这是一次友好的分手。“这仅仅是一种生活方式的改变。劳里是个不错的姑娘。”劳里之后又结了婚，现居住在亚利桑那州。约翰逊也在10年前结婚。正说着，妻子苏珊抱着腊肠犬走进来，他们要去看医生。

约翰逊相信如果他当初低调地开始这场华尔街的游戏，并且谨慎地选择合作伙伴的话，今天的结局将截然相反。“如果时光能够倒流，我会选择让德崇来帮助我，那今天将会是另一个样子。”他若有所思地说，“他们正是亨利等人的先锋，如果我当初雇用德崇的话，谁都不是我的对手了。而当他们和亨利联手，几乎每个人都开始朝我来。”

但约翰逊从来不是个反躬自省的人。他阳光灿烂，至少在他的概念里自己没有什么仇敌。他习惯念叨他的成功经历，并且将所有人都当成是自己的朋友。自从那次杠杆收购结束后，休格尔已经多年没有和约翰逊联系了。他有一次去参加派对听说“教皇”也在场。休格尔有点不知所措，不知道约翰逊见到他时会做出什么举动。但事实证明他的担心是多余的，因为约翰逊一见到他就快步走到他的跟前。休格尔回忆说："他当时热情地拥抱了我，说，'伙计，你待我不薄啊，我靠你发了财，还出了名。'"克拉维斯的律师贝迪也有同样的经历。几年前，贝迪受邀列席一家公司的董事会会议。他一进去就在董事会成员中间认出了约翰逊。"嗨，迪克！"约翰逊大喊道，一边使劲握着他的手。"嗨，伙计们，"他激动地回过头去对那些董事们说，"这可是业界最棒的律师，我们一定要请他来帮我们。"最后他们还真的聘请了贝迪。

离开雷诺兹－纳贝斯克集团之后，约翰逊拿着他那5 200万美元的离职补偿金在亚特兰大开了一家小投资公司，取名为JRM合伙企业。20年后，这家企业仍然是他进行投资的主要工具，现在由他的儿子尼尔负责打理。他的二儿子布鲁斯依然在亚特兰大住院。"他还住在那儿，"约翰逊哈哈大笑说，"啊，他还真不让人放心。他不能活动、说话或者吃东西，现在有5个护士全天候地照顾他，但他还在那儿。"

他又重新组建了他的"快乐伙伴"。其中有些人是新加入的，比如可口可乐公司的前总裁唐纳德·基奥。1993年快退休的时候，他碰到了约翰逊并提到他正在到处找办公室。"我那儿有好多地方。"约翰逊还是像以前那样好客。于是RJM公司和基奥的投资公司就共用了一个办公套间。

还有一些是在新岗位上的老熟人。"独裁者"卡波内尔被请来担任蒙特利尔一家空气清新剂公司的总裁，而JRM对这家公司具有控制权。当约翰逊坚持要这家公司花钱赞助高尔夫锦标赛的时候，两人大吵了一架，但之后很快就和好了。（另一方面，约翰逊和其他一些在大收购中扮演重要角色的同事失去了联系。问到霍里根在哪儿的时候，约翰逊也不知道："估计在某个角落里怨天尤人吧。"其实，霍里根之后去一家小型的烟草公司——利格特烟草公司当首席执行官了，目前在北卡罗来纳州的威明顿颐养天年。）

JRM公司最大的一笔投资是从纳贝斯克公司剥离的远东业务。而当该公司的老总被查出挪用公款的时候，这笔投资也黄了。但约翰逊大多数的投资项目回报都很不错。他入伙了亚特兰大当地的一家开发商，将资金投入到写字楼和酒店，大赚了一笔。约翰逊称自己靠RJM赚的钱是他之前38年在企业界赚到的钱的3倍。

他依然在一些公司的董事会中任职，和企业界保持着千丝万缕的联系。他一直担任着美国运通公司的董事，直到2005年任期届满。除了担任董事，约翰逊称他并不想再继续高管的生活。"有人请我过去，"他说，"但被我婉言谢绝了。我现在过得不赖。"

1995年约翰逊搬到了佛罗里达州，从他的新家往东走一两英里就到了他原来在朱庇特的住处。20年前，戈德斯通就是在那里试图劝他放弃杠杆收购的。他每年在佛罗里达住8个月，到了夏天就去多伦多郊外占地11英亩的庄园里避暑。他还有时做些演讲，但近些年来就不怎么活跃了。他也不经常打高尔夫球了，虽然他还会每年和罗宾逊玩上两局；他还和克拉维斯打过一两局。他依旧很关心华尔街上的动向，但这位曾经被视为美国贪婪之集大成者抱怨说现在涉及的资金金额巨大，让他实在有点看不下去了。

“现在这些投资银行家，他们赚的才多，”他摇着头说，“大把大把该死的钱。这都让我感到厌恶。他们越来越昧着良心赚钱。”

克拉维斯20年后依然在玖熙大厦42层的KKR公司里办公。和之前相比，公司又重新装修了一下。公司的过道里装饰着黑木和由克拉维斯第三任妻子玛丽挑选的现代艺术品，克拉维斯已和勒姆在1994年离婚。64岁的克拉维斯如今头发花白，他已经是美国最富有的人之一。但公司依旧是原来的公司，克拉维斯也没有太多的变化，依然穿着考究，神情紧张且不善言谈。

那场让KKR成名的收购结束20年之后，KKR仍然是华尔街上的一个巨人，管理着520亿美元的资产。当初只有两间办公室和30个员工的公司现在在全世界有400多名专业人员，10多个分别位于伦敦、巴黎、北京和孟买等地的办公室。2007年这家公司又带领其他公司一起完成了公司历史上最大的收购项目——450亿美元收购得克萨斯州的一家发电厂。

克拉维斯在圆形的会议桌旁缓缓坐下，在他的左手边坐着一位公关部的女同事。罗伯茨也从加利福尼亚打电话进来。克拉维斯和以前一样正襟危坐，而罗伯茨的热情洋溢即使在电话这头都能够感觉到。但两人都没有对谈论本书或大收购感到兴奋，因为这些对他们公司来说是一场噩梦。当问到1988年那6个星期给他们带来的是痛苦还是美好的回忆时，罗伯茨说：“也许两者都有。我们俩本来不想出名也不想被关注，但事与愿违，尤其是亨利受到的打击比较多。我们俩宁可默默无闻。”

“说的没错，”克拉维斯说，“对我们伤害最大的是这本书的书名。它的影响力真是太可怕了。直到现在还时不时地给我们制造麻烦。我们好不容易才摆脱了这个恶名。”“经常有人说，‘天哪，他们这些野蛮人。’”罗伯茨补充道，“我们的竞争对手经常用这个词来称呼我们。说实话，为了这件事我们做了许多努力。”

但他们真正头疼的问题是如何从雷诺兹－纳贝斯克集团获利。经过漫长的寻找，克拉维斯和罗伯茨从美国运通公司把郭士纳挖来管理这家公司。他们首先遇上的并不是业务危机，而是德崇发行的用来筹资的“重启”债券。到了1991年，这些债券又要重新调整，需要KKR为新的债券寻找买家。当时由于存贷危机的影响，世界各地的买家都捂紧了钱袋，因此没有人对这些债券感兴趣。

“可以说当时根本没人买债券，”克拉维斯回忆说。“我记得一些律师，特别是马蒂·利普顿催促我们为雷诺兹－纳贝斯克集团申请破产保护。”罗伯茨接着说道，“倒霉事都赶到一起了。我们努力地想去再融资。由于没办法筹到资金，我们只好再次注资。我们已经投入了13亿美金，还得再投17亿美金来重启这批债券，说白了就是将这批债券买下来。”

这次经历是痛苦的，KKR不得不拿出大约20亿的美金，而本来他们可以将这笔钱投到新的且收益更好的收购项目当中去。更糟糕的是，当纳贝斯克公司开始走下坡路的时候，克拉维斯和罗伯茨突然意识到30亿美元有可能打水漂。一切都笼罩在因为杠杆收购所产生的200亿美元债务的阴影中；单单利息费用这一项就超过了10亿美元。这些资金将不能用于一些像维修保养纳贝斯克公司日益陈旧的设备等项目。从纳贝斯克公司获得现金一开始就是KKR进行杠杆收购的基础。

KKR并没有将纳贝斯克公司分解出售，而是计划将雷诺兹烟草公司和纳贝斯克公司分开经营，这在无形中否定了当初两家公司的合并。为了拆分雷诺兹－纳贝斯克集团，他们必须再等上5年；罗伯茨解释说如果不到5年就将集团分拆的话，公司将受到严厉的税务惩罚。90年代初期，KKR乖乖地等待着时机，祈祷雷诺兹－纳贝斯克集团能够产生足够的现金偿还200亿美元的债务。到了1993年，也就是收购落幕的5年之后，克拉维斯和罗伯茨正准备宣布将公司分拆的时候，突然之间灾难降临了。这就是“万宝路周五大降价”。

在雷诺兹烟草公司内部的一些人看来，麻烦已经近在咫尺。“进行杠杆收购的当天我就说，‘我们的市场份额将暴跌。”一位前雷诺兹烟草公司的高管回忆说，“因为我们把精力从原来的市场营销和销售转到了其他方面。我觉得菲利普·莫里斯公司会利用这次机会打击我们。”

占有40%市场份额的菲利普·莫里斯很快就对只有32%市场份额的雷诺兹下手了。菲利普·莫里斯以十分优惠的价格向经销商供货，并开始进入雷诺兹势力最强劲的美国东南部地区。而此时的雷诺兹却不得不着手裁员：1 600名员工在第一轮裁员浪潮中丢了饭碗。“我们这儿来了3个人，他们跟每个员工大约只花了30秒钟的时间就将员工开了，”一个主管回忆说，“我手下有85名员工，上头让我削减18%。其中有个头儿说，‘给你3天时间，到时候给我个裁员的名单。’每过8个月到2年，公司就会有一场大规模的裁员。”

到了1991年，菲利普·莫里斯和雷诺兹在市场份额上的差距从原来的28%扩大到了44%。刚开始的时候，公司的一些高层还口口声声地说要重新夺回市场第一的宝座。但没过多久谁也不谈这个话题了，因为大家心里都很清楚雷诺兹的首要任务是还债，而不是争夺市场份额。并不是雷诺兹管理有问题。集团的首席执行官郭士纳经常飞到温斯顿－塞勒姆和公司的主管们讨论公司业务——还把他们吓得要死。他们评价郭士纳最温和的一个词是“狂妄自大”。

雷诺兹前主管约翰斯顿曾被霍里根赶出公司，在银行业待了几年之后又被请了回来。他主要的任务之一就是纠正前任管理者的错误，其中包括“渠道压货”。渠道压货就是让客户在季度末的时候下大量的订单，这样销售额就会人为地增长，相当于预支了以后的销售额。公司下个季度由于销售额的预支只好在期末再用同样的欺骗手段来提高销售额。这种做法让销售人员和财务人员欲罢不能，而且公司必须以很优惠的价格吸引客户在季度末下单，这就减少了公司的利润。

就在1993年4月2日星期五的时候，菲利普·莫里斯发起了全面的反攻，宣布万宝路将降价20%，相当于每包香烟便宜40美分。这一举动几乎摧毁了雷诺兹的价格优势。这次“万宝路周五大降价”沉重地打击了雷诺兹。雷诺兹不得不硬着头皮将一些高档品牌香烟的价格降低20%。

在降价这一点上，菲利普·莫里斯可以不眨眼睛地拿出20亿美元，而对雷诺兹来说，因为降价而损失的6亿美元使其元气大伤。它每年的营业利润也不过30亿美元。由于公司大部分的现金都用于偿付借款了，这次降价对公司的打击很大。

隔岸观火的约翰逊禁不住想笑，不清楚KKR那帮家伙到底在想些什么。约翰逊多年之后解释说采取降价措施只会招来对手的反击，结果反而害了自己。“他们以为自己能够比菲利普·莫里斯公司做得更好，但对手比你强大很多，”约翰逊一边说，一边举起手臂在空中挥舞，好像是在和一个巨人搏斗，“而且他手里还拿着大棒的话，你应该灵活躲闪，避免正面冲突。当你开始降价的时候，你的死期也快到了。”

要是集团的另一半——纳贝斯克公司能够顺利发展的话，KKR可能还能撑过“万宝路周五大降价”。但事与愿违。格林纳斯承诺他可以保证足够的现金流来偿付因这次收购而发生的债务，这是KKR能从这场收购获利的关键。而约翰逊之前打算出售纳贝斯克公司的一些业务。“我们当时预计能在6年内还清大部分的债务。我们会将那些食品业务卖给宝洁公司、联合利华和雀巢公司，”他说，“这些业务能够卖到很高的价格。”而克拉维斯和科尔伯格依然对格林纳斯很有信心。“他可是关键人物，”约翰逊说，“也只有约翰能拆亨利的台了。”

如果说有谁要经过很长一段时间之后才能看出是赢家还是输家，那除了约翰逊就是格林纳斯。纳贝斯克公司的这位首席执行官乍一看似乎成功了，不但帮助KKR拿下了这场价值250亿美元的收购，而且保住了自己在美国最大的烘培食品生产企业中的地位。由于不同意约翰逊将集团分拆，并且他本人也未被包括在收购管理团队之内，格林纳斯投靠了克拉维斯。他暗地里将纳贝斯克公司铺张浪费等行为告诉了对方，向克拉维斯保证如果纳贝斯克厉行节俭，他们就会有更多的现金用于偿债。

格林纳斯提供的信息对KKR的投标产生了很大的影响。当雷诺兹–纳贝斯克集团董事会面对两个几乎没有实质差别的标书的时候，KKR 准备保留纳贝斯克的计划正好符合了董事会成员的心愿。KKR 因此竞标成功，格林纳斯也保住了他在纳贝斯克的高级办公室。但他们面临的一个大问题是格林纳斯的海口夸得太大了。

一开始并没看出什么苗头。杠杆收购结束之后的头两年，纳贝斯克公司的年收益以 20% 的速度递增。增长的原因很简单，他们一方面大幅度地提高产品售价，另一方面大规模地削减广告宣传费用。这是个致命的错误。对于一家拥有像乐事和奥利奥等知名品牌的公司，这种做法在短期内能够解决燃眉之急，但如果将其作为长期战略的话，即使最忠诚的消费者也不会对奇宝等竞争者的产品视而不见，毕竟这些竞争品牌比纳贝斯克的产品价格低了 30% ~50%。

美国前 10 名饼干品牌中曾经有 9 个是纳贝斯克的产品，但此时的纳贝斯克市场地位开始下降。同时，高速增长的利润也开始受到影响。

纳贝斯克公司的新产品也不能拯救这家食品公司。斯耐克威尔饼干曾因为脂肪含量低而一度受到消费者青睐，但是消费者后来认识到低脂并不意味着低热量，于是斯耐克威尔饼干的销售量就开始下降了。小熊饼干也不能解决问题。在 80 年代后期，公司刚推出小熊饼干，头 1 年半之内销售量就达到了 1.5 亿美元。但和公司其他品牌一样，小熊饼干由于没有市场营销的支持，销售量下降到了每年 2 500 万美元。

格林纳斯开始玩起了粉饰业绩的把戏。约翰逊辞职的时候留下的 40 亿美元现金成了格林纳斯的小金库。格林纳斯拿着这笔钱来装点自己的业绩。此外他又玩起了渠道囤货，而雷诺兹的约翰斯顿正希望将公司从这种弄虚作假的行为中解脱出来。

除此之外，格林纳斯的管理风格也缺少了人情味。当公司形势恶化时，他已不再像收购大战中那样鼓励下面的员工了。他经常斥责自己的手下，好像他的目标不切实际、无法达到都是他们的错。那些深受员工拥护的主管们陆陆续续地离开了纳贝斯克公司。

格林纳斯过分地相信工商管理理论，看不到这些理论在现实世界中的局限性，而且他把更多的时间花在了办公室里，这无异于闭门造车。当他请麦肯锡咨询公司来进一步控制成本时，灾难来临了。麦肯锡的分析人员研究了纳贝斯克的分销系统之后认为其运作成本过高。纳贝斯克公司有自己的仓库、送货车队和销售人员，而它的竞争者们都是通过中间商将货物卖给零售商。这种“直销”的做法能够保证公司将新产品快速地推向消费者，并且能够在很短的时间里满足客户的订货需求。这意味着产品的上架和展示都是由纳贝斯克公司的员工而不是独立第三方的销售代表来完成，而且更重要的是通过这种做法，纳贝斯克的员工能够直接跟店面经理建立紧密的联系。

但这种做法的成本很高。在麦肯锡公司的建议下，格林纳斯推翻了这种业务模式。纳贝斯克公司因此缩小了送货车队的规模，减少了送货次数，裁掉了经验丰富但人力成本高的员工，取而代之的是初出茅庐但薪水不高的员工。这进一步加速了纳贝斯克公司的没落。客户因为找不到原来的业务员又无法及时收到货而恼怒不已，他们就转向了奇宝公司。罗杰斯回忆说他有一次去芝加哥的一家食品超市时，听到那里的经理在破口大骂："该死的纳贝斯克！它们有一半的货架就要被别人占领了。"罗杰斯后来才知道事情的原委。原来总部对这个经理的投诉根本不予理会。他至今对这种得不偿失的做法感到痛惜，业内一些人也不赞成这种做法。

詹姆斯·基尔茨在《刀锋上的舞蹈》[⊖]中指出："纳贝斯克公司辛辛苦苦地忙碌，最后却反而伤了自己。"1997 年，基尔茨从卡夫来到纳贝斯克接替格林纳斯。根据官方的说法，格林纳斯由于健康原因而辞去了首席执行官的职位。他当时的确因为患上了结肠炎而无法集中精力处理公务，也不能出差。他的下台虽有一定的偶然性，但更多的是必然性。

戈德斯通在大收购期间担任约翰逊的律师，在 1995 年却被阴差阳错地任命为雷诺兹-纳贝斯克集团的首席执行官。当时他不知道该如何处理纳贝斯克公司或格林纳斯，只好求助约翰逊，因为只有他才最了解这两者。他们在纽约见了几次面，吃了几次饭，"我们当时喝了不少，谈笑风生，"戈德斯通回忆说，这位集团前任领导人在席间提出了许多有益的建议。"罗斯提到之前他在收购大战时说过的一句话，'股价一旦超过每股 92 美元，公司就很难再经营下去。'事实证明他说的没错。"约翰逊也表达了他对公司当前状况的担忧。"那些曾经和我共事过的人才都离开了公司，"约翰逊总结了自己的看法，"纳贝斯克的问题都出在管理层上。"

约翰逊认为格林纳斯削减市场营销经费的做法让公司的主打产品失去了竞争力。格林纳斯对销售团队的重整是"昏头了，简直是没有脑子，这可是他们的优势啊"！最后他们一致同意让格林纳斯下课，约翰逊就报了格林纳斯的一箭之仇。格林纳斯自从离开公司后就消失了，现在他住在新泽西州的郊区。

"万宝路周五大降价"之后，形势的发展使克拉维斯和罗伯茨酝酿了 5 年之久的分拆计划胎死腹中，他们的盈利希望更加渺茫了。"当时离我们准备分拆公司不到 5 个月的时间，"罗伯茨回忆道，"这时烟草行业突然乱作一团。"不单单羸弱的雷诺兹烟草公司变得缺乏吸引力，整个烟草行业也不断遭受打击。反烟运动蓬勃发展，其中不乏有一些联邦官员的参与甚至领导。克林顿内阁明令禁止官员在白宫吸烟，美国食品药品管理局局长大卫·凯斯勒正准备将香烟纳入药品分销管制系统内，美国环保署称二手烟也会引发癌症。

与此同时，国会召集七家烟草公司的管理层展开听证会。这些被称为"七个小

⊖ 《刀锋上的舞蹈》中文简体版已由机械工业出版社出版。——编者注

矮人”的烟草公司老总包括雷诺兹的约翰斯顿和当时已经跳到利格特的霍里根。他们都保证自己公司的产品没有任何成瘾性，结果他们一个个地都受到了国会议员的严厉批评。约翰斯顿声称没有确凿的证据表明香烟对健康的危害，同时他又补充说："所有的食品，从汽水到夹心蛋糕都会对人身安全构成其特有的威胁。"听证委员会主席、共和党议员亨利·维克斯曼回应道："你说的可能有一定道理，但香烟对人造成的威胁是致命的。"

反烟运动对烟草公司最大的威胁是针对烟草公司的诉讼案与日俱增。诉状在州级法院和联邦法院里堆积如山。数十年来一直无法打赢大型烟草公司的律师们突然意识到这些公司现在已岌岌可危。州检察官们也看到了这一点，并且在1994年联名将烟草公司推上了被告席，要求烟草公司为吸烟者的医疗费用买单。

在这种情况下，KKR无法将烟草公司转让出去，否则他们可能会面临"虚假转移产权"的指控。如果法庭发现KKR在隐瞒香烟危害的情况下转让雷诺兹的话，KKR有可能被判上亿元的罚款。罗伯茨说："我们已经厌倦了烟草生意。经营烟草业务会对KKR造成负面影响，于是我们决定如果不能将两家公司分开的话，我们就只能退出了。"

1995年KKR终于举起了白旗，将雷诺兹－纳贝斯克集团的股份和它们控制的另一家公司的股份交换。通过复杂的计算，它们在这场收购中获得的利润可以说是微乎其微。"俗话说大灾大难才能使人变得坚强，"罗伯茨说，"经历了这样的一场收购，我们已经比之前强大多了。吃一堑长一智嘛。"

克拉维斯和罗伯茨高高兴兴地退出了雷诺兹－纳贝斯克集团，留下一个烂摊子。郭士纳也在1993年离开了雷诺兹－纳贝斯克集团，公司又请已经退休了的康尼格拉食品公司前首席执行官迈克·哈勃接任郭士纳。1995年下半年，哈勃决定抛下100亿美元的债务和两家苦苦挣扎的公司，重新开始自己的退休生活。这时，毫无企业管理经验的戈德斯通临危受命，成了这艘正在下沉的大船的船长。

在所有参与收购大战的华尔街人中，戈德斯通之后的经历可以说是极具戏剧性的。他在曼哈顿郊区的康尼格拉食品公司办公室里接受了我们的采访。当时他正担任这家食品公司的非执行董事会主席。戈德斯通皮肤晒得黝黑，穿着一件翻领运动衫，显得很轻松。自从雷诺兹－纳贝斯克集团杠杆收购以来，他一直过得不错。此外他还在康涅狄格州西北部拥有一家小型豪华旅馆。

雷诺兹－纳贝斯克集团的管理层团队解散之后，戈德斯通就回到了达维律师事务所，仍然当他的律师。四年之后，郭士纳的法务主管请他来研究集团的分拆计划。迈克·哈勃上任之后对戈德斯通十分器重，就让他担任了集团的法务主管。戈德斯通在这个职位上干了不到一年，哈勃又重新退休。比他突然辞职更令人吃惊的是，哈勃竟然选择戈德斯通作为自己的接班人。

戈德斯通接受了这项任命。此时的雷诺兹－纳贝斯克集团对他来说已经很陌生了。“当我重新接触这个公司的时候，我大吃了一惊，”他当时说，“这家公司已经完全不是我当初熟悉的那个雷诺兹－纳贝斯克。债务的压力随处可见，烟草业务令人担忧，而且还在不断的衰落当中。雷诺兹已经被菲利普·莫里斯彻底打败了。自从‘万宝路周五大降价’之后，雷诺兹就完全陷入了泥淖。公司的海外业务严重缺乏资金支持，导致市场份额被当地竞争对手蚕食。纳贝斯克公司状况也很糟糕，已经不是你们所描述的那家公司了。虽然还是原来的公司名字和原来的商标，但已今非昔比。我们的规模比原来小了一半，但依然有100亿美元需要偿还。形势十分恶劣。”

戈德斯通和KKR的合伙人有着同样的看法。唯一能让集团走出困境的方法就是将雷诺兹和纳贝斯克分开。但对于卷入诉讼漩涡的雷诺兹来说，如何才能办到呢？

在参观雷诺兹和纳贝斯克的工厂时，戈德斯通一直在思考这个问题。当时烟草行业面临的最严峻的一项指控就是雷诺兹和其他一些烟草生产商人为地在产品中提高尼古丁的含量，以使烟草产品更加具有成瘾性。当戈德斯通视察温斯顿－塞勒姆的主要工厂时，他认为外界所指控的行为是不可能发生的。因为在各种各样的安检和监督下，这种人为添加尼古丁的做法是根本不可能的。在参观的过程中，他产生了另一个的想法。

烟草行业向来反对任何形式的政府监督。但如果烟草生产企业都像他所看到的这样安全、流程现代化而且正大光明，戈德斯通沉思道，让政府参与进来又何妨呢？政府介入到烟草生产过程中将对烟草诉讼总体和解方案的形成起到重要的作用。他觉得这个想法的奇妙之处在于，如果他能够说服业内的开明人士接受一项和解方案来替代所有的烟草相关诉讼，雷诺兹和纳贝斯克最终是能够被分开的。纷至沓来的诉讼、公众对烟草安全性的担忧，甚至是雷诺兹－纳贝斯克集团的前途，这些问题都能够得到解决。这种思维模式转变的重要性，可以说怎么评价都不为过。这位全美国第二大烟草公司的首席执行官的想法和反烟运动积极分子在华盛顿的代言人大卫·凯斯勒差不多。这种行为好比一位牧师在温斯顿－塞勒姆向教徒们宣布他将接受撒旦，与上帝从此断绝关系。

事实上，那次价值250亿美元的杠杆收购的失败正是推动这次金额庞大的和解协议的根源。伤痕累累的雷诺兹已经无力像之前那样应对每一场诉讼。雷诺兹面临的法律纠纷总共有250多起，差不多是10年前的三倍。雷诺兹的律师必须在每一场官司中胜诉才能维持目前的状况，而原告方律师只需要赢得一场官司就能打开局面。这样一来，不仅将会有新的法律判例，而且高额的赔偿金可能会使已经债台高筑的雷诺兹破产。但迈出第一步非常困难，因为戈德斯通将改变法律同行的传统观念和信仰，一些律师在他们的执业生涯中一直拒绝和雷诺兹达成和解。

如果戈德斯通想要和平解决，他需要有一个机会向对方发出友善的信号。到1996年3月，机会终于出现了。全美第七大烟草生产商利格特突然打破业内常规和两名反烟运动的原告达成了和解。之后不久，戈德斯通就接受了《金融时报》的采访。当问到他对利格特和解协议的看法时，戈德斯通表示他并不喜欢这样的协议，但又接着说："这并不意味着执法部门、公司高管、政治团体和公众就不能携起手来解决问题。这也不表示如果存在合理解决问题的方法，烟草制造行业依然会抱着'死扛到底'的理念不放。"他指出以单项诉讼为单位来达成和解的做法并不合理。

这番言论激起了轩然大波。雷诺兹的公关部门发表声明称戈德斯通只是提出一种假设，公司有信心在这些诉讼中获胜，因此没有就目前正在进行的诉讼案件达成和解的意向。当雷诺兹的股价上升20%的时候，戈德斯通依然坚持宣传这个思想。6个月后，他在波士顿做演讲时论述了行业监管和法律和解，进一步拓展了和解方案的思路。"那场演说被广泛报道，遭到了业内其他公司老总的反对。"戈德斯通回忆道。但他依然坚持自己的想法，并告诉自己的同行们："烟草行业由于成功地抵挡了政府的监管，因此导致大家都对烟草行业不信任。"

雷诺兹的法律顾问将戈德斯通视为烟草行业的张伯伦。"大家对他的做法并不理解和欣赏，"雷诺兹一名前主管说，"大家觉得'拒绝政府监管的传统已经有50年了，我们现在也不应该做出任何改变。'"雷诺兹的法务主管罗伯特·夏普因此辞职，接替他的是达维律师事务所一个名叫比尔·罗索夫的合伙人。雷诺兹首席执行官约翰斯顿也离开了公司。

不管雷诺兹的顽固派还有行业内的元老多么希望将戈德斯通赶走，形势的发展开始有利于戈德斯通。布朗－威廉姆逊公司的前首席研究员杰弗瑞·维甘公开指责，公司的首席执行官汤玛斯·桑德福在1994年欺骗国会说尼古丁没有成瘾性。作为告密者的维甘称，布朗－威廉姆逊公司在香烟中添加化学物质来增强尼古丁的作用。另一个爆料是当布朗－威廉姆逊公司外部律师事务所里一名法务人员复制了4 000多页的资料并将这些文件悄悄送入了反烟派的阵营。这些资料显示出，烟草公司在公众面前对烟草危害性的说法和他们私底下对危害性的认识之间有着巨大差距。

到了1997年的春天，腹背受敌的烟草行业终于接受了戈德斯通的想法。主要的烟草公司开始跟州检察官团体就全面和解协议展开谈判。为了让烟草受害者放弃法律诉讼，烟草行业表示愿意考虑美国食品药物管理局的监管，接受新的宣传和销售渠道的限制并支付大笔的赔偿金。同年6月，烟草行业终于宣布了巨额的和解协议。该协议的内容包括在25年内支付3 600亿美元的和解金，停止香烟的户外广告宣传，加粗在香烟盒上的健康警告标语并采取措施遏制青少年吸烟现象（如果青少年吸烟现象不得到缓解的话，烟草行业在和解金的基础上还将受到罚款）。

烟草公司的高层必须改变之前对香烟无害的论调，由戈德斯通带领大家清唱这首《我有罪》。在国会举行的听证会上他说，"根据大众对成瘾性的定义"，香烟的确会使人上瘾。在佛罗里达州法庭作证时他说“吸烟是肺癌的诱因之一”。由于反烟人士认为雷诺兹的骆驼乔[⊖]广告对儿童具有诱导性，于是公司就停止了这个广告宣传。

这些举动进一步加深了戈德斯通和雷诺兹老顽固们之间的矛盾。“我给他取了个绰号叫‘墓碑先生’，”一个名叫弗兰克·科尔柏的科研人员告诉《温斯顿－塞勒姆日报》，“任何认为吸烟是种罪恶的人都没有理由在烟草公司任职，哪怕是中层职位。这实在是太不知羞耻了。”

戈德斯通明白雷诺兹－纳贝斯克要想生存下去就必须首先坚持到付完和解金。但到了1998年，许多曾经从和解协议中尝到甜头的国会议员出来指责和解协议，结果和解条款又被重新改写。这次和解金额上升到了惊人的5 060亿美元，这给戈德斯通当头一棒。他开始去国会山上访，对那些愿意听他诉苦的人说如此巨大的和解金额会让雷诺兹破产，这并不应该是和解协议的目的。他和许多强大的利益集团展开周旋，尽量满足对方的要求。

到了1998年4月，也就是和解协议试行后的第10个月，戈德斯通最终宣布不再执行和解协议。在美国国家记者俱乐部的一次演讲中，他说烟草行业不应该被当成是“在高速公路上侧翻的大卡车”。就在戈德斯通发表声明后不久，其他几家大的烟草公司也停止了支付和解金。全国上下，受害者的律师准备对烟草行业再次发起最后的攻击。明尼苏达州的检察官休伯特·汉弗莱提起了诉讼。开庭那天，雷诺兹的首席执行官安德鲁·辛德勒和菲利普·莫里斯的首席执行官杰弗瑞·拜博尔在证人席上接受了盘问。大量关于烟草公司就烟草对人体健康的研究发现的文件在这次案件中被公开，对烟草公司造成不利的影响。就在明尼苏达州检察官准备结案陈词之前，被告方同意支付61亿美元的和解金。“如果他们能听我的，我们就会等到明尼苏达州的陪审团做出决定，”罗瑞拉德烟草公司的首席执行官劳伦斯·悌胥说，“如果输了我还要上诉。但这样雷诺兹就可能会破产。”

明尼苏达州这场官司的一个好处是它设定了赔偿金的标准，这为大烟草商和州检察官联合团之间重新开始谈判提供了机会。1998年11月，6家烟草公司和46名州政府官员签署了新的和解协议，约定2 060亿美元的和解款分25年支付。通过绕开华盛顿政治势力和执法力量等“中介”，烟草行业节省了2 540亿美元，并终止了原和解协议中一些十分不利的条款。

这场和解解救了雷诺兹。1999年3月9日，戈德斯通宣布以80亿美元的价格出售雷诺兹的海外业务。就在克拉维斯和罗伯茨将巨额债务架在雷诺兹－纳贝斯克集团身上的11年后，戈德斯通终于能用这笔收入还清债务了。就在同一天，集团宣布雷诺兹－纳贝斯克集团将被一拆为二。戈德斯通终于完成了自己的使命。

这真是太不可思议了。当初就是他提醒约翰逊进行杠杆收购的后果，最后也是他

⊖ Joe Camel：骆驼牌香烟的一种。该广告通过漫画的形式将骆驼拟人化。——译者注

安葬了这场拙劣的收购。戈德斯通是这场收购中最低调、最不自负的，而他的表现超过了那些趾高气扬的野蛮人。

戈德斯通在格雷琳会议中心宣布雷诺兹烟草公司独立。当戈德斯通将一幅多年挂在纽约总部的理查德·雷诺兹的画像交给公司的首席执行官辛德勒的时候，晚会达到了高潮。“它属于这里。”戈德斯通说。

雷诺兹先生终于回家了。

辛德勒大声地说：“我们终于自由了！”

20 年前参与过雷诺兹－纳贝斯克集团收购的华尔街人大多数还依然在华尔街上。只有少数几个人不在了，如德崇的贝克在 1995 年 1 月于中央公园晨跑时因心脏病突发去世，普利茨克在 1999 年离开人世，享年 76 岁，雷诺兹前首席执行官斯迪克特于 2007 年 3 月以 89 岁高龄离世。

科恩 1990 年被赶出协利，现如今他经营着一家小型的资金管理公司。罗宾逊在百时美施贵宝公司担任非执行董事，他的妻子琳达依然掌管着自己的公关公司，罗宾逊夫妇俩收养了一对孤儿。贝迪依然在盛信律师事务所工作。马赫、费恩、格里彻和希尔这些人都去了别的公司，但依然活跃在收购行业中。像阿特金斯和努斯鲍姆等律师依然忙着为大的兼并活动提供服务。

我们当然不会忘了弗斯特曼。他依然在玖熙大厦对面的通用汽车大厦里办公。他还是那副打扮和脾气，还是那个 20 年前想击退云集在美国企业界城门外的野蛮人的弗斯特曼。事实上，他希望本书的读者知道本书的书名出自他的口。他一直解释说，并非雷诺兹－纳贝斯克集团对他有多么重要。“那场收购的重要性对我来说并不及参与竞标的其他对手或媒体记者，”他说，“我很容易就把它忘了。”

世纪收购之后的 20 年对弗斯特曼－利特尔公司来说十分不错。利特尔退休了，之后就去世了。但有好多杠杆收购的生意等着大家去做。“大收购之后，我们经历了公司有史以来最成功的时期，”弗斯特曼说，“我们收购了湾流公司、通用器械和其他几个公司。直到 1999 年之前都实在是太美妙了。”但从他最好的收购项目中撤资后，弗斯特曼发觉自己的商业激情开始衰退了。“我开始对生意感到厌倦。”他说道。

那些年轻的合伙人想做更多更大的生意，但弗斯特曼却并不想这么做。“好多其他公司逐渐壮大并在海外扩张，”他说，“但我并不想这么做。商业环境在发生变化，我的合伙人也希望做出改变。他们也想照着别人做。”经过几次反复，弗斯特曼就不怎么过问公司事务。在接下来的 4 年间，他全身心地投入到了公益慈善事业上。按照他的估计，仅他的助学金计划就让 1 万名穷孩子有机会接受教育。他无忧无虑，尽情地享受生活；一边忙着和戴安娜王妃约会，一边又在奥普拉脱口秀节目中大谈他的慈善工作。

弗斯特曼－利特尔公司并没有因为他的离开而蓬勃发展。公司尝试了两单生意，但让弗斯特曼沮丧的是，都失败了，这是弗斯特曼－利特尔公司历史上头一次滑铁卢。雪上加霜的是，其中一家名叫康涅狄格州立公司的客户将其告上了法庭，使公司陷入了长达两年的法律纠纷。直到2004年，公司才得以脱身，但状况已大不如前了。公司的人才纷纷去了更大的公司。弗斯特曼本人在之后的5年多里也没再做一笔收购。至今为止他也没有兴致再做。

时代发生了变化。像KKR等杠杆收购公司开始自称是"私募股权投资公司"，这个名字让弗斯特曼不以为然。"80年代所谓的垃圾债券狂潮跟最近5年信贷市场的形势相比简直是小巫见大巫，"他说，"不久之前你能轻轻松松地从这些银行借到钱。这些银行是朝九晚五的。中午之前，他们做的是合法生意。那下午呢？这里面肯定有问题。为什么会出现次贷危机？就是因为他们把钱借给了那些根本没有偿债能力的人，但那些银行人却说，'没问题，我有办法。'"

虽然弗斯特曼对现今的华尔街不怎么感冒，弗斯特曼－利特尔公司依然要为投资者的20亿美元寻找投资机会。"我之前坐在那儿想，'外界经常把我写得神乎其神，说我怎么怎么聪明，说我从来没做过赔本买卖；所以我不想让后人在我的墓碑上写，他最后变成了一个老糊涂，但没人知道这是为什么。'"他笑了笑说，"于是我就对自己说我应该继续做投资。"

现如今弗斯特曼－利特尔公司光荣地成为了三家大公司的新主人。其中一家体育管理和咨询公司IMG聘请弗斯特曼担任公司董事会主席。弗斯特曼信心十足地称这三笔投资最终将给公司带来丰厚的回报。

"怎么说呢？我对这些了如指掌，"弗斯特曼乐呵呵地说，"我天生就适合干这个。"

理查德·雷诺兹的雕像依然屹立在市政厅旁。约翰逊的名字依然遭人唾弃。在烟草城的工厂里，巨大的尼古丁生产机器源源不断地制造出云斯顿香烟和沙龙香烟。但温斯顿－塞勒姆经过20年的时间已经发生了巨大的变化。杠杆收购一结束，这里就开始减产。作为减产计划的一部分，工厂也就关闭了，因此镇中心已经闻不到浓厚的烟草味了。雷诺兹不但辞退了上千名员工，后来连名字都改了。2004年和英美烟草集团的一家子公司合并之后，雷诺兹烟草公司就改名为雷诺兹美洲烟草公司了。

当雷诺兹－纳贝斯克集团解散之后，雷诺兹每况愈下。为了防止经营情况进一步恶化，两家公司的合并就应运而生。公司每年需支付给46个州20亿美元的烟草赔偿金，这笔成本最终转嫁到了烟民的头上。从1999年到2003年期间，雷诺兹先后7次提价。其他烟草公司为了支付赔偿金也纷纷效仿雷诺兹的做法。

这为小型烟草公司创造了机会。这些小烟草公司并不像大烟草商那样需要支付和解赔款，因此他们的香烟价格就比较低廉。截至2003年，这些低价烟就占领了12%的市场份额。就在这一年的上半年，雷诺兹的销售额同比去年下降了18%，营业收入则缩减了59%。

2003年9月，雷诺兹宣布将减少2 600个工作岗位，相当于公司40%的员工。同时公司将削减营销经费，今后只将广告经费投入到骆驼牌和沙龙牌香烟上。曾经在全美最受欢迎并且以其起源地命名的云斯顿香烟降为了二流品牌。

这是自约翰逊将公司总部搬到亚特兰大之后温斯顿－塞勒姆度过的最痛苦的时光。

过了不久，雷诺兹美洲烟草公司就成立了。此举虽然对公司起到了稳定的作用，但在提供就业岗位和市政建设方面的领先地位已大不如前了。

几乎所有雷诺兹美洲烟草公司的高级主管都来自英美烟草集团布朗－威廉姆逊公司的所在地路易斯维尔。雷诺兹的管理层曾经自愿地承担起对当地社会发展的职责，但新来的管理层并没有传统或者兴趣这样做。

随着雷诺兹的衰败，镇上其他几家大的企业也发生了震荡。曾经和雷诺兹紧密联系的美联银行离开了小镇，它被美国第一联合国家银行并购，接着总部就从温斯顿－塞勒姆撤走了。镇上的纺织厂也歇业了。“整个小镇经受了创伤和痛苦，”雷诺兹前任首席财务官杰瑞·冈萨豪瑟说，“谁也没想到会出现这样的结果。大家虽然都明白时代在变，但谁都不知道这意味着什么。现在我们面临的问题是，我们将走向何方。”

雷诺兹留下的一些东西帮助小镇渡过了工作岗位大流失的难关：20世纪50年代被雷诺兹家族迁移到此处的维克森林大学正在积极地扩建医疗中心。最大的医院是以雷诺兹已故的董事会主席格雷的名字命名，衰老研究中心则以斯迪克特命名。他们两人都捐了很多钱给维克森林大学。维克森林大学同时在商业区积极地建设一个生物科技园，希望能够吸引那些渴望抓住21世纪新机遇的创业者来这里投资，就像当年的理查德·雷诺兹那样。

塔格塞普特公司是科技园的顶梁柱，其在生物制药方面的成绩引人注目。这家公司由雷诺兹的一名科学家创立，并于2000年从母公司脱离出来上市，目前拥有125名员工。

塔格塞普特公司以尼古丁为原料的药物依然还在研发阶段，还没有上市。但公司研制的用来治疗阿尔茨海默氏病和精神分裂症的药物已经进入了试验阶段的后期。制药巨头阿斯利康公司拿出研究经费支持这个项目。如果该药物成功上市，阿斯利康公司将有权购买该药物的生产许可证。葛兰素史克也和塔格塞普特公司在其他一些药物的研发上展开了类似的合作。

温斯顿－塞勒姆中心因为有了占地12英亩的科技园和附近一个由烟草仓库改造而成的高级住宅区而呈现出了另一种景象。凤凰虽还未涅槃，但马上就要展翅了。

“温斯顿－塞勒姆并不能单单靠生物科技，它的复兴还需要其他行业。”唐·德彪西说。他之前是一名科学家，现在是塔格塞普特公司的首席执行官。“由于有了一个创业环境，许多事情就会变得可能。我们就是一个成功的范本。”

在现今温斯顿－塞勒姆更富多元化的商业环境中，唐·德彪西是一个典型代表。现在他是美国联合慈善总会的一名董事，而在之前只有雷诺兹及其附属企业的主管才有资格担任这个职位。那个时代已经过去。不知你会不会相信，今天小镇上最有影响的商业人物是一个名叫唐·福娄的汽车经销商。由于他的原因，温斯顿－塞勒姆又多了一家戴尔的工厂。

金钱是雷诺兹留给这座小镇的另一件重要礼物。杠杆收购给温斯顿－塞勒姆带来了上亿美元的收入。这笔巨大的资金流在这座城市自我改造的过程中对当地的经济起到了推动作用。此外，上千名被辞退的雷诺兹员工也得到了丰厚的补偿。

“普通收入的员工好比发了一笔横财，”冈萨豪瑟说，“但他们并没有因此将其挥霍，他们用这笔钱重新投资到其他地方。”

投资的方式多种多样，就拿已故的波林·卡特的遗产为例。波林·卡特在雷诺兹的食堂里工作了将近30年。虽然她刚开始参加工作的时候每周的收入只有12美元，但她还是将这微薄收入的一部分投资到了公司的甲级股票上。

1965年，卡特终于退休了，在她农场的房子里住着，好多年都开同一辆车，她一直购买雷诺兹的股票，直到80年代。卡特两度守寡，膝下无子，所以被视为雷诺兹家族的一员。“雷诺兹对她很好，因此她信赖这家公司。”她的侄儿查理斯·翰瑞克说。

据翰瑞克说，杠杆收购启动时卡特既愤怒又恐慌，不知道公司到底发生了什么事，也不知道这将对她的股票造成什么影响。

翰瑞克设法安慰她。“我说，‘也许这并不是我们希望看到的，但既然发生了他们就应该补偿你。’”

卡特真的得到了补偿。卡特手头一共有雷诺兹42.5万股股票。刨去资本利得税，她净收入300万美元。她依然过着节俭的生活，2000年当她去世的时候，她将270万美元捐给了温斯顿－塞勒姆基金会。这家致力于当地公益事业的慈善机构按照她的遗愿，将这笔资金用于在维克森林大学医疗中心的儿童医院。

像卡特和德彪西这样的故事还有很多，我们从中可以清楚地看到那场收购对当地商业和慈善事业的积极作用。虽然温斯顿－塞勒姆之前赖以生存和发展的公司已经没落，但我们相信这个地方将最终走出目前困境，因为它已经不再属于某一家公司了。

那场大收购的影响力不仅仅局限于温斯顿－塞勒姆，其在美国企业界也产生了深远的影响。和疯狂的80年代相比，90年代也毫不逊色。刚开始看到聚集在企业界门外的野蛮人，美国的首席执行官们还有些心惊胆战，但很快就将对方视为座上客，并纷纷效仿约翰逊的做法。从雷诺兹－纳贝斯克的杠杆收购中，这些高级管理人员们明白了一个道理：如果他们运用手中的权力和股票期权，他们同样能够取得巨额的财富。于是他们蜂拥而上。

第二代企业冒险家，如泰科公司的丹尼斯·科兹洛夫斯基和世通公司的伯纳德·埃伯斯进一步地发展了约翰逊倡导的一个理念：首席执行官不需对公司负责。在90年代的科技泡沫和牛市冲天的背景下，他们更加肆无忌惮。约翰逊价值5 200万美元的“金色降落伞”当年轰动一时，但相比之下也只能算小打小闹。（当然，他们的做法也有些过分，最终导致他们身陷囹圄。）

这场收购不仅仅标志着雷诺兹－纳贝斯克集团的衰落，同时也意味着“见者有份”的意识开始渗透到了美国企业界的每一个角落。就连会计师事务所的合伙人也将自己视为赌场牌局的管理人，而不是审计师。保罗·沃尔克曾经在安达信会计师事务所濒临死亡的时候担任过该事务所的主席，他认为所里的会计师由于对客户的财富垂涎不已，进而蜕变成了安然公司的帮凶。

沃尔克解释说：“那些会计师觉得，‘我们并不比他们差，而且活儿都是我们干的。’当时的氛围是，‘到处都是钱财，大家随便拿’。”

那次杠杆收购的后果也对华尔街上下产生了持久的影响。这次收购让KKR损失不小，并且受到了政界的广泛诟病，在之后的几年都老老实实地不再参与大型的收购项目。

“雷诺兹－纳贝斯克集团的杠杆收购就像鲍勃·比蒙的那一跳。”贝恩资本的董事总经理史蒂夫·帕柳卡说。他指的那一跳是鲍勃·比蒙在1968年墨西哥夏季奥运会上以8.90米创下的跳远世界纪录，直到23年之后这个纪录才被打破。

由于种种原因，雷诺兹－纳贝斯克价值250亿美元的杠杆收购直到17年之后才被刷新。其中的一个原因是收购之后金融环境的变化。德崇的破产终结了成本低廉的垃圾债券融资时代，坚持低负债率的商业银行成了杠杆收购主要的提供者。KKR当年收购雷诺兹－纳贝斯克时，自有资金和贷款之间的比例为1∶9；但到了90年代，商业银行要求收购方的自有资金比例至少是这个数的两倍。此外还有一些政治因素。“大收购之后，杠杆收购公司给人留下了一种无恶不作的印象。”达特茅斯大学塔克商学院杠杆收购研究中心主任柯林·布雷顿说。“国会抨击那些影响恶劣的杠杆收购，并准备制定相关法案来改变相关的税收优惠政策。杠杆收购行业则努力地想说服国会不要这样做，最后它保证今后会规规矩矩的，国会才没有立法。这就是90年代比较太平的原因。”

杠杆收购行业还修饰了一下自己的门面。行业领头羊开始自称“私募股权投资”

公司，相比“杠杆收购”高雅了许多。德州太平洋集团的创始合伙人大卫·邦德曼宁可把钱还给投资者也不愿意接受采访。这些杠杆收购的新秀们看到本书中前辈们的遭遇，一定会想：高调能带来什么好处吗？

曾经鹤立鸡群的KKR也变得平庸无为。虽然还是业内的主要玩家，但它不再处于领先地位了。20世纪90年代公司在生意上遭受了一连串的失败。克拉维斯和罗伯茨由于将权力握得太紧，导致公司的青年才俊纷纷辞职。

黑石集团和凯雷集团在80年代末还是不起眼的小公司，但到了2000年以后他们旗下管理的资产超过了KKR。克拉维斯要学着如何跟他们打交道，因为现在的杠杆收购主要是以“集体投资”或是几家公司一起投标的方式展开的。那个“这是我的地盘”[⊖]的时代已经一去不复返了。

一种新的融资机制——债务担保凭证将杠杆收购业务带入了新的黄金时代。虽然它的名字十分拗口，但它成本低，能够从投资银行筹到大量的资金，因此是杠杆收购（私募股权投资）理想的融资工具。

2000~2004年，杠杆收购公司投入了146亿美元。2004~2007年，它们又投入了1 480亿美元。2006年，KKR、贝恩资本和美林银行联手以330亿美元收购了美国国际医院公司，打破了之前创下的250亿美元的纪录。不可思议的是，最高纪录在当年又被刷新了6次。

2007年，克拉维斯宣称私募股权的黄金时代已经到来。曾经是华尔街风云人物的他，如今的风头已被黑石集团的老总史蒂夫·施瓦茨曼盖过。施瓦茨曼当年2月为了庆祝自己的60大寿，共花去了300万美元。同年6月，黑石集团上市，这给施瓦茨曼本人带来了6.84亿美元的收入。

这些曾经不假思索地为杠杆收购而发行抵押债务债券的投资银行也是次级抵押贷款的主要发放者。当次贷危机来临时，它们不再提供抵押债务债券的服务了。

私募股权的辉煌时代就这样结束了。2007年下半年的收购交易数量与上半年相比骤减了63%。KKR的上市计划也因此搁浅。

2008年7月，沉寂了一年多之后的私募股权又开始复苏。KKR不得不通过自身上市来挽救其荷兰的子公司。这家海外的子公司自从2006年上市以来公司价值已经损失了60%，而且形势还在恶化。

对KKR来说，这项交易过程复杂，但效果却很简单纯粹：母公司21%的股份在纽约证券交易所里公开交易。这虽然解决了棘手的财务问题，但同时又使公司面临公司文化的转变。原本克拉维斯兄弟俩习惯于和一小群投资者打交道，而现在他们要学着去适应向广大的股东们负责。

克拉维斯和罗伯茨也没有其他办法，因为除了解决眼前的财务危机，他们还要顺

⊖ 这是当时克拉维斯警告科恩不要参与对雷诺兹-纳贝斯克集团投标时所说的一句话。——译者注

着时代的潮流。他们的公司不能再靠单一业务维持生计了。当 KKR 还抱着杠杆收购不放的时候，黑石集团通过进入房地产和对冲基金等行业成了私募股权之王，将他们兄弟俩甩在了后头。现在 KKR 将用其公司股票进入资产管理和基础设施投资等领域。

要想赶上施瓦茨曼的公司，KKR 需要走出逆境，继续战斗。这也正是克拉维斯想做的。

随后发生的事情就像 90 年代早期重新再现，让人不禁疑问："华尔街人是否真的吸取了教训?"布雷顿并不敢肯定。"每当所有人盲目地冲进他们并不完全了解的市场时，金融市场就会出现泡沫，"他说，"在泡沫高涨的时候，我们就会看到像雷诺兹-纳贝斯克集团的现象出现。"但可以肯定的是，那些野蛮人已经远远地撤离城门，去处理他们的伤口，准备等待时机，再次兵临城下。

推荐阅读

金融投机史

作者：（英）爱德华·钱塞勒 ISBN：978-7-111- 40431-6 定价：59.00元

门口的野蛮人：史上最强悍的资本收购

作者：（美）布赖恩·伯勒 等 ISBN：978-7-111-31494-3 定价：52.00元

资本的游戏（第2版）

作者：房西苑 ISBN：978-7-111-38446-5 定价：99.00元

门口的野蛮人2：KKR与资本暴利崛起

作者：（美）乔治·安德斯 ISBN：978-7-111-40498-9 定价：50.00元

谁打造了摩根：史上最低调的华尔街精神领袖

作者：（美）丹·罗滕伯格 ISBN：978-7-111-38399-4 定价：49.00元

利奥·梅拉梅德：逃向期货

作者：（美）利奥·梅拉梅德 等 ISBN：978-7-111-34719-4 定价：58.00元

对话私募股权与风险投资大师

作者：（美）罗伯特 A. 芬克 等 ISBN：978-7-111-31907-8 定价：45.00元

金融并购风云录

作者：（美）威廉·伯恩斯坦 ISBN：978-7-111-32132-3 定价：48.00元

空头无罪

作者：(美) 罗伯特·斯隆 ISBN：978-7-111-32553-6 定价：30.00元

我们如何来到现在：商业、技术与金融趣史

作者：（美）安迪·凯斯勒 ISBN：978-7-111-31884-2 定价：36.00元

买断美国：私募股权投资如何引发下一轮大危机

作者：（美）乔西·柯斯曼 ISBN：978-7-111-32232-0 定价：35.00元

华章经典·经济

生活中的经济学（珍藏版）

作者：（美）加里·贝克尔 ISBN：978-7-111-42200-6 定价：49.00元

诺贝尔经济学奖得主的经典之作
关于经济、政治、社会的大师作品

不平等的代价（珍藏版）

作者：（美）约瑟夫E. 斯蒂格利茨 ISBN：978-7-111-42617-2 定价：49.00元

诺贝尔经济学奖得主的最新力作
关于1%的少数与99%的大多数席卷畅销书排行榜颠覆你的制度幻觉

自由选择（珍藏版）

作者：（美）米尔顿·弗里德曼 等 ISBN：978-7-111-42278-5 定价：49.00元

有史以来最通俗的经济学著作之一
全球销量超过百万册

增长的极限（珍藏版）

作者：（美）德内拉·梅多斯 ISBN：978-7-111-42426-0 定价：42.00元

30年全球经典
系统思考典范

推荐阅读

凯恩斯大战哈耶克

作者：（英）尼古拉斯·韦普肖特 ISBN：978-7-111-41051-5 定价：58.00元

高盛眼中的世界

作者：（美）吉姆·奥尼尔 ISBN：978-7-111-37667-5 定价：39.90元

高盛如何统治世界

作者：（美）威廉 D. 科汉 ISBN：978-7-111-38700-8 定价：69.00元

我在高盛的经济预测法

作者：（美）约瑟夫 H. 埃利斯 ISBN：978-7-111-34768-2 定价：39.00元

失去的二十年：日本经济长期停滞的真正原因

作者：（日）池田信夫 ISBN：978-7-111-37809-9 定价：39.90元

终局：看懂全球债务危机

作者：（美）约翰·莫尔丁 ISBN：978-7-111-38411-3 定价：49.00元

下一次大趋同：多速世界经济增长的未来

作者：（美）迈克尔·斯宾塞 ISBN：978-7-111-36642-3 定价：39.00元

理性乐观派：一部人类经济进步史

作者：（英）马特·里德利 ISBN：978-7-111-36074-2 定价：45.00元

可怕的市场周期：频繁的同步泡沫与同步崩溃

作者：（英）约翰·奥瑟兹 ISBN：978-7-111-38665-0 定价：39.00元

繁荣的背后：解读现代世界的经济大增长

作者：（美）威廉·伯恩斯坦 ISBN：978-7-111-34537-4 定价：48.00元